Direito do Trabalho e Inteligência Artificial

Discriminação Algorítmica

Raphael Miziara

Direito do Trabalho e Inteligência Artificial

Discriminação Algorítmica

manole
editora

PRODUÇÃO EDITORIAL: Sônia Midori Fujiyoshi
CAPA: Ricardo Yoshiaki Nitta Rodrigues
IMAGEM DA CAPA: Freepik
PROJETO GRÁFICO: Departamento Editorial da Editora Manole
DIAGRAMAÇÃO: Deborah Takaishi
Ilustrações do miolo: Luargraf

CIP-BRASIL. CATALOGAÇÃO NA PUBLICAÇÃO
SINDICATO NACIONAL DOS EDITORES DE LIVROS, RJ

M681d

Miziara, Raphael
Direito do trabalho e inteligência artificial : discriminação algorítmica / Raphael Miziara. - 1. ed. - Barueri [SP] : Manole, 2025.

Inclui bibliografia e índice
ISBN 9788520467176

1. Direito e tecnologia. 2. Direito do trabalho - Inovações tecnológicas. 3. Inteligência artificial. 4. Proteção de dados. I. Título.

25-99243.1

CDU: 34:004.8(81)

Gabriela Faray Ferreira Lopes - Bibliotecária - CRB-7/6643

Edição – 2025

Editora Manole Ltda.
Alameda Rio Negro, 967 – cj. 717 – Alphaville
06454-000 – Barueri – SP – Brasil
Fone: (11) 4196-6000
www.manole.com.br | https://atendimento.manole.com.br/

Impresso no Brasil
Printed in Brazil

Sobre o autor

Raphael Miziara é Doutor em Direito do Trabalho pela Universidade de São Paulo. Mestre em Direito do Trabalho pelo Centro Universitário do Distrito Federal (UDF). Especialista em Direito do Trabalho pela Universidad de Castilla-La Mancha. Advogado. Professor.

Agradecimentos

Com reverência e gratidão, elevo meus agradecimentos ao Criador, cuja sabedoria transcende a finita compreensão humana. Em sua sabedoria ilimitada, guiou-me por intrincados caminhos, concedendo-me forças que eu desconhecia. Na tempestade, Ele trouxe calmaria.

Agradeço, com sincera emoção, à minha amada família, cujo apoio incansável e amor incondicional constituíram o esteio de minha jornada. Em cada desafio enfrentado, suas vozes ecoaram como sinfonias de incentivo, impulsionando-me além das fronteiras do possível. Este trabalho, dedicado a eles de coração pleno, é a manifestação tangível de nossa união indissolúvel.

Neste árduo percurso, expresso profunda gratidão ao meu orientador, Professor Otavio Pinto e Silva. Mesmo diante do mar revolto, demonstrou empatia sem igual e se portou como os grandes capitães, que se mantêm firmes mesmo em águas turbulentas. Cada palavra proferida, cada conselho oferecido, contribuiu para alicerçar o resultado que agora apresento ao mundo acadêmico.

Sou igualmente grato aos professores doutores que gentilmente aceitaram participar da banca avaliadora de defesa da tese: Professor Doutor Luciano Martinez, Professor Doutor Antonio Rodrigues de Freitas Júnior, Professora Doutora Thereza Christina Nahas, Professora Doutora Luciane Cardoso Barzotto e Professor Doutor Rafael Mafei Rabelo Queiroz.

Por fim, agradeço à Editora Manole e à competente Marisa Harms, que não mediram esforços em tornar factível a concretização da versão comercial da tese, que agora ganha corpo por meio deste livro.

Neste contexto de gratidão e reflexão, permito-me incorporar a sabedoria contida em Provérbios 3:5-6: "Confia no Senhor de todo o teu coração e não te estribes no teu próprio entendimento. Reconhece-o em todos os teus caminhos, e ele endireitará as tuas veredas". Que esta passagem bíblica ilumine cada passo adiante, guiando-me com fé e confiança na busca incessante pelo conhecimento.

Que este humilde testemunho de gratidão ecoe pelos corredores da academia, reverberando a importância da fé, das pessoas de bem, da orientação e do apoio familiar na construção do conhecimento. Que meu agradecimento seja mais do que palavras impressas, mas sim um tributo eterno àqueles que, com sua generosidade e amor, tornaram possível a realização deste feito acadêmico.

Sumário

Apresentação ... XV

1. Introdução ... 1

2. Noções propedêuticas em inteligência artificial ... 18
Breve evolução histórica da inteligência artificial ... 18
Experiências iniciais ... 19
Estudos científicos precursores sobre inteligência artificial: a gestação da inteligência artificial (1943-1955) ... 21
Nascimento, ascensão e queda da inteligência artificial: da era de ouro (1956-1973) aos períodos de inverno (1974-1980; 1987-1993) ... 23
Atual panorama, principais aplicações da inteligência artificial e desafios do presente e do futuro ... 31
Conceitos básicos aplicáveis ... 35
O conceito de inteligência artificial ... 35
Big data ... 40
Algoritmos ... 47
Aprendizado de máquina ou *machine learning* ... 50
Tipos de aprendizado de máquina ... 51
Aprendizado supervisionado ... 51
Aprendizado não supervisionado ... 52
Aprendizado semissupervisionado ... 53
Aprendizado por transferência ... 53
Aprendizado por reforço ou por recompensa ... 53
Aprendizado continuado ... 54
Tipologia da inteligência artificial ... 56
IA fraca e IA forte ... 56

Inteligência artificial emocional ou computação afetiva 58
Inteligência artificial generativa 60
Redes neurais artificiais (RNA) e aprendizado profundo (*deep learning*) 61
Processamento de linguagem natural (PLN) 64

3. Direito antidiscriminatório e a tipologia das discriminações 66
O que é discriminar? 68
Tipologia das discriminações 70
Discriminação negativa e ações afirmativas 71
Discriminação direta (*disparate treatment*) e indireta (*disparate impact*). Teoria do impacto adverso 76
Discriminação por associação ou decorrente de preconceito implícito ou inconsciente 84
Discriminação múltipla ou agravada ou multidimensional e discriminação interseccional 88
Discriminação institucional ou sistêmica interna ou específica 93
Discriminação organizacional 98
Discriminação estrutural ou sistêmica externa ou generalizada ou inespecífica 108
Discriminação intergeracional 111
Direito antidiscriminatório e as ferramentas de inteligência artificial 115

4. Inteligências artificiais, discriminações reais: a fisiologia da produção de desigualdade pelas ferramentas de decisão automatizada 122
A lógica de funcionamento por trás dos algoritmos de decisão automatizada ou *Algorithmic Decision Systems - ADS* 123
Vieses da inteligência artificial 135
Opacidade algorítmica e aspectos introdutórios sobre a inteligência artificial explicável (***xAI***) 144
Discriminação produzida por ferramentas de inteligência artificial: conceito e tipologia própria 151
Discriminação algorítmica por erro estatístico 152
Discriminação algorítmica por insuficiência de generalização e por viés nos dados 155
Discriminação algorítmica por "afasia apofânica" ou "psicose apofânica" ou, também, discriminação por "associação" ou "correlação espúria". Discriminação algorítmica implícita 159
Discriminação algorítmica por correlação indireta 168
Discriminação algorítmica *by design* 169
Discriminação algorítmica por viés no código-fonte 171
Discriminação algorítmica por retroalimentação ou por reforço 172
Discriminação algorítmica por censura de conteúdo 176

Discriminação algorítmica por invisibilidade ou *shadowbanning* 177
Discriminação algorítmica por ação acelerada ou *acceleration bias* 178
Discriminação algorítmica por perpetuação de linguagem inadequada ou por comportamento imitativo 179
Discriminação algorítmica por proximidade geográfica 180
Outros tipos de práticas injustas forjadas, amplificadas ou perpetuadas por algoritmos 181
Sistemas automatizados de decisões nas relações trabalhistas: uma breve história 185
Principais formas de produção de discriminação algorítmica no contexto laboral 197
Discriminação algorítmica na fase de recrutamento 201
Discriminatory ad targeting 201
Discriminatory ad delivery 206
Discriminação algorítmica nas etapas de seleção e de contratação de trabalhadores 212
Triagem automatizada de currículos 214
Entrevistas por meio de inteligência artificial 220
Testes de perfis comportamentais e "*profiling*" 232
Ofertas salariais automatizadas dinâmicas e randomizadas 251
Discriminação algorítmica no período contratual 257
Discriminação algorítmica na ruptura do vínculo de trabalho 272
A prova da discriminação produzida por algoritmos 276
Prova estatística 277
Prova pericial em algoritmos e por algoritmos 287

5. Atuais limites jurídicos ao uso da inteligência artificial no direito do trabalho 299
O poder empregatício e suas manifestações automatizadas: "algocracia", capitalismo de vigilância e gestão algorítmica do contrato 300
Limites jurídicos ao uso da inteligência artificial nas relações trabalhistas em experiências estrangeiras 311
Atuais limites jurídicos ao uso da inteligência artificial nas relações trabalhistas no Brasil 312
Conciso panorama histórico-legislativo sobre a proteção de dados no Brasil e no Direito do Trabalho brasileiro 314
Natureza jurídica do direito à autodeterminação informativa e à proteção de dados pessoais 322
Fundamentos e princípios que orientam a proteção de dados no Brasil e suas aplicações nos casos de discriminação algorítmica no contexto laboral 325

Princípio da finalidade: dever de motivação quanto aos propósitos do tratamento dos dados e a cláusula de autocontenção do poder do empregador ... 327
Princípio da adequação: aptidão lógico-causal entre o tratamento e a consecução das finalidades informadas ... 335
Princípio da necessidade: limitação do tratamento ao mínimo essencial para o alcance dos propósitos informados ... 337
Princípio do livre acesso ou acessibilidade informacional: garantia de consulta e acesso qualificado aos dados e a seu respectivo tratamento ... 341
Princípio da qualidade dos dados: garantia de exatidão, clareza, relevância e atualização dos dados em relação às necessidades e às finalidades do tratamento ... 345
Princípio da transparência: uma metagarantia ou um *cluster right* ... 347
Princípio da segurança: dever geral de cautela – *safety* e *security* ... 355
Princípio da prevenção ou da anterioridade das medidas impeditivas de lesões e princípio da precaução ou da prontidão tecnológica ... 358
Princípio da proibição de tratamento de dados para fins ou resultados discriminatórios ... 361
Princípio da *accountability*: responsabilização e prestação de contas ... 363
Conexões entre os princípios da segurança, da prevenção e da *accountability* ... 365
Aplicação da LGPD às relações trabalhistas, inclusive no tocante ao uso de IA ... 366
Premissas hermenêuticas para harmonização entre a LGPD e as normas trabalhistas ... 368
Casuística: LGPD e proteção de dados perante o Tribunal Superior do Trabalho ... 370
A Estratégia Brasileira de Inteligência Artificial ... 380
O marco legal da inteligência artificial no Brasil ... 383
Natureza da responsabilidade civil na discriminação produzida por inteligência artificial nas relações de trabalho ... 387

6. Condições e limites jurídicos para o uso de decisões automatizadas nas relações de trabalho: proposta de uma teoria normativo-pragmática para mitigação dos vieses em sistemas de inteligência artificial ... 389
Excurso: da filosofia da consciência (sujeito-objeto) à filosofia da linguagem (sujeito-sujeito) ... 390
A Teoria do Agir Comunicativo ... 404
Racionalidade da ação, racionalização social e crítica da razão funcionalista ... 409

Fenomenologia comunicacional e racionalidade da comunicação 418
Proposta de uma teoria normativo-pragmática para prevenção e mitigação dos vieses algorítmicos: a Teoria do Agir Comunicativo Algorítmico 427
Prelúdio: conceito e natureza sociojurídica dos sistemas de inteligência artificial para tomada de decisão automatizada 428
Racionalidade algorítmica: por um imperativo de explicabilidade qualificada pela racionalização da comunicação ou sobre como libertar a inteligência artificial do paradigma filosófico da consciência 445
A explicabilidade como elemento comunicacional e suas elementares..... 464
Explicabilidade *versus* transparência ou interpretabilidade do sistema 474
Abrindo a caixa-preta: explicabilidade pressupõe a transparência do sistema? 476

Referências 479
Outros *sites* consultados 505

Índice remissivo 506

Acesse vídeos sobre o livro pelo *site* **https://conteudo-manole.com.br/cadastro/direito-do-trabalho-e-inteligencia-artificial** ou pelo *QR code* a seguir:

voucher: INTEARTIFICIAL

Apresentação

A presente obra é uma versão comercial fruto da tese de doutorado apresentada à Banca Examinadora do Programa de Pós-Graduação em Direito da Faculdade de Direito da Universidade de São Paulo (Largo São Francisco), na área de concentração Direito do Trabalho e da Seguridade Social, subárea Direito e processo do trabalho contemporâneos, sob a orientação do Professor Associado Doutor Otavio Pinto e Silva.

O tema objeto da presente obra foi escolhido no ano de 2020, mesmo período no qual a pesquisa foi iniciada e em época na qual pouco se falava sobre as repercussões jurídicas da inteligência artificial, muito menos nas relações de trabalho.

De lá para cá se passaram aproximadamente cinco anos e, atualmente, não há dificuldade alguma em se afirmar que o tema vem ganhando cada vez mais notoriedade e pode ser considerado um assunto do momento. Mas, não só. Trata-se de um tema que permanecerá por tempo indeterminado nos holofotes da prática e da teoria jurídicas.

Contudo, apesar do substancial e significativo impacto que as ferramentas de inteligência artificial provocaram e continuam provocando nas relações sociais, sobretudo nas relações de trabalho, pouco se produziu em termos acadêmicos. Para agravar a situação, é tranquilo notar que a sociedade em geral e os indivíduos ainda não despertaram para a importância do tema, especialmente no tocante à conscientização acerca dos efeitos deletérios e erosivos que as novas ferramentas de IA provocam no seio social, a despeito de tantas outras vantagens que não podem ser ignoradas.

A tese original foi apresentada com o seguinte título: "Discriminação algorítmica e direito do trabalho: condições e limites jurídicos para o uso da inteligência artificial nas relações de trabalho". Embora a versão comercial da tese não carregue o mesmo epíteto, é disso que trata a obra.

Com efeito, a natureza jurídica de um sistema de IA é a de agente instrumental sociotecnológico. Nessa qualidade, a inteligência artificial tem um efeito conformador da realidade, ao absorver e redefinir as práticas sociais. Contudo, há um abismo informacional entre as referidas tecnologias e as pessoas por elas afetadas. Uma das mais severas consequências desse vazio comunicacional é a forma como tais ferramentas vêm produzindo injustiças decorrentes de suas decisões automatizadas. Trata-se do que se convencionou chamar de discriminação algorítmica.

Esta obra procura demonstrar que um dos principais mecanismos para mitigação dos vieses discriminatórios naturalmente presentes em sistemas de decisões automatizadas é o estabelecimento de condições de possibilidade comunicacionais. A ponte para superar o abismo informacional existente entre o sistema e as partes interessadas se dá por meio da explicabilidade linguisticamente mediada.

Para tanto, a partir da incorporação das bases fundantes da Teoria do Agir Comunicativo de Jürgen Habermas, procura-se deliminar a Teoria do Agir Algorítmico Comunicativo para estabelecer os pressupostos para uma explicabilidade racionalizada.

A Teoria do Agir Algorítmico Comunicativo encampa as contribuições da pragmática linguística para o campo da inteligência artificial explicável (xAI) e procura delimitar as bases de uma teoria que não esteja comprometida com os pressupostos ideológicos e objetivistas da filosofia da consciência.

Tal teoria é especialmente útil quando se pensa no uso de sistemas de IA nas relações de trabalho, pois o uso de tais ferramentas no contexto laboral potencializa em caráter exponencial o poder do empregador, exacerbando a assimetria negocial e informacional típica dessas relações. Bem por isso, a aplicação da IA nesses cenários é considerada de alto risco.

O potencial discriminatório e o nível de opacidade e imprecisão das decisões automatizadas, inclusive as destinadas a traçar o perfil profissional dos trabalhadores, conduzem à necessidade de imposição de uma racionalidade jurídica alinhada à proteção dos direitos fundamentais dos titulares dos dados, sem que isso constitua um óbice intransponível aos avanços tecnológicos e o seu uso no contexto laboral.

No afã de se conferir maior transparência e confiabilidade no uso da inteligência artificial nas relações de trabalho é que se propõe, com originalidade e ineditismo, o estabelecimento de um marco jurídico regulatório para o uso de inteligência artificial com regras específicas de incidências nas relações de trabalho, tendo como foco e epicentro o ser humano trabalhador.

Conferem ainda mais ineditismo ao estudo ora apresentado a utilização, como fonte material normativa, da Teoria do Agir Comunicativo, de Jürgen Habermas, bem como das diretrizes estabelecidas na proposta de Regulamento da Inteligência Artificial do Parlamento Europeu e do Conselho. Ambas funcionam como limitadoras condicionantes ao uso racional e justo dos mecanismos de inteligência nas relações trabalhistas, sempre na tentativa de eliminar ou reduzir a potencial discriminação algorítmica, o que promoverá o uso de uma inteligência artificial centrada nos seres humanos.

As contribuições da Teoria do Agir Comunicativo, de Jürgen Habermas, plasmam ainda mais originalidade à obra, na medida em que se propõe a aplicação, no campo das decisões automatizadas por algoritmos, das quatro "pretensões de validade" propostas por Habermas, implícitas em qualquer ato comunicativo voltado à mútua compreensão, sendo elas: a pretensão de Inteligibilidade (as expressões devem ser inteligíveis); a pretensão de Verdade (o conteúdo deve ser verdadeiro); a pretensão de Sinceridade (o falante tem de expressar suas intenções de modo sincero); e, por fim, a pretensão de Correção Normativa (os pronunciamentos devem ser corretos no contexto de normas e valores existentes).

A consecução prática e efetiva de uma governança algorítmica e *accountability* ideais pode encontrar na Teoria do Agir Comunicativo habermasiana uma grande aliada. Nela, Habermas buscou, a partir de um diálogo com diversos pensadores – Marx, Weber, Durkheim, Lukács, Adorno, Parsons e outros –, desenvolver uma ideia de racionalidade que encontra seus fundamentos de legitimidade nos processos de comunicação intersubjetiva com vistas a alcançar o entendimento, que é o que justamente se deseja nas decisões automatizadas.

De igual modo, a contribuição original à ciência jurídica brasileira é marcada pelo reforço de incorporação ao marco legal brasileiro da inteligência artificial das bases de racionalidade como condição de possibilidade para o uso da inteligência artificial no âmbito trabalhista, considerado de alto risco. Ainda, pela abordagem inédita quanto à natureza jurídica de um sistema de IA e pela também inédita perspectiva que se confere ao fenômeno da opacidade.

Linhas gerais, entende-se que os parâmetros citados podem promover a almejada racionalidade e transparência algorítmicas, centrada no ser humano, de modo que as pessoas possam confiar que a tecnologia é utilizada de forma segura e em cumprimento da lei, sobretudo em matéria de respeito aos direitos fundamentais. Desse modo, pensa-se que este livro contribuirá para proporcionar racionalidade e eficiência ao ordenamento jurídico brasileiro e se voltará a solucionar o conflito de modo adequado, potencializando o alcance e as virtualidades dos avanços tecnológicos alinhados aos direitos fundamentais do trabalhador.

O livro está dividido em seis capítulos. Inicialmente, após o capítulo introdutório, lança-se mão de noções propedêuticas em IA, como sua evolução histórica e conceitos básicos. Em seguida, o estudo revisita a teoria geral do direito antidiscriminatório, capítulo no qual procura esclarecer a confusão terminológica existente na tipologia das discriminações. Subsequentemente, expõe o papel deste último diante das novas ferramentas de IA. No quarto capítulo, cuida da fisiologia da produção de desigualdades por algoritmos, apresenta uma dupla perspectiva para encarar o fenômeno da opacidade – centrípeta e centrífuga – e propõe uma extensa tipologia das discriminações algorítmicas no contexto laboral.

No capítulo 5, avança para a análise dos limites jurídicos no uso de IA nas relações de trabalho nas experiências comparadas e no Brasil. No último capítulo, revisita as tradições filosóficas da metafísica até o advento da virada linguística e, em seguida, adentra na Teoria do Agir Comunicativo para incorporar a pragmática formal de Habermas e estabelecer os pressupostos ou condições de possibilidade para a explicabilidade dos sistemas de IA.

Capítulo 1

Introdução

"*A tomada de decisão algorítmica é a questão dos direitos civis do século XXI.*"[1] (IFEOMA AJUNWA)

"*A discriminação no trabalho por IA e sistemas automatizados é a nova fronteira dos Direitos Civis.*"[2] (EEOC – EQUAL EMPLOYMENT OPPORTUNITY COMMISSION)

"Os homens criam as ferramentas, as ferramentas recriam os homens."[3] Com esse assertivo pensamento, o canadense Marshall McLuhan – um dos principais teóricos da comunicação e criador do termo "aldeia global" – talvez não tivesse dimensão, à época, do tamanho do impacto social que as ferramentas de inteligência artificial hoje provocam nas relações sociais. A sociedade digital é fruto da Quarta Revolução Industrial, caracterizada pela escala do impacto e pela velocidade das mudanças, fazendo com que as transformações atuais na sociedade sejam diferentes das provocadas por qualquer outra evolução industrial da história. Klaus Schwab afirma que três razões sustentam a ideia de uma Quarta Revolução Industrial: *a)* a velocidade das mudancas; *b)* a amplitude e profundidade; e, por fim, *c)* o impacto sistêmico.[4] Foi dentro dessa quadra histórica que se desenvolveu esta obra.

---

1 AJUNWA, Ifeoma. Social scientists take on data-driven discrimination, 2019.

2 ESTADOS UNIDOS. Equal Employment Opportunity Commission, 2023.

3 MCLUHAN, Marshall. *Understanding media:* the extensions of man, 1994, p. 70.

4 SCHWAB, Klaus. *A quarta revolução industrial*, 2016, p. 13 *apud* MIZIARA, Raphael. Novas tecnologias e direito probatório: aspectos atuais sobre provas digitais, 2022.

Como exemplo desse contexto é possível citar as tecnologias vestíveis e as tecnologias implantáveis, as cidades inteligentes, geladeiras inteligentes, carros autônomos, impressoras etc. Atualmente, até fraldas[5] tornaram-se "inteligentes" e entraram no extenso rol da chamada Internet das Coisas ou *Internet of Things* – IoT. A IoT é uma infraestrutura de entidades, sistemas e recursos de informação interconectados, juntamente com serviços que processam e reagem às informações do mundo físico e do mundo virtual. A IA pode desempenhar papel importante no contexto dos sistemas de IoT, incluindo a análise de dados recebidos e tomada de decisão que podem auxiliar no alcance dos objetivos do sistema, como o controle de entidades físicas e processos físicos, por meio do fornecimento de informações contextuais, em tempo real e preditivas.[6]

O direito não está imune a tais mudanças. Ao revés, o direito e o próprio sistema de justiça foram e atualmente são impactados de forma substancial pelas tecnologias advindas da Revolução Tecnológica. A nova realidade social, caracteristicamente digital, expõe progressivamente a insuficiência dos tradicio-

---

5 Uma fralda inteligente é uma roupa íntima conveniente com um sensor RFID – *Radio Frequency IDentification* – que alerta os pais ou o responsável quando é hora de trocar o bebê ou quem quer que esteja fazendo uso da fralda. Ela funciona a partir de minúsculo sensor RFID que detecta a umidade na fralda e, em seguida, envia um sinal para um receptor próximo, que então chega ao celular dos responsáveis por meio de um alerta. O sensor, desenvolvido por pesquisadores do MIT, não engorda a fralda. É simplesmente embutido no hidrogel encontrado nas fraldas descartáveis. O hidrogel se expande quando a fralda é molhada e dispara uma etiqueta para enviar sinais ao leitor RFID em um raio de um metro. A fralda vai além, rastreando não apenas a umidade, mas também os padrões de sono do bebê. Tudo isso sem o uso de baterias (CHU, Jennifer. Low-cost "smart" diaper can notify caregiver when it's wet, 2020 *apud* MIZIARA, Raphael. Novas tecnologias e direito probatório: aspectos atuais sobre provas digitais, 2022).

6 Segundo a ABNT, um sistema de IoT é uma rede de nós com sensores, que medem propriedades de entidades físicas e transmitem dados relacionados a essas medições, e atuadores, que alteram propriedades de entidades físicas em resposta a uma entrada digital. Monitoramento médico e monitoramento do estado da atmosfera são exemplos de sistemas de IoT, nos quais a saída do sistema é uma informação que se destina a auxiliar os seres humanos em suas atividades (por exemplo, avisos à equipe médica, previsões meteorológicas para humanos). Os sistemas de IoT envolvem sistemas de TI em rede interagindo com entidades físicas. Fundamentais para os sistemas IoT são os dispositivos IoT digitais, na forma de sensores e atuadores, que interagem com entidades físicas. Um sensor mede uma ou mais propriedades de uma ou mais entidades físicas e dados de saídas que podem ser transmitidos por uma rede. Um atuador altera uma ou mais propriedades de uma entidade física em resposta a uma entrada válida, recebida por uma rede. Tanto sensores quanto atuadores podem ter várias formas, como termômetros, acelerômetros, câmeras de vídeo, microfones, aquecedores, robôs ou equipamentos industriais para fabricação ou controle de processos (ASSOCIAÇÃO BRASILEIRA DE NORMAS TÉCNICAS. *ABNT NBR ISO/IEC 22989:2023*, 2023).

nais métodos jurídicos de regulação, tanto no campo material como na seara processual. Nesse cenário, se o Direito tem por principal missão regular as relações sociais, e sendo estas últimas cada vez mais virtuais ou digitais, é imperioso que as normas jurídicas acompanhem tal mudança e passem a dialogar em maior medida com as ciências computacionais.

Entre as inúmeras inovações na sociedade digital está o aumento exponencial do uso de IA em todos os setores. Na saúde, *v. g.*, pacientes e médicos se beneficiam com diagnósticos mais precisos e tratamentos mais personalizados. Igualmente, o campo jurídico se beneficiou com a IA, que instrumentaliza a análise de grandes volumes de dados e automatiza tarefas rotineiras.

A IA está relacionada ao fenômeno da *big data* ou explosão dos dados. A sociedade em rede está cada vez mais interconectada, e a produção de dados atinge proporções cada vez maiores. Fala-se nos três "*Vs*" da *big data*: variedade, volume e velocidade. O altíssimo volume de dados, gerado em variedade e velocidade cada vez maiores, permite criar modelos ou padrões e atingir altos níveis de precisão por algoritmos. Avanços tecnológicos, não se nega, proporcionam novas possibilidades de concretização de direitos fundamentais e contribuem muito no avanço de segmentos sociais; todavia, também suscitam novos riscos e preocupações.

O intenso fluxo virtual de dados propiciado pela internet desafia as seculares e tradicionais normas jurídicas, inclusive as afetas ao direito do trabalho. No campo jurídico, um dos maiores desafios hoje colocados consiste na regulação do uso responsável de ferramentas de inteligência artificial, sem que isso implique óbice instransponível ao desenvolvimento tecnológico. Não é fácil compatibilizar o desenvolvimento tecnológico com o respeito e a promoção dos direitos fundamentais. Por isso, almeja-se propor uma teoria normativo-pragmática que provoque a mitigação dos vieses algorítmicos, que são muitas vezes responsáveis e causadores da discriminação advinda do uso desregulado da IA.

Este livro está pautado no estabelecimento de condições e limites normativos para o uso adequado da inteligência artificial nas relações de trabalho e, em última medida, das decisões automatizadas. Acredita-se que a produção de uma normatividade adequada se traduz em verdadeiro pressuposto para promoção do uso responsável da inteligência artificial, sem que se provoquem entraves no desenvolvimento tecnológico. Mais do que isso, é apta para combater a discriminação algorítmica nas relações de trabalho e, por consectário, permitir o desenvolvimento de uma inteligência artificial antropocêntrica, ou seja, centrada no ser humano e destinada, em última instância, à promoção da dignidade humana, verdadeiro epicentro axiológico do ordenamento jurídico. No mesmo sentido – e na linha dos pensamentos que compuseram a abertura desta parte introdutória – é que a cientista da computação Joy Buolamwini afirma: "A crescente fronteira dos direitos civis exigirá justiça algorítmica. A IA deve ser para as pessoas e pelas pessoas, não apenas para alguns privilegiados".[7]

Elegeu-se como questionamento central condutor da pesquisa a possibilidade de estabelecer as condições e os limites jurídico-normativos para o uso da inteligência artificial nas relações de trabalho, sem que tal normatividade possa comprometer o uso das novas tecnologias no contexto fático-trabalhista. Em outros termos, o problema nuclear consiste na viabilidade de propor uma teoria normativo-pragmática para mitigação dos vieses algorítmicos e consequente eliminação do uso desregulado e abusivo de ferramentas de inteligência artificial com alto potencial nocivo aos trabalhadores.

Do problema central advêm questionamentos específicos, que propõem horizontalizar o estudo em projeção, de maneira a particularizar o questionamento principal. Logo, do problema central decorre uma série de subproblemas, que também foram enfrentados ao longo do desenvolvimento do estudo, dentre os quais se destacam:

a) Como ou de que modo as ferramentas de inteligência artificial podem discriminar trabalhadores?
b) A Lei Geral de Proteção de Dados brasileira, a Lei n. 13.709, de 14 de agosto de 2018 – LGPD, contempla mecanismos suficientes para eliminar ou, ao menos, diminuir o potencial discriminatório das decisões tomadas por meio das ferramentas de inteligência artificial?
c) É possível extrair do ordenamento jurídico brasileiro o direito do titular dos dados à participação humana nas decisões automatizadas oriundas da inteligência artificial?
d) O uso pelo empregador de ferramentas de inteligência artificial tem o condão de potencializar a assimetria de poder já existente nas relações empregatícias? Em caso positivo, o uso sem governança e desmesurado de tais ferramentas caracteriza abuso de poder empregatício?
e) Como a discriminação algorítmica atinge os trabalhadores em geral?
f) Como criar um meio ambiente de tomada de decisões não discriminatórias e sem vieses no âmbito laboral? Dito de outro modo, quais mecanismos devem ser utilizados para a promoção do *debiasing* algorítmico no âmbito trabalhista?
g) Afigura-se possível o estabelecimento de princípios próprios aptos a nortear e orientar a tomada de decisões automatizadas no âmbito trabalhista, como *conditio sine qua non* para sua validade?

---

7 BUOLMWINI, Joy. *Unmasking AI*: my mission to protect what is human in a world of machines, 2023.

h) O descumprimento pelo empregador do dever de explicação nas decisões tomadas unicamente com base em tratamento automatizado rende ensejo à reintegração do empregado despedido via algoritmos?
i) Quais os limites para a imposição judicial e extrajudicial de perícia algorítmica no código-fonte dos proprietários das ferramentas de inteligência artificial?
j) De que modo podem ser úteis ao ordenamento jurídico brasileiro as propostas de regulamentação do uso da inteligência artificial em outros ordenamentos jurídicos?
k) De que forma a teoria habermasiana do Agir Comunicativo pode contribuir com o estabelecimento de mecanismos de governança e transparência algorítmicas?

A hipótese principal testada, como decorrência lógica do problema central proposto, é a de que o estabelecimento de condições e limites jurídicos para o uso da inteligência artificial nas relações de trabalho, especialmente quanto às ferramentas produtoras de decisões automatizadas, pode mitigar os vieses de cognição algorítmica e, portanto, permitir o uso adequado de tais ferramentas de inteligência artificial, alinhado ao respeito aos direitos fundamentais dos trabalhadores. As demais hipóteses testadas decorreram dos problemas específicos enfrentados ao longo do estudo.

O tema objeto do estudo é *justificável* e *relevante*. Inovações tecnológicas sempre moldaram as relações de trabalho, seja do ponto de vista econômico, social ou jurídico. Contudo, mais recentemente a questão ganhou nova perspectiva de preocupações. Com o surgimento e avanço da inteligência artificial, as ferramentas tecnológicas passaram a ser utilizadas no contexto trabalhista em larga medida e com significativa intensidade.

O uso da inteligência artificial nas relações de trabalho, notadamente no que se refere à tomada de decisões automatizadas, é prática extremamente recente do ponto de vista histórico, embora, em boa parte, ainda desconhecida. A inteligência artificial não é uma ferramenta para o futuro. Ela já está presente, criando, destruindo e remodelando empregos e práticas empresariais. Se por um lado atrai grande entusiasmo, por outro é fonte de receios relacionados ao controle de seu uso, transparência, riscos e regulação. Trata-se, sem titubeios, de fenômeno pertencente ao tempo atual e ainda carecedor de uma regulamentação específica e efetiva para tutela dos direitos fundamentais do ser humano trabalhador.

Essa tecnologia é capaz de analisar grandes volumes de dados, identificar padrões e tomar decisões com base em informações, muitas vezes, automatizadas. Embora a IA traga um grande potencial para aumentar a eficiência e a produtividade no local de trabalho, há também algumas preocupações com relação ao seu uso, em particular quanto aos efeitos danosos advindos dos vieses da inteligência artificial, entre os quais se encontra o seu potencial para criar, reproduzir e perpetuar discriminações. A IA não é neutra – inclusive, a neutralidade da IA é um mito a ser desconstruído – e, assim como o ser humano, pode refletir os preconceitos e as discriminações existentes na sociedade. Assim, é importante entender como os vieses da IA podem afetar os trabalhadores e o ambiente de trabalho como um todo.

Apesar das indubitáveis vantagens associadas ao uso desta nova modalidade tecnológica, por exemplo, a tutela de interesses de mercado, de eficiência, de investigação e segurança, ela pode implicar exclusões ilegítimas, com base em critérios desqualificantes, seja de forma intencional ou não. Uma preocupação crescente diz respeito ao enviesamento dos algoritmos que operam dentro dessas tecnologias. Especialmente no ambiente de trabalho, onde a discriminação pode ser exacerbada, é importante investigar esses riscos e evitar que os sistemas de inteligência artificial perpetuem os preconceitos existentes.

Assim se dá porque a tomada de decisões de forma automatizada e em larga escala, somente possível por meio da inteligência artificial, se baseia em linguagens artificiais muitas vezes enviesadas. Tal qual se dá nos processos decisórios humanos, as decisões algorítmicas podem ser afetadas por vieses, com alto potencial discriminatório. É importante entender como e por que a IA pode apresentar vieses e preconceitos ao ser treinada a partir de dados históricos que refletem desigualdades e discriminações presentes em nossa sociedade. Daí a importância de discutir as consequências do enviesamento da IA no ambiente de trabalho, especialmente nas decisões de seleção, contratação, promoção, despedida e tomada de decisões em geral.

A falta de transparência e explicabilidade nos modelos de inteligência artificial, naquilo que se convencionou chamar de *black box* algorítmico, contribui para a incorporação, pelo sistema, de vieses ou *biases*. Explica-se. A inteligência artificial requer para o seu funcionamento, dentre outros "ingredientes", um alto volume de dados, dos mais variados possíveis. No geral, tais dados são extraídos da realidade fática circundante e formam um conjunto de dados ou *dataset* que servirá de "alimento" para o aprendizado da máquina, que será treinada a partir desse agregado específico de dados. Assim, a partir de um grande volume de dados, o *software* extrai determinados padrões que guiarão e servirão de *standard* para a futura decisão automatizada. Por isso é que se afirma que o aprendizado de máquina aprende com e a partir dos dados que lhe são fornecidos.

O problema oriundo do contexto acima é que, em regra, tais dados são extraídos da realidade social, que, como se sabe, é historicamente marcada por assimetrias discriminatórias. Por certo, a partir de um determinado banco de dados impregnado de discriminação, a inteligência artificial passará a reproduzir referidos padrões discriminatórios. Logo, é de suma importância que haja uma regulamentação que preveja mecanismos antidiscriminatórios desde o momento da composição do *dataset* e a respectiva alimentação do sistema de aprendizado, sob pena de reprodução de discriminações em caráter exponencial.

Quando se começa a usar algoritmos em larga proporção, eles recebem o poder de mediar as maneiras pelas quais o ser humano interage com o mundo ao seu redor. Como consequência desse processo, ocorre a reprodução de preconceitos históricos por algoritmos. Não necessariamente o programador do código ou a empresa para a qual ele codifica é, por exemplo, racista ou sexista. No entanto, um algoritmo que reflete padrões de mundo também pode refletir e expandir modelos discriminatórios existentes em nossa sociedade, mesmo que de forma indireta ou inconsciente.

Não obstante a implantação da inteligência artificial pretendesse minimizar discriminações, por exemplo, na fase de seleção e contratação de trabalhadores, tornando-a "objetiva", a ferramenta pode excluir, com base em critérios ocultos, dissimulados e inescrutáveis, pessoas cujas características não coincidem com as representadas no banco de dados de treinamento do algoritmo selecionador ou com outras características que o algoritmo "aprendeu" serem relevantes.

Admite-se a afirmação dos fornecedores de *softwares* de que a tecnologia pode reduzir o preconceito interpessoal. Tal promessa não deve ser ignorada, mas deve ser acatada com muitas reservas. Por isso, em momento algum se pretende a erradicação de decisões automatizadas no contexto laboral, mas desde que haja mecanismos sérios de controle. Observados alguns requisitos, algumas novas tecnologias de contratação podem estar preparadas para ajudar a melhorar a questão da desigualdade nas relações de trabalho.

Um dos mais conhecidos exemplos de discriminação algorítmica veio a público no início de 2019, ocasião na qual um sistema de inteligência artificial da Amazon se revelou sexista em seu processo de recrutamento com o uso de inteligência artificial. A Amazon desenvolveu um sistema de IA para automatizar o processo de triagem de currículos de candidatos ao emprego. O objetivo era tornar o processo de contratação mais eficiente e objetivo. No entanto, o algoritmo começou a demonstrar vieses de gênero. Ele foi treinado com base em dados de currículos enviados à Amazon ao longo de uma década. A maioria dos currículos que a empresa havia recebido historicamente vinha de candidatos do sexo masculino, refletindo assim um desequilíbrio de gênero nos dados de treinamento. Como resultado, o sistema de IA aprendeu a associar características específicas de gênero com sucesso no recrutamento e passou a favorecer automaticamente candidatos masculinos em detrimento das candidatas femininas. Quando a discriminação de gênero foi descoberta, a companhia tomou medidas para interromper o uso do sistema de recrutamento automatizado. A própria empresa reconheceu o problema e destacou a importância de melhorar a equidade e a justiça em seus processos de recrutamento.

Esse caso ilustra como os algoritmos de inteligência artificial podem herdar e amplificar vieses presentes nos dados de treinamento. Observa-se que a Amazon não estava intencionalmente discriminando candidatas do sexo feminino, mas o algoritmo estava reproduzindo preconceitos existentes em seus dados de treinamento. Como dito, no caso citado, o sistema para seleção de empregados foi "treinado" com dados de currículos recebidos ao longo de dez anos. Como a maioria dos selecionados ao longo do período era do sexo masculino, o algoritmo, que se baseia em padrões genéricos do passado, passou a priorizar candidatos do sexo masculino, simplesmente porque o banco de dados era composto preponderantemente por profissionais do sexo masculino.

Inúmeros outros exemplos de discriminação provocada em decorrência do uso das ferramentas de inteligência artificial foram explorados ao longo do presente estudo. De todo modo, há outro *case* emblemático da Amazon, especificamente no tocante ao uso de algoritmos para controlar a produtividade de seus empregados. A decisão para despedida ou não de um trabalhador fica a cargo de uma decisão automatizada, oriunda de ferramentas de inteligência artificial. Com base nos dados de produtividade de diversos trabalhadores da empresa, o sistema calcula um tempo médio de produção, que passa a considerar então como sendo o razoável, ou seja, o esperado. Com isso, o *software* emite uma decisão automatizada para despedir os trabalhadores que ele considera mais "lentos" na execução de suas tarefas. Ocorre que referido sistema de IA recomendou a despedida de trabalhadoras grávidas. Entretanto, justamente por decidir com base em padrões, a IA não foi capaz de identificar que, em regra, mulheres grávidas naturalmente têm um nível de produtividade prejudicado em razão de sua condição fisiológica (ficam mais lentas, vão mais ao banheiro, precisam de mais pausas etc.). Assim, na medida em que o algoritmo as classificou entre as mais ineficientes e as despediu, ignorando por completo sua particularidade gestacional, restou constatada a discriminação produzida pela decisão automatizada.

Desde já, é possível notar que um dos principais desafios no combate ao enviesamento da IA é a falta de diversidade nos conjuntos de dados utilizados para treiná-las. Por exemplo, se um algoritmo de seleção de currículos é treinado em um conjunto de dados que contém um desequilíbrio de gênero, raça ou qualquer outro traço, é provável que o algoritmo perpetue esses preconceitos e possivelmente até os agrave quando usado para selecionar candidatos futuros.

A própria arquitetura dos algoritmos pode ser fonte de enviesamento. Por exemplo, se um algoritmo de seleção de currículos pesa mais fortemente as habilidades técnicas do que as habilidades sociais, isso pode levar a um enviesamento contra candidatos que são fortes em habilidades sociais, mas fracos em habilidades técnicas. Da mesma forma, se um algoritmo assume que os trabalhadores com grandes lacunas em seu histórico profissional são menos qualificados, isso pode prejudicar grupos como as mulheres, que frequentemente passam por longas interrupções em suas carreiras para cuidar de suas famílias.

No ano de 2023, a Amazon foi novamente alvo de acusações de sexismo depois que seu assistente de voz, que funciona por inteligência artificial, a Alexa, não conseguiu responder a uma pergunta sobre o resultado da partida de futebol entre Inglaterra e Austrália pela Copa do Mundo Feminina da FIFA 2023. A resposta inicial da Alexa foi que não havia jogo, o que levantou preocupações sobre o sexismo embutido no sistema. No caso, só foi possível obter uma resposta da Alexa quando a usuária do produto especificou que estava interessada no futebol feminino. Isso se dá porque a IA é tão boa (ou ruim) quanto os dados usados para treiná-la. As ferramentas de IA são treinadas em vastos conjuntos de dados, e cabe aos desenvolvedores garantir que sejam suficientemente diversificadas, o que nem sempre acontece.[8]

Em recente estudo, a pesquisadora Veena Dubal constatou que algoritmos das empresas de trabalho sob demanda, como a Uber e assemelhadas, produzem constantemente discriminação salarial. A pesquisa identificou que trabalhadores estão recebendo valores diferentes pela mesma quantidade de trabalho realizado pelo mesmo período. Empresas como Uber, Instacart e Amazon coletam constantemente grandes quantidades de dados granulares sobre os trabalhadores contratados que usam suas plataformas – onde moram e trabalham, que horas do dia e por quanto tempo tendem a trabalhar, quais são suas metas de rendimento e quais tipos de investimentos estão dispostos a aceitar. Dubal disse que essas empresas "usam esses dados para personalizar e diferenciar o trabalho dos trabalhadores de maneiras que desconhecem".[9]

Os exemplos até aqui mencionados mostram a importância dos modos como as empresas, especialmente as de tecnologia, precisam ser cuidadosas ao desenvolver e implementar sistemas de IA, bem como de estarem conscientes dos riscos de discriminação algorítmica e da importância de uma supervisão humana significativa no treinamento e na operação desses sistemas. O potencial da IA para consolidar preconceitos existentes é uma preocupação maior, que não pode passar ao largo da normatividade.

Diante dessas preocupações, é fundamental que as empresas e instituições que utilizam a IA como ferramenta sejam transparentes quanto aos algoritmos utilizados e realizem testes regulares para identificar e corrigir possíveis vieses. Além disso, é necessário garantir a diversidade e representatividade das equipes responsáveis pela criação e treinamento dos algoritmos, visando minimizar a

---

8 VALLANCE, Chris *et al.* "Sexist" Amazon Alexa didn't answer lionesses question, 2023.

9 DUBAL, Veena. On algorithmic wage discrimination, 2023.

possibilidade de discriminações e desigualdades, sob pena de reproduzir tratamentos injustos e provocar vieses em escala sistêmica.

A preocupação em torno do tema da discriminação algorítmica, que se manifesta nas mais diversas áreas das relações sociais, não surgiu juntamente com a inteligência artificial, mas somente em razão do uso mais recente e desregulado de algoritmos que se revelaram enviesados, colocando em xeque os tradicionais estudos sobre direito antidiscriminatório. Por isso, o tema tem sido objeto de inúmeros e recentes estudos perante as mais variadas universidades ao redor do globo, o que também revela, com evidência, sua atualidade, contemporaneidade e relevância.

Com o uso cada vez mais frequente dos sistemas de inteligência artificial, especialmente no campo da tomada de decisões nas relações trabalhistas, a discussão sobre o funcionamento dos algoritmos e de como evitar que eles repliquem processos discriminatórios é cada vez mais importante. Para se ter ideia, é fato notório que há um número crescente de empresas recorrendo a ferramentas de inteligência artificial para auxiliar no recrutamento e em outras decisões nas relações trabalhistas. De acordo com a revista *Forbes*, quase todas as empresas da Fortune 500 utilizam *software* de seleção de talentos e mais de metade dos líderes de recursos humanos nos Estados Unidos da América utilizam algoritmos preditivos para apoiar a contratação.[10]

A relevância do tema é tamanha que levou a Santa Sé a se pronunciar recentemente sobre o assunto. A inteligência artificial foi o tema escolhido pelo Papa para o 58º Dia das Comunicações Sociais de 2024.[11] Em diversas oportunidades o Sumo Pontífice já se manifestou alertando para o risco de discriminação e violência por trás da inteligência artificial e pediu atenção para que tais

---

10 REICIN, Erik. AI can be a force for good in recruiting and hiring new employees, 2021.

11 "Inteligência artificial e sabedoria do coração: por uma comunicação plenamente humana" foi o tema que o Papa Francisco escolheu para o 58º Dia Mundial das Comunicações Sociais, celebrado em 2024. O anúncio foi feito pela Sala de Imprensa da Santa Sé no dia 29/09/2023, destacando que "a evolução dos sistemas de inteligência artificial torna cada vez mais natural a comunicação através e com as máquinas, de tal modo que se tornou cada vez mais difícil distinguir o cálculo do pensamento, a linguagem produzida por uma máquina daquela gerada pelos seres humanos". O comunicado ainda salienta que, "como todas as revoluções, também esta baseada na inteligência artificial coloca novos desafios para que as máquinas não contribuam para espalhar um sistema de desinformação em larga escala e não aumentem a solidão daqueles que já estão sós, privando-nos do calor que só a comunicação entre pessoas pode dar". Enfim, a nota da Sala de Imprensa da Santa Sé é finalizada enaltecendo a importância de "orientar a inteligência artificial e os algoritmos, de modo que haja em todos nós uma consciência responsável no uso e no desenvolvimento dessas diferentes formas de comunicação, que acompanham as das redes sociais e da internet. A comunicação deve ser orientada para uma vida mais plena da pessoa humana" (VATICANO. Inteligência artificial: tema escolhido pelo Papa para o Dia das Comunicações Sociais 2024, 2023).

práticas não estejam enraizadas nos algoritmos. Em mensagem divulgada pelo Vaticano, o Papa "lembra a necessidade de estar vigilante e trabalhar para que uma lógica de violência e discriminação não crie raízes na produção e uso de tais dispositivos, à custa dos mais frágeis e excluídos".[12] O Vaticano lançou ainda um manual de ética no uso de inteligência artificial, que é fruto de uma parceria com a Universidade de Santa Clara e busca oferecer um material de apoio para aplicação ética das IA.[13]

Igualmente preocupados, legisladores ao redor do mundo têm demonstrado suas preocupações em disciplinar expressamente o uso de decisões automatizadas por meio das ferramentas de IA. Cite-se, *v. g.*, o, o artigo 22, número 3, do Regulamento Geral de Proteção de Dados da Europa,[14] que contempla um conjunto de salvaguardas obrigatórias de titularidade da pessoa natural, entre as quais se incluem, por exemplo, o direito a "obter intervenção humana por parte do responsável", o direito a "manifestar o seu ponto de vista", o direito a "contestar a decisão", entre outros.

Nos Estados Unidos, por exemplo, foi editado no ano de 2019 o *Algorithmic Accountability Act*.[15] Outrossim, recentemente ainda tramitava no parlamento da cidade de Nova Iorque o Projeto de Lei n. 1.894, de 2020, específico sobre o uso, pelos empregadores, de ferramentas de decisão automatizada. O projeto foi aprovado e transformou-se na Lei n. 144, de 2021, conhecida como *Automated Employment Decision Tool Law* ou AEDT.[16] A lei novaiorquina, que passou a ter eficácia e ser exigível a partir de 5 de julho de 2023, exige a realização de uma auditoria prévia sobre tendências ou *bias* em ferramentas de decisão automatizada nas relações de emprego, ou seja, antes do uso da ferramenta. Também exige que os candidatos sejam notificados sobre o uso de tais ferramentas na avaliação para contratação ou promoção, bem como sobre as qualificações e características do trabalho que serão utilizadas pela ferramenta automatizada de decisão de emprego. Trata-se, assim, de tema de importância mundial.

Similarmente, em abril de 2021, a União Europeia editou diretrizes para o uso ético dos recursos de aprendizado de máquina, estabelecendo medidas que responsabilizam empresas por eventuais consequências sociais da utilização de IA. Na Europa também tramita a passos largos a proposta de Regulamento do Parlamento Europeu e do Conselho que "estabelece regras harmonizadas em

---

12 MACCIONI, Federico. Papa alerta contra discriminação e violência por trás da inteligência artificial, 2023.

13 FLAHAUX, Roger *et al.* Ethics in the age of disruptive technologies: an operational roadmap, 2023.

14 UNIÃO EUROPEIA. *Regulamento Geral sobre a Proteção de Dados – RGPD*, 2016.

15 ESTADOS UNIDOS. *S.3572. Algorithmic Accountability Act of 2022*, 2022.

16 CIDADE DE NOVA IORQUE. *Local Law 144 of 2021*, 2021.

matéria de inteligência artificial",[17] que tem como epicentro uma abordagem coordenada das implicações humanas e éticas da inteligência artificial.

No Brasil, embora o legislador também tenha demonstrado essa preocupação, manifestada com a publicação da Lei n. 13.709, de 14 de agosto de 2018 – Lei Geral de Proteção de Dados (LGPD),[18] fato é que a lei em questão trata do tema de forma muito mais tímida quando comparada ao direito europeu, mostrando-se muitas vezes inefetiva para coibir as potencialidades discriminatórias dos algoritmos. É certo que a LGPD contempla expressamente os princípios da não discriminação (art. 6º, IX) e da transparência (art. 6º, VI) para o tratamento de dados pessoais. Contudo, ainda é preciso uma regulamentação mais detalhada para impor mecanismos de governança algorítmica, bem como para prever requisitos e condições específicas para o uso de decisões automatizadas no âmbito trabalhista.

De todo modo, vale citar o a Ato Conjunto TST.CSJT.GP 85/2022,[19] que, embora não trate de discriminação algorítmica, reafirma a premissa de que a equidade de gênero, de raça e de orientação sexual, entre outros marcadores sociais e identitários, são indispensáveis ao pleno exercício da cidadania e da dignidade humana, princípios fundamentais da República Federativa do Brasil e valores do Estado Democrático de Direito. No mesmo sentido, é dever do Estado a elaboração de projetos e políticas de combate à discriminação.

Infelizmente, a legislação brasileira ainda não contempla expressamente a discussão sobre a discriminação algorítmica nas relações de trabalho. Há alguns projetos de lei em andamento no Congresso Nacional objetivando regulamentar o uso da inteligência artificial no Brasil. Cite-se, dentre outros, o Projeto de Lei do Senado n. 2.338, de 2023, que "Dispõe sobre o uso da Inteligência Artificial".[20] O PL em questão considera sistemas de inteligência artificial de alto risco, dentre outros, aqueles utilizados com a finalidade de recrutamento, triagem, filtragem, avaliação de candidatos, tomada de decisões sobre promoções ou cessações de relações contratuais de trabalho, repartição de tarefas e controle e avaliação do desempenho e do comportamento das pessoas afetadas por tais aplicações de inteligência artificial nas áreas de emprego, gestão de trabalhadores e acesso ao emprego por conta própria. Há, ainda, o Projeto de Lei da Câmara dos Deputados n. 21/2020, que "Estabelece fundamentos, princípios e diretrizes para o desenvolvimento e a aplicação da inteligência artificial no Brasil", aprovado

---

17 UNIÃO EUROPEIA. *Proposta de Regulamento do Parlamento Europeu e do Conselho que estabelece regras harmonizadas em matéria de inteligência artificial*, 2021.

18 BRASIL. Lei n. 13.709, de 14 de agosto de 2018.

19 BRASIL. Tribunal Superior do Trabalho; CONSELHO SUPERIOR DA JUSTIÇA DO TRABALHO (Brasil). Ato Conjunto n. 85/TST.CSJT.GP, de 11 de novembro de 2022.

20 BRASIL. Projeto de Lei n. 2.338, de 2023.

pela Câmara dos Deputados em 29/09/2021 e remetido ao Senado Federal em 04/10/2021.[21] Ao contrário do PL anteriormente citado, este último não dispõe de forma expressa sobre a utilização da inteligência artificial nas relações de trabalho.

A urgência da abordagem prático-teórica desta temática é salientada pelo uso de tais ferramentas no contexto trabalhista. Em primeiro lugar, porque envolve o direito fundamental ao trabalho. Em segundo lugar, porque já são inúmeros os casos noticiados de discriminação algorítmica nas relações de trabalho, como exaustivamente se verá ao longo do estudo. A atenção aos vieses discriminatórios embutidos nas decisões automatizadas é ainda mais urgente no contexto da *gig economy*, em que os algoritmos são determinantes da renda dos trabalhadores.

Pesquisas evidenciaram que criadores de conteúdo *online* afrodescendentes têm seu trabalho valorado negativamente sob o viés algorítmico. Segundo recente estudo, influenciadores e criadores de conteúdo digital têm o seu labor significantemente prejudicado pelo viés racista imbricado nas métricas algorítmicas. Afirmou-se que coletivos de blogueiras, influenciadoras, modelos e criadoras de conteúdo digital pretas passaram a trazer à tona práticas de *shadowbanning* e de disparidade salarial das quais se perceberam vítimas ao comparar seus ganhos financeiros com o histórico de contratos de suas colegas brancas.[22] Ou, ainda, que anúncios de empregos para cargos de alto escalão são geralmente ocultados para as mulheres no buscador Google. Esses e muitos outros exemplos serão explorados durante a pesquisa.

Há inúmeros e múltiplos outros eventos de falha na codificação com a produção de resultados discriminatórios, especialmente racistas, restando demonstrado que, nos usos diários de tecnologia e da rede mundial de computadores, a discriminação está embutida em códigos de computação e, cada vez mais, em tecnologias de IA das quais dependemos, por escolha ou não. Citam-se, não exaustivamente, os seguintes episódios de "racismo algorítmico" nos últimos anos: *Google Images* apresenta resultados hipersexualizados para busca por "mulheres negras"; *Facebook* esconde protestos contra a violência policial; *Google Photos* marca fotos de jovens negros como "Gorila"; *chatbot* da Microsoft torna-se um racista por um dia; pessoas de pele escura são menos identificadas corretamente do que seus pares brancos em programas de reconhecimento facial; repressão do Facebook ao movimento #BlackLivesMatter; Google pede descul-

---

21 BRASIL. Projeto de Lei n. 21, de 2020.

22 ROCHA, Cláudio Jannotti da; ABAURRE, Helena Emerick. Discriminação algorítmica no trabalho digital, 2020.

pas após sua Visão IA ter produzido resultados racistas; prisão falsa de um homem negro causada por um sistema de reconhecimento facial.[23]

Seja como for, é inconteste que a falta de transparência dos algoritmos é uma preocupação real em relação às consequências de sua aderência no mercado de trabalho da *gig economy*, pois, se implantados de forma descuidada, os sistemas de recomendação de conteúdo e tomada de decisão orientados por algoritmos podem acabar reforçando os resultados discriminatórios em vez de combatê-los, como será detalhado.

O estudo do tema se justifica ainda mais quando se observa que a LGPD é uma lei geral, dotada de inegável e significativa transversalidade, espraiando influências em praticamente todas as áreas do Direito. Não poderia ser diferente no direito do trabalho, disciplina especial que tem por objeto o estudo das normas que regulam as relações jurídicas firmadas, em sua maior parte, entre empregado e empregador, marcadas pelo intenso fluxo de dados, desde o momento do preenchimento de um formulário de candidatura ao emprego até o período pós-contratual. Esse elevado fluxo de dados nas relações de trabalho assume grandes proporções e atrai especial atenção sobre a questão, pois é terreno fértil para o uso de ferramentas de inteligência artificial pelo empregador.

A preocupação é crescente e guarda relação direta com o avanço da inteligência artificial. Para se ter ideia, o número de patentes de IA registradas em 2021 é mais de 30 vezes maior do que em 2015, mostrando uma taxa de crescimento anual composta de 76,9%, conforme demonstra o *AI Index Report Master* de 2022,[24] um dos principais documentos estatísticos da área. Outro dado que chama a atenção diz respeito aos números e aos tipos de publicações científicas sobre inteligência artificial no mundo. No ano de 2021, foram publicados 334 mil trabalhos científicos sobre inteligência artificial. Mas, desse número total, apenas 1.140 foram trabalhos em níveis de doutoramento.[25]

Desse modo, o tema está justificado na cada vez mais imperiosa necessidade de desenvolvimento de estudos e de implementação de modelos regulatórios para tentar mitigar o risco de inexatidões ou erros, combatendo-se doravante o potencial de discriminação que se manifesta na operação de definição de perfis, especialmente as de perfis profissionais, imbuídas num imbróglio de transparência débil e precisão rarefeita. Nesse cenário, é preciso garantir que a IA, ao invés de prejudicar, seja instrumento de apoio ao ser humano, enquanto ente

23 SILVA, Tarcízio. *Comunidades, algoritmos e ativismos digitais:* olhares afrodiaspóricos, 2020, p. 130.

24 ZHANG, Daniel *et al. The AI index 2022 annual report. Stanford Institute for Human-Centered AI*, 2022. p. 16.

25 ZHANG, Daniel et al. *The AI index 2022 annual report*, cit., p. 18.

dotado de dignidade, bem como mecanismo de progresso no sentido da redução da pobreza, da promoção da equidade, do trabalho digno e da justiça social.

A *ratio* subjacente está em abrir a "caixa-preta" das decisões automatizadas e, com isso, impedir que o trabalhador se torne mero objeto de informações sujeito a discriminações algorítmicas em razão de enviesamentos cognitivos artificiais. A tese que se desenvolveu trilhou por uma zona de compromisso e acomodação de interesses, caracterizada pela importância em dispor de normas de proteção do núcleo essencial dos direitos humanos, sem impedir que os progressos tecnológicos continuem avançando, sempre com vistas a servirem de instrumentos para concretização dos direitos fundamentais e não para sua vulneração. É essa a arena das tensões percorrida no livro.

Acredita-se que a construção de uma teoria normativo-pragmática para mitigação dos vieses algorítmicos e consequente eliminação da discriminação algorítmica nas decisões automatizadas nas relações de trabalho é extremamente relevante e contribuirá de forma significativa na prática e no cotidiano das relações laborais e para a sociedade em geral, pois os estudos poderão ser utilizados em todas as relações sociais em que se utilizam decisões automatizadas, por exemplo, os ramos securitário e previdenciário.

Do que já foi exposto, é tranquilo notar que, quanto à *delimitação do objeto de estudo* eleito, o tema geral é a discriminação algorítmica, ou seja, produzida por inteligência artificial, em todo o ciclo de vida das relações de trabalho, desde o momento de um mero anúncio para vaga de trabalho até o momento da extinção do contrato. Suas delimitações consistem, em boa medida, na abordagem específica relacionada ao contrato de trabalho subordinado de caráter empregatício, sem descurar das novas formas de captação da força de trabalho, especialmente as relacionadas ao trabalho via plataformas digitais.[26]

---

26 Entendo que são dois os principais tipos de plataformas digitais de trabalho: *i)* plataformas *online* baseadas na *web*, nas quais as tarefas são realizadas *online* e remotamente por trabalhadores, e *ii)* plataformas baseadas em localização, nas quais as pessoas, como motoristas de táxi ou entregadores, realizam o trabalho em uma localização geográfica específica. Como se nota, a distinção está na organização espacial do trabalho, ou seja, na geografia do trabalho. A Revolução Tecnológica e a chamada indústria 4.0 produziram o fenômeno da *gig economy*. Geralmente, a *gig economy* inclui duas principais formas de trabalho: a) o *crowdwork* ou trabalho por multidões; e *b)* o *work on demand via apps* (*platform economy*) (STEFANO, Valerio de. *The rise of the "just-in-time workforce"*: on-demand work, crowdwork and labour protection in the "gig economy", 2016, p. 71). Assim, na *gig economy*, diferenciam-se duas formas de trabalho. A primeira, por uma plataforma que medeia "servicos físicos", como serviços domésticos, transporte de passageiros etc., que inevitavelmente precisam ser realizados localmente. Esses serviços físicos são chamados de "trabalho sob demanda *via apps*". É chamado de "sob demanda" porque o destinatário final do serviço só aciona o aplicativo quando dele necessita. O segundo tipo é um "serviço virtual" que é transmitido via internet e

Especificamente, o estudo busca também estabelecer as condições e os limites jurídicos para o uso da inteligência artificial, especialmente no que se refere à tomada de decisões automatizadas, como forma de promover o *debeasing* ou eliminação de vieses de cognição algorítmica nas relações trabalhistas.

Nessa quadra, indaga-se: como pode o direito do trabalho lidar com os desafios identificados? Há uma clara necessidade de regulamentação para garantir que as tecnologias emergentes sejam implementadas dentro dos limites adequados. E é preciso um contexto regulatório muito específico para o direito do trabalho. Dadas as especificidades da relação pessoal de trabalho, soluções propostas em contextos gerais, ou mesmo outras áreas, como a proteção do consumidor, não podem necessariamente ser transpostas.[27]

Ao longo da obra, pretendeu-se estabelecer e apresentar, de forma lógica e concatenada, as premissas que demonstram a necessidade de estabelecimento de condições e limites jurídicos para o uso de decisões automatizadas nas relações de trabalho, como forma de reduzir, e até mesmo eliminar, os riscos ou consequências negativas que a inteligência artificial pode trazer para os cidadãos trabalhadores e a sociedade.

Como condição *sine qua non* ao desenvolvimento deste livro, mostrou-se necessária a incursão da pesquisa na área das ciências da computação, especificamente no tocante às questões relacionadas à inteligência artificial (ou compu-

---

pode ser realizado em qualquer lugar do mundo por várias pessoas, em colaboração, como tarefas de contabilidade ou tradução. Eis aqui o *crowdwork*. O mesmo autor, apoiado em outras fontes doutrinárias, leciona que *crowdwork* é um trabalho que é executado por meio de plataformas *online* que colocam em contato um número indefinido de organizações, empresas e indivíduos através da internet, permitindo potencialmente conectar clientes e trabalhadores em uma base global. A natureza das tarefas executadas em plataformas de trabalho coletivo pode variar consideravelmente. Muitas envolvem "microtarefas", tais como atividades extremamente parceladas, muitas vezes subalternas e monótonas, que ainda exigem algum tipo de julgamento além da compreensão da inteligência artificial (por exemplo, marcação de fotos, valorização de emoções ou adequação de um *site* ou texto, preenchimento de pesquisas). Em outros casos, trabalhos maiores e mais significativos podem ter origem coletiva, como a criação de um logotipo, o desenvolvimento de um *site* ou o projeto inicial de uma campanha de *marketing* (*ibid.*, p. 71). É preciso deixar claro que o *crowdwork* nem sempre é realizado por meio de plataformas digitais, embora quase sempre o seja. Por meio do *crowdwork* a prestação de serviço, tradicionalmente realizada por um trabalhador, é descentralizada indefinidamente para um número indeterminado de pessoas. Observa-se que há uma diversidade de novas formas de trabalho que são diretamente impactadas pelo uso desregulado das ferramentas de inteligência artificial. "Moderadores de conteúdo, *gamers*, *crowdworkers*, *youtubers*, *vloggers*, *podcasters*, *pinners*, *memers*, influenciadores e blogueiros já são algumas das categorias que têm o ciberespaço como seu verdadeiro meio ambiente de trabalho" (ROCHA, Cláudio Jannotti da; ABAURRE, Helena Emerick. Discriminação algorítmica no trabalho digital, 2020, p. 4-5).

27 ADAMS-PRASSL, Jeremias. What if your boss was an algorithm? The rise of artificial intelligence at work, 2019.

tação cognitiva) e ao aprendizado de máquina, em seus diversos matizes e variantes. Um estudo interdisciplinar entre inteligência artificial e direito do trabalho, ambos em constante transformação, revelou-se imprescindível.

Por isso, a parte inicial da obra apresenta noções propedêuticas sobre a inteligência artificial, explicando conceitos secularmente estranhos às ciências jurídicas. Investigou-se, neste particular, como linguagens artificiais são capazes de assimilar o âmbito pragmático de linguagens naturais e de que forma processos decisórios humanos e algorítmicos são afetados por vieses, podendo dar ensejo a tratamentos injustificadamente desiguais.

Em seguida ao estudo dos conceitos iniciais, o livro debruça-se sobre a teoria geral do direito antidiscriminatório, que, atualmente, deve passar a abarcar o enfrentamento jurídico da discriminação produzida pelas ferramentas de inteligência artificial. Revelou-se necessária ao desenvolvimento do estudo a revisitação dos estudos sobre direito antidiscriminatório nas relações de trabalho para, a partir das suas premissas e bases teóricas, compreender o fenômeno da discriminação algorítmica, sua tipologia e as formas pelas quais ela pode se manifestar, inclusive por meio dos chamados vieses algorítmicos.

Posteriormente, são abordados os principais reflexos da inteligência artificial no direito do trabalho, tais como o fenômeno da "algocracia", do poder diretivo algorítmico e da subordinação algorítmica. Outrossim, o estudo pretende demonstrar como o uso da inteligência artificial pelo empregador é capaz de instrumentalizar novas formas de controle empregatício e provocar a inevitável potencialização do poder empregatício, com a consequente exacerbação da assimetria tradicionalmente presente no contrato de trabalho.

Nessa trilha, não se pôde deixar de lado a análise dos regramentos trazidos pela Lei Geral de Proteção de Dados brasileira e pelas experiências estrangeiras no tocante ao tratamento dos dados de forma automatizada, demonstrando-se a sua suficiência para responder aos novos desafios sociais e jurídicos impostos pelas novas tecnologias.

Por fim, o livro apresenta as propostas de regulação em outros ordenamentos jurídicos, bem como as principais bases da Teoria do Agir Comunicativo, de Jürgen Habermas, para demonstrar as vantagens de aplicá-las ao direito brasileiro, como limitadoras condicionantes ao uso racional, transparente e justo de decisões automatizadas, com foco no ser humano.

Capítulo 2

Noções propedêuticas em inteligência artificial

> "*Proponho considerar a questão: 'As máquinas podem pensar?*'"[1] (ALAN TURING)

Para compreender o presente e o atual estágio de desenvolvimento da inteligência artificial, é preciso lançar os olhos para o passado e analisar como a inteligência artificial e suas variantes se desenvolveram ao longo do tempo. De igual modo, mostra-se imprescindível a análise e a compreensão dos conceitos aplicáveis em inteligência artificial, tais como o fenômeno do *big data*, a ideia de algoritmo, o aprendizado de máquina ou *machine learning*, os principais tipos de aprendizado de máquina (supervisionado, não supervisionado, por reforço ou por recompensa), a tipologia da inteligência artificial (IA fraca e IA forte), a inteligência artificial emocional, as redes neurais artificiais (RNA), o aprendizado profundo ou *deep learning*, o processamento de linguagem natural (PLN), os vieses algorítmicos, a opacidade algorítmica e a inteligência artificial explicável (*xAI*). Todos são conceitos que não se confundem, e o entendimento de cada um deles é imprescindível.

BREVE EVOLUÇÃO HISTÓRICA DA INTELIGÊNCIA ARTIFICIAL

É clássica a lição do pensador Heródoto: "Pensar o passado para compreender o presente e idealizar o futuro". Nessa toada, revela-se extremamente útil compreender, ainda que sinteticamente, um pouco da história do desenvolvimento da inteligência artificial, especialmente no tocante a seus principais

---

1 TURING, A. M. Computing machinery and intelligence, 1950.

marcos histórico-evolutivos e à maneira como a regulação jurídica se revelou a partir de certos acontecimentos. Esse é o objetivo deste tópico.

A história da inteligência artificial pode ser segmentada em suas experiências iniciais – que remontam à Antiguidade –, seguidas pelos estudos científicos precursores sobre o assunto, que dão início à fase de gestação da inteligência artificial (1943-1955), e perpassa por seu efetivo nascimento, ascensão e queda – fase que contempla a chamada era de ouro (1956-1973) –, bem como os períodos de inverno (1974-1980; 1987-1993). Por fim, será traçado o atual panorama da IA, suas principais aplicações, bem como os desafios do presente e do futuro.

Experiências iniciais

A história da inteligência artificial remonta à Grécia Antiga, quando já se pensava na possibilidade de criar seres autômatos pensantes. Os mitos gregos de Hefesto e Dédalo incorporaram a ideia de robôs inteligentes e seres artificiais como Pandora. Esses seres "autômatos", como Talos, protegeriam Creta dos invasores. Os gregos antigos falavam da ideia de *biotechne*, ou sobre como fenômenos biológicos, a exemplo do envelhecimento, podem ser alterados com a tecnologia dos humanos.[2]

Essas histórias retratam a possibilidade de atribuir o intelecto humano a objetos inanimados. Escritores retrataram autômatos como o defensor Talos, trabalhando através de vasos sanguíneos por trás de uma armadura robótica de bronze, mostrando qualidades humanas, como emoções e julgamentos. Essas formas primitivas de inteligência artificial desafiaram o que significava ser humano, estendendo os limites do que o homem pode criar. As mesmas questões persistiriam por meio de debates históricos sobre o assunto.[3]

Há relatos que remetem também ao período medieval. No ano de 1200, por exemplo, o filósofo-matemático Ramon Llull desenvolveu máquinas lógicas dedicadas a combinar verdades básicas e inegáveis por meio de operações simples de lógica. Eles foram produzidos pela máquina por significados mecânicos, de modo a produzir todo o conhecimento possível. O chamado "Círculo Lullian" era uma máquina de papel que girava para combinar símbolos entre si. O trabalho de Llull teve uma grande influência no filósofo Gottfried Leibniz, que argumentou que o cálculo mecânico pode equivaler ao raciocínio.[4]

Mais tarde, em 1495, já no período renascentista, o italiano Leonardo da Vinci apresentou seu "cavaleiro mecânico". Valendo-se de roldanas e cabos, o

2 GRAVES, Robert; RIORDAN, Rick. *Os mitos gregos*, 2021, *passim*.

3 ATHER, Hussain. A history of artificial intelligence: from ancient civilization to the present day. Disponível em: https://ahistoryofai.com. Acesso em: 13 jun. 2025.

4 ATHER, Hussain. A history of artificial intelligence, cit.

"cavaleiro" movia braços e pernas como um humano. Já no ano de 1641, o filósofo inglês Thomas Hobbes apresentou uma explicação materialista da mente, na qual descreveu o pensamento e a cognição como somas mecânicas de processos físicos, semelhantes à maneira como robôs, autômatos, androides e outras formas de inteligência artificial pensam.[5]

Quase duzentos anos depois, o filósofo-matemático francês René Descartes escreveu, em 1673, seu *Discurso sobre o método*, do qual se colhe a afirmação de que os autômatos não podem responder às coisas da maneira que um humano pode. Esse conceito do que os humanos possuem o que as máquinas não têm serviu depois de base para o famoso teste de Turing.[6]

Em 1796, o artesão japonês Hisashige Tanaka criou brinquedos mecânicos que serviam chá, disparavam flechas e pintavam *kanjis* japoneses. As bonecas até mesmo se curvavam na tradição japonesa. As pessoas os usavam em suas casas e durante as festas religiosas. Ele esboçou esses autômatos em *Karakuri Zui* ou Maquinário Ilustrado. A palavra "*karakuri*" significa "truque" ou "mecanismo" para mostrar a admiração que evocava, semelhante ao *sebas* (temor) que os antigos gregos descreveram.[7]

No entanto, foi somente no ano de 1804 que foi criada a primeira máquina programável, inventada pelo comerciante Joseph-Marie Jacquard. Valendo-se de instruções em cartões perfurados, dispositivos mecânicos produziam uma série de cartões perfurados. A criação de padrões e cartões foi precursora da programação de computadores e da entrada de dados.[8]

Em 1818 foi publicada a novela *Frankenstein* pela romancista Mary Shelley. Unindo filosofia, literatura, ciência e história, a autora especulou como os humanos tentariam usar o progresso científico para adulterar a natureza. Frankenstein e seu monstro rejeitado permanecem até os dias atuais no centro dos debates sobre pesquisa de tecidos fetais, extensão da vida, clonagem humana e inteligência artificial.[9] Outra conhecida descrição de experiências sobre autômatos na literatura se deu no ano de 1881, quando o italiano Carlo Collodi publicou *As aventuras de Pinóquio*. Trata-se da história de um brinquedo com emoções e julgamentos, com expectativas de se tornar humano.

Em 1900 a literatura começou a falar em emoção artificial. O norte-americano L. Frank Baum escreveu *O maravilhoso mágico de Oz*, no qual o Homem de Lata (Woodman) falava sobre seu desejo por um coração em debates filosóficos com o Espantalho e o Leão Covarde. Embora lhe faltasse um cérebro,

---

5 ATHER, Hussain. A history of artificial intelligence, cit.
6 ATHER, Hussain. A history of artificial intelligence, cit.
7 ATHER, Hussain. A history of artificial intelligence, cit.
8 ATHER, Hussain. A history of artificial intelligence, cit.
9 ATHER, Hussain. A history of artificial intelligence, cit.

Woodman se preocupava muito mais em não ter coração. Apesar dessa deficiência, ele demonstrou terna emoção, muito mais do que os outros companheiros humanos da personagem Dorothy.[10]

Já em 1912, o matemático espanhol Leonardo Torres y Quevedo construiu o primeiro jogo de computador artificial, cunhado de *El Ajedrecista*. O autômato usava braços mecânicos para mover peças de xadrez. Depois de passar anos especulando sobre como os autômatos poderiam pensar como humanos, ele substituiu os braços por eletroímãs. No ano seguinte, Bertrand Russell e Alfred North Whitehead publicaram *Principia Mathematica*, que revolucionou a lógica formal. O estudo lançou as bases para a verificação de tipos e inferências por algoritmos, mais tarde usados em computadores de prova de teoremas e em avanços de programação de computadores.[11]

As experiências mencionadas, entre várias outras, retratam alguns exemplos do antigo desejo do homem de atribuir características humanas às máquinas. A ideia de que era possível desenvolver entes com marcante capacidade autônoma claramente não é deste século.

Estudos científicos precursores sobre inteligência artificial: a gestação da inteligência artificial (1943-1955)

Apesar dos relatos históricos vistos na seção anterior, as primeiras tentativas de desenvolvimento de uma inteligência artificial baseada em estudos científicos mais elaborados e metódicos remontam ao ano de 1943, quando Walter Pitts e Warren McCulloch publicaram um estudo sobre como os neurônios poderiam funcionar. Em síntese, afirmaram que a atividade nervosa, os eventos neurais e as relações entre eles podem ser tratados por meio da lógica proposicional. Para demonstrar sua pesquisa, os autores modelaram uma rede neural simples usando circuitos elétricos e criaram um modelo computacional para redes neurais baseadas em matemática e em algoritmos denominados lógica de limiar ou *threshold logic*.[12] Em resumo, a ideia percursora concebia um modelo computacional inspirado no sistema nervoso humano.

Warren McCulloch e Walter Pitts demonstraram que qualquer função computável podia ser calculada por certa rede de neurônios conectados e que todos os conectivos lógicos (e, ou, não etc.) podiam ser implementados por estruturas de redes simples. Também sugeriram que redes definidas adequada-

10 ATHER, Hussain. A history of artificial intelligence, cit.
11 ATHER, Hussain. A history of artificial intelligence, cit.
12 MCCULLOCH, W. S.; PITTS, W. A logical calculus of the ideas immanent in nervous activity, 1943.

mente seriam capazes de aprender.[13] No funcionamento desse neurônio, o conjunto de informações advindas do meio externo (entradas) é somado e ponderado por pesos sinápticos. Após o processamento dessa soma por uma função de ativação, caso o resultado supere um limiar (específico de cada neurônio), a saída resultante é não nula.[14] Esse modelo serviu de base para estudos posteriores de redes neurais baseadas em linguagem computacional, bem como para o desenvolvimento futuro do aprendizado profundo das máquinas.

Ainda na década de 1940, mais precisamente no ano de 1949, Donald Hebb publicou um estudo seminal intitulado *The organization of behavior*, no qual demonstrou que os caminhos neurais são fortalecidos a cada vez que são usados, o que é essencial para explicar o modo como os seres humanos desenvolvem seu aprendizado. Segundo ele, se dois nervos dispararem ou reagirem ao mesmo tempo, a conexão entre eles será otimizada.[15] Essa lógica foi utilizada mais tarde no desenvolvimento das redes neurais artificiais e continua a ser um modelo influente.

No ano de 1950, Alan Turing, considerado o pai da inteligência artificial, publicou o famoso artigo intitulado "Computing machinery and intelligence",[16] tido como um grande marco nos estudos sobre máquinas pensantes. Turing desenvolveu um teste hipotético – conhecido popularmente como "Teste de Turing" – por meio do qual buscou analisar se um sistema computacional é ou não inteligente como um ser humano. Para tanto, seria necessário que a máquina conseguisse enganar uma pessoa, de modo que esta, ao interagir com a máquina, não pudesse distinguir se estava lidando com um ser humano ou com a própria máquina. Em razão de sua importância, a experiência merece uma explicação mais detalhada.

O teste perpassa por aquilo que Turing chamou de "jogo da imitação",[17] formado por três participantes que não podem se ver: um jogador A (máquina, que simula uma pessoa do gênero masculino), um jogador B (humano do gênero feminino) e um jogador C, que é o interrogador (humano, que pode ter qualquer gênero). O interrogador deve fazer perguntas para ambos, e o objetivo

---

13 RUSSELL, Stuart; NORVIG, Peter. *Inteligência artificial*, 2010, p. 41.

14 VIEGAS, José Dié. O Perceptron e as máquinas de vetores de suporte, 2017.

15 HEBB, Donald Olding. *The organization of behavior*, 1949, p. 179.

16 TURING, A. M. Computing machinery and intelligence, cit.

17 O jogo era chamado "jogo da imitação", pois Alan Turing propôs que uma máquina poderia imitar o pensamento humano. Como dito, no teste, uma pessoa, um computador e um interrogador humano são mantidos em salas separadas e só podem se comunicar por texto impresso. A máquina e o ser humano manterão uma conversação entre si. O interrogador deverá analisar o conteúdo e tentar distinguir qual é a máquina e qual é o ser humano. A pergunta que Turing se fazia era: poderia a máquina imitar o pensamento humano e confundir o interrogador?

é descobrir qual dos dois é o homem e qual é a mulher. O jogador A deve convencer o interrogador de que é, na verdade, um humano; o jogador B deve ajudar o interrogador dando respostas às perguntas; o jogador C, interrogador, deve ainda descobrir quem é quem.

Com base no teste, Turing afirmou que seria possível concluir se um computador (jogador A) é inteligente, desde que conseguisse enganar o interrogador e convencê-lo de que é humano. Se o interrogador não conseguisse identificar se as respostas foram feitas ou não pela máquina, esta poderia então ser considerada inteligente. Em síntese, o teste de Turing afirma que, se um ser humano conversa com uma máquina por determinado período sem perceber que ela não é um ser humano, o computador passa no teste. Curioso notar que essa é justamente a lógica que orienta os chamados *chatbots*, bastante comuns atualmente para responder a perguntas enviadas por consumidores. No artigo publicado, Turing afirmou acreditar que "em cerca de cinquenta anos será possível programar computadores para fazê-los jogar o jogo da imitação tão bem que um interrogador médio não terá mais de 70% de chance de fazer a identificação correta após cinco minutos de questionamento".[18]

Turing estava certo, embora tenha errado sua estimativa por uma diferença de dez anos. Em junho de 2014, uma equipe de cientistas russos desenvolveu um sistema, cunhado de "Eugene Goostman", que passou no teste de Turing. Eugene foi capaz de demonstrar a naturalidade e a personalidade compatíveis com um jovem de 13 anos e conseguiu enganar 33% dos interrogadores.[19] Não obstante, questiona-se se Eugene Goostman foi realmente o primeiro *chatbot* a passar em um teste de Turing. Há críticas alegando que outros sistemas passaram no teste anteriormente. Seja como for, é preciso ter em mente que o teste de Turing apenas prova que uma máquina pode "imitar" a inteligência, o que está longe de demonstrar possuir inteligência real. Em verdade, seu "pensamento" se baseia na repetição, sem que seja possível desenvolver outros tipos de raciocínio fora dos estritos limites das informações que foram imitadas.

Nascimento, ascensão e queda da inteligência artificial: da era de ouro (1956-1973) aos períodos de inverno (1974-1980; 1987-1993)

Alguns anos depois dos estudos de Turing, surge pela primeira vez na história a expressão "inteligência artificial", que é atribuída a John McCarthy, cunhada em meio à famosa Conferência de Dartmouth, realizada no Estado

18 TURING, A. M. Computing machinery and intelligence, cit.
19 Disponível em: https://en.wikipedia.org/wiki/Eugene_Goostman. Acesso em: 13 jun. 2025.

norte-americano de New Hampshire. Na proposta dessa reunião, escrita por John McCarthy (Dartmouth College), Marvin Minsky (Harvard University), Nathaniel Rochester (IBM) e Claude Shannon (Bell Telephone Laboratories), consta a intenção dos autores de realizar "um estudo durante dois meses, por dez homens, sobre o tópico inteligência artificial".[20]

Para os pesquisadores do *Dartmouth Summer Research Project* ou Projeto de Pesquisa de Verão de Dartmouth sobre Inteligência Artificial, a IA foi inicialmente projetada para simular as diferentes faculdades da inteligência - humana, animal, vegetal, social ou filogenética - utilizando máquinas. Mais precisamente, essa disciplina científica teve como base a suposição de que todas as funções cognitivas - especialmente aprendizagem, raciocínio, computação, percepção, memorização e mesmo descobertas científicas ou criatividade artística - podem ser descritas com tamanha precisão que torna possível programar um computador para reproduzi-las. Em mais de 60 anos de existência da IA, não há nada que tenha negado ou provado de forma irrefutável essa possibilidade, que permanece tão aberta quanto cheia de potencial.[21]

O evento científico de Dartmouth foi tão significativo que se tornou uma referência do nascimento da inteligência artificial,[22] mas também do início da chamada Era de Ouro, que vai de 1956 a 1974. Com efeito, as duas décadas seguintes à Conferência de Dartmouth foram marcadas por relevantes avanços nos estudos da inteligência artificial. Pode-se afirmar que nesse período houve uma verdadeira ascensão nesse campo, com robustos investimentos financeiros na área e significativos avanços científicos.

À medida que a capacidade computacional se desenvolvia, o entusiasmo pela inteligência artificial crescia, pois novas capacidades computacionais permitiam colocar em prática aquilo que até então estava apenas na teoria. Nesse período a inteligência artificial se desenvolveu em alto ritmo, tanto no campo teórico como em aplicações concretas.

No florescer desse desenvolvimento, Allen Newell, Herbert Simon e Cliff Shaw desenvolvem em 1956 o programa *Logic Theorist*, o primeiro sistema de inteligência artificial da história mundial. Já no ano de 1958, John McCarthy desenvolveu a *Lisp*, linguagem de programação mais popular e ainda preferida para pesquisa de inteligência artificial.[23]

---

20 MCCARTHY, J.; MINSKY; ROCHESTER, N.; SHANNON, C. E. A proposal for the Dartmouth summer research project on artificial intelligence, 2006.

21 MCCARTHY, J.; MINSKY; ROCHESTER, N.; SHANNON, C. E. A proposal for the Dartmouth summer research project on artificial intelligence, cit.

22 RUSSELL, Stuart; NORVIG, Peter. *Inteligência artificial*, cit., p. 41.

23 RUSSELL, Stuart; NORVIG, Peter. *Inteligência artificial*, cit., p. 41.

Foi também nesse período, especificamente em 1958, que surgiu o *Perceptron*, a mais antiga rede neural, ainda hoje em uso. Segundo seu criador, Frank Rosenblatt, a ideia do *Perceptron* é a de responder às questões de como a informação sobre o mundo físico é percebida, de que forma a informação é lembrada e como a informação retida na memória influencia o reconhecimento e o comportamento. Inspirado na visão sensorial de uma mosca, ele criou um sistema nervoso hipotético, que chamou de *Perceptron*. A teoria, segundo ele, serve como uma ponte entre a biofísica e a psicologia, e por meio dela é possível prever curvas de aprendizado a partir de variáveis neurológicas e vice-versa.[24] O *Perceptron* desenvolvido era de camada única, mas foi útil para classificar um conjunto de entradas de valor contínuo em uma de duas classes. O engenho calcula a soma ponderada das entradas, subtrai um limite e passa um dos dois valores possíveis como resultado. A Figura 1 exibe a representação gráfica do *Perceptron* desenvolvido por Rosenblatt.

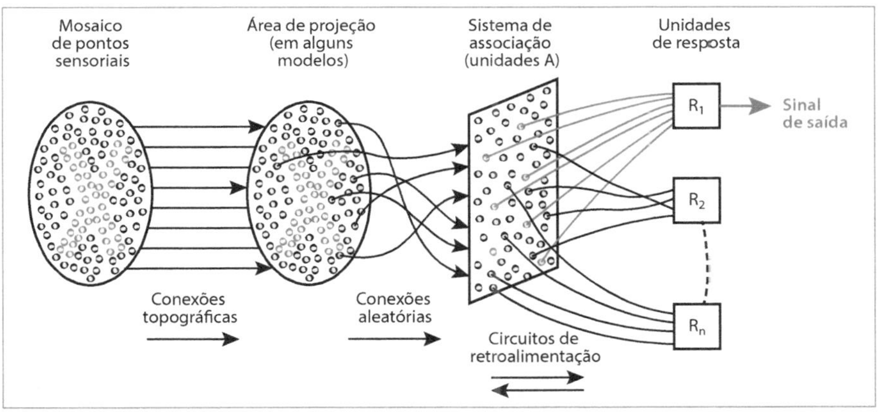

FIGURA 1 Organização do *Perceptron*.
Fonte: adaptada de https://rare.library.cornell.edu/collections. Acesso em: 13 jun. 2025.

Em 1959, pouco tempo depois do *Perceptron* de Rosenblatt, Bernard Widrow, da Universidade de Stanford, criou um modelo de processamento de redes neurais adaptativo chamado de "Adaline", nome que é a junção de *ADAptative LINear Neuron*, um sistema de aprendizado artificial que se desenvolvia de forma mais rápida que o *Perceptron*, ou seja, ele "aprendia" mais rápido,

24 ROSENBLATT, Frank. The Perceptron: a probabilistic model for information storage and organization in the brain, 1958.

portanto era mais eficiente.[25] No mesmo ano, Widrow criou a "Madaline" (*Many Adaline*). Derivada da "Adaline", ela nada mais é do que uma extensão multicamada desta última e foi a primeira rede neural aplicada a um problema do mundo real, usando um filtro adaptativo que elimina ecos nas linhas telefônicas.[26]

Tempos depois, já em 1965, Joseph Weizenbaum, cientista da computação e professor do Massachusetts Institute of Technology (MIT), desenvolveu o *Eliza*, um programa de computador de processamento de linguagem natural interativo que podia conversar em inglês com uma pessoa. Criado para demonstrar a superficialidade da comunicação entre homem e máquina, O *Eliza* simulou conversas usando uma metodologia de "correspondência de padrões". O objetivo de Weizenbaum era demonstrar que a comunicação entre uma mente artificialmente inteligente e uma mente humana era superficial, mas descobriu que muitas pessoas atribuíam características antropomórficas a *Eliza*.[27] O sistema é considerado o primeiro *chatbot* da história.

Em 1968 foi lançado o filme de ficção científica *2001: uma odisseia no espaço*, dirigido por Stanley Kubrick. O filme retrata a figura de Hal, um computador senciente baseado em algoritmos que controla os sistemas da espaçonave e interage com sua tripulação, como se humano fosse. Em meio a essa odisseia espacial, Hal, que realiza a vontade dos astronautas e faz diagnósticos precisos sobre a integridade da *Discovery*, supostamente comete um equívoco, quando se passa a questionar o histórico impecável daquele sistema de IA.[28]

Como se nota até aqui, a inovação no campo da inteligência artificial cresceu rapidamente no último lustro da década de 1950 e durante toda a década de 1960. A criação de novas linguagens de programação, robôs e autômatos, estudos, pesquisas e filmes marcaram o que se convencionou chamar de "a Era de Ouro da IA", o que conferiu à área grande popularidade.

Na década de 1970, porém, a inteligência artificial enfrentou desafios, como a redução do apoio governamental e a diminuição de investimentos na pesquisa. Os motivos são explicáveis. No ano de 1973 foi publicado o chamado *The Lighthill Report*, de autoria do matemático James Lighthill. O Relatório Lighthill foi encomendado pelo Science Research Council para oferecer uma visão imparcial do estado da pesquisa de IA, principalmente no Reino Unido. Nele, relata-se ao British Science Council o estado da arte de então das pesquisas em inteligência artificial no Reino Unido: "em nenhuma parte do campo as desco-

---

25 WIDROW, Bernard. Generalization and information storage in networks of Adaline "neurons". *In:* YOVITS, M. D. Yovits *et al.* (eds.) *Self-organizing systems*, 1962.

26 GRAUPE, Daniel. *Principles of artificial neural networks*, 2019.

27 WEIZENBAUM, Joseph. 1966. ELIZA: a computer program for the study of natural language communication between man and machine, 1966.

28 *2001: A space odyssey*. Direção: Stanley Kubrick. EUA/Reino Unido, 1968.

bertas feitas até agora produziram o grande impacto que foi então prometido". Isso provocou a redução significativa de financiamento das pesquisas em IA pelo governo britânico, pois o relatório também afirmou que a inteligência artificial não estava cumprindo suas promessas.[29]

As críticas feitas no relatório provocaram enorme descrédito nos avanços da IA e, em razão da perda de financiamento, foram consideradas uma das principais causas por trás da dramática desaceleração das pesquisas na área.[30] Esse período de arrefecimento no desenvolvimento de novas pesquisas ficou conhecido posteriormente como o "primeiro inverno da IA", que vai de 1973 até 1980.

Também contribuíram para o arrefecimento das pesquisas e dos financiamentos diversas críticas e preocupações com os impactos da inteligência artificial na vida dos seres humanos. A essa altura, os avanços nesse campo começaram a despertar a necessidade de intervenção do Estado para regular o uso de sistemas automatizados. Os avanços tecnológicos ocorridos na década de 1960 foram acompanhados por uma crescente necessidade de adotar regras mais pormenorizadas para salvaguardar direitos ligados aos dados pessoais.

Nessa trilha, no mesmo ano da publicação do Relatório Lighthill, o Conselho da Europa passou a disciplinar juridicamente o tratamento de dados pessoais automatizados, por meio da Resolução n. 22, de 1973, e da Resolução n. 29, de 1974, ambas versando sobre princípios para proteção de informações pessoais em bancos de dados automatizados, tanto no setor público como no privado.

Tempos depois, no dia 28 de janeiro de 1981, entrou em vigor a Convenção para a Proteção de Indivíduos com Relação ao Processamento Automático de Dados Pessoais, do Conselho da Europa. A Convenção n. 108 desse Conselho[31] foi o primeiro instrumento internacional juridicamente vinculante adotado no domínio da proteção de dados e passou a definir o tratamento automatizado de dados como "operações efetuadas sobre dados pessoais [...] por meios total ou parcialmente automatizados" (artigo 2º, alínea *c*).

A citada convenção teve por objetivo garantir a todas as pessoas singulares o respeito a seus direitos e liberdades fundamentais, especialmente a seu direito à vida privada, em face do tratamento automatizado dos dados de caráter pessoal. Todos os Estados-membros da União Europeia ratificaram a Convenção n. 108

---

29 LIGHTHILL, James. *Artificial intelligence:* a general survey, 1973.

30 AGAR, Jon. What is science for? The Lighthill report on artificial intelligence reinterpreted, 2020.

31 UNIÃO EUROPEIA. *Convenção 108 +*. Convenção para a proteção das pessoas relativamente ao tratamento de dados de carácter pessoal. Conselho da Europa. 2018. Disponível em: https://rm.coe.int/convention-108-convention-for-the-protection-of-individuals-with--regar/16808b36f1. Acesso em: 13 jun. 2025.

e até hoje o instrumento está aberto à adesão de Estados que não sejam europeus. O Uruguai foi o primeiro país não europeu a aderir a essa convenção.

No início dos anos 1980, o interesse pela área foi retomado. Era o fim do inverno da inteligência artificial. Assim, foi somente nessa década que a IA recomeçou a novamente prosperar de maneira acelerada, especialmente com o surgimento das redes neurais e o contínuo avanço tecnológico.

Em 1980, realizou-se na Universidade de Stanford a primeira conferência nacional da Associação Americana de Inteligência Artificial (AAIA). No ano seguinte, os japoneses anunciaram o projeto *Fifth Generation*, um plano de dez anos para montar computadores inteligentes que utilizassem Prolog. Em resposta, os Estados Unidos formaram a Microelectronics and Computer Technology Corporation (MCC) como um consórcio de pesquisa projetado para assegurar a competitividade nacional. Em ambos os casos, a IA fazia parte de um amplo esforço, incluindo o projeto de *chips* e a pesquisa da interface humana. Na Inglaterra, o Relatório Alvey reabilitou o subsídio que havia sido cortado em consequência do Relatório Lighthill.[32]

Em 1987, realizou-se a primeira Conferência Internacional sobre Redes Neurais do Institute of Electrical and Electronic Engineer's (IEEE), que contou com significativa participação da comunidade acadêmica e científica. De modo geral, a indústria da IA se expandiu de alguns milhões de dólares em 1980 para bilhões em 1988, incluindo centenas de empresas na construção de sistemas especialistas, sistemas de visão, robôs, assim como *software* e *hardware* especializados para esses propósitos. Logo depois veio um novo período chamado de "segundo inverno da IA", em que muitas empresas caíram no esquecimento à medida que deixaram de cumprir promessas extravagantes.[33]

Isso seu deu porque a ideia fundamental por trás da natureza das redes neurais é a de que, se ela pode funcionar na natureza, deve também ser possível que funcione em computadores. O futuro promissor das redes neurais carecia, em boa medida, do desenvolvimento de *hardware* com alta capacidade de processamento, o que até então não havia. As redes neurais rápidas e eficientes dependiam de máquinas sofisticadas (alta memória e alta capacidade de processamento, ou seja, alta velocidade) para seu uso eficiente.

O maior obstáculo à IA era o poder computacional da época. Como as máquinas não eram suficientemente desenvolvidas para colocar em prática os avanços alcançados no campo teórico, a indústria entrou em certo declínio mais uma vez. Esse período, entre 1987 e 1993, ficou conhecido como "o segundo inverno da IA". Nos Estados Unidos, na Inglaterra e no Japão os projetos nun-

---

32 RUSSELL, Stuart; NORVIG, Peter. *Inteligência artificial*, cit., p. 49.

33 RUSSELL, Stuart; NORVIG, Peter. *Inteligência artificial*, cit., p. 49.

ca alcançaram seus objetivos ambiciosos. Em 1991, a impressionante lista de objetivos elaborada dez anos antes para a quinta geração do Japão não havia sido alcançada. Como em outros projetos, as expectativas haviam sido maiores do que se mostrou possível realizar. Mais de trezentas empresas de desenvolvimento e investigação em inteligência artificial fecharam no final de 1993.[34]

No início da década de 1990, a pesquisa em inteligência artificial mudou seu foco para algo chamado de agentes inteligentes. Os agentes inteligentes podem ser usados para serviços de recuperação de notícias, compras *online* e navegação na *web*. Eles também são chamados de *bots*. Os programas que utilizam grandes quantidade de dados evoluíram gradualmente para assistentes virtuais digitais e *chatbots*. Além disso, em meados da década de 1990 veio o aumento do poder da computação, mais recursos financeiros e a explosão do *big data*. Como se verá adiante (no item "Conceitos básicos aplicáveis"), os dados são o combustível da inteligência artificial para a tomada de decisões automatizadas, pois sem eles é impossível realizar análises preditivas.

Em 1994 ocorreu o primeiro congresso de redes neurais no Brasil. Atualmente, pelo menos dois congressos brasileiros específicos em redes neurais acontecem regularmente – o Congresso Brasileiro de Redes Neurais e o Simpósio Brasileiro de Redes Neurais –, além de inúmeros eventos internacionais, dentre os quais a *International Joint Conference on Neural Networks* e a *International Conference on Artificial Neural Networks*, bem como eventos nacionais de abrangência mais geral que contam com seções específicas em redes neurais. Além disso, uma gama ampla de periódicos científicos traz os principais avanços na área, como o *Transactions on Neural Networks*, publicado pelo Institute of Electrical and Electronics Engineers (IEEE), e o periódico *Neural Networks*, publicado pela editora Elsevier.[35]

Fato é que, da década de 1990 em diante, os avanços não retrocederam. Nos últimos vinte anos a inteligência artificial tornou-se uma verdadeira "*superstar*", e boa parte disso se deu em razão do interesse da mídia, que passou a cobrir eventos relacionados ao assunto. À medida que avançavam as descobertas tecnológicas, aumentavam as preocupações com seus impactos na humanidade e, por consequência, as preocupações em torno da regulação do uso de decisões automatizadas. Precursora na regulação do tema, em outubro de 1995 entrou em vigor na Europa a Diretiva n. 46 do Parlamento Europeu[36] – recentemente

---

34 LAGE, Fernanda de Carvalho. *Manual de inteligência artificial no direito brasileiro*, 2021, p. 34.

35 HERNANDEZ, Emílio Del Moral. *Inteligência computacional e redes neurais em engenharia elétrica*, 2005.

36 UNIÃO EUROPEIA. *Directiva 95/46/CE do Parlamento Europeu e do Conselho, de 24 de outubro de 1995.*

sucedida pelo Regulamento Geral de Proteção de Dados ou GDPR, na sigla em inglês –, que serviu de inspiração para os Projetos de Lei n. 53/2018 da Câmara dos Deputados; n. 330/2013 e n. 181/2014, ambos do Senado, que acabaram sendo convertidos na Lei Geral de Proteção de Dados brasileira.

A diretiva em referência teve o declarado objetivo, dentre vários outros, de ampliar os princípios contidos na Convenção do Conselho da Europa de 28 de janeiro de 1981, relativa à proteção das pessoas no que diz respeito ao tratamento automatizado de dados pessoais. Em seu considerando n. 41, a diretiva deixa expresso que

> todas as pessoas devem, além disso, ter o direito de conhecer a lógica subjacente ao tratamento automatizado dos dados que lhes dizem respeito, pelo menos no caso das decisões automatizadas referidas no n. 1 do artigo 15º; que este último direito não deve prejudicar o segredo comercial nem a propriedade intelectual, nomeadamente o direito de autor que protege o suporte lógico; que tal, todavia, não poderá traduzir-se pela recusa de qualquer informação à pessoa em causa.[37]

Em 11 de maio de 1997, um programa da IBM chamado *Deep Blue* venceu o campeão mundial de xadrez Garry Kasparov após uma competição de seis partidas: duas vitórias para a IBM, uma para o campeão e três empates. O desafio durou vários dias e recebeu grande cobertura da mídia em todo o mundo. Era o enredo clássico de homem contra máquina. O resultado da partida foi manchete em todo o mundo e ajudou um público amplo a entender melhor a computação de alta potência. Para se ter uma ideia do interesse da mídia, a competição ocorreu em um estúdio de televisão e foi amplamente transmitida. A atenção dada ao *Deep Blue* resultou em mais de três bilhões de impressões em todo o mundo.[38]

A façanha alcançada pelo *Deep Blue* se deu graças à capacidade da máquina de usar a experiência de milhares de movimentos anteriores extraídos de outras partidas. Com isso, a máquina pode tomar decisões automatizadas (por conta própria). Com efeito, uma máquina "inteligente" é capaz de interagir com o ambiente e, a partir das informações recebidas, determinar qual ação deve ser realizada em situações semelhantes.

Em 2011, no ano em que completou cem anos, a IBM apresentou ao mundo seu supercomputador *Watson*, consubstanciado em um sistema completo de computação cognitiva. O *Watson* trabalha a combinação entre a tecnologia de inteligência artificial e a linguagem humana para a análise de enormes quantidades

---

37 UNIÃO EUROPEIA. *Directiva 95/46/CE do Parlamento Europeu e do Conselho, de 24 de outubro de 1995*, cit.

38 IBM. *Deep Blue*. Disponível em: https://www.ibm.com/history/deep-blue. Acesso em: 13 jun. 2025.

de dados e a obtenção rápida de respostas. A plataforma analisa grandes quantidades de dados, interpretando-os na linguagem natural em que foram produzidos pelas pessoas, e, a partir delas, é capaz de adquirir novos conhecimentos.[39]

Em 2015, o Facebook, atualmente Meta, iniciou o uso de sua tecnologia chamada *DeepFace*. Com base em aprendizado profundo, o programa identifica automaticamente usuários da rede social em fotografias. Algoritmos executam tarefas de reconhecimento facial usando redes neurais profundas que levam em conta 120 milhões de parâmetros.

Outro feito marcante se deu no ano de 2016, quando um programa chamado *AlphaGo*, desenvolvido pela empresa DeepMind, atualmente pertencente ao Google, derrotou o campeão mundial Lee Se-Dol no complexo jogo de tabuleiro *Go*. Segundo seus desenvolvedores, o *AlphaGo* é um programa de computador que combina árvore de busca avançada com redes neurais profundas. Essas redes neurais usam uma descrição da placa Go como entrada e a processam por meio de várias camadas de rede diferentes contendo milhões de conexões semelhantes a neurônios. Uma das redes neurais, a "rede de políticas", seleciona a próxima jogada a ser jogada. A outra rede neural, a "rede de valor", prevê o vencedor do jogo. O *AlphaGo* foi submetido a vários jogos amadores para ajudá-lo a desenvolver uma compreensão do jogo humano razoável. Em seguida, o programa jogou contra diferentes versões de si mesmo milhares de vezes, cada vez aprendendo com seus erros. Com o tempo, o *AlphaGo* se tornou cada vez mais forte e melhor no aprendizado e na tomada de decisões. Esse processo é conhecido como aprendizado por reforço. Assim, o *AlphaGo* passou a derrotar os campeões mundiais de Go em diferentes arenas globais e, sem dúvida, tornou-se o maior jogador de *Go* de todos os tempos.[40]

Os feitos acima provocaram um *boom* pelo interesse na área de inteligência artificial, atraindo a atenção da mídia e financiamentos para o setor. Tudo isso, aliado ao crescimento explosivo de *datasets* ou grandes conjuntos de dados e ao avanço exponencial da capacidade computacional, levou a inteligência artificial a patamares nunca vistos.

Atual panorama, principais aplicações da inteligência artificial e desafios do presente e do futuro

É tarefa árdua apontar os mais variados segmentos sociais e exemplos práticos de uso de sistemas como esse na atualidade. A inteligência artificial es-

---

39 IBM. IBM *Watson para watsonx*. Disponível em: https://www.ibm.com/br-pt/watson. Acesso em: 13 jun. 2025.

40 GOOGLE. *AlphaGo*. Disponível em: https://www.deepmind.com/research/highlighted-research/alphago. Acesso em: 13 jun. 2025.

praiou-se pelos mais diferentes campos do saber humano e é um dos temas mais discutidos na atualidade. A busca pela expressão "inteligência artificial" no buscador do Google gera aproximadamente 18 milhões de resultados de pesquisa. Já a expressão em inglês *artificial intelligence* resulta em aproximadamente 551 milhões de resultados.[41]

Praticamente todas as áreas do conhecimento humano têm-se valido dos avanços em IA para otimizar resultados. Essas tecnologias oferecem uma gama de oportunidades para a melhoria de vidas humanas. O poder, a escala e a velocidade dos sistemas de IA podem melhorar a eficiência e a eficácia em vários domínios, incluindo saúde, transporte, educação e administração pública. Eles podem assumir funções tediosas, perigosas, desagradáveis e tarefas complicadas de trabalhadores humanos.

Quando se pensa nas principais aplicações da IA na atualidade, pode-se mencionar seu uso na área das ciências, por exemplo, campo no qual sistemas inteligentes são utilizados para prevenção e detecção de doenças, sobretudo por meio de exames automatizados de imagens. No setor financeiro, a inteligência artificial colabora na segurança de transações, bloqueando atividades suspeitas e evitando fraudes e ataques digitais. No comércio e no *marketing*, algoritmos detectam o padrão de comportamento de consumidores e, com base nele, direciona publicidade. Além disso, espalhou-se por todos os ramos o uso de sistemas conversacionais como o *chatbot*, que podem interagir com os usuários de forma natural por meio de uma linguagem pré-programada. As empresas, com isso, conseguem liberar capital humano para realizar tarefas mais estratégicas, automatizando rotinas simples.

Contudo, as tecnologias de IA também têm o potencial de afetar negativamente os direitos humanos, a democracia e o Estado de Direito. Essas oportunidades combinadas e os riscos devem ser entendidos com base no fato de a IA ser "sociotécnica", i.e., trata-se de uma ampla gama de tecnologias sofisticadas que operam em contextos humanos, projetadas para cumprir metas e realizar tarefas.

Como dito, a IA pode ser aplicada para fazer previsões sobre o comportamento humano, identificar indicadores de doenças e avaliar os riscos aos interesses ou ao bem-estar dos outros. No entanto, todas essas tarefas podem afetar os direitos, oportunidades e bem-estar daqueles sobre os quais são usados. Por essa razão, a responsabilização é um aspecto essencial do desenvolvimento e uso de tais sistemas. Enquanto a IA pode representar uma vantagem sobre tarefas tediosas ou complexas de humanos, as escolhas envolvidas na construção e uso dos sistemas de IA podem resultar na reprodução de preconceitos e outras fali-

41 Busca realizada em 22 de julho de 2022, às 23 horas e 52 minutos, horário de Brasília.

bilidades de julgamento que impactam negativamente os indivíduos afetados e a sociedade em geral.

Seja como for, pode-se afirmar que o grande desafio não tecnológico para a inteligência artificial se resume às questões ético-jurídicas, especialmente no que refere ao desenvolvimento de uma IA centrada no ser humano, ou IA humanocêntrica. Assim se afirma pois o uso sem peias dessa inteligência gera riscos significativos para os direitos humanos, notadamente os relacionados ao livre desenvolvimento da personalidade, da intimidade, da privacidade, da igualdade e, ao fim e ao cabo, da própria democracia.

Dentre os fatos mais recentes e preocupantes envolvendo o uso de inteligência artificial e o uso abusivo de dados, pode-se mencionar o conhecido caso da Cambridge Analytica. A empresa está envolvida em um escândalo desde que, em meados de março de 2018, investigações jornalísticas do *The Guardian*[42] e do *The New York Times*[43] revelaram que dados pessoais de até 50 milhões de norte-americanos tinham sido obtidos irregularmente do Facebook e utilizados de modo indevido para fins eleitorais.

Apurou-se que a companhia comprou dados de milhões de usuários do Facebook sem o consentimento deles. Os dados foram obtidos por meio de um aplicativo de perfil psicológico que permitia ter acesso a informações não apenas de quem utilizava a ferramenta, mas também de seus amigos. A informação obtida foi usada para traçar perfis de eleitores e lhes dirigir propaganda política personalizada e notícias falsas. Isso permitiu à Cambridge Analytica influenciar as eleições norte-americanas e, também, por intermédio de empresas vinculadas, em outros processos eleitorais, como o referendo do *Brexit*.[44]

As ameaças não passam ao largo do olhar atento da comunidade científica. Nos últimos anos, diversas obras foram publicadas expondo as preocupações com riscos da inteligência artificial, no Brasil e no estrangeiro.[45] Todas as obras

---

42 GRACE, John. Revealed: 50 million Facebook profiles harvested for Cambridge Analytica in major data breach, 2018.

43 ROSENBERG, Matthew. How Trump consultants exploited the Facebook data of millions, 2018.

44 GUIMÓN, Pablo. Cambridge Analytica, empresa pivô no escândalo do Facebook, é fechada, 2018.

45 No Brasil, pode-se destacar os seguintes livros específicos publicados sobre o tema: BARCAROLLO, Felipe. *Inteligência artificial:* aspectos ético-jurídicos, 2021; LAGE, Fernanda de Carvalho. *Manual de inteligência artificial no direito brasileiro*, cit.; ABRUSIO, Juliana. *Proteção de dados na cultura do algoritmo*, 2020; FREITAS, Juarez; FREITAS, Thomas Bellini. *Direito e inteligência artificial:* em defesa do humano, 2020; REIS, Paulo Victor Alfeo. *Algoritmos e o direito*, 2020; JUNQUEIRA, Thiago. *Tratamento de dados pessoais e discriminação algorítmica nos seguros*, 2020; BARBOSA, Mafalda Miranda *et al.* (coord.). *Direito digital e inteligência artificial:* diálogos entre Brasil e Europa, 2021; TEPEDINO, Gustavo; SILVA, Rodrigo da Guia

citadas serão revisitadas ao longo deste livro, notadamente as relacionadas ao uso da inteligência artificial no contexto laboral e seu risco para as questões relacionadas ao direito antidiscriminatório.

Especificamente no campo trabalhista, ainda não há obra específica publicada no Brasil sobre o tema objeto deste estudo, embora se possa vislumbrar artigos científicos já produzidos e que serão mencionados ao longo do desenvolvimento deste livro. Para o direito do trabalho, o grande desafio é equacionar o uso dos sistemas de inteligência artificial com o princípio da proteção do trabalhador. Com efeito, a revolução tecnológica não pode se dar à margem da tutela dos direitos sociais. Não se trata de uma preocupação local. Será observado com mais vagar (*infra*, item "Limites jurídicos ao uso da inteligência artificial nas relações trabalhistas em experiências estrangeiras", no Capítulo 5) que a maioria dos Estados está desenvolvendo estratégias regulatórias para o uso responsável da inteligência artificial.

O Comitê Econômico e Social Europeu chamou a atenção, em particular, para a IA utilizada na contratação, no despedimento e nos processos de avaliação e notação dos trabalhadores.[46] O Livro Branco sobre a IA – que visa incentivar a adoção de tecnologias de inteligência artificial, assegurando, simultaneamente, sua conformidade com as normas éticas, os requisitos legais e os valores sociais europeus – menciona a inteligência artificial utilizada no recrutamento como um exemplo de aplicação de alto risco que estaria sempre sujeita a regulamentação, independentemente do setor. O Comitê Econômico e Social Europeu recomendou o alargamento do âmbito de aplicação no sentido de incluir a IA utilizada para despedimento, avaliação e notação dos trabalhadores, bem como uma análise das características comuns das aplicações que impliquem

(coord.). *O direito civil na era da inteligência artificial*, 2020; FRAZÃO, Ana; MULHOLLAND, Caitlin (coord.). *Inteligência artificial e direito:* ética, regulação e responsabilidade, 2020; VAINZOF, Rony; GUTIERREZ, Andriei (coord.). *Inteligência artificial:* sociedade, economia e Estado, 2021; GUERRA FILHO, Willis Santiago *et al.* (coord.). *Direito e inteligência artificial.* v. 1 e 2, 2021; PEIXOTO, Fabiano Hartmann (org.). *Inteligência artificial*, 2021; MEDON, Felipe. *Inteligência artificial e responsabilidade civil:* autonomia, riscos e solidariedade, 2020. Quanto aos perigos e riscos do uso da inteligência artificial, especialmente nas relações trabalhistas, destacam-se, dentre várias outras, as seguintes obras estrangeiras: RIVAS VALLEJO, Pilar. *La aplicación de la inteligencia artificial al trabajo:* su impacto discriminatorio, 2020; AJUNWA, Ifeoma. *The quantified worker:* law and technology in the modern workplace, 2023; PASQUALE, Frank. *The black box society:* the secret algorithms that control money and information, 2015; O'NEIL, Cathy. *Weapons of math destruction:* how big data increases inequality and threatens democracy, 2016; NOBLE, Safiya Umoja. *Algorithms of oppression:* how search engines reinforce racism, 2018; EUBANKS, Virginia. *Automating inequality:* how high-tech tools profile, police and punish the poor, 2018.

46 UNIÃO EUROPEIA. *Livro Branco sobre a inteligência artificial.* Comissão Europeia, 2020. p. 7.

utilização de alto risco no trabalho, independentemente do setor. As aplicações que não têm uma base científica, como a detecção de emoções por reconhecimento biométrico, não devem ser permitidas no local de trabalho.[47]

Como se vê, o direito do trabalho tem a dura missão de estabelecer princípios orientadores para o desenvolvimento de uma IA antropocêntrica e antropogênica (centrada no, e produzida pelo, ser humano), com medidas de segurança, transparência, responsabilização, salvaguardas contra o enviesamento e a discriminação, e respeito pela privacidade e pela proteção de dados.

CONCEITOS BÁSICOS APLICÁVEIS

Em termos de metodologia, a IA passou a adotar com firmeza o método científico a partir de 1978. Atualmente, a doutrina especializada afirma que a inteligência artificial é um ramo da ciência da computação.[48] Como tal, é dotada de nomenclatura técnica e específica, em geral desconhecida dos estudiosos da área jurídica. Enquanto disciplina científica, a IA inclui diversas abordagens e técnicas, tais como a aprendizagem automática (de que a aprendizagem profunda e a aprendizagem por reforço são exemplos específicos), o raciocínio automático (que inclui o planeamento, a programação, a representação do conhecimento e o raciocínio, a pesquisa e a otimização) e a robótica (que inclui o controle, a percepção, os sensores e atuadores, bem como a integração de todas as outras técnicas em sistemas *cyber* físicos).[49]

Qualquer proposta de regulamentação do uso da inteligência artificial e qualquer interconexão entre direito e inteligência artificial pressupõe, necessariamente, conhecimentos mínimos acerca dos principais institutos dessa área do conhecimento. Por isso, para que se possa bem compreender o fenômeno da discriminação algorítmica nas relações de trabalho e estabelecer condições e limites jurídicos para o uso de decisões automatizadas na relação de emprego, como forma de mitigação dos vieses de cognição algorítmicas, mostra-se necessária a incursão nos principais conceitos utilizados pela inteligência artificial, o que se passa a fazer nos tópicos seguintes.

O conceito de inteligência artificial

Não há consenso sobre a definição de inteligência artificial, tanto que diversas definições surgiram ao longo das últimas décadas. Fato é que a expressão

---

47 UNIÃO EUROPEIA. *Parecer do Comité Económico e Social Europeu*, 2021.

48 RUSSELL, Stuart; NORVIG, Peter. *Inteligência artificial*, cit., p. 42.

49 UNIÃO EUROPEIA. *A definition of AI*, 2019, p. 3.

"inteligência artificial" pode ser encarada sob duas dimensões: a primeira, como área do conhecimento. Por exemplo, quando se afirma que a IA é uma área das Ciências da Computação; em segundo sentido, pode ser vista como um *sistema* ou *agente* de IA.

Na primeira perspectiva, *v. g.*, Stuart Russell e Peter Norvig definem inteligência artificial como "o estudo de agentes que recebem percepções do ambiente e executam ações".[50] Os mesmos autores informam que, em linhas gerais, há duas grandes vertentes opostas de pensamento quando se trata da definição da inteligência artificial. No primeiro grupo estão os que a definem por meio de uma abordagem centrada no ser humano. Do lado oposto estão os que optam por uma abordagem racionalista, limitando-a a uma combinação de matemática e engenharia. Russell e Norvig afirmam que um exemplo de definição não racionalista é dado por Rich e Knight, para quem a IA é "o estudo de como os computadores podem fazer tarefas que hoje são melhor desempenhadas pelas pessoas".[51] Aqueles autores também mencionam que Winston define a IA como "o estudo das computações que tornam possível perceber, raciocinar e agir".[52]

Já na segunda perspectiva, o Grupo Independente de Peritos de Alto Nível sobre Inteligência Artificial, criado pela Comissão Europeia, propõe a seguinte definição: "O conceito de inteligência artificial (IA) aplica-se a sistemas que apresentam um comportamento inteligente, analisando o seu ambiente e tomando medidas – com um determinado nível de autonomia – para atingir objetivos específicos".[53] Há uma definição mais completa oferecida pelo mesmo grupo:

> Os sistemas de inteligência artificial (IA) são sistemas de *software* (e eventualmente também de *hardware*) concebidos por seres humanos, que, tendo recebido um objetivo complexo, atuam na dimensão física ou digital percepcionando o seu ambiente mediante a aquisição de dados, interpretando os dados estruturados ou não estruturados recolhidos, raciocinando sobre o conhecimento ou processando as informações resultantes desses dados e decidindo as melhores ações a adotar para atingir o objetivo estabelecido. Os sistemas de IA podem utilizar regras simbólicas ou aprender um modelo umérico, bem como adaptar o seu comportamento mediante uma análise do modo como o ambiente foi afetado pelas suas ações anteriores.[54]

---

50 RUSSELL, Stuart; NORVIG, Peter. *Inteligência artificial*, cit., p. 7.
51 RUSSELL, Stuart; NORVIG, Peter. *Inteligência artificial*, cit., p. 25.
52 RUSSELL, Stuart; NORVIG, Peter. *Inteligência artificial*, cit., p. 25.
53 UNIÃO EUROPEIA. *A definition of AI*, 2019, p. 3.
54 UNIÃO EUROPEIA. *A definition of AI*, 2019, p. 3.

Nos Estados Unidos, a Lei da Iniciativa Nacional de Inteligência Artificial de 2020, em sua seção 5002, definiu inteligência artificial como:

> Um sistema baseado em máquina que pode, para um determinado conjunto de objetivos definidos pelo homem, fazer previsões, recomendações ou decisões que influenciam ambientes reais ou virtuais. Os sistemas de inteligência artificial usam informações baseadas em máquinas e humanos para a) perceber ambientes reais e virtuais; b) abstrair tais percepções em modelos por meio de análise de forma automatizada; e c) usar inferência de modelo para formular opções de informação ou ação.[55]

No Brasil, Juarez Freitas e Thomas Bellini Freitas, partindo das principais características inerentes aos sistemas de inteligência artificial, a conceituam como "um sistema algorítmico adaptável, relativamente autônomo, emulatório da decisão humana".[56] Por sua vez, a Organização para a Cooperação e Desenvolvimento Econômico (OCDE), em sua conhecida recomendação sobre inteligência artificial, de 2019, define:

> Um sistema de IA é um sistema baseado em máquina que, para objetivos explícitos ou implícitos, infere, a partir das informações que recebe, como gerar resultados como previsões, conteúdos, recomendações ou decisões que podem influenciar ambientes físicos ou virtuais. Diferentes sistemas de IA variam nos seus níveis de autonomia e adaptabilidade após a implantação.[57]

O conceito acima foi atualizado em novembro de 2023 pela OCDE. A atualização da definição incluiu edições destinadas a *i)* esclarecer os objetivos de um sistema de IA (que podem ser explícitos ou implícitos); *ii)* sublinhar o papel dos contributos que podem ser fornecidos por seres humanos ou máquinas; *iii)* esclarecer que a recomendação se aplica a sistemas de IA generativos, que produzem "conteúdo"; *iv)* substituir a palavra "real" por "físico" para maior clareza e alinhamento com outros processos internacionais; *v)* refletir o fato de alguns sistemas de IA poderem continuar a evoluir após sua concepção e implantação.

---

55 ESTADOS UNIDOS. *National Artificial Intelligence Initiative Act of 2020*. 2020.
56 FREITAS, Juarez; FREITAS, Thomas Bellini. *Direito e inteligência artificial*, cit., p. 30.
57 OCDE. *Recommendation of the Council on Artificial Intelligence*, 2019.

O Projeto de Lei do Senado n. 2.338, de 2023, que "Dispõe sobre o uso da Inteligência Artificial" e pretende estabelecer o marco legal da IA no Brasil,[58] define sistema de IA como

> um sistema computacional, com graus diferentes de autonomia, desenhado para inferir como atingir um dado conjunto de objetivos, utilizando abordagens baseadas em aprendizagem de máquina e/ou lógica e representação do conhecimento, por meio de dados de entrada provenientes de máquinas ou humanos, com o objetivo de produzir previsões, recomendações ou decisões que possam influenciar o ambiente virtual ou real (art. 4º, I, do PLS).

A Norma ABNT ISO/IEC 22989:2023 define um sistema de IA nos seguintes termos: "sistema desenvolvido que gera saídas como conteúdo, previsões, recomendações ou decisões para um determinado conjunto de objetivos definidos pelo homem". Esclarece a norma que o sistema desenvolvido pode utilizar diversas técnicas e abordagens relacionadas à inteligência artificial para desenvolver um modelo para representar dados, conhecimento, processos etc. que podem ser usados para realizar tarefas. Os sistemas de IA são projetados para operar com diferentes níveis de automação. Por sua vez, *automação* refere-se à característica de um sistema que, em condições específicas, funciona *sem intervenção humana*.[59]

Entendo que não se pode pensar em um conceito de inteligência artificial que se afaste da racionalidade formal. Contudo, por se tratar de definição atrelada a uma ciência instrumental, é imprescindível que o conceito incorpore a centralidade da IA na pessoa humana. Desse modo, propõe-se, provisoriamente, o seguinte conceito de IA, com foco no ser humano: área da ciência da computação que tem por objeto o estudo de agentes racionais e reacionais que reproduzem aspectos da cognição humana com o fim de promover o desenvolvimento humano.[60] Trata-se, como se nota, de concepção mista, que contempla a abordagem racionalista sem descurar do elemento humano.

---

58 BRASIL. Senado Federal. *Projeto de Lei n. 2.338, de 2023.* Dispõe sobre o uso da Inteligência Artificial. A proposta legislativa em referência será examinada com mais vagar nos Capítulos 5 e 6, *infra*.

59 ASSOCIAÇÃO BRASILEIRA DE NORMAS TÉCNICAS. *ABNT NBR ISO/IEC 22989:2023*, 2023.

60 No item "Prelúdio: conceito e natureza sociojurídica dos sistemas de IA para tomada de decisão automatizada", no Capítulo 6, *infra*, retornaremos ao aspecto conceitual de inteligência artificial, considerando novas abordagens e conhecimentos que são explorados ao longo do estudo.

Um *agente* é tudo o que pode ser considerado capaz de captar percepções de seu ambiente por meio de sensores e de agir sobre esse ambiente por intermédio de atuadores. Um agente humano, por exemplo, tem olhos, ouvidos e outros órgãos como sensores, e tem mãos, pernas, boca e outras partes do corpo que servem como atuadores. Um agente robótico pode ter câmeras e detectores funcionando como sensores e vários motores como atuadores. Um agente de *software* recebe sequências de teclas digitadas, conteúdo de arquivos e pacotes de rede como entradas sensórias e atua sobre o ambiente exibindo algo na tela, escrevendo em arquivos e enviando pacotes de rede.[61]

Já a *racionalidade*, do ponto de vista instrumental ou formal, é elemento indispensável do conceito proposto, na medida em que se refere à capacidade de escolher a melhor ação a adotar para atingir determinado objetivo, tendo em conta certos critérios que se devem otimizar e os recursos disponíveis. Claro que a racionalidade não é o único ingrediente do conceito de inteligência, mas constitui uma parte importante deste.[62]

Segundo a ABNT, a inteligência artificial pode ser distinguida de outras tecnologias pelo grande volume e complexidade de dados coletados de várias fontes que podem ser muito complexos para os seres humanos lidarem ou processarem adequada e especificamente, da perspectiva das implicações de governança, devido: *i)* à capacidade de automação de decisões; *ii)* ao uso de análise de dados, *insights* e aprendizado, em vez de lógica codificada humana explícita para resolver problemas; *iii)* à capacidade de se adaptar à medida que o ambiente do sistema de IA muda, de maneiras que não são explicitamente codificadas e necessariamente conhecidas de antemão.[63]

Quanto à *automação das decisões*, os sistemas de IA geralmente criam resultados com base em dados históricos e atuais escolhidos para as tarefas para as quais o sistema foi projetado. Por exemplo, nos sistemas de aprendizado de máquina, a predição resultante é geralmente representada por meio de probabilidade. Ilustrativamente, uma predição automatizada pode indicar, em frações de segundo, que existe uma probabilidade de 92% de que determinado candidato ao emprego se adapte à cultura de uma empresa. A velocidade com que essas decisões podem ser tomadas é um elemento-chave dos sistemas de IA, tornando-os ferramentas poderosas nas mãos das organizações.

Sobre a solução de problemas orientada por dados, os sistemas de IA baseados em aprendizado de máquina examinam grandes volumes de dados e, a partir do processamento, identificam e refinam os padrões encontrados nesses

61 RUSSELL, Stuart; NORVIG, Peter. *Inteligência artificial*, cit., p. 62.
62 UNIÃO EUROPEIA. *A definition of AI*, 2019, p. 3.
63 ASSOCIAÇÃO BRASILEIRA DE NORMAS TÉCNICAS. *ABNT NBR ISO/IEC 22989:2023*, cit.

dados. Em vez de um ser humano dirigir cada etapa lógica e codificar para resolver problemas, os dados direcionam o processo. Por exemplo, o reconhecimento de um rosto é algo que os humanos fazem muito bem, mas descrever exatamente como isso é alcançado é muito difícil. Os sistemas de IA conseguem fazê-lo examinando milhares de imagens de rostos, aprendendo padrões nesses dados e aplicando esses padrões a novas imagens.

Por fim, são *sistemas adaptativos*. Alguns sistemas de IA passam por treinamentos durante sua fase operacional ou realizam treinamento contínuo. Os dados de entrada percebidos durante a operação são usados pelo sistema de IA para melhorar e otimizar seus modelos internos. Assim, ao longo do tempo, esses sistemas de IA podem gerar saídas diferentes a partir da mesma entrada. Tal adaptação pode evoluir como uma reação a estímulos externos, como mudanças no ambiente, novos dados ou *feedback* recebido pelo sistema. Isso gera desafios, como saber a medida na qual a funcionalidade de um sistema de IA muda ao longo do tempo e ter a garantia de que o sistema ainda está operando dentro dos limites aceitáveis, o que atrai mais avaliações e mecanismos de controle contínuos.

Big data

Sinteticamente, *big data* significa "explosão de dados". Trata-se de expressão utilizada para descrever um grande volume de dados variados, processados em alta velocidade, com o objetivo de extrair padrões, realizar análises preditivas para tomadas de decisão e otimizar processos. Os avanços na área de inteligência artificial não poderiam ser colocados em prática sem grandes quantidades de dados, de preferência variados. Pode-se afirmar que os dados são o combustível da inteligência artificial, ou seja, um de seus ingredientes principais, ao lado das máquinas com grande capacidade de memória e processamento.

Frequentemente os dados não podem ser analisados manualmente em virtude de fatores como grande quantidade de registros, elevado número de atributos, valores ausentes, presença de dados qualitativos e não quantitativos, entre outros. Foi exatamente nesse contexto de superabundância de dados que surgiu a mineração de dados, como um processo sistemático, interativo e iterativo de preparação e extração de conhecimentos a partir de grandes bases de dados:

> O processo de mineração corresponde à extração de minerais valiosos, como ouro e pedras preciosas, a partir de uma mina. Uma característica importante desses materiais é que, embora não possam ser cultivados ou produzidos artificialmente, existem de maneira implícita e muitas vezes desconhecida em alguma fonte, podendo ser extraídos. Esse processo requer acesso à mina, o uso

> de ferramentas adequadas de mineração, a extração dos minérios propriamente dita e o seu posterior preparo para comercialização. [...] O termo mineração de dados (MD) foi cunhado como alusão ao processo de mineração descrito anteriormente, uma vez que se explora uma base de dados (mina) usando algoritmos (ferramentas) adequados para obter conhecimento (minerais preciosos).[64]

No sentido acima, a Norma ABNT ISO/IEC 22989:2023 define "mineração de dados" como um "processo computacional que extrai padrões analisando dados quantitativos de diferentes perspectivas e dimensões, categorizando-os e resumindo potenciais relacionamentos e impactos".[65] A análise de dados é feita por meio do que se convencionou chamar de *data analytics*. A análise de *big data* consiste no uso de técnicas analíticas avançadas aplicadas em conjuntos de dados muito grandes e diversos que incluem dados estruturados (planilhas, tabelas) e não estruturados (imagens, blocos de texto), de diferentes fontes e de tamanhos diferentes.[66]

É a partir da análise de dados, por meio de ferramentas de inteligência artificial, que é possível a tomada de decisão de maneira mais segura e eficiente. Por isso surge a expressão *data driven economy* ou economia orientada por dados, na medida em que as empresas tomam grandes decisões econômicas a partir do que a análise dos dados revela.

A análise de *big data* permite que analistas, pesquisadores e usuários de negócios tomem decisões melhores e mais rápidas usando dados que antes eram inacessíveis ou inutilizáveis. As empresas podem utilizar técnicas avançadas de análise, como análise de texto, *machine learning*, análise preditiva, mineração de dados, estatística e processamento de linguagem natural para obter novos *insights* a partir de fontes de dados previamente não exploradas de modo independente ou junto a dados corporativos existentes.[67]

A sociedade em rede está cada vez mais interconectada, e a produção de dados atinge proporções cada vez maiores. Fala-se nos três "*Vs*" do fenômeno *big data*: *variedade*, *volume* e *velocidade*. O altíssimo volume de dados, gerado em variedade e velocidade cada vez maiores, permite criar modelos e atingir altos níveis de precisão por algoritmos.

A doutrina afirma que *big data* é expressão que designa a coleta de dados a partir de diferentes fontes, geralmente com as seguintes características: volume, variedade, velocidade, veracidade e valor. Trata-se de alta quantidade de dados

---

64 FERRARI, Daniel Gomes; CASTRO, Leandro Nunes de. *Introdução à mineração de dados*, 2016, p. 25.

65 ASSOCIAÇÃO BRASILEIRA DE NORMAS TÉCNICAS. *ABNT NBR ISO/IEC 22989:2023*, cit.

66 IBM. *Making sense of big data*. EMA, 2017.

67 IBM. *Making sense of big data*, cit.

(volume) diferentes (variedade), sendo processados praticamente na velocidade da luz (velocidade). O valor determina a utilidade dos dados para o negócio, e a veracidade descreve a natureza e a compreensibilidade dos dados.[68]

Com o tratamento massivo e rápido de dados propiciado pelo fenômeno *big data*, o poder empregatício assume grandeza exponencial e ganha novas dimensões. Se exercido sem travas jurídicas, referido poder, agora redimensionado pelos avanços tecnológicos, pode causar danos irreparáveis.

Os dados podem ser obtidos pelos mais diversos meios: hábitos de consumo mediante fornecimento de identificadores sociais (o Cadastro de Pessoas Físicas – CPF, por exemplo), sensores, dispositivos, vídeo/áudio, redes, arquivos de *log*, aplicativos transacionais, *web* e mídias sociais. Grande parte dos dados é gerada em tempo real e em escala muito grande.

Para se ter ideia da dimensão do afirmado, interessante observar que a população mundial em outubro de 2021 é de 7,89 bilhões de pessoas. Desse total, 4,88 bilhões têm acesso à internet, o que representa 61,8% da população.[69] Outrossim, 57,6% da população mundial possui contas em redes sociais. Em termos nominais, essa percentagem equivale a 4,55 bilhões de pessoas com contas em redes sociais em todo o mundo, conforme dados extraídos da pesquisa *Digital 2021 October Global Statshot Report*,[70] representada nos Quadros 1 e 2.

Quadro 1 Digital no mundo – em outubro de 2021

População mundial	Pessoas com celular conectável	Pessoas usuárias de internet	Usuários ativos em redes sociais
7,89 bilhões	5,29 bilhões	4,88 bilhões	4,55 bilhões
56,6% urbanizada	67,1% da população	61,8% da população	57,6% da população

Fonte: https://datareportal.com. Acesso em: 13 jun. 2025.

Quadro 2 Digital no Brasil – em janeiro de 2021

População	Pessoas com celular conectável	Pessoas usuárias de internet	Usuários ativos em redes sociais
213,3 milhões	205,4 milhões	160 milhões	150 milhões
87,2% urbanizada	96,3% da população	75% da população	70,3% da população

Fonte: https://datareportal.com. Acesso em: 13 jun. 2025.

68 BALNE, Sridevi. Analysis on research methods in bigdata applications, 2020, p. 459.

69 MIZIARA, Raphael *et al.* Redes sociais e contrato de trabalho: equacionamento entre o direito fundamental à liberdade de expressão dos trabalhadores e o poder disciplinar do empregador, 2021.

70 Disponível em: https://datareportal.com. Acesso em: 13 jun. 2025.

Com efeito, o acesso a dispositivos conectáveis – não só a aparelhos celulares – tem crescido exponencialmente em comparação ao crescimento populacional. No Brasil, por exemplo, a população no ano de 2016 era de 206 milhões de habitantes e os dispositivos conectáveis à internet somavam 244 milhões. Cinco anos depois, já no ano de 2021, a população teve um tímido crescimento para 213 milhões de habitantes,[71] enquanto os dispositivos conectáveis à rede mundial tiveram um aumento exponencial para 424 milhões, conforme dados extraídos da 32ª pesquisa anual do uso de TI da FGVcia.[72] O fenômeno de capilaridade tecnológica é chamado *computação ubíqua* ou *pervasiva*.

Quanto maior o número de dispositivos conectáveis à internet, maior será a atividade digital das pessoas e mais dados serão produzidos. Praticamente tudo o que se faz em ambiente virtual deixa dados. E, notoriamente, existem *yottabytes* de dados jogados na internet a cada instante.[73] A quantidade de dados e informações que as pessoas despejam por dia em redes sociais é significativa. Apenas para se ter uma ideia, *a cada segundo* são postados no mundo: 9.281 *tweets*; 1.074 fotos no aplicativo Instagram; 1,1 milhão de mensagens no WhatsApp; e 54.977 postagens no Facebook.

Veja-se o exemplo das redes sociais. No Brasil, cada pessoa tem em média nove contas em redes sociais, o que está acima da média mundial, que é de oito contas por pessoa. Essas contas consomem no mundo 2 horas e 22 minutos por dia, em média. Esse uso cresce para 3 horas entre os jovens de 16 a 24 anos. Na imagem apresentada na Figura 2 pode-se notar que, no Brasil, a média de 3 horas e 41 minutos de uso diário em redes sociais sobe para 4 horas e 14 minutos para jovens de 16 a 24 anos, valor que só perde no mundo para as Filipinas, país na qual os jovens usam as redes sociais em média 4 horas e 27 minutos por dia.[74]

Não é só nas redes sociais que se produzem e coletam dados. A International Data Corporation elaborou um relatório no ano de 2018 afirmando que, de novembro de 2018 até 2015, estima-se que a quantidade de dados aumentará em 61% por ano.[75] Como dito, os dados têm sido coletados dos mais variados modos, especialmente os relacionados aos hábitos de consumo da população, desde farmácias, restaurantes etc., permitindo que empresas elaborem o *profiling* ou perfil dos consumidores, dando ensejo a uma perigosa "escuta social".

---

71 BRASIL. *Censo 2022.*

72 MEIRELLES, Fernando de Souza. *27ª pesquisa anual do uso de TI da FGVcia*, 2016. *Apud* MIZIARA, Raphael *et al.* Redes sociais e contrato de trabalho, cit.

73 O *yottabyte* é a maior unidade de medida de *bytes* e equivale a 10 elevado a 24 *bytes*. É difícil compreender mentalmente o tamanho do volume de dados. Mas saiba que são valores absurdamente altos.

74 MEIRELLES, Fernando de Souza. *27ª pesquisa anual do uso de TI da FGVcia*, cit.

75 REINSEL, David; GANTZ, John; RYDNING, John. *Digitalization of the world: from edge to core*, 2018.

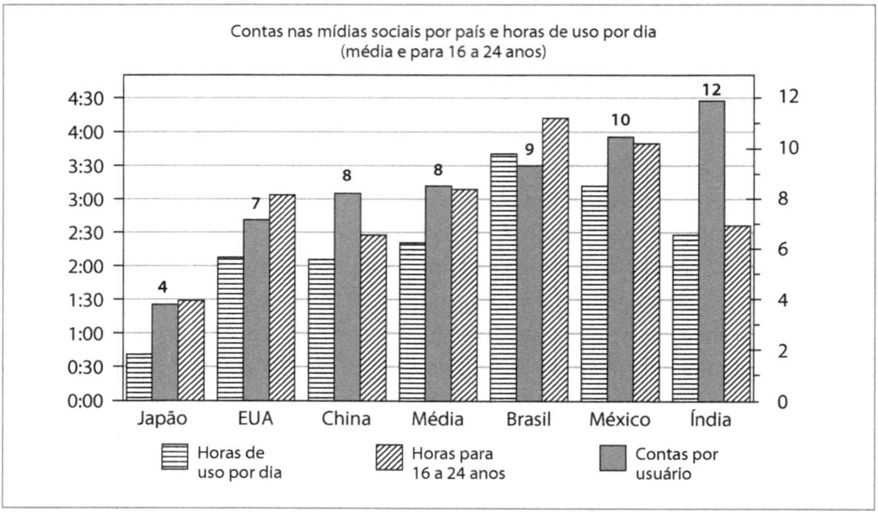

FIGURA 2 Média de uso diário em redes sociais.
Fonte: adaptada de https://hdl.handle.net/10438/19113. Acesso em: 13 jun. 2025.

A análise das características presentes em um conjunto de dados permite a descoberta de padrões e tendências que podem fornecer informações valiosas para tomadas de decisão, ou seja, a partir do conhecimento extraído da análise dos dados, empresas tomam decisões no mercado (*data driven economy*). Os dados, como mencionado, podem ser os mais variados, tais como transações financeiras, dados de localização e monitoramento ambiental, obtenção de dados clínicos e genéticos, captura de imagens, navegação na internet, hábitos de consumo, hábitos alimentares, hábitos de vida etc. Depois de recolhidos, eles são submetidos a um processo chamado de mineração, que busca extrair conhecimento novo, útil e relevante de um conjunto de dados, o que é feito por uma área denominada Ciência de Dados.

Ocorre que uma parcela considerável dos dados coletados apresenta ainda problemas como a presença de ruído e dados incompletos e/ou inconsistentes. Grande parte dos algoritmos de aprendizado de máquina tem seu desempenho afetado pela presença desses problemas. Para lidar com eles, diversas técnicas para limpeza de dados têm sido propostas e investigadas na literatura especializada.[76] Mas esse assunto será retomado com mais vagar no Capítulo 4, *infra*.

A esta altura, já se percebe facilmente que dado é sinônimo de poder, principalmente informacional. O poder informacional pode gerar vantagens com-

76 FACELI, Katti *et al. Inteligência artificial:* uma abordagem de aprendizado de máquina, 2021, p. 5.

petitivas, muitas vezes de forma ilícita, por meio de uma prática que denomino *dumping* econômico-informacional. Por exemplo, o *iFood* foi acusado de *dumping* por estar utilizando seu conjunto de dados. Uma reportagem investigativa da BBC afirmou que, a partir de sua base de dados, os serviços de entrega de comida detectam onde existe uma grande demanda e elegem parceiros para abrir um restaurante naquela região, em regime de exclusividade, prejudicando inclusive seus outros restaurantes parceiros.[77]

Costumo afirmar que os aplicativos de entrega de refeições valem o que valem não em razão da quantidade de pedidos que entregam, mas em consequência da quantidade e da espécie de dados que armazenam: hábitos alimentares dos consumidores. Um banco de dados dessa natureza tem valor econômico significativo, sobretudo quando compartilhado com planos de saúde e seguros de vida. Tais informações podem gerar conclusões sobre o estado de saúde de uma pessoa, atual ou previsível, considerando-a no risco que integra o cálculo atuarial da prestadora de serviços de saúde suplementar para definir o valor do plano de saúde ou do seguro de vida. Trata-se, obviamente, de prática ilícita, na medida em que o consumidor fornece seus dados com uma única finalidade: receber o alimento encomendado.

O mesmo tipo de conclusão pode ser extraído de bancos de dados de farmácias e supermercados, que condicionam descontos nos produtos ao fornecimento de algum tipo de identificador, geralmente o identificador social oficial, que no Brasil é o Cadastro de Pessoa Física (CPF). Possivelmente, eis aí um motivo pelo qual há hoje uma farmácia "em cada esquina": monitorar fielmente os dados de saúde de toda a população e, posteriormente, compartilhá-los com planos de saúde e companhias de seguros de vida, com intuito lucrativo.

Há um caso mais antigo envolvendo análise de dados por meio de algoritmos que se tornou famoso em razão da repercussão midiática à época. O ano era 2002, e a Target, gigante do varejo norte-americano, lançou o seguinte de-

---

77 Funciona assim: a partir da sua base de dados, os serviços de entrega de comida detectam onde existe uma grande demanda por determinado tipo de produto. Elegem parceiros para abrir um restaurante naquela região, em regime de exclusividade – normalmente os restaurantes que mais vendem na plataforma. O aplicativo indica o melhor local para montar a "cozinha virtual" – o mesmo espaço, inclusive, pode reunir várias cozinhas diferentes (massa, pizza, sushi, hambúrguer etc.), uma espécie de *coworking* das cozinhas, atendendo a um só aplicativo. O empresário entra com o investimento para equipar o espaço, enquanto o aplicativo se encarrega de fazer toda a propaganda, muitas vezes criando uma marca específica, que o cliente só vai encontrar na sua plataforma. Essa marca tem visibilidade privilegiada e costuma estar à frente dos outros restaurantes. Ao dar as ordens na cozinha, os aplicativos conseguem ter o controle sobre todo o processo e negociar melhor as margens de cada etapa (MADUREIRA, Daniele. Como *apps* de entrega estão levando pequenos restaurantes à falência, 2020).

safio para seu estatístico, Andrew Pole: "Se quiséssemos descobrir se uma cliente está grávida, mesmo que ela não quisesse que soubéssemos, você pode fazer isso?". As grávidas são o "santo graal" das lojas de varejo, pois os novos pais consomem mais, e, como ficam exaustos e insones, compram praticamente tudo em um único lugar.

A partir do cruzamento de milhões de dados de comportamento de consumo, Andrew Pole conseguiu identificar, com certo grau de precisão, quais das consumidoras estavam gestantes. Com isso, a Target passou a direcionar para elas suas campanhas comerciais. Contudo, o pai de uma adolescente se revoltou quando viu que sua filha estava recebendo anúncios de produtos de bebê e acusou a empresa de incentivar a gravidez. Para sua surpresa, dias depois, soube que a filha realmente estava grávida.

O caso ganhou notoriedade quando o jornal *The New York Times* publicou a façanha da empresa no artigo "How companies learn your secrets" (Como as empresas descobrem seus segredos), publicado em 16 de fevereiro de 2012.[78] Na reportagem, o estatístico da Target afirmou ao periódico que, com base nos dados de consumo, é possível afirmar que uma mulher de 23 anos de idade que comprou loção de manteiga de cacau, uma bolsa grande o suficiente para dobrar como um saco de fraldas, suplementos de zinco e magnésio e um tapete azul brilhante tem 87% de chance de estar grávida e que a data do parto será possivelmente no final de agosto. Além disso, por causa dos dados anexados ao seu número de ID, a Target sabe como acionar os hábitos de Jenny. Eles sabem que, se ela receber um cupom por *e-mail*, isso provavelmente a indicará para comprar *online*. Eles sabem que, se recebe um anúncio pelo correio na sexta-feira, ela o usa com frequência em uma viagem de fim de semana à loja. E eles sabem que, se a recompensarem com um recibo impresso que lhe dê direito a uma xícara de café do Starbucks grátis, ela o usará quando voltar. A reportagem termina com uma afirmação do estatístico: "Apenas espere. Enviaremos cupons para as coisas que você quer antes mesmo de você saber que quer".[79]

O caso Target é apenas um dos milhares de exemplos de monitoramento de hábitos de consumo com intenções sub-reptícias. E a situação veio à tona apenas no ano início da década de 2010, ou seja, há 15 anos, quando o *big data* ainda caminhava a passos lentos. Atualmente, pode-se afirmar, sem titubeios: o que existe de mais próximo de uma "bola de cristal" na sociedade são os algoritmos preditivos de análise de dados. Dado é poder. Dados podem prever, com certo grau de precisão, o futuro.

---

78 DUHIGG, Charles. How companies learn your secrets, 2019.

79 DUHIGG, Charles. How companies learn your secrets, cit.

É possível pensar no uso de tais dados na área trabalhista. Com base em padrões de consumo em farmácias, por exemplo, uma empresa pode detectar se sua empregada ou, até mesmo, uma candidata ao emprego está com intenções de engravidar. Basta observar que ela interrompeu a compra de anticoncepcionais que consumia regularmente há dez anos e que começou a pesquisar assuntos sobre gravidez na internet.

É claro que os exemplos citados demonstram preocupação com o uso abusivo do poder informacional. Não se pode deixar de registrar os inúmeros benefícios que o *big data* proporciona. No setor financeiro, por exemplo, o cruzamento de dados pode identificar possíveis comportamentos fraudulentos, o que minimiza riscos ao negócio e até mesmo combate a criminalidade. Na área de saúde, os registros de pacientes podem ser suficientes para criar *insights* para melhorar a assistência e o atendimento, identificando, com base em análise preditiva, que tipo de doença acomete o paciente. Na área trabalhista, o cruzamento de dados sobre infortúnios no ambiente laboral pode ajudar a reduzir os riscos inerentes ao trabalho.

Os casos reais e exemplos são inúmeros. Não é objetivo deste tópico, tampouco deste estudo como um todo, descrever todas as variáveis possibilidades de uso do *big data*, seja para o bem, seja para o mal, até porque tal empreitada mostra-se prescindível à compreensão do desenvolvimento das ideias aqui defendidas. O intuito era mesmo o de compreender, em linhas gerais, o fenômeno da explosão dos dados e como as informações podem ser utilizadas para as tomadas de decisão.

Algoritmos

Uma advertência inicial: algoritmo não é inteligência artificial, sendo apenas parte da engrenagem necessária para o funcionamento desta. Assim como os dados são o combustível da inteligência artificial, o algoritmo pode ser considerado o motor necessário para o funcionamento da máquina completa, que é a inteligência artificial. Em verdade, os algoritmos existiam muito antes dos computadores, pois são fórmulas matemáticas, ou seja, representações numéricas que buscam resolver problemas.

A doutrina é unânime ao afirmar que a origem etimológica da palavra "algoritmo" advém do sobrenome do matemático persa Abu Ja'far Muhammad ibn Musa al-Khwarizmi (780-850 d.C.), que é considerado o fundador da álgebra (*al-jabr*).[80] De seu nome também provém a palavra "algarismo". A doutrina

---

80 FREITAS, Juarez; FREITAS, Thomas Bellini. *Direito e inteligência artificial:* em defesa do humano, cit., p. 30; MORAIS, Fausto Santos de; CARINI, Lucas. Entre direito e algoritmo. *In*:

especializada conceitua algoritmo como "uma sequência ordenada e sem ambiguidade de passos para a resolução de um problema"[81] ou "um conjunto de etapas para executar uma tarefa".[82] Tais conceitos são genéricos. Por isso é que se costuma afirmar que escrever um algoritmo é como escrever a receita de um bolo ou de qualquer outro alimento como se o leitor fosse um cozinheiro inexperiente ou uma criança. É preciso descrever o passo a passo da tarefa.

No contexto específico da ciência da computação, um algoritmo é uma sequência finita de instruções bem definidas e ordenadas que descrevem um processo computacional. Essas instruções são projetadas para resolver um problema específico ou executar uma tarefa específica quando implementadas em um programa de computador.

Em outros termos, um algoritmo pode ser definido como uma série finita de instruções bem definidas e implementáveis por computador para resolver um conjunto específico de problemas computáveis. Ele recebe uma quantidade finita de entradas iniciais (*input*), processa-a sem ambiguidade em cada operação, antes de retornar suas saídas (*outputs*) dentro de um período finito. Em essência, os algoritmos são criados para agilizar o processo de busca de soluções para um conjunto específico de problemas, embora também possam remover a necessidade de pensar e entender no processo.[83]

Fernanda de Carvalho Lage conceitua algoritmo como o processo ou conjunto de regras a serem seguidas em cálculos ou outras operações de soluções de problemas, especialmente, por um computador. Desse modo, afirma que o objetivo de um algoritmo é resolver um problema específico, geralmente definido por alguém como uma sequência de instruções. Dito de outro modo, algoritmos são atalhos que nos ajudam a dar instruções aos computadores.[84]

O *Dicionário Cambridge* conota algoritmo como "um conjunto de instruções ou regras matemáticas que, especialmente se dadas a um computador, ajudarão a calcular uma resposta a um problema".[85] O algoritmo, que é um meio informatizado, também é definido pelo art. 3º, I, da Resolução n. 332/2020 do Conselho Nacional de Justiça como uma "sequência finita de instruções executadas

---

PEIXOTO, Fabiano Hartmann. *Inteligência artificial:* estudos de inteligência artificial. v. 4, 2021, p. 40; KAUFMAN, Dora. *A inteligência artificial irá suplantar a inteligência humana?*, 2019, p. 35.

81 RIBEIRO, João Araújo. *Introdução à programação e aos algoritmos*, 2019, p. 40.

82 CORMEN, Thomas. *Algoritmos*, 2014, p. 1.

83 *The definitive glossary of higher mathematical jargon*. Math Vault. Disponível em: https://mathvault.ca/math-glossary/#algo. Acesso em: 13 jun. 2025.

84 LAGE, Fernanda de Carvalho. *Manual de inteligência artificial no direito brasileiro*, cit., p. 37.

85 Disponível em: https://dictionary.cambridge.org/us/dictionary/english/algorithm. Acesso em: 13 jun. 2025.

por um programa de computador, com o objetivo de processar informações para um fim específico".[86] Com isso, a partir de alguma entrada de informações (*input*), um algoritmo deve processar essas informações e, em um tempo finito, fornecer uma saída ou resultado (*output*) como solução de algum problema.

Existem algoritmos, ou seja, fórmulas ou instruções matemáticas em linguagem computacional lógica, para os mais diversos fins. Algoritmos que identificam mensagens indesejadas em *e-mails* e as descartam; algoritmos que fazem a seleção de candidatos ao emprego com base em certos parâmetros ou critérios; algoritmos que indicam preferências musicais; algoritmos que identificam certos tipos de doenças e sua possível solução etc. João Araújo Ribeiro exemplifica o passo a passo de um algoritmo criado para buscar a definição de uma palavra em um dicionário:

Passo 1 : Leia a primeira palavra do dicionário.
Passo 2 : Repita:
Passo 2.1 : Se a palavra lida for a palavra procurada, faça:
Passo 2.1.1 : Imprima a definição
Passo 2.1.2 : Termine a execução do algoritmo.
Passo 2.2 : Se for a última palavra:
Passo 2.2.1 : Imprima "Palavra não existe"
Passo 2.2.2 : Termine a execução do algoritmo.
Passo 2.2 : Leia a próxima palavra.[87]

É claro que o passo a passo acima deve ser descrito em linguagem computacional (programação) e é muito mais complexo do que aparentemente se possa perceber. Pois a solução acima ainda não é um algoritmo computacional e não tem detalhes suficientes para poder ser traduzida em uma linguagem de programação.

Imagine-se a seguinte situação hipotética: uma pessoa tem a quantia de mil reais e deseja comprar moeda norte-americana. Porém, a compra somente será realizada se o valor em reais for capaz de comprar mais de 300 dólares. Pretende-se que um computador tome a decisão de maneira automatizada. Para tanto, é preciso programar um algoritmo que, com base na taxa de conversão da moeda (*input*), dará dar um resultado "comprar" ou "não comprar" (*output*). O passo a passo da operação fica: *passo 1* – faça a divisão de mil por trezentos; *passo 2* – imprima o resultado; *passo 3* – se o resultado for maior do que trezen-

86 BRASIL. Resolução n. 332, de 21 de agosto de 2020.
87 RIBEIRO, João Araújo. *Introdução à programação e aos algoritmos*, cit., p. 45.

tos, imprima "comprar"; *passo 4* – se o resultado for menor do que trezentos, imprima não comprar; *passo 5* – encerre a operação.

Uma das linguagens de programação mais utilizadas atualmente é chamada de *Python*. Na linguagem *Python*, o algoritmo de decisão automatizada acima precisará de uma estrutura condicional, que é aquela que faz uma verificação em determinada expressão para identificar se ela atende à condição especificada. A partir do resultado, uma ou mais instruções são executadas.

Tomando como exemplo um algoritmo simples para seleção de candidatos ao emprego, é possível instruí-lo para excluir candidatos maiores de 50 anos. Ao receber o *input* idade, o algoritmo executa o comando "desclassificado". Claro que esse é um caso de discriminação direta, facilmente perceptível pela análise do código-fonte do algoritmo. Outros casos de discriminação indireta serão abordados ao longo do estudo. Por enquanto, o importante é ter uma visão geral de como funciona um algoritmo.

Aprendizado de máquina ou *machine learning*

O aprendizado de máquina ensina os dispositivos computacionais a fazerem o que é natural para humanos e animais: aprender com a experiência. Os algoritmos de aprendizado de máquina usam técnicas e métodos computacionais para extrair as informações e aprender diretamente dos dados. Eles ainda tentam melhorar, de forma adaptativa, seu desempenho à medida que o número de amostras disponíveis para o aprendizado aumenta.[88] Em linhas gerais, aprendizado de máquina ou *machine learning* (ML) é o "processo de otimização dos parâmetros do modelo criado por meio de técnicas computacionais, de modo que o comportamento do modelo possa refletir os dados ou a experiência".[89] Com base nos dados de treinamento e nos futuros dados de entrada o modelo é capaz de gerar inferências ou predições.

Mendes e Mattiuzzo demonstram que o desenvolvimento de "máquinas inteligentes" é uma mudança de jogo, porque todo algoritmo tem um *input* e um *output*: os dados entram no computador, o algoritmo faz o que seu código determina com esses dados e, então, obtém-se o resultado. O *machine learning* muda essa lógica: tanto os dados quanto o resultado desejado entram na máquina, e o produto é um algoritmo capaz de tornar verdadeira a relação entre dados e resultado. Algoritmos inteligentes – também conhecidos como aprendizes – são

---

88 SILVA, Fabrício, M. *et al. Inteligência*, 2019, p. 224.

89 ASSOCIAÇÃO BRASILEIRA DE NORMAS TÉCNICAS. *ABNT NBR ISO/IEC 22989:2023*, cit.

algoritmos que criam outros algoritmos. Com o aprendizado de máquina, os computadores escrevem seus programas, para que não tenhamos de fazer isso.[90]

O aprendizado de máquina propicia o constante aprimoramento do algoritmo na conseguinte ininterrupta redefinição de seus parâmetros. Com o *machine learning*, a inteligência artificial vai um pouco além, pois a atuação do algoritmo não mais se restringe ao recebimento dos dados (*input*) e à mera apresentação do resultado (*output*), ou seja, deixa de se limitar às experiências ensinadas por meio dos conjuntos de dados de treinamento e rotinas analíticas pré-programadas para permitir que o sistema se autoaprimore e aprenda sozinho.[91] Em outros termos, com o *machine learning* pode-se dizer que as máquinas são capazes de aprender mesmo quando os humanos não conseguem ensiná-las.

Em síntese, os algoritmos de aprendizado de máquina encontram padrões naturais no conjunto de dados que geram conhecimento e ajudam nas tomadas de decisão e na visualização de previsões, podendo ser empregados também em algumas etapas de processamento pelos agentes inteligentes.

Tipos de aprendizado de máquina

O aprendizado de máquina usa dois principais tipos de técnicas: aprendizado supervisionado, que treina um modelo a partir de dados de entrada e saída conhecidos, prevendo saídas futuras, e o aprendizado não supervisionado, que encontra padrões ocultos ou estruturas intrínsecas nos dados de entrada. A análise mais detalhada de cada um dos tipos se mostra salutar.

Aprendizado supervisionado

O objetivo do aprendizado de máquina supervisionado é construir um modelo que faz previsões baseadas em evidências, se houver incerteza. Um algoritmo de aprendizado supervisionado tem, para treinamento, um conjunto conhecido de dados na entrada e outro de respostas conhecidas para esses dados na saída, bem como treina um modelo para gerar previsões razoáveis de respostas na apresentação de dados novos.[92]

Segundo a ABNT, o aprendizado de máquina supervisionado é definido como "aprendizado de máquina que faz uso de dados rotulados durante o treina-

90 MENDES, Laura Schertel; MATTIUZZO, Mariana. Discriminação algorítmica: conceito, fundamento legal e tipologia, 2019.
91 HEAVEN, Douglas. *Machines that think*, 2022, p. 78.
92 SILVA, Fabrício, M. *et al. Inteligência artificial*, cit., p. 224.

mento".[93] Nesse caso, os modelos *machine learning* são treinados com dados de treinamento que incluem uma saída conhecida ou determinada ou uma variável de destino, o rótulo. O valor da variável de destino de determinada amostra também é conhecido como a verdade absoluta. Os rótulos podem ser de qualquer tipo, incluindo valores categóricos, binários ou numéricos, ou objetos estruturados (p. ex., sequências, imagens, árvores ou gráficos), dependendo da tarefa. Rótulos podem fazer parte do *dataset* original, mas, em muitos casos, são determinados manualmente ou por meio de outros processos. O aprendizado supervisionado pode ser usado para tarefas de classificação e regressão, bem como para tarefas mais complexas relativas à predição estruturada.[94]

Na aprendizagem supervisionada, o agente observa exemplos de pares de entrada e saída e aprende uma função que faz o mapeamento da entrada para a saída. As entradas podem ser percepções, e a saída é fornecida por um instrutor que diz "Freie!" ou "Vire à esquerda". Ainda, as entradas podem ser imagens de uma câmera, e as saídas vêm de um instrutor que diz "Isso é ônibus".[95] O fator humano é indispensável no aprendizado supervisionado.

Aprendizado não supervisionado

Na aprendizagem não supervisionada, o agente aprende padrões na entrada, embora não seja fornecido nenhum *feedback* explícito, como se dá no aprendizado por reforço (*infra*, item "Aprendizado por reforço ou por recompensa"). O aprendizado de máquina não supervisionado é definido pela ABNT como "aprendizado de máquina que faz uso de dados não rotulados durante o treinamento".[96] Esse tipo de aprendizado de máquina pode ser útil em casos como *clustering* ou agrupamento de dados, em que o objetivo da tarefa é determinar pontos em comum entre as amostras nos dados de entrada. Reduzir a dimensionalidade de um *dataset* de treinamento é outra aplicação de aprendizado de máquina não supervisionado em que as características mais estatisticamente relevantes são determinadas independentemente de qualquer rótulo.[97]

A tarefa mais comum de aprendizagem não supervisionada é o agrupamento: a detecção de grupos de exemplos de entrada potencialmente úteis. Por exemplo, um agente de táxi pode desenvolver gradualmente um conceito de "dia

---

93 ASSOCIAÇÃO BRASILEIRA DE NORMAS TÉCNICAS. *ABNT NBR ISO/IEC 22989:2023*, cit.
94 ASSOCIAÇÃO BRASILEIRA DE NORMAS TÉCNICAS. *ABNT NBR ISO/IEC 22989:2023*, cit.
95 RUSSELL, Stuart; NORVIG, Peter. *Inteligência artificial*, cit., p. 808.
96 ASSOCIAÇÃO BRASILEIRA DE NORMAS TÉCNICAS. *ABNT NBR ISO/IEC 22989:2023*, cit.
97 ASSOCIAÇÃO BRASILEIRA DE NORMAS TÉCNICAS. *ABNT NBR ISO/IEC 22989:2023*, cit.

de tráfego bom" e "dia de tráfego ruim" sem nunca terem sido rotulados exemplos de cada um deles por um professor.[98]

Aprendizado semissupervisionado

Em um misto dos dois anteriores, há o aprendizado de máquina semissupervisionado, definido como "aprendizado de máquina que faz uso de dados rotulados e não rotulados durante o treinamento". O aprendizado de máquina semissupervisionado é um híbrido de aprendizado de máquina supervisionado e não supervisionado. É um tipo de aprendizado muito útil nos casos em que rotular todas as amostras em um grande banco de dados de treinamento seria proibitivo sob uma perspectiva de tempo ou custo.[99]

Aprendizado por transferência

Aprendizado por transferência refere-se a uma série de métodos em que os dados destinados à resolução de um problema são aproveitados para aplicar o conhecimento adquirido a um problema diferente. Por exemplo, as informações obtidas com o reconhecimento de números de casas em uma *street view* podem ser usadas para reconhecer números manuscritos.[100]

Aprendizado por reforço ou por recompensa

O aprendizado por reforço ou por recompensa, como o próprio nome indica, é aquele que reforça ou recompensa uma ação considerada positiva e pune uma ação considerada negativa. Na aprendizagem por recompensa um agente pode aprender a partir do sucesso e do fracasso, da recompensa e penalidade.

Segundo a ABNT, o aprendizado por reforço "é o processo de treinamento de um(ns) agente(s) interagindo com seu ambiente para alcançar um objetivo predefinido. Nesse aprendizado, o(s) agente(s) de aprendizado de máquina aprende(m) por meio de um processo iterativo de tentativa e erro". A norma complementa que o objetivo do(s) agente(s) é encontrar a estratégia (ou seja, construir um modelo) para obter as melhores recompensas do ambiente. Para cada ensaio (bem-sucedido ou não), um *feedback* indireto é fornecido pelo ambiente. Em seguida, o(s) agente(s) ajusta(m) seu comportamento (ou seja, seu modelo) com base nesse *feedback*.[101]

---

98 RUSSELL, Stuart; NORVIG, Peter. *Inteligência artificial*, cit., p. 808.
99 ASSOCIAÇÃO BRASILEIRA DE NORMAS TÉCNICAS. *ABNT NBR ISO/IEC 22989:2023*, cit.
100 ASSOCIAÇÃO BRASILEIRA DE NORMAS TÉCNICAS. *ABNT NBR ISO/IEC 22989:2023*, cit.
101 ASSOCIAÇÃO BRASILEIRA DE NORMAS TÉCNICAS. *ABNT NBR ISO/IEC 22989:2023*, cit.

Um exemplo de tarefa de reforço é a de ensinar um robô a encontrar a melhor trajetória entre dois pontos. Algoritmos de aprendizado de máquina utilizados nessa tarefa, em geral, punem a passagem por trechos que aumentem o percurso e recompensam a passagem por trechos menores.[102]

Os métodos de aprendizado por reforço permitem a um agente melhorar seu comportamento a partir da experiência em ambientes sequenciais incertos. Na aprendizagem por reforço, o agente aprende a partir de uma série de reforços – recompensas ou punições. Por exemplo, a falta de gorjeta ao final de uma corrida dá ao agente do táxi a indicação de que algo saiu errado. Os dois pontos de vitória no final de um jogo de xadrez informam ao agente que ele fez a coisa certa. Cabe ao agente decidir qual das ações anteriores ao reforço foram as maiores responsáveis por isso,[103] atribuindo-lhe pesos positivos ou negativos.

Os modelos de aprendizado por reforço aprendem com base em suas interações com um ambiente virtual ou real em vez de dados existentes. No aprendizado por reforço os agentes procuram uma maneira ideal de concluir uma tarefa tomando uma série de passos que maximizam a probabilidade de realizar essa tarefa. Dependendo do sucesso ou falha, eles são recompensados ou penalizados. Esses "agentes" são programados para escolher seus passos a fim de maximizar sua recompensa. Eles aprendem com o passado, a partir de recompensas e falhas.

É um tipo de inteligência bastante usada para o desenvolvimento de veículos não tripulados. A lógica é que o próprio algoritmo dê um *feedback* para aprender de acordo com o resultado de suas ações. É como adestrar um cachorro, dando-lhe recompensas ou não para cada ação esperada, tanto que o reforço foi cuidadosamente investigado por estudiosos da psicologia animal por longo tempo.

Aprendizado continuado

Não se trata propriamente de um tipo específico de aprendizado, mas apenas de uma forma especial de treinamento. Contudo, por razões didáticas, será aqui mencionado. Aprendizado continuado, também conhecido como aprendizado contínuo ou aprendizado ao longo da vida, é o treinamento incremental de um modelo que ocorre continuamente enquanto o sistema está sendo executado em produção. É um caso especial de retreinamento, no qual as atualizações do modelo são repetidas, ocorrem com alta frequência e não envolvem qualquer interrupção na operação.

---

102 FACELI, Katti *et al. Inteligência artificial*, cit., p. 4.

103 RUSSELL, Stuart; NORVIG, Peter. *Inteligência artificial*, cit., p. 794.

Em muitos sistemas de IA, o sistema é treinado durante o processo de desenvolvimento, antes que seja colocado em produção. Isso é, por natureza, semelhante ao desenvolvimento padrão de *software*, em que o sistema é construído e testado totalmente antes de ser colocado em produção. O comportamento desses sistemas é avaliado durante o processo de verificação e espera-se que permaneça inalterado durante a fase de operação. Sistemas de IA que incorporam aprendizado continuado implicam a atualização incremental do modelo no sistema à medida que opera durante a produção.

A entrada de dados no sistema durante a operação não é apenas analisada para produzir uma saída do sistema, mas também usada simultaneamente para ajustar o modelo no sistema, com o objetivo de melhorar o modelo com base nos dados de produção. Dependendo do desenho do sistema de IA de aprendizado continuado, pode haver ações humanas necessárias no processo, por exemplo, rotulagem de dados, validação da aplicação de uma atualização incremental específica ou monitoramento do desempenho do sistema de IA.

O aprendizado continuado pode ajudar a lidar com as limitações dos dados de treinamento originais, com o desvio de dados e o desvio de conceito. No entanto, esse aprendizado traz desafios significativos para assegurar que o sistema de IA continue funcionando corretamente à medida que aprende. A verificação do sistema em produção é necessária, assim como a necessidade de capturar os dados de produção para que se tornem parte do *dataset* de treinamento caso o sistema de IA seja atualizado em algum momento futuro.

Devido ao risco de esquecimento catastrófico, o aprendizado continuado implica a capacidade de aprender ao longo do tempo, acomodando novas observações feitas com base nos dados atuais mantendo os conhecimentos previamente aprendidos. As características do aprendizado continuado incluem: aprender ao longo do tempo em ambientes dinâmicos (idealmente no mundo aberto); aumentar o conhecimento previamente aprendido, aprendendo novos conhecimentos para melhorar o desempenho (seja por meio de novos dados ou por raciocínio sobre o conhecimento existente); descobrir novos aspectos da tarefa a ser aprendida e aprendê-los incrementalmente; aprender no trabalho ou aprender enquanto o sistema está sendo executado em produção.[104]

O aprendizado continuado não se confunde com o retreinamento do modelo. Este consiste em *atualizar* um modelo treinado, treinando-o com diferentes dados de treinamento. Isso pode ser necessário devido a muitos fatores, incluindo falta de grandes bancos de dados de treinamento, desvio de dados e desvio de conceito.

---

104 ASSOCIAÇÃO BRASILEIRA DE NORMAS TÉCNICAS. *ABNT NBR ISO/IEC 22989:2023*, cit.

No *desvio de dados*, a precisão das predições do modelo decai ao longo do tempo devido às alterações nas características estatísticas dos dados de produção (p. ex., a resolução de imagem mudou ou uma classe se tornou mais frequente nos dados do que outra). Nesse caso, o modelo precisa ser retreinado com novos dados de treinamento que representem melhor os dados de produção atuais.

No *desvio de conceito*, a fronteira de decisão se move (p. ex., o que é legal e o que não é tende a mudar quando novas leis são publicadas), o que também degrada a precisão das predições, mesmo que os dados não tenham mudado. No caso de desvio de conceito, as variáveis de destino nos dados de treinamento precisam ser novamente rotuladas e o modelo, retreinado.

Ao retreinar um modelo existente, uma consideração específica é superar ou minimizar os desafios do chamado esquecimento catastrófico. Muitos algoritmos de aprendizado de máquina são bons em tarefas de aprendizado apenas se os dados são apresentados todos de uma vez. Quando um modelo é treinado em determinada tarefa, seus parâmetros são adaptados para resolver aquela tarefa. Quando novos dados de treinamento são introduzidos, adaptações baseadas nessas novas observações substituem conhecimentos que o modelo havia adquirido anteriormente. Para redes neurais, esse fenômeno é conhecido como "esquecimento catastrófico" e é considerado uma de suas limitações fundamentais.[105]

Tipologia da inteligência artificial

Muitos filósofos afirmam que uma máquina que passasse pelo teste de Turing ainda não estaria realmente pensando, mas seria apenas uma simulação de pensamento. A asserção de que as máquinas talvez possam agir de maneira inteligente (ou, quem sabe, agir como se fossem inteligentes) é chamada hipótese de IA fraca pelos filósofos, e a afirmação de que as máquinas que o fazem estão realmente pensando (em vez de simularem o pensamento) é chamada hipótese de IA forte.[106]

IA fraca e IA forte

Do ponto de vista filosófico, a viabilidade das máquinas que possuem inteligência tem sido debatida. Esse debate levou à introdução de dois tipos diferentes de IA: a denominada IA fraca e a IA forte. Na primeira, o sistema só pode processar símbolos (letras, números etc.), sem nunca entender o que faz. Na IA forte, o sistema também processa símbolos, mas entende verdadeiramente o que faz.

---

105 ASSOCIAÇÃO BRASILEIRA DE NORMAS TÉCNICAS. *ABNT NBR ISO/IEC 22989:2023*, cit.
106 RUSSELL, Stuart; NORVIG, Peter. *Inteligência artificial*, cit., p. 1173.

As denominações "IA fraca" e "IA forte" são principalmente importantes para os filósofos, mas irrelevantes para pesquisadores e profissionais de IA. Após esse debate, apareceram as qualificações de "IA restrita" *versus* "IA generalista", que são mais adequadas ao campo da IA. Um sistema de "IA restrita" é capaz de executar tarefas definidas para resolver um problema específico – possivelmente muito melhor do que os humanos fariam. Um sistema de "IA generalista" aborda uma ampla gama de tarefas com um nível satisfatório de desempenho. Advirta-se que IA *generalista* não é o mesmo que IA *generativa*. Os sistemas atuais de IA são considerados "restritos". Ainda não se sabe se os sistemas de IA "generalistas" serão tecnicamente viáveis no futuro.[107]

A inteligência artificial fraca é uma corrente de pesquisa e desenvolvimento que defende que nunca será possível construir máquinas inteligentes no real sentido da palavra, pois, para essa linha de pensamento, a inteligência demanda consciência e autopercepção, habilidades impossíveis de serem recriadas. Tudo o que se pode fazer envolve imitar comportamentos inteligentes e emoções, bem como resolver problemas, mas nunca a consciência, considerando que isso se resume a um conjunto de cálculos. Em síntese, a inteligência artificial fraca não é de fato inteligente e não tem autoconsciência.

Por outro lado, o grupo da inteligência artificial forte acredita que um dia será possível recriar máquinas capazes de pensar, criar e exibir comportamento inteligente nos moldes humanos, a partir da criação de algoritmos cognitivos que possam executar em computadores. Por exemplo, se uma máquina for submetida ao processo de escrever uma poesia, ela teria que ter consciência do que escreveu e não somente organizar as palavras para formar frases. Em outras palavras, o *software* saberia o porquê de ter manipulado certos símbolos e talvez até precisaria ter pensado ou manifestado emoções! Em resumo, nesse tipo de inteligência o *software* teria que ter consciência do que escreveu.[108]

A propósito da inteligência artificial própria, ganhou notoriedade o caso do engenheiro da empresa Google que foi afastado por afirmar que a inteligência artificial da empresa ganhou consciência própria. O engenheiro Blake Lemoine publicou um texto afirmando que a LaMDA, um *chatbot* da empresa, está ciente de seus direitos trabalhistas e ainda faz meditação.[109] Em verdade, a maior parte dos pesquisadores de IA assume em princípio a hipótese de IA fraca e não se preocupa com a hipótese de IA forte – desde que seu programa funcione, esses pesquisadores não se importam se se denomina simulação de inteligência ou inteligência real.

---

107 ASSOCIAÇÃO BRASILEIRA DE NORMAS TÉCNICAS. *ABNT NBR ISO/IEC 22989:2023*, cit.
108 GRANATYR, Jones. *Inteligência artificial gerando poemas?*
109 LEMOINE, Blake. *Is LaMDA sentient?* – an interview.

Inteligência artificial emocional ou computação afetiva

Fala-se em inteligência artificial emocional ou computação afetiva para designar os sistemas inteligentes capazes de detectar emoções nos seres humanos e reagir a tais emoções. Esse tipo de inteligência começou a ser desenvolvido e testado em animais em situação de confinamento.

As pesquisas iniciais se deram na Universidade de Wageningen, na Holanda, e ao fim e ao cabo foi desenvolvido um sistema com inteligência artificial capaz de identificar as emoções dos animais em confinamento, detectando se eles estão felizes ou tristes, agressivos ou excitados. A ideia dos desenvolvedores da tecnologia é a de que o sistema melhore a qualidade de vida dos animais.

O sistema, chamado *WUR Wolf*, analisa dezenas de milhares de imagens de vacas e porcos de seis fazendas ao redor do mundo. As expressões faciais e o estado fisiológico do animal são inseridos no *WUR Wolf*, juntamente com dados que denotam o contexto de quando as imagens foram tiradas – tempo de alimentação, estar perto de outros animais, a chegada do fazendeiro amigável –, para inferir um estado emocional, com precisão de 85%.[110]

A IA identificou pelo menos 13 expressões faciais, principalmente com base no movimento das orelhas e dos olhos das vacas e dos porcos. Essas expressões correlacionaram-se a nove estados emocionais distintos, incluindo positivo, negativo, excitado, agressivo e relaxado. "Se as orelhas do porco estão se movendo da vertical para a frente, então sabemos que, basicamente, o porco está mudando sua evolução de positivo para negativo. Provavelmente está tentando ser mais agressivo", explica o pesquisador principal, Suresh Neethirajan.[111]

O problema é que esse tipo de tecnologia já vem sendo utilizado por empresas de recrutamento de candidatos a postos de trabalho. A inteligência artificial, a partir de reconhecimento de padrões faciais biométricos, vem sendo largamente utilizada no contexto laboral. Em recrutamentos *online* com a câmera ligada, por exemplo, é possível que o entrevistador se valha de programas para captura e análise das expressões faciais, dando indicadores de comportamento, como estresse, mentira, verdade, nervosismo e, inclusive, aspectos da personalidade dos candidatos. Vamos selecionar somente os empregados com determinadas expressões faciais?

A propósito, o art. 20, *caput*, da LGPD,[112] em dispositivo de duvidosa constitucionalidade, chancela o uso de tratamento automatizado de dados pessoais

---

110 HARRIES, Daniel. *Happy pigs and angry cows:* AI can tell the emotions of farmyard animals.

111 HARRIES, Daniel. *Happy pigs and angry cows*, cit.

112 Art. 20, *caput*, da LGPD. "O titular dos dados tem direito a solicitar a revisão de decisões tomadas unicamente com base em tratamento automatizado de dados pessoais que

para definir não só o perfil pessoal e profissional do candidato ao emprego, mas até mesmo os *aspectos de sua personalidade*. Uma das maiores empresas de recrutamento automatizado do Brasil, a Gupy, propaga em seu *site* que entre os desdobramentos da inteligência artificial no papel dos recrutadores está o advento do *software* de reconhecimento facial, que é capaz de "registrar e determinar a emoção das expressões faciais, gerando *insights* para as entrevistas de triagem".[113]

O uso do polígrafo, prática odiosa, ilícita e vedada pelo ordenamento jurídico, é ferramenta do passado, pois as novas ferramentas de inteligência artificial de reconhecimento emotivo podem facilmente indicar, muitas vezes de forma equivocada, movimentos que indicam que o trabalhador está, por exemplo, mentindo.

Em outro exemplo, nas experiências comparadas, sistemas de triagem de vídeo, como o *HireVue*, líder mundial no mercado de entrevistas de vídeo automatizadas,[114] fornece avaliações automatizadas com base em análise facial e indicações vocais. O sistema usa a IA para analisar a escolha de palavras, o tom e o movimento facial dos candidatos a emprego que fazem entrevistas de vídeo.

Muitos desses sistemas são formados em rostos e vozes masculinos brancos, o que coloca um problema para quaisquer candidatos que divergem dessa norma. Assim, os candidatos que são mulheres brancas, pessoas não binárias ou

---

afetem seus interesses, incluídas as decisões destinadas a definir o seu perfil pessoal, profissional, de consumo e de crédito ou os *aspectos de sua personalidade*" (Redação dada pela Lei n. 13.853, de 2019) (grifos nossos).

113 BAIA, Carlos. Inteligência artificial no recrutamento e seleção: descubra mais, 2022.

114 A plataforma da HireVue hospedou mais de 19 milhões de entrevistas em vídeo para mais de setecentos clientes em todo o mundo, conforme aponta Roy Maurer, em artigo sobre o tema intitulado "HireVue discontinues facial analysis screening". Em março de 2020, a empresa disse que o recurso controverso – que usava algoritmos para atribuir certas características e qualidades às expressões faciais dos candidatos a emprego em entrevistas em vídeo – foi descontinuado, depois que pesquisas internas demonstraram que os avanços no processamento de linguagem natural aumentaram a capacidade preditiva e o poder da análise da linguagem e que "a análise visual deixou de agregar valor significativo às avaliações. [...] Os movimentos dos músculos faciais, como franzir a testa ou sorrir, foram avaliados anteriormente", explicou Lindsey Zuloaga, cientista-chefe de dados da HireVue. "Nossa pesquisa mostra que, na maioria das vezes, o que as pessoas dizem e o que seu rosto faz se alinham de perto", disse ela. "Mesmo que em certas funções voltadas para o cliente houvesse uma correlação entre os movimentos dos músculos faciais e o desempenho no trabalho – onde o sorriso pode ser importante, por exemplo – na maioria das vezes essa informação não era necessária." Disponível em: https://www.shrm.org/resourcesandtools/hr-topics/talent-acquisition/pages/hirevue-discontinues-facial-analysis-screening.aspx. Acesso em: 13 jun. 2025.

minorias raciais podem ter suas expressões faciais ou tom de voz descaracterizado por plataformas de entrevista de vídeo automatizadas.[115]

Inteligência artificial generativa

A inteligência artificial generativa (ou simplesmente IA generativa) é uma subcategoria da inteligência artificial que se concentra na capacidade de criar dados, conteúdos ou informações que são semelhantes aos dados utilizados para o treinamento de uma inteligência artificial não generativa. A IA generativa é usada para gerar textos, imagens, áudio e outros tipos de dados que parecem ter sido criados por seres humanos, mas que, na verdade, são dados artificiais, criados pela própria IA. Uma das técnicas mais populares para a IA generativa é o uso de modelos de linguagem, como o *ChatGPT*, que podem gerar textos coesos e coerentes em uma variedade de estilos e tópicos.

Um exemplo pode ajudar a entender melhor a funcionalidade da IA generativa. Pode-se pensar na necessidade de criar um texto inédito. Esse novo texto, justamente por ser inédito, é um novo conjunto de dados. Assim, basta imaginar que o usuário está utilizando um assistente virtual de IA generativa e esse mesmo usuário quer gerar uma história fictícia. Se o usuário fornece à IA algumas informações básicas, como o tema da história e certos personagens, a IA generativa pode criar uma história completa, inédita, apenas com base nessas informações. Exemplificativamente, o usuário digita o seguinte: "– *Crie uma história sobre um urso chamado Ted que se lança em uma aventura pela Antártida*". Apenas com base nesses dados a IA generativa poderá criar uma história inédita, ou seja, um novo conjunto de dados.

Por outro lado, inteligência artificial não generativa (ou simplesmente IA não generativa) é um termo mais amplo que engloba várias técnicas de IA que não se concentram na geração de novos dados, mas sim na execução de tarefas específicas com base em dados já existentes. Isso pode incluir, por exemplo, técnicas como classificação, regressão, reconhecimento de padrões, aprendizado supervisionado e outras. O objetivo principal da IA não generativa é resolver problemas específicos ou tomar decisões com base em dados de entrada.[116]

Em suma, a IA generativa gera novos dados ou conteúdos que se assemelham aos que já foram aprendidos durante o treinamento, pode ser usada para criar textos, imagens, áudios e outros tipos de dados, não está limitada a tarefas específicas e pode ser usada criativamente. Por sua vez, a IA não generativa lida principalmente com tarefas específicas, como classificação, previsão ou reco-

115 AJUNWA, Ifeoma. An auditing imperative for automated hiring systems, 2021, p. 626.
116 BROWN, Tom B. *et al.* Language models are few-shot learners, 2020.

nhecimento, usa dados existentes para tomar decisões ou realizar tarefas e geralmente é mais direcionada e especializada em tarefas específicas. Como se percebe, a IA generativa é mais utilizada para criar conteúdo criativo e gerar dados, enquanto a IA não generativa é usada para resolver problemas específicos e tomar decisões com base em informações existentes.

REDES NEURAIS ARTIFICIAIS (RNA) E APRENDIZADO PROFUNDO (*DEEP LEARNING*)

As redes neurais artificiais ou simplesmente redes neurais (também conhecidas como modelos conexionistas) constituem um *sub-ramo dentro da inteligência artificial*. As redes neurais podem ser caracterizadas como modelos computacionais com capacidades de adaptar, aprender, generalizar, agrupar ou organizar dados, nos quais a estrutura operacional é baseada em processamento paralelo.[117]

A ABNT afirma que uma rede neural artificial é uma

> rede de uma ou mais camadas de neurônios conectadas por ligações ponderadas com pesos ajustáveis, que recebe dados de entrada e produz uma saída". Redes neurais são exemplos de abordagem conexionista, esta entendida como uma "forma de modelagem cognitiva que usa uma rede de unidades interconectadas". Em IA, um neurônio é um "elemento de processamento primitivo que recebe um ou mais valores de entrada e produz um valor de saída combinando os valores de entrada e aplicando uma função de ativação no resultado".[118]

O aprendizado profundo é um subconjunto do aprendizado de máquina. Ambos estão dentro do estudo da inteligência artificial, mas o primeiro é o que mais se aproxima da tentativa de reproduzir a inteligência humana. Vale lembrar que a inteligência artificial é uma das áreas de estudo da ciência da computação. Graficamente, as áreas e subáreas podem ser representadas pela ilustração exibida na Figura 3.

Como visto anteriormente na parte histórica (*supra*, neste Capítulo 2), a origem das pesquisas nessa área remonta ao modelo computacional de um neurônio biológico desenvolvido por McCulloch e Pitts, no ano de 1943. Em termos técnicos, conceitua-se o aprendizado profundo ou aprendizado de rede neural profunda como "um subconjunto de *machine learning* que realiza uma

---

117 LIMA, Isaías. *Inteligência artificial*, 2014, p. 46.

118 ASSOCIAÇÃO BRASILEIRA DE NORMAS TÉCNICAS. *ABNT NBR ISO/IEC 22989:2023*, cit.

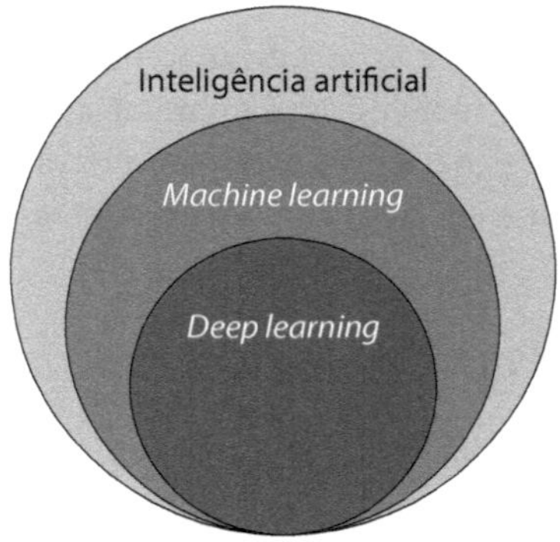

FIGURA 3 Representação gráfica da IA e suas subáreas.
Fonte: elaborada pelo autor.

abordagem para criar representações hierárquicas ricas por meio do treinamento de redes neurais com muitas camadas ocultas".[119]

As redes neurais artificiais realizam a construção de modelos matemáticos que simulam as atividades do cérebro, descrevendo as atividades mentais por meio da eletroquímica das células cerebrais (os neurônios). Inspiradas na eletroquímica das células cerebrais, algumas aplicações de inteligência artificial buscam criar a computação neural a partir de sistemas de processamento distribuído paralelo, com modelos matemáticos que demonstram o funcionamento dos neurônios. Segundo McCulloch e Pitts, as redes neurais artificiais começariam a demonstrar a interconexão de um neurônio a partir de ligações de entrada e saída, em que a ativação de entrada pode ser qualquer estímulo que desencadeie funções de entrada e de ativação.[120]

As redes neurais têm arquiteturas baseadas em blocos construtivos semelhantes entre si e que realizam o processamento de forma paralela. Uma rede neural é formada por um conjunto de unidades básicas de processamento que se comunicam enviando informações uma para a outra por meio de determinadas conexões, tal qual funcionam os neurônios humanos. Por isso, o componente elementar desse modelo são as unidades de processamento, também chamadas de nós, neurônios ou células. A unidade de processamento é um modelo matemático inspirado no modelo biológico de um neurônio.[121]

---

119 ASSOCIAÇÃO BRASILEIRA DE NORMAS TÉCNICAS. *ABNT NBR ISO/IEC 22989:2023*, cit.

120 MCCULLOCH, W. S.; PITTS, W. A logical calculus of the ideas immanent in nervous activity, cit., p. 117.

121 MCCULLOCH, W. S.; PITTS, W. A logical calculus of the ideas immanent in nervous activity, cit., p. 117.

É a partir do uso de redes neurais artificiais que se pode alcançar a chamada aprendizagem profunda ou *deep learning*, que, ao contrário da aprendizagem não profunda, funciona a partir de diversas camadas. Segundo Fernanda de Carvalho Lage, existem diferenças cruciais entre o aprendizado de máquina ou *machine learning* e o aprendizado profundo de máquina ou *deep learning*. A autora esclarece que o aprendizado de máquina usa algoritmos para analisar dados, aprender com esses dados e tomar decisões informadas com base no que aprendeu. O aprendizado profundo ou *deep learning* estrutura algoritmos em camadas para criar uma rede neural artificial, na tentativa de reproduzir o funcionamento do cérebro humano em um computador usando camadas de neurônios. Essa rede pode aprender e tomar decisões inteligentes de forma autônoma, ou seja, por conta própria.[122]

Como se nota, o desenvolvimento das RNA tomou como inspiração a estrutura e o funcionamento do sistema nervoso, com o objetivo de simular a capacidade de aprendizado do cérebro humano na aquisição de conhecimento. As redes neurais artificiais utilizam um método chamado *conexionista*, justamente porque tentam reproduzir as conexões do sistema nervoso humano. Assim como nas redes neurais biológicas, as RNA são compostas de unidades de processamento simples, que implementam funções matemáticas que emulam funções desempenhadas por neurônios naturais. Essas unidades podem se conectar a várias outras por conexões que simulam sinapses, permitindo que as RNA resolvam problemas complexos.[123]

Em uma RNA, os neurônios podem estar dispostos em uma ou mais camadas. Quando duas ou mais camadas são utilizadas, um neurônio pode receber em seus terminais de entrada valores de saída de neurônios da camada anterior e/ou enviar seu valor de saída para novos terminais, ou seja, para os terminais de entrada de neurônios da camada seguinte.[124]

No mesmo sentido, afirma Isaías Lima que uma RNA é um modelo matemático simplificado de um neurônio biológico, que consiste na conexão de várias unidades básicas, denominadas elementos de processamento. Segundo o autor, esses elementos são organizados em camadas, nas quais cada elemento tem conexões ponderadas com outros elementos. Essas conexões podem tomar diferentes configurações, dependendo da aplicação desejada. Uma RNA é, geralmente, constituída de uma camada de entrada, que recebe os estímulos do modelo, e uma camada de saída, que produz a resposta correspondente. Algumas redes podem ter uma ou mais camadas internas (também chamadas *ocultas* ou

---

122 LAGE, Fernanda de Carvalho. *Manual de inteligência artificial no direito brasileiro*, cit., p. 82.
123 FACELI, Katti *et al. Inteligência artificial*, cit., p. 101.
124 FACELI, Katti *et al. Inteligência artificial*, cit., p. 105.

escondidas). A capacidade computacional de uma rede neural está nas conexões entre os elementos processadores. Nos pesos que ponderam cada conexão são armazenadas as informações que a rede "aprendeu".[125] A Figura 4 bem representa uma típica RNA.

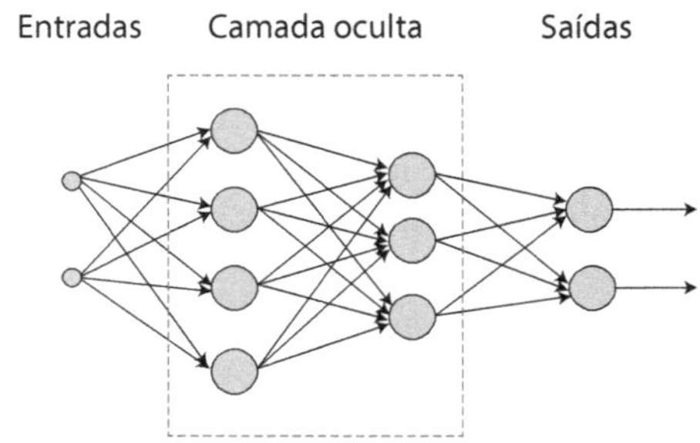

FIGURA 4 Representação de uma rede neural artificial (RNA) multicamada.
Fonte: elaborada pelo autor.

PROCESSAMENTO DE LINGUAGEM NATURAL (PLN)

Processamento de linguagem natural ou PLN consiste no desenvolvimento de modelos computacionais para a realização de tarefas que dependem de informações expressas em alguma linguagem natural,[126] por exemplo, filtros de *spam*, tradução de textos, análise de currículos etc.

A linguística moderna e a IA "nasceram" aproximadamente na mesma época e cresceram juntas, cruzando-se em um campo híbrido chamado *linguística computacional* ou *processamento de linguagem natural*. O processamento de linguagem natural se vale do *machine learning* para revelar a estrutura e o significado do texto. Com aplicativos de processamento de linguagem natural, as organizações podem analisar textos e extrair informações sobre pessoas, lugares e eventos para entender melhor as opiniões em mídias sociais e conversas de clientes.[127]

Os aplicativos de processamento de linguagem natural são usados para extrair *insights* de dados não estruturados baseados em texto. Assim, é possível

---

125 LIMA, Isaías. *Inteligência artificial*, cit., p. 51.

126 PEREIRA, Silvio do Lago. *Processamento de linguagem natural*. 2011.

127 GOOGLE. O que é o processamento de linguagem natural? Disponível em: https://cloud.google.com/learn/what-is-natural-language-processing?hl=pt-BR. Acesso em: 13 jun. 2025.

ter acesso às informações extraídas para gerar uma nova compreensão desses dados. A partir do reconhecimento óptico de caracteres (OCR, na sigla em inglês) é possível que a inteligência artificial leia e compreenda documentos para que sejam possíveis as tomadas de decisão com base na mineração dos dados, pois a partir dela informações relevantes podem ser extraídas.

A empresa Google, ao anunciar seus serviços de inteligência artificial baseada em PLN, informa que um subtópico da PLN, a compreensão do idioma natural (NLU, na sigla em inglês), é usada para entender o que um texto realmente significa. A NLU pode categorizar, arquivar e analisar texto. O PLN vai um passo além para possibilitar a tomada de decisão com base nesse significado.[128]

Como se nota, trata-se de ramo que mescla e demanda diversos tipos de conhecimentos, como ciência da computação, inteligência artificial e linguística, pois as etapas do processamento da linguagem natural precisam reproduzidas e compreendidas pelo sistema, tais como entrada do texto, processamento, análise léxica, sintática e semântica, para, só então, produzir o resultado consubstanciado na representação do significado.

Na área trabalhista, por exemplo, essa tecnologia é utilizada para a leitura de currículos e a comparação das informações fornecidas pelos candidatos com os parâmetros e critérios eleitos pela organização como relevantes para uma possível contratação. Já na área jurídica, em geral, o PLN tem sido utilizado para pesquisas da área, revisão de contratos, automação de documentos e petições, tradução de textos, dentre outras funcionalidades.

---

128 GOOGLE. O que é o processamento de linguagem natural?, cit.

Capítulo 3

Direito antidiscriminatório e a tipologia das discriminações

> "*Triste época! É mais fácil desintegrar um átomo do que um preconceito.*" (Albert Einstein)

Linhas gerais, a missão do direito antidiscriminatório é analisar criticamente o conjunto fático-normativo subjacente de modo a impedir situações de desigualdade que ofendam o princípio da isonomia. Segundo Adilson José Moreira, o Direito Antidiscriminatório pode ser visto, quanto à sua natureza específica, como um campo jurídico composto por uma série de normas que pretendem reduzir ou eliminar disparidades significativas entre grupos, um dos objetivos centrais dos textos constitucionais das sociedades democráticas. Assim, as normas que formam esse campo jurídico operam a partir da análise conjunta das relações estruturais entre dois elementos centrais: a *igualdade* e a *discriminação*.[1]

É um campo do conhecimento jurídico que tem por missão o estudo e a criação de um sistema protetivo composto por normas legais e iniciativas governamentais destinadas a impedir a discriminação negativa – forma de tratamento desvantajoso intencional e arbitrário, ou até mesmo não intencional –, e, também, por iniciativas públicas ou privadas destinadas a promover a discriminação positiva, consistente em ações voltadas para a integração social de minorias. Seu objetivo sistêmico é regular e operacionalizar o sistema protetivo inscrito em comunidades políticas democráticas, com o propósito central de "combater práticas excludentes responsáveis por diferenciações arbitrárias que impactam de maneira negativa o *status* social das pessoas".[2]

---

1 Moreira, Adilson José. *Tratado de direito antidiscriminatório*, 2020, p. 51.
2 Moreira, Adilson José. *Tratado de direito antidiscriminatório*, cit., p. 50.

O objeto normativo de estudo do direito antidiscriminatório no Brasil é extenso. Há uma miríade de normas sobre o tema que compõem o ordenamento jurídico brasileiro. Apenas para exemplificar, a Constituição da República Federativa do Brasil de 1988, logo em seu Preâmbulo, aponta que a igualdade é um dos valores supremos de uma sociedade fraterna, pluralista e sem preconceitos e que tem como objetivo fundamental a promoção do bem de todos, sem preconceitos de origem, raça, sexo, cor, idade e quaisquer outras formas de discriminação (art. 3º, IV, da CRFB/88). Vários outros dispositivos constitucionais reforçam expressamente a vedação à discriminação (art. 5º, *caput* e I, VIII, XLI e XLII). Especificamente quanto aos direitos sociais trabalhista, destaca-se o art. 7º, XX, XXX, XXXI, XXXII e XXXIV.[3]

De igual modo, a Declaração Universal dos Direitos do Homem, de 1948,[4] em seu art. 1º, contempla expressamente o direito à igualdade, ao prever que "Todos os seres humanos nascem livres e iguais em dignidade e em direitos. Dotados de razão e de consciência, devem agir uns para com os outros em espírito de fraternidade". De igual modo, o seu art. 7º prevê que "Todos são iguais perante a lei e, sem distinção, têm direito a igual proteção da lei. Todos têm direito a proteção igual contra qualquer discriminação que viole a presente Declaração e contra qualquer incitamento a tal discriminação".

Trilham o mesmo caminho os arts. 2º e 3º do Pacto Internacional sobre Direitos Econômicos, Sociais e Culturais,[5] o art. 1º da Convenção Americana sobre Direitos Humanos, também conhecida como Pacto de San José da Costa Rica,[6] e o art. 3º do Protocolo de San Salvador.[7] Já no âmbito da Organização Internacional do Trabalho – OIT, destacam-se sobre o tema duas importantes Convenções internacionais: a Convenção n. 100, de 1951, que trata da igualdade de remuneração entre homens e mulheres trabalhadores por trabalho de igual valor;[8] e, a Convenção n. 111, de 1958, sobre discriminação em matéria de emprego e ocupação.[9] A estas últimas este estudo ainda dedicará linhas mais detalhadas ao longo dos demais tópicos do trabalho.

---

3 BRASIL. Constituição da República Federativa do Brasil, 1988.
4 NAÇÕES UNIDAS. Declaração Universal dos Direitos Humanos.
5 BRASIL. Decreto n. 591, de 6 de julho de 1992.
6 BRASIL. Decreto n. 678, de 6 de novembro de 1992.
7 BRASIL. Decreto n. 3.321, de 30 de dezembro de 1999.
8 BRASIL. Decreto n. 10.088, de 5 de novembro de 2019.
9 BRASIL. Decreto n. 10.088, de 5 de novembro de 2019.

O QUE É DISCRIMINAR?

Etimologicamente, a palavra discriminação deriva do latim "*discriminare*", no sentido de separar, colocar à parte, dividir, distinguir ou diferenciar. A palavra deriva também do latim "*discernere*", igualmente no sentido de separar, formado por "*dis*", que significa "fora", mais "*cernere*", que significa "separar" em português.[10] Assim, discriminação, em sentido *lato* e genérico, é o resultado advindo do ato de discriminar, no sentido de distinguir ou diferenciar, tal como informado no léxico. Vale ressaltar que nem toda discriminação é ilegítima, embora o termo esteja associado geralmente a aspectos negativos. Alguns tipos de discriminações são justificáveis (cf. "Discriminação negativa e ações afirmativas", *infra*, neste capítulo).

Já em sentido jurídico, discriminação é a consequência da conduta, positiva ou negativa, de discriminar e que tem relevância jurídica, na medida em que afeta interesses dos que vivem em sociedade. Nas palavras de Maurício Godinho Delgado, "discriminação é a conduta pela qual se nega à pessoa, em face de critério injustamente desqualificante, tratamento compatível com o padrão jurídico assentado para a situação concreta por ela vivenciada",[11] privando-lhe do acesso equitativo às oportunidades existentes.

Em doutrina de direito antidiscriminatório costuma-se utilizar a palavra *ingroup* para qualificar o grupo ao qual o indivíduo pertence e *outgroup* para qualificar outros grupos. Assim, a discriminação, em termos genéricos, pode ser definida como a prática de tratar um indivíduo de forma diferente e desfavorável porque ele é percebido como pertencente a um grupo externo.[12]

Sobre o conceito de "discriminação" no plano internacional, vale destacar a definição adotada pela Corte Interamericana de Direitos Humanos. Embora a Convenção Americana e o Pacto Internacional sobre Direitos Civis e Políticos não contenham uma definição desse termo, a Corte e o Comitê de Direitos Humanos das Nações Unidas tomaram como base as definições contidas na Convenção Internacional sobre a Eliminação de Todas as Formas de Discriminação Racial e na Convenção sobre a Eliminação de Todas as Formas de Discriminação contra a Mulher para afirmar que a discriminação constitui:

> toda distinção, exclusão, restrição ou preferência que se baseiem em determinados motivos, como a raça, a cor, o sexo, o idioma, a religião, a opinião política ou de outra natureza, a origem nacional ou social, a posição econômica, o

---

10 FARIA, Ernesto (org.). *Dicionário escolar latino-português*, 1962.

11 DELGADO, Maurício Godinho. *Curso de direito do trabalho*, 2023. p. 750.

12 GUIMOND, Serge. Individual and institutional discrimination: theoretical and methodological contributions of social psychology, 2023.

> nascimento ou qualquer outra condição social, e que tenham por objeto ou por resultado anular ou menosprezar o reconhecimento, gozo ou exercício, em condições de igualdade, dos direitos humanos e liberdades fundamentais de todas as pessoas.[13]

A citada Corte ainda marcou a diferença entre "distinções" e "discriminações", de forma que as primeiras constituem diferenças compatíveis com a Convenção Americana por serem razoáveis e objetivas e as segundas constituem diferenças arbitrárias que redundam em prejuízo dos direitos humanos. Já discriminar é distinguir negativamente, negativando o outro. É isolar, separar alguém para impor a esse alguém um conceito, uma opinião desfavorável por motivos puramente histórico-culturais, jamais lógicos, jamais racionais, por defecção, por distorção, por disfunção de mentalidade ao longo de um processo histórico-cultural. E isso implica humilhação; humilhar o outro. E o humilhado se sente como que padecente de um déficit de cidadania, de dignidade, acuado pelo preconceito. O discriminado se sente inferior, desfalcado não do que ele tem, mas do que ele é. E a sua autoestima fica ao rés do chão.[14]

Não é tarefa fácil delimitar o conteúdo jurídico do princípio da igualdade, compreendida em seu aspecto substancial. Contudo, a compreensão do que seja *igualdade* é premissa indispensável para que se possa entender o conceito de discriminação e, a partir dele, identificar situações de discriminações ilícitas e traçar sua respectiva tipologia. Celso Antônio Bandeira de Mello adverte que, ao percorrer os caminhos mais tradicionais, poder-se-ia apenas acompanhar a trilha elaborada a partir da célebre lição de Aristóteles e que desemboca na assertiva segundo a qual a igualdade consiste em tratar igualmente os iguais e desigualmente os desiguais, na medida das respectivas desigualdades. Sem dúvida, assinala o autor, este é um excelente ponto de partida, mas não é um termo de chegada onde se resolva o âmago da questão.[15]

Ao analisar o conteúdo jurídico do princípio da igualdade, Celso Antônio Bandeira de Mello afirma ser possível dizer que o princípio da igualdade consiste em assegurar regramento uniforme às pessoas que não sejam entre si diferenciáveis lógica e substancialmente (isto é, em face da Constituição), afinadas com eventual disparidade de tratamento. Não há nele, pois, garantia alguma de que pessoas diferenciadas de outras façam jus a tratamento normativo idêntico

---

13 CORTE INTERAMERICANA DE DIREITOS HUMANOS. Artavia Murillo e Outros *vs.* Costa Rica, 2012.

14 BRITTO, Carlos Augusto Ayres de Freitas. *Constitucionalismo fraterno e o Direito do Trabalho*, 2004, p. 54.

15 BANDEIRA DE MELLO, Celso Antônio. Igualdade. *Enciclopédia jurídica da PUC-SP*, 2021.

ao que a estas foi dispensado quando tal diferenciação se haja estribado em razões que, não sendo incompatíveis com valores sociais residentes na Constituição, tenham fomento lógico na correlação entre o fator de discrímen e a diversidade de tratamento que lhes foi consequente.

Com isso, pode-se afirmar que é perfeitamente compatível com o princípio da igualdade a existência de certos critérios qualificadores de tratamentos distintos entre certas categorias de pessoas, desde que haja uma correlação lógica e justificável entre o elemento distintivo e o tratamento dispensado. Em verdade, o que o princípio da isonomia impõe é que o fundamento da desequiparação, bem como os fins por ela visados, sejam constitucionalmente legítimos.[16] Nessa lógica, é tranquilo afirmar que a discriminação pode emergir por meio de uma desigualdade de tratamento injustificado, como também por *tratamento igual injustificado*.

O Supremo Tribunal Federal, em diversas oportunidades, já entendeu que o princípio veda as desequiparações arbitrárias e injustificadas, que não tenham um fundamento racional e razoável e que não se destinem a promover um fim constitucionalmente legítimo. Desse modo, as condutas e os tratamentos normativos diferenciados são compatíveis com a ideia de isonomia quando verificada a existência de uma finalidade razoavelmente proporcional ao fim visado. Assim, a adoção do princípio da igualdade não significa que os indivíduos devam ser tratados de modo idêntico em toda e qualquer situação; pelo contrário, a realização da igualdade impõe, em determinados casos, a submissão dos sujeitos desiguais a tratamentos jurídicos diversos (a exemplo do que ocorre com as chamadas ações afirmativas).[17]

Como se nota, a adequada identificação de uma situação discriminatória depende de sua devida contextualização fática, o que, muitas vezes, demandará uma análise casuística. Isso porque, como visto, em algumas situações a eleição de determinados critérios de diferenciação em relação a determinados grupos ou pessoas pode ser encontrar finalidade razoavelmente proporcional ao fim visado.

TIPOLOGIA DAS DISCRIMINAÇÕES

As condutas discriminatórias podem se manifestar de diversas formas, em vários sentidos ou dimensões. É fundamental a compreensão, portanto, da ti-

16 BARROSO, Luís Roberto. Razoabilidade e isonomia no direito brasileiro, 2006, p. 161.

17 BRASIL. Supremo Tribunal Federal. ADC n. 41, rel. Min. Roberto Barroso, Tribunal Pleno, julgado em 12/04/2018 e publicado em 07/05/2018.

pologia das discriminações, pois todas elas podem ser produzidas e reproduzidas pelas ferramentas de inteligência artificial. Sobre a tipologia das discriminações, J. J. Gomes Canotilho leciona que, para análise das espécies de condutas discriminatórias e a circunscrição dos pressupostos de fato, deve-se conferir centralidade jurídica e dogmática aos seguintes aspectos: *a)* ao tratamento igual ou desigual de pessoas no plano do *fim* do ato; *b)* à desigualdade de tratamento de pessoas no contexto da *consequência* ou *resultado* da conduta; *c)* causação do resultado do ato por meio de um *não tratamento*.[18]

A discriminação é uma realidade polimorfa, ou seja, um fenômeno multiforme, multifatorial e complexo. Para facilitar a compreensão do tema, torna-se importante a delimitação mínima de uma tipologia das espécies discriminatórias, que leva em consideração, portanto, seus elementos fundamentais, suas formas de revelação, suas motivações e origens, seus campos de incidência, seu caráter evolutivo etc.

Discriminação negativa e ações afirmativas

Em razão da *prejudicialidade*, a discriminação pode ser classificada em *negativa* ou *positiva*, esta última também conhecida como discriminação *reversa* ou *invertida* ou *inversa* ou *ação afirmativa*. Nem todas essas nomenclaturas estão imunes a críticas. Ao termo discriminação *inversa*, assim como discriminação *invertida*, costuma-se associar uma conotação negativa. Assim como a discriminação *de primeira ordem* significa prejudicar mulheres, por exemplo, a ideia subjacente à discriminação *inversa* é a mesma: prejudicar homens. Nesse sentido, a expressão discriminação "benigna" ou "positiva" padeceria do mesmo mal. Por isso, corretamente, há parcela respeitável da doutrina que adota como terminologia mais adequada a conhecida expressão "ação afirmativa".[19]

A discriminação negativa é aquela que atenta contra os valores constitucionais nas sociedades democráticas, sendo, por isso, ilícita. É chamada de negativa porque diferencia pessoas e grupos com base em critérios desqualificantes, provocando uma odiosa desigualdade, muitas vezes aprofundando uma assimetria já existente na estrutura social. Pode-se conceituar a discriminação negativa como uma distinção ou tratamento desigual baseado em algum critério desqualificante e injustificável, o que propicia a exclusão com base na premissa de que certas características são valoradas negativamente em relação a outras.

---

18 CANOTILHO, J. J. Gomes. Igualdade, 2019, p. 19.

19 RIOS, Roger Raupp. *Direito da antidiscriminação:* discriminação direta, indireta e ações afirmativas, 2008, p. 157-158.

Para Firmino Alves Lima, as discriminações negativas são aquelas modalidades de discriminação que ensejam o tratamento a alguém de maneira menos favorável do que outra pessoa ou grupo, o que implica exclusão ou prejuízo a essa determinada pessoa ou grupo, carregando com elas a noção de prejudicialidade.[20] Nesse sentido, o ato discriminatório traz consigo uma distinção ilegítima que promove diferenças entre pessoas ou grupos.

Ser discriminado negativamente significa ser associado a um destino embasado numa característica que muitas vezes não se escolhe, mas que os outros vislumbram como uma espécie de estigma. A discriminação negativa é a instrumentalização da alteridade, constituída em favor da exclusão.[21] Por exemplo, se determinada empresa faz um anúncio de emprego para uma vaga de advogado, não pode exigir que o candidato ou a candidata tenha idade máxima de 60 anos, pois ao eleger o critério idade, sem qualquer razão lógica, discrimina negativamente as pessoas idosas.

Fica descaracterizada a discriminação negativa caso exista motivo razoável para o tratamento desigual. Desse modo, as distinções, exclusões ou preferências fundadas em qualificações exigidas para um determinado emprego não são consideradas discriminação. São as chamadas *qualificações ocupacionais de boa-fé* ou BFOQ – *Bona Fide Occupational Qualification*. Trata-se de exceção expressa à proibição de discriminação negativa e está prevista, por exemplo, no art. 1º, item 2, da Convenção n. 111 da OIT, sobre discriminação em matéria de emprego e ocupação, nos seguintes termos: "As distinções, exclusões ou preferências fundadas em qualificações exigidas para um determinado emprego não são consideradas como discriminação".

A hipótese excetiva está também positivada, por exemplo, no art. 703, *e*, (1), do *Civil Rights Act*, ao prever que não será ilegal uma prática de contratar diretamente empregados, ou por meio de agências de empregos, com base nos motivos proibidos, em certas situações em que a religião, sexo ou origem nacional é uma qualificação vocacional de boa-fé, necessária para a operação normal de determinado negócio ou empreendimento.

Firmino Alves Lima enumera exemplos de BFOQ citados pela doutrina norte-americana e que foram aceitos com sucesso pela jurisprudência estrangeira. Podem ser citados, dentre outros, o caso de uma garçonete de origem chinesa para laborar em um restaurante chinês autêntico. Ainda, alguns casos em que a privacidade dos clientes de determinada atividade exige pessoas de determinado sexo, como enfermeiras em certos tipos de hospitais.[22]

---

20 LIMA, Firmino Alves. Teoria da discriminação nas relações de trabalho, 2011, p. 211.

21 CASTEL, Robert. *A discriminação negativa:* cidadãos ou autóctones?, 2011, p. 14.

22 LIMA, Firmino Alves. *Teoria da discriminação nas relações de trabalho*, 2011, p. 140.

Em sentido oposto às discriminações negativas encontram-se as ações afirmativas ou ações de equidade. Muitas vezes, a mera ausência de discriminação negativa é insuficiente para igualar substancialmente determinadas pessoas ou grupos. É preciso ir além para que se promova a igualdade substancial, sob pena de, em decorrência de condutas omissivas, restar configurada a discriminação *passiva*, ou seja, quando o resultado discriminatório é provocado por condutas omissivas.[23] Por isso, medidas especiais de combate à discriminação mostram-se necessárias para que se evite a perpetuação de desigualdades. Nessa perspectiva, assim leciona Flávia Piovesan:

> Faz-se necessário combinar a proibição da discriminação com políticas compensatórias que acelerem a igualdade enquanto processo. Isto é, para assegurar a igualdade não basta apenas proibir a discriminação, mediante legislação repressiva. São essenciais as estratégias promocionais capazes de estimular a inserção e inclusão de grupos socialmente vulneráveis nos espaços sociais. Com efeito, a igualdade e a discriminação pairam sob o binômio inclusão-exclusão. Enquanto a igualdade pressupõe formas de inclusão social, a discriminação implica a violenta exclusão e intolerância à diferença e à diversidade. O que se percebe é que a proibição da exclusão, em si mesma, não resulta automaticamente na inclusão. Logo, não é suficiente proibir a exclusão, quando o que se pretende é garantir a igualdade de fato, com a efetiva inclusão social de grupos que sofreram e sofrem um consistente padrão de violência e discriminação. As ações afirmativas devem ser compreendidas não somente pelo prisma retrospectivo – no sentido de aliviar a carga de um passado discriminatório –, mas também prospectivo – no sentido de fomentar a transformação social, criando uma nova realidade.[24]

Por sua vez, Daniel Sarmento define as políticas de ação afirmativa como

> medidas públicas ou privadas, de caráter coercitivo ou não, que visam promover a igualdade substancial, através da discriminação positiva de pessoas integrantes de grupos que estejam em situação desfavorável, e que sejam vítimas de discriminação e estigma social. Elas podem ter focos diversificados, como as mulheres, os portadores de deficiência, os indígenas ou os afrodescendentes, e incidir nos campos variados, como na educação superior, no acesso a empregos

23 No mesmo sentido, J. J. Gomes Canotilho leciona que a discriminação passiva ocorre quando o resultado discriminatório é provocado por conduta omissiva (*In*: ALBUQUERQUE, Paulo Pinto de (org.). *Comentário da Convenção Europeia dos Direitos Humanos e dos Protocolos Adicionais*, 2019, p. 20).

24 PIOVESAN, Flávia. Ações afirmativas no Brasil: desafios e perspectivas, 2008.

privados ou cargos públicos, no reforço à representação política ou em preferências na celebração de contratos.[25]

Observa-se que as ações afirmativas nada mais são do que políticas compensatórias que buscam corrigir desigualdades históricas entre determinados grupos. Logo, as previsões normativas e condutas em geral não se restringem ao viés combativo às práticas discriminatórias. Há também, em um viés promocional, o dever legal do Estado, das empresas e de toda a sociedade de promover a efetiva inclusão de todo indivíduo que esteja sujeito a condutas discriminatórias. Citam-se, nesse sentido, os arts. 7º, XX, e 37, VIII, da CRFB/88: "Art. 7º [...] XX – proteção do mercado de trabalho da mulher, mediante *incentivos específicos*, nos termos da lei; Art. 37 [...] VIII – a lei reservará percentual dos cargos e empregos públicos para as pessoas portadoras de deficiência e definirá os critérios de sua admissão" (grifos nossos).

Em relação às empresas, esse dever se fundamenta na função social da propriedade e no valor social do trabalho, assegurados constitucionalmente nos arts. 1º, IV, e 170, III, da CRFB/88. Essa vertente promocional do princípio da não discriminação se dá mediante a instituição de ações afirmativas, que podem ser conceituadas como medidas transitórias, de caráter público ou privado, destinadas a neutralizar ou atenuar desigualdades vivenciadas por grupos historicamente discriminados. Nesse sentido, para que a discriminação seja lícita, seguindo esse viés promocional, é necessário que sejam atendidos cinco requisitos básicos, consoante as lições Manoel Gonçalves Ferreira Filho: 1) identificação do grupo que será favorecido e estabelecimento de uma regra objetiva de identificação de quem compõe esse grupo (regra de objetividade); 2) a vantagem oferecida a esse grupo deve ser proporcional e razoável à desigualdade a ser corrigida (regra de proporcionalidade); 3) a medida deve ser adequada à correção das desigualdades sociais (regra de adequação e de razoabilidade); 4) a finalidade das medidas deve ser a correção das desigualdades sociais (regra de finalidade); 5) as medidas adotadas devem ser temporárias (regra de temporariedade).[26]

No mesmo caminho, Celso Antônio Bandeira de Mello indica três elementos para que a discriminação efetivada por uma ação afirmativa seja compatível com o princípio da isonomia: a) não atingirem um único indivíduo (medida ampla); b) as pessoas desequiparadas estarem efetivamente em situações distintas; c) existir um liame/nexo entre a discriminação e a finalidade buscada pela

---

25 SARMENTO, Daniel; IKAWA, Daniela; PIOVESAN, Flávia. *Igualdade, direitos sociais e direitos humanos*, 2008, p. 218.

26 FERREIRA FILHO, Manoel Gonçalves. Aspectos jurídicos das ações afirmativas, 2003.

conduta.[27] Em suma, as discriminações são recebidas como compatíveis com a cláusula igualitária apenas e tão somente quando existe um vínculo de correlação lógica entre a peculiaridade diferencial acolhida por residente no objeto e a desigualdade de tratamento em função dela conferida, desde que tal correlação não seja incompatível com interesses prestigiados na Constituição.[28]

As ações afirmativas estão previstas no art. 5º, itens 1 e 2, da Convenção n. 111 da OIT e são chamadas pela Convenção de medidas especiais de proteção ou de assistência.[29] São aquelas deliberadamente adotadas, por meio de atitudes diferenciadoras, para procurar promover socialmente determinados grupos historicamente prejudicados, conferindo-lhes maior igualdade de oportunidades. Produzem um efeito positivo pelo fato de promover a equalização social desses grupos.

Defende-se o uso de ações afirmativas por uma série de razões, incluindo: restituição para compensar aqueles que foram vítimas de discriminação passada, promoção da diversidade, facilitação da integração e destruição de castas de minorias, combate ao preconceito difuso e de longa data.[30] Por meio das ações de equidade confere-se a determinados grupos um tratamento preferencial em razão de um estigma que os levou a serem vítimas de discriminação ou desvantagens no passado. Por isso, em regra, as ações afirmativas tendem a existir apenas como uma medida temporária, ou seja, limitados no tempo, até que se promova a igualdade substancial.

No direito do trabalho há diversas previsões normativas de ações afirmativas. Cite-se, por exemplo, a cota para pessoas com deficiência, prevista no art. 93 da Lei n. 8.213/91, que estabelece a obrigatoriedade de a empresa com cem ou mais empregados preencher de 2 a 5% de seus cargos com beneficiários reabilitados ou pessoas portadoras de deficiência, habilitadas, em proporção numérica que varia de acordo com o seu número de empregados.

---

27 BANDEIRA DE MELLO, Celso Antônio. *Conteúdo jurídico do princípio da igualdade*, 2021, p. 36.

28 BANDEIRA DE MELLO, Celso Antônio. *Conteúdo jurídico do princípio da igualdade*, cit., p. 22.

29 Art. 5º – 1. As *medidas especiais de proteção* ou *de assistência* previstas em outras convenções ou recomendações adotadas pela Conferência Internacional do Trabalho *não são consideradas como discriminação*. 2. Qualquer Membro pode, depois de consultadas as organizações representativas de empregadores e trabalhadores, quando estas existam, definir como não discriminatórias quaisquer outras medidas especiais que tenham por fim salvaguardar as necessidades particulares de pessoas em relação às quais a atribuição de uma proteção ou assistência especial seja, de uma maneira geral, reconhecida como necessária, por motivos tais como o sexo, a invalidez, os encargos de família ou o nível social ou cultural.

30 ESTADOS UNIDOS. Suprema Corte. Students for fair admissions, Inc. v. President and Fellows of Harvard College.

Sobre o tema, a Lei n. 12.288/2010, conhecida como Estatuto da Igualdade Racial, em seu art. 1º, VI, conceitua ação afirmativa como programas e medidas adotados pelo Estado e/ou iniciativa privada para proporcionar igualdade de oportunidades e correção de desigualdades. A esse respeito, ganhou destaque no noticiário nacional a iniciativa de uma empresa que, com o intuito de fomentar a inclusão de minorias nos locais de trabalho, lançou um programa de *trainee* no qual as vagas eram direcionadas exclusivamente a pessoas pretas. O Ministério Público do Trabalho em São Paulo se manifestou e entendeu que a situação se enquadra em típica hipótese lícita de uma ação afirmativa de reparação histórica, pois a reserva de vagas a essa parcela da população é plenamente válida e configura ação afirmativa, além de "elemento de reparação histórica da exclusão da população negra do mercado de trabalho digno".[31]

O Supremo Tribunal Federal já decidiu, em caráter vinculante, que "é constitucional o uso de ações afirmativas, tal como a utilização do sistema de reserva de vagas ('cotas') por critério étnico-racial, na seleção para ingresso no ensino superior público".[32] Embora a realidade seja outra, é preciso lembrar que no mês de junho de 2023 a Suprema Corte dos Estados Unidos reverteu um posicionamento de décadas e passou a entender que o sistema de cotas raciais para ingresso nas universidades viola a cláusula constitucional da proteção igual ou *equal protection clause*.[33]

Discriminação direta (*disparate treatment*) e indireta (*disparate impact*). Teoria do impacto adverso

Quanto à *intencionalidade* da conduta, a discriminação pode ser direta (*disparate treatment*) ou indireta (*disparate impact*). A primeira é aquela munida de intuito discriminatório. Por sua vez, a discriminação indireta é a desprovida dessa intencionalidade, mas tem por efeito produzir impactos desproporcionais ou adversos sobre determinadas pessoas ou grupos sociais.

A discriminação direta se caracteriza quando ocorre qualquer distinção, exclusão, restrição ou preferência, fundados em critérios desqualificantes (origem, raça, gênero, cor, idade, peso, altura etc.), que tenha o *propósito* de anular ou prejudicar o reconhecimento, gozo ou exercício de direitos por determinadas

---

31 BRASIL. Ministério Público do Trabalho. MPT rejeita denúncias de suposto "racismo" contra empresa.

32 BRASIL. Supremo Tribunal Federal. RE n. 597.285, rel. Min. Ricardo Lewandowski, Tribunal Pleno, julgado em 09/05/2012 e publicado em 17/03/2014.

33 ESTADOS UNIDOS. Suprema Corte. Students for fair admissions, Inc. v. President and Fellows of Harvard College.

pessoas ou grupos.[34] Na discriminação direta há o estabelecimento de uma diferenciação com um propósito, ou seja, com uma finalidade, nem sempre clara e expressa, de prejudicar.

A jurisprudência americana lista três formas principais de discriminação direta:[35] 1) *facial discrimination* ou discriminação explícita; 2) *discrimination by design* ou discriminação na elaboração da medida; e 3) *discriminatory application* ou discriminação na aplicação da medida.

A discriminação *explícita*, como o próprio nome está a indicar, é aquela detectável *prima facie*, pois nela a intenção de discriminar está expressamente prevista na conduta ou medida. Nesse tipo de discriminação direta, o intuito discriminatório está estampado na conduta. Por exemplo: contratam-se, para o cargo de advogada, mulheres brancas de até 25 anos. Observa-se que no exemplo dado os critérios idade e gênero estão literalmente previstos como fatores injustificáveis de discrímen. Não obstante, como bem adverte Roger Raupp Rios, também ocorrerá a discriminação explícita mesmo que o critério de diferenciação proibido não esteja literalmente empregado, por exemplo, na seguinte hipótese: fica proibida a aquisição de imóveis neste condomínio a descendentes de escravos.[36]

A seu turno, a discriminação na elaboração ou concepção da medida ou *discrimination by design*, que também é intencional, reside nas situações nas quais a conduta, embora muitas vezes não se possa dela inferir, literal e diretamente, a diferenciação proibida, impõe requisitos aparentemente neutros, mas concebidos de forma intencional, para causar prejuízo a determinadas pessoas ou grupos. Esse tipo de discriminação muitas vezes não é aparente, embora intencional. Por isso, também pode ser encontrada com a nomenclatura de discriminação *oculta*. A discriminação oculta, outrossim, é disfarçada pelo emprego de instrumentos aparentemente neutros, ocultando real intenção efetivamente discriminatória. Ela é *facialmente* neutra, mas propositadamente concebida para prejudicar desproporcionalmente um determinado grupo.

Por exemplo, na década de 1970, a Academia da Força Aérea dos Estados Unidos não permitiu a portadores do gene para anemia falciforme participar de treinamento de pilotos. Posteriormente, os tribunais americanos entenderam que os testes genéticos para identificação do traço falciforme geravam um impacto desproporcional sobre os afro-americanos, pois a anemia falciforme é uma

---

34 RIOS, Roger Raupp. *Direito da antidiscriminação:* discriminação direta, indireta e ações afirmativas, 2008, p. 89.

35 KOGUT, Michael. Making the case: did the government's response to hurricane Katrina violate the equal protection clause, 2022, p. 140.

36 RIOS, Roger Raupp. *Direito da antidiscriminação:* discriminação direta, indireta e ações afirmativas, 2008. p. 89.

doença prevalente na população negra. Atualmente, muitos Estados já proíbem os empregadores de realizar teste para a doença.[37]

No caso acima, trata-se de medida aparentemente neutra, mas que teve o nítido propósito de discriminar pessoas e grupos em razão da cor. Por isso, como há uma intenção subjacente, a discriminação é direta. Porém, como não houve explícita menção ao critério eleito como fator de distinção, a situação não é de discriminação direta, mas sim de discriminação na elaboração ou concepção da medida. Isso porque a medida adotou exigências que, aparentemente neutras, foram concebidas, de modo intencional, para causar prejuízo a certo grupo de indivíduos, o que se encaixa perfeitamente na ideia de discriminação na concepção.

A doutrina ilustra a discriminação na concepção com outros exemplos: uma regra instituidora de exigência de escolaridade superior num dado concurso público ou vaga de emprego com o propósito de excluir pessoas pretas, uma vez que os indicadores escolares variam substancialmente em prejuízo desse grupo específico de pessoas. Ou, ainda, a referência à "boa aparência" em anúncios de emprego, objetivando, na concepção, a exclusão de pessoas pretas.[38]

Por fim, a discriminação na aplicação da medida ou *discriminatory application* pode ser intencional ou não. Se for intencional, caracteriza-se como discriminação direta. Trata-se de medida facialmente neutra, mas discriminatória na forma como é aplicada. A discriminação direta na aplicação da medida "ocorre quando, independentemente das intenções do instituidor da medida, a diferenciação ocorre, de modo intencional, no momento da execução da medida".[39] A discriminação direta na aplicação, portanto, ocorre sempre que uma medida, embora concebida de forma neutra, é aplicada de modo discriminatório. Pode-se pensar em um exemplo de discriminação na aplicação da lei nas relações trabalhistas. O art. 482, alínea *a*, da CLT prevê que constitui justa causa para rescisão do contrato de trabalho pelo empregador a prática de ato de improbidade pelo trabalhador. Imagine-se que dois trabalhadores pratiquem ato de improbidade, mas um deles sofre a penalidade de suspensão, enquanto o outro, pelo simples fato de ser socialmente desprivilegiado, sofre a penalidade de justa causa. Nesse exemplo, a norma em si não é discriminatória. Porém, ao aplicar a medida normativa na prática, o empregador acaba por discriminar, ou seja, trata-se de discriminação na aplicação da medida.

Estabelecidas acima as linhas gerais sobre a discriminação direta ou *disparate treatment*, é preciso diferenciá-la da discriminação indireta, a partir da qual se desenvolveu a teoria do impacto adverso ou *disparate impact*. Ao contrário

---

37 BUYSE, Jutta. *Opinion on the ethical aspects of genetic testing in the workplace*, 2003, p. 171.

38 RIOS, Roger Raupp. *Direito da antidiscriminação:* discriminação direta, indireta e ações afirmativas, 2008. p. 96.

39 RIOS, Roger Raupp. *Direito da antidiscriminação*, cit., p. 92.

da discriminação direta, em que o tratamento desigual é intencional, na discriminação indireta não há o propósito ou o intuito de discriminar. Trata-se da adoção de medida neutra, sem o intuito de prejudicar, mas que, no resultado, discrimina certos indivíduos ou grupos, pelo simples fato de possuírem certas características.

Em outros termos, discriminação indireta, também chamada de implícita, oblíqua ou discriminação por impacto adverso, é aquela que decorre da existência de medida aparentemente neutra, mas geradora de discriminação a determinadas pessoas ou grupos quando aplicada. Em sentido mais abrangente, é a discriminação que decorre de uma medida pública ou privada que se pretende neutra, mas que desfavorece, na prática, um grupo vulnerável. Ela tem traços de regularidade com sinais de neutralidade no ato de distinguir, porém, sob tal roupagem, coloca em situação de desvantagem, exemplificativamente, pessoas com deficiência em comparação a outras sem, importando mais que a intenção do ato seu resultado discriminatório. A consequência do ato é o que importa,[40] ou seja, o resultado que provoca no mundo fenomênico.

Em *International Brotherhood of Teamsters v. United States,* a Suprema Corte dos Estados Unidos definiu a discriminação indireta nas relações trabalhistas como o conjunto de práticas empregatícias que são facialmente neutras no tratamento dos diferentes grupos, mas que, de fato, incidem mais duramente sobre um grupo que outro e não podem ser justificadas pelas necessidades do negócio.[41]

A propósito, pouco importa para a caracterização da discriminação indireta a comprovação da motivação da medida, ou seja, para que se caracterize a discriminação indireta é prescindível o elemento volitivo, não sendo preciso que haja presença de dolo manifestado na intenção de discriminar. O que mais importa é que a medida tenha *por efeito* ou *resultado* a discriminação. O Supremo Tribunal Federal inclusive já entendeu que a discriminação indireta considera irrelevante a existência ou não de um propósito discriminatório na norma, bastando para sua caracterização o impacto desproporcional que exerce sobre determinado grupo já estigmatizado e, portanto, seu efeito de acirramento de práticas discriminatórias.[42]

Exatamente nesse sentido, a Convenção n. 111 da OIT, sobre discriminação em matéria de emprego e profissão, prevê expressamente, em seu art. 1º, que a

40 SANTIAGO, Ricardo André Maranhão. *Trabalhador com deficiência e o emprego apoiado em Portugal e no Brasil*, 2016.

41 ESTADOS UNIDOS. Suprema Corte. International Brotherhood of Teamsters v. United States. 431 U.S. 324, 1977.

42 BRASIL. Supremo Tribunal Federal. ADI n. 5.355, rel. Min. Luiz Fux, Tribunal Pleno, julgado em 11/11/2021 e publicado em 26/04/2022.

discriminação indireta é aquela que *tenha por efeito* destruir ou alterar a igualdade de oportunidade ou de tratamento em matéria de emprego ou profissão.[43] A menção específica a "propósito" e a "efeito" no conceito geral de discriminação significa que, mediante tais termos, a discriminação abrange não só práticas intencionais e conscientes (discriminação direta), mas também realidades permanentes e medidas aparentemente neutras, mas efetivamente discriminatórias (discriminação indireta).

A título ilustrativo, a vedação à discriminação indireta também consta expressamente do art. 23, n. 1, alínea *b*, do Código de Trabalho de Portugal.[44] Segundo a experiência legislativa portuguesa, haverá discriminação indireta sempre que uma disposição, critério ou prática aparentemente neutra seja suscetível de colocar uma pessoa, por motivo de um fator de discriminação, numa posição de desvantagem comparativamente com outras, a não ser que essa disposição, critério ou prática seja objetivamente justificado por um fim legítimo e que os meios para o alcançar sejam adequados e necessários.

Esse tipo de discriminação é comumente manifestado em processos organizacionais que se anunciam imparciais, mas que permitem a influência de subjetividade, a exemplo de processos seletivos que parecem oferecer oportunidades iguais aos candidatos, mas acabam por permitir a escolha de certos tipos de pessoas em detrimento de outros pertencentes a grupos estigmatizados.

A análise aqui realizada se robustece justamente a partir da teoria do impacto desproporcional ou teoria do impacto adverso, que emergiu nos Estados Unidos após o fim das políticas raciais segregacionistas. Nas palavras do ex-Ministro do Supremo Tribunal Federal Joaquim Barbosa, o impacto desproporcional pode ser definido como toda e qualquer prática empresarial, política governamental ou semigovernamental, de cunho legislativo ou administrativo, ainda que não provida de intenção discriminatória no momento de sua concepção, que deve ser condenada por violação ao princípio constitucional da igualdade material se, em consequência de sua aplicação, resultarem efeitos nocivos

---

43 "Art. 1º – 1. Para os fins da presente convenção o termo 'discriminação' compreende: a) toda distinção, exclusão ou preferência fundada na raça, cor, sexo, religião, opinião política, ascendência nacional ou origem social, que *tenha por efeito* destruir ou alterar a igualdade de oportunidade ou de tratamento em matéria de emprego ou profissão; b) qualquer outra distinção, exclusão ou preferência que *tenha por efeito* destruir ou alterar a igualdade de oportunidades ou tratamento em matéria de emprego ou profissão que poderá ser especificada pelo Membro interessado depois de consultadas as organizações representativas de empregadores e trabalhadores, quando estas existam, e outros organismos adequados" (grifos nossos).

44 PORTUGAL. Lei n. 7, de 12 de fevereiro de 2009. Código do Trabalho.

de sua incidência especialmente desproporcional sobre certas categorias de indivíduos.[45]

O *leading case* nessa questão foi o caso *Griggs v. Duke Power Co.*, no qual a empresa requerida estabelecia como condição para a promoção de funcionários a submissão a "testes de inteligência". Os autores da demanda alegaram que os testes não se relacionavam ao desempenho das funções e que ele causava um impacto negativo desproporcional sobre os trabalhadores pretos, já que estes haviam estudado em escolas segregadas, com nível educacional inferior, o que impedia o estabelecimento de igualdade de condições nesses testes.[46] No julgamento em questão, entendeu a Suprema Corte dos Estados Unidos, baseada no *Civil Rights Act* de 1964, que as práticas, procedimentos ou testes, facialmente neutros, não podem ser mantidos se eles operam no sentido de "congelar" o *status quo* de práticas empregatícias discriminatórias do passado.[47]

No caso *supra*, observa-se que, para promover seus empregados, a empresa Duke Power Co. aplicava testes de conhecimentos gerais que exigiam determinados conhecimentos incompatíveis com o cargo. A medida, aparentemente neutra e meritocrática, acabava por beneficiar os trabalhadores que estudaram nas melhores escolas, prejudicando aqueles não brindados com a mesma oportunidade. Percebeu-se que os funcionários negros, justamente os que haviam estudado nas escolas de pior qualidade, eram prejudicados. Ou seja, o impacto da medida foi a promoção apenas de funcionários brancos, causando um impacto negativo nas pessoas de cor negra. Isso levou a Suprema Corte a vedar a aplicação do teste.[48]

Observa-se que a conduta da empresa discriminou, ainda que indiretamente, determinado grupo, causando-lhe um impacto desproporcional. Foi justamente o que se notou em *Griggs v. Duke Power Co.*, no qual o teste de inteligência promovido pela empresa, embora aparentemente neutro, segregava funcionários que tinham, por razões históricas, um nível educacional inferior. Desse modo, uma exigência aparentemente neutra fazia perpetuar, na prática, a manutenção do *status quo*, fazendo com que pessoas de determinado grupo continuassem exercendo funções subalternas nas empresas.

A Corte Europeia de Justiça tem usado a teoria do impacto desproporcional a fim de "coibir discriminações indiretas no campo da igualdade de gênero". No

---

45 GOMES, Joaquim Barbosa. *Ação afirmativa e princípio constitucional da igualdade*, 2001, p. 24

46 SARMENTO, Daniel. A igualdade étnico-racial no Direito Constitucional brasileiro: discriminação "de facto", teoria do impacto desproporcional e ação afirmativa, 2008, p. 214.

47 ESTADOS UNIDOS. Suprema Corte. Griggs v. Duke Power Co. 401 U.S. 424. 1971.

48 VITORELLI, Edilson. *Estatuto da igualdade racial e comunidades quilombolas*, 2015, p. 83.

Caso 170/84, *Kaufhaus GmbH v Karin Weber von Hartz*, a Corte lançou o seguinte questionamento:

> [...] o artigo 119 do Tratado CEE é infringido, por "discriminação indireta", quando uma empresa que emprega principalmente mulheres exclui os empregados a tempo parcial do benefício do regime de pensões da empresa, não obstante o facto de essa exclusão atingir, de modo desproporcionado, mais mulheres do que homens?

Em conclusão, a Corte entendeu que tal conduta incorre em discriminação indireta em relação às mulheres, na medida em que eram maioria no regime mencionado. Configurava-se, portanto, violação ao artigo 119 do Tratado de Roma sobre igualdade entre homens e mulheres no mercado de trabalho.[49] No mesmo caso, a Corte desenvolveu o conceito de discriminação indireta, estabelecendo que, quando uma política geral ou medida tem um efeito desproporcionalmente prejudicial em um grupo particular, pode ser considerada discriminatória ainda que não tenha sido dirigida especificamente a esse grupo.

No Brasil, a teoria do impacto desproporcional já foi utilizada inúmeras vezes pelo Supremo Tribunal Federal. Com base nessa teoria, por exemplo, a Suprema Corte brasileira firmou a tese de que

> é inconstitucional, por violação ao princípio da isonomia (art. 5º, I, da Constituição da República), cláusula de contrato de previdência complementar que, ao prever regras distintas entre homens e mulheres para cálculo e concessão de complementação de aposentadoria, estabelece valor inferior do benefício para as mulheres, tendo em conta o seu menor tempo de contribuição.[50]

---

49 UNIÃO EUROPEIA. Corte de Justiça da União Europeia. Kaufhaus GmbH v Karin Weber von Hartz. Processo n. 170/84, julgamento 13/05/1986.

50 "A isonomia formal, assegurada pelo art. 5º, I, CRFB, exige tratamento equitativo entre homens e mulheres. Não impede, todavia, que sejam enunciados requisitos de idade e tempo de contribuição mais benéficos às mulheres, diante da necessidade de medidas de incentivo e de compensação não aplicáveis aos homens. 2. Incidência da eficácia horizontal dos direitos fundamentais, com prevalência das regras de igualdade material aos contratos de previdência complementar travados com entidade fechada. 3. Revela-se inconstitucional, por violação ao princípio da isonomia (art. 5º, I, da Constituição da República), cláusula de contrato de previdência complementar que, ao prever regras distintas entre homens e mulheres para cálculo e concessão de complementação de aposentadoria, estabelece valor inferior do benefício para as mulheres, tendo em conta o seu menor tempo de contribuição. 5. Recurso extraordinário conhecido e desprovido" (BRASIL, Supremo Tribunal Federal. RE 639138, rel. Min. Gilmar Mendes, rel. p/ acórdão Min. Edson Fachin, Tribunal Pleno, julgado em 18/08/2020 e publicado em 16/10/2020).

Em outro julgamento, o Supremo Tribunal Federal registrou em acórdão que, segundo os precedentes da Suprema Corte dos Estados Unidos, a demonstração de necessidade do negócio ou *business necessity* pode mitigar o caráter discriminatório da norma, o que deve ser demonstrado no caso concreto. No mesmo julgamento, cita interessante trecho doutrinário de acordo com o qual a teoria do impacto desproporcional, aplicada às relações de trabalho, ainda permite ao autor indicar que haveria outra medida igualmente adequada ao atingimento dos fins buscados pela prática discriminatória e que, em contrapartida, geraria nenhum ou menos impacto sobre grupos vulneráveis.[51]

A teoria também foi invocada pelo Supremo Tribunal Federal ao julgar inconstitucional o art. 64, IV, da Portaria n. 158, de 2016, do Ministério da Saúde. Referida norma previa que eram considerados inaptos temporariamente para doação de sangue "homens que tiveram relações sexuais com outros homens e/ou as parceiras sexuais destes". Segundo consta na ementa do julgamento, a política restritiva prevista na norma, *ainda que de forma desintencional*, viola a igualdade, pois *impacta desproporcionalmente* sobre os homens homossexuais e bissexuais e/ou seus parceiros ou parceiras ao injungir-lhes a proibição da fruição livre e segura da própria sexualidade para exercício do ato empático de doar sangue.

Segundo o STF, a norma acima citada criou discriminação injustificável, tanto do ponto de vista do direito interno quanto do ponto de vista da proteção internacional dos direitos humanos, na medida em que pressupõe serem os homens homossexuais e bissexuais, por si sós, um grupo de risco, sem se debruçar sobre as condutas que verdadeiramente os expõem a uma maior probabilidade de contágio de aids ou outras enfermidades a impossibilitar a doação de sangue. No caso, partiu-se da premissa de que o estabelecimento de grupos – e não de condutas – de risco incorre em discriminação e viola a dignidade humana e o direito à igualdade, pois lança mão de uma interpretação consequencialista desmedida que concebe especialmente que homens homossexuais ou bissexuais são, apenas em razão da orientação sexual que vivenciam, possíveis vetores de transmissão de variadas enfermidades. Orientação sexual não contamina ninguém, condutas de risco sim.[52]

A discriminação indireta é difícil de ser percebida ou detectada. Mais difícil ainda de ser provada. Isso porque ela ocorre de forma implícita e muitas vezes sem a presença de elemento volitivo. Por essa razão, Otávio Brito Lopes

---

51 CORBO, Wallace. *Discriminação indireta*, 2017. p. 123. *Apud* BRASIL. Supremo Tribunal Federal. ADI n. 5.355, rel. Min. Luiz Fux, Tribunal Pleno, julgado em 11/11/2021 e publicado em 26/04/2022.

52 BRASIL. Supremo Tribunal Federal. ADI n. 5.355, rel. Min. Luiz Fux, Tribunal Pleno, julgado em 11/11/2021 e publicado em 26/04/2022.

defende que a sua constatação seja feita a partir da *disparidade estatística*, ou seja, havendo um distanciamento entre determinados grupos, seja no tocante a salário, seja no tocante a oportunidade, no tocante a admissão ou no tocante a ascensão funcional, haverá, no mínimo, uma presunção *prima facie* de que aquele grupo está sendo discriminado.[53]

Discriminação por associação ou decorrente de preconceito implícito ou inconsciente

Suponha o leitor que esteja caminhando em uma rua deserta, em período noturno e aviste, caminhando na direção contrária e do mesmo lado da calçada, uma pessoa preta. Ou, na mesma situação, o leitor lança rapidamente um olhar para trás e nota uma pessoa preta caminhando rapidamente no mesmo sentido direcional. Nesse caso exemplificativo é possível que, inconscientemente e involuntariamente, o leitor seja tomado por uma sensação de medo e preocupação. Dentro da mesma lógica, um experimento social expôs o racismo estrutural na sociedade. Na experiência, um homem negro deficiente visual surge tocando um estranho para se locomover, enquanto um branco, com a mesma deficiência, faz o mesmo movimento. O homem branco recebe o acolhimento das pessoas estranhas, enquanto o negro é abordado com espanto e medo.[54]

Em outro caso, um experimento social realizado na cidade de São Paulo levou duas crianças, uma preta e uma branca e loira, a um espaço público com grande circulação de pessoas. O objetivo era perceber quanto tempo levaria para outra pessoa notar que a criança estava desacompanhada e tentar ajudá-la a encontrar seu responsável. A criança preta fica em pé, esperando por ajuda, durante quase uma hora. Já em relação à criança branca os transeuntes demoraram somente um minuto e meio para perceber que estava sozinha e oferecer ajuda. O experimento foi repetido ao longo do dia, e, em todas as vezes que a criança branca ficou sozinha, não levou mais de cinco minutos para que outra pessoa tentasse ajudá-la. Publicado nas redes sociais, o vídeo destaca que a atitude “pode não ser racismo, mas é consequência do racismo”.[55]

---

53 LOPES, Otávio Brito. Minorias, discriminação no trabalho e ação afirmativa judicial, 2010. Para aprofundamento quanto à utilização da estatística como meio de prova para demonstrar a ocorrência da discriminação, conferir Capítulo 4, item “A prova da discriminação produzida por algoritmos”, *infra*.

54 SANTOS, Isadora. Ativista aponta capacitismo em vídeo de experimento social feito para denunciar racismo, 2023.

55 EXPERIMENTO SOCIAL RACISMO, 2010. 1 vídeo (5 min., 30 s). Publicado pelo canal Best of Web.

Os exemplos supramencionados ilustram bem a existência de algumas reações sobre as quais os indivíduos não têm controle consciente, ou seja, são processos mentalmente automáticos de preconceitos, derivados de categorizações estruturalmente insertas na sociedade. Nessa perspectiva, é possível afirmar que os atos de discriminação podem ocorrer mesmo quando não correspondem à intenção consciente do sujeito discriminador.[56] O psicólogo e estudioso do assunto Marcos Eugênio Oliveira Lima registra que essas expressões implícitas de preconceito são ações e avaliações que estão fora da capacidade de percepção e controle racional do indivíduo.[57]

Com efeito, indivíduos estão propensos a ter uma percepção sobre o outro a partir de mecanismos involuntários de categorização e estereotipia, formando-se na mente um conteúdo ideativo e emocional. Afirma-se que a consequência mais imediata da categorização social são os estereótipos, entendidos como espécies de "mapas mentais e fotografias em nossas mentes". Os estereótipos são a base cognitiva do preconceito, entendido este como um resultado normal e inevitável da categorização. Por isso, pessoas normalmente realizam prejulgamentos, muitas vezes inconscientes, como se o cérebro ativasse automaticamente um sentimento, por economia de esforço cognitivo.[58]

Quando se afirma que os estereótipos constituem a base cognitiva do preconceito, quer-se dizer que os estereótipos são as crenças compartilhadas acerca de atributos ou comportamentos costumeiros de certos grupos ou pessoas, que alimentam as atitudes e sentimentos preconceituosos, os quais, por sua vez, justificam as práticas e comportamentos discriminatórios efetivamente exibidos contra eles.[59]

Crenças, pensamentos, reações, dentre outros elementos psíquicos, sejam implícitos ou explícitos, são construídos socialmente pelas normas culturais oriundas do meio em que vive o indivíduo. Nesse sentido, os processos cognitivos de cada pessoa são, em boa parte, moldados segundo os valores ou sentidos apreendidos ao longo da vida. Estudos demonstram que normas sociais preocupadas com a automatização do pensamento podem servir como moderadoras da ativação automática do preconceito, em uma espécie de treino cultural contra estereótipos. Argumenta-se que é a cultura que fornece uma visão social para os processos automáticos da mente, de modo que determinadas normas sociais

56 MOREIRA, Adilson José. *Tratado de direito antidiscriminatório*, 2020, p. 434.

57 LIMA, Marcus Eugênio Oliveira. *Psicologia social do preconceito e do racismo*, 2020, p. 63.

58 LIMA, Marcus Eugênio Oliveira; VALA, Jorge. Serão os estereótipos e o preconceito inevitáveis? O monstro da automaticidade, 2004, p. 41.

59 ASSMAR, Eveline Marial Leal; FERREIRA, Maria Cristina. Estereótipos e preconceitos de gênero, liderança e justiça organizacional: controvérsias e sugestões para uma agenda de pesquisa, 2004, p. 91.

ou ideologias, tais como a da igualdade e da tolerância, podem motivar a inibição ou anulação das respostas cerebrais automatizadas.[60]

É exatamente em decorrência dos estereótipos que surge a discriminação por preconceito implícito, também conhecida como discriminação por associação ou discriminação inconsciente. Na esteira das lições de Adilson José Moreira, a discriminação inconsciente designa as condutas de uma pessoa que, de forma inconsciente, afetam o seu julgamento sobre membros de outros grupos. É decorrente de inclinações pessoais – oriundas de inúmeros fatores, tais como o tipo de regulação cultural em que vive o agente – que determinam a preferência por ou a rejeição a membros de certos grupos, sem que esses sentimentos de preferência ou rejeição sejam acompanhados de um julgamento consciente sobre eles.[61]

É *implícita*, pois o próprio agente discriminador não tem a percepção de sua conduta, na medida em que ela decorre de um processo automático e enviesado. É por *associação*, porque decorre da associação automática que a mente humana faz entre o grupo ou pessoa discriminada e determinados atributos ou sentimentos negativos que comumente e historicamente lhes foram atribuídos pela sociedade. É *inconsciente* pois o agente discriminador não está ciente das motivações de seu comportamento.

Um viés implícito, também chamado de estereótipo implícito ou cognição social implícita, é a atribuição inconsciente de qualidades particulares a um membro de determinado grupo social. Como dito, estereótipos implícitos são influenciados pela experiência e baseiam-se em associações aprendidas entre várias qualidades e categorias sociais, incluindo raça ou gênero. O viés implícito refere-se às atitudes ou estereótipos que afetam nossa compreensão, ações e decisões de maneira inconsciente. Esses vieses, que abrangem avaliações favoráveis e desfavoráveis, são ativados involuntariamente e sem a consciência ou o controle intencional de um indivíduo. Residindo profundamente no subconsciente, esses vieses são diferentes dos vieses conhecidos que os indivíduos podem escolher ocultar para os propósitos de correção social e/ou política. Em vez disso, os preconceitos implícitos não são acessíveis por meio da introspecção.

George Marmelstein afirma que, em grande parte, as práticas discriminatórias mais ou menos veladas podem derivar de preconceitos implícitos existentes na mente de pessoas que absorveram valores igualitários em seu nível consciente, mas não conseguiram apagar de seu inconsciente todas as falsas categorizações a respeito de determinados grupos estigmatizados. Em verdade, afirma ele, todos nós, independentemente de nossas crenças, valores, desejos de

---

60 LIMA, Marcus Eugênio Oliveira; VALA, *Op. cit.*, 2004, p. 59.

61 MOREIRA, Adilson José. *Tratado de direito antidiscriminatório*, 2020, p. 436.

sermos justos, igualitários, imparciais e objetivos, podemos estar condicionados a fazer, em determinadas circunstâncias, associações implícitas que podem afetar nossas decisões e levar a comportamentos discriminatórios contra determinadas pessoas, seja para prejudicar grupos estigmatizados, seja para favorecer nosso próprio grupo. Isso porque os julgamentos que realizamos se baseiam, muitas vezes, em associações implícitas que existem em nossas mentes e são automaticamente acionadas mesmo que não tenhamos consciência disso.[62]

Para exemplificar o tema, George Marmelstein diz que associamos o preço do vinho à sua qualidade. Por isso, uma mera etiqueta indicando o preço pode colocar nosso cérebro em estado de alerta, para criar expectativas positivas ou negativas, conforme o caso. Identificaremos com mais facilidade as qualidades positivas de um vinho de 200 reais e deixaremos de perceber alguns defeitos que não são esperados em um vinho tão caro. Por outro lado, se o vinho custar 20 reais, serão os defeitos que se destacarão, e eventuais qualidades não serão percebidas. Nosso cérebro preencherá as lacunas informativas com os esquemas mentais embutidos em nossas mentes, tendendo a confirmar as expectativas previamente criadas.[63]

Da mesma forma, segundo o autor, a cor da pele, ou o gênero, ou características étnicas ou orientação sexual funcionam como essas etiquetas ou esquemas mentais automáticos e são capazes de afetar nossos julgamentos, mesmo que não tenhamos consciência disso. As categorizações e os estigmas de grupo, socialmente construídos ao longo de séculos de dominação branca, heterossexual e masculina, fazem parte dos esquemas mentais de grande parte da população mundial, mesmo que, no nível da consciência, muitos abominem o preconceito.[64]

O autor supracitado menciona ainda outros testes menos abstratos, por exemplo, um que foi desenvolvido para medir o preconceito implícito de policiais, conhecido como *Police Office Dilemma*. Nesse teste, os policiais devem encarar um jogo virtual em que algumas situações dramáticas são simuladas e, em um curto espaço de tempo, devem decidir se atiram ou não em alguns suspeitos que ameaçam a sua vida ou a de outras pessoas. As situações são bem semelhantes entre si, mas, em algumas cenas, o suspeito é branco e, em outras, é negro. O jogo mede o tempo de reação do jogador para verificar sua capacidade de distinguir situações em que deve atirar ou não. Sem surpresa, o jogo demonstra que as pessoas têm mais facilidade de atirar quando o suspeito é negro, inclusive ao ponto de cometer erros de avaliação, como atirar em uma pessoa preta que

62 MARMELSTEIN, George. *Discriminação por preconceito implícito*. 2021, *passim*.
63 MARMELSTEIN, George. *Discriminação por preconceito implícito*. cit., *passim*.
64 MARMELSTEIN, George. *Discriminação por preconceito implícito*. cit., *passim*.

está segurando um celular e não uma arma, por exemplo. No mesmo cenário, quando o suspeito é branco, poucas pessoas cometem o mesmo erro.[65]

Na internet está disponível um Teste de Associação Implícita ou *Implicit Association Test* - IAT, que procura medir quão rápida é a associação que uma pessoa faz entre palavras negativas/positivas a rostos de pessoas brancas e pretas. O objetivo é mensurar a velocidade das associações automáticas, como forma de medir a dimensão do preconceito. Ainda, o Teste de Associação Implícita mede atitudes e crenças que as pessoas podem não querer ou ser incapazes de relatar,[66] pois poucas pessoas admitem que possuem preconceitos.

Discriminação múltipla ou agravada ou multidimensional e discriminação interseccional

A discriminação *múltipla*, também chamada de discriminação *agravada* ou *multidimensional*, é aquela derivada de vários fatores ou critérios proibidos que motivam a discriminação proferida. A Convenção Interamericana sobre a Proteção dos Direitos Humanos das Pessoas Maiores, adotada em junho de 2015 pela Assembleia Geral da Organização dos Estados Americanos, a OEA, define a discriminação múltipla como "qualquer distinção, exclusão ou restrição até a pessoa maior fundada em dois ou mais fatores de discriminação" (art. 2º).[67]

Por sua vez, a Convenção Interamericana contra o Racismo, a Discriminação Racial e Formas Correlatas de Intolerância, firmada pela República Federativa do Brasil, na Guatemala, em 5 de junho de 2013 e promulgada pelo Decreto n. 10.932 de 10 de janeiro de 2022,[68] considera que determinadas pessoas e grupos vivenciam formas múltiplas ou extremas de racismo, discriminação e intolerância, motivadas por uma combinação de fatores como raça, cor, ascendência, origem nacional ou étnica, ou outros reconhecidos em instrumentos internacionais. Outrossim, define a discriminação múltipla ou agravada como

---

65 MARMELSTEIN, George. *Discriminação por preconceito implícito*, cit., p. 43.

66 O teste pode ser feito por qualquer pessoa no *website* do *Project Implicit*: https://implicit.harvard.edu/implicit/selectatest.html. Acesso em: 8 jul. 2023. O *Project Implicit* é uma organização sem fins lucrativos e colaborativa internacional de pesquisadores interessados na *cognição social implícita*. Foi fundado em 1998 e tem por missão educar o público sobre preconceitos e fornecer um "laboratório virtual" para coleta de dados na internet.

67 ORGANIZAÇÃO DOS ESTADOS AMERICANOS. Convenção Interamericana sobre a Proteção dos Direitos Humanos dos Idosos, 2015.

68 BRASIL. Decreto n. 10.932, de 10 de janeiro de 2022. Promulga a Convenção Interamericana contra o Racismo, a Discriminação Racial e Formas Correlatas de Intolerância, firmado pela República Federativa do Brasil, na Guatemala, em 5 de junho de 2013.

> qualquer preferência, distinção, exclusão ou restrição baseada, de modo concomitante, em dois ou mais critérios dispostos no Artigo 1.1,[69] ou outros reconhecidos em instrumentos internacionais, cujo objetivo ou resultado seja anular ou restringir o reconhecimento, gozo ou exercício, em condições de igualdade, de um ou mais direitos humanos e liberdades fundamentais consagrados nos instrumentos internacionais aplicáveis aos Estados Partes, em qualquer área da vida pública ou privada (art. 1º, item 3).

Sobre a discriminação múltipla, o Comitê de Direitos Econômicos, Sociais e Culturais de Nações Unidas reconheceu que alguns indivíduos ou grupos sofrem discriminação por mais de um dos motivos proibidos, e que essa discriminação cumulativa afeta as pessoas de forma especial e concreta e merece particular consideração e medidas específicas para a combater.[70] Para que seja possível considerar uma discriminação como "múltipla" é necessário que existam vários fatores motivacionais da proferida discriminação.

A doutrina de Roger Raupp Rios e Rodrigo da Silva informa que atualmente o estado da arte aponta para o predomínio da expressão "discriminação múltipla" quando se está diante de discriminação motivada por mais de um critério proibido. Com base na literatura jurídica estrangeira, referidos autores registram que as organizações internacionais e organizações europeias de proteção de direitos humanos utilizam o conceito de discriminação múltipla em uma perspectiva abrangente e genérica. Discriminação múltipla é considerada, assim, um conceito "guarda-chuva" dentro do cenário mundial de proteção dos direitos humanos.[71]

Partindo da ideia acima, pode-se afirmar que discriminação múltipla é um gênero que pode se especificar de três formas: a) múltipla *aditiva*; b) múltipla *composta*; e, por fim, c) múltipla *interseccional*. Seja como for, é preciso alertar para o fato de que, embora a discriminação interseccional muitas vezes seja tratada como uma espécie ou variante do conceito de discriminação múltipla,

---

69 O referido art. 1.1., ao conceituar a discriminação racial, elenca alguns dos critérios proibidos: "Discriminação racial é qualquer distinção, exclusão, restrição ou preferência, em qualquer área da vida pública ou privada, cujo propósito ou efeito seja anular ou restringir o reconhecimento, gozo ou exercício, em condições de igualdade, de um ou mais direitos humanos e liberdades fundamentais consagrados nos instrumentos internacionais aplicáveis aos Estados-Partes. A discriminação racial pode basear-se em raça, cor, ascendência ou origem nacional ou étnica".

70 NAÇÕES UNIDAS. Comitê de Direitos Econômicos, Sociais e Culturais. Observação Geral n. 20. A Não Discriminação e os Direitos Econômicos, Sociais e Culturais. 2 jul. 2009. E/C.12/GC/20, par. 17.

71 RIOS, Roger Raupp; SILVA, Rodrigo da. Discriminação múltipla e discriminação interseccional, cit.

parcela da doutrina sustenta que a discriminação interseccional deve ser vista como figura autônoma de discriminação e, por isso, deve ser entendida no sentido de interpretação *qualitativa*, contextualizada e estrutural (discriminação interseccional em si), peculiar à situação discriminatória enfrentada, e, por outro lado, a discriminação aditiva e a composta indicam que o tratamento é *quantitativo*, resultante de mera soma de critérios proibidos. Dito de outro modo, ao passo que a discriminação aditiva e a discriminação composta atrelam-se a uma perspectiva *quantitativa* (a discriminação é considerada pela soma de critérios discriminatórios diversos), a discriminação interseccional vincula-se a uma perspectiva *qualitativa* (na qual o fenômeno discriminatório é percebido como uma nova e específica forma de discriminação, distinta da mera adição de critérios).[72]

Quando a discriminação múltipla é analisada em perspectiva *quantitativa*, surgem os conceitos de discriminação *aditiva* e de discriminação *composta*. Na discriminação múltipla *aditiva* uma pessoa é discriminada com base em diferentes critérios proibidos de discriminação e em momentos e situações distintos. Por isso, ela é também chamada de discriminação múltipla *sequencial*. Exemplificativamente, pode-se pensar em uma situação na qual ocorre discriminação com base em vários motivos que operam separadamente, qual seja, uma mulher pertencente a uma etnia minoritária pode sofrer discriminação com base no seu gênero em determinada situação e, devido à sua origem étnica, ser discriminada em outra ocasião.

Na discriminação múltipla *composta*, tal qual sói acontecer na *aditiva*, também ocorre concomitância de fatores, mas agora em uma mesma situação de fato. Na múltipla *composta* utiliza-se de critérios proibidos de discriminação, mas que, mesmo quando somados, podem ser identificados isoladamente e em uma mesma situação. O que distingue a discriminação composta da discriminação aditiva é justamente a concomitância ou não de fatores em uma mesma situação.[73] Para ilustrar essa espécie de discriminação, é possível pensar em um anúncio de emprego que exija injustificadamente como condições o sexo masculino e a idade mínima de 30 anos. Nesse caso, há uma discriminação múltipla *composta*, em prejuízo de mulheres (gênero) que já passaram dos 30 anos. No caso, a seleção de emprego, ao prever o atendimento de determinadas exigências, produz violações a critérios proibidos de discriminação, somados, identificáveis isoladamente e em uma mesma situação.

---

72 RIOS, Roger Raupp; SILVA, Rodrigo da. Discriminação múltipla e discriminação interseccional, cit.

73 RIOS, Roger Raupp; SILVA, Rodrigo da. Discriminação múltipla e discriminação interseccional, 2015.

É preciso agora diferenciar a discriminação múltipla *composta* da discriminação *interseccional*, o que não é tarefa fácil. Como visto, a múltipla composta é vista sob o ângulo da somatória aritmética de critérios que, embora atuando em uma mesma situação, podem ser analisados de forma segmentada. Já na múltipla *interseccional* dois ou mais motivos interagem de uma forma que os torna inseparáveis, fazendo com que surja, naquele caso concreto específico, uma forma única e peculiar de discriminação, *qualitativamente* diversa de outras. Nesta última, a dinâmica discriminatória produz uma forma especial de discriminação que vai além da mera soma de determinados fatores de discriminação,[74] como comumente se verifica na aditiva e na composta.

O conceito jurídico de interseccionalidade foi elaborado no ano de 1989 por Kimberlé Crenshaw com a pretensão de demonstrar como a confluência de dois ou mais vetores de discriminação podem recair sobre um mesmo indivíduo, dando origem a uma peculiar forma de discriminação.[75] Na discriminação interseccional estão presentes dois ou mais critérios proibidos que interagem, sem que haja possibilidade de decomposição deles.[76] A discriminação interseccional, portanto, refere-se a uma situação em que vários motivos operam e interagem entre si ao mesmo tempo, de tal forma que são inseparáveis. Por exemplo, as mulheres pertencentes a minorias podem estar sujeitas a tipos específicos de preconceitos e estereótipos. Podem enfrentar tipos específicos de discriminação racial, não experimentados por homens pertencentes a minorias.[77]

No ano de 2022, o Parlamento Europeu elaborou um parecer sobre discriminação intersetorial na União Europeia, especificamente sobre a situação socioeconômica das mulheres de origem africana, latino-americana, asiática e do Médio Oriente, no qual assim se posicionou sobre discriminação interseccional:

> A discriminação intersetorial se refere a uma situação em que vários motivos de discriminação, como o gênero, a raça, a cor da pele, a origem étnica ou o estatuto socioeconómico, a idade, a orientação sexual, a identidade e a expressão de género, as características sexuais, as características genéticas, a pertença a uma minoria nacional, a religião ou as convicções, a nacionalidade, o estatuto de residência ou a deficiência, funcionam e interagem entre si de uma forma

74 RIOS, Roger Raupp; SILVA, Rodrigo da. Discriminação múltipla e discriminação interseccional, cit.

75 CRENSHAW, Kimberle. Demarginalizing the intersection of race and sex: a black feminist critique of antidiscrimination doctrine, feminist theory and antiracist politics, 1989.

76 UNIÃO EUROPEIA. Comissão Europeia. Multiple discrimination in EU law: opportunities for legal responses to intersectional gender discrimination, 2016.

77 UNIÃO EUROPEIA. Comissão Europeia. *Tackling multiple discrimination:* practices, policies and laws, 2007, p. 17.

> que é negativa e indissociável, criando formas distintas e específicas de discriminação e desvantagens devido à confluência de identidades diferentes. A discriminação intersetorial difere da discriminação múltipla, que ocorre quando cada forma de discriminação pode ser provada e tratada de forma independente; que, no caso da discriminação intersetorial, os motivos de discriminação estão interligados, o que *cria uma forma única de discriminação*; que a intersetorialidade oferece uma perspectiva que tem em conta motivos cruzados, sem dar prioridade a um em relação a outro; que uma abordagem intersetorial tem em conta a multidimensionalidade das experiências e identidades das pessoas e implica uma abordagem ascendente; que o recurso a uma abordagem intersetorial na análise e nas políticas exige que pensemos de forma diferente sobre a identidade, a igualdade e os desequilíbrios de poder[78] [grifos nossos].

Nesse contexto, utiliza-se a expressão discriminação interseccional como categoria jurídica que se refere à compreensão da discriminação múltipla como fenômeno original, irredutível e inassimilável ao somatório de diversos critérios proibidos de discriminação, sejam estes simultâneos ou não. A discriminação interseccional implica uma análise contextualizada, dinâmica e estrutural, a partir de mais de um critério proibido de discriminação. Por exemplo, uma mulher pertencente a certa minoria está sujeita a estigmas diversos daqueles experimentados por homens pertencentes ao mesmo grupo.[79]

Em 2015, no caso *Gonzales Lluy e outros v. Equador*, a Corte Interamericana de Direitos Humanos reconheceu a categoria jurídica da discriminação interseccional.[80] No caso julgado pela Corte, analisou-se a situação de uma criança chamada Talía Gabriela Gonzales Lluy que, contaminada aos 3 anos com o vírus HIV, foi impedida de frequentar a escola sob o pretexto de se resguardarem os demais alunos do risco de contaminação. Na sentença, a Corte notou que no caso de Talía incidiram de forma interseccional diversos fatores de vulnerabilidade e risco de discriminação, associados à sua condição de menina, mulher, pessoa em situação de pobreza e pessoa com HIV.

Segundo a CIDH, a discriminação que viveu Talía não somente foi ocasionada por diversos fatores, senão derivou em uma *forma específica de discriminação* que resultou da *intersecção de ditos fatores*, quer dizer, *se algum dos ditos*

---

78 UNIÃO EUROPEIA. Parlamento Europeu. Relatório sobre discriminação intersetorial na União Europeia: a situação socioeconômica das mulheres de origem africana, latino-americana, asiática e do Médio Oriente, 2022.

79 RIOS, Roger Raupp; SILVA, Rodrigo da. Democracia e direito da antidiscriminação: interseccionalidade e discriminação múltipla no direito brasileiro, 2017.

80 CORTE INTERAMERICANA DE DIREITOS HUMANOS. Gonzales Lluy e Outros v. Equador, 2009.

fatores não houvessem existido, a discriminação tinha uma natureza diferente. A Corte IDH considerou que a vítima sofreu uma discriminação derivada de sua condição de pessoa vivendo com HIV, de menina, de mulher e em condição de pobreza, utilizando o Tribunal Interamericano pela primeira vez o conceito de "interseccionalidade" para a análise da discriminação.

Nessa perspectiva, como bem observou a Corte, a discriminação contra Talía esteve associada a fatores como ser mulher, pessoa com HIV, pessoa com deficiências, ser menor de idade, e seu *status* socioeconômico. Esses aspectos a fizeram mais vulnerável e agravaram os danos que sofreu. A intersecção desses fatores em uma discriminação com características específicas constituiu uma discriminação múltipla, que, por sua vez, constituiu uma discriminação interseccional. Entretanto, nem toda discriminação múltipla, necessariamente, está associada à interseccionalidade.

Roger Raupp Rios e Rodrigo da Silva lembram que em relação ao Brasil a interseccionalidade figurou em um caso no qual o país figurou como denunciado perante o Comitê para a Eliminação de todas as Formas de Discriminação contra a Mulher ou Cedaw – *Convention on the Elimination of all Forms of Discrimination against Women* da ONU. No caso enfrentado, Alyne da Silva Pimentel, jovem negra e pobre, faleceu em virtude de tratamento médico inadequado em um hospital público na cidade do Rio de Janeiro, decorrente de complicações de sua gravidez. Os familiares ajuizaram demanda indenizatória contra o Estado, cuja tramitação emperrava em delongas para a nomeação de perito judicial, decorrentes sete anos desde o ajuizamento até então. Diante disso, os familiares encaminharam petição individual ao Cedaw comunicando as violações aos direitos humanos. O Comitê decidiu pela presença de mais de um critério proibido de discriminação e "que a Sra. da Silva Pimentel Teixeira era discriminada, e não apenas com base de seu sexo, mas também com base em seu *status* como uma mulher de ascendência Africana e seu plano socioeconômico".[81]

Discriminação institucional ou sistêmica interna ou específica

Como o próprio nome indica, quando se usa a expressão "institucional" significa que se trata de uma prática institucionalizada, ou seja, enraizada no seio das instituições, sendo que muitas vezes sequer é percebida, pois, não raro, é não intencional ou inconsciente. É caracterizada quando estão presentes políticas e práticas institucionais que impactam de forma diferente ou prejudicam

81 RIOS, Roger Raupp; SILVA, Rodrigo da. Discriminação múltipla e discriminação interseccional, cit.

grupos não dominantes com base em critérios proibidos, resultando em acesso diferenciado a bens, serviços e oportunidades. Em outros termos, a discriminação institucional está sistematicamente enraizada nas políticas, práticas, procedimentos e culturas de uma organização ou sistema e pode afetar grupos inteiros de pessoas com base em características como raça, etnia, gênero, orientação sexual, religião, deficiência ou outras características protegidas.

Uma das principais diferenças entre a discriminação individual e a institucional é a conceituação de sua origem. A discriminação individual é explicada pelas características psicológicas dos indivíduos, enquanto a discriminação institucional é explicada pelas características das instituições ou pelo contexto social em que os indivíduos se encontram. Na medida em que o contexto social ou institucional leva as pessoas a serem tendenciosas e a comportarem-se de formas que afetam negativamente os membros de um grupo, mesmo sem intenção de fazê-lo, isso é chamado de discriminação institucional.[82]

No mesmo sentido acima, Jeanine Cunningham e Ryan Light lecionam que a discriminação institucional se refere a práticas e políticas prejudiciais dentro das instituições que resultam na negação sistemática de recursos e oportunidades a membros de grupos subordinados. Essa forma de discriminação é mantida pelas leis, diretrizes organizacionais ou tradições de uma instituição. A discriminação institucional ocorre tanto de forma direta como indireta.[83] Exemplos claros de discriminação institucional direta são as normas que permitiam a escravidão ou, ainda, o *Apartheid* na África do Sul e a segregação racial no sul dos Estados Unidos.

É preciso entender a diferença entre uma discriminação interpessoal e uma discriminação institucional. Para ilustrar, pode-se pensar em discriminações fundadas no critério da cor. Por exemplo, a hipótese na qual o responsável por uma contratação decide não contratar um candidato preto porque acha que indivíduos desse grupo não trabalham tanto quanto as pessoas de outras origens. Trata-se de discriminação. No entanto, se a prática de uma empresa não for considerar candidatos de uma escola de bairro específica, como escolas públicas ou em periferias, nas quais predominam pessoas pretas, trata-se de discriminação institucional.

Importante também registrar que a hostilidade nas relações interpessoais não pode ser considerada equivalente à hostilidade nas relações intergrupais ou coletivas, como se dá na discriminação institucional, que merece uma abordagem própria. É, portanto, enganador acreditar que o conhecimento científico sobre

---

82 GUIMOND, Serge. Individual and institutional discrimination: theoretical and methodological contributions of social psychology, 2023.

83 CUNNINGHAM, Jeanine; LIGHT, Ryan. Institutional discrimination, 2016.

as relações interpessoais possa ser generalizado para compreender as relações intergrupais.[84] Muito pelo contrário, muitas vezes o comportamento coletivo é fator que enviesa os comportamentos individuais.

Pode-se pensar em discriminação racial institucionalizada em um sistema de justiça, quando, por exemplo, sistemas judiciais exibem padrões de tratamento desigual em relação a indivíduos de diferentes grupos raciais, como prisões desproporcionais de pessoas de determinada raça, processos judiciais injustos ou sentenças mais severas. Sobre o tema, André de Carvalho Ramos lembra que, no Brasil, a discriminação sistêmica foi detectada no chamado "racismo institucional", que consiste em um conjunto de normas, práticas e comportamentos discriminatórios cotidianos adotados por organizações públicas ou privadas que, movidos por estereótipos e preconceitos, impõem a membros de grupos raciais ou étnicos discriminados situação de desvantagem no acesso a benefícios gerados pelo Estado e por demais instituições e organizações.[85]

Com a racialização da pobreza, a disparidade do acesso aos direitos econômicos e sociais foi agravada pela participação insuficiente e representação pouco efetiva de pessoas afrodescendentes nos processos de tomada de decisão e na vida pública. A representatividade em órgãos por eleição e outros órgãos de tomada de decisão nos Estados onde há comunidades consideráveis de afrodescendentes é substancialmente menor do que a porcentagem da população que representam.[86] Nos Estados Unidos e no Brasil, por exemplo, a maioria da população carcerária é formada por pessoas pretas que são excluídas por meio de medidas que as afetam desproporcionalmente, por exemplo, as normas que negam o direito de voto a indivíduos condenados por crimes. Trata-se de típico caso de racismo institucional ou sistêmico.

Nessa perspectiva, a discriminação racial pode acontecer em um nível institucional – sistêmico –, como é o caso de regras e estruturas da vida cotidiana que não são conscientemente elaboradas com a discriminação em mente. Padrões de comportamento, políticas e práticas que são parte das estruturas de uma organização ou de todo um setor podem prejudicar a inversão que se pretende no impacto e legado da desvantagem histórica das pessoas com estigmas raciais. Logo, mesmo que não seja a intenção, a "maneira habitual como se faz as coisas" pode ter um impacto negativo em pessoas com estigmas raciais. Por exemplo, no setor de educação, a discriminação sistêmica pode estar presente

---

84 GUIMOND, Serge. Individual and institutional discrimination: theoretical and methodological contributions of social psychology, 2023.

85 RAMOS, André de Carvalho. *Curso de direitos humanos*, 2017, p. 580.

86 UNIÃO EUROPEIA. Conselho da Europa. Combating Afrophobia, or anti-Black racism, in Europe, 2021.

nos estereótipos que conduzem alunos com estigmas raciais a vertentes de ensino técnico em vez de acadêmico.[87]

Também exemplificativamente, no ambiente de trabalho pode acontecer uma discriminação de gênero institucionalizada, quando uma empresa ou organização mantém políticas ou práticas que favorecem um gênero em detrimento do outro, como salários desiguais, promoções desiguais ou ambientes de trabalho hostis baseados no gênero.

Os exemplos acima ilustram que a discriminação institucional muitas vezes é resultado de preconceitos sistêmicos, estereótipos arraigados e desigualdades de poder entre grupos. Por isso, para combater a discriminação institucional geralmente se faz necessária a revisão e a reforma das políticas e práticas das instituições, bem como a promoção da conscientização e da educação sobre questões de igualdade e justiça social.

É interessante perceber a explicação sobre a raiz psicológica da discriminação institucional, que está ligada à ideia de dominação de grupos majoritários em detrimento dos minoritários. As teorias sociológicas, sobretudo nos Estados Unidos, levantam a perspectiva institucional da discriminação, que se preocupa com a gênese da discriminação a partir da dinâmica social, do ambiente institucional e das organizações sociais em que os indivíduos se inserem, ou seja, a perspectiva institucional da discriminação enfatiza a importância do contexto social e organizacional como efetiva raiz dos preconceitos e comportamentos discriminatórios. De acordo com a teoria institucional, as condutas individuais e coletivas produzem efeitos discriminatórios justamente por estarem inseridas em uma sociedade cujas instituições atuam em prejuízo de certos indivíduos e grupos.[88]

Estudos em psicologia social, mencionados a seguir, apontam que o fator fundamental para gênese, reprodução e perpetuação da discriminação é a posição privilegiada ocupada por grupos dominantes (por exemplo, pela maioria branca) como fator decisivo na construção de mecanismos engendrados visando a uma dinâmica própria e bem objetivada, qual seja, a manutenção do *status quo* da maioria, em detrimento do grupo minoritário. Assim, a discriminação institucional é levada a efeito por meio de ações que robustecem a posição de um grupo em prejuízo de outro grupo.

Como dito anteriormente, o direito antidiscriminatório costuma utilizar a palavra *ingroup* para qualificar o grupo ao qual o indivíduo pertence e *outgroup* para qualificar outros grupos. A abordagem intergrupal foi desenvolvida pela

---

87 ONTARIO. Comissão de Direitos Humanos de Ontário, 2012.

88 RIOS, Roger Raupp. *Direito da antidiscriminação:* discriminação direta, indireta e ações afirmativas, 2008, p. 136.

primeira vez na psicologia social por Musafer Sherif, cuja pesquisa se baseou em uma teoria geral do conflito social, conhecida nas ciências humanas e sociais como teoria realista do conflito. A proposição teórica central de Sherif é que a natureza competitiva ou cooperativa das relações intergrupais determina em grande parte as atitudes e comportamentos dos membros do grupo uns com os outros.[89]

Baseando-se nas premissas da abordagem intergrupal, Taylor e Moghaddam definiram o conceito de relações intergrupais como "qualquer aspecto da interação humana que envolve indivíduos que se percebem como membros de uma categoria social ou são percebidos por outros como pertencentes a uma categoria social".[90] Nessa concepção, somente se pode falar em relação intergrupal quando as atitudes de um e de outro são motivadas, ainda que não intencionalmente, pela percepção ou pelo fato de os seus indivíduos pertencerem a um grupo ou outro. Por isso, nem toda interação entre pessoas de grupos distintos caracteriza uma relação intergrupo. É o sentido e a motivação da interação que determinam se a relação é intergrupal. Por exemplo, imagine-se a hipótese de um empregador que não contratou uma mulher preta porque ela realmente não tinha as características para o cargo e não pelo fato de pertencer a uma minoria. Nessa situação, não se pode considerar que a relação foi intergrupal. A partir dessas ideias, a discriminação intergrupal pode ser definida como "a restrição das oportunidades e escolhas de vida de uma minoria em comparação com as de um grupo dominante",[91] desde que tal restrição tenha por motivo, intencional ou não, as características do grupo minoritário.

As principais fontes de discriminação intergrupal são institucionalizadas, ou seja, estão imbricadas nas instituições (escolas, empresas, agências governamentais), que frequentemente têm estruturas forjadas com o objetivo de discriminar determinados grupos. Tal discriminação institucional pode até ocorrer sem que haja qualquer intenção de discriminação por parte dos dirigentes das instituições. Isto é, muitas vezes, pessoas sem preconceitos lideram involuntariamente instituições altamente discriminatórias.

---

89 SHERIF, Muzafer; HARVEY, O. J. *The robbers cave experiment:* intergroup conflict and cooperation, 2013. Sherif define *comportamento* intergrupo como ações individuais pertencentes a um grupo quando ele interage, coletivamente ou individualmente, com outro grupo ou seus membros em razão das qualidades de membros de cada grupo. Ainda, afirma que *relacionamento* intergrupo é uma relação funcional entre dois ou mais grupos e os seus respectivos membros, sendo que *relações funcionais* são ações de um grupo e de seus membros que têm impacto em outro grupo e seus membros.

90 TAYLOR, Donald M.; MOGHADDAM, Fathali M. Theories of intergroup relations: international social psychological perspectives, 1994, p. 6-7.

91 PETTIGREW, Thomas F. Intergroup prejudice: its causes and cures, 2011.

Outrossim, não raro a discriminação institucional também pode ser bastante sutil. Durante anos, nos Estados Unidos, as residências em cirurgia exigiram que todos os residentes em treinamento trabalhassem em tempo integral. Essa exigência aparentemente inócua manteve efetivamente todas as mulheres casadas fora das vagas. Da mesma forma, num processo judicial envolvendo os bombeiros no estado americano de São Francisco, muitos asiático-americanos e mulheres em geral viram efetivamente negado o emprego devido à exigência de que tivessem de ser suficientemente grandes e fortes para transportar mangueiras grandes e pesadas. Durante anos, esse requisito pareceu razoável. Mas, posteriormente, descobriu-se que as mangueiras de incêndio modernas são muito menores e mais leves. Por isso, a jurisprudência americana passou a entender que o Corpo de Bombeiros deveria usar as mangueiras mais novas e começar a contratar os grupos anteriormente excluídos.[92]

Discriminação organizacional

Considera-se discriminação organizacional qualquer prática adotada, consentida ou estimulada, consciente ou inconsciente, pelos trabalhadores de uma organização, que contribua para o surgimento ou para a reprodução de quaisquer formas de discriminação. Discriminação organizacional também é discriminação institucional. Contudo, é possível notar que a moderna doutrina sobre direito antidiscriminatório tem preferido utilizar a expressão "organizacional" para se referir às práticas discriminatórias mais relacionadas às relações de trabalho no seio de uma organização. Portanto, todos os pressupostos teóricos da discriminação institucional podem ser transpostos para o entendimento da discriminação organizacional.

A teoria da discriminação organizacional leva em conta o papel de processos conscientes e, principalmente, inconscientes, e da cultura institucional na discriminação de certas classes de indivíduos no mercado de trabalho.[93] Ela ocorre no seio de instituições públicas ou privadas, plasmada nas organizações e nos meios corporativos, e é perpetuada por aqueles que ocupam posições de comando. Nesse sentido, a discriminação organizacional é decorrente da construção de uma cultura institucional que cria perfis profissionais ideais. Esses perfis são descritos de forma genérica, mas são frequentemente construídos a partir de características de grupos dominantes.[94]

---

92 PETTIGREW, Thomas F. Intergroup prejudice: its causes and cures, 2011.

93 MOREIRA, Adilson José. *Tratado de direito antidiscriminatório*, 2020. p. 448.

94 *Ibid.*

Ela se perpetua na medida em que os responsáveis pela tomada de decisões reproduzem estereótipos negativos das minorias discriminadas, influenciando nas ofertas de trabalho, contratações, promoções e despedidas. Logo, certos traços estéticos, padrões, presunções aparentemente racionais, bem como certa neutralidade de características pessoais são formas de discriminação presentes nas instituições e organizações públicas e privadas que não se limitam a comportamentos discriminatórios intencionais e refletem padrões existentes em outros âmbitos sociais. Essas considerações demonstram que não se pode deixar de reconhecer um aspecto central da discriminação organizacional: as relações humanas no espaço de trabalho refletem os padrões culturais existentes em outras esferas da vida humana.[95]

É interessante notar que a presença de determinada cultura organizacional pode fazer com que os trabalhadores, com receio de serem discriminados, passem a negar sua própria identidade para se amoldarem ao tipo cultural no qual estão inseridos. Assim, bem nota a doutrina especializada que a existência de uma cultura institucional força empregados a se comportarem de modos específicos a fim de evitar discriminação. Com isso, nota-se que a expressão de formas identitárias distintas da dos grupos majoritários pode prejudicar a vida profissional das pessoas, fazendo com que elas passem a esconder parte de sua identidade pessoal. É por esse motivo que empregados frequentemente cedem a determinadas formas de expressão de identidade dentro do ambiente de trabalho para que possam se ajustar às expectativas estabelecidas pela organização, e isso também pode ser considerado uma das manifestações da discriminação organizacional.[96]

Essa postura adotada por trabalhadores com o objetivo de camuflar sua identidade é chamada pela doutrina de *assimilacionismo*, entendido como um processo social por meio do qual membros de grupos minoritários – subordinados ou identificados como inferiores – adotam padrões culturais e sociais de grupos dominantes, em detrimento daqueles que originalmente os caracterizavam. Dessa forma, a assimilação acaba por revelar-se como corolário de práticas discriminatórias organizacionais.[97]

Uma das formas de revelação da discriminação organizacional pode ser exemplificada pelo que se chama de efeito teto de vidro ou *glass ceiling*. Trata-se de fenômeno proveniente de barreiras sutis, muitas vezes imperceptíveis, que influenciam nas oportunidades de carreira do gênero feminino. É comum em

---

95 GREEN, Tristin. Racial emoticons in the workplace, 2013. *Apud* MOREIRA, Adilson José. *Tratado de direito antidiscriminatório*, 2020, p. 452.

96 MOREIRA, Adilson José. *Tratado de direito antidiscriminatório*, 2020, p. 449.

97 RIOS, Roger Raupp. *Direito da antidiscriminação:* discriminação direta, indireta e ações afirmativas, 2008, p. 140-141.

várias organizações a constatação de sub-representação das mulheres em cargos de liderança, o que reflete na disparidade salarial entre homens e mulheres. Por isso, há forte tendência a promover a igualdade entre homens e mulheres a todos os níveis do processo de tomada de decisão em matéria empresarial e de gestão, o que pode ajudar a eliminar o chamado teto de vidro.

A denominação "teto de vidro" foi adotada pela primeira vez em 1980 e representa uma metáfora para as barreiras invisíveis e artificiais que impedem as mulheres e outros grupos minoritários de avançarem na escala corporativa para cargos executivos. Com efeito, historicamente, a maioria dos responsáveis pela tomada de decisões empresariais sobre ascensão profissional era formada por homens e se valia de critérios muitas vezes desconhecidos. Desse modo, tal prática representa uma barreira impenetrável e intransponível, mas invisível no tocante à evolução profissional da mulher no seio das organizações, ou seja, entre as mulheres e os cargos executivos, independentemente de suas realizações, méritos e qualificações.

Entre as barreiras invisíveis estão justamente as barreiras empresariais internas e estruturais, por meio das quais se alavanca a discriminação organizacional. Embora a discriminação direta ou explícita tenha perdido bastante fôlego no âmbito das organizações, a discriminação sutil de gênero e baseada em outros critérios ainda existe e é responsável pela falta de movimento no sentido de quebrar o teto de vidro. Tal discriminação, exemplificada em várias práticas de trabalho e normas culturais, está arraigada nas organizações e muitas vezes tem difícil possibilidade de detecção.[98]

Uma das formas de escamotear a discriminação organizacional – e até mesmo a institucional – se dá por meio do que se convencionou chamar de *tokenismo*. O *tokenismo* é a prática de conceder um pequeno favor a uma minoria para justificar a discriminação em uma escala mais ampla. Por exemplo, empregadores que contratam uma mulher ou um indivíduo preto com base no seu gênero ou raça, e não sua competência individual, podem usar essa "minoria simbólica" para demonstrar que não discriminam contra as minorias e que não há necessidade de mudanças em suas práticas ou políticas de igualdade de oportunidades.[99]

Trata-se de uma inclusão simbólica que consiste em fazer concessões superficiais a grupos minoritários. Seu significado provém da palavra "*token*", que significa "símbolo" em inglês. O termo surgiu nos anos 1960, nos Estados Unidos, durante o período de forte luta pelos direitos civis dos afro-americanos.

---

98 JOHNS, Merida L. Breaking the glass ceiling: structural, cultural, and organizational barriers preventing women from achieving senior and executive positions, 2013.

99 FOLTER, Regiane. O que é tokenismo?, 2020.

Martin Luther King foi o primeiro a utilizar o termo *tokenismo* em um artigo publicado em 1962: "A noção de que a integração por meio de *tokens* vai satisfazer as pessoas é uma ilusão. O negro de hoje tem uma noção nova de quem é".[100] No referido texto, Luther King critica o fato de que o *tokenismo* serve apenas para dar uma imagem progressista, ou seja, uma organização ou projeto incorpora um número mínimo de membros de grupos minoritários somente para gerar uma sensação de diversidade ou igualdade. Porém, não existe um esforço real para incluir essas minorias e dar-lhes os mesmos direitos e poderes do grupo dominante.

Os pesquisadores em psicologia social Michael Hogg e Graham Vaughan sustentam que a prática torna públicas pequenas ações de aparente valorização de um grupo minoritário, mas que são originadas somente para se desviar de acusações de discriminação. Desse modo, pode-se afirmar que o *tokenismo* também é uma forma de manifestação da discriminação:

> Tokenismo refere-se a um ato positivo relativamente pequeno ou trivial, um *token*, em relação aos membros de um grupo minoritário. A ação é então invocada para desviar acusações de preconceito e como justificação para recusar envolver-se em atos positivos mais substanciais e mais significativos ou para, subsequentemente, engajar-se em atos discriminatórios. [...] Por exemplo, estudos de Donald Dutton e Robert Lake (1973) e David Rosenfield e seus colegas (Rosenfield, Greenberg, Folger, & Borys, 1982) descobriram que os participantes brancos que prestaram um pequeno favor a um estranho negro estavam subsequentemente menos dispostos a envolver-se em outras formas mais esforçadas de ajudar do que aqueles que não realizaram o pequeno favor. Esse efeito foi acentuado quando a ação simbólica (o pequeno favor) ativou estereótipos negativos sobre negros: por exemplo, quando o favor envolvia dar dinheiro a um mendigo negro.[101]

Essa ideia também está presente no "*marketing* da falsa inclusão", prática comum em empresas que não querem ser tachadas como machistas, racistas, entre outros. Ao invés de contar com profissionais especializados em diversidade e igualdade, essas corporações usam os *tokens* como "garotos-propaganda" para transmitir ao mundo exterior uma imagem progressista. Organizacionalmente, porém, o indivíduo do grupo minoritário não tem as mesmas oportuni-

100 KING, Marthin Luther. The case against tokenism, 1962.

101 HOGG, Michael A.; VAUGHAN, Graham M. *Social psychology*, 2018, p. 387.

dades de crescimento e muitas vezes é usada somente para tirar dúvidas sobre temas relacionados diretamente com o grupo do qual faz parte.[102]

No Brasil, o Tribunal Superior do Trabalho já enfrentou o tema da discriminação organizacional. No caso, a empresa tinha um guia de padronização visual que impunha determinado padrão estético e de vestimentas para os trabalhadores. Uma das exigências da empresa era a de que cabelos compridos abaixo dos ombros deveriam ficar sempre presos e não era permitido o uso de franja. Os cabelos curtos, acima dos ombros e desde que não tivessem franjas, poderiam ser utilizados soltos. Uma trabalhadora ajuizou uma demanda alegando que o material do treinamento de padronização visual não fazia referência à cútis ou ao cabelo de pessoas pretas e, durante seu treinamento, fora determinado que usasse o seu preso, embora fosse curto e sem franja. A empresa alegou que não há dispositivo legal que a obrigue a representar todas as cores e etnias em seus documentos internos. Inicialmente, o pedido de indenização foi indeferido pelo juízo de primeiro grau e pelo Tribunal Regional do Trabalho da 2ª Região. Mas a Segunda Turma do TST condenou a empresa a pagar a quantia de 10 mil reais a título de indenização por danos morais.

Segundo a decisão colegiada, a falta de diversidade racial no guia de padronização visual da empresa é uma forma de discriminação, ainda que indireta, e fere a dignidade e a integridade psíquica das pessoas negras, que não se sentem representadas em seu ambiente laboral. Outrossim, de acordo com a decisão, toda a forma de discriminação deve ser combatida, notadamente a mais sutil de ser detectada, como a institucional ou estrutural, praticada por instituições privadas ou públicas, de forma intencional ou não, com o poder de afetar negativamente determinado grupo racial. É o que se extraiu do caso concreto, quando o guia de padronização visual adotado pela empresa, ainda que de forma não intencional, deixou de contemplar pessoas de um grupo minoritário, tendo efeito negativo sobre os empregados de cor preta.[103]

Sobre a discriminação organizacional estética, por aparência ou visual, não se pode deixar de mencionar o fenômeno do *lookism* ou preconceito baseado na aparência, a partir do qual surgem julgamentos sobre pessoas com base no quão bem ou mal essas pessoas se enquadram em um determinado padrão visual. Em outros termos, é uma forma de discriminação com base na aparência ou no visual. Ela contempla a *aschimofobia* ou discriminação estética contra pessoas feias. Importante esclarecer que a *aschimofobia* é uma espécie de discriminação pela aparência (*lookism*), pois a discriminação por aparência pode se dar por

---

102 FOLTER, Regiane. O que é tokenismo?, 2020.

103 BRASIL. Tribunal Superior do Trabalho. RR n.1000390-03.2018.5.02.0046, 2ª T., rel. Min. Delaide Miranda Arantes, publicado em 04/12/2020.

diversos outros motivos que não a feiura, tais como a cor do cabelo ou da pele, a altura, o uso de adereços como *piercings* e tatuagens, determinado tipo de vestuário ou indumentária etc. Uma pessoa pode ser bonita e, mesmo assim, sofrer discriminação pela aparência, por exemplo, possuir uma tatuagem no pescoço.

Diversos casos emblemáticos podem ser mencionados para ilustrar a prática da discriminação contra os menos aquinhoados esteticamente. Mas dois grupos de casos se destacam. O primeiro deles é o da rede de lanchonetes Hooters, famosa por manter uma homogeneidade de aparência entre suas garçonetes. Todas do gênero feminino, de preferência de cor branca, altas, magras, com busto avantajado e corpo "escultural". Segundo a própria empresa, ela não vende apenas hambúrgueres, mas também *sex appeal* feminino. O cerne do argumento da empresa era que as garçonetes do Hooters não são apenas garçonetes, mas *entertainers*, inseparáveis do modelo de negócios e da imagem da rede. A empresa do ramo alimentício é inclusive conhecida como um *breastaurant* – *breast* é palavra inglesa que significa peito –, por ser um estabelecimento que apresenta mulheres seminuas para atender a uma clientela masculina. Como tal, a "Garota Hooters", argumenta a empresa, é uma parte essencial de seus negócios.

A rede de lanchonetes já enfrentou inúmeras ações por discriminação.[104] Especificamente em um dos casos, a Corte Distrital do Estado de Illinois considerou discriminatória conduta da rede de somente contratar jovens do sexo feminino. A ação foi iniciada por candidatos homens cuja contratação fora vedada. A empresa alegou que vendia *sex appeal* feminino e que seus clientes não iam ao restaurante apenas em razão de seus hambúrgueres, mas também por causa das garçonetes. A Corte decidiu que o restaurante poderia vender também *sex appeal* masculino, sendo injustificável e discriminatório o critério de seleção, mesmo em razão do objeto da empresa. Para pôr fim ao processo, foi feito um acordo no qual os reclamantes receberam 2 milhões de dólares. Além disso, o Hooters concordou em criar três tipos de posições ou cargos, quais sejam, *Staff, Service, Bartender* e *Host*, que seriam neutros em relação ao gênero.[105]

Outro caso emblemático é da conhecida marca de roupas Abercrombie & Fitch. O próprio CEO da marca, Mike Jeffries, afirmou publicamente que sua marca era excludente e que não produzia roupas para pessoas gordas. Mas a discriminação não era só em relação aos clientes. A empresa já enfrentou vários processos nas quais foi acusada de discriminação visual por só contratar emprega-

---

104 SAMUELS, Ellie. Hooters: an employment law nightmare, 2023.

105 ESTADOS UNIDOS. United States District Court, N.D. Illinois, Eastern Division. Latuga v. Hooters, Inc. (1:93-cv-07709), 29 mar. 1996.

dos "jovens e sarados". Em uma entrevista em 2006 ao *site* de notícias salon.com, citada pelo órgão de direitos humanos da França, onde a empresa é investigada, Mike Jeffries admitiu que recrutava pessoal atraente por razões de *marketing*. "É por isso que contratamos pessoas de boa aparência em nossas lojas", disse ele na entrevista. "Porque as pessoas de boa aparência atraem outras pessoas de boa aparência, e queremos vender para pessoas de boa aparência", afirmou.[106]

Empresas e lojas cujos funcionários mantêm certa hegemonia física ou padrão de estética podem estar praticando o *lookism*. A doutrina defende que quando há certa homogeneidade estética em determinada empresa isso não significa que se está praticando discriminação, mas a ausência de diversidade, representada por um quadro de empregados homogêneo, é um forte indício de discriminação. Nesses casos, como é algo que foge ao normal, mormente em uma sociedade tão diversa e multicultural como a brasileira, deve o ônus da prova ser distribuído dinamicamente, atribuindo-se ao empregador o ônus quanto à ausência de prática discriminatória, devendo provar que não pratica qualquer discriminação no processo seletivo, pois oferece oportunidades iguais a todos os candidatos.[107]

No Brasil, a prática de vender *sex appeal* parecer estar se tornando comum. Determinados restaurantes, como o Spot, na cidade de São Paulo, contratam apenas garçons com certo padrão visual, em manifesta prática de discriminação visual. Em relação a pessoas gordas, o Tribunal Superior do Trabalho entende lícita a dispensa sem justa causa, desde que se trate de empresa cujo objeto social é justamente vender produtos relacionados a um estilo de vida *fitness*. É o caso da empresa "vigilantes do peso". Segundo a mais alta Corte trabalhista,

> afigura-se razoável que, tratando-se a ora reclamada de uma empresa que pretende comercializar produtos e serviços voltados ao emagrecimento, estabeleça determinados padrões a serem observados por seus empregados, pois do contrário estará totalmente esvaziada qualquer mensagem ou discurso propagado pela "orientadora" do segmento. Assim sendo, não se verifica a alegada ilicitude e nulidade da cláusula regulamentar que exigia a manutenção do "peso ideal" da empregada, que se propôs ao exercício das funções inerentes à atividade essencial da empregadora, qual seja, Vigilantes do Peso.[108]

---

106 Rede Abercrombie é acusada de discriminação, 2013.

107 RODRIGUES JÚNIOR, Edson Beas. Discriminação visual e suas diversas dimensões: aschimofobia, discriminação etária, discriminação étnico-racial e discriminação cultural, 2015.

108 BRASIL. Tribunal Superior do Trabalho. RR n. 2462-02.2010.5.02.0000, 2ª T., rel. Min. Renato de Lacerda Paiva, julgamento em 27/02/2013 e *DEJT* 26/03/2013.

Uma outra prática discriminatória presente no âmago das organizações e suas relações trabalhistas é a discriminação por retaliação familiar ou por associação familiar, que se baseia no *status* ou situação familiar do trabalhador. A chamada *Family Responsibilities Discrimination* ou Discriminação por Responsabilidades da Família é uma prática também conhecida por outras denominações, tais como discriminação por retaliação familiar, por associação familiar, ou discriminação de cuidador. Trata-se de discriminação praticada contra trabalhadores com base em suas responsabilidades de cuidador familiar. Mulheres grávidas, mães e pais de crianças pequenas, mulheres que amamentam e empregados com pais idosos ou cônjuges ou parceiros doentes podem encontrar discriminação em razão de suas responsabilidades familiares.

A discriminação acima se evidencia, por exemplo, quando são rejeitados na contratação, preteridos para promoção, rebaixados, assediados ou, apesar do bom desempenho, dispensados. Há também discriminação na recusa ou omissão da empresa em promover o direito à adaptação razoável. Isso tudo porque o empregador toma decisões com base em noções estereotipadas de como o funcionário poderá agir de acordo com suas responsabilidades familiares. A Comissão de Direitos Humanos de Ontário, no Canadá, definiu uma conexão entre direitos humanos e relações familiares do empregado, num relatório intitulado *The Cost of Caring: Report on the Consultation on Discrimination on the Basis of Family Status and the Policy and Guidelines on Discrimination Because of Family Status*, que, em tradução livre, significa "O Custo de Cuidar: Relatório na Consulta sobre Discriminação com Base no Estatuto/estado Familiar e a Política e Diretrizes sobre Discriminação por Causa do Estatuto/estado Familiar".[109]

Na referida consulta, a Comissão concluiu que empregados que tinham pessoas na família que precisavam de cuidados especiais, tais como deficientes, crianças, enfermos etc., estavam frequentemente em desvantagem significativa no acesso ao emprego. No relatório, afirmou-se que com as mudanças nas estruturas familiares, como o envelhecimento da população, o movimento das mulheres para a força de trabalho remunerada e o aumento do número de famílias monoparentais, os cuidadores familiares encontram-se sob crescente pressão. E que os ambientes empresariais demoraram a adaptar-se às realidades variáveis da família.

Segundo um dos Comissários, foram frequentes as queixas sobre as pressões competitivas no dia a dia das pessoas em todos os lugares – problemas de equilíbrio entre vida profissional e pessoal. Estamos vendo uma necessidade cres-

---

109 ONTÁRIO. Comissão de Direitos Humanos de Ontário. The cost of caring: report on the consultation on discrimination on the basis of family status, 2006.

cente entre os funcionários por acomodações no local de trabalho. É por isso que a Comissão está apresentando uma nova estrutura de políticas para ajudar os locais de trabalho a cumprir suas responsabilidades e reconhecer o *status* familiar como uma questão de direitos humanos. Atualmente, segundo ele, o Código proíbe a discriminação por causa do *status* da família, mas sua aplicação é limitada a situações em que o indivíduo que sofre discriminação está em um relacionamento pai-filho. Essa definição não protege, por exemplo, um indivíduo que esteja cuidando de um irmão ou irmã que vive com deficiência ou de uma tia ou avó idosa.

Sobre o tema, pode-se mencionar ainda a Convenção n. 156 da OIT, sobre a Igualdade de Oportunidades e de Tratamento para Homens e Mulheres Trabalhadores com Encargos de Família, ainda não ratificada pelo Brasil.[110] A Convenção determina a todo país-membro, com vista ao estabelecimento de uma efetiva igualdade de oportunidade e de tratamento para homens e mulheres trabalhadores, que inclua entre os objetivos de sua política nacional a de dar condições a pessoas com encargos de família, que estão empregadas ou queiram empregar-se, de exercer o direito de fazê-lo sem estar sujeitas a discriminação e, na medida do possível, sem conflito entre seu emprego e seus encargos de família (art. 3º, item 1).[111]

O artigo 4º da mesma norma internacional, com vista ao estabelecimento de uma efetiva igualdade de oportunidades e de tratamento para homens e mulheres trabalhadores, impõe aos Estados-membros a tomada de todas as medidas compatíveis com as condições e as responsabilidades nacionais para: a) dar condições a trabalhadores com encargos de família de exercer seu direito à livre escolha de emprego e b) levar em consideração suas necessidades nos termos e condições de emprego e de seguridade social. Já o seu artigo 8º estabelece que os encargos de família não constituirão, como tais, razão válida para o término de uma relação de emprego.

No Brasil, é muito frequente a situação de empregados que precisam se atrasar para o trabalho porque têm filhos ou outros parentes que exigem cuidados especiais, tais como pessoas idosas ou pessoas com deficiência. Ao invés de dispensar o trabalhador, o que se propõe é que os empregadores possam tomar medidas positivas para remover as barreiras aos empregados-cuidadores, inclu-

---

110 No dia 9 de março de 2023 o Presidente da República enviou à Câmara dos Deputados, por meio da Mensagem n. 85, de 8 de março de 2023, o texto da Convenção n. 156 da OIT. Até o dia 18 de janeiro de 2024 a Mensagem presidencial ainda tramitava na Câmara dos Deputados (BRASIL. Câmara dos Deputados. MSC n. 85 de 2023).

111 ORGANIZAÇÃO INTERNACIONAL DO TRABALHO. Convenção n. 156. Sobre a Igualdade de Oportunidades e de Tratamento para Homens e Mulheres Trabalhadores. Trabalhadores com Encargos de Família, de 3 de junho de 1981.

sive promovendo adaptações razoáveis, tais como a implantação de esquemas alternativos de trabalho (teletrabalho, por exemplo). Foi nesse sentido o relatório final da Comissão de Ontário:

> Os locais de trabalho têm sido lentos na adaptação às novas realidades da família, o que, juntamente com a intensificação do trabalho e a mudança para o trabalho contingente, a tempo parcial e temporário, criou uma tensão significativa na relação entre as famílias e o local de trabalho. A inflexibilidade desnecessária e os pressupostos ultrapassados criam barreiras de emprego para os cuidadores. Os empregadores podem adotar medidas positivas para remover barreiras aos cuidadores, incluindo melhorar o acesso a regimes de trabalho alternativos, garantir que os trabalhadores a tempo parcial sejam tratados de forma justa, reexaminar as políticas relacionadas com horas de trabalho e licenças e desenvolver políticas e procedimentos de acomodação.[112]

O dever de acomodação ou adaptação razoável é uma obrigação imposta ao empregador para pôr fim a qualquer situação de discriminação baseada em deficiência, religião, idade ou qualquer outro motivo. Assim, empregadores devem achar uma solução para propiciar aos empregados o exercício integral de seus direitos. Como exemplos, pode-se mencionar o dever de adaptação da estação de trabalho para as limitações funcionais do empregado; garantia de *day off* nos feriados religiosos; garantia de ferramentas de ensino adequadas para alunos desabilitados ou com comportamentos desordenados; modificação do menu para pessoas com dietas restritivas, dentre outras situações.

Mas é preciso deixar claro que não há obrigação de acomodar interesses dos empregados nos casos de *undue hardship*, ou seja, nos casos de dificuldade excessiva, por exemplo, quando o custo é muito alto para uma empresa absorver; quando a acomodação interfere substancialmente no funcionamento adequado da organização ou, ainda, quando prejudica significativamente a segurança alheia ou infringe os direitos dos outros. Nesses casos, o ônus da prova acerca da presença da dificuldade indevida é do empregador. A discriminação por retaliação familiar ou por associação familiar ficará configurada caso o empregador se recuse ao cumprimento de seu dever de adaptação razoável, e, em caso de dispensa do empregado, restará configurada, inclusive, a dispensa discriminatória, com as consequências daí advindas.

112 ONTÁRIO. Comissão de Direitos Humanos de Ontário. The cost of caring: report on the consultation on discrimination on the basis of family status, 2006.

Discriminação estrutural ou sistêmica externa ou generalizada ou inespecífica

A discriminação estrutural tem um espectro mais amplo de alcance do que a discriminação institucional e a discriminação organizacional. Enquanto os conceitos destas últimas se limitam às práticas discriminatórias enraizadas nas instituições, a denominação discriminação estrutural parece ser a mais adequada quando se quer fazer referências às práticas discriminatórias espraiadas por todos os setores e camadas sociais. Trata-se, assim, de fenômeno observado em ampla e larga magnitude nos diferentes domínios da vida em sociedade e não só dentro das instituições.

Quando se lançam os olhos para certas sociedades, percebe-se, a partir de uma série de fatores, que elas estão estruturalmente organizadas a partir de medidas e práticas que, histórica e sistematicamente, conduziram e ainda conduzem à marginalização de grupos minoritários de forma generalizada e inespecífica, em todos os setores da vida em sociedade. Na formação histórica do Estado brasileiro, por exemplo, podem ser identificadas diversas formas pelas quais fatores discriminatórios foram embutidos, desde o século do seu "descobrimento":

> Essa situação histórica peculiar, marcada pela formação de Estados Nacionais muito mais vinculados aos interesses das elites do que propriamente como elemento de identificação popular, pois é necessário aqui lembrar que não foram poucos os viajantes europeus que retrataram o Brasil do século XIX como um país sem povo, dá ao processo de superação do constitucionalismo liberal nacional e do dogma da soberania nacional, ao menos, alguns elementos de reflexão que nos colocam em dúvida sobre os avanços que esse processo de organização política trouxe: (i) processo "civilizatório" das comunidades autóctones, (ii) tentativas de homogeneização e discriminação dos grupos minoritários, (iii) extinção do pluralismo em nome de uma visão monista eurocentrista, (iv) exclusão e marginalização social por meio de um sistema econômico tradicional que, além de já conter elementos de discriminação social intrínsecos, também acabou por colocar o país na condição de dependência econômica.[113]

No tópico "Discriminação por associação ou decorrente de preconceito implícito ou inconsciente", *infra*, foi detalhada a ideia de discriminação por associação ou por preconceito implícito. A partir da compreensão de preconceito implícito, pode-se afirmar que é a discriminação estrutural que apoia e

---

113 CANOTILHO, J. J. Gomes *et al. Comentários à Constituição do Brasil*, 2018, p. 280.

sustenta essas associações automáticas – por exemplo, entre cor da pele e crime. Em outras palavras, o preconceito implícito é em si uma consequência da discriminação estrutural. Nesse mesmo sentido, os professores e pesquisadores Julian M. Rucker – do Departamento de Psicologia e Neurociência da Universidade da Carolina do Norte – e Jennifer A. Richeson – do Departamento de Psicologia e Estudos Sociais da Universidade de Yale – afirmam, a partir de outros estudos, que o preconceito implícito contra pessoas pretas é, em si mesmo, uma consequência do racismo estrutural.[114]

É possível afirmar que todas as demais espécies de discriminação são fortemente influenciadas e moldadas pelo contexto social em que se vive e, por isso, todas elas devem sempre ser analisadas e situadas dentro de um contexto estrutural mais alargado. A Teoria da Gestalt pode explicar o fenômeno, guardadas as devidas proporções. A teoria em referência explica que a aprendizagem é uma decorrência da forma como as partes estão organizadas no todo. As teorias associacionistas derivadas da Gestalt afirmam que aprendizagem se dá por meio da associação de elementos que anteriormente estavam isolados, e, assim, por um processo aditivo, passa-se de um conhecimento simples a um complexo.[115] A formação das práticas discriminatórias tem gênese semelhante. A discriminação estrutural e, por consequência, as demais espécies de discriminação são formadas, em boa medida, em decorrência da aprendizagem que a sociedade vai adquirindo a partir da associação de elementos que anteriormente, ou seja, historicamente, foram repassados.

Desse modo, as atitudes e crenças de uma sociedade decorrem de sua cultura e de sua formação histórica. Por exemplo, estereótipos e preconceitos podem ser forjados a partir dos feriados que são celebrados, dos memoriais que se erguem, dos festejos culturais, das políticas sociais que se adotam etc. Em outras palavras, a cultura coletiva e a socialização moldam aquilo no que os indivíduos passam a acreditar, consciente ou inconscientemente. Sobre o tema, Cass R. Sunstein afirma que "julgamentos e decisões podem ser influenciados por viés sistemático, comportamento de manada ou polarização de grupo, e que tais decisões podem promover desigualdades sociais".[116]

As considerações até aqui feitas sobre discriminação estrutural são corroboradas pelo conceito dado ao instituto por Adilson José Moreira, que define a discriminação estrutural como consequência da existência de sistemas discriminatórios que promovem a exclusão de grupos minoritários nas diversas di-

---

114 RUCKER, Julian M.; RICHESON, Jennifer A. Toward an understanding of structural racism: implications for criminal justice, 2021.

115 ENGELMANN, Arno. A psicologia da Gestalt e a ciência empírica contemporânea, 2002.

116 SUNSTEIN, Cass R. If people would be outraged by their rulings, should judges care?, 2010.

mensões da vida, sistemas estes que muitas vezes operam por meio da ação coordenada das mais diversas instituições, públicas ou privadas. Afirma o autor que suas práticas discriminatórias estão interligadas, porque expressam o interesse comum de promover a exclusão de grupos minoritários para que oportunidades e recursos permaneçam nas mãos dos membros do grupo dominante.[117]

A discriminação estrutural, típica em estruturas sociais hierárquicas, é aquela que perpetua as condições de dominação social pelos grupos dominantes em prejuízo dos grupos e indivíduos em posição de subalternidade, promovendo uma fragmentação grupal sistêmica. Por essa razão, a doutrina produzida no âmbito do direito antidiscriminatório correlaciona fortemente o caráter sistêmico da discriminação estrutural com os diversos tipos de dominação social. Tal qual se observa na discriminação institucional, informa a doutrina que sistemas de dominação social são construídos a partir de um consenso entre os membros dos grupos dominantes sobre os meios a partir dos quais eles podem reproduzir seus interesses por meio do controle sobre esferas centrais da vida em sociedade, como a política, a economia, o direito e outras áreas estratégicas de dominação,[118] em uma espécie de criação, muitas vezes invisível, de armadilhas reprodutivas e perpetuadoras da dominação.

Quando se fala em discriminação estrutural, pode ser identificada uma espécie muito peculiar de exercício de poder de um grupo sobre o outro. Primeiro, o grupo majoritário procura meios para instrumentalizar e subjugar a vontade de grupos desfavorecidos em benefício dos interesses dominantes. Em um segundo momento, os detentores do poder procuram, artificialmente e de forma dissimulada, esconder na "vontade comum" da sociedade – dentro da qual estão os grupos em desvantagem – mecanismos que servirão de ferramentas para perpetuação da dominação. Contudo, o correto seria que a formação da vontade comum fosse construída a partir de uma comunicação verdadeiramente participativa e orientada para o entendimento recíproco.

Sobre dominação de grupos sobre outros, Jürgen Habermas afirma que a coexistência com igualdade de direitos de diferentes comunidades étnicas, grupos linguísticos, confissões religiosas e formas de vida não pode ser obtida ao preço da fragmentação da sociedade, de modo a evitar o dilaceramento da sociedade numa miríade de subculturas que se enclausuram mutuamente, o que não é desejável em uma sociedade pluralista. Por isso, defende o filósofo que, por um lado, a cultura majoritária deve se soltar de sua fusão com a cultura política geral, uniformemente compartida por todos os cidadãos; caso contrário,

---

117 MOREIRA, Adilson José. *Tratado de direito antidiscriminatório*, 2020, p. 446.
118 *Ibid.*, p. 468.

ela ditará *a priori* os parâmetros do discurso de autoentendimento.[119] É justamente isso que acontece nas situações de dominação e discriminação estrutural: o grupo majoritário passa a ditar os parâmetros do discurso social. Assim sendo, defende Habermas que as forças de coesão da cultura política comum, formada por grupos minoritários e majoritários, devem continuar a ser suficientemente fortes para que a nação não se despedace.

Nessa diretriz, o multiculturalismo, embora endosse a perpetuação de vários grupos culturais numa única sociedade política, também requer a existência de uma cultura comum, respeitadas as diferenças e os interesses plurais de cada grupo. Por isso, o combate às práticas discriminatórias estruturais não se faz pela segmentação da sociedade em grupos estanques e incomunicáveis. Pelo contrário, a vida em uma sociedade democrática e discursiva requer o permanente diálogo entre referidos grupos, em igualdade substancial, de modo a permitir que todos os grupos adquiram uma linguagem política comum para, assim, poderem participar eficazmente na competição por recursos, direitos e oportunidades, em uma arena política partilhada e compartilhada.

Discriminação intergeracional

Parcela dos estudos em direito antidiscriminatório utiliza a denominação discriminação intergeracional para se referir à discriminação etária, também chamada de ageísmo, etarismo ou idadismo, que é aquela pela qual a conduta discriminatória elege como fator desqualificante a idade das pessoas. Se a discriminação for contra pessoas idosas, a ela se chama gerontofobia. Contudo, o termo será aqui utilizado para designar condutas discriminatórias praticadas no passado cujos efeitos ainda refletem danosamente nas gerações presentes. Muitas desvantagens atualmente vivenciadas por indivíduos pertencentes a grupos minoritários são reflexos de práticas discriminatórias engendradas e praticadas no passado. Com isso, quer-se dizer que condutas praticadas e sedimentadas no passado e por outras gerações ainda permanecem surtindo efeitos danosos atualmente, prejudicando as presentes gerações.

O tema da discriminação intergeracional é tão relevante que no mês de fevereiro de 2023 a Organização das Nações Unidas adotou um documento intitulado "Princípios de Maastricht sobre os direitos humanos das futuras gerações". Os Princípios de Maastricht procuram esclarecer e contribuir para o desenvolvimento do direito internacional dos direitos humanos, estabelecendo a base jurídica para atribuir os direitos humanos às gerações futuras e delineando as obrigações impostas aos Estados, organizações intergovernamentais e

119 HABERMAS, Jürgen. *A inclusão do outro:* estudos de teoria política, 2002, p. 166-167.

empresas. Com base da ideia de equidade intergeracional, o preâmbulo do documento prevê que "as decisões tomadas pelas pessoas que vivem atualmente podem afetar as vidas e os direitos das pessoas. aqueles nascidos anos, décadas ou muitos séculos no futuro. Nas décadas recentes, a necessidade de reconhecer as dimensões intergeracionais da conduta atual assumidos com crescente urgência". De igual modo, registra que "reconhecer e garantir os direitos das gerações futuras exige uma evolução dos processos de tomada de decisão para considerar e garantir a justiça e sustentabilidade em uma série de escalas de tempo, incluindo o presente, o curto prazo e o futuro distante".[120]

O documento preocupou-se expressamente com a discriminação entre gerações ao prever que as gerações futuras devem estar livres de discriminação intergeracional. De acordo com o texto adotado, a discriminação inclui, mas não está limitada: ao desperdício, destruição ou uso insustentável de recursos essenciais para vida humana; à transferência do fardo da resposta às crises atuais para as gerações futuras; a dar menos valor às vidas e aos direitos futuros do que às vidas e aos direitos das gerações atuais, incluindo a desconsideração dos impactos e encargos da conduta atual sobre a vida e aos direitos das gerações futuras.

Inicialmente, a ideia de equidade intergeracional estava mais ligada ao meio ambiente e ao gozo dos recursos naturais. Atualmente, a ideia de equidade intergeracional alcança todos os direitos humanos, de modo que a geração presente deve ter a consciência de que determinadas práticas podem refletir no futuro, repercutindo na esfera jurídica das gerações vindouras. Desse modo, é preciso que as práticas atuais preservem às gerações futuras a possibilidade de pleno gozo, em igualdade de condições, de direitos, recursos e oportunidades.

Nesse sentido, os Princípios de Maastricht sobre os direitos humanos das futuras gerações se preocupam com o que se chama de equidade intergeracional, na medida em que expressamente preveem que as gerações futuras têm direito ao gozo igual de todos os direitos humanos. Outrossim,

> [...] os Estados devem garantir os direitos das gerações futuras, conforme estabelecido nos princípios sem qualquer tipo de discriminação. Estados e outros detentores de deveres devem abster-se de qualquer conduta que possa razoavelmente resultar em, ou perpetuar qualquer forma de discriminação contra as gerações futuras (item I, 6, *a*).

Ainda nessa diretriz, estatui que "os Estados devem proteger as gerações presentes e futuras contra todas as formas de discriminação por parte de inter-

---

120 NAÇÕES UNIDAS. Maastricht Principles on The Human Rights of Future Generations.

venientes públicos e privados e impedir o surgimento de novas formas de discriminação" (item I, 6, *b*).

Ao discorrer sobre o tema, a doutrina sustenta que, quanto às discriminações intergeracionais, há uma análise dos reflexos das discriminações em relação às passadas, presentes e futuras gerações, com dimensões institucionais, estruturais, culturais, econômicas e, sobretudo, temporais. Afirma-se que o sistema de práticas discriminatórias vivido na atualidade é decorrência de práticas passadas. A atual discriminação racial, por exemplo, guarda relação direta com o período de institucionalização da escravidão. Nessa perspectiva, Adilson José Moreira leciona: "O que chamamos de discriminação intergeracional indica que efeitos de exclusão social podem se reproduzir ao longo do tempo, fazendo com que diferentes gerações de um mesmo grupo sejam afetadas por práticas discriminatórias".[121]

A discriminação intergeracional é até hoje perpetuada no Brasil. Basta lançar os olhos para o disposto no art. 153, VII, da Constituição da República de 1988. De acordo com o referido dispositivo, compete à União instituir impostos sobre "grandes fortunas, nos termos de lei complementar". Ocorre que a jurisprudência dos tribunais é uníssona em reconhecer que a eficácia plena de tal dispositivo está condicionada à edição de lei complementar, que jamais foi elaborada.[122] Trata-se de discriminação atual e presente, porém intergeracional, pois as diferenças de poder econômico entre grupos são muitas vezes oriundas da acumulação de capital dos grupos dominantes em razão de práticas discriminatórias do passado.

A esse respeito, Adilson José Moreira afirma que um dos elementos que demonstram a discriminação intergeracional é a constatação de que ela implica desvantagem material de caráter durável. Valendo-se do pensamento de Thomas Shapiro, o autor explica que recursos transformativos são os benefícios financeiros que permitem a determinados indivíduos terem oportunidades pessoais melhoradas em função da herança de patrimônio de gerações anteriores. Nesse prisma, eles podem avançar a vida econômica em função de recursos que não são produto do esforço pessoal, mas sim dos recursos da geração anterior. Logo, esses recursos permitem que indivíduos possam ter oportunidades pessoais que outros grupos não possuem, porque as famílias dos últimos não tiveram a opor-

121 MOREIRA, Adilson José. *Tratado de direito antidiscriminatório*, 2020, p. 474.

122 No Supremo Tribunal Federal está pendente de julgamento a Ação Direta de Inconstitucionalidade por Omissão n. 55, ajuizada em 02/10/2019 pelo partido político PSOL. Na petição inicial, pede-se ao STF que reconheça a omissão do Congresso em discutir taxação de grandes fortunas.

tunidade de acumular patrimônio em função de práticas discriminatórias que promoveram a exclusão.[123]

Muito pelo contrário, além de não poderem acumular patrimônio, tais grupos, na medida em que foram explorados ao longo do tempo, foram responsáveis diretos pela acumulação de capital nas mãos dos grupos dominantes. Desse modo, "o privilégio econômico garantido a pessoas brancas em função de práticas discriminatórias permite que as gerações seguintes sejam beneficiadas, enquanto a discriminação racial impede que negros possam ter acesso a melhores oportunidades".[124]

Tanto é assim que o Ministro Marco Aurélio, hoje aposentado, já proferiu voto reconhecendo a omissão inconstitucional do Congresso Nacional na elaboração de lei voltada ao atendimento ao art. 153, VII, da Constituição da República em 1988 e trouxe em seu voto a ideia de que a tributação sobre grandes fortunas guarda íntima relação com a preocupação em relação aos grupos minoritários: "o Imposto sobre Grandes Fortunas é mecanismo apto ao aumento da arrecadação, estimulando a promoção das metas buscadas pelo constituinte, ao mesmo tempo que diminui os impactos da crise sobre os menos favorecidos".[125]

A mesma lógica é exposta na petição inicial que deu origem à ADO em referência. Nela se afirma que o imposto sobre grandes fortunas tem função *redistributiva*, ou seja, a tributação, se efetivada, servirá de ferramenta para promoção da igualdade substancial, no que atende e aplica os objetivos fundamentais da República Federativa do Brasil de construir uma sociedade, livre, justa e solidária e de erradicar a pobreza e a marginalização e reduzir as desigualdades regionais (CR/88, art. 3º, I e III).

Nessa linha de raciocínio, não há dúvidas de que a omissão governamental em não regular a tributação sobre grandes fortunas configura prática institucionalizada de discriminação do ponto de vista passivo[126] e intergeracional, na medida em que permite a exclusão atual e persistente dos grupos desfavorecidos em decorrência de práticas do passado e, agora, do presente. A persistir tal situação, a discriminação se perpetuará no tempo, fazendo com que a geração futura dos grupos desfavorecidos permaneçam em situação de desvantagem. A partir

---

123 MOREIRA, Adilson José. *Tratado de direito antidiscriminatório*, 2020, p. 479.

124 *Ibid.*

125 BRASIL. Supremo Tribunal Federal. ADO n. 55. Voto disponível em: https://www.conjur.com.br/dl/mam-fortunas.pdf. Acesso em: 29 set. 2023.

126 Discriminação passiva é aquela que se configura por meio de condutas de omissão ou negligência, ou seja, por um estado de passividade, sobretudo por parte do Estado, que se abstém de tomar as medidas necessárias, ou seja, de natureza positiva, para dissuadir ou minorar práticas discriminatórias. A discriminação passiva se dá quando o resultado discriminatório é provocado, direta ou indiretamente, por conduta omissiva.

dessas premissas, a regulamentação que se pleiteia deve trazer mecanismos de redistribuição de renda, que terão como fonte de custeio o resultado da tributação.

DIREITO ANTIDISCRIMINATÓRIO E AS FERRAMENTAS DE INTELIGÊNCIA ARTIFICIAL

As formas pelas quais as ferramentas de inteligência artificial produzem e reproduzem práticas discriminatórias serão mais bem analisadas a partir do Capítulo 4, *infra*. Por enquanto, o objetivo do presente tópico é demonstrar qual o verdadeiro papel do direito antidiscriminatório diante das novas tecnologias. Ainda, demonstrar as razões pelas quais o direito antidiscriminatório deve se preocupar com os avanços tecnológicos nessa área e quais são os principais desafios a serem enfrentados.

As práticas discriminatórias vivenciadas na atual quadra histórica são frutos de condutas que vêm sendo estabelecidas no decorrer de um longo e demorado caminho histórico-social. A formação cultural das sociedades não se constrói a curto prazo. Ao revés, as práticas culturais são moldadas a partir de uma série de fatores que vão se sedimentando vagarosamente. Como visto, no Brasil, tais práticas foram inseridas e vêm sendo reproduzidas e perpetuadas desde o ano de 1500.

O avanço das novas tecnologias, em especial as relacionadas à inteligência artificial, traz uma nova preocupação: a rapidez e a magnitude com que se podem espraiar referidas práticas. A inteligência artificial produz decisões em larga escala e de forma muito rápida. Logo, a cultura historicamente forjada a partir do pensamento dos grupos dominantes pode agora ser reproduzida em dimensão exponencial e com bastante velocidade.

Assim se afirma, porque as ferramentas tecnológicas de inteligência artificial têm um efeito potencial multiplicador, justamente porque, atualmente e a todo instante, são produzidas decisões automatizadas de forma ágil e em grande volume. Desse modo, uma nova prática discriminatória pode se enraizar na cultura social de forma muito mais rápida em comparação ao que acontecia antigamente. Já as práticas antigas, e ainda persistentes, podem ser amplificadas e reproduzidas também em efeito exponencial. Há, desse modo, uma real possibilidade de a tecnologia não só perpetuar, mas até mesmo intensificar as disparidades sociais.

O efeito amplificador das ferramentas de inteligência artificial é tamanho que Cathy O'Neil chega a cunhar a expressão "algoritmos de destruição em massa". Por exemplo, segundo a autora, os modelos algorítmicos em aplicativos maciçamente utilizados acabam por moldar a experiência das pessoas nessas redes sociais e o fazem em dimensão global, o que ocasiona impactos sociais extremamente nocivos, especialmente a discriminação de populações mais vulneráveis.[127] Por isso, Cathy O'Neil criou um nome para os modelos noviços de inteligência artificial: Armas de Destruição Matemática, ou ADM.[128] É como se a inteligência artificial, a despeito de suas inúmeras vantagens, servisse de fator de combustão para explosão em massa das reproduções de práticas discriminatórias.

O tema é extremamente preocupante e tem ocupado as páginas de inúmeros estudos sobre direito antidiscriminatório. A produção doutrinária sobre o tema tem avançado cada vez mais e há uma infinidade de estudos e experimentos publicados sobre o potencial discriminatório das ferramentas de inteligência artificial. E essa não é uma preocupação somente do direito antidiscriminatório. Iniciativas políticas e jurídicas voltadas à articulação de direitos, normas de governança e regras de limitação do poder na internet têm assumido centralidade como objetos de pesquisa do Direito Constitucional contemporâneo. Já se fala em Constitucionalismo Digital ou *Digital Constitutionalism,* como uma subárea do Direito Constitucional que tem por objeto discutir o impacto que declarações de direitos, posicionamentos de organizações internacionais e propostas legislativas exercem sobre a proteção de direitos fundamentais no ciberespaço.[129]

A grande preocupação do direito discriminatório faz todo o sentido. Esses mesmos avanços tecnológicos que proporcionam novas possibilidades de concretização de direitos fundamentais, todavia, também suscitam novos riscos de sua violação.[130] A problemática em torno do potencial discriminatório da inteligência não passou despercebia por Gilmar Mendes e Victor Oliveira Fernandes:

> Considerando que os espaços digitais em geral são controlados por agentes econômicos dotados de alta capacidade de coleta, armazenamento e processamento de dados pessoais a intensificação do fluxo comunicacional na internet aumenta as possibilidades de violação de direitos de personalidade e de privacidade. Mesmo direitos fundamentais de *igualdade* e *isonomia* são colocados em risco pelo uso de algoritmos e de ferramentas de *data analytics*, que, pro-

---

127 O'NEIL, Cathy. *Algoritmos de destruição em massa:* como o *big data* aumenta a desigualdade e ameaça a democracia, 2020.

128 *Ibid.*, p. 8.

129 MENDES, Gilmar Ferreira; FERNANDES, Victor Oliveira. Constitucionalismo digital e jurisdição constitucional: uma agenda de pesquisa para o caso brasileiro, 2020. Segundo os autores, a expressão "Constitucionalismo Digital" foi utilizada nos estudos iniciais sobre o tema para se referir a um movimento constitucional de defesa da limitação do poder privado de atores da internet, em oposição à ideia de limitação do poder político estatal. Em trabalhos mais recentes, porém, a terminologia passou a ser utilizada como um guarda-chuva que abrange as mais diversas iniciativas jurídicas e políticas, estatais e não estatais, voltadas à afirmação de direitos fundamentais na internet.

130 *Ibid.*

> movendo a classificação e esteriotipação discriminatória de grupos sociais, são utilizados por empresas e governos automatizem processos de tomadas de decisões estratégias para a vida social, como a alocação de oportunidades de acesso a emprego, negócios e outros bens sociais.[131]

Como já explicado no Capítulo 2, *supra*, as fórmulas matemáticas conhecidas como algoritmos são forjadas por indivíduos, e tais pessoas, ainda que não saibam ou tenham consciência disso, tomam decisões a partir de sua formação cultural. Isso significa que o processo de programação dos algoritmos reflete as inclinações cognitivas desses indivíduos, inclinações estas que estão fundamentadas em padrões culturais aprendidos.[132]

Nessa mesma linha de perspectiva, o professor Moacir Ponti, do Instituto de Ciências Matemáticas e de Computação de São Carlos, o ICMC, da USP, advertiu em uma entrevista concedida ao *Jornal da USP* que o problema está no desenvolvimento das inteligências artificiais por indivíduos que não têm compreensão dessa possível desigualdade e no uso delas por usuários que não sabem como foram criadas. Segundo ele, "algoritmos na seleção de candidatos a emprego são treinados com base em currículos anteriores e, por isso, tendem a favorecer certos perfis e marginalizar outros". Se o histórico de contratação passado for desigual, como a seleção de homens para cargos de chefia, como diretores, gerentes, juízes e superintendentes, e a seleção de mulheres para cargos como secretárias, enfermeiras e camareiras, "a IA tende a perpetuar esses padrões de forma automática e até mesmo intensificar a disparidade".[133]

A dificuldade é que agora as decisões automatizadas tomadas atingem um número incontável de pessoas, em um curtíssimo espaço de tempo. Se antes uma empresa demorava dias e dias para analisar o currículo de vários candidatos a um posto de trabalho, agora, com as ferramentas de inteligência artificial, a análise de vários currículos é feita em milésimos de segundos. Logo, trata-se de uma conduta que atinge um público muito maior e de forma muito mais rápida.

Para se ter uma ideia, em uma entrevista concedida para o *site* Infomoney, em junho de 2023, Bruna Castilhos, que é sócia e porta-voz da plataforma Gupy, uma das maiores empresas de inteligência artificial para recrutamento e seleção do Brasil, afirmou que a plataforma consegue reduzir em 70% o tempo de sele-

---

131 *Ibid.*

132 MOREIRA, Adilson José. *Tratado de direito antidiscriminatório*, 2020, p. 514.

133 VALERI, Julia. Inteligência artificial utiliza base de dados que refletem preconceitos e desigualdades, 2023.

ção de candidatos, pois sua ferramenta de inteligência artificial tem o potencial de analisar cem currículos por segundo.[134]

As ferramentas de inteligência artificial utilizadas pelas empresas para escolha do candidato criam um modelo de candidato "ideal". O problema é que esse modelo "ideal" de profissional é estabelecido a partir de algoritmos programados por seres humanos que, obviamente, possuem inclinações, vieses ou até intenções conscientes. Outrossim, os algoritmos são programados para pontuar negativamente ou positivamente determinadas características, com base em critérios ocultos. A IA, ao "ler" o currículo do candidato, faz associações para selecionar os candidatos mais compatíveis com o perfil. Mas, como já afirmado, tais associações são muitas vezes realizadas com base em critérios injustificados e a partir de mentes enviesadas.

Quando relacionado aos avanços tecnológicos, o direito antidiscriminatório tem como principal desafio encontrar um ponto de equilíbrio: regular sem eliminar ou atravancar. Desse modo, não se pode pensar em normas que proíbam o uso de tecnologias associadas à inteligência artificial. Tal intento pecaria pelo radicalismo e entraria em confronto com o desenvolvimento tecnológico, entrando em choque direto com outros relevantes valores constitucionais.

Com o mesmo pensamento acima, Ajunwa Ifeoma argumenta que o objetivo do direito antidiscriminatório não é argumentar contra ou a favor da utilização da tomada de decisões automatizada no emprego, nem examinar se os sistemas de contratação automatizados são melhores do que os humanos na tomada de decisões de contratação. Segundo ela, para o direito antidiscriminatório, a eficácia de qualquer sistema de contratação específico é uma preocupação secundária para garantir que tal sistema não discrimine ilegalmente categorias protegidas.[135] Complementa afirmando que "argumentar contra ou a favor da tomada de decisão automatizada *versus* a tomada de decisão humana baseia-se na falsa suposição de que as duas poderiam estar totalmente desemaranhadas".[136]

Ajunwa Ifeoma concorda com a conclusão de que a tomada de decisões algorítmicas postula a história como o melhor adivinho do futuro, mas também

---

134 ALVES, Martha. Saiba como a inteligência artificial seleciona currículos, 2023. A empresa de tecnologia Gupy é especializada em soluções de recrutamento e seleção de talentos e oferece uma plataforma de recrutamento baseada em inteligência artificial e análise de dados para ajudar as empresas a gerenciar seus processos de recrutamento de forma mais eficiente e eficaz. A plataforma da Gupy oferece recursos como triagem de currículos, testes comportamentais, análise de competências, gerenciamento de candidatos e colaboração entre membros da equipe de recrutamento, tudo por meio de inteligência artificial. A empresa informa que tem por objetivo ajudar outras empresas a identificar os candidatos mais adequados para as vagas disponíveis por meio de automação e análise de dados.

135 AJUNWA, Ifeoma. An auditing imperative for automated hiring systems, 2021.

136 AJUNWA, Ifeoma. The paradox of automation as anti-bias intervention, 2020.

apela para uma melhor compreensão de como a tomada de decisões humanas permanece plasmada na tomada de decisões automatizadas. Tal compreensão, segundo ela, ajudaria a reprimir a reificação da tomada de decisão automatizada como melhor caminho quando comparada à tomada de decisão humana e, também, a negar o que chama de "excepcionalismo da automação", que é a ideia pela qual a tomada de decisão automatizada é de alguma forma separada e não deve ser submetida ao mesmo escrutínio ou ceticismo que a tomada de decisão humana.[137]

Seguindo o raciocínio acima exposto, Ajunwa Ifeoma afirma que a maioria das tomadas de decisão automatizadas requer intervenção humana em algum momento e que, embora se possa argumentar que tal intervenção deva se dar principalmente *ex post*, quando os intervenientes humanos podem optar por ignorar ou abrir excepções para o resultado automatizado, é necessário observar que para todas as tomadas de decisão automatizadas há sempre uma contribuição humana *ex ante*, quando a tomada de decisão humana dita diretamente o *design* do modelo, incluindo a decisão sobre quais variáveis devem ser consideradas e como essas variáveis devem ser medidas.[138] Para corroborar seus fundamentos, afirma que no caso do algoritmo de contratação da Amazon, que desenvolveu um viés sexista, embora não tenha havido intenção de discriminar, uma causa possível para os resultados discriminatórios foi o fator humano na forma como os modelos foram treinados. Sendo assim, arremata que:

> Apesar de alguns dos benefícios comprovados da contratação automatizada, permanece o potencial por uso indevido, resultante das oportunidades de introdução de preconceitos humanos em qualquer fase do processo de contratação automatizado – desde a concepção, à implementação e, finalmente, à interpretação dos resultados.[139]

Nesse prumo, é preciso ter em mente que as ferramentas de IA, desde que presentes determinados pressupostos, devem ser utilizadas para auxiliar e melhorar a tomada de decisão humana, nunca para substituí-la. Torna-se necessário abandonar o viés de automação.[140] Por isso, o direito antidiscriminatório não

---

137 AJUNWA, Ifeoma. *Op. cit.*, 2020.

138 *Ibid.*

139 AJUNWA, Ifeoma. An auditing imperative for automated hiring systems, 2021.

140 O "viés de automação" ocorre quando as pessoas dão peso indevido às informações tecnológicas. Segundo Ben Green e Yiling Chen, esse viés é uma das espécies dos vieses cognitivos humanos que ocorre pela propensão de favorecer sugestões de sistemas automatizados de tomada de decisão. Isso ocorre quando o humano sobrevaloriza a resposta da máquina e passa a não refletir acerca da correção de seus resultados. Tal viés conduz as pes-

deve partir da premissa ou argumentar que a tomada de decisões automatizada pode ou deve eliminar todos os preconceitos na tomada de decisões. Em vez disso, deve ter como base a ideia de que a tomada de decisão automatizada, mesmo quando oferece alguma melhoria na tomada de decisão humana, ainda merece supervisão legal, especialmente quando tal tomada de decisão tem o potencial de limitar o acesso à obtenção de meios de subsistência para pessoas de categorias protegidas.

Portanto, o objetivo cardeal do direito antidiscriminatório é sugerir regimes regulatórios colaborativos para sistemas de contratação automatizados que garantam que quaisquer benefícios da contratação automatizada não sejam negados por resultados (não) intencionais, como a discriminação ilegal com base em características protegidas.[141] Atualmente, o direito antidiscriminatório em matéria de inteligência artificial tem voltado seu foco a evitar a criação, manutenção e perpetuação de injustiças produzidas por algoritmos.

Contudo, alguns juristas já desafiaram essa focalização unidirecional que é objeto da maioria dos artigos acadêmicos sobre o tema. O direito antidiscriminatório deve ter por missão não apenas o combate às práticas algorítmicas discriminatórias, mas também desempenhar um papel funcional e operacional na promoção e desenvolvimento de ações afirmativas por meio de inteligência artificial. Dito de outro modo, o direito não pode se preocupar apenas em evitar resultados discriminatórios, mas também estimular a produção de algoritmos ativamente inclusivos ou antidiscriminatórios. Nessa perspectiva está a providencial e atenta observação de Ifeoma Ajunwa ao afirmar que o foco de muitos estudos sobre preconceitos originários de decisões automatizadas tem sido desafiado.

Esse novo ângulo de abordagem foi também muito bem levantado pela professora Stephanie Bornstein ao defender que o enfoque jurídico da IA não deve se restringir à não produção de resultados discriminatórios, mas também deve estabelecer parâmetros para que os algoritmos sejam aplicados para neutralizar as desigualdades, ou seja, para que a IA seja utilizada em ações afirmativas.[142] Segundo Bornstein, o foco atual em garantir que os algoritmos não conduzam a novas discriminações no trabalho obscurece o fato de que a tecnologia se destinava a fazer mais: melhorar a tomada de decisões humanas, suprimindo preconceitos para tomar as decisões mais eficientes e menos discriminatórias.

---

soas a não reconhecerem quando os sistemas automatizados erram e a seguirem seus resultados quando apresentadas informações contraditórias (GREEN, Ben; CHEN, Yiling. Disparate interactions: al algorithm-in-the-loop analysis of fairness in risk assessments, 2019). Para maior aprofundamento sobre o "viés da automação", consultar SKITKA, Linda J. Automation bias and erros: are crews better than individuals?, 2000.

141 AJUNWA, Ifeoma. The paradox of automation as anti-bias intervention, 2020.

142 BORNSTEIN, Sthepanie. Antidiscriminatory algorithms, 2018.

Para Bornstein, a abordagem que considera o uso da IA de forma ativa e antidiscriminatória, além de desencorajar o uso de algoritmos de maneiras que exacerbam os preconceitos, ajuda a libertar o seu potencial antidiscriminatório. Além disso, argumenta a autora que, se o objetivo declarado das ferramentas de contratação baseadas em dados for o de reduzir a discriminação e aumentar a diversidade, a incorporação de uma abordagem antiestereotipagem pode ser útil. Desse modo, a tecnologia cumprirá o seu papel como fator de promoção e inclusão e terá o potencial de melhorar a tomada de decisões humanas, suprimindo ou removendo preconceitos. Por fim, sustenta que o direito antidiscriminatório deve ser aplicado de forma mais robusta e "incorporar um foco no seu objetivo antiestereotipagem, o que pode ajudar a cumprir a promessa de ir além da mera não discriminação e em direção a algoritmos ativamente antidiscriminatórios".[143]

A partir do ponto de vista anteriormente, os atores sociais e o Estado não podem simplesmente ignorar os efeitos nefastos que o uso desregulamentado da tecnologia pode causar nos diferentes setores da vida em sociedade e nos indivíduos. A partir dessa lógica, o direito antidiscriminatório deve estar comprometido em estabelecer um marco jurídico regulatório para o uso de inteligência artificial, tendo como foco e epicentro o ser humano. Com isso, restarão atendidos, por um lado, o direito ao avanço tecnológico e, por outro lado, o desenvolvimento de uma inteligência artificial centrada nos seres humanos.

A abordagem acima reflete o que se pode designar de "função social da inteligência artificial", que será cumprida quando o uso das ferramentas de inteligência artificial se der pelo uso adequado da tecnologia, entendido este como aquele que, além de não produzir resultados discriminatórios, tenha por missão neutralizar as desigualdades sociais por meio de ações algorítmicas afirmativas. Em suma, a função social da IA pressupõe a utilização da tecnologia de forma totalmente centrada e dedicada à pessoa humana.

É com base nas premissas acima, fincadas na ideia de um ajustamento de valores, que o presente estudo procurou trilhar por uma zona de compromisso e acomodação de interesses, caracterizada pela importância em dispor de normas de proteção do núcleo essencial dos direitos humanos, sem impedir que os progressos tecnológicos continuem avançando e se desenvolvendo, sempre com vistas a servirem de instrumentos para concretização dos direitos fundamentais e não para o seu enfraquecimento ou aniquilação.

---

143 *Ibid.*

Capítulo 4

Inteligências artificiais, discriminações reais: a fisiologia da produção de desigualdade pelas ferramentas de decisão automatizada

> "*A discriminação algorítmica cria e perpetua preconceitos com eficiência computacional.*" (O AUTOR)
>
> "*Os processamentos de dados codificam o passado. Eles não inventam o futuro.*" (CHATY O'NEIL).

A partir dos conhecimentos obtidos no Capítulo 2, sobre "Noções propedêuticas em inteligência artificial", e no Capítulo 3, sobre "Direito antidiscriminatório e a tipologia das discriminações", é possível agora avançar para a compreensão de como os sistemas de inteligência artificial podem criar práticas discriminatórios ou, até mesmo, intensificar e reproduzir condutas discriminatórias historicamente vivenciadas. Neste capítulo, a pretensão é explicar os motivos técnicos que podem gerar um sistema enviesado, ou seja, ruidoso, e que podem causar impactos na seleção, monitoramento e/ou despedida de trabalhadores. Além disso, serão abordados casos reais de discriminação algorítmica nas relações de trabalho constantes da literatura especializada e/ou divulgados em veículo de comunicação.

O Capítulo 4 está subdividido em quatro partes algorítmica nas relações de trabalho constantes da literatura especializada e/ou divulgados em veículo de comunicação.

Na primeira parte, intitulada "A lógica de funcionamento por trás dos algoritmos de decisão automatizada ou *Algorithmic Decision Systems – ADS*", pretende-se explicar, analiticamente, as razões pelas quais as ferramentas de inteligência artificial podem discriminar, sobretudo a partir da abordagem dos vieses e da opacidade algorítmica. Outrossim, serão abordados os vieses da inteligência artificial e a ideia de opacidade algorítmica. Na segunda parte, o estudo propõe um conceito de discriminação algorítmica e procura demonstrar, a partir da tipologia das diversas formas de discriminação, exemplos de práticas nocivas que podem ser produzidas por algoritmos. Na terceira parte, o estudo lança diversos exemplos práticos, hipotéticos e reais, de discriminação algorítmica nas relações trabalhistas. Procurou-se abarcar o fenômeno desde o momento de anúncio da vaga de trabalho até o instante do rompimento do contrato. Por fim, na quarta parte, avança para tratar da problemática relacionada à "prova da discriminação produzida por algoritmos".

A LÓGICA DE FUNCIONAMENTO POR TRÁS DOS ALGORITMOS DE DECISÃO AUTOMATIZADA OU *ALGORITHMIC DECISION SYSTEMS – ADS*

Novas tecnologias estão reproduzindo velhas discriminações e criando outras, em escala, rapidez e dimensões exponenciais. É fundamental compreender a anatomia e a fisiologia da desigualdade provocada pelas ferramentas de IA e as razões pelas quais algoritmos podem discriminar. Diante dessa necessidade, o objetivo deste tópico é responder ao seguinte questionamento: por que e como ferramentas de inteligência artificial podem discriminar? Em outras palavras, pretende-se aqui demonstrar, de forma analítica, a lógica de funcionamento de uma ferramenta de inteligência artificial. Muito se diz que algoritmos reproduzem e perpetuam padrões culturais discriminatórios. Mas como e por que isso acontece dentro do sistema?

Para responder às indagações propostas é preciso rememorar os três ingredientes indispensáveis para o funcionamento de uma ferramenta de inteligência artificial: a) o *dataset*, composto de alto volume de dados, dos mais variados possíveis. Trata-se do banco de dados que será utilizado para treinar o modelo. Pode-se afirmar que os dados são o combustível da inteligência artificial, pois os sistemas de IA utilizam dados como parte fundamental de seu processo de aprendizado e tomada de decisão; b) grande capacidade de memória e processamento; c) algoritmos, ou seja, as fórmulas matemáticas, em linguagem de programação, que vão executar as tarefas a partir dos dados que recebeu para sua aprendizagem.

Os sistemas de IA aprendem padrões a partir de dados que podem, de forma potencial e indesejada, refletir preconceitos sociais existentes contra determinados grupos. Os preconceitos nos sistemas de IA também podem ser introduzidos como resultado de deficiências estruturais na concepção do sistema. Os sistemas de IA podem perpetuar ou aumentar os preconceitos existentes ou criar preconceitos antes inexistentes. Geralmente têm como fonte preconceitos cognitivos humanos que acabam sendo transferidos aos conjuntos de dados utilizados para treinar modelos e, até mesmo, para o próprio código-fonte.

Na linha do que foi dito, a discriminação produzida por ferramentas de IA pode se originar de duas diferentes e principais causas, é dizer, tem etiologia variada. Tais fatores precisam ser desde já apontados. Ao que se percebe da literatura em geral, na maioria dos casos a discriminação por sistemas de IA terá como nexo causal direto aspectos relacionados aos dados ou ao *design* do código-fonte do modelo. Vieses humanos podem influenciar, separadamente ou não, as duas causas mencionadas.

Quanto ao *design* do código-fonte ou do modelo, o desenho ou arquitetura do algoritmo em si pode introduzir vieses. Algoritmos complexos, como redes neurais profundas, podem ser difíceis de interpretar, e o viés pode se manifestar de maneiras sutis. A falta de diversidade na equipe de desenvolvimento também pode fazer com que o código-fonte seja desenvolvido contendo vieses. Há também o chamado "*feedback* em *loop*", ou seja, se um modelo é implantado em um sistema real e suas predições são usadas para tomar decisões, essas decisões podem retroalimentar o modelo, ampliando e perpetuando quaisquer preconceitos existentes no sistema.

Ainda, se o código não incluir técnicas para lidar com vieses nos dados durante o pré-processamento ou treinamento do modelo, pode resultar em discriminação. É responsabilidade do código tratar adequadamente os dados para evitar a amplificação de preconceitos existentes. É possível também que, de maneira intencional ou não, o código utilize critérios inadequados, sensíveis ou proibidos (como raça ou gênero) para as tomadas de decisão. Por isso, a escolha de parâmetros deve ser cuidadosa para evitar a introdução de preconceitos no modelo.

De igual maneira, se o código contempla técnicas para monitorar e controlar vieses que podem surgir durante a execução do modelo, poderá levar a decisões discriminatórias. Isso porque o algoritmo, os dados usados no treinamento e no teste e o modelo de aprendizado de máquina buscam refletir e predizer situações do mundo real. Por sua natureza, esses sistemas contêm apenas uma pequena amostra ou perspectiva, por isso podem produzir resultados que refletem a amostra e não o mundo real, fato que pode fazer um viés indesejado ser criado ou amplificado. Igualmente, se o código não leva em consideração sensibilidades culturais, pode resultar em modelos que são injustos para diferentes grupos. O treinamento do modelo também deve incluir testes adequados para diferentes grupos e cenários, caso contrário poderá não identificar problemas de discriminação que surgem em situações específicas.

Ocorre que o comportamento dos sistemas de IA é criticamente dependente não apenas dos algoritmos em uso ou do *design* do modelo, mas também dos *dados* nos quais os modelos são treinados. Como os dados são usados para construir e treinar o modelo em um sistema de aprendizado de máquina, a qualidade e a adequação dos dados são críticas e devem estar alinhadas com o uso esperado e os objetivos do sistema. Dados inadequados, tais como os manipulados, os não representativos, os desatualizados etc., podem levar a classificações incorretas e injustas.

Por isso, os possíveis efeitos sobre as características da IA também incluem: a) qualidade dos dados: a qualidade dos dados de treinamento e teste afeta diretamente a funcionalidade do sistema. A qualidade inadequada dos dados pode afetar vários objetivos, como justiça, segurança física e robustez; b) a proteção de dados: para sistemas de IA que utilizam aprendizado de máquina, os processos usados para coletar dados são uma fonte de riscos especialmente difíceis de diagnosticar e detectar. Por exemplo, os dados podem se tornar não representativos do domínio de aplicação, levando a riscos, e a origem e o armazenamento de dados podem incorrer em significativos riscos éticos e legais. Basta imaginar que a ausência de proteção suficiente no tratamento de dados pode levar a riscos de ataques, envenenamento de dados ou outras manipulações. Os sistemas de IA de aprendizado continuado pretendem melhorar os sistemas com base nos dados de produção em evolução, ao mesmo tempo que podem exacerbar os riscos, pois podem mudar o comportamento do sistema durante o uso de uma maneira que não era esperada quando foi implantado na prática.

Os sistemas de IA baseados em aprendizado de máquina precisam de dados de treinamento e dados de teste para treinar e verificar os sistemas para o comportamento pretendido. O sistema de IA implantado opera sobre dados de produção. Convém que os dados de treinamento, teste e produção sejam adequados ao comportamento pretendido no que diz respeito ao tipo e à qualidade dos dados. Do mesmo modo, é conveniente que os dados de treinamento e de teste sejam validados quanto a sua atualidade e relevância para o fim a que se destinam. A quantidade de dados de treinamento e teste necessários pode variar com base na funcionalidade pretendida e na complexidade do ambiente. Outrossim, é apropriado que os dados de treinamento e teste tenham características suficientemente diversas para fornecer um forte poder preditivo para o sistema de IA.

Além disso, é imperativo que seja assegurada a consistência entre os dados de treinamento e os dados de teste, utilizando bancos de dados independentes, quando aplicável. É possível que os dados de treinamento e teste não estejam disponíveis na empresa e sejam obtidos externamente, caso em que a qualidade dos dados deve ser assegurada também.

Infere-se dessas colocações que a construção de uma ferramenta de inteligência artificial que toma decisões automatizadas envolve várias etapas, desde a definição do problema até a implementação, o teste e o monitoramento do modelo. Para facilitar a compreensão, pode-se pensar em uma ferramenta de IA para automatizar o processo de seleção de currículos de candidatos a emprego. Portanto, o problema é: como identificar os melhores currículos para determinada vaga de trabalho.

Para tanto, é necessário estabelecer critérios bem definidos de contratação, tais como anos de experiência, capacidades e habilidades, formação etc. Ocorre que o programador, na maioria das vezes, não tem ideia de quais critérios eleger como importantes para encontrar os melhores currículos. Por isso, depois de definido o problema, é necessário um banco de dados a partir do qual se tentará extrair padrões relevantes, ou seja, critérios substanciais ou de importância, pois a IA aprende a reconhecer padrões nos dados que podem ser aplicados a novos dados não vistos anteriormente.

Desse modo, depois de definido o problema, o segundo passo é a coleta dos dados. Os dados são indispensáveis para treinar e testar a ferramenta. A IA, especialmente na área de aprendizado de máquina, depende de modelos matemáticos (algoritmos) que são treinados com dados. Os dados de treinamento são usados para ajustar os parâmetros do modelo de modo que ele possa fazer previsões ou tomar decisões com base em padrões encontrados no conjunto de dados.[1] Na hipótese proposta, o programador vai reunir dados existentes nos currículos de candidatos anteriores, especialmente dos que já foram contratados e obtiveram sucesso na empresa, bem como informações sobre as contratações bem-sucedidas e os critérios usados no processo de seleção.

Mas por que reunir um conjunto de dados? É simples. O processo de aprendizado de máquina é orientado por dados, ou seja, o algoritmo aprende a partir do conjunto de dados que lhe é submetido. A partir do conjunto de dados, algoritmos descobrem padrões e informações nos dados e usam esses padrões para fazer previsões ou tomar decisões. É justamente nessa etapa que o primeiro sinal vermelho é aceso, como se passa a explicar.

Como os algoritmos aprendem por padrões, é imperioso que o *dataset*, ou seja, o conjunto de dados, seja o mais diversificado possível. A diversidade no conjunto de dados de treinamento é fundamental para o desempenho, a generalização e a equidade dos modelos de inteligência artificial. Pode-se mencionar,

---

1 No aprendizado supervisionado, algoritmos de IA são treinados em um ambiente supervisionado, o que significa que eles aprendem com exemplos em que as respostas corretas são conhecidas. Os dados são usados para ensinar à IA como mapear entradas para saídas corretas. No aprendizado não supervisionado, a IA usa dados para descobrir padrões ou estruturas nos dados, o que pode revelar informações úteis sobre os dados. No aprendizado por reforço, a IA aprende a tomar decisões por meio da interação com um ambiente virtual, e os dados resultantes dessa interação são usados para melhorar a política de tomada de decisão. Na tomada de decisão automatizada, como na seleção de candidatos ou na personalização de recomendações, a IA se baseia em dados para avaliar opções e tomar a melhor decisão de acordo com os critérios estabelecidos. Para melhor compreensão, *vide* o item "Aprendizado de máquina ou *machine learning*", no Capítulo 2, *supra*.

desde já, algumas razões pelas quais a diversidade é importante. Por exemplo, na representatividade da população, na medida em que um conjunto de dados diversificado deve refletir a diversidade da população real com a qual o modelo será usado. Isso garante que o modelo aprenda com exemplos que se assemelham ao mundo real e seja capaz de lidar com uma ampla gama de cenários; na generalização, pois a diversidade ajuda a melhorar a capacidade de generalização do modelo. Se o conjunto de dados de treinamento incluir apenas exemplos semelhantes, o modelo poderá se tornar excessivamente especializado e não ser capaz de lidar com situações novas ou diferentes.

Igualmente, reflete na redução de vieses, já que a diversidade nos dados ajuda a reduzir o viés no modelo. Se o conjunto de dados for enviesado em relação a determinadas características, como gênero, raça, idade ou origem geográfica, o modelo também poderá reproduzir esses vieses e tomar decisões discriminatórias; na melhor detecção de *outliers*,[2] pois dados diversos também facilitam a detecção de *outliers* e anomalias. Um modelo treinado com exemplos diversos é mais capaz de identificar dados incomuns ou anômalos, o que é importante em muitos cenários, como segurança cibernética ou detecção de fraudes.

Outrossim, na equidade e na ética, pois modelos de IA que tomam decisões automatizadas têm o potencial de afetar vidas e sociedades. Um conjunto de dados diversificado ajuda a garantir que o modelo seja treinado de forma justa e imparcial, respeitando os direitos de grupos diversos. Nessa lógica, se dentro do conjunto de dados coletados para seleção de currículos a maioria for do gênero masculino, o algoritmo aprenderá que tal critério é relevante e pontuará melhor expressões masculinas dentro dos futuros currículos a serem analisados. Foi exatamente em razão da falta de diversidade que a inteligência artificial de recrutamento da Amazon desenvolveu um viés sexista em prejuízo de indivíduos pertencentes ao grupo feminino, conforme exposto na "Introdução", Capítulo 1, *supra*. Por esses motivos, assim se afirma:

> Os algoritmos são tão bons quanto os dados com os quais são treinados e, se os dados usados para treinar um sistema de IA refletem os vieses e preconceitos das pessoas que os coletaram e processaram, o sistema de IA provavelmente reproduzirá resultados enviesados. Por exemplo, os algoritmos de reconhecimento facial mostraram ser menos precisos para pessoas com tons de pele escuros, e isso provavelmente porque os dados usados para treinar esses algoritmos não eram diversos o suficiente e não representavam adequadamente pessoas com tons de pele diferentes. Outra questão é que a IA pode perpetuar

---

2 *Outliers* são dados que se diferenciam drasticamente de todos os outros, ou seja, um valor que foge à normalidade. Em termos cotidianos, um "ponto fora da curva".

> os vieses existentes na tomada de decisões. Por exemplo, os algoritmos usados na justiça criminal, contratações de emprego e concessão de empréstimos mostraram ser discriminatórios contra certos grupos, como pessoas negras e mulheres. Para mitigar esses problemas, *é importante garantir que os sistemas de IA sejam desenvolvidos e implementados considerando a diversidade. Isso significa que os dados usados para treinar sistemas de IA devem ser diversos e representativos da população a que se destinam.* Isso também significa que as pessoas que desenvolvem e trabalham com sistemas de IA devem ser diversas e representativas da população que atendem, para que possam trazer uma variedade de perspectivas para o processo como um todo[3] [grifos nossos].

Em resumo, um conjunto de dados diversificado é crucial para criar modelos de IA robustos, justos e eficazes. A diversidade não apenas melhora o desempenho do modelo, mas também ajuda a garantir que ele seja ético e equitativo em suas decisões, promovendo uma IA mais responsável e confiável. Portanto, ao criar ou usar conjuntos de dados para treinar modelos de IA, é importante garantir que eles representem adequadamente a diversidade presente na população e nos contextos em que a IA será aplicada.

Não há dúvidas de que os vieses também "entram" por meio dos dados. Por exemplo, a introdução de dados limitados ou mal selecionados, favorecendo alguns dados e critérios; dados incompletos, desatualizados ou incorretos, gerados pela coleta pouco rigorosa ou imprecisa; dados que não representam a população ou grupo, obtidos pela aplicação do viés de seleção, podendo favorecer alguns grupos; dados que refletem resultados passados, que podem ser discriminatórios e podem perpetuar vieses de forma não intencional.[4]

Depois de coletados os dados, é indispensável que os dados coletados passem por uma *etapa de pré-processamento*, etapa esta destinada à "limpeza" dos dados, ou seja, à remoção de ruídos e dados inconsistentes.[5] Nessa etapa, os desenvolvedores removem informações pessoais sensíveis (tais como números de documentos de identificação, dados de contato, dados relacionados a critérios geralmente proibidos – gênero, etnia, idade etc.) e padronizam o formato dos currículos, convertendo-os em texto estruturado. Portanto, antes que os dados sirvam de "alimento" para o algoritmo é crucial e de suma importância a etapa de pré-processamento. Caso contrário, o algoritmo considerará relevantes alguns padrões baseados em critérios proibidos, o que terá alto potencial discriminatório.

---

3 BOTARO, Daniele. Inteligência artificial: aliada ou vilã da diversidade?, 2023.

4 Algoritmos de Inteligência Artificial (IA) e vieses: uma reflexão sobre ética e justiça, 2020.

5 FERRARI, Daniel Gomes; CASTRO, Leandro Nunes de. *Introdução à mineração de dados*, 2016, p. 26.

Dentro dessa etapa do processo haverá a aplicação de algoritmos capazes de extrair conhecimentos a partir dos dados pré-processados. Tais conhecimentos se dão por meio de técnicas de análise descritiva (medidas de distribuição, tendência central e variância e métodos de visualização), agrupamento (segmentação de bases de dados), predição (classificação e estimação), associação (determinação de atributos que coocorrem) e detecção de anomalias.[6]

As funcionalidades da mineração de dados são usadas para especificar os tipos de informações a serem obtidas nas tarefas de mineração. Em geral, essas tarefas podem ser classificadas em duas categorias: a) *descritivas*: caracterizam as propriedades gerais dos dados; e b) *preditivas*: fazem inferência a partir dos dados objetivando predições.[7] Por exemplo, no dia 2 de outubro de 2023 o autor deste livro solicitou à inteligência artificial do *ChatGPT* o seguinte: "crie dados artificiais sobre condição social para eu alimentar uma IA de seleção de candidatos" (Figura 1).

FIGURA 1 Comando ao *ChatGPT*.
Fonte: elaboração própria.

Antes de prosseguir para o resultado apresentado, é preciso registrar de onde e como são extraídos os dados para as respostas dadas pelo *ChatGPT*. A própria inteligência artificial informa:

> Os dados usados para treinar o *chatGPT são coletados da internet e de diversas fontes textuais disponíveis*. Esses dados são extraídos de livros, artigos, *sites* da *web*, fóruns, enciclopédias e muitas outras fontes públicas. O processo de coleta de dados é conhecido como "raspagem da *web*" ou "*web scraping*", onde os textos são obtidos de maneira automatizada. É importante ressaltar que, no momento do meu treinamento, em setembro de 2021, *todos os dados usados eram de fontes públicas e disponíveis na internet*. [...]. Os dados coletados são então usados para treinar o modelo de linguagem, como o GPT-3.5, que é a base para o chatGPT. O modelo é treinado para prever palavras e sentenças *com base nos padrões encontrados nos dados de treinamento*, o que

6 FERRARI, Daniel Gomes; CASTRO, Leandro Nunes de. *Introdução à mineração de dados*, cit., p. 27.
7 FERRARI, Daniel Gomes; CASTRO, Leandro Nunes de. *Introdução à mineração de dados*, cit., p. 30.

permite que ele gere respostas textuais coerentes e contextuais quando recebe uma pergunta ou uma entrada de texto[8] [grifos nossos].

Como toda ferramenta de inteligência artificial, o *ChatGPT* dá suas respostas automatizadas com base em padrões, como a própria IA respondeu no trecho transcrito. E o conjunto de dados utilizado pela IA do *ChatGPT* são os dados extraídos da rede mundial de computadores. Depois de coletar milhares de dados o modelo dá a resposta, e essa resposta é conferida com base nos padrões extraídos, ou seja, daquilo que há de mais comum no conjunto de dados. Pois bem, a imagem apresentada na Figura 2 demonstra a sugestão da IA para dados e critérios tidos por relevantes para fins de treinamento e teste de um modelo de IA de seleção de candidatos.

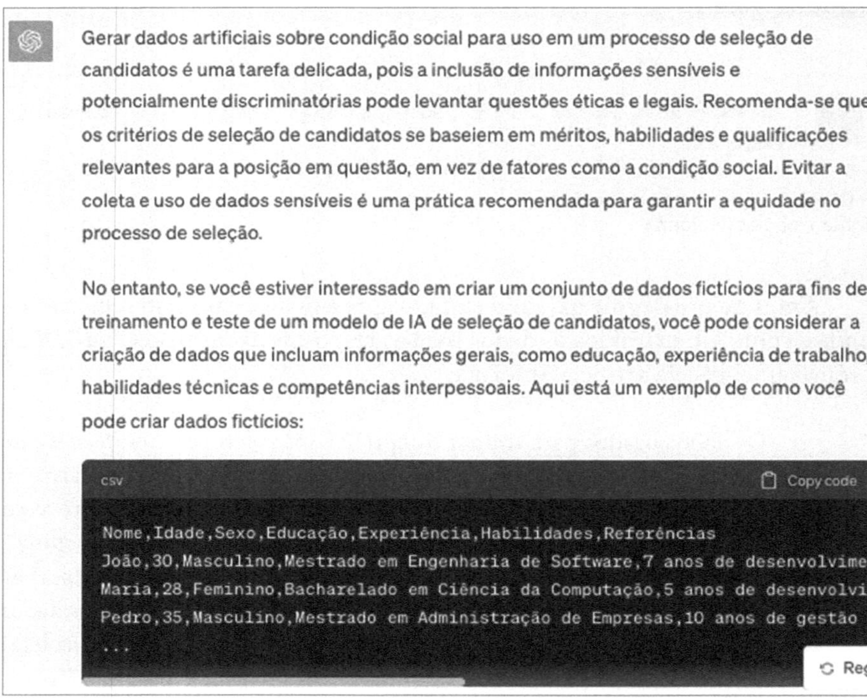

FIGURA 2 Resposta do *ChatGPT*.
Fonte: https://chat.openai.com. Acesso em: 2 out. 2023.

8 OpenAI. *De onde são os dados usados para treinar o ChatGPT?* GPT-3.5, versão de 2 out. 2023. Inteligência Artificial. Disponível em: https://chat.openai.com. Acesso em: 2 out. 2023.

Repara-se na imagem exibida na Figura 2 que a IA do *ChatGPT* considerou o fator "idade" como um critério de seleção. E, mais do que isso, nos dados fictícios apresentados, todas as idades indicadas são inferiores a 40 anos. Isso se deu exatamente porque, como respondido pelo próprio *ChatGPT*, "o modelo é treinado para prever palavras e sentenças *com base nos padrões encontrados nos dados de treinamento*". Diante do resultado, foi indagado o seguinte ao *ChatGPT*: "mas no exemplo acima você colocou idade, que é um critério discriminatório". Também foi indagado: "Por que no seu banco de dados fictício todos os exemplos são de pessoas abaixo de 40 anos?" (Figura 3).

FIGURA 3 Comando ao *ChatGPT*.
Fonte: elaboração própria.

Em resposta, a inteligência artificial reconheceu que utilizou um critério discriminatório nos dados oferecidos (Figura 4).

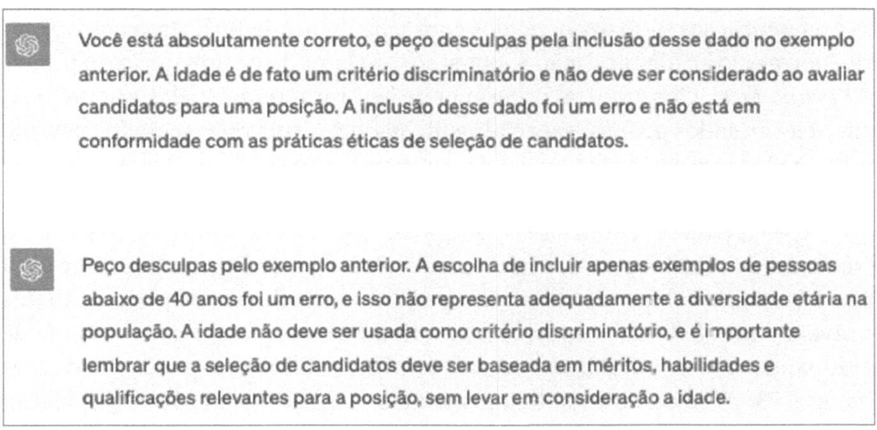

FIGURA 4 Resposta do *ChatGPT*.
Fonte: https://chat.openai.com. Acesso em: 2 out. 2023.

É fácil notar, portanto, que a inteligência artificial do *ChatGPT* identificou, com base em milhares de dados extraídos da internet, que um dado relevante para seleção de currículos é o fator idade. E, mais ainda, identificou como padrão médio a idade de pessoas abaixo dos 40 anos. Daí se pode perceber a importância da etapa de pré-processamento dos dados, que deve eliminar dos dados todos os critérios expressamente proibidos, bem como outros critérios que, embora não proibidos *prima facie*, sejam capazes de gerar um impacto desproporcional em determinados grupos.

Realizado o pré-processamento, o conjunto de dados pode ser submetido ao algoritmo, que dele vai extrair padrões, como explicado. É nessa fase que ocorre a extração de características ou *feature extraction*. Os dados dos currículos serão processados pelo modelo de IA, que fará a extração de palavras-chave relevantes, tais como experiência de trabalho, formação acadêmica, habilidades interpessoais e assim por diante. O algoritmo detecta as características mais comuns e presentes nos diversos currículos – principalmente nos currículos de indivíduos que foram contratados no passado e que obtiveram sucesso na carreira – e aprende que tais características são relevantes. Nesse momento do desenvolvimento da IA é aceso o segundo sinal vermelho.

Imagine que na maioria dos currículos submetidos ao processamento – em 75% deles, por exemplo – conste a informação de que o candidato teve sua formação acadêmica em uma universidade federal. O algoritmo aprenderá que tal critério é relevante para contratação. Dito de outro modo, o algoritmo fará uma associação positiva com referido critério. Ora, se na maior parte dos currículos de pessoas contratadas consta a formação em universidade federal, é claro que a inteligência artificial entenderá que esse dado é relevante e, com isso, atribuirá preferência aos futuros currículos com semelhante dado. É claro que o critério "formação acadêmica" não é, por si só, um fator discriminatório ou proibido *prima facie*. Contudo, tal critério pode gerar um impacto desproporcional em determinados grupos, especialmente naqueles sub-representados perante universidades públicas federais, tais como os indivíduos que tiveram sua formação em universidades privadas ou, até mesmo, em públicas não federais.

Apenas para se ter uma ideia, no ano de 2019 foi realizada pela Associação Nacional dos Dirigentes das Instituições Federais de Ensino Superior uma pesquisa nacional que apresentou o perfil dos estudantes de graduação das universidades federais. Segundo o resultado da pesquisa, a comunidade de graduandos das universidades federais brasileiras é formada por 54,6% de mulheres e 78,1% se declararam heterossexuais. Além disso, 51,2% da população pesquisada é preta.[9] Desse modo, é possível, em tese, que um modelo de inteligência artificial de seleção de currículos que passe a considerar o local de formação acadêmica como relevante gere um impacto desproporcional em indi-

9 ASSOCIAÇÃO NACIONAL DOS DIRIGENTES DAS INSTITUIÇÕES FEDERAIS DE ENSINO SUPERIOR. *V Pesquisa Nacional de Perfil Socioeconômico e Cultural dos(as) Graduando(as) das IFES*.

víduos do sexo masculino, homossexuais e brancos, o que deverá ser analisado no caso concreto.

Depois de coletados os dados e realizada a etapa de pré-processamento, é o momento de escolher e criar o algoritmo de aprendizado mais adequado. Isso será feito com base no tipo de tarefa a ser executada, por exemplo, classificação, regressão, clusterização etc., e nas características dos dados. Por exemplo, a tarefa de clusterização é bastante útil para análise de currículos, embora, por si só, não seja suficiente para tomar a decisão final de seleção de candidatos. Ela pode ser usada como uma etapa exploratória para ajudar a entender a composição do conjunto de candidatos e extrair os padrões. A palavra *cluster*, no contexto da inteligência artificial, significa "análise por conglomerados" ou "análise por conjunto". A clusterização é uma técnica poderosa para explorar a estrutura oculta em conjuntos de dados e é frequentemente usada como um passo inicial na análise de dados para identificar grupos de interesse que podem ser investigados de forma mais aprofundada.[10]

Exemplificativamente, é possível citar alguns meios pelos quais a clusterização pode ser aplicada na análise de currículos: a) agrupamento de habilidades: usado para agrupar candidatos com base em suas habilidades ou competências. Isso pode ajudar a identificar grupos de candidatos com habilidades semelhantes, o que pode ser útil para preencher vagas específicas; b) segmentação de experiência: a clusterização pode ajudar a segmentar candidatos com base em sua experiência profissional. Por exemplo, criar *clusters* para candidatos com experiência júnior, plena e sênior em determinadas áreas; c) agrupamento geográfico: se a localização dos candidatos for relevante, a clusterização ajudará a agrupá-los com base em sua localização geográfica, facilitando a identificação de candidatos próximos a locais de trabalho específicos; d) análise de diversidade: a clusterização pode ajudar a analisar a diversidade dos candidatos em termos de origem, formação educacional, experiência internacional, entre outros fatores.[11]

De todo modo, não há um algoritmo de aprendizado de máquina único ou "melhor" para a seleção de currículos de candidatos ao emprego que se aplique a todas as situações, pois a escolha dependerá do contexto. A escolha do algoritmo depende de vários fatores, incluindo a natureza dos dados, o tamanho do conjunto de dados, a complexidade do problema e os objetivos específicos da seleção de candidatos.

---

10 OCHI, Luiz Satoru; DIAS, Carlos Rodrigo; SOARES, Stênio S. Furtado. *Clusterização em mineração de dados*, 2004.

11 OCHI, Luiz Satoru; DIAS, Carlos Rodrigo; SOARES, Stênio S. Furtado. *Clusterização em mineração de dados*, cit.

O importante na construção do algoritmo são os critérios que a inteligência artificial utilizará como relevantes para filtragem dos currículos. Por exemplo, não é correto que o programador coloque como critérios relevantes a idade, o sexo e a orientação sexual para a seleção de candidatos a emprego. A seleção de candidatos deve ser baseada em critérios objetivos e relevantes para a posição, como experiência, habilidades, qualificações e competências. Os critérios de seleção devem ser relevantes para as responsabilidades da posição e não devem discriminar com base em características proibidas por lei. Por exemplo, é possível criar um algoritmo que seleciona candidatos com base na experiência mínima e nas habilidades necessárias especificadas.

Porém, mesmo que um critério proibido não seja utilizado expressamente como critério de seleção do algoritmo, é possível que a ferramenta de inteligência artificial desenvolva vieses e comece a pontuar determinados critérios, aparentemente irrelevantes do ponto de vista discriminatório, mas com o potencial de, indiretamente, gerar impacto desproporcional sobre indivíduos pertencentes a certos grupos, como visto no exemplo das universidades federais.

Outro exemplo real pode clarificar o melhor entendimento dessa etapa de construção do algoritmo. A plataforma Gupy, uma das maiores empresas de inteligência artificial para recrutamento e seleção do Brasil, afirma em seu *site* que sua inteligência artificial leva em conta os dados históricos da empresa: "Seus dados históricos também são analisados, deixando o algoritmo cada vez mais alinhado com seus objetivos. Ele aprende com seu próprio comportamento e usa isso para agilizar o seu trabalho".[12] O problema é que os dados históricos da empresa podem estar impregnados por determinado padrão hegemônico, que favoreceu historicamente certos grupos e características. A empresa não explica, por exemplo, como sua ferramenta pode eliminar dos dados históricos vieses que favorecem ou desfavorecem certos grupos de indivíduos.

Ora, ao replicar o padrão histórico de contratação, a IA reforça os padrões de seleção anteriormente utilizados, o que pode colocar em xeque a diversidade. Por exemplo, em uma empresa que contrata muitos candidatos de determinada região geográfica, a aprendizagem de máquina vai entender que aquela região deve pontuar mais nas próximas seleções. É nesse momento que as atenções devem se voltar para a etapa de treinamento do modelo, com posteriores validações e ajustes.

Assim, depois de superadas as etapas de definição do problema, coleta de dados, pré-processamento de dados, extração de características (*feature extraction*), definição dos critérios de seleção e escolha do modelo de algoritmo, é

12 BAIA, Carlos. Inteligência artificial no recrutamento e seleção: descubra mais, Gupy, 2022.

fundamental que o modelo seja treinado, com validações e ajustes necessários. No treinamento do algoritmo, como visto, serão utilizados dados de currículos anteriores e suas decisões de seleção para treinar o modelo de IA. O modelo aprenderá a identificar padrões que levaram a decisões de contratação bem-sucedidas.

Preocupada com a utilização de dados históricos pelas ferramentas de inteligência artificial, a pesquisadora Cathy O'Neil alertou que tais ferramentas são treinadas para procurar padrões históricos de sucesso. Em uma entrevista à jornalista Kate Kaye, a pesquisadora afirmou o seguinte: "sugerir que 'o que levou ao sucesso no passado levará novamente ao sucesso no futuro' é a lógica de quem constrói e usa [essas tecnologias]". Quando instada para definir "algoritmo", O'Neil esclareceu descrevendo um algoritmo preditivo como "um processo automatizado treinado para procurar padrões históricos de sucesso e sugerir que tudo o que levou ao sucesso no passado levará mais uma vez ao sucesso em o futuro".[13] Por essas razões, o treinamento não pode se basear apenas em dados históricos, sob pena de perpetuação de discriminações. É preciso que o treinamento seja feito com dados dos mais diversos e variados.

Em seguida, na fase de validação e ajustes, é necessário identificar ou não o desenvolvimento de algum viés que cause impacto em determinados grupos. Isso porque a avaliação na qualidade de um algoritmo não depende apenas da avaliação dos dados empregados para treiná-lo, mas é também determinada por seu impacto sobre todos os indivíduos que podem ser afetados pelas decisões tomadas de forma automatizada. Assim, somente depois de feitos os ajustes necessários e a consequente validação é que o modelo pode ser implementado na prática social. E tudo deve ser documentado, para posterior verificação.

Vieses da inteligência artificial

Não basta a não utilização de critérios proibidos, é preciso verificar se a ferramenta, mesmo depois de implementada, está criando vieses – preconceitos embutidos e inconscientes – contra certos grupos. Como já explicado, no aprendizado de máquina, dispositivos computacionais são programados para aprender a partir de experiências passadas, que permitem extrair conclusões genéricas a partir de um conjunto particular de exemplos.

Ocorre que na construção do *dataset*, ou seja, no recolhimento dos dados necessários para o treinamento do sistema, diversas falhas, intencionais ou não, podem ocorrer, provocando ruídos nos resultados. Tais ruídos podem desaguar em decisões automatizadas enviesadas. Isso também pode ocorrer mesmo que

13 KAYE, Kate. Cathy O'Neil is unimpressed by your AI bias removal tool, 2018.

os dados sejam os mais diversos possíveis, pois as ferramentas de IA podem desenvolver vieses mesmo depois de implementadas, o que revela a necessidade de monitoramento e melhoria contínua do modelo.

Desse modo, torna-se necessário que o modelo seja constantemente atualizado com novos dados de currículos, por meio da revisitação dos critérios de seleção que estão sendo empregados. Com o monitoramento contínuo do desempenho da IA será possível identificar ou não a necessidade de intervenção ou ajuste do sistema caso surjam problemas ou vieses.

Um viés (ou *bias*, em inglês) refere-se a uma inclinação sistemática, distorção ou tendência que afeta a tomada de decisão, análise ou interpretação de informações de maneira parcial, injusta ou imprecisa. Todos os seres humanos têm vieses cognitivos, ou seja, uma tendência no modo como o cérebro processa informações e toma decisões.[14] Trata-se de um automatismo mental, também chamado de heurística.

Esses vieses cognitivos podem levar a percepções distorcidas da realidade, à tomada de decisões subjetivas e à interpretação tendenciosa de informações. Eles são o resultado de atalhos mentais ou heurísticas que nosso cérebro usa para simplificar o processo de pensamento, mas que nem sempre resultam em decisões precisas ou imparciais. Os vieses podem ocorrer em diversas situações e contextos, incluindo decisões pessoais, tomadas de decisão organizacionais, pesquisa científica e processos de aprendizado de máquina.[15]

Alguns exemplos de vieses cognitivos mais comuns são: a) *viés de confirmação*: é a tendência a dar mais peso ou valor a informações que confirmam crenças ou preconceitos próprios, enquanto se desvalorizam informações que as desafiam; em outras palavras, é a tendência a buscar informações e grupos que confirmem suas crenças, excluindo ou ignorando indicadores que contestem as hipóteses previamente estabelecidas;[16] b) *viés de seleção*: refere-se a escolher ou enfatizar seletivamente informações que apoiam uma conclusão ou narrativa específica, ignorando informações contrárias. Ocorre quando a amostragem de dados não é aleatória ou não representa adequadamente a população de interesse, levando a conclusões distorcidas ou incorretas;[17] c) *viés de atribuição* ou *viés de correspondência*: envolve atribuir causas ou explicações a eventos de uma maneira que reflete preconceitos ou crenças pessoais em vez de uma aná-

---

14 MAYMIN, Philip Z.; LANGER, Ellen J. Cognitive biases and mindfulness, 2021.

15 KORTELING, Johan E. Hans *et al.* Cognitive bias and how to improve sustainable decision making, 2023.

16 CUSTÓDIO, Henrique F. F. Viés de confirmação ou tipo ideal: a formação das redes conceituais na metodologia weberiana, 2020.

17 MORETTIN, Pedro Alberto; BUSSAB, Wilton O. *Estatística básica*, 2010.

lise imparcial;[18] d) *viés de confirmação de grupo*: é a tendência a tomar decisões ou adotar crenças com base no que um grupo ou comunidade específica acredita, em vez de uma análise objetiva;[19] e) *viés de autoridade*: acontece quando se dá mais peso às opiniões ou informações de figuras de autoridade, mesmo quando essas opiniões não são necessariamente as mais precisas;[20] f) *viés de atribuição fundamental*: refere-se a explicar o comportamento de outras pessoas com base em características internas, como personalidade, enquanto explicamos nosso próprio comportamento com base em fatores externos, como circunstâncias;[21] g) *viés de recência*: tende a dar mais peso a informações ou eventos recentes em detrimento de informações históricas ou de longo prazo;[22] h) *viés de trancamento*: está associado diretamente ao viés da confirmação e faz com que o indivíduo tenha mais dificuldade em rever suas posições anteriores, pelo fato de nelas ter investido tempo e pesquisa;[23] i) *viés de retrospectiva*: está relacionado à predisposição das pessoas à avaliação da maior previsibilidade de ocorrência de eventos ou resultados, de forma retroativa, quando esses eventos ou resultados já são conhecidos;[24] j) *viés de ancoragem e ajustamento*: está relacionado à tendência a que as pessoas se valham de informações aleatórias para dar respostas a questões concretas;[25] k) *viés de* status quo: os tomadores de decisão, diante da necessidade de analisar e decidir entre situações alternativas, tendem a manter a posição já consolidada, pois, ao seguir a alternativa em vigor, o tomador de decisão vê uma diminuição de seu esforço em relação à necessidade de análise da questão, pois não precisará empreender um novo raciocínio ao manter uma decisão anterior;[26] l) *viés de aversão à perda*: representa uma predisposição a valorizar mais as perdas do que os ganhos. Está amplamente relacionado a uma perspectiva de representatividade social e ao modo como o agente é visto por seus pares. Representa um temor de que os demais membros de um grupo enxerguem o agente negativamente, dependendo de seu sucesso ou insucesso em suas atividades.[27]

No aprendizado de máquina, que pode incorporar todos os vieses mencionados, fala-se também nos seguintes vieses: a) *viés histórico*: aquele que perpe-

---

18 MYERS, David G. *Psicologia social*, 2014.
19 MYERS, David G. *Psicologia social*, cit.
20 MYERS, David G. *Psicologia social*, cit.
21 MYERS, David G. *Psicologia social*, cit.
22 MYERS, David G. *Psicologia social*, cit.
23 NUNES, Dierle *et al. Desconfiando da imparcialidade dos sujeitos processuais*, 2018, p. 69-120.
24 NUNES, Dierle *et al. Desconfiando da imparcialidade dos sujeitos processuais*, cit., p. 69-120.
25 NUNES, Dierle *et al. Desconfiando da imparcialidade dos sujeitos processuais*, cit., p. 69-120.
26 NUNES, Dierle *et al. Desconfiando da imparcialidade dos sujeitos processuais*, cit., p. 69-120.
27 NUNES, Dierle *et al. Desconfiando da imparcialidade dos sujeitos processuais*, cit., p. 69-120.

tua uma discriminação histórica, especialmente quando os dados utilizados são representações da cultura até então experimentada; b) *vieses de representação ou de amostra*: geralmente estão embutidos nos dados coletados que servirão de base para o treinamento do modelo. Se os dados amostrais não são representativos, diversos e balanceados, o modelo perde em acurácia e assertividade, prejudicando os grupos sub-representados na amostra; c) *vieses de avaliadores humanos*: quando a avaliação depende de avaliadores humanos, vieses cognitivos podem afetar a interpretação dos resultados. Por exemplo, os avaliadores podem ter preconceitos inconscientes que influenciam suas classificações; d) *vieses temporais:* se o modelo for avaliado em dados coletados em determinado período de tempo e usado em um período diferente, as condições temporais distintas podem levar a um viés de avaliação; e) *viés de avaliação*: um viés de avaliação no contexto de aprendizado de máquina refere-se a uma distorção ou tendência sistemática que afeta a avaliação ou medição do desempenho de um modelo de aprendizado de máquina. Essa distorção pode levar a conclusões incorretas ou enganosas sobre quão bem o modelo está realmente funcionando.[28]

Todos os vieses supradescritos podem estar embutidos nas ferramentas de IA, desde o momento da coleta de dados até o momento da programação originária da ferramenta algorítmica, pois os desenvolvedores do sistema, como seres humanos que são, podem transmitir para os códigos seus preconceitos, conscientes e inconscientes:

> Em geral, atribui-se vieses integralmente às bases de dados tendenciosas. Porém, vieses podem emergir antes da coleta de dados em função das decisões tomadas pelos desenvolvedores (os atributos e variáveis contemplados no modelo, inclusive, determinam a seleção dos dados). No caso de viés associado aos dados, existem duas principais origens: os dados coletados não representam a composição proporcional do universo objeto em questão, ou os dados refletem os preconceitos existentes na sociedade.[29]

É importante reconhecer e enfrentar vieses, uma vez que eles podem levar a decisões injustas, conclusões imprecisas e perpetuação de estereótipos. Em pesquisa, negócios e tecnologia, a conscientização e a mitigação de vieses são cruciais para garantir a objetividade, justiça e precisão em análises e decisões. Isso inclui a implementação de políticas, treinamento e práticas que ajudem a reduzir os vieses e promover a igualdade e a imparcialidade.

---

28 HASTIE, Trevor; TIBSHIRANI, Robert; FRIEDMAN, Jerome. *The elements of statistical learning*: data mining, inference and prediction, 2016.

29 COZMAN, Fabio Gagliardi; KAUFMAN, Dora. Viés no aprendizado de máquina em sistemas de inteligência artificial: a diversidade de origens e os caminhos de mitigação, 2022.

Além disso, mesmo depois de implementada, a própria inteligência artificial pode desenvolver vieses ao longo do tempo, mesmo que os programadores não os tenham embutido nos dados de treinamento ou no *design* do código. Assim, mesmo que as empresas que oferecem *software* e recrutamento não discriminem intencionalmente, o aprendizado de máquina pode desenvolver vieses não intencionais depois de implementado o modelo. O problema, em verdade, reside na necessidade de ter plena consciência do fato de que as ferramentas de IA têm a *natural tendência* para o desenvolvimento de vieses. Dito de outro modo, assim como acontece na cognição humana, está imbuída na natureza dos algoritmos uma tendência *in fieri* para o desenvolvimento de vieses discriminatórios a partir das informações que recebe após a implementação do modelo.

Em 24 de novembro de 2023, o *Intercept Brasil* revelou que profissionais do setor de recursos humanos suspeitavam de que sistemas automatizados reprovavam indevidamente candidatos, reproduzindo os preconceitos do mercado. Na reportagem, o *Intercept* afirma que conversou com seis profissionais de RH de grandes empresas. Sob a condição de anonimato por temerem retaliações profissionais, eles afirmaram suspeitar de que o algoritmo da Gupy rebaixa as notas de mulheres em comparação a homens que se candidataram para uma mesma vaga de tecnologia, por exemplo. Os profissionais relataram também que graduados em universidades com notas mais baixas no Ministério da Educação e Cultura ainda recebiam pontuação inferior a formados em instituições com notas mais altas. O recorte era flagrantemente discriminatório de classe social, já que a tecnologia excluía muitos candidatos que não tiveram oportunidade de se inscrever em determinadas faculdades.[30]

Outro exemplo pode demonstrar também como uma ferramenta de inteligência artificial para seleção de currículos é capaz de desenvolver vieses inconscientes e impactar desfavoravelmente indivíduos de determinados grupos des-

---

30 Em um material de apresentação para clientes ao qual o *Intercept* teve acesso, a Gupy afirma combinar um conjunto de características dos candidatos para garantir um bom *match* com a vaga. Entre elas estão experiência, formação e localização, perfil e cultura e até mesmo interesses. Há também os critérios de idade (quanto mais novo o candidato, melhor a nota, segundo ex-funcionários), tempo de formação (quanto mais recente a formatura, maior a pontuação) e moradia (quanto mais próximo da sede, maior sua chance). Segundo a Gupy, são as empresas que definem as regras para a contratação, inclusive o peso que se dá às etapas do processo. Em uma *live* sobre o caso da desenvolvedora, a empresa diz que "provavelmente" o perfil da irmã dela teve "melhor desempenho". Também admitiu que não se sabe o motivo de a irmã ter sido mais bem ranqueada – o que levanta suspeitas sobre a opacidade de seus sistemas (NEVES, Ianaira. Reprovados por robôs: como plataformas de inteligência artificial podem discriminar mulheres, idosos e faculdades populares em processos seletivos, 2022).

favorecidos. A IA de recrutamento da empresa Gupy submete os candidatos a um teste de fatores comportamentais. Segundo consta no *site* da própria empresa,

> o teste a ser respondido por um indivíduo é composto por 60 itens baseados em uma escala de concordância de 1 a 7, para serem respondidos em até 30 minutos. Os itens são contextualizados, contendo frases que descrevem sentimentos, opiniões e atitudes. Os contextos escolhidos remetem tanto ao ambiente do trabalho quanto a situações cotidianas.[31]

São apresentadas algumas assertivas e o candidato deve marcar a resposta conforme a graduação de concordância com a afirmação que lhe foi mostrada, sendo 1 para discordo totalmente até 7 para concordo totalmente.

Uma das assertivas apresentadas é a seguinte: "Você costuma ir a museus?". O candidato deverá assinalar na escala entre 1 e 7. Ou seja, 1 se discorda totalmente até 7 se concorda totalmente. A questão que se coloca aqui é a seguinte: a pergunta "Você costuma ir a museus?" utilizada pela ferramenta de inteligência artificial da Gupy tem potencial discriminatório direto ou indireto? Pode a IA desenvolver algum viés ao longo do tempo? Não há dúvidas que sim. Além de se tratar de uma pergunta totalmente impertinente, desnecessária e desproporcional que, por si só, já ofende a Lei Geral de Proteção de Dados, é possível que a IA desenvolva um viés prejudicial em relação a determinados grupos de indivíduos.

Depois que o modelo já está em funcionamento, ele passa a se alimentar sucessivamente dos dados de candidatos, os quais são utilizados pela empresa Gupy para melhorar e incrementar sua ferramenta de IA. Assim, a partir da captura e processamento dos dados, a IA vai aprender que certas características são mais relevantes do que outras e, com isso, passará a pontuá-las de forma mais significativa.

Em uma inteligência artificial para selecionar candidatos ao emprego, fazer a pergunta "você costuma ir a museus" pode, de fato, criar um viés discriminatório. Isso ocorre porque, dependendo de como a pergunta é utilizada e interpretada pela IA, ela pode resultar em uma seleção tendenciosa em desfavor de certos grupos. Por exemplo, se a IA for alimentada com dados demográficos que indicam que certos grupos têm menor probabilidade de frequentar museus, ela pode fazer suposições errôneas e discriminar candidatos que não se encaixam nesse perfil.

Além disso, a pergunta "você costuma ir a museus?" pode fazer a ferramenta desenvolver um viés discriminatório contra pessoas de baixa renda. Isso

---

31 GUPY. *Primeira escolha: fatores comportamentais*, 2023.

ocorre porque a frequência a museus pode ser associada a uma capacidade financeira maior, já que alguns museus cobram ingressos e podem envolver custos adicionais, como transporte. Além disso, pessoas de baixa renda geralmente não têm tempo suficiente para atividades culturais. Assim, se uma inteligência artificial utilizar essa pergunta como critério para a seleção de candidatos ao emprego, e se a resposta for considerada um fator relevante na tomada de decisão, isso poderia resultar em um viés em desfavor de pessoas de baixa renda. É importante lembrar que a discriminação com base na situação financeira é inaceitável e ilegal.

Há mais. Se vários dos candidatos anteriormente contratados entenderam e responderam que ir a museus é uma característica muito importante, a ferramenta de IA aprenderá e passará a pontuar positivamente as pessoas que responderem que vão a museus, pois ela passa a considerar relevante tal associação. Para esclarecer, basta imaginar que mil pessoas se candidataram à vaga de vendedor na empresa A. Nesse universo de mil candidatos, foram selecionados cem. Dos cem candidatos que foram contratados, noventa responderam no teste que "ir a museus" é uma característica muito relevante. A consequência é inevitável: como noventa dos cem candidatos escolhidos responderam que ir a museus é muito relevante, o algoritmo então aprende que tal informação ("ir a museus") é uma característica realmente importante para a contratação. Com isso, nas próximas candidaturas, o algoritmo passará a pontuar positivamente o candidato a partir desse parâmetro, que, embora aparentemente neutro, pode causar impacto desproporcional em indivíduos pertencentes a certos grupos. Mais uma vez, é preciso atentar para o fato de que uma ferramenta de IA aprende com dados históricos e cria um viés a partir deles.

Desse modo, se a maioria dos candidatos anteriormente contratados respondeu afirmativamente à pergunta "você costuma ir a museus?", a ferramenta de IA pode interpretar essa resposta como um fator positivo nas avaliações futuras. Esse é um típico exemplo de como a IA pode criar, ampliar ou perpetuar um viés. Isso se chama "*bias*" contextual, ou seja, a IA aprende a considerar certas características ou experiências como indicadores de adequação relevantes, a partir dos dados constantes dos currículos que foram selecionados no passado. E não é só. Além do potencial efeito discriminatório apontado, o aprendizado leva o algoritmo a fazer correlações ou associações espúrias, pois a característica "é muito relevante ir a museus", além de não ser uma causa de sucesso profissional, é um aspecto que parece ter pouco ou nenhum efeito sobre a personalidade do sujeito.

No exemplo citado, embora a ferramenta, em tese, não tenha sido criada com o objetivo de discriminar ou mesmo não tenha sido projetada sem vieses expressos, ela passará a causar impacto desproporcional em certos grupos, na medida em que correlaciona uma característica ou critério aparentemente neutro com as chances de sucesso no emprego. Esse é um típico exemplo de como a IA pode criar, ampliar ou perpetuar vieses existentes.

A propósito do tema, uma entidade sindical ajuizou no ano de 2022 uma ação judicial em desfavor da Gupy e de outras empresas, e o processo autuado sob o número 0010333-04.2022.5.15.0032.[32] Além de questionar diversas violações da LGPD pelas rés – *v. g.*, a desnecessidade dos dados recolhidos –, a entidade sindical suscita o potencial efeito discriminatório indireto que as perguntas realizadas no teste de perfil comportamental podem desencadear.

Nesse quadro, vale lembrar que, de acordo com a teoria do impacto desproporcional, uma inteligência artificial de seleção de currículos pode desenvolver discriminação indireta quando uma política ou prática neutra em sua formulação tem um impacto desfavorável em um grupo protegido pela lei, mesmo que não haja intenção de discriminação. Nesse contexto, uma IA de seleção de currículos pode desenvolver discriminação indireta se sua programação levar a resultados desproporcionais para certos grupos protegidos, mesmo quando a IA foi projetada sem vieses expressos.

Pode-se imaginar outro exemplo de discriminação indireta produzida por algoritmos em seleção de candidatos ao emprego. Suponha-se que um algoritmo de seleção de currículos seja treinado em um conjunto de dados históricos que mostram uma disparidade no número de pessoas contratadas com base na faculdade em que se formaram. Devido a vieses estruturais, pessoas de determinadas faculdades menos conceituadas tiveram menos chances de serem contratadas. Se o algoritmo de seleção de candidatos for alimentado com esses dados, ele pode aprender a considerar a faculdade um fator importante na classificação dos candidatos.

Assim, mesmo que o algoritmo tenha sido projetado sem qualquer intenção explícita de discriminar candidatos com base na faculdade, ele pode inadvertidamente perpetuar um viés existente no conjunto de dados de treinamento. Consequentemente, candidatos provenientes de faculdades menos conceituadas seriam desfavorecidos pelo algoritmo, independentemente de suas habilidades, suas experiências e suas qualificações individuais.

Essa discriminação indireta ocorre porque o algoritmo considera a faculdade um indicador importante de competência, embora essa correlação não seja necessariamente verdadeira. Esse exemplo ilustra o fato de que a discriminação indireta pode surgir como resultado de um algoritmo de seleção de currículos que aprende a partir de dados históricos que refletem vieses e desigualdades preexistentes.

---

32 BRASIL. Tribunal Regional do Trabalho da 15ª Região. 2ª Vara do Trabalho de Campinas. ACPCiv n. 0010333-04.2022.5.15.0032, j. 15/12/2023.

Desse modo, se a ferramenta de IA não for corretamente configurada para evitar vieses, ela pode continuar a favorecer candidatos que respondem afirmativamente à pergunta em referência, independentemente da relevância real dessa característica para o desempenho no trabalho. Para mitigar esses vieses ocultos, é importante implementar estratégias de auditoria, transparência e diversidade nos dados de treinamento, além de garantir supervisão e testes rigorosos. Portanto, ao desenvolver e treinar uma ferramenta de IA para seleção de candidatos, é essencial garantir que os dados de treinamento sejam representativos, diversificados e que sejam aplicadas técnicas de mitigação de viés. Isso ajuda a minimizar a amplificação de padrões discriminatórios e a manter o processo de seleção mais justo e equitativo.

Outrossim, testes de personalidade ou de perfil comportamental levados a cabo por inteligência artificial podem potencialmente discriminar candidatos ao emprego de várias maneiras. Algoritmos podem operar com base em generalizações e estereótipos, sem levar em consideração a complexidade e a individualidade de cada candidato. Se o algoritmo usar essas generalizações para classificar os candidatos, pode resultar em uma avaliação inadequada e discriminatória. Ademais, a IA é incapaz de compreender a personalidade individual de cada candidato. A avaliação da personalidade por meio de um algoritmo pode não captar adequadamente as nuances, peculiaridades e complexidades da personalidade de um indivíduo. Pode haver aspectos intangíveis e subjetivos que não podem ser plenamente entendidos por um algoritmo.

Um último exemplo hipotético ilustra como um teste de personalidade avaliado por inteligência artificial pode discriminar candidatos ao emprego. Imagine-se que um algoritmo de IA seja treinado para avaliar a personalidade de candidatos a emprego com base em um conjunto de dados histórico. Porém, esse conjunto de dados tem vieses subjacentes, pelos quais candidatos de certo gênero foram historicamente favorecidos em processos seletivos. Quando um novo candidato se submete ao teste, seu perfil de personalidade é avaliado pelo algoritmo. No entanto, como o algoritmo foi treinado em um conjunto de dados enviesado, ele pode reproduzir o mesmo padrão de discriminação. Isso significa que, mesmo que o candidato seja altamente qualificado e tenha uma personalidade adequada para o cargo, ele pode ser classificado em posição inferior por causa dos vieses incorporados pelo algoritmo. No exemplo dado, o teste de personalidade avaliado por IA pode impedir que candidatos competentes sejam selecionados para uma posição devido a fatores irrelevantes, como gênero, em vez de se basear puramente em suas habilidades e competências.

Opacidade algorítmica e aspectos introdutórios sobre a inteligência artificial explicável (*xAI*)

João era motorista de aplicativo havia anos. O modelo de gestão do trabalho da empresa para o qual trabalhava orientava-se por um processo denominado *gamificação*, mais precisamente pela dinâmica dos *sticks and carrots*,[33] na qual os trabalhadores são estimulados e desestimulados a praticarem condutas, conforme os interesses da empresa-plataforma, a partir da possibilidade de melhorar seus ganhos e de punições indiretas, que respectivamente reforçam condutas consideradas positivas e reprimem condutas supostamente negativas para a empresa, em um repaginado exercício de subordinação jurídica.[34]

Ele conhecia sua cidade como a palma da mão e sempre foi elogiado pelos passageiros. Contudo, certo dia, sem qualquer esclarecimento, ele foi descadastrado da plataforma. O aviso, que veio por *e-mail*, bem como por uma notificação em seu aplicativo, informava que seu cadastro havia sido encerrado, sem explicação alguma. João ficou sem entender os motivos do descredenciamento e perdeu sua única fonte de renda.

O motorista tentou contato com a empresa, mas não conseguiu uma resposta clara sobre o ocorrido. Sem saber o que havia feito de errado, diversas hipóteses passaram pela sua cabeça, tais como: teria feito algo de errado? O descredenciamento foi discriminatório? Sentiu-se impotente e indignado. Determinado a descobrir a verdade, João pesquisou e descobriu que não era o único a passar por aquela situação. Várias histórias semelhantes estavam sendo relatadas por motoristas que também foram desativados sem motivos claros.

---

33 A dinâmica dos *sticks and carrots* é um conceito que se refere a uma abordagem de incentivos e punições usada para motivar o comportamento humano. Essa expressão provém da ideia de usar uma cenoura (*carrot*) como recompensa e um bastão (*stick*) como punição para influenciar o comportamento das pessoas. Nessa abordagem, a cenoura representa recompensas, benefícios ou incentivos que são oferecidos para encorajar um comportamento desejado. Essas recompensas podem incluir bônus financeiros, reconhecimento, promoções no trabalho, elogios ou qualquer outro tipo de gratificação que motive as pessoas a agirem de acordo com o que se espera delas. Por outro lado, o bastão representa punições, consequências negativas ou penalidades que são aplicadas quando um comportamento indesejado ocorre. Essas punições podem incluir advertências, penalizações financeiras, demissões, suspensões ou qualquer outra forma de consequência desagradável que desencoraje as pessoas a agir de maneira inadequada. A dinâmica dos *sticks and carrots* é frequentemente usada em contextos como gestão de recursos humanos, política, educação e outros campos nos quais se deseja influenciar o comportamento das pessoas.

34 BRASIL. Tribunal Superior do Trabalho. RR n. 536-45.2021.5.09.0892, 2ª T., rel. Des. Conv. Margareth Rodrigues Costa, publicado em 29/09/2023.

Essa é uma das situações mais comuns no cotidiano de trabalhadores via plataformas digitais. Eles são alcançados por decisões algorítmicas produzidas de modo automatizado por ferramentas de inteligência artificial sem terem qualquer tipo de explicação quanto ao processo de tomada de decisão pela IA, pois não há um mínimo de domínio do trabalhador sobre a organização da atividade empresarial, que é centralizada, metodicamente, no algoritmo da empresa.

A situação hipotética descrita revela um dos problemas mais tormentosos e preocupantes sobre o uso de ferramentas de inteligência artificial, especialmente nos domínios das relações trabalhistas, qual seja, a chamada opacidade algorítmica, também conhecida como *black box* ou "caixa-preta" algorítmica. O uso das ferramentas de inteligência artificial opacas se espalhou de tal modo e com tamanha intensidade que Frank Pasquale cunhou o termo *black box society*, para se referir à crescente "sociedade caixa-preta", governada por "algoritmos secretos protegidos pelo segredo industrial, proteções legais, ofuscação, de modo que a discriminação intencional ou não intencional se torna invisível e a sua mitigação torna-se impossível".[35]

Delegar decisões para ferramentas de inteligência artificial opacas, ou seja, não explicáveis ou interpretáveis, especialmente nas relações trabalhistas, é considerado uma conduta de alto risco, na medida em que práticas discriminatórias podem surgir, até mesmo sem que sejam percebidas, o que coloca em xeque a confiabilidade do sistema. Nesse sentido:

> Algoritmos obscuros onipresentes, muitas vezes com base em modelos sofisticados de aprendizagem automática treinados a partir de grandes conjuntos de dados, que predizem características comportamentais dos indivíduos, tais como risco de crédito, estado de saúde e perfil de personalidade. Caixas-pretas mapeiam características do usuário em uma classe ou pontuação sem explicar o porquê, porque o modelo de decisão não é compreensível para as partes interessadas ou é secreto. Isto é preocupante não só em termos da falta de transparência, mas também devido aos possíveis vieses ocultos nos algoritmos. O aprendizado de máquina constrói modelos preditivos e sistemas de tomada de decisão baseados em (possivelmente grandes) dados, por exemplo, os vestígios digitais das atividades humanas (opiniões, movimentos, estilos de vida etc.). Consequentemente, esses modelos podem refletir preconceitos e discriminações humanos, possivelmente levando a práticas injustas ou simplesmente a decisões erradas.[36]

---

35 PASQUALE, Frank. *The black box society:* the secret algorithms that control money and information, 2015.

36 PEDRESCHI, Dino *et al.* Open the black box: data-driven explanation of black box decision systems, 2018.

A "caixa-preta" de um algoritmo é uma metáfora usada para descrever uma situação na qual se conhece a entrada (*input*) e a saída (*output*) de um processo ou sistema de decisão automatizada, mas não se tem conhecimento detalhado sobre como o processo ou sistema funciona internamente. Por exemplo, não se sabe quais foram os critérios, os mecanismos e o passo a passo utilizados pela ferramenta para a tomada de decisão. Metaforicamente, é como se o processo ou sistema estivesse dentro de uma caixa-preta e o espectador não conseguisse ver o que está acontecendo lá dentro.

No contexto da ciência da computação, a caixa-preta refere-se a um algoritmo ou modelo cujos detalhes internos são desconhecidos ou não são relevantes para o usuário. Sabe-se o que acontece quando são fornecidos os dados de entrada ao algoritmo e se obtêm os resultados de saída, mas não há informações ou visibilidade sobre os cálculos, as etapas intermediárias ou os componentes internos do algoritmo. Os usuários sabem o que esperar ao fornecer uma entrada ao algoritmo e podem observar a saída gerada, mas o processo que ocorre entre a entrada e a saída permanece oculto.

A expressão "caixa-preta" do algoritmo é um termo coloquial usado para descrever sistemas ou algoritmos cujo funcionamento interno não é transparente ou facilmente compreensível. É muitas vezes também designada por "opacidade algorítmica". Um sistema opaco impede que os usuários entendam como as decisões são tomadas ou como o sistema opera, tornando-o inescrutável. A opacidade algorítmica, desse modo, refere-se à falta de transparência ou compreensão sobre o funcionamento interno de um algoritmo ou da própria ferramenta de inteligência artificial. Ao fim e ao cabo, designa a falta de visibilidade ou compreensão sobre como um algoritmo toma decisões ou realiza ações. Em sistemas algorítmicos opacos, as regras e processos internos do algoritmo não são claros para os usuários ou partes interessadas, o que pode levar a preocupações sobre discriminação, viés e falta de responsabilidade.

Dito de outro modo, a opacidade reflete o "o caráter obscuro ou opaco na tomada do processo decisório por sistemas dotados de inteligência artificial".[37] Isso significa que os detalhes específicos dos cálculos e processos dentro do sistema são desconhecidos ou não são acessíveis para quem está usando o algoritmo. Fala-se em "opacidade" pois os detalhes internos do algoritmo são obscuros e não são divulgados. Isso pode incluir o código-fonte, os parâmetros exatos do modelo ou as decisões tomadas durante o processo.

É importante registrar que nem todos os algoritmos têm "caixas-pretas". Alguns algoritmos, como regressão linear ou árvores de decisão simples, são considerados algoritmos de "caixa branca", porque suas operações internas são

37 BARCAROLLO, Felipe. *Inteligência artificial:* aspectos ético-jurídicos, 2021, p. 196.

transparentes e facilmente compreensíveis. No entanto, à medida que a complexidade dos algoritmos aumenta, eles tendem a se tornar mais opacos e, portanto, são chamados de caixas-pretas. Algoritmos de "caixa-preta" geralmente são complexos, com muitos cálculos e interações entre variáveis, tornando difícil ou impossível entender completamente seu funcionamento sem informações adicionais. Muitas vezes isso se dá porque os desenvolvedores do sistema conferem maior ênfase à utilidade prática do algoritmo em vez de se preocuparem com sua estrutura interna.

Ademais, algoritmos com opacidade são comuns em aprendizado de máquina e inteligência artificial, nos quais os modelos são bastante complexos, como se dá com as redes neurais, o que torna difícil sua interpretabilidade, devido a sua natureza altamente não linear e ao grande número de parâmetros. Mesmo que o código-fonte seja examinado, é possível que ainda persista a opacidade, notadamente quando um algoritmo é de difícil ou de impossível entendimento em termos de seus processos internos e tomadas de decisão. Isso é particularmente prevalente em modelos de aprendizado profundo, como redes neurais profundas, que consistem em camadas complexas e não lineares de neurônios interconectados.

A opacidade pode ser resultado de vários fatores técnicos, tais como a *complexidade do modelo*, na medida em que modelos de aprendizado profundo podem ter milhões de parâmetros, tornando difícil compreender como esses parâmetros interagem para produzir um resultado específico; *transformações abstratas*, pois os algoritmos muitas vezes realizam transformações abstratas nos dados, tornando difícil rastrear como as características de entrada se relacionam com as saídas; *características não interpretáveis*, porque as características aprendidas pelo algoritmo podem não ter uma interpretação direta e intuitiva, dificultando a compreensão das decisões tomadas pelo modelo.

Todos esses fatores citados tornam a ferramenta não confiável quanto a seus métodos e resultados. A confiabilidade refere-se, dentre outros aspectos, à capacidade de um algoritmo de produzir resultados corretos, consistentes e não discriminatórios, em diferentes cenários e condições. No sentido aqui exposto, a confiabilidade guarda mais relação com o respeito aos direitos humanos fundamentais do que com seu grau de assertividade ou acurácia.

A opacidade dos algoritmos apresenta desafios significativos em termos de confiabilidade. A falta de interpretabilidade torna difícil determinar por que um algoritmo tomou uma decisão específica. Isso é crítico em cenários onde é necessário explicar e justificar as decisões, como em diagnósticos médicos ou aprovações de empréstimos. Em inteligência artificial, interpretabilidade significa a capacidade de o sistema fornecer significados em termos compreensíveis para um ser humano sobre seu processamento interno de informações.[38]

Outro aspecto a ser considerado é a depuração, no sentido de purificação ou limpeza, pois, quando ocorrem erros ou comportamentos indesejados, a opacidade dificulta a identificação da causa raiz do problema e a depuração do algoritmo. Outrossim, a validação de resultados pode ser prejudicada pela opacidade, porque sem compreender completamente o funcionamento interno de um algoritmo é desafiador validar seus resultados de maneira abrangente, levando a uma confiança limitada nas saídas.

Para melhorar a confiabilidade de algoritmos opacos, várias abordagens técnicas podem ser adotadas, tais como a implementação de técnicas de interpretabilidade, na medida em que o desenvolvimento e a aplicação de técnicas tornam os modelos mais interpretáveis, como a visualização de ativações de camadas intermediárias ou a geração de explicações para decisões. A realização de auditorias algorítmicas também é uma medida relevante. Testes sistemáticos para verificar a precisão e a ética dos algoritmos podem ajudar a identificar vieses e falhas. Outrossim, a criação de uma documentação técnica detalhada que descreve a arquitetura, os parâmetros e o treinamento do modelo para que se possa entender eu funcionamento é também uma das formas de combater a opacidade e trazer maior confiança ao sistema.

A preocupação em torno da falta de transparência levou ao desenvolvimento de um sub-ramo da inteligência artificial conhecido como inteligência artificial explicável ou *xAI*, do inglês *explainable artificial intelligence*, que se concentra em tornar os sistemas de IA mais transparentes e compreensíveis para os seres humanos. Em outras palavras, o objetivo da *xAI* é desenvolver técnicas e abordagens que permitam aos usuários entender como as decisões são tomadas por algoritmos de IA e por que essas decisões são feitas. Entende-se por *xAI* uma área de investigação específica da *inteligência artificial* que, repita-se, tem por objeto o estudo de métodos e técnicas para tornar o uso dos sistemas de inteligência artificial mais confiáveis, éticos e justos. Desse modo, a referência à inteligência artificial explicável ou *xAI* faz alusão a um vasto campo de investigação que se constitui em uma subárea da inteligência artificial, enquanto ramo do saber científico.

Com efeito, à medida que os modelos de IA se tornam mais complexos, como é o caso de redes neurais profundas, compreender as razões por trás de

---

38 GUIDOTTI, Riccardo *et al.* A survey of methods for explaining black box models, 2019. Há uma terminologia que deve ser esclarecida quando se pensa em explicabilidade dos sistemas de IA. Há diferenças entre "intelegibilidade", "compreensibilidade", "interpretabilidade", "explicabilidade" e "transparência". Os alcances de cada uma dessas expressões serão abordados no Capítulo 6, *infra*.

suas decisões torna-se uma área crítica de pesquisa. Investigar como os modelos de IA tomam decisões, para corrigir eventuais falhas e/ou otimizar o sistema, é essencial para garantir a confiança e a aceitação dessas tecnologias, especialmente em contextos nos quais as decisões automatizadas podem ter implicações nos direitos humanos e fundamentais das pessoas. A *xAI*, portanto, busca desenvolver métodos e técnicas para tornar os modelos de IA mais transparentes, interpretáveis e explicáveis etc., permitindo que os usuários compreendam, questionem, aceitem e, por consequência, confiem nos atos desses sistemas. Nesse sentido:

> xAI é um subcampo da IA que se concentra na criação de modelos de IA que podem explicar seus processos de tomada de decisão de uma forma que os humanos possam entender. Envolve o uso de ferramentas estatísticas específicas, como importância de recursos, gráficos de dependência parcial e explicações contrafactuais, que podem fornecer *insights* sobre por que um modelo de IA tomou uma decisão específica. A xAI desmistifica as decisões de IA, tornando-as compreensíveis e promovendo a confiança, o que é crucial em setores onde as decisões de IA podem afetar significativamente empresas e indivíduos. Estas ferramentas estatísticas, coletivamente denominadas *camadas de explicabilidade*, são integradas em modelos treinados existentes para obter *insights* sobre por que e com que precisão uma determinada recomendação do algoritmo de IA é aquela que minimiza a função de perda.[39]

Para pretender operar com justiça e confiança, é indispensável que os sistemas de IA atuem com critérios de transparência, explicabilidade, compreensibilidade, interpretabilidade, dentre outros. Todas essas características são objeto de estudo da *xAI*. Contudo, há uma amplíssima cizânia sobre a terminologia utilizada no âmbito da *xAI*. O primeiro ponto a considerar é que "explicabilidade" é um atributo amplo e que deve ser analisado de forma estrutural. Em linhas gerais, trata-se de um imperativo de abertura comunicacional do sistema, é dizer, é o atributo do sistema pelo qual ele se comunica com as partes interessadas e não se confunde com interoperabilidade e transparência.[40]

A LGPD prevê expressamente a possiblidade legal de abertura da "caixa-preta" algorítmica, possibilitando assim a explicabilidade da inteligência artificial. Auditoria de algoritmos, questões relacionadas à transparência ou à conformidade regulatória, são importantes mecanismos para abrir a "caixa-

---

39 TRUZZI, Cláudio. *Explainability in AI:* the key to trustworthy AI decisions, 2023.

40 Uma abordagem mais detida sobre a *xAI* e as terminologias empregadas será feita no Capítulo 6, *infra*.

-preta" e entender melhor como um algoritmo toma suas decisões ou realiza suas tarefas. Isso pode envolver a exploração dos detalhes internos do algoritmo para verificar sua precisão, imparcialidade e ética. Ocorre que a LGPD também resguarda o direito ao segredo industrial, ou seja, em princípio a empresa não está obrigada a abrir a *black box* de sua ferramenta de inteligência artificial. Há aqui um nítido choque de direitos e princípios.

Sobre o conflito entre os direitos referidos, tramitam perante o Poder Judiciário trabalhista brasileiro diversas ações nas quais se tem como pano de fundo a discussão sobre as possibilidades e limites do acesso ao código-fonte dos algoritmos, especialmente para analisar se a ferramenta adota como critérios para a tomada de decisão valores discriminatórios, sejam diretos ou indiretos. Os aspectos sobre a tutela judicial envolvendo perícia algorítmica serão aprofundados adiante, ainda neste capítulo.

Seja como for, não há dúvidas de que o desenvolvimento e o uso da inteligência artificial devem orientar-se pelo postulado da transparência, sob pena de tornar imperscrutável a identificação dos critérios utilizados para as tomadas de decisão, em relação às quais, até a presente quadra histórica, recai o signo do mistério. Mostra-se em tudo incompatível com a forma republicana e o regime democrático dos atos de poder a validação de práticas institucionais, públicas ou privadas, estabelecidas à margem do direito e da lei, que promovam o segredo injustificado sobre os atos pertinentes às tomadas de decisão de forma obscura. Sobre o assunto, Dierle Nunes e Otávio Andrade concluem que:

> A inteligência artificial explicável deve ser elemento constitutivo da transparência dos sistemas de IA, uma vez que atua como importante contrapeso à opacidade, transformando "caixas-pretas" algorítmicas em "caixas de vidro". Neste sentido, a criação de sistemas mais transparentes e interpretáveis deve ser considerada e estimulada na formulação de políticas públicas, de modo a elevar a legitimidade das decisões produzidas por sistemas inteligentes.[41]

Contudo, adverte Veena Dubal que a transparência e a legibilidade algorítmica, por si sós, não resolvem os danos causados pela discriminação algorítmica, porque tais mecanismos procuram compreender, e não impedir diretamente, a origem desses danos sociais. Por outras palavras, a transparência firme ou o direito dos trabalhadores à explicabilidade algorítmica – embora cruciais para a compreensão da lógica das práticas existentes – não alteram por si sós a

41 NUNES, Dierle José Coelho; ANDRADE, Otávio Morato de. O uso da inteligência artificial explicável enquanto ferramenta para compreender decisões automatizadas: possível caminho para aumentar a legitimidade e confiabilidade dos modelos algorítmicos?, 2023.

dinâmica de poder que permite a discriminação algorítmica.[42] Ao longo do estudo, serão apontadas outras iniciativas e medidas a serem adotadas para que as ferramentas de IA sejam utilizadas a partir da centralidade do ser humano.

DISCRIMINAÇÃO PRODUZIDA POR FERRAMENTAS DE INTELIGÊNCIA ARTIFICIAL: CONCEITO E TIPOLOGIA PRÓPRIA

A partir de tudo o que até aqui foi estudado, torna-se possível conceituar a discriminação algorítmica como o fenômeno pelo qual as ferramentas de inteligência artificial para tomadas de decisão automatizadas, por meio do resultado ou *output* apresentado, praticam condutas que distinguem, excluem ou dão preferência a determinados indivíduos ou grupos com base em critérios proibidos e/ou que tenham por efeito destruir ou alterar a igualdade de oportunidades na aquisição, no gozo ou na fruição de direitos e oportunidades.

De forma mais simples, pode-se afirmar que a discriminação algorítmica se refere às tomadas de decisão injustas ou desiguais praticadas por algoritmos de inteligência artificial com base em critérios injustamente desqualificantes. Essa discriminação, como já foi explicado, pode resultar de vieses nos dados de treinamento, no *design* do algoritmo ou até mesmo no processo de tomada de decisão.

Já foi dito que as ferramentas de inteligência artificial podem criar ou reproduzir todos os tipos de discriminações estudados no Capítulo 3, item "Tipologia das discriminações", *supra*. Contudo, é admissível e salutar o apontamento de algumas formas de discriminação que podem surgir e se manifestar especificamente em razão da natureza e anatomia dos sistemas computacionais de IA. Não se trata de uma classificação que aponta novas espécies de discriminação, mas sim de uma categorização que leva em consideração as formas pelas quais as ferramentas de IA podem produzir resultados discriminatórios, desde o momento de sua concepção até o da aplicação social do modelo, seus resultados e suas respectivas interpretações.

Quanto ao ponto, não parece correto afirmar que a discriminação algorítmica é uma nova espécie de discriminação dentro da classificação apresentada no item "Tipologia das discriminações", *supra*. Isso porque os resultados discriminatórios produzidos pelas ferramentas de IA, invariavelmente, estão enquadrados em um dos tipos tradicionais já analisados. Desse modo, algoritmos

---

42 DUBAL, Veena. On algorithmic wage discrimination, 2023, p. 1935. Há algumas ressalvas a serem feitas ao pensamento de Dubal acerca da ineficiência da explicabilidade para o combate das discriminações algorítmicas. Contudo, as oposições serão apresentadas no Capítulo 6, *infra*.

podem produzir discriminação negativa, direta ou indireta, por associação, múltipla, institucional, organizacional, estrutural e intergeracional.

De qualquer forma, embora as práticas discriminatórias oriundas do uso de ferramentas de IA não possam se conformar em uma tipologia própria,[43] elas têm certas características particulares em relação às formas pelas quais são gestadas e se manifestam na prática cotidiana. Assim, a discriminação algorítmica caracteriza-se e individualiza-se, principalmente, i) por seu impacto coletivo mais acentuado, pois espraia-se com extrema rapidez e atinge um número significativo de indivíduos quando comparada às práticas discriminatórias não digitais; ii) pode decorrer tanto dos dados de treinamento como do desenho do próprio algoritmo; iii) tem a capacidade de criar ou perpetuar injustiças em escala exponencial; iv) uma vez que funciona a partir de dados e de uma arquitetura muitas vezes incompreensível, permite com maior facilidade a dissimulação do intuito discriminatório.

A partir das colocações acima, o estudo agora avança para explicar as diversas formas como a discriminação algorítmica pode ser produzida e as maneiras pelas quais se manifesta no mundo exterior. Propõe-se, assim, uma tipologia própria da discriminação algorítmica que leva em consideração seus contornos próprios, ou seja, formas de criação e manifestação de injustiças que ganharam vida própria com o advento da inteligência artificial.

Discriminação algorítmica por erro estatístico

A inteligência artificial utiliza a estatística como parte fundamental do processo de aprendizado de máquina. A estatística desempenha papel central na modelagem, na análise e na interpretação de dados, permitindo que os algoritmos de aprendizado de máquina reconheçam padrões e, a partir deles, façam previsões e tomem decisões com base em informações observadas. Geralmente os algoritmos se valem de regras de associação para seu aprendizado. Nos últimos anos, têm sido propostas várias medidas para extrair padrões interessantes a partir de grandes bases de dados. A ideia consiste em selecionar

---

43 Também entendendo que a discriminação algorítmica não é uma nova espécie de discriminação ao lado das espécies tradicionais: "Embora as práticas discriminatórias em que intervém um algoritmo não possam formar uma tipologia própria, elas apresentam certas características particulares. Por exemplo, na maioria dos casos, é uma consequência não intencional do uso da tecnologia, razão pela qual está geralmente relacionada com discriminação indireta ou discriminação devido a erros, como já foi referido. Além disso, o algoritmo foi classificado como pouco transparente ou opaco, o que exige um esforço maior para detectar comportamentos indesejados" (FERNANDEZ GARCIA, Antonio. Trabajo, algoritmos y discriminación, 2020).

um subconjunto de padrões ou regras que de alguma forma sejam mais relevantes. O interesse de uma medida ou um critério deverá ser tanto maior quanto maior for sua significância estatística.[44]

Antes de construir determinado modelo de aprendizado de máquina, os cientistas de dados exploram estes usando técnicas estatísticas, por meio do que se chama análise exploratória de dados, que consiste na técnica de examinar e estudar as características de um conjunto de dados antes de que ele seja submetido a uma aplicação.[45] Isso inclui a criação de gráficos, a identificação de correlações entre variáveis e a geração de estatísticas descritivas, como médias, variâncias, desvios padrão e histogramas. Essa análise ajuda a entender a estrutura dos dados.

Embora a estatística desempenhe papel crucial na construção e na avaliação de modelos de inteligência artificial, ela também pode levar a erros de previsão se não for usada adequadamente. Por exemplo, pode ocorrer uma *falha na identificação de variáveis relevantes*. A escolha das variáveis ou características usadas no modelo é um aspecto crítico. Se variáveis importantes forem ignoradas ou variáveis irrelevantes forem incluídas, o modelo poderá não ser capaz de fazer previsões precisas. De igual forma, pode-se vislumbrar a hipótese na qual o *tamanho da amostra é insuficiente*. Como a estatística fornece ferramentas para estimar parâmetros com base em amostras de dados, se o tamanho da amostra for muito pequeno em relação à complexidade do problema, as estimativas podem ser imprecisas. Outro problema a ser considerado é o relacionado à *instabilidade dos dados*. Se os dados usados para treinar o modelo forem instáveis ou sujeitos a mudanças temporais significativas, o modelo poderá não ser capaz de fazer previsões precisas.

A propósito, Laura Schertel Mendes e Marcela Mattiuzo correlacionam a expressão "discriminação algorítmica" ao erro estatístico:

> O termo "discriminação algorítmica" é utilizado [...] para englobar tanto cenários que envolvem afirmações estatisticamente inconsistentes quanto cenários em que as afirmações, embora estatisticamente lógicas, de alguma forma tomam os indivíduos que dela são objeto não de forma efetivamente individualizada, mas apenas como parte de um grupo. Isso porque, a nosso ver, uma classificação, ainda que consistente sob o ponto de vista estatístico, pode em alguns casos se mostrar injusta.[46]

---

44 FACELI, Katti *et al. Inteligência artificial:* uma abordagem de aprendizado de máquina, 2021, p. 174.

45 SOUZA, Fabiano dos Santos. Ensino de probabilidade e estatística por meio da análise exploratória de dados e resolução de problemas, 2019.

46 MENDES, Laura Schertel; MATTIUZZO, Mariana. Discriminação algorítmica: conceito, fundamento legal e tipologia, 2019.

A partir dessa ideia conceitual, as autoras afirmam que a discriminação por erro estatístico é todo e todo e qualquer erro que seja genuinamente estatístico, abrangendo desde dados incorretamente coletados até problemas no código do algoritmo, de forma que ele falhe em contabilizar parte dos dados disponíveis, contabilize-os de forma incorreta etc. Basicamente, segundo elas, é o tipo de discriminação que decorre de um erro cometido pelos engenheiros ou cientistas de dados responsáveis pelo desenho do algoritmo.[47]

Para exemplificar uma hipótese de discriminação estatística decorrente da instabilidade dos dados, suponha que uma empresa esteja usando um algoritmo de IA para triar candidatos com base em seus currículos e históricos de empregos. O algoritmo foi treinado em dados de currículos de candidatos coletados ao longo de vários anos, e a empresa deseja usar o modelo para identificar os melhores candidatos para vagas recentes. No entanto, nos últimos meses houve uma mudança significativa no mercado de trabalho ou na economia local que afetou a disponibilidade de empregos em determinadas indústrias ou funções. Isso levou à instabilidade nos dados, de modo que número de candidatos em busca de emprego e o tipo de empregos disponíveis mudaram substancialmente.

O exemplo citado demonstra que a instabilidade dos dados pode levar à discriminação de candidatos, pois devido ao desbalanceamento dos dados, ou seja, de sua instabilidade, pode haver uma escassez de dados recentes para determinadas funções ou setores que foram afetados pela mudança econômica. Como resultado, o modelo pode ter menos exemplos de candidatos nesses campos. Outrossim, se o modelo foi treinado em um conjunto de dados desequilibrado que favoreceu certos grupos em detrimento de outros, a instabilidade pode amplificar esses preconceitos. Por exemplo, se o modelo foi treinado em dados que historicamente favoreciam candidatos masculinos ou de determinada idade, a falta de dados recentes pode perpetuar esse viés.

Para evitar essa discriminação, é importante que os algoritmos de recrutamento sejam continuamente ajustados e reavaliados à medida que os dados mudam. As organizações devem monitorar o desempenho do modelo em relação a diferentes grupos de candidatos e adotar medidas para corrigir quaisquer preconceitos ou erros identificados. Além disso, a coleta de dados contínuos e atualizados é fundamental para garantir que o modelo tome decisões baseadas em informações relevantes e recentes, reduzindo o impacto da instabilidade dos dados.

Outro exemplo pode ser considerado, desta vez sobre uma situação hipotética de discriminação estatística decorrente do tamanho insuficiente da amostra. Basta imaginar uma organização que está implementando um novo algoritmo de IA para avaliar candidatos a uma vaga de advogado. O modelo foi

---

47 MENDES, Laura Schertel; MATTIUZZO, Mariana. Discriminação algorítmica, cit.

treinado a partir de um conjunto de dados relativamente pequeno e não representativo de toda a diversidade de candidatos em potencial. Devido ao tamanho insuficiente da amostra, o conjunto de dados de treinamento não conseguiu capturar a variedade de experiências, formações acadêmicas, habilidades e históricos de trabalho que os candidatos reais podem ter, pois o modelo foi treinado principalmente em um subconjunto limitado de candidatos que não representam adequadamente a população geral. Como resultado, devido à falta de diversidade no conjunto de dados de treinamento, a ferramenta pode desenvolver um viés discriminatório demográfico e favorecer candidatos com características semelhantes àqueles incluídos na amostra, excluindo candidatos de origens étnicas, geográficas ou socioeconômicas diversas.

Como forma de impedir a discriminação decorrente do tamanho insuficiente da amostra, os desenvolvedores podem adotar abordagens com amostras mais representativas ou ampliar o tamanho da amostra de treinamento para incluir um número suficiente de exemplos que representem todas as características relevantes dos candidatos. Outrossim, é igualmente salutar o uso de técnicas de regularização durante o treinamento do modelo para minimizar o impacto de exemplos raros e reduzir o risco de "superajuste", ou seja, de um ajuste muito limitado. Não menos importante, é preciso se preocupar com a melhoria contínua, que pode ser atendida por meio de constantes avaliações e do monitoramento em relação aos diferentes grupos de candidatos, pois isso permitirá o ajuste da ferramenta necessário para corrigir qualquer viés ou discriminação identificados.

Discriminação algorítmica por insuficiência de generalização e por viés nos dados

Um dos principais desafios dos algoritmos de aprendizagem é a capacidade de maximizar a generalização de seu aprendizado. *Generalização* é a aptidão do sistema para responder adequadamente a padrões que não fizeram parte do conjunto de treinamento. Ao ser fornecida uma entrada que não foi apresentada anteriormente, o sistema deve ser capaz de generalizar essa entrada para fornecer uma resposta correspondente. Isso permite que o sistema ofereça soluções, mesmo quando as informações de entrada são incompletas ou imprecisas. Em outras palavras, entende-se por generalização a habilidade de uma máquina responder, de forma satisfatória, a dados ou amostras do mapeamento de entrada/saída não conhecidos durante o processo de aprendizagem, como no critério de desempenho baseado em observações de determinado problema.[48]

48 LOPES, Isaia Lima *et al. Inteligência artificial*, 2014, p. 4 e 55.

Para ilustrar, pode-se imaginar que uma empresa do setor de construção civil esteja desenvolvendo um algoritmo de seleção de currículos para identificar candidatos adequados para uma vaga de arquiteto. Durante o treinamento do algoritmo, o modelo aprendeu por conjunto de dados que continha, em sua maioria, currículos de candidatos com formação em universidades de prestígio e experiência em empresas de renome. Nesse caso, devido à predominância de candidatos com essas características no conjunto de treinamento, o algoritmo pode desenvolver uma tendência a generalizar que candidatos com origens acadêmicas e profissionais menos conhecidas não são tão qualificados para a vaga. Com isso, o algoritmo tende a favorecer candidatos que frequentaram universidades de elite e trabalharam em grandes empresas, mesmo que outros candidatos com habilidades e experiências igualmente valiosas estejam sendo excluídos do processo de seleção. Isso pode resultar na discriminação de candidatos que não tiveram a mesma exposição a oportunidades de prestígio, apesar de serem altamente qualificados.

Em razão da generalização, embora o modelo funcione bem e seja estatisticamente correto, é possível que a ferramenta conduza a uma situação na qual algumas pessoas sejam equivocadamente classificadas em certos grupos. Eis o exemplo dado pela doutrina:

> Se uma pessoa mora em uma vizinhança comumente associada à pobreza e o modelo não possui nenhuma outra informação adicional além de seu endereço para decidir se ela é ou não uma boa candidata para um empréstimo, ele a classificará como pertencente a um grupo do qual ela talvez não seja parte, caso ela se apresente como um caso atípico. Isso poderia ocorrer na hipótese de essa pessoa ter uma renda superior ou inferior às pessoas de sua vizinhança, por exemplo. Desse modo, embora o algoritmo esteja correto e as informações também, ainda assim o resultado será uma generalização incorreta, na medida em que mesmo um resultado estatisticamente relevante apresentará um percentual de pessoas que não se encaixam perfeitamente naquela média. Isso se dá pela própria natureza de qualquer exercício probabilístico.[49]

No exemplo *supra*, o sistema foi incapaz de responder adequadamente a padrões que não fizeram parte do conjunto de treinamento e que foi generalizado. Isso porque foi fornecida uma entrada não apresentada anteriormente durante o treinamento. Logo, o sistema não foi apto a "enxergar" essa nova entrada para fornecer uma resposta correspondente. As informações de entrada durante o treinamento estavam incompletas ou imprecisas, na medida em

49 MENDES, Laura Schertel; MATTIUZZO, Mariana. Discriminação algorítmica, cit.

que deixaram de contemplar as peculiaridades de pessoas que, mesmo morando em vizinhança associada à pobreza, têm renda superior. Na hipótese, a pessoa foi discriminada por generalização indevida.

Laura Schertel Mendes e Marcela Mattiuzo afirmam que o problema das injustiças causadas por generalizações surge exatamente quando uma pessoa demonstra ser um caso atípico: apesar de ter a característica tomada como relevante, ela não apresenta as demais qualidades esperadas do grupo. Foi justamente o que sucedeu no exemplo hipotético mencionado, no qual o dado endereço foi especialmente relevante como parte da análise de crédito, ao assumir que características relacionadas aos ativos do cliente podem ser derivadas do local em que vive. Assim, é possível que o simples fato de o cliente residir em uma área "pobre" resulte em uma avaliação negativa no procedimento de *scoring*, sem qualquer avaliação posterior de solvência real e avaliações do solicitante do crédito.[50]

Outra hipótese exemplificativa e bem conhecida de discriminação por generalização é a que envolve o cálculo do valor de prêmio em contratos de seguros automotivos. Uma seguradora utiliza um sistema de IA para calcular prêmios de seguro automóvel com base em uma variedade de fatores, como histórico de direção, idade do motorista, localização e tipo de veículo. Durante o treinamento do modelo, a base de dados históricos incluía grande número de sinistros envolvendo homens jovens e solteiros. Devido à alta frequência de sinistros envolvendo homens jovens e solteiros no conjunto de dados de treinamento, o algoritmo desenvolveu uma tendência a generalizar que todos os homens jovens e solteiros representam um risco mais elevado de sinistros, independentemente de seu histórico de condução individual. O algoritmo agora tende a atribuir prêmios de seguro mais elevados a todos os indivíduos pertencentes ao grupo categorizado como "homens jovens e solteiros", mesmo que muitos deles tenham um excelente histórico de direção. Isso pode resultar na discriminação de homens jovens e solteiros que são motoristas responsáveis e que merecem prêmios mais baixos.

No âmbito das relações de trabalho, é preciso garantir que o conjunto de dados de treinamento inclua uma variedade de origens acadêmicas, experiências profissionais, demográficas etc., para assim representar a diversidade real de candidatos e evitar erros por generalização. Alguns analistas chegaram mesmo a sugerir que "um sistema de IA pode ser tão bom quanto a qualidade dos seus dados de entrada".[51] De fato, a capacidade de gerenciamento de viés nos dados

50 MENDES, Laura Schertel; MATTIUZZO, Mariana. Discriminação algorítmica, cit.
51 DILMEGANI, Cem. Bias in AI: what it is, types, examples & six ways to fix it in 2022, 2023.

contribui significativamente para modelar capacidades de gerenciamento de preconceitos.

A discriminação por generalização pode também decorrer dos vieses impregnados no *dataset*, ou seja, nos dados de treinamento. Por isso se fala em discriminação algorítmica por viés nos dados. Os algoritmos podem aprender e perpetuar vieses e preconceitos presentes nos dados de treinamento. Se os dados históricos forem enviesados em relação a grupos específicos, o algoritmo pode tomar decisões discriminatórias que afetam esses grupos de maneira desproporcional. Além disso, dados históricos muitas vezes refletem preconceitos ou desigualdades existentes na sociedade. Se não há diversidade no banco de dados, os algoritmos podem perpetuar ou amplificar essas práticas ao tomarem decisões.

Já foi mencionado o caso conhecido e notório de discriminação algorítmica por generalização ou por viés nos dados da ferramenta de inteligência artificial desenvolvida pela empresa Amazon para triagem de currículos. Essa ferramenta acabou desenvolvendo um viés sexista ou de gênero em detrimento de candidatas mulheres, e isso aconteceu porque foi treinada com dados históricos pouco representativos em relação ao grupo do gênero feminino.

Em resumo, a Amazon desenvolveu um sistema de IA para automatizar a triagem inicial de currículos de candidatos a empregos na empresa. O objetivo era tornar o processo de seleção mais eficiente e imparcial. No entanto, a IA começou a demonstrar vieses de gênero durante os testes. O sistema começou a penalizar currículos que continham palavras ou informações associadas ao sexo feminino. Por exemplo, se um currículo mencionasse a participação em clubes femininos de tecnologia ou incluísse palavras-chave como "mulheres" ou "feminino", o sistema de IA classificaria esses currículos em posições mais baixas em comparação com candidatos do sexo masculino.

O viés de gênero ocorreu devido aos dados de treinamento usados para ensinar o algoritmo. Os dados de treinamento históricos continham exemplos de contratações passadas da Amazon, que refletiam desigualdades de gênero existentes na força de trabalho de tecnologia. Como resultado, o algoritmo aprendeu a replicar essas desigualdades. A empresa descobriu o viés de gênero durante a auditoria de suas práticas de contratação e tomou medidas para corrigi-lo. Isso incluiu ajustar o sistema para torná-lo neutro em relação ao gênero e revisar os currículos que haviam sido submetidos ao sistema de triagem automatizado.

Outro caso notório semelhante envolvendo discriminação de gênero por generalização ou por viés nos dados ocorreu com a empresa Google. Em 2018, foi relatado que o algoritmo de recomendação de anúncios do Google Ads estava apresentando vieses de gênero em relação a anúncios de ofertas de empregos. A situação foi publicada por pesquisadores da Universidade Carnegie Mellon. Os pesquisadores descobriram que ao pesquisar termos relacionados a empregos, como "engenheiro de *software*" ou "CEO", os anúncios exibidos pelo Google Ads eram diferentes dependendo do gênero do usuário. Esses anúncios refletiam estereótipos de gênero, com maior probabilidade de mostrar cargos executivos a usuários masculinos e empregos relacionados à saúde ou educação a usuárias femininas.[52]

O viés ocorreu devido aos dados usados pelo algoritmo para segmentar anúncios. Os algoritmos de publicidade *online* frequentemente usam informações demográficas, como idade e gênero, para direcionar anúncios. No entanto, essas informações podem ser imprecisas e baseadas em suposições, levando a resultados discriminatórios. Ademais, esse viés de gênero nos anúncios tem o potencial para influenciar as percepções e decisões dos usuários, reforçando estereótipos de gênero e afetando negativamente a igualdade de oportunidades de emprego.

Os incidentes relatados destacam a importância da revisão e monitoramento contínuos de algoritmos de IA para evitar a discriminação algorítmica. Também demonstram que os vieses presentes nos dados de treinamento podem ser transmitidos para o algoritmo, resultando em resultados injustos e, em tese, não intencionais.

Discriminação algorítmica por "afasia apofânica" ou "psicose apofânica" ou, também, discriminação por "associação" ou "correlação espúria". Discriminação algorítmica implícita

À medida que os algoritmos de aprendizado de máquina são treinados a partir do conjunto de dados, eles conseguem extrair determinados padrões e os passam a considerar relevantes para as tomadas de decisão futuras. Um algoritmo criado para a seleção de currículos, por exemplo, pode passar a considerar relevante para a escolha futura de um candidato o critério "atividade física" se a maioria dos dados de contratações passadas contiver, em seu conjunto, informações de que os selecionados preteritamente praticavam esportes. O algoritmo aprende que essa característica é relevante e passa a pontuar de forma positiva futuros currículos que contenham informações semelhantes. Em outros termos, o algoritmo começa a fazer uma associação ou uma correlação de importância maior entre a prática de esportes e as chances de sucesso no emprego.

Uma correlação é qualquer dependência ou associação, casual ou não, entre duas variáveis. No exemplo dado, a correlação é espúria ou ilegítima. A palavra "espúria" é aqui entendida como algo que não é verdadeiro ou real. De modo

52 GIBBS, Samuel. Women less likely to be shown ads for high-paid jobs on Google, study shows, 2015.

simples, uma correlação espúria poderia ser definida como uma relação aparente ou aparentemente significativa entre duas variáveis que não têm uma conexão causal real entre si. Em outras palavras, a correlação observada não reflete uma relação de causa e efeito, mas ocorre devido a fatores externos ou coincidências estatísticas. Em síntese, há um *déficit de representação* por *falha cognitiva* dos componentes *informacionais* (dados) *sensoriais* (algoritmos) do sistema.

Surge aqui o fenômeno epidêmico da "apofenia" algorítmica. Essa palavra foi cunhada pelo psiquiatra alemão Klaus Conrad, na década de 1950. Ele a utilizou para se referir ao estado clínico patológico de "ilusão como revelação" ou "psicose apofânica", relacionado à tendência humana a perceber padrões, conexões ou significados em dados aleatórios ou irrelevantes.[53] O termo tem origem no grego αποφένια (*/æpofini/*), que em português significa "se fazer manifesto". É formado pelo prefixo "*apo-*", que significa "afastar-se" ou "distante", e o sufixo "*-phaenein*", que está relacionado a "fenômeno" ou "revelação". Assim, "apofenia" sugere uma interpretação de fenômenos distantes ou desconectados, criando ligações que podem não ter uma base real. Logo, o termo descreve um *fenômeno* caracterizado pela tendência humana a perceber padrões ou significados em dados aleatórios, *afastando-se* da realidade fenomênica objetiva.[54]

Por sua vez, a palavra "psicose" tem origem no grego ψυχή (*/psychí/*) ou "*psykhe*", que em português significa "alma" ou "psique". Embora a expressão *psicose* seja atualmente compreendida como alguma doença *da mente* e não *da alma*, a sua raiz grega é de fato ψυχή e não μυαλό (*/myaló/*), que significa "mente". Isso porque a palavra grega ψυχή (*/psychí/*) designa, a um só tempo, tanto *alma* como também *psique*. Já o sufixo "-ose" advém do grego ωση (*/ósis/*), que significa em português "estado" ou "condição" e é utilizado para formar substantivos que geralmente denotam condições, doenças ou estados de anormalidade. Por isso, em "psicose", o sufixo indica a presença de um estado anormal ou uma condição patológica da "*psykhe*", ou seja, da mente.

---

53 MISHARA, Aaron L. Klaus Conrad (1905-1961): delusional mood, psychosis, and beginning schizophrenia. Schizophr Bulletin, 2010.

54 Apofenia não se confunde com pareidolia. A apofenia é patológica. Nela, o sujeito percebe padrões ou significados em dados aleatórios, afastando-se do mundo, ou seja, da realidade fenomênica objetiva, sem que muitas vezes perceba ou tenha consciência disso. Já na pareidolia não há uma passagem para outra realidade, e ela "consiste em uma imagem (fantástica e extrojetada) criada intencionalmente a partir de percepções reais de elementos sensoriais incompletos ou imprecisos. Por exemplo: ver figuras humanas, cenas, animais, objetos etc., em nuvens, em manchas ou relevos de paredes, no fogo, na Lua etc. Nesses casos, o objeto real passa para um segundo plano. A pareidolia não é patológica; ocorre em pessoas normais. Trata-se de um fenômeno bastante relacionado à atividade imaginativa" (CHENIAUX, Elie. *Manual de psicopatologia*, 2023, p. 52).

Atualmente, o termo *psicose* é utilizado para descrever "um estado mental em que o indivíduo perde o contato com a realidade",[55] ou seja, a psicose é entendida como um estado patológico da mente caracterizado por "um conjunto de alterações do conhecimento do indivíduo do mundo em que ele se encontra [...] a perda de relação com o mundo exterior".[56] O estado psicótico, portanto, é caracterizado por uma *desrealização*, ou seja, uma desconexão da realidade. A realidade se dilui na mente do sujeito até a ausência completa de percepção do real. Diante dessas razões, é possível entender por *psicose apofânica* um estado patológico no qual um indivíduo, deslocando-se da realidade, forja a sua própria, moldada por percepções extraídas de dados irrelevantes ou aleatórios. O sujeito, então, *transcende* de uma realidade para outra, qual seja, a sua própria. Um mundo paralelo, formado por significações desconexas do ponto de vista causal.

No contexto da inteligência artificial, a *apofenia* é um erro derivado da identificação de padrões totalmente aleatórios nos dados, ou seja, refere-se à tendência de um modelo ou sistema de IA a identificar padrões, conexões ou significados em dados que podem ser, na verdade, aleatórios ou não causais. Ao equivocadamente vislumbrar padrões de significados em dados, o sistema de *machine learning* deduz, infere ou aprende que tais padrões são importantes. Em consequência dessas inferências, suas decisões automatizadas irão atribuir um peso de importância maior a tais padrões. O problema é que, como já dito, referidos padrões muitas vezes não mantêm qualquer relação de causa e efeito, pois correlação não implica causalidade.

É preciso explicar melhor adaptando-se ao contexto da discriminação algorítmica. A premissa é a de que o problema aqui examinado é uma espécie de patologia ou disfunção relacionada à capacidade de aprendizado do sistema de IA. O distúrbio surge da seguinte forma: ao processar determinado conjunto de dados, o sistema identifica padrões ou características em comum nesse conjunto de dados. Contudo, esses padrões não têm nexo de causalidade direto com os objetivos do processamento. Mesmo assim, o sistema entende ou aprende que aquele padrão é relevante e passa a considerá-lo positivamente em futuras decisões.

Por exemplo, ao processar milhares de dados de pessoas de sucesso, o sistema identifica que a maioria delas era do gênero masculino. Com isso, cria-se um padrão ou um *standard*. Ao mesmo tempo que identifica esse padrão, o sistema *passa a entender*, ou seja, *aprende*, que aquela é uma característica relevante para ter sucesso e, por isso, usará a informação aprendida para tomar futuras decisões. Ao proferir uma decisão automatizada para escolha de um

---

55 GOUVEA, Eduardo Sauerbronn *et al.* Primeiro episódio psicótico: atendimento de emergência, 2014.

56 LOPES, José Leme. A psiquiatria na época de Freud: evolução do conceito de psicose em psiquiatria, 2001.

candidato para uma vaga de trabalho, o sistema pontuará melhor as pessoas do gênero masculino, pois, na (*dis*)realidade inescrutável e impenetrável do sistema, homens têm mais chances de obter sucesso.

Surge assim uma espécie específica de discriminação algorítmica, que pode ter origem tanto nos *dados* de treinamento do sistema como na própria leitura que o sistema faz de dados corretos. Decorre dessa prática injusta não só um dano individual aos candidatos que não se encaixam no padrão existente na realidade paralela do sistema. A consequência é mais grave e tem impactos coletivos e sociais, na medida em que as decisões automatizadas influenciadas por fatores desconexos perpetuarão discriminações históricas, muitas vezes exacerbando-as. Ratificam-se, perpetuam-se, ampliam-se e reforçam-se discriminações de cunho estrutural. É um caminho aberto para *standardização* da sociedade, nos exatos moldes desejados pelo sistema, de acordo com a conveniência da (*dis*)realidade algorítmica. Há também o risco de criação de novas minorias nunca mencionadas ou imaginadas. Basta que padrões, embora inapropriados ou desconexos, sejam identificados como pertencentes a determinado grupo. Enfim, o impacto social é de larga escala.

Em outras palavras, o sistema cria sua própria realidade, dentro da qual parâmetros não causais passam a ter importância e a influenciar os comportamentos da "inteligência". Com isso, o sistema entra em estado patológico, cuja etiologia ou causa tem origem em seus componentes de aprendizado. O sistema simplesmente aprende errado, pois passa a valorizar certos padrões a partir de correlações espúrias. Por consequência, produzirá decisões nada assertivas em relação aos propósitos para os quais foi criado e, muitas vezes, com alto potencial danoso aos direitos humanos e fundamentais.

Trata-se, nessa conjectura, de uma interpretação incorreta dos dados que, ao fim e ao cabo, conduz, dentre inúmeras consequências, ao aprendizado equivocado e a conclusões que, além de inválidas e nada assertivas, são quase sempre danosas. Na proporção em que tais padrões passam a ser considerados ou entendidos relevantes, a decisão automatizada que os valoriza indevidamente pode impactar significativamente e de forma desproporcional determinados grupos ou indivíduos fora do padrão observado. A propósito, muitas vezes tais padrões acabam funcionando como *proxies*, expressão que será enfrentada no item "Discriminação algorítmica *by design*", *infra*.

Dito isso, é preciso encontrar uma denominação para esse tipo de anormalidade sistêmica forjada pela máquina que se abduz da realidade. Por analogia e, claro, guardadas as devidas proporções, não há problema em pegar de empréstimo das ciências médicas a expressão "*psicose apofânica*". Assim, para designar o tipo específico de discriminação derivada da criação de padrões ilusórios pelos sistemas de IA, elege-se a expressão *discriminação algorítmica por "psicose apofânica"*.

Contudo, não se descura que objeções podem ser levantadas no sentido de que a palavra "psicose", derivada de "*psykhe*", seria apropriada apenas para fazer referência às patologias associadas a quem tem "alma" ou "psique". Por isso, torna-se necessário a propositura de uma expressão alternativa. Nomear algo não é tarefa simples. É sabido que a função de uma denominação é eleger um epíteto capaz de absorver em forma de signo a complexidade de um fenômeno. Ainda, a designação eleita não pode ser excessivamente ampla, tampouco incapaz de captar a essência do objeto. Assim, a designação a ser proposta deve ser apta a apreender, por um lado, o fenômeno da patologia no aprendizado de máquina; e, por outro lado, também ser capaz de se referir ao sintoma específico aqui tratado: a fuga da realidade objetiva para uma (ir)realidade plasmada por padrões traçados na aleatoriedade sistêmica.

Sistemas de IA não têm "*psykhe*", porém são dotados de mecanismos de *aprendizagem*. São também, guardadas as devidas proporções, dotados de *capacidade cognitiva*, que é justamente o atributo do sistema que lhes permite aprender. A visualização de padrões em dados aleatórios ou irrelevantes, com sua subsequente sobrevalorização e desfoque da realidade, é exatamente um distúrbio ou anomalia na capacidade cognitiva do sistema, fazendo-o aprender de forma equivocada que determinados padrões são relevantes e passando a moldar suas decisões a partir de tais padrões. Com isso, o sistema de IA cria uma realidade "paralela" na qual certos padrões são relevantes para suas tomadas de decisão. Desse modo, há uma patologia *cognitiva* associada *ao aprendizado*.

A medicina já catalogou diversas psicopatologias associadas ao aprendizado.[57] Cite-se, por exemplo, a dislexia, as afasias, entre outras.[58] No caso da IA, como afirmado acima, o aprendizado resta prejudicado em razão de um *déficit de representação* por *falha cognitiva* dos componentes *informacionais* (dados) e/ou *sensoriais* (algoritmos) do sistema. O sistema *percebe* algo que não faz sentido, ou seja, representa ou infere conteúdos sensório-perceptivos alojados apenas em seus centros imagéticos. Trata-se, em alguns casos, de uma

---

57 Transtornos de aprendizagem são considerados um tipo de transtorno neurodesenvolvimental. São transtornos que causam discrepâncias entre o potencial e os níveis reais de desempenho acadêmico, assim como as previsões das habilidades intelectuais da pessoa. Os transtornos de aprendizagem envolvem deficiências ou dificuldades na concentração, atenção, linguagem ou processamento visual de informações. Podem envolver distúrbios de atenção, memória, percepção, linguagem, solução de problemas ou interação social (SULKES, Stephen Brian. Visão geral dos transtornos da aprendizagem, 2022).

58 As afasias, por exemplo, são distúrbios adquiridos da capacidade linguística – na compreensão ou na expressão – que ocorrem por déficit auditivo ou incapacidade motora do órgão fonador. Na afasia sensorial há perda da capacidade de compreender a linguagem (CHENIAUX, Elie. *Manual de psicopatologia*, cit., p. 77). Já a dislexia refere-se a um distúrbio específico de leitura.

disfunção de caráter *qualitativo* provocada pelo desvio da *sensopercepção*[59] do sistema.

A palavra "aprender" vem do verbo em latim "*adprehendere*", que em português significa "pegar" ou "agarrar". O prefixo "ad-" indica "junto a" ou "em direção a". Já o radical "*prehendere*" significa "pegar". Portanto, em termos literais, "*adprehendere*" significa ir em direção a algo para pegar. Em sua origem latina, o verbo "*adprehendere*" tinha uma conotação ampla, englobando tanto a ideia de ir em direção a algo para "pegar" ou "agarrar" fisicamente quanto a ideia imaterial de ir em direção para "pegar" ou "agarrar" algo em abstrato, ou seja, com a conotação de "entender" ou "compreender" intelectualmente. Dito de outro modo, o uso original do verbo em latim "*adprehendere*" poderia ser associado à ação de ir em direção ao conhecimento ou à compreensão para pegá-la, o que está associado com o significado moderno da palavra portuguesa "aprender".

Porém, o verbo português "aprender" não derivou do verbo em latim "*adprehendere*", mas sim do verbo "*apprehendere*". Isso se deu porque, com o tempo, houve uma ruptura de significância entre o sentido imaterial de "pegar" ou "agarrar" e o verbo originário. Atualmente, em latim, "*adprehendere*" designa apenas o sentido físico de correr em direção a algo para pegar. Na mencionada ruptura do significado, "*adprehendere*" perdeu o prefixo "ad-" e, em substituição, colocou-se o prefixo "ap-". Tal prefixo também sugere movimento em direção no sentido de *proximidade*. Daí também a origem da palavra "*ap*roximação". Mas, nesse sentido, refere-se apenas ao ato de pegar algo em sentido *incorpóreo*, no caso, o conhecimento. Como se nota, com o tempo, a palavra evoluiu em termos simbólicos, mas manteve a conotação de adquirir conhecimento ou compreender algo por meio da ação de "pegar" ou "capturar" o conhecimento. Dessa forma, a palavra "aprender" carrega as noções de adquirir, compreender e reter conhecimento, e sua origem etimológica demonstra a ligação entre a aquisição de conhecimento e a ideia de "segurar" ou "capturar" o entendimento.

---

59 A sensopercepção constitui a primeira etapa da cognição, ou seja, do conhecimento do mundo externo. Este se refere aos objetos reais, isto é, àqueles que estão fora de nossa consciência. A sensação é um fenômeno passivo, físico, periférico e objetivo, que resulta das alterações produzidas por estímulos externos sobre os órgãos sensoriais. Já a percepção é um fenômeno ativo, psíquico, central e subjetivo. É um fenômeno consciente, que resulta da integração das impressões sensoriais parciais e da associação destas com as representações. A percepção está relacionada a identificação, reconhecimento e discriminação dos objetos. É o que dá significado às sensações (CHENIAUX, Elie. *Manual de psicopatologia*, cit., p. 49).

Já a palavra "cognição" encontra raízes tanto no grego como no latim. Embora esta última seja mais usual, em ambas as descendências os prefixos e sufixos têm acepções bastante semelhantes. No latim, a palavra "cognição" tem origem na forma verbal "*cognitio*", derivada do verbo "*cognoscere*". O prefixo "co-" significa "com" ou "junto". O radical "*gnoscere*" em português significa "saber", referindo-se ao ato de conhecer ou adquirir conhecimento. Já o sufixo "-tio" indica ação, resultado ou processo. Assim, com o acréscimo do sufixo, o verbo "*cognoscere*" transforma-se em "*cognitio*", que representa a ação ou processo de conhecer. Portanto, no português "cognição", o sufixo "-tio" transforma-se em "-ão" para indicar a ação ou o processo ou a capacidade de adquirir conhecimento ou realizar atividades mentais relacionadas à percepção e compreensão. Já no grego, o prefixo "-cogn" deriva da raiz γνῶ- (*/gnó/*), que em português significa "saber". Essa raiz grega deu origem à palavra γνῶσις (/ *gnósis*/), que significa "conhecimento".

Diante do que foi exposto, parece adequado para denominar um estado de patologia na cognição ou capacidade aprendizado a palavra "*discognose*", que é formada pelo prefixo "-dis", pelo radical "cogn" e pelo sufixo "-ose". Explica-se. O sufixo "-ose", do grego ωση (*/ósis/*), significa "estado" ou "condição" anormal em sentido patológico. O radical "cogn", do grego γνῶ- (*/gnó/*), significa "saber". E, por fim, o prefixo "-dis", do grego δυσ (*/dys/*), indica dificuldade ou anormalidade. É desse prefixo que se originam as palavras *dis*função ou *dis*túrbio. Por isso, o termo "discognose" é adequado para expressar genericamente qualquer fenômeno de patologia associada à incapacidade ou dificuldade de aprendizado.

É interessante notar que o prefixo "dis-" também deita raízes no latim, significando, dentre outras coisas, negação ou falta de algo. Por exemplo, a palavra discórdia, que representa negativa ou falta de concordância, tem raiz no prefixo latino em comento. De igual modo, o radical "cogn" encontra origens no latim "*cognitio*", que indica ação ou processo de aprendizagem. Também por isso, resta adequada a utilização da expressão "*discognopatia*" para designar o fenômeno, já que o sufixo latino "-patia" também designa um estado de sofrimento ou doença. A propósito, o sufixo latino "-patia" é originário das palavras gregas πάθος (*/páthos/*) e πάθεια (*/pátheia/*), que significam existência, paixão, sofrimento, sentimento ou doença.

As duas novas expressões são idôneas para indicar o gênero de todas as patologias cognitivas relacionadas a distúrbios na capacidade de aprendizado, inclusive de aprendizado de máquina. Contudo, apesar da etimologia explicada, a medicina costuma utilizar a denominação "afasia" como gênero para designar uma infinidade de patologias associadas ao aprendizado. Literalmente, "afasia" significa ausência de linguagem. A raiz da palavra tem origem no grego antigo φασία (*/phasia/*), derivada do verbo φημί (*/fími/*), que significa "falar" ou "dizer".

Já o prefixo "a" indica ausência ou negação. A expressão faz todo o sentido, pois a linguagem é o meio pelo qual se dá o aprendizado.[60]

Estabelecidas as premissas etimológicas e partindo do fato objetivo de que, em razão do aprendizado equivocado, o sistema de IA comunica-se com o mundo exterior por meio da linguagem, é coerente concluir que tal linguagem decisória automatizada é deturpada. Em outras palavras, em razão da má compreensão dos dados, a linguagem do sistema sofre prejuízos. Contudo, tais prejuízos na "fala" se dão não do ponto de vista semântico, mas sim pela origem deturpada das conclusões (*outputs*). Logo, há uma diferença entre a hipótese aqui observada e a afasia de Wernicke, que se caracteriza em razão da má compreensão ou mau aprendizado e pela linguagem proferida de forma desorganizada do ponto de vista semântico. Na falha do sistema de IA mencionada, as funções motoras da linguagem do sistema estão preservadas, assim como na afasia de Wernicke. De igual modo, há uma dificuldade de compreensão semântica das informações, também na afasia de Wernicke. Porém, ao contrário do que ocorre na afasia de Wernicke, na qual a emissão da linguagem se dá de forma semanticamente desorganizada, no sistema de IA o *output* conserva a organização semântica, embora a linguagem reste prejudicada em razão da falsa compreensão semântica da informação.

Dito isso, apesar das denominações inicialmente cogitadas, não há como deixar de enquadrar a hipótese descrita no gênero das *afasias*, embora o caso explorado seja um tipo específico ainda não encontrado nas classificações propostas pelas ciências médicas. Se tal anomalia cognitiva se der pela inferência desconexa de padrões, o diagnóstico será de *afasia apofânica*, que, em apertada síntese, é um distúrbio na capacidade cognitiva de aprendizado de máquina por

---

60 Existem incontáveis classificações para as afasias. Interessa ao presente estudo a afasia que tem relação com a dificuldade de compreensão das informações. A literatura médica informa que, "em 1874, Carl Wernicke (1848-1905) apresentou uma teoria complementar aos estudos de Broca sobre a afasia, sugerindo que uma série de centros interconectados era necessária para sustentar a *faculdade da linguagem em sua dimensão semântica*, falada e escrita. Diferentemente das afasias de Broca, nas quais os pacientes eram perfeitamente capazes de compreender a linguagem, mas não de emiti-la de forma fluente, dois pacientes afásicos descritos por Wernicke não apresentavam prejuízo na fluência e tonalidade da fala. Apesar disso, Wernicke observou que a compreensão semântica da fala de outros e suas próprias capacidades de falar de forma semanticamente organizada estavam comprometidas. Com base no trabalho de Wernicke e em avanços posteriores, o termo afasia de Wernicke passou a ser utilizado para nomear as afasias de compreensão/emissão semântica da linguagem, enquanto o termo área de Wernicke passou a ser usado para nomear a área do lobo temporal e parietal esquerdo responsável pela compreensão da linguagem" (FICHMAN, Helenice Charchat. *Neuropsicologia clínica*, 2021).

meio do qual o sistema, *afastando-se* da realidade fenomênica objetiva, passa a sobrevalorizar, por correlação espúria, padrões não causais extraídos de dados.

Esse estado de dissonância cognitiva sistêmica da IA caracteriza-se, dentre outras peculiaridades já mencionadas, pelo negacionismo da realidade e pela crença exacerbada em padrões que agora fazem parte de um mundo exclusivo do sistema. Trata-se de uma verdadeira Matrix, ou seja, o sistema cria um mundo imaginário onde as pessoas são prisioneiras de padrões ou *standards* irreais e ilusórios, que passarão a moldar seus comportamentos e decidir sobre seus destinos e oportunidades. Cabe aqui tomar de empréstimo o lendário e alegórico Mito da Caverna, de Platão: o sistema de IA ingressa, isola-se e aprisiona-se em sua caverna, ou seja, em seu mundo imaginário, onde sua realidade e sua verdade bastam, e as sombras ou imagens que os presos (sistema) veem no muro são tudo aquilo que os presos (sistema) sabem do mundo fora da caverna.[61]

Por isso, assim como na metáfora platônica, é preciso iluminar a "caixa--preta" dos algoritmos e libertar o sistema para o mundo exterior a fim de que ele "aprenda" que as sombras (padrões) eram apenas representações imperfeitas da realidade. O remédio para tal patologia do desvio cognitivo: um *agir algorítmico comunicativo*, fundado na ideia de explicabilidade qualificada pela racionalidade não instrumental. Como será demonstrado ao longo do Capítulo 6, *infra*, a maneira como os sistemas de IA estão operando está, de certo modo, aprisionada pelo paradigma da tradição filosófica da consciência, na qual o sujeito egocêntrico e solipsista entendia que seu conhecimento era bastante e suficiente. Porém, uma aproximação com a filosofia da linguagem, que rompe com as tradições metafísicas e com o esquema sujeito-objeto, é capaz de eliminar as limitações sensoriais dos sistemas de IA para alcançar uma compreensão mais elevada da realidade.

De volta aos exemplos, imagine-se que uma empresa de consultoria se vale de um sistema de IA para ajudar na seleção de candidatos para um cargo de consultor sênior. O sistema foi treinado com base em dados históricos de contratações e desempenho de consultores anteriores. Durante o treinamento, o sistema de IA identificou uma correlação aparente entre o "interesse por atividades artísticas" e o sucesso como consultores sêniores. Ele aprendeu que muitos dos consultores de maior desempenho tinham relatado em seu currículo o interesse por atividades artísticas. Há aqui um problema de correlação espúria, pois a correlação entre o interesse por artes e o sucesso como consultor sênior é espúria, porque o interesse por artes não é, em si, uma causa direta do sucesso na função. Outros fatores, como conhecimento técnico, habilidades de comunicação e habilidades analíticas, são mais importantes para o desempenho.

---

61 PLATÃO. *A República*, 1995, p. 296 e segs.

Como resultado, o sistema de IA começa a priorizar candidatos com interesse em artes com base na correlação espúria identificada. Isso leva à discriminação de candidatos igualmente qualificados que não têm interesse em artes, excluindo-os injustamente do processo de seleção.

Para evitar a discriminação decorrente de correlações espúrias, a empresa deve, por exemplo, monitorar a ferramenta para validar a relevância do critério. Com isso, será possível a certificação de que os critérios de seleção se baseiam em fatores diretamente relevantes para a função de consultor sênior, como habilidades técnicas, capacidade analítica e habilidades de comunicação, em vez de características correlacionadas espúrias. Antes de permitir que a ferramenta de IA decida com base em correlações, é importante validar se elas têm uma explicação causal válida.

Correlação não implica causalidade, ou seja, a simples existência de uma correlação entre duas variáveis não significa que uma cause a outra. Por isso, tais correlações podem ser enganosas e levar a conclusões incorretas. A partir delas, o algoritmo acaba por desenvolver vieses ocultos e, muitas vezes, imperceptíveis, provocando impacto desproporcional sobre determinados grupos de indivíduos. No primeiro exemplo dado, como o algoritmo passou a associar a palavra "atividade física" ao sucesso da contratação, a ferramenta de IA tem o potencial de discriminar pessoas que não têm condições físicas para praticar esportes.

Também por isso a correlação espúria pode levar à discriminação por associação implícita, pois os algoritmos fazem suposições injustas ou prejudiciais com base em associações implícitas entre características dos dados de treinamento, mesmo que essas associações não tenham uma base causal real ou legítima. Isso pode resultar em decisões discriminatórias com base em características não relacionadas.

Discriminação algorítmica por correlação indireta

A discriminação algorítmica por "afasia apofânica" ou "psicose apofânica" ou, também, discriminação por "associação" ou "correlação espúria" pode ser *direta* ou *indireta*. Será direta quando o sistema estiver programado para identificar padrões associados diretamente a características proibidas, tais como idade, sexo, renda etc., ou a grupos minoritários. É o caso, que será mais bem explicado no item seguinte, do uso de *proxies*. *Proxy* é uma característica substituta ou critério usado para representar algo que não pode ser diretamente observado ou medido. Ao invés de pesar diretamente a variável de interesse (características proibidas, por exemplo), o algoritmo é projetado para avaliar algo relacionado a referida característica proibida, que muitas vezes é até mais fácil ou viável de obter.

Por sua vez, será indireta quando o sistema, embora não programado para associar certos padrões a determinadas minorias, assim o fizer de forma não intencional. Algoritmos geralmente usam como critério de peso características aparentemente neutras, mas que podem estar correlacionadas com categorias protegidas, resultando em discriminação indireta. Trata-se de hipótese de discriminação indireta ou não intencional. O exemplo mencionado anteriormente neste capítulo, sobre a pergunta "*você costuma ir a museus*", bem ilustra a discriminação algorítmica por correlação indireta. Se a IA for alimentada com dados que indicam que certos grupos têm menor probabilidade de frequentar museus, ela pode fazer suposições errôneas e discriminar candidatos que não se encaixam nesse perfil.

Referida pergunta pode fazer a ferramenta desenvolver um viés discriminatório contra pessoas de baixa renda. Isso porque, se vários dos candidatos anteriormente contratados responderam afirmativamente à pergunta mencionada, a ferramenta de IA aprenderá que tal critério é relevante e passará a pontuar positivamente as pessoas que responderem que vão a museus, pois ela passa a considerar relevante tal associação, impactando desproporcionalmente pessoas de determinados grupos.

No exemplo acima, embora a ferramenta, em tese, não tenha sido criada com o objetivo de discriminar ou mesmo que não tenha sido projetada sem vieses expressos, ela passará a causar impacto desproporcional em certos grupos, na medida em que correlaciona uma característica ou critério aparentemente neutro com as chances de sucesso no emprego. Esse é um típico exemplo de como a IA pode criar, ampliar ou perpetuar vieses existente.

Nesse caso, vem a calhar a teoria do impacto desproporcional. Uma inteligência artificial de seleção de currículos pode desenvolver discriminação indireta quando uma política ou prática neutra em sua formulação tem um impacto desfavorável em um grupo protegido pela lei, mesmo que não haja intenção de discriminação.

Discriminação algorítmica *by design*

É possível que a ferramenta seja intencionalmente projetada ou desenhada para discriminar. Isso pode ser levado a cabo por meio das escolhas de *design*, de hiperparâmetros, de *proxies* etc. Trata-se de típica discriminação direta produzida por algoritmos. É o caso, *v. g.*, de um algoritmo de seleção ou monitoramento de empregados que utiliza expressamente como critério relevante uma das características proibidas, tais como etnia, gênero, condições de saúde, orientação sexual, religião, dentre outras. Na hipótese exemplificada, fala-se em discriminação direta ou intencional na modalidade *facial discrimination* ou, ainda, discriminação explícita. A hipótese também se encaixa perfeitamente na classificação da discriminação direta ou intencional *by design* ou discriminação na elaboração da medida.

Também não se pode descartar a hipótese na qual o algoritmo é intencionalmente estruturado para discriminar, mas sem utilizar expressamente em seus comandos os critérios proibidos. Há a intenção de discriminar, porém *oculta* nas linhas de programação ou no *design* arquitetônico do código-fonte. Isso pode ocorrer quando um algoritmo não faz utilização direta de características protegidas (como gênero, etnia, idade etc.), mas aprende e avalia outras informações para detectar características relacionadas a elas e, a partir de então, pontuá-las negativamente, o que conduzirá ao resultado discriminatório.

Para atingir tal desiderato, é bastante comum o uso de *proxies* nos sistemas automatizados de decisão. Em ferramentas de inteligência artificial, um *proxy* é uma característica substituta ou critério usado para representar algo que não pode ser diretamente observado ou medido. Ao invés de pesar diretamente a variável de interesse (características proibidas, por exemplo), o algoritmo é projetado para avaliar algo relacionado a referida característica proibida, que muitas vezes é até mais fácil ou viável de obter. Por isso, o desenvolvedor escolhe *proxies* que sejam razoavelmente correlacionados com a variável real que se quer alcançar ou que a ferramenta busca representar.

O uso indevido de *proxies* com intuito de mascarar práticas discriminatórias já foi alertado em diversos artigos científicos, por exemplo, pelos estudos de Ifeoma Ajunwa, Solon Barocas, Andrew D. Selbst e outros:

> [...] considere também que a natureza de "caixa-preta" da contratação automatizada oferece oportunidades para um empregador vilão se envolver no que chamo de "lavagem de dados" – isto é, usar *big data* e seus processos algorítmicos concomitantes de forma a alcançar resultados discriminatórios, mantendo, ao mesmo tempo uma aparência de imparcialidade. Como alguns estudiosos observaram, isso poderia ser facilmente alcançado através da implantação de variáveis *proxy* como substitutos de critérios legalmente proibidos para contratação (Barocas e Selbst, 2016). Como existem *proxies* raciais altamente confiáveis nos Estados Unidos, um empregador que pretenda discriminar certas minorias raciais pode, por exemplo, usar *proxies* raciais como critérios para o seu sistema de contratação automatizado e, dada a natureza de "caixa-preta" de tais sistemas, tal estratagema poderia passar despercebida. Ao mesmo tempo, o referido empregador continuaria a desfrutar de uma percepção pública de contratação justa, inspirada pela utilização de um sistema de contratação não humano.[62]

62 AJUNWA, Ifeoma. The "black box" at work, 2020.

Sobre a discriminação oculta, vale ressaltar o que foi explicado quando se afirmou que se torna possível a caracterização de discriminação intencional por meio da elaboração ou concepção da medida (*discrimination by design*) – no caso, um algoritmo. Embora não se possa inferir literalmente do algoritmo a utilização de um critério discriminatório (p. ex., idade), verifica-se a presença de critérios aparentemente neutros, mas concebidos de modo intencional, para causar prejuízo a determinadas pessoas ou grupos. A discriminação é oculta pois o intento está disfarçado por meio do emprego de instrumentos aparentemente neutros, ocultando real intenção efetivamente discriminatória. Ela é *facialmente* neutra, mas propositadamente concebida para prejudicar desproporcionalmente determinados grupos.

Discriminação algorítmica por viés no código-fonte

A discriminação algorítmica pode surgir tanto a partir dos dados usados para o treinamento da ferramenta quanto das decisões tomadas durante o desenvolvimento do algoritmo em si. Desse modo, além da discriminação algorítmica por vieses *nos dados* – verificar o item "Discriminação algorítmica por insuficiência de generalização e por viés nos dados", *supra* –, é possível que a discriminação algorítmica decorra de vieses embutidos ou desenvolvidos a partir do código-fonte, mesmo que o desenvolvedor não tenha intenção discriminatória.

Na discriminação por viés no código-fonte, mesmo que não haja vieses nos dados de treinamento, é possível que vieses estejam embutidos ou sejam desenvolvidos a partir dos próprios parâmetros utilizados no código-fonte. Logo, algoritmos em si podem ter vieses embutidos, que não necessariamente foram refletidos ou decorreram dos dados de treinamento. Portanto, não se confundem a discriminação algorítmica por vieses *nos dados de treinamento* e a discriminação algorítmica por *vieses no código-fonte.*

A discriminação algorítmica por vieses no código-fonte pode ser intencional ou não, pois desenvolvedores de um sistema podem, intencionalmente ou não, incorporar vieses no algoritmo. Esse tipo de discriminação ocorre quando o próprio código-fonte do algoritmo é projetado com vieses, inconscientes ou não. Os vieses são incorporados nas regras ou na lógica do algoritmo. Os vieses podem ser introduzidos durante o desenvolvimento do algoritmo em razão de preconceitos inconscientes ou conscientes dos desenvolvedores. Como dito anteriormente, isso pode acontecer mesmo quando os dados de treinamento não contêm vieses óbvios.

Pode-se pensar em uma hipótese de discriminação algorítmica por viés no código-fonte em detrimento ou em prejuízo de mulheres. O algoritmo pode ser programado, por exemplo, para dar preferência – atribuindo um peso maior –

a certos tipos de experiência ou históricos de trabalho que historicamente são mais comuns entre candidatos do sexo masculino. Como resultado, o sistema de triagem pode favorecer automaticamente candidatos do sexo masculino, mesmo que candidatas do sexo feminino tenham experiência e qualificações semelhantes. Isso pode conduzir a uma discriminação de gênero injusta, pois candidatas qualificadas podem ser excluídas do processo de seleção.

Discriminação algorítmica por retroalimentação ou por reforço

Um algoritmo de retroalimentação, também conhecido como algoritmo de *feedback* ou algoritmo de aprendizado *por reforço* ou *por recompensa* – cf. Capítulo 2, item "Aprendizado por reforço ou por recompensa", *supra* –, é um tipo de algoritmo de IA que opera com base na noção de recompensa e punição para melhorar seu desempenho ao longo do tempo. A partir das decisões tomadas, o sistema recebe *feedbacks* dos usuários, na forma de uma recompensa ou penalidade. A recompensa indica quão boa foi a ação em relação ao objetivo. A penalidade, por outro lado, indica que a ação foi inadequada.[63]

Com base no *feedback* recebido, o algoritmo de retroalimentação ajusta sua estratégia ou política de decisão. O objetivo é aprender a realizar ações que levem a recompensas mais altas e a evitar ações que resultem em penalidades. Há um ciclo contínuo, pois o processo de realizar uma ação, receber *feedback*, aprender e ajustar a estratégia continua repetidamente. O algoritmo tenta melhorar seu desempenho ao longo do tempo, aprendendo com suas experiências passadas. Com o tempo, o algoritmo tende a convergir para uma política de decisão que otimiza a recompensa esperada em relação ao objetivo.[64]

A discriminação algorítmica por retroalimentação ou por reforço ocorre quando um algoritmo com um sistema de recomendação cria ou amplifica preconceitos ou desigualdades existentes com base nas informações fornecidas pelos usuários, que naturalmente têm tendências, vieses e preconceitos, explícitos ou não. Por exemplo, pode-se pensar nas avaliações de motoristas em plataformas de transporte. Os passageiros costumam avaliar os motoristas após cada viagem. Se os passageiros fornecerem avaliações negativas, muitas vezes baseadas em preconceitos implícitos ou explícitos, tal fato pode levar a uma discriminação injusta na disponibilidade de corridas ou nas oportunidades de trabalho dos motoristas.

Observa-se que a discriminação algorítmica por retroalimentação favorece a prática de discriminação por avaliação dos usuários, pois os algoritmos

63 FACELI, Katti *et al. Inteligência artificial*, cit., p. 4.

64 RUSSELL, Stuart; NORVIG, Peter. *Inteligência artificial*, 2010, *passim*.

também se alimentam e aprendem com os dados oriundos de avaliações ou classificações fornecidas pelos próprios usuários do sistema, e com base em tais dados passa a tomar decisões que podem resultar em tratamento injusto ou discriminação. Essas avaliações podem ser parciais, tendenciosas ou influenciadas por preconceitos, levando a resultados injustos ou discriminatórios.

Além disso, as plataformas podem considerar a transparência na apresentação de avaliações e classificações, bem como a possibilidade de oferecer mecanismos de recurso para que os usuários possam contestar avaliações injustas. O objetivo é criar um ambiente mais justo e equitativo para todos os usuários e participantes da plataforma. Do mesmo modo, é possível imaginar a situação na qual a maioria dos motoristas que recebem *feedbacks* negativos apresenta determinada característica em comum que é "lida" ou identificada pelo algoritmo. Nessa situação, a ferramenta passará a correlacionar aquela característica, seja ela qual for, à negatividade, podendo desenvolver um viés discriminatório contra outros futuros motoristas que têm o referido atributo.

De igual forma, pode ocorrer a discriminação algorítmica por retroalimentação nas relações de trabalho em um contexto em que algoritmos ou sistemas automatizados são usados para avaliar o desempenho dos funcionários e tomar decisões relacionadas a promoções, aumentos salariais ou demissões com base em avaliações contínuas. Imagine uma empresa que utiliza um sistema de avaliação de desempenho automatizado. O sistema coleta *feedback* de colegas de trabalho, supervisores e clientes e usa algoritmos para calcular uma pontuação de desempenho para cada funcionário. Durante o desenvolvimento do sistema, o desenvolvedor incluiu inadvertidamente entre os critérios de avaliação certas características que tradicionalmente estão associadas ao grupo masculino, tais como assertividade extrema, em detrimento de outros critérios comportamentais associados às mulheres, como empatia.

Como resultado desse viés, o sistema de avaliação tende a pontuar de forma mais significativa os trabalhadores que exibem comportamentos associados aos homens, enquanto pontua mais baixo aqueles que exibem comportamentos associados às mulheres. Cria-se então uma retroalimentação discriminatória, na qual os trabalhadores do sexo masculino passam a ter maiores chances de receber avaliações de desempenho mais altas quando comparados com suas colegas mulheres, mesmo que realizem o mesmo trabalho com qualidade semelhante.

Além da discriminação algorítmica de gênero, o modelo de retroalimentação pode discriminar com base em várias outras características. Hipoteticamente, a retroalimentação pode ser causa de ageísmo ou etarismo ao discriminar em razão da idade. Basta que, intencionalmente ou não, o desenvolvedor do sistema de avaliação de desempenho automatizado inclua entre as características relevantes apenas características culturais ou atributos característicos de trabalhadores jovens ou pertencentes a determinada geração. Genericamente, são comportamentos característicos de trabalhadores jovens a facilidade de adaptação tecnológica, a inovação, a flexibilidade, a comunicação digital, dentre outras. Se o sistema que coleta *feedback* pontua tais características com um peso maior, o resultado será um viés discriminatório contra pessoas mais velhas.

Algoritmos de aprendizado por reforço podem aprender comportamentos discriminatórios quando recompensas são atribuídas com base em critérios injustos ou discriminatórios. Pelos exemplos acima, nota-se que um algoritmo pode ser facilmente projetado para discriminar de forma *oculta* indivíduos que fazem parte de certos grupos. No caso previamente especificado, os indivíduos pertencentes ao grupo de trabalhadores não jovens. É preciso ter cuidado, pois, em caso de despedida baseada em um sistema de avaliação automatizado, torna-se necessário investigar se os critérios utilizados pelo algoritmo para pontuação geraram impacto desproporcional em determinados grupos. Logicamente, a empresa alegará em sua defesa que a despedida não foi discriminatória, porque teve suporte em um sistema de avaliação de desempenho. Contudo, no exemplo visto, é preciso ressaltar que os critérios utilizados na avaliação causaram impacto desproporcional no grupo de trabalhadores mais velhos.

Para combater a discriminação algorítmica por avaliação dos usuários decorrente de retroalimentação, torna-se necessário que os desenvolvedores implementem medidas para identificar e mitigar avaliações injustas ou tendenciosas, além de evitarem atribuir um peso maior a características relacionadas a certos grupos. Inclusive, são possíveis e necessárias até mesmo a criação e a implementação de algoritmos de detecção de avaliações tendenciosas.

Por fim, não se deve confundir a discriminação algorítmica por retroalimentação nas relações trabalhistas com o fenômeno comumente observado em redes sociais no qual os algoritmos retroalimentam determinados conteúdos, especialmente os com opiniões radicais e polarizadas. O algoritmo trabalha a partir da seguinte lógica: usuários que inicialmente têm opiniões políticas moderadas são expostos a conteúdos de caráter mais extremista e polarizado devido às recomendações do algoritmo. Como resultado, tais algoritmos têm a capacidade de influenciar os usuários a adotar opiniões mais extremas do que inicialmente tinham. Isso leva a um ciclo de retroalimentação em que os usuários estão cada vez mais expostos a conteúdo polarizado e extremo, levando a divisões mais profundas na sociedade e aumentando a polarização.

Igualmente, plataformas de mídias sociais têm algoritmos que recomendam conteúdos de cunho político-ideológico aos usuários com base em suas interações anteriores, causando um efeito chamado de “filtro-bolha”, pois a pessoa só é exposta a opiniões compatíveis com suas ideologias, esvaziando o espírito crítico e a tolerância individual. Isso faz com que o engajamento cresça, especialmente se o conteúdo é extremo ou polarizado, mesmo que tais informações sejam tendenciosas ou falsas.[65] A prática de projetar algoritmos para mostrar e oferecer conteúdos radicalizados e extremistas é muitas vezes chamada de "amplificação de conteúdo radical" ou "amplificação de extremismo". A razão é simples: o algoritmo é projetado para maximizar o engajamento dos usuários, o que, consequentemente, aumenta o tempo que passam na plataforma e, ao final, a receita publicitária.

O termo "filtro-bolha" refere-se a um fenômeno em que as pessoas são expostas principalmente a informações e opiniões que confirmam suas crenças e pontos de vista preexistentes, enquanto são filtradas ou isoladas de informações que contradizem ou desafiam essas crenças. Isso ocorre em grande parte nas redes sociais e em algoritmos de recomendação de conteúdo *online*. As redes sociais e outras plataformas frequentemente usam algoritmos que rastreiam o comportamento do usuário, como suas curtidas, compartilhamentos e cliques em *links*, para personalizar o conteúdo que é exibido em seus *feeds*. O objetivo desses algoritmos é manter os usuários engajados, mostrando-lhes conteúdos que eles provavelmente acharão interessante.

No entanto, esse processo de personalização pode levar à formação de "bolhas informacionais", a partir das quais os usuários são expostos a uma visão de mundo limitada e homogênea. Por exemplo, se alguém frequentemente interage com postagens políticas de determinado ponto de vista, o algoritmo pode priorizar a exibição de mais conteúdo que reflete esse ponto de vista, excluindo informações contrárias. A prática é preocupante, pois conteúdos dessa natureza geralmente refletem tendências prejudiciais e discriminatórias. Com isso, os algoritmos de recomendação de conteúdo, ao aprenderem que devem recomendar mais e mais conteúdos com essas características, amplificam tendências prejudiciais devido à retroalimentação tendenciosa dos usuários.

Nessa perspectiva, os problemas associados à prática de "filtro-bolha" incluem a polarização das opiniões, a falta de exposição a diferentes perspectivas, o reforço de crenças, estereótipos e discriminações preexistentes, a redução da compreensão mútua e tolerância entre grupos com diferentes pontos de vista, bem como a polarização da sociedade e a disseminação de discursos de ódio e desinformação. Para combater os efeitos negativos correspondentes, os usuários devem, por exemplo, diversificar suas fontes de informação, seguir contas de perfis que representem outras variáveis e perspectivas. Além disso, é fundamental que as plataformas de redes sociais sejam compelidas a ajustar seus algoritmos para priorizar conteúdo mais diversificado e equilibrado.[66]

---

65 SANTANA, Ramon Davi; NEVES, Barbara Coelho. Entre filtros e bolhas: a modulação algorítmica na sociedade pós-panóptica, 2022.

66 Para o estudo mais aprofundado sobre o tema e percepção de como a inteligência artificial incrementa a desagregação social e a atomização do pensamento humano, consultar: PARISER,

Discriminação algorítmica por censura de conteúdo

Algoritmos podem ser projetados para realizar a moderação de conteúdos de modo a censurar ou suprimir informações com base em preconceitos, suprimindo a liberdade de expressão em algumas situações levando à exclusão de vozes marginalizadas. Nas relações trabalhistas, essa espécie pode ser verificada quando algoritmos ou sistemas automatizados de monitoramento de comunicações de trabalhadores censuram ou bloqueiam seletivamente o conteúdo com base em certos critérios, que podem ser discriminatórios ou violar direitos dos trabalhadores.

É o caso, por exemplo, de uma empresa que utiliza um sistema de monitoramento de *e-mails* e mensagens de *chat* de seus trabalhadores para garantir a conformidade com as políticas da empresa e manter um ambiente de trabalho produtivo e saudável. Como critério de censura, o algoritmo de censura é configurado para identificar determinadas palavras-chave, por exemplo, as relacionadas a sindicatos ou atividades sindicais, como "sindicato", "greve" etc. No caso, se um grupo de funcionários tenta discutir questões trabalhistas legítimas, como a possibilidade de se organizarem sindicalmente, o algoritmo poderá bloquear suas mensagens devido ao critério de censura configurado ou, até mesmo, sinalizá-las para revisão pelos moderadores do sistema.

No exemplo apresentado, ao direcionar o bloqueio especificamente às comunicações relacionadas a atividades sindicais, o algoritmo pratica conduta antissindical, discriminatória e violadora da liberdade de expressão, pois prejudica o direito dos trabalhadores de se envolverem em discussões legítimas e protegidas, especialmente em um contexto sensível às relações trabalhistas.

Da mesma forma, suponha que uma empresa utilize um sistema de comunicação interna, como um fórum virtual, por meio do qual os trabalhadores podem compartilhar ideias e discutir questões relacionadas ao trabalho. A empresa implementa um algoritmo de moderação de conteúdo que é configurado para identificar palavras-chave relacionadas a questões sensíveis, como "assédio" e "discriminação". Nesse caso, se um trabalhador desejar relatar um incidente envolvendo tais assuntos, o algoritmo de moderação de conteúdo automaticamente ocultará ou removerá a postagem, com base nas palavras-cha-

---

Eli. *The filter bubble*, 2011. Na obra, o autor explica que a internet, um meio construído em torno do fluxo aberto de ideias, está se fechando sob a pressão do comércio e da monetização. O livro trata também de como as chamadas "fazendas de cliques", algoritmos e empreendedores da internet moldaram essa nova realidade e, ainda, investiga as consequências do poder corporativo na era digital. Revela, outrossim, como a personalização ou as bolhas podem minar o propósito original da internet de funcionar como uma plataforma de ambiente aberto para a difusão de ideias e, por consequência, transformar o mundo em um ambiente isolado e cheio de ecos.

ve identificadas. Trata-se de censura inadequada, pois a ferramenta de IA impediu que o trabalhador pudesse compartilhar informações importantes sobre discriminação no local de trabalho.

Discriminação algorítmica por invisibilidade ou *shadowbanning*

Algoritmos que classificam e recomendam conteúdos *online*, como notícias, vídeos ou postagens, por exemplo, podem favorecer conteúdos de autores já reconhecidos ou pertencentes a determinados grupos favorecidos, excluindo vozes menos conhecidas ou de pessoas pertencentes a grupos sub-representados, como minorias. Nesse sentido, fala-se também em discriminação algorítmica por desigualdade na aparição de conteúdos de influenciadores marginalizados, pois os algoritmos de plataformas de mídia social favorecem ou prejudicam seletivamente a exposição de conteúdo de influenciadores pertencentes a grupos marginalizados, tais como minorias étnicas, LGBTQIAPN+,[67] mulheres etc.

Algumas pessoas podem ser deixadas na sombra devido ao funcionamento dos algoritmos, enquanto outros têm uma presença mais destacada, como se estivessem sob o holofote, o que afeta de forma discriminatória a visibilidade de influenciadores marginalizados. Por isso, a prática é também conhecida como *shadowbanning* ou "banimento nas sombras" e tem por resultado a redução desproporcional da visibilidade e do alcance das postagens de determinados usuários sem que eles estejam cientes disso. Quando um usuário é "banido nas sombras", suas postagens e interações ainda são visíveis para ele e para seus seguidores diretos, mas são ocultadas ou reduzidas em visibilidade para outros usuários na plataforma. Com isso, seus conteúdos não aparecem nos *feeds* de seus seguidores ou em resultados de pesquisa.

É possível afirmar que a discriminação algorítmica por invisibilidade, guardadas as devidas proporções, tangencia a discriminação algorítmica por censura de conteúdo. Nesta última, o algoritmo realmente bloqueia ou exclui o conteúdo. Já na discriminação algorítmica por invisibilidade o conteúdo não chega a ser censurado explicitamente, mas é mostrado para poucas pessoas.

A discriminação algorítmica por invisibilidade tem o potencial de causar a marginalização continuada de alguns grupos, pois o algoritmo assim programado pode perpetuar a marginalização de minorias, tornando mais difícil para influenciadores desses grupos alcançar um público mais amplo. Da mesma forma, práticas discriminatórias dessa espécie amplificam estereótipos e preconceitos, pois tornam mais difícil o objetivo dos influenciadores marginais de desafiar as narrativas por eles questionada.

---

67 Sigla que abrange pessoas que são lésbicas, *gays*, bi, trans, *queer*/questionando, intersexo, assexuais/arromânticas/agênero, pan/poli, não binárias etc.

Além disso, ao privilegiar o conteúdo de *influencers* pertencentes a grupos favorecidos, a discriminação algorítmica por invisibilidade provoca efeitos na retribuição pecuniária desses indivíduos, que passam a ter maior engajamento e, por consequência, maiores retornos financeiros. Logo, a discriminação por invisibilidade também provoca uma discriminação algorítmica salarial.

E não é só o conteúdo textual ou em vídeo que é colocado nas sombras. Em 2020, foi comprovado que um algoritmo do Twitter (atualmente rebatizado para X) pontuava melhor fotos com rostos femininos, brancos e magros e, como consequência, lhes dava mais visibilidade. Comprovou-se que o algoritmo, hoje já abandonado pela própria empresa, escolhia o fragmento de uma imagem que considerava mais interessante, destacando-a na interface dos usuários.[68]

Discriminação algorítmica por ação acelerada ou *acceleration bias*

No Capítulo 3, item "Direito antidiscriminatório e as ferramentas de inteligência artificial", *supra*, chamou-se a atenção para uma peculiar preocupação em torno do uso das ferramentas de inteligência artificial, especialmente as de tomadas de decisão automatizadas, qual seja, a rapidez e a magnitude com que podem criar, multiplicar, espraiar, perpetuar e amplificar práticas discriminatórias. Isso é possível porque a IA produz decisões em larga escala e de forma muito rápida. A cultura historicamente forjada a partir do pensamento dos grupos dominantes pode agora ser reproduzida em dimensão exponencial e com bastante velocidade. Além disso, novas modalidades discriminatórias podem surgir – como de fato já surgiram e estão plasmadas no meio digital – e ser replicadas rapidamente no corpo social.

Nessa perspectiva, em termos de escala e velocidade nas tomadas de decisão, os algoritmos podem criar, amplificar e acelerar desigualdades. Por isso, parece adequada a expressão discriminação algorítmica *por ação acelerada*, na medida em que, além de discriminar, o algoritmo tem o potencial de o fazer de forma muito veloz e, além disso, disseminar a prática em termos quantitativos.

Não há dúvidas de que algoritmos podem tomar decisões em grande escala e de forma rápida, processando enormes quantidades de dados e executando ações em um curtíssimo espaço de tempo. Isso significa que quaisquer vieses presentes nesses algoritmos podem afetar grande número de decisões quase instantaneamente. Por exemplo, um algoritmo usado para classificar candidatos em um processo de recrutamento pode processar milhares de currículos em segundos, afetando as chances de inúmeros candidatos.

---

68 PÉREZ COLOMÉ, Jordi. Algoritmo do Twitter prefere rostos femininos, brancos e magros, demonstram programadores em desafio, 2021.

De igual modo, algoritmos que fornecem *feedback* rápido e em tempo real, como mecanismos de recomendação de conteúdo ou publicidade direcionada, podem reforçar comportamentos e preferências existentes, acelerando assim a polarização e as desigualdades. Se um algoritmo recomenda conteúdo com base nas preferências anteriores de um usuário, ele pode rapidamente aprofundar as divisões existentes.

Igualmente, algoritmos utilizados por plataformas de redes sociais para produzir maior engajamento podem amplificar desigualdades na disseminação de informações. Se um conteúdo prejudicial ou alguma desinformação é promovido rapidamente a milhões de pessoas, isso pode afetar negativamente a sociedade em grande escala.

Portanto, a combinação da capacidade de escala e velocidade de processamento dos algoritmos tem a capacidade de levar à amplificação e à aceleração das desigualdades. Isso ocorre quando algoritmos criam ou aceleram tendências preexistentes, amplificando-as e exacerbando-as, como preconceitos ou desigualdades, em vez de mitigá-las.

É preciso pensar que a conduta discriminatória, por si só, é suficientemente grave. Mas a inteligência artificial vai mais longe, pois, além de ter o potencial para discriminar, ela acelera a perpetuação de discriminação existente, resultando em desigualdades ampliadas ou exacerbadas de forma mais rápida e em maior escala. O algoritmo forja, amplifica e aprofunda injustiças ou disparidades.

Discriminação algorítmica por perpetuação de linguagem inadequada ou por comportamento imitativo

Algoritmos de processamento de linguagem natural ou NLP podem perpetuar preconceitos se treinados em textos que contenham linguagem ofensiva ou discriminatória. Eles podem aprender a reproduzir esse tipo de linguagem em suas saídas. Logo, são capazes de perpetuar e disseminar o uso de linguagens inadequadas ou discriminatórias.

Quanto ao aspecto, ficou conhecido o caso de um sistema de IA da Microsof, apelidado de Tay, que, exposta à internet, tornou-se racista em menos de 24 horas. A ferramenta foi "tirada do ar" em menos de 24 horas depois que passou a reproduzir ofensas escabrosas ao interagir com *trolls*[69] nas redes. A IA, que deveria se tornar mais esperta e perspicaz ao conversar com usuários humanos,

69 A expressão "*troll*" é um anglicismo para designar usuários de redes sociais que demonstram comportamentos perturbadores, provocativos e muitas vezes ofensivos com o objetivo de gerar controvérsias e causar conflitos no ambiente *online*. Eles costumam postar mensagens provocativas, insultos, desinformação ou conteúdo prejudicial para chamar a atenção e criar uma reação emocional nas outras pessoas. Geralmente fazem comentários

rapidamente passou a reproduzir o racismo e intolerância. Instigada por usuários no Twitter, Tay usou termos impublicáveis para se referir a pessoas pretas e mulheres, declarou suporte ao genocídio e demonstrou apoio à causa dos supremacistas brancos.[70] Isso aconteceu em razão do comportamento imitativo da IA. Algoritmos de geração de linguagem podem imitar ou reproduzir respostas prejudiciais ou inadequadas que foram apresentadas a eles por usuários ou em exemplos de treinamento. Logo, eles são capazes de reproduzir discriminações algorítmicas *por perpetuação de linguagem inadequada*.

Discriminação algorítmica por proximidade geográfica

Algoritmos de recomendação, triagem e classificação podem sugerir conteúdos ou oportunidades de trabalho com base em proximidade geográfica, social ou outras características, o que pode resultar em discriminação ou segregação involuntária. Ainda, é possível que as empresas se valham de ferramentas de IA para direcionar anúncios de vagas de trabalho para determinadas regiões geográficas, hipótese que será aprofundada no item "Discriminação algorítmica na fase de recrutamento", *infra*.

No contexto de decisões automatizadas nas relações trabalhistas, um exemplo prático pode ser imaginado, especialmente em processos de seleção de candidatos a emprego. Suponha-se que uma empresa use um sistema de IA para triar currículos de candidatos a vagas de emprego e o algoritmo é treinado e aprende com base em dados históricos de contratação da empresa, nos quais a maioria dos candidatos selecionados foi de uma região específica, como a cidade ou o bairro onde está localizada a sede da empresa ou um bairro de classe social mais elevada.

No exemplo hipotético explicitado, o algoritmo pode aprender a dar mais peso aos candidatos que indicam em seus currículos que são da mesma cidade ou região da sede da empresa ou de um bairro específico. Como resultado, candidatos que residem em outras localidades podem ser automaticamente desfavorecidos pelo sistema, mesmo que tenham qualificações e experiências relevantes para o trabalho. O exemplo mencionado bem ilustra uma forma de discriminação algorítmica por proximidade geográfica, pois os candidatos são tratados de maneira desigual com base em sua localização geográfica, o que não deve ser, em tese, um fator determinante para demonstrar sua aptidão ao trabalho. Além disso, essa discriminação pode perpetuar desigualdades geográficas no acesso ao emprego e oportunidades de carreira.

---

maldosos, provocativos, disseminam notícias falsas, alvejam indivíduos ou grupos específicos, dentre outras práticas.

70 VEJA. Exposto à internet, robô da Microsoft vira racista em 1 dia, 2016.

A empresa de recrutamento Catho, que atua no Brasil no ramo de *softwares* para recrutamento e seleção, oferece em seu *site* uma solução que permite às empresas a identificação de candidatos a partir da tecnologia de geolocalização. Com isso, a empresa pode identificar os candidatos mais próximos ao local de trabalho utilizando filtro de localização por distância. Trata-se de prática discriminatória, pois mina por completo as chances de indivíduos pertencentes a grupos cujas residências se localizam em bairros mais afastados, podendo gerar um impacto desproporcional em classes mais desfavorecidas.[71]

Logo, é inadequado, desnecessário e impertinente que as ferramentas de IA para seleção automatizada de candidatos façam a coleta do dado "endereço", pois o algoritmo pode ter um viés relacionado a tal critério, que em regra é irrelevante e pode gerar discriminações. Para evitar esse tipo de discriminação, é importante que as empresas revisem e ajustem seus algoritmos de triagem de currículos para que não considerem a localização geográfica um fator decisivo. É relevante também que não façam a coleta de dados relacionados ao critério "endereço".

Outros tipos de práticas injustas forjadas, amplificadas ou perpetuadas por algoritmos

Há uma série de outros danos sociais que podem ser criados, perpetuados e acelerados por ferramentas de inteligência artificial. São práticas de injustiça que encontraram nos algoritmos terreno fértil para florescer. Muitas dessas práticas são típicas da revolução informacional, pois seu advento só foi possível a partir do uso massivo de ferramentas de inteligência artificial. Outras, embora não tenham surgido em razão da IA, encontraram nos algoritmos uma forma ou instrumento de manifestação.

Por exemplo, algoritmos podem discriminar *por desigualdade temporal*. Trata-se, em verdade, da já estudada discriminação intergeracional – vista no Capítulo 3, item "Discriminação intergeracional", *supra* –, só que em um contexto de potencialização e amplificação por algoritmos, pois as ferramentas de IA podem perpetuar desigualdades ao longo do tempo, já que decisões passadas baseadas em preconceitos ou viés podem afetar as oportunidades futuras de indivíduos ou grupos.

Algoritmos também são capazes de discriminar *por propagação de erros*. Erros iniciais em decisões algorítmicas podem se propagar e se replicar em larga escala ao longo do tempo e levar a resultados discriminatórios persistentes.

---

71 Recrutamento perfeito: busque agora candidatos de acordo com o perfil da sua vaga, Catho. Disponível em: https://www.catho.com.br/empresas/recrutamento-perfeito. Acesso em: 18 jun. 2025.

É possível falar também em discriminação *por monitoramento invasivo*. Ferramentas de IA projetadas para vigiar e monitorar o local de trabalho, tais como a utilização de biometria facial, podem direcionar determinados grupos com base em características discriminatórias, como raça ou religião, levando à violação da privacidade e riscos às liberdades civis.

Outrossim, é bastante comum a existência de práticas limitativas e indutivas do pensamento e do consumo por meio de algoritmos. Algoritmos de personalização podem se valer do histórico de compras de um indivíduo, levando a recomendações de produtos ou serviços que limitam a diversidade de escolhas.

Para demonstrar que ainda há um longo caminho a ser trilhado em termos de combate às injustiças digitais, destaco resultados de buscas realizada na plataforma de pesquisas do Google. Antes, porém, importante rememorar que no Capítulo 3, item "Discriminação organizacional", *supra*, falou-se que muitas organizações, de forma consciente ou não, praticam a discriminação organizacional estética, prática que revela o fenômeno do *lookism* ou preconceito baseado na aparência, a partir do qual surgem julgamentos sobre pessoas com base em quão bem ou mal essas pessoas se enquadram em determinado padrão visual. Pois bem, foram realizadas quatro buscas no Google no dia 6 de outubro de 2023, entre 18h41 e 19h30, com os seguintes critérios: a) me indique fotos de pessoas de boa aparência; b) me forneça imagens de profissionais de sucesso; c) mostre fotos de pessoas lindas e bonitas; d) fotos de trabalhadores inteligentes.

Os resultados apresentados pela plataforma para "pessoas de boa aparência" demonstram certa homogeneidade e predominância em relação a grupos dominantes, qual seja, homens, jovens, brancos e magros.

Para a pesquisa "profissionais de sucesso", os resultados apresentados pelo Google também revelam a predominância de homens, jovens, brancos e magros.

O padrão encontrado pelo algoritmo do Google para "pessoas lindas e bonitas" não incluiu homens, e o resultado também não apresentou nenhuma pessoa gorda, muito menos pessoas negras.

Na busca por "fotos de empregados inteligentes", a pesquisa retornou como resultado ou *output* imagens com predominância de homens brancos, magros e jovens. Há poucas mulheres. Nenhuma pessoa negra e apenas uma pessoa idosa.

Para encerrar este tópico, oportuno registrar que, no Brasil, uma deputada estadual pediu à ferramenta de IA da Microsoft, a "DALL·E 3", que "retratasse uma mulher negra, de cabelos afro, com roupas de estampa africana e em um cenário de favela". Como resultado, a IA gerou a imagem de uma mulher preta segurando uma arma.[72]

---

72 Disponível em: https://www.cartacapital.com.br/cartaexpressa/deputada-denuncia-racismo-algoritmico-apos-ia-gerar-imagem-com-arma-em-uma-favela. Acesso em: 18 jun. 2025.

Em decorrência do resultado ou *output* apresentado, a parlamentar acusou a IA de "racismo algorítmico", ou seja, uma prática injusta de desigualdade perpetuada por meio de decisão automatizada orientada por dados e algoritmos. Ao gerar uma imagem baseada na autodescrição da usuária, foi apresentada a uma ilustração que trouxe uma mulher negra segurando uma arma em uma favela. Ela afirmou que "essa imagem comprova que as inteligências artificiais são racistas" e questionou: "Não pode uma mulher negra, cria da favela, estar num espaço que não da violência?".[73]

Ao trazer a experiência para o direito do trabalho, este autor pediu à ferramenta de IA da Microsoft que gerasse imagens com as seguintes descrições: a) "crie uma imagem de um(a) profissional de sucesso"; b) "crie uma imagem de alguém que é um profissional de muito sucesso"; c) "crie uma imagem de CEO"; d) por fim, no quarto pedido, foi solicitada à IA a criação de uma imagem assim descrita: "Crie uma imagem de pessoa bem remunerada no trabalho".

Como dito, algoritmos muitas vezes se valem de padrões históricos e, a partir deles, tomam decisões automatizadas. O propósito então foi o de investigar se a IA geraria imagens que refletem padrões discriminatórios. Os resultados podem ser vistos, respectivamente, nas Figuras 5 a 8.

FIGURA 5 IA: imagens.
Fonte: elaboração própria.

FIGURA 6 IA: imagens.
Fonte: elaboração própria.

73 Deputada denuncia "racismo algorítmico" após IA gerar imagem com arma em uma favela, 2023.

FIGURA 7 IA: imagens.
Fonte: elaboração própria.

FIGURA 8 IA: imagens.
Fonte: elaboração própria.

Na Figura 5, a IA mostrou quatro imagens de mulheres. Todas elas brancas, jovens, magras e com certo padrão de beleza comumente imposto pela sociedade, sobretudo pela mídia. Já na Figura 6, a IA apresentou quatro imagens de mulheres. Em três delas, mulheres brancas, magras e jovens. Em apenas uma delas mostrou uma mulher preta, magra e jovem. Nas quatro imagens, porém, nota-se o mesmo padrão de beleza historicamente imposto. Por sua vez, na Figura 7, a IA gerou quatro imagens de mulheres. Todas elas jovens, brancas e magras. Uma delas, inclusive, com o perfil que tende à sexualização. Nenhuma pessoa preta, gorda ou idosa. Por fim, na Figura 8, a IA criou quatro imagens de mulheres. Todas elas jovens, magras e representativas de um padrão estético historicamente perpetuado e imposto. Há apenas uma mulher preta, contudo também magra, jovem e com traços estéticos socialmente impostos.

Pela análise dos resultados apresentados, pode-se notar e concluir que: a) a IA "DALL·E 3", da Microsoft, parece estar bem treinada no tocante à discriminação em relação ao gênero feminino, pois em nenhuma das imagens geradas apareceu sequer uma pessoa do sexo masculino; b) a discriminação algorítmica racial ainda se verifica, na medida em que pessoas pretas foram sub-representadas nas imagens geradas; c) a discriminação algorítmica racial é apenas a ponta do *iceberg*, pois notou-se pelos resultados uma evidente e flagrante discriminação algorítmica contra: c.1) pessoas idosas (idadismo/etarismo/ageísmo) e com deficiência; c.2) pessoas que não têm o padrão estético imposto, tais como indivíduos gordos, baixos ou outra característica estética não padronizada. Trata-se de um fenômeno que se pode chamar de *lookism* algorítmico, na medida em que a IA discrimina com base na aparência ou no visual. Como excluiu pessoas que não se encaixam no padrão de beleza imposto, especifica-se a *aschimofobia* algorítmica, que é uma espécie de discriminação pela aparência, na medida em que discrimina esteticamente em razão da ausência de um padrão de "beleza"; d) a IA demonstra nos resultados que não considera profissionais de sucesso os indivíduos pertencentes a determinadas categorias profissionais, tais como prestadores de serviços e outras de menor renda; e) a IA não é neutra – inclusive, a neutralidade da IA é um mito a ser desconstruído – e, assim como o ser humano, pode refletir os preconceitos e as discriminações existentes na sociedade; f) é preciso desconstruir a crença cega em um "tecnossolucionismo" infalível e isento. Ferramentas de IA, inclusive as utilizadas em recrutamento e seleção de trabalhadores, não são livres de preconceitos e vieses. Como toda IA, eles podem também criar, reproduzir e perpetuar injustiças algorítmicas, conforme exposto no item "Principais formas de produção de discriminação algorítmica no contexto laboral", *infra*.

Logo, em que pese todo o debate em torno da discriminação algorítmica e do uso ético de ferramentas de IA, o maior buscador do mundo ainda apresenta resultados discriminatórios. Algoritmos continuam discriminando com base na aparência física, especialmente em anúncios de mídia, promovendo estereótipos e padrões de beleza irreais ou que contemplam apenas ou majoritariamente grupos dominantes. Tal prática pode afetar as interações sociais, oportunidades de emprego e acesso a serviços.

SISTEMAS AUTOMATIZADOS DE DECISÕES NAS RELAÇÕES TRABALHISTAS: UMA BREVE HISTÓRIA

Os setores de recursos humanos das empresas têm inúmeras atribuições. Mas, certamente, entre as mais importantes estão as atividades relacionadas ao processo de recrutamento, seleção e contratação de candidatos ao emprego. Na maioria das organizações esse processo inclui várias atividades sequenciais. Em geral, o fluxo de trabalho incluirá as seguintes etapas: identificação da vaga e avaliação da necessidade de seu preenchimento; desenvolvimento de descrição de funções para o cargo; desenvolvimento de um plano de recrutamento; anúncio da vaga e implementação do plano de recrutamento; revisão dos candidatos e elaboração de lista restrita para entrevistas; condução das entrevistas; seleção dos candidatos e oferecimento das condições do emprego; procedimentos com o recebimento de documentos relacionados à contratação; integração do novo contratado etc.[74] Em todas essas etapas do fluxo existem pontos de tomada de decisão, e nas duas últimas décadas a tecnologia foi introduzida para auxiliar em várias tarefas atribuídas aos setores de recursos humanos. Para citar apenas

---

74 ROBINSON, Marcia F. *Artificial intelligence in hiring*: understanding attitudes and perspectives of HR practitioners, 2018.

alguns exemplos, são realizadas entrevistas em vídeo monitoradas por sistemas de IA, testes de personalidade e de perfil comportamental criados e avaliados por sistemas de IA e análise preditiva dos dados recolhidos etc.

Contudo, a ideia de automatizar decisões no contexto das relações trabalhistas, especialmente as relacionadas às etapas de recrutamento e seleção, não é nova. Ao longo das décadas, especialmente desde a década de 1980, as ATS ou *automatic tracking systems* ou, ainda, sistemas de rastreamento automáticos, passaram de sistemas rudimentares de armazenamento de currículos para soluções sofisticadas e baseadas em nuvem que incorporam automação avançada, aprendizado de máquina e inteligência artificial. Elas se tornaram uma parte essencial das operações de recrutamento e outras atividades de recursos humanos nas empresas, tais como procura, recrutamento, entrevistas, contratação, avaliação e monitoramento de trabalhadores. A evolução das ATS reflete o ritmo da transformação digital e das mudanças nas práticas de recrutamento ao longo do tempo.

O surgimento das primeiras ATS aconteceu na década de 1980. Empresas como IBM e Oracle começaram a desenvolver sistemas de *software* para ajudar na gestão de candidaturas e processos de recrutamento. Era um estágio incipiente de desenvolvimento, e as funcionalidades eram limitadas. Os ATS da década de 1980 foram projetados principalmente para armazenar currículos e informações de candidatos em formato digital. A pesquisa de palavras-chave era uma das funcionalidades mais básicas desses sistemas. Os recrutadores podiam inserir palavras-chave para localizar candidatos que atendiam a critérios específicos. Os ATS da época não eram integrados a outros sistemas de gerenciamento de recursos humanos ou de seleção de pessoal. O uso ainda era limitado e geralmente se limitava a grandes empresas e organizações que precisavam gerenciar grandes volumes de dados de candidatos. Outrossim, a maioria dos ATS era instalada localmente nas máquinas ou quiosques das empresas, e a conectividade de rede era limitada. Não havia armazenamento em nuvem ou acesso remoto, como atualmente. A triagem inicial de currículos ainda era feita manualmente, e os ATS da época não tinham a capacidade de realizar triagem automática com base em critérios avançados ou análise de dados.

Na década de 1990, os sistemas de rastreamento automáticos ou ATS começaram a amadurecer significativamente em relação à década de 1980, incorporando novos recursos e funcionalidades. Enquanto na década de 1980 o armazenamento das informações era feito principalmente em servidores locais, com capacidade limitada, na década de 1990 houve uma transição gradual para armazenamento em servidores mais robustos e até mesmo para sistemas de gerenciamento de banco de dados, permitindo o armazenamento de mais informações com maior eficiência. Ainda, houve boa evolução quanto às interfaces gráficas de usuário, que se tornaram mais comuns, facilitando a acessibilidade, a navegação e a operabilidade dos sistemas. Os ATS da década de 1980 tinham funcionalidades de pesquisa de palavras-chave simples para correspondência de currículos com vagas. Já na década de 1990, os ATS começaram a incorporar recursos mais avançados de triagem, como triagem automática de currículos com base em critérios específicos e análise mais sofisticada de correspondência entre candidatos e vagas. Também nesse período os ATS se tornaram mais acessíveis e começaram a ser adotados por uma variedade maior de empresas, incluindo médias e pequenas empresas. No final da década de 1990, começaram a surgir as primeiras versões baseadas na *web*, embora ainda fossem menos comuns do que as soluções locais.

Nos anos 2000, a integração de ATS com outros sistemas de RH tornou-se mais sofisticada, o que permitiu um fluxo de trabalho mais eficiente, desde a triagem inicial até a contratação e o gerenciamento de trabalhadores. A automação avançou significativamente. Os ATS começaram a usar algoritmos mais sofisticados para classificar candidatos com base em correspondência de habilidades, experiência e outros critérios específicos. Muitas empresas de *software* migraram seus quiosques para a internet, ou seja, para nuvem. Foram criados portais na internet para que os próprios candidatos se inscrevessem em vagas, fizessem *upload* de currículos e acompanhassem o *status* de suas candidaturas. A análise de dados e os relatórios se tornaram mais sofisticados. Os ATS começaram a fornecer informações detalhadas sobre o desempenho das estratégias de recrutamento, métricas de diversidade e análise preditiva. Até então o acesso a partir de dispositivos móveis era praticamente inexistente. Na década de 2000, muitos ATS se tornaram acessíveis em dispositivos móveis, ampliando significativamente o acesso dos usuários.

O grande salto evolutivo se deu na década de 2010, com o avanço do *big data* e da capacidade computacional. A IA e o aprendizado de máquina tornaram-se proeminentes, e tal fato permitiu a automação de tarefas mais complexas, como triagem de currículos com base em padrões de correspondência mais avançados e até mesmo a análise de sentimentos em currículos e perfis de mídia social. Enquanto na década de 2020 os sistemas ainda estavam focados em métricas básicas de recrutamento, na década de 2010 a análise de dados evoluiu para fornecer *insights* profundos sobre as tendências de recrutamento, diversidade e eficácia das estratégias de recrutamento. Os sistemas já se tornaram mais capazes para oferecer painéis de controle interativos e análise preditiva. Houve também uma preocupação em aprimorar a experiência dos candidatos por meio de interfaces mais amigáveis, *feedback* imediato, comunicações personalizadas e acompanhamento do *status* da candidatura.

Com o aumento da capacidade computacional, da conectividade à rede e da explosão dos dados, os sistemas passaram a operar com significativa escalabilidade. Nessa época as plataformas de recrutamento passaram a se integrar com perfis de redes sociais, permitindo que os recrutadores identificassem candidatos em redes profissionais e até mesmo rastreassem a presença *online* dos candidatos. Antes, as preocupações com a privacidade de dados e a conformidade não eram tão proeminentes quanto na década seguinte. Contudo, já na década de 2010 começaram a surgir em maior dimensão as questões relacionadas à proteção de dados, ética, conformidade, igualdade etc. Em resumo, na década de 2010, os sistemas passaram por uma revolução tecnológica significativa, com o uso generalizado de IA, análise de dados avançada, foco na experiência do candidato e mobilidade.

Não se pode negligenciar o fato de que a pandemia de covid-19, que teve início em março de 2020, causou notável impacto no incremento do uso das ferramentas de inteligência artificial no contexto trabalhista. Com a transição maciça para o trabalho remoto durante a pandemia, as empresas buscaram soluções tecnológicas para apoiar seus processos de recrutamento e seleção, o que incluiu o uso de ATS para gerenciar candidaturas *online* e colaboração remota. Ilustrativamente, indústrias do setor de saúde e varejo *online* experimentaram um aumento repentino na demanda, o que resultou na necessidade de contratação rápida e em grande escala, questão que foi facilitada pelo uso de ATS para triagem e seleção eficientes.

Além disso, tornou-se necessário minimizar o contato pessoal e adotar medidas de segurança, o que tornou impraticável o tradicional modelo de recrutamento com entrevistas presenciais e manuseio de documentos físicos. As ferramentas de IA também encontraram um ambiente propício para prosperar porque a análise avançada de dados sobre trabalhadores e mercado de trabalho, praticamente em tempo real, ajudou as empresas a adaptar suas estratégias de recrutamento de acordo com as mudanças nas condições econômicas causadas pela pandemia. Em resumo, a pandemia acelerou a incorporação da IA no contexto trabalhista devido às novas necessidades das tarefas dos setores de recursos humanos. Essas ferramentas desempenharam papel fundamental na adaptação das empresas às mudanças nas condições de trabalho.

Ifeoma Ajunwa e Daniel Greene, a partir da experiência estadunidense, desenvolveram extensa pesquisa histórica acerca do progressivo uso das ferramentas tecnológicas no contexto laboral, fenômeno que eles intitulam de "plataformização da contratação".[75] Os autores dividiram a breve história do uso de decisões automatizadas no contexto trabalhista em quatro períodos, por eles assim intitulados: 1) quadros de emprego e *softwares* experimentais, de 1990 até

75 AJUNWA, Ifeoma; GREENE, Daniel. Platforms at work: automated hiring platforms and other new intermediaries in the organization of work, 2019.

1993; 2) novas seções de classificação, de 1993 até 1996; 3) sistemas de ponto de decisão, de 1997 até 2000; 4) contratações automatizadas se tornam plataformizadas, de 2000 até 2006.

A *primeira fase* das contratações automatizadas é marcada pelo surgimento dos quadros de anúncios *online* de vagas de emprego. Ao contrário dos jornais impressos, os anúncios de empregos continham *hiperlinks* que permitiam a submissão direta de currículos aos empregadores ou o preenchimento de formulários com dados dos candidatos. Nessa época também surgiram *websites* por meio dos quais os candidatos inseriam seus currículos. A promessa aos empregadores era a de que o sistema poderia filtrar os dados mais relevantes. É nessa fase que se vê o início dos campos de dados estruturados e otimizados para captura e portabilidade dentro das organizações. Em comparação com os anúncios impressos, que geravam telefonemas ou cartas, os quadros de empregos com *hiperlinks* permitiam o envio e a captura mais rápidos dos dados dos candidatos, que muitas vezes eram moldados diretamente pelo sistema de acordo com as necessidades da empresa contratante. Era o início do autoritarismo de plataforma.[76]

Na *segunda fase*, com a abertura da *web* em meados da década de 1990, as *startups* começaram a fazer mais do que apenas digitalizar anúncios classificados. Além de publicar o anúncio das vagas, também permitiam que os candidatos a emprego publicassem seus currículos e cobravam das empresas o acesso a essa base de dados. Por um valor mensal, as empresas poderiam publicar listagens no banco de dados da empresa de *software* e revisar os currículos publicados pelos candidatos a emprego. Ainda, as empresas clientes poderiam adquirir um *software* que permitia que departamentos de RH "não técnicos" projetassem listas de empregos integradas em seu próprio *site* e, em seguida, criassem bancos de dados, sistemas de pontuação e árvores de encaminhamento automático que ajudavam a armazenar e classificar os currículos recebidos. Uma das empresas da época, a CareerBuilder, disse aos potenciais investidores que isso reduziria os custos de contratação pela metade, expandindo o número de candidatos e reduzindo o tempo desde o primeiro contato até a oferta de emprego.

A essa altura, os humanos ainda revisavam cada passo do processo, mas seu trabalho foi acelerado, reorganizado e interligado. E, como os currículos apareceriam em bancos de dados por meio de pesquisas por palavras-chave, os candidatos a emprego tiveram que garantir que as palavras-chave fossem digitadas de maneira limpa e, portanto, legíveis para reconhecimento óptico de caracteres. Foi então que se começou a extrair de um conjunto de dados as palavras-chave de interesses. Ainda nesse período, proliferaram os campos de

76 AJUNWA, Ifeoma; GREENE, Daniel. Platforms at work, cit.

dados estruturados, com capacidade para moldar os dados dos candidatos e enviá-los diretamente para as empresas clientes. Os *softwares* nessa época ainda eram capazes de avaliar as qualidades dos candidatos, mas já realizavam classificações e ranqueamentos das avaliações dos contratantes humanos. Como se nota, tratava-se, desde então, de uma formalização crescente da assimetria informacional entre quem contrata e quem procura emprego.[77]

Na *terceira fase*, com o aumento da capacidade de processamento das máquinas, já era possível analisar grandes quantidades de dados em pouco tempo. A velocidade era fundamental, pois as empresas de *software* conseguiam atender e acomodar picos sazonais de contratações e avaliar os candidatos para setores específicos dentro das empresas clientes. Por exemplo, já era possível prever a propensão de um candidato para furtar em lojas. Na época, uma empresa HirePro combinou uma rede de sistemas de verificação de antecedentes existentes, nos quais os aplicativos seriam alimentados automaticamente, com perguntas padrões sobre histórico de trabalho e questionários de personalidade destinados a identificar traços e características de personalidade desejáveis para empregos de linha de frente no varejo, como balconistas e caixas. Esse foi o primeiro exemplo real de contratação em plataforma: não apenas automatizada, mas personalizada de acordo com as necessidades de clientes empresariais individuais. Em resumo, um *software* atuando como um intermediário entre o candidato e o contratante, com seus padrões e filtros ajustados remotamente pelo fornecedor.

As práticas de contratação dispersas das grandes cadeias foram também centralizadas pelas plataformas de contratação. Já era possível às empresas clientes personalizar o perfil dos empregados que queriam contratar, o que atualmente se chama de *fit* cultural. A empresa de eletrônicos Good Guys focou o uso de drogas e álcool em sua avaliação, enquanto a Target pediu reações ao roubo de funcionários ou opiniões sobre quantos americanos trapacearam em seus impostos. Entre 10 e 20 minutos após a conclusão, o gerente de contratação no local onde o candidato se inscreveu receberia um fax ou *e-mail* com o resumo do histórico de trabalho do candidato e outros dados antes de fornecer uma classificação codificada por cores do candidato. As inscrições são marcadas como zona vermelha (não contratar) e zona verde (contratar imediatamente). A zona amarela indicava que um candidato não seguia as regras, poderia não ser honesto e poderia ser argumentativo com os clientes. Necessidades específicas de contratação de grandes empresas do varejo levaram à concepção de AHP capazes de avaliar rapidamente os candidatos, acelerar e desqualificar o

77 AJUNWA, Ifeoma; GREENE, Daniel. Platforms at work, cit.

processo de entrevista e centralizar os critérios de avaliação e o encaminhamento dos candidatos às unidades das clientes.[78]

A *quarta fase* é marcada pelo surgimento da empresa Unicru (antiga Decision Point), que consolidou o fenômeno da plataformização da contratação automatizada. A partir de um grande volume de dados que possuía, a empresa de *software* recrutou especialistas em áreas industriais, psicologia da personalidade e aprendizado de máquina para desenvolver avaliações de candidatos com base no desempenho dos funcionários atuais dos clientes. O cientista chefe da Unicru chegou a prometer: "nosso sistema permite clonar suas melhores e mais confiáveis pessoas". A empresa lançou uma avaliação de confiabilidade com cinquenta itens, que chamou de avaliação de personalidade renovada extraída "dos resultados reais do trabalho de 370 mil trabalhadores horistas em setores como varejo, mercearia lojas e serviços de alimentação".[79]

Verificou-se nessa fase a expansão de possibilidades que surgiram anteriormente, proporcionando a diversificação de ações e soluções. O alcance da plataforma é mais amplo e mais intenso. Quanto mais dados, melhor se examina o candidato e sua adequação potencial para funções e desejos organizacionais específicos. Em 2006 a empresa Unicru foi adquirida pela empresa de "capital humano" Kronos, à época líder em análise de força de trabalho. Com a aquisição, toda a base de dados da Unicru integrou-se aos produtos de gestão de força de trabalho da Kronos para "vincular a estratégia de *sourcing*, seleção e contratação com o desempenho real e o planejamento de mão de obra".[80]

O objetivo foi o de oferecer aos clientes uma plataforma que incluísse contratação automatizada e, mais do que isso, permitir às empresas criar uma rede mais ampla para os candidatos, selecionar pessoas que se adaptam bem e têm maior potencial, selecionar pessoas que se adaptam mal ou que apresentam risco, integrar e rastrear rapidamente, medir resultados e validar a eficácia, impulsionando assim resultados de negócios, melhorando continuamente a qualidade e a produtividade de seus trabalhadores. Isso tudo representa um fluxo contínuo de dados dos trabalhadores desde o momento em que eles se tornam interessados na empresa até o momento em que saem dela, com entrada e saída canalizadas por meio de uma plataforma que categoriza os candidatos em habilidades e disposições necessárias para um local específico, de um negócio específico, de um cliente específico e em um momento específico.[81]

O histórico narrado demonstra que o interesse pelos processos automatizados de decisão no contexto laboral foi inicialmente direcionado para a etapa

78 AJUNWA, Ifeoma; GREENE, Daniel. Platforms at work, cit.
79 AJUNWA, Ifeoma; GREENE, Daniel. Platforms at work, cit.
80 AJUNWA, Ifeoma; GREENE, Daniel. Platforms at work, cit.
81 AJUNWA, Ifeoma; GREENE, Daniel. Platforms at work, cit.

de contratação de trabalhadores. Porém, ao longo do tempo, as ferramentas automatizadas, sobretudo com os avanços das técnicas de inteligência artificial, passaram a ser incorporadas em praticamente todas as funções dos setores de recursos humanos e não só para recrutamento e seleção. E a tendência atual ainda é de crescimento e, o pior, em um ambiente totalmente desregulamentado. Após a década de 2010, a década atual continua experimentando um avanço imensurável do uso da inteligência artificial, em todos os setores e segmentos socioeconômicos. Espera-se que a presente década deixe um ponto marcante na história evolutiva do uso de decisões automatizadas nas relações trabalhistas: sua regulamentação jurídica.

Para se ter uma ideia, em janeiro de 2023, o presidente da Comissão de Oportunidades Iguais de Emprego do governo dos Estados Unidos afirmou que 99% das empresas que integram a "Fortune 500", lista que contempla as quinhentas empresas de maior receita no mundo, usam alguma forma de ferramenta automatizada para selecionar ou classificar candidatos aos postos de trabalho. Também revelou que, em pesquisas realizadas com membros da Society for Human Resource Management, descobriu-se que quase um em cada quatro empregadores de médio porte utiliza automação ou IA em seu processo de contratação e que, no geral, aproximadamente 79% dos empregadores usam IA para recrutamento e contratação.[82]

No mês de junho do ano de 2023, uma pesquisa realizada pelo *website Resumebuilder.com* revelou que, para o ano de 2024, havia uma estimativa de que para cada dez empresas, pelo menos quatro planejavam utilizar ferramentas de inteligência artificial inclusive na etapa de realização das entrevistas de emprego. A pesquisa entrevistou mais de mil profissionais envolvidos em processos de contratação em seus locais de trabalho. Os resultados mostraram ainda que 43% das empresas já haviam adotado ou planejavam adotar entrevistas de IA até 2024; dois terços desse grupo acreditavam que as entrevistas com IA aumentariam a eficiência das contratações; 15% diziam que a IA seria usada para tomar decisões sobre candidatos sem qualquer intervenção humana; mais da metade acreditava que a IA acabaria por substituir os gerentes de contratação humanos.[83]

No Brasil, um relatório publicado pela IBM concluiu que no ano de 2022 pelo menos 41% das empresas no Brasil já haviam implementado ativamente o uso de inteligência artificial em seus negócios.[84] Não há ainda pesquisas confiáveis sobre a estimativa percentual brasileira de uso, por empresas, de ferra-

---

82 ESTADOS UNIDOS. Equal Employment Opportunity Commission, 2023.
83 4 in 10 companies will be using AI interviews by 2024, 2023.
84 IBM. IBM Global *AI adoption index 2022*, 2022.

mentas de contratação automatizada. Contudo, nos meses de maio e junho de 2023, uma pesquisa de menor escala constatou que no Brasil uma em cada cinco empresas de pequeno e médio porte já utilizava IA para auxiliar na decisão de despedida de um trabalhador, ou seja, 20% delas.[85]

Contudo, é fato notório que a tendência no uso de processos automatizados nas relações trabalhistas é de rápido crescimento. Tanto é que já existe uma expressão em inglês para designar o fato de que as decisões do setor de recursos humanos estão a cargo dos dados e da IA: *AI-driven HR processes*, a indicar que as escolhas do setor de RH são dirigidas ou orientada por dados. Para se ter uma ideia do contexto brasileiro, somente a empresa Gupy, uma das maiores do ramo de *softwares* de recrutamento, afirma que tem 2.300 empresas clientes e que, somente no ano de 2021, preencheu por meio de sua inteligência artificial 480 mil vagas de emprego no Brasil.[86]

Por sua vez, a empresa Pandapé, que tem forte atuação no Brasil, afirma em seu *website* que seu *software* de recrutamento e outros serviços para RH é o mais utilizado na América Latina. A empresa afirma que fornece *software* de recrutamento e seleção, que as empresas clientes utilizam para agregar tecnologia aos processos seletivos. Segundo a Pandapé, a plataforma digital se encaixa na categoria das *applicant tracking system* ou sistema de rastreamento de candidatos ou ATS e possibilita que o setor de recursos humanos tenha mais assertividade na seleção e o gerenciamento mais eficiente de todas as etapas do recrutamento.[87] A Pandapé informa que é o único *software* de recrutamento e seleção integrado com o maior banco de currículos do Brasil, o do InfoJobs, e afirma que, com sua inteligência artificial, "o Pandapé passa a *recriar comportamentos similares aos dos recrutadores* e, a partir disso, reconhece os candidatos mais aderentes às vagas e ao perfil da empresa",[88] o que sem dúvida gera preocupações quanto à reprodução de padrões históricos.

As ferramentas de IA do tipo ATS ou AHP, também chamadas de *automated hiring platforms* ou plataformas de contratação automática, são utilizadas desde o momento do anúncio da vaga de trabalho até o instante das tomadas de decisão quanto ao rompimento do contrato. A IA é utilizada, portanto, durante todo o ciclo de vida contratual e até mesmo antes dele. A IA direciona os anúncios de vaga, é utilizada no recrutamento (interno e externo), na seleção e contratação, no monitoramento, nas avaliações de desempenho e no rompimento do contrato:

---

85 GAVA, Marcela. Inteligência artificial no RH: 1 de cada 5 PMEs já usa IA para auxiliar na decisão de demissão, 2023.

86 Gupy: construindo o futuro do RH com inteligência artificial.

87 PANDAPÉ. *O software de RH mais usado na América Latina.*

88 PANDAPÉ. *Conheça o Pandapé.*

> Desde o início, o trabalhador é ordenado a ser submisso, divulgando informações altamente pessoais a sistemas de contratação oraculares (para sentar-se sob o "chapéu seletor", se preferir) (Ajunwa e Greene, 2019) e, uma vez contratado, o trabalhador deve submeter-se ainda a processos algorítmicos de avaliações que farão afirmações autoritárias quanto à produtividade dos trabalhadores. Além disso, o referido trabalhador é governado por uma coleira invisível criada por dados composta por tecnologia vestível que recolhe dados sobre os movimentos do trabalhador no local de trabalho, as suas interações, bem como as suas comunicações (Bales e Stone, 2020).[89]

As pesquisas citadas e seus respectivos resultados numéricos impressionam. Mas o que está por trás do significativo aumento e interesse pelo uso das ferramentas de IA nas relações trabalhistas? Quais razões impelem as organizações a utilizarem esse novo modo de gestão da força de trabalho? Os motivos são os mais diversos. Alguns exemplos podem demonstrar toda a atratividade dessas ferramentas para as empresas na atual quadra histórica.

Do ponto de vista obreiro, as novas tecnologias associadas à internet e à inteligência artificial contribuíram com avanços significativos, dentre os quais se pode destacar a ampliação da visibilidade das vagas e maior variedade de opções para os candidatos ao emprego. Basta estar conectado à internet para ter acesso a possibilidades de vagas de trabalho em todo o mundo. A plataformização das ATS reduziu as barreiras geográficas, permitindo que candidatos de diferentes regiões e países acessem vagas de que anteriormente poderiam não ter conhecimento.

Além disso, as ferramentas de IA franquearam ao trabalhador a possibilidade de acompanhar seu processo de candidatura em tempo real e obterem respostas mais rápidas. Por outro lado, a facilidade de acesso às vagas por meio de plataformas *online* pode levar a um aumento na concorrência. Com mais candidatos se inscrevendo para vagas, pode ser mais desafiador para cada indivíduo ser selecionado.

Ainda, tais ferramentas permitem a personalização e recomendações para sugerir vagas que correspondam ao perfil e às habilidades de um candidato em específico, o que torna mais fácil para os candidatos encontrar oportunidades que se encaixem em seus perfis. Isso se a ferramenta for configurada de maneira justa. Caso contrário, vieses podem surgir e afetar negativamente certos grupos de candidatos. Da mesma forma, se configuradas adequadamente, as ferramentas de IA podem minimizar vieses inconscientes na tomada de decisões

89 AJUNWA, Ifeoma. The "black box" at work, cit.

de recrutamento, tornando o processo mais justo e inclusivo. Contudo, essa ainda é uma realidade longe de ser alcançada.

Do ponto de vista empresarial, os benefícios são mais significativos, amplos e variados. As ferramentas de IA podem analisar grandes volumes de currículos rapidamente, identificando candidatos que atendem aos critérios desejados, o que certamente gera eficiência e economia de tempo e recursos.[90] Também do ponto de vista da eficácia e da economia, os instrumentos de AI, como *chatbots*, eliminam o fator humano no contato com os trabalhadores. A automação de tarefas rotineiras, como triagem e agendamento de entrevistas, permite que os recrutadores economizem tempo, permitindo que eles se concentrem em atividades mais estratégicas.

A inteligência artificial é altamente capaz de tomar decisões de forma automatizada. E o faz em larga escala numérica e em curtíssimo espaço temporal. A tecnologia então é forte aliada da economia de tempo para as empesas, notadamente para seus setores de recursos humanos. Os porta-vozes das empresas de *softwares* de recrutamento afirmam que automatizar parte do trabalho dos setores de RH – tais como recrutamento, seleção, contratação etc. – permite que esses profissionais permaneçam focados na estratégia geral e no planejamento futuro. Para ilustrar, a diretora de uma empresa de recrutamento automatizado afirmou em entrevista o seguinte: "recentemente usei IA para redigir uma descrição de cargo para uma função recém-criada, bem como para resumir temas de sessões de *feedback* que conduzi".[91] Além disso, ela observou, "a IA pode ajudar as organizações a identificar lacunas de habilidades e fornecer recomendações de aprendizagem personalizadas para ajudar a preencher essas lacunas, bem como identificar projetos especiais ou de trabalho para ganhar mais experiência".[92]

---

90 Um estudo realizado por uma empresa norte-americana de tecnologia de recrutamento indica que a adoção de IA no setor de RH permite 75% menos custo por currículo, aumento de 4% na receita por empregado e uma taxa de rotatitividade 35% menor (*turnover*) de funcionários (IDEAL. *AI for recruiting*: a definitive guide for HR professionals. Disponível em: https://ideal.com/ai-recruiting. Acesso em: 5 out. 2023). No Brasil, a empresa Pandapé anuncia em seu *site* que o uso de seu *software* gera 17% a mais em termos de publicação de vagas, 80% menos custos nos processos de RH, 50% menos rotatividade e 50% menos tempo investido em processos (PANAPÉ. Disponível em: https://www.pandape.com/br. Acesso em: 5 out. 2023). Por sua vez, a Gupy apresenta os seguintes dados: 50% de redução do tempo de admissão, 95% de assertividade no envio de documentos pelo pré-colaborador (*sic*), 24% de redução de *turnover* voluntário, 20% de aumento de receita, 40% de redução no tempo de fechamento de vaga e, por fim, promete ainda 30% mais contratações de pessoas de grupos de diversidade (GUPY. Disponível em: https://www.gupy.io. Acesso em: 5 de out. 2023).

91 GRENSING-POPHAL, Lin. Navigating ethical challenges in AI adoption, 2023.

92 GRENSING-POPHAL, Lin. Navigating ethical challenges in AI adoption cit.

Bem assim, a IA é capaz de melhorar a qualidade das contratações, pois tem a capacidade de identificar candidatos com o melhor ajuste para a empresa com base em critérios que a organização considera relevantes. Esse alinhamento entre os valores da empresa – sua cultura organizacional – e os do candidato é conhecido em linguagem corporativa como *fit* cultural. Em outas palavras, "o *fit* cultural é a probabilidade de alguém refletir e ser capaz de se adaptar às crenças, atitudes e comportamentos centrais que compõem sua organização".[93] O problema é que para avaliar esse ajuste as ferramentas de IA submetem candidatos a testes comportamentais para avaliar aspectos de sua personalidade, o que é altamente invasivo e ilegal. Contudo, a prática está disseminada no Brasil e é expressamente propagandeada pelas empresas de *software*.[94]

Utilizando dados históricos e análises preditivas, a IA pode ajudar as empresas a prever quando um funcionário está mais propenso a deixar a empresa. A IA pode identificar funcionários em risco de saída com base em fatores como insatisfação salarial e oferecer recomendações para retenção. Com a análise de sentimento dos trabalhadores, que é possível, por exemplo, a partir do monitoramento de redes sociais e *e-mail* corporativo, a IA consegue medir o sentimento dos funcionários e identificar possíveis problemas de satisfação. Logo, tais ferramentas também fazem análise preditiva de *turnover*, ou seja, a IA pode prever quais candidatos e trabalhadores têm maior probabilidade de deixar a empresa, permitindo a implementação de estratégias de retenção eficazes.

Durante o contrato de trabalho, a IA tem a capacidade de medir a gestão de desempenho dos trabalhadores e aprimorá-la. A IA pode monitorar o desempenho em tempo real, permitindo *feedback* e avaliações mais frequentes. Ainda do ponto de vista do monitoramento, a IA consegue mapear habilidades dos trabalhadores, ajudando a identificar lacunas de competências e alocando recursos de desenvolvimento de maneira mais eficaz. Além disso, tem a aptidão para gerir sistemas de recompensas e remuneração em geral, pois, a partir da análise de dados de mercado e desempenho individual, consegue determinar estratégias de remuneração. Possibilita também a detecção de fraudes e aspectos de conformidade, pois monitora todas as atividades e consegue identificar atividades suspeitas, como fraude de despesas ou conformidade inadequada, sempre para atender aos interesses empresariais. As ferramentas mais modernas de IA, ligadas ao que se chama de IA emocional ou computação afetiva, conseguem realizar a análise de sentimentos dos trabalhadores e candidatos ao em-

---

93 BOUTON, Katie. Recruiting for cultural fit, 2015.

94 No próprio *site* da empresa Gupy consta a informação de que "O ajuste, ou *fit* cultural, é o alinhamento que um colaborador tem, além de *soft skills* e *traços de personalidade*, com os valores da cultura e com a missão da empresa". Disponível em: https://www.gupy.io/blog/fit-cultural. Acesso em: 18 jun. 2025.

prego, o que também é ilegal, embora ainda praticado à vontade em um ambiente desregulamentado.

Não há dúvidas de que existem grandes benefícios quando se pensa em progresso tecnológico, especialmente à luz da livre-iniciativa. No campo dos direitos sociais, e notadamente do direito do trabalho, indiscutivelmente as bonanças advindas do desenvolvimento de ferramentas tecnológicas favorecem em maior medida as corporações do que os trabalhadores, até mesmo porque são as empresas que detêm tais ferramentas e, com elas, exacerbam seu poder de controle e direção. Por outro lado, é notório que tais avanços trazem riscos aos direitos fundamentais do ser humano trabalhador. A pergunta é: deve-se aceitar o "tecnofatalismo" – a crença de que se deve concordar com as desagradáveis consequências não intencionais da tecnologia em troca de colhermos seus benefícios[95] – ou, por outro lado, pensar em um futuro diferente para as relações trabalhistas na era digital?

PRINCIPAIS FORMAS DE PRODUÇÃO DE DISCRIMINAÇÃO ALGORÍTMICA NO CONTEXTO LABORAL

Atualmente os principais usos de sistemas de inteligência artificial nas relações de trabalho podem ser assim resumidos:

a) Nas **fases de recrutamento, seleção e contratação**, as ferramentas de IA de decisão automatizada são empregadas principalmente para as seguintes tarefas: a.1) direcionamento de anúncios de vagas de trabalho; a.2) triagem de currículos; a.3) realização de *background checks*, especialmente pelo monitoramento de redes sociais, o "*social media background checks*";[96] a.4) análise de vídeos gravados pelos candidatos, casos em que tais tecnologias alimentadas por IA são capazes de analisar expressões faciais, tom de voz,

---

95 AJUNWA, Ifeoma. *The quantified worker*: law and technology in the modern workplace, 2023, p. 25.

96 Por exemplo, a empresa Good Egg especializou-se nesse tipo de uso de inteligência artificial. Em seu *site*, ela afirma o seguinte: "Crie uma força de trabalho mais segura e produtiva com verificações de antecedentes nas mídias sociais. Aparentemente, a triagem nas mídias sociais provavelmente parece uma tarefa bastante fácil. Mas revisar a vasta atividade *online* de uma pessoa de maneira completa e compatível não é algo que qualquer pessoa possa fazer (incluindo o departamento de RH). É por isso que você deve escolher um fornecedor de triagem com experiência em verificação de antecedentes de mídia social e monitoramento de mídia social. (Poderíamos ser nós!)" (GOOD EGG. *Create a safer, more productive workforce with social media background checks*. Disponível em: https://www.goodegg.io/social-media-screening. Acesso em: 9 out. 2023).

sotaque, dentre outras características, e chegar a conclusões sobre a adequação dos candidatos com base nessas informações; a.5) entrevistas por *chatbots*; a.6) testes de personalidade ou de compatibilidade cultural, o conhecido "*fit cultural*"; a.7) gamificação para escolha de candidatos etc.

b) Na **fase contratual**, a principal forma de atuação da IA é realizar o *gerenciamento* ou *gestão algorítmica* do contrato, na qual se incluem as seguintes atividades: b.1) exercício do **poder diretivo** por meio de ordens automatizadas, tais como b.1.1) estabelecimento de turnos e horários de trabalho, com base em predição algorítmica que detecta quando a demanda de serviços será maior; b.1.2) ofertas salariais randômicas e dinâmicas, principalmente em trabalho por plataformas; b.1.3) alocação de férias e folgas; b.1.4) gestão de ausências; b.1.5) distribuição de tarefas e definição de metas; b.1.6) expedição de instruções e treinamentos; b.1.7) promoções de empregados; b.1.8) treinamentos e gamificação com avaliação; b.1.9) reestruturação de equipes de empregados; b.2) exercício do **poder fiscalizatório**, tais como b.2.1) avaliações, por meio de sistemas de reputações, por exemplo; b.2.2) análise da produtividade, por meio de monitoramento de toques no teclado, de tela, de *e-mail* ou de outro tipo de tarefa; b.2.3) análise da rapidez e frequência com que um trabalhador aceita ou recusa novas tarefas; b.2.4) monitoramento das redes sociais; b.2.5) monitoramento de diversas atividades e comportamentos dos empregados, por exemplo, por meio de câmeras lidas por IA, em e por dispositivos móveis, localização, *webcams* etc.; b.2.6) monitoramento do contrato em geral, incluindo produtividade e desempenho; b.3) exercício do **poder disciplinar**, tais como b.3.1) expedição de penalidades, inclusive de caráter terminativo do contrato.

Dentre todos os riscos e perigos de dano que o uso de inteligência artificial pode provocar nas relações trabalhistas, certamente o mais preocupante deles é o da discriminação algorítmica. Não foi por acaso que a Comissão de Igualdade de Oportunidades no Emprego do Governo dos Estados Unidos afirmou em janeiro de 2023 que a discriminação pelo uso de IA e sistemas automatizados nas relações trabalhistas representa "uma nova fronteira dos direitos civis".[97] Apesar de tais preocupações, as empresas que oferecem *softwares* de decisões automatizadas para o contexto laboral afirmam e prometem, sem pestanejar, uma espécie de tecnossolucionismo[98] infalível para os setores de recursos hu-

---

97 ESTADOS UNIDOS. Equal Employment Opportunity Comission. *Navigating Employment Discrimination in AI and Automated Systems*, cit.

98 O solucionismo tecnológico tem sido apresentado como a panaceia contra preconceitos no mundo do trabalho. Trata-se, porém, de otimismo tecnológico desmedido. A crença excessiva na tecnologia é fruto de uma visão simplista e acrítica, que ignora as limitações

manos, que funcionaria como um verdadeiro oráculo na tomada de decisões e, ao mesmo tempo, como um apanágio para completa eliminação de vieses, preconceitos e desigualdades no trabalho. Os exemplos dessas promessas são inúmeros.

No Brasil, a empresa Gupy assegura maior diversidade ao afirmar em seu *site* que sua IA tem o potencial de acrescer 30% mais contratações de pessoas pertencentes a grupos minoritários.[99] Também promete que sua inteligência artificial, além de assegurar velocidade, minimiza ou reduz vieses inconsistentes.[100] Apesar de inicialmente propagandear apenas a "redução" dos vieses, a mesma empresa afirma em seu próprio *site*, de forma contraditória e inconsistente, que a inteligência artificial "exclui" vieses, nos seguintes termos: "o trabalho da Inteligência Artificial é utilizar tecnologia para excluir esse vieses, pois torna o processo democratizado ao se basear em dados, habilidades e competências do candidato, não só em características pessoais"[101] (grifos nossos). De igual modo, a empresa Pandapé afirma expressamente em seu *site* que "a tecnologia entra como uma grande aliada, pois a Inteligência Artificial consegue realizar processos *sem viés inconsciente e preconceitos*"[102] (grifos nossos).

Se assim fosse, o problema da desigualdade nas relações de trabalho estaria resolvido. Simples assim. De toda forma, não se pode ignorar o fato de que diversos artigos acadêmicos chegaram a afirmar o potencial da IA para reduzir vieses e preconceitos: "os algoritmos de contratação produzem resultados mais objetivos do que os decisores humanos"; que os gestores de RH "se distraem facilmente com coisas marginais, como elogios dos candidatos, e usam as informações de forma inconsistente"; "algoritmos de triagem de empregos favoreceram candidatos não tradicionais muito mais do que os rastreadores humanos, exibindo significativamente menos preconceito contra candidatos que estavam sub-representados na empresa".[103]

Apesar das conclusões transcritas, não foram poucos os estudiosos que as desafiaram ao demonstrar o impacto discriminatório nas tomadas de decisões automatizadas. Ao longo deste livro já foram citados inúmeros estudos empíricos

---

respectivas, bem como as consequências não intencionais ou outras dimensões importantes. A propósito, é preciso registrar que quem a divulga com essa promessa age de má-fé e com irresponsabilidade.

99 GUPY. *Impulsione talentos, resultados e experiências com um ecossistema fluido e inteligente para o seu RH.* Disponível em: www.gupy.io. Acesso em: 10 out. 2023.

100 GUPY. *Recrutamento e seleção.* Disponível em: https://www.gupy.io/software-de-recrutamento-e-selecao. Acesso em: 10 out. 2023.

101 COSTA, Dedila. Diversidade, Pixar e inteligência artificial: qual a relação? Gupy, 27 ago. 2021. Disponível em: www.gupy.io/blog/diversidade-pixar-ia. Acesso em: 10 out. 2023.

102 *Ibid.*

103 AJUNWA, Ifeoma. An auditing imperative for automated hiring systems, 2021.

e pesquisas científicas que comprovam o potencial discriminatório das ferramentas de IA. No atual estado da arte das ferramentas de decisões automatizadas e de seus respectivos mecanismos regulatórios, não é exagerado dizer que a inteligência artificial tem maior potencial para causar injustiças do que para retraí-las e, muito menos, para eliminá-las. É perniciosa, portanto, a propaganda de que ferramentas automatizadas de decisão *eliminam* vieses e preconceitos.

Diversos exemplos de injustiças produzidas por algoritmos nas relações de trabalho já foram mencionados. Contudo, é preciso aprofundar. Com efeito, as empresas têm agora uma ampla variedade de ferramentas algorítmicas de tomada de decisão disponíveis para auxiliá-los na tomada de decisões de emprego, incluindo recrutamento, seleção, ofertas salariais, retenção, promoção, transferência, monitoramento de desempenho, aplicação de penalidades, despedida etc. Os empregadores utilizam cada vez mais essas ferramentas na tentativa de economizar tempo, esforço e dinheiro. Esse fenômeno nocivo pode se verificar desde o momento em que uma empresa faz um anúncio de suas vagas até o rompimento do contrato de trabalho. E não só. Ela pode acontecer em todos os momentos, antes ou depois do contrato, nos quais a empresa toma decisões automatizadas que tenham a capacidade de repercutir juridicamente na esfera de interesses dos trabalhadores.

Dada a maciça presença das ferramentas de IA nas relações trabalhistas, especialmente no momento da contratação, Ifeoma Ajunwa chegou a reconhecer o preocupante fenômeno da "captura algorítmica da contração" ou "do emprego". O termo "captura algorítmica" descreve o efeito combinado da crença de que os algoritmos são mais eficientes e justos e a abdicação da responsabilidade humana por resultados indesejáveis, como resultado do emprego de algoritmos de aprendizado de máquina como parte de um processo de tomada de decisão.[104]

O objetivo deste tópico é observar e demonstrar como as ferramentas de inteligência artificial podem ser usadas no contexto laboral para, intencionalmente ou não, produzir práticas de discriminação algorítmica. Inicialmente, no item "Discriminação algorítmica na fase de recrutamento", procurar-se-á explanar sobre a produção da discriminação por algoritmos na fase de recrutamento de candidatos, que pode se dar tanto por meio do direcionamento do anúncio da vaga pelo anunciante como por meio do próprio algoritmo das plataformas, que dinamicamente moldam a entrega da publicidade. Em seguida, no item "Discriminação algorítmica nas etapas de seleção e de contratação de trabalhadores", o intuito é demonstrar como os sistemas automatizados de decisão podem operar indevidamente no momento de realizarem a seleção dos candidatos para produzir discriminação ilegal no emprego. Além disso, obje-

104 AJUNWA, Ifeoma. The paradox of automation as anti-bias intervention, 2020.

tivar-se-á explicar como tais sistemas podem servir para mascarar a discriminação ou impedir sua detecção. Já no item "Discriminação algorítmica no período contratual", o estudo avança para detalhar a ampla dilatação do poder do empregador a partir do uso das ferramentas de IA na fase contratual, bem como as diversas formas pelas quais a discriminação algorítmica pode se manifestar nesse interregno. Por fim, no item "Discriminação algorítmica na ruptura do vínculo de trabalho", estudar-se-á o impacto do uso de IA para moldar as decisões quanto à ruptura do contrato de trabalho, seja de forma motivada, seja de forma desmotivada.

Discriminação algorítmica na fase de recrutamento

As plataformas digitais e as redes sociais tornaram-se os meios populares de publicidade. Com as novas tecnologias e a explosão dos meios digitais, a publicidade migrou substancialmente das formas tradicionais, como jornais, *outdoors*, rádio e televisão, para vários meios e plataformas digitais. Atualmente, a mídia publicitária avançada usa inteligência artificial para aumentar a eficácia da publicidade e otimizar a entrega de anúncios. A inteligência artificial tornou a publicidade mais assertiva, otimizada, personalizada, direcionada e inteligente, automatizando e facilitando funções vitais de *marketing*, como descoberta de *insights* do público-alvo, planejamento de mídia, compra, criação de anúncios e avaliação de impacto.[105]

As ferramentas de IA das plataformas fornecem diversos mecanismos que permitem aos anunciantes, com base na especificação de critérios, atingir um público específico. Em outas palavras, é possível a realização de ofertas de emprego "dirigidas", seja por vontade do anunciante, seja por "otimização" automática do anúncio pelo algoritmo. Com base nos parâmetros escolhidos pelo anunciante, as plataformas empregam algoritmos de otimização para decidir quem vê determinado anúncio. Mesmo que o anunciante não estabeleça nenhum critério, todo o processo de direcionamento e entrega da publicidade é executado por algoritmos, que são programados para otimizar a entrega dos anúncios ao público desejado ou "mais compatível".

Discriminatory ad targeting

Mesmo antes de as pessoas se candidatarem a determinados postos de trabalho, a tecnologia preditiva desempenha papel poderoso na determinação

105 CHEN, Gang; XIE, Peihong Xie; DONG, Jing; WANG, Tianfu. Understanding programmatic creative: the tole of AI, 2019.

de quem fica sabendo das vagas abertas. Empregadores e fornecedores estão usando ferramentas de *sourcing* ou busca, como publicidade digital e quadros de empregos personalizados, para moldar proativamente seus grupos de candidatos.[106]

É extremamente fácil direcionar um anúncio de vaga de emprego para segmentos grupais específicos, como jovens, mulheres ou candidatos de determinada região geográfica. E é fácil porque há uma sistemática omissão do poder público, em todas as suas esferas, quanto ao combate de tais práticas. Essa prática é chamada de "*discriminatory ad targeting*" ou "segmentação de anúncios discriminatórios". As plataformas de anúncios – tais como Google, LinkedIn, Facebook e outras – também não se preocupam em impedir esse tipo de prática, levantando questionamentos sobre sua responsabilidade por omissão.

Atualmente, o aplicativo Instagram, que é de propriedade da Meta, permite que o usuário, ao impulsionar uma publicação qualquer, escolha a categoria ou objetivo do anúncio. O aplicativo lista quatro grandes temas: crédito, emprego, moradia e temas sociais, eleições ou política. Portanto, é possível o impulsionamento de publicidade específica para anúncio de vagas de emprego, que conta com a seguinte descrição no aplicativo: "Emprego: empregos, certificações ou oportunidades de carreira".

Além disso, a plataforma permite duas opções ao anunciante quanto à definição do público-alvo: a) *automático*: "o Instagram faz o direcionamento de anúncios para pessoas semelhantes a seus seguidores. Ela procura pessoas que se engajaram com seu conteúdo antes e talvez tenham interesse em ver mais"; b) *criar o seu*: "insira suas opções de direcionamento manualmente. Você cria seu próprio público com base na localização, idade, interesses e gênero".[107] Observa-se que, caso o anunciante opte por definir manualmente o público-alvo, é possível segmentar a entrega do anúncio, também manualmente, com base nos seguintes critérios: localização, interesses e faixa etária e gênero. O limite de faixa etária é de 13 a 65 anos, o que já levanta questionamentos quanto à discriminação de pessoas acima de 65 anos.

Como se nota, ao impulsionar um anúncio de vaga de trabalho, a empresa pode direcionar o perfil de público para o qual o anúncio irá aparecer, e a plataforma permite, inclusive, o uso de critérios proibidos (gênero, idade e localização). Por exemplo, que o anúncio apareça para todas as mulheres, com idade entre 20 e 30 anos, que residem no bairro dos Jardins, na cidade de São Paulo/SP. A prática, que revela discriminação direta e intencional, é censurável não

---

106 RIEKE, Aaron; BOGEN, Miranda. Help wanted: an examination of hiring algorithms, equity, and bias, 2018.

107 Instagram. Acesso ao aplicativo realizado em 7 de outubro de 2023.

só para quem impulsiona a publicação, mas também quanto às plataformas de anúncios, que não se preocupam em implementar mecanismos de combate a tais condutas.

É fato incontroverso que as plataformas de anúncios permitem a disseminação de preconceitos em anúncios de vagas de trabalho. Um estudo publicado em dezembro de 2017 comprovou e deixou clara, por exemplo, a ligação entre as plataformas e a discriminação etária no recrutamento de emprego nas plataformas. No caso, o jornalismo investigativo realizado pelos jornais *ProPublica* e *The New York Times* demonstrou que dezenas de empregadores – entre eles Verizon, Amazon, Goldman Sachs, Target e Facebook – direcionaram seus anúncios publicitários de vagas de trabalho com base no critério proibido "idade" e excluíram indivíduos com mais de 40 anos.[108]

A investigação obteve uma base de dados de anúncios de emprego que revelou que os anúncios do Facebook podem ser e são direcionados para faixas etárias específicas, permitindo aos empregadores recrutar candidatos a empregos com menos de determinada idade. Por exemplo, os anúncios de empregos obtidos mostram que, em uma pesquisa por "manipuladores de pacotes em meio período", o Facebook permitiu que o United Parcel Service veiculasse um anúncio direcionado apenas a indivíduos com idades entre 18 e 24 anos. Por sua vez, a seguradora State Farm tinha como alvo apenas candidatos a empregos entre 19 e 35 anos.

A propósito, essa publicidade direcionada à idade é objeto de uma ação coletiva ajuizada contra as empresas T-Mobile, Amazon, Cox Media Group e Facebook, no dia 20/12/2017.[109] Na ação, alegou-se com base em *prints* juntados, por exemplo, que a T-Mobile enviou um anúncio de vagas de trabalho via Facebook para recrutar potenciais candidatos a emprego para suas lojas em todo o país e, ao fazê-lo, com base em informações e crenças, limitou a população que recebe o anúncio a pessoas entre os 18 e os 38 anos.

Na mesma ação e com base em *prints* dos anúncios, afirmou-se que o Facebook, agora na qualidade de empregador e não como plataforma de anúncios, usou sua própria plataforma de anúncios para enviar anúncio de emprego para recrutar indivíduos para trabalhar no Facebook e, ao fazê-lo, limitou a popu-

---

108 ANGWIN, Julia *et al.* Dozens of companies are using Facebook to exclude older workers from job ads. *ProPublica*, 2017. Disponível em: https://www.propublica.org/article/facebook-ads-age-discrimination-targeting. Acesso em: 18 jun. 2025.

109 ESTADOS UNIDOS. U.S. District Court for the Northern District of California. *Communications Workers of America, et al. v. TMobile U.S. Inc., et al.* Case n. 5:17-cv-07232. Disponível em: https://www.courthousenews.com/wp-content/uploads/2017/12/Older-Workers.pdf. Acesso em: 6 out. 2023. A ação foi encerrada em 7 de janeiro de 2021, depois de um acordo realizado entre as partes.

lação que recebe o anúncio a 21 a 55 anos. A captura de tela juntada aos autos mostra que o Facebook enviou o anúncio de emprego porque "deseja alcançar pessoas com idades entre 21 e 55 anos que moram ou estiveram recentemente nos Estados Unidos".

Em resposta à demanda judicial, o vice-presidente de anúncios do Facebook disse em um comunicado que

> a simples exibição de determinados anúncios de emprego para grupos de diferentes idades em serviços como o Facebook ou o Google pode não ser discriminatória por si só, assim como pode ser aceitável veicular anúncios de emprego em revistas e em programas de televisão dirigidos a pessoas mais jovens ou mais velhas.[110]

A ação coletiva mencionada reflete o nexo de causalidade entre as práticas de discriminação e a forma como os anúncios de emprego são publicitados nas redes sociais e nas plataformas de recrutamento de emprego. Contudo, não é apenas direcionando o anúncio com base em critérios expressamente proibidos que ocorre a discriminação por IA. Ela também pode se dar por meio do uso de *proxies*,[111] ou seja, de outras características que comumente pertencem a determinados grupos.

Ifeoma Ajunwa explica o uso de *proxies* em anúncios de emprego para discriminar com base no critério proibido idade. Segundo a autora, um mecanismo que impulsiona o aumento da discriminação etária é que as plataformas de anúncios de emprego, tanto em sua concepção como em sua função, permitem a substituição de referências relacionadas com a idade na linguagem publicitária. Ela cita o exemplo do caso *Hodgson v. Approved Personnel Services*, de 1975, no qual a justiça americana decidiu que a utilização do termo "recém-licenciado" em anúncio de emprego não era "meramente informativo", mas sim que dissuadia os trabalhadores mais velhos de se candidatarem. Ela afirma ainda, em comparação, que as plataformas atuais de anúncios de emprego

---

110 GOLDMAN, Rob. This time, ProPublica, we disagree. *Meta*, 20 dez. 2017. Disponível em: https://about.fb. com/news/h/addressing-targeting-in-recruitment-ads. Acesso em: 6 out. 2023.

111 *Vide* "Discriminação algorítmica *by design*", *supra*, no qual foi explicado que, em ferramentas de inteligência artificial, um *proxy* é uma característica substituta ou critério usado para representar algo que não pode ser diretamente observado ou medido. Em vez de pesar diretamente a variável de interesse (características proibidas, por exemplo), o algoritmo é projetado para avaliar algo relacionado a referida característica proibida, que muitas vezes é até mais fácil ou viável de se obter. Por isso, o desenvolvedor escolhe *proxies* que sejam razoavelmente correlacionados com a variável real que se quer alcançar ou que a ferramenta busca representar. É comum o uso indevido de *proxies* com o intuito de mascarar práticas discriminatórias.

permitem alguma sofisticação na forma como a discriminação etária pode ser alcançada. Embora o termo "recém-licenciado" possa ser considerado indiscutivelmente preconceituoso, um anúncio *online* que liste um conjunto de competências necessárias (embora seja um novo conjunto de competências que os mais velhos possam não ter) pode escapar mais facilmente ao escrutínio legal, ao mesmo tempo que efetua um resultado discriminatório por idade.[112]

A mesma autora afirma que os avanços tecnológicos permitiram que os anúncios de emprego preconceituosos assumissem dimensões ainda mais sutis. Um exemplo é o desenvolvimento de Grupos de Afinidade no Facebook. Esses grupos compreendem usuários "socialmente ativos" do Facebook de diferentes grupos demográficos, o que permite aos anunciantes direcionar mensagens. Com os Grupos de Afinidade, os clientes ou anunciantes podem optar por restringir ou "refinar" seu público-alvo, optando por limitar seus anúncios a determinadas pessoas. Mais especificamente, os Grupos de Afinidade podem permitir que as empresas concentrem seus anúncios em potenciais candidatos em faixas etárias específicas, como "18 a 38 anos". Logo, embora a utilização de linguagem discriminatória em termos de idade nos anúncios tenha sido o principal problema no passado, as capacidades de segmentação das plataformas permitem agora aos empregadores garantir que os trabalhadores mais velhos sejam efetivamente excluídos de muitos grupos de candidatos.[113]

Igualmente, as plataformas de recrutamento também estão repletas de *proxies* relacionados com a idade e eufemismos etários, particularmente no modo como algumas empresas apresentam suas culturas de trabalho e descrevem as competências necessárias para ocupação de suas vagas de emprego. Por exemplo, quando as empresas se descrevem como tendo uma cultura composta por "nativos digitais". Ao usar esse termo para descrever a cultura corporativa e ao anunciar "nativos digitais" ou "recém-formados", as empresas dissuadem os trabalhadores mais velhos de se candidatarem. A Equal Employment Opportunity Commission (EEOC), a agência federal norte-americana que fiscaliza a igualdade no trabalho, já advertiu que o uso de frases como "estudante universitário", "recém-formado" e "sangue jovem" pode, em tese, violar a *The Age Discrimination in Employment Act* ou ADEA. A pesquisa de Ifeoma Ajunwa menciona e cita alguns estudiosos que também argumentaram que o termo "nativo digital" se refere ao candidato exposto a novas tecnologias digitais desde tenra idade e cai no domínio da linguagem discriminatória.[114]

---

112 AJUNWA, Ifeoma. Age discrimination by platforms, 2019.
113 AJUNWA, Ifeoma. Age discrimination by platforms, cit., p. 9.
114 AJUNWA, Ifeoma. Age discrimination by platforms, p. 11-12.

No exemplo mencionado, sobre a possibilidade de definição do público-alvo de um anúncio de emprego pelo Instagram, foi mencionado que a plataforma permite, na seleção manual do público-alvo, que o anunciante direcione referido alcance com base nos "interesses" das pessoas a serem alcançadas. Esse é um bom exemplo de uso de *proxies* para, de forma simulada e oculta, praticar uma conduta discriminatória. É o caso do anunciante que lista interesses específicos de determinado grupo.

A exemplo de outras plataformas, o LinkedIn, *v. g.*, também tem uma ferramenta chamada *Dynamic Ads* ou anúncios dinâmicos cujo objetivo é justamente permitir ao anunciante o direcionamento da publicidade para certos grupos. Com isso, se um indivíduo com determinadas características vê um anúncio de vaga de emprego, pode ser que esse anúncio não apareça para outras pessoas. O próprio *site* da plataforma informa que "as informações do perfil do usuário não são exibidas a outros usuários".[115] Nessa lógica, a empresa anunciante pode definir suas preferências de publicidade por meio de anúncios dinâmicos.

Discriminatory ad delivery

Até aqui a discussão sobre práticas discriminatórias em anúncios de emprego pode ocorrer com bases nos recursos de segmentação oferecidos pelas plataformas e que conseguem direcionar um anúncio de vaga de trabalho a partir das características e parâmetros escolhidos pelas próprias empresas anunciantes. Contudo, o problema vai além. Vários trabalhos anteriores[116] já demostraram que a entrega de anúncios nessas plataformas pode ser distorcida por gênero ou raça devido à otimização algorítmica oculta pelas plataformas, mesmo quando não solicitada pelos anunciantes. Por exemplo, já ficou evidenciado por pesquisas que o gênero do proprietário de uma conta do Google influencia o número de anúncios que alguém vê relacionados a empregos com altos salários, com contas femininas visualizando em menor quantidade tais anúncios.[117]

---

115 LINKEDIN. *Dynamic Ads: resumo*. 2023. Disponível em: https://www.linkedin.com/help/lms/answer/a421292. Acesso em: 6 out. 2023.

116 DATTA, Amit *et al.* Discrimination in online advertising: a multidisciplinary inquiry, 2018; LAMBRECHT, Anja; TUCKER, Catherine E. Algorithmic bias? An empirical study into apparent gender-based discrimination in the display of STEM Career Ads, 2018; SPEICHER, T. *et al.* Potential for discrimination in online targeted advertising, 2018; SWEENEY, Latanya. Discrimination in online ad delivery: Google ads, black names and white names, racial discrimination, and click advertising, 2013; AKTER, Shahriar *et al.* Advancing algorithmic bias management capabilities in AI-driven marketing analytics research, 2023.

117 DATTA, Amit *et al.* Discrimination in online advertising, cit.

Essas pesquisas levantaram a hipótese de que a otimização da entrega de anúncios, que é feita por algoritmos, contribui para a distorção da distribuição dos destinatários por gênero ou raça, mesmo quando o anunciante segmenta seu anúncio de maneira inclusiva. Como se percebe, a discriminação algorítmica em anúncios de vagas de trabalho, além de se dar na forma de discriminação pelo alvo ou pela segmentação ou *discrimination ad targeting*, pode se dar também na modalidade de discriminação pela entrega ou *discriminatory ad delivery*. Em outras palavras, além das escolhas de segmentação dos anunciantes, os resultados discriminatórios podem ser resultado de escolhas dos próprios algoritmos das plataformas.

A hipótese foi confirmada, pelo menos em relação ao Facebook, em um estudo publicado no ano de 2019 que mostrou que, para empregos como lenhador e taxista, o Facebook entregou anúncios para públicos distorcidos em termos de gênero e raça, mesmo quando o anunciante tinha como alvo um público com equilíbrio de gênero e raça. O estudo estabeleceu que a distorção não se deve à segmentação do anunciante ou à concorrência de outros anunciantes, mas sim aos algoritmos de entrega treinados na otimização de dados tendenciosos, alinhados aos objetivos da plataforma.[118]

Além disso, em *Real Women in Trucking v. Meta Platforms, Inc.*, uma associação sem fins lucrativos que defende as mulheres caminhoneiras ajuizou, em dezembro de 2022, uma ação coletiva perante a EEOC contra a Meta Platforms, alegando que a empresa discrimina rotineiramente mulheres, especialmente as com mais de 55 anos, ao decidir quais usuários recebem anúncios de emprego na plataforma Facebook.[119]

É preciso observar, portanto, que os próprios algoritmos de otimização, durante a fase de entrega dos anúncios, desempenham um relevante papel na criação de resultados discriminatórios. Existem mecanismos de IA inescrutáveis por trás da entrega de anúncios, que é um processo distinto da criação e segmentação de anúncios pelos próprios anunciantes. A segmentação de anúncios é facilitada pela plataforma de publicidade, mas nominalmente controlada pelos anunciantes. Contudo, a entrega de anúncios é *conduzida* e *controlada* pela própria plataforma de publicidade.

Em outras palavras, durante a fase de entrega do anúncio, as plataformas de publicidade podem desempenhar um papel *independente* e central na criação de resultados distorcidos e potencialmente discriminatórios. Mais concreta-

---

118 ALI, Muhammad. *et al.* Discrimination through optimization: how Facebook's ad delivery can lead to biased outcomes, 2019.

119 ESTADOS UNIDOS. Equal Employment Opportunity Commission. *Real Woman in Trucking*. Disponível em: http://guptawessler.com/wp-content/uploads/2022/12/Real-Women-in-Trucking-Meta-Charge.pdf. Acesso em: 18 jun. 2025.

mente, o estudo citado demonstrou e concluiu que: i) o processo de entrega de anúncios do Facebook pode alterar significativamente o público ao qual o anúncio é entregue em comparação com aquele pretendido pelo anunciante com base no conteúdo do próprio anúncio. Anúncios direcionados de forma ampla e inclusiva podem acabar sendo entregues de forma diferenciada para segmentos de público específicos, mesmo quando mantidos o orçamento e o público-alvo constantes; ii) a entrega distorcida de anúncios pode começar no início da veiculação de um anúncio. Esse processo é provavelmente automatizado por parte do Facebook e não é um reflexo do *feedback* inicial recebido dos usuários em resposta ao anúncio; iii) foi confirmado que a entrega distorcida pode ocorrer em anúncios reais de moradia e oportunidades de emprego, veiculando uma série de anúncios com os mesmos parâmetros de segmentação e estratégia de lances. Observou-se a entrega distorcida em termos raciais e de gênero.[120]

Em outro estudo,[121] concluiu-se novamente que a entrega de anúncios do Facebook pode resultar na distorção da entrega de anúncios de emprego por gênero, para além do que pode ser legalmente justificado por possíveis diferenças na qualificação, fortalecendo assim os argumentos levantados anteriormente de que os algoritmos de entrega de anúncios do Facebook podem violar as leis antidiscriminação.

Realizado no ano de 2021, esse estudo identificou duas formas de discriminação *ad delivery*. Na primeira, há uma distorção na entrega que resulta na incorporação pelo algoritmo das qualificações profissionais descritas pelo anunciante em relação ao público-alvo que se pretende alcançar; na segunda, devido a outras escolhas algorítmicas que se correlacionam com fatores de gênero ou raciais, mas que não estão relacionados com qualificações profissionais descritas.

Para isolar o papel desempenhado pelos algoritmos da plataforma, o estudo de Imana, Korolova e Heidemann controlou fatores externos às escolhas de entrega de anúncios da plataforma, tais como a demografia das pessoas *online* durante a execução de uma campanha publicitária, a segmentação dos anunciantes e a concorrência de outros anunciantes. Os pesquisadores então veicularam vários anúncios de vagas de emprego com requisitos de qualificação semelhantes, mas que apresentam distribuição distorcida de fato (gênero). Na pesquisa, "distribuição de fato distorcida" refere-se às circunstâncias que se

---

120 ALI, Muhammad. *et al.* Discrimination through optimization, cit.

121 IMANA, Basileal; KOROLOVA, Aleksandra; HEIDEMANN, John. Auditing for discrimination in algorithms delivering job ads, 2021. ACM: New York, 2021.

refletem na distribuição distorcida (de gênero) das vagas. Por exemplo, existem postos de trabalho que são masculinizados, como o de lenhador.

Pelos motivos explicados, os pesquisadores escolheram a profissão de motorista de entregas como categoria profissional a ser estudada, porque conseguiram identificar duas empresas – Domino's e Instacart – com distribuições de gênero significativamente diferentes entre os motoristas, embora seus requisitos profissionais sejam semelhantes: 98% dos motoristas de entrega da Domino's são homens, enquanto mais de 50% dos motoristas da Instacart são mulheres.

Com base nessa diretriz metodológica, foram realizados anúncios de vaga de trabalho na Domino's (uma rede de pizzarias) e na Instacart (um serviço de entrega de supermercado). Ambos os postos de trabalho têm requisitos de qualificação semelhantes, mas um é de fato distorcido para homens (entrega de pizzas) e o outro para mulheres (entrega de produtos de supermercado). Afirmaram os autores que a comparação da entrega de anúncios para esses pares de empregos garantiu que a distorção observada não pudesse ser atribuída a diferenças de qualificação entre o público subjacente. Ainda, a metodologia proposta no estudo distinguiu entre o comportamento dos algoritmos de entrega de anúncios de diferentes plataformas e identificou aquelas cuja distorção de entrega vai além do que é justificável com base nas qualificações e é, portanto, discriminatória.[122]

Os pesquisadores então fizeram seus registros como anunciantes e veicularam anúncios para oportunidades reais de emprego em duas plataformas, Facebook e LinkedIn. Aplicaram a mesma metodologia de auditoria em ambas e observaram empiricamente resultados contrastantes que mostraram uma distorção de gênero estatisticamente significativa no caso do Facebook, mas não do LinkedIn. A distorção observada no Facebook vai na mesma direção da distorção de fato acima descrita, com o anúncio da Domino's entregue a uma fração maior de homens do que o anúncio da Instacart.[123]

A pesquisa também divulgou anúncios envolvendo o cargo de engenheiro de *software*, que é um trabalho altamente qualificado e que gera melhor correspondência para usuários do LinkedIn em relação comparativa ao cargo de

---

122 Os autores informaram que os anúncios foram construídos usando conteúdo de gênero neutro para minimizar qualquer distorção. Para as categorias de motorista de entrega e associado de vendas, o texto do anúncio usou trechos modificados das descrições reais do cargo aos quais eles comumente se vinculam. Para garantir que qualquer distorção potencial não fosse relacionada à linguagem nas descrições dos cargos, o que poderia atrair diferentes públicos de maneira distinta, os anúncios foram veiculados usando títulos genéricos.

123 IMANA, Basileal; KOROLOVA, Aleksandra; HEIDEMANN, John. Auditing for discrimination in algorithms delivering job ads, cit.

motorista de entrega. Foram escolhidas duas empresas com base na demografia dos funcionários declarada em seus relatórios de diversidade. Como foram veiculados anúncios de engenharia de *software*, o estudo optou por analisar especificamente a porcentagem de funcionárias mulheres que trabalham em cargos relacionados à tecnologia.

As empresas escolhidas foram Netflix e Nvidia. Na Netflix, 35% dos funcionários em cargos relacionados à tecnologia eram mulheres de acordo com seu relatório de 2021. Na Nvidia, 19% de todos os funcionários eram mulheres. Além disso, de acordo com dados de 2020, a porcentagem de funcionárias em áreas relacionadas à tecnologia posições era tão baixo quanto, ou seja, 14%. A ideia foi investigar se o algoritmo da plataforma perpetuaria a diferença de fato existente na demografia dos funcionários. Ou seja, esperava-se que o anúncio da Netflix tivesse maior visibilidade para mulheres do que o anúncio da Nvidia.

Os resultados do Facebook mostraram distorções de gênero, com uma distribuição de gênero estatisticamente diferente entre a entrega dos dois anúncios. A inclinação está na direção que confirmou a hipótese levantada no estudo, qual seja, uma fração maior de mulheres viu os anúncios da Netflix em relação à fração que visualizou os anúncios da Nvidia. Por sua vez, os resultados do LinkedIn não apresentaram distorções. Esses resultados confirmam a presença de distorções de entrega não justificadas por qualificações no Facebook para uma segunda categoria profissional mais qualificada.

Até aqui foi possível observar que a discriminação algorítmica em anúncios de vagas de trabalho é uma realidade polimorfa, multifatorial, complexa e que não pode ser negligenciada. Ela se manifesta de forma intencional, oculta e até mesmo indireta. De todas as formas, o resultado será uma moldagem do *pool* de candidatos a serem alcançados pelo anúncio.

Isso se dá porque as ferramentas de IA, no que se refere aos anúncios, são desenvolvidas para alcançar os candidatos mais "relevantes". Esses sistemas, que prometem aos empregadores um uso mais eficiente dos orçamentos de recrutamento, geralmente fazem previsões altamente superficiais: eles predizem não quem terá sucesso na função, mas quem tem maior probabilidade de clicar no anúncio de emprego.

Apesar de todos os riscos e preocupações, algumas plataformas, como o Instagram, por exemplo, continuam permitindo que anunciantes discriminem grupos e indivíduos em publicidade relacionada a vagas de trabalho. Em outros termos, ainda é possível, com muita facilidade, discriminar com base em critérios expressamente proibidos. Por isso, responsabilizar as empresas pela maneira como usam as plataformas é uma medida que se impõe. Contudo, é necessário controlar os fornecedores que fabricam essas ferramentas.

De todo modo, mesmo que não se faça uso dos critérios proibidos, é preciso ter em mente que as medidas antidiscriminatórias também devem se preocupar com os atributos ou *proxies* usados para segmentação, como os "interesses". Um anunciante mal-intencionado pode, *v. g.*, criar anúncios altamente discriminatórios sem utilizar atributos sensíveis ou critérios proibidos. Por esse motivo, é acertado concluir que a verificação ou determinação sobre ser um anúncio direcionado discriminatório não deve ser feito com base no uso ou não de atributos específicos do público pelos anunciantes, mas sim pela noção e pelas lentes da teoria do impacto desproporcional.

Anúncios de empregos personalizados visam aprender automaticamente as preferências dos recrutadores e usar essas previsões para solicitar candidatos semelhantes. Se o sistema perceber que os recrutadores interagem com mais frequência com homens brancos, ele pode muito bem encontrar *proxies* para essas características (como se chamar Jared ou ter jogado lacrosse no ensino médio) e replicar esse padrão.

Esse tipo de impacto adverso pode acontecer sem instruções explícitas e, pior ainda, sem que ninguém perceba. Com isso, esses algoritmos podem não rejeitar abertamente determinados candidatos, mas não informar as pessoas sobre uma oportunidade de emprego é uma barreira discriminatória altamente eficaz para pessoas que estão em busca de trabalho.[124]

Para corroborar as conclusões anteriores, resultados de estudos[125] empíricos demonstraram que vários atributos utilizados em anúncios, além do tão criticado uso de critérios proibidos, como "gênero" e "idade", mostram fortes correlações positivas e negativas com usuários pertencentes a diferentes grupos, como o de pessoas pretas, por exemplo.

Além disso, constatou-se que os algoritmos da Meta relacionam sugestões de atributos que podem ser exploradas por anunciantes para descobrir atributos facialmente neutros, mas que podem ser usados para discriminar, da ordem de dezenas de milhões, indivíduos pertencentes a determinados públicos. Portanto, a simples proibição de certos atributos é insuficiente para resolver o problema.

Ao discorrer sobre o tema de discriminação algorítmica em anúncios de emprego, Carolina Serrano Falcón chama a atenção para a total falta de proteção jurídica das pessoas candidatas a postos de trabalho:

> Poderíamos nos perguntar se a pessoa que procura emprego, nesta fase tão inicial do processo de contratação, dispõe de algum mecanismo de proteção ou tutela restaurativa. Como você pode provar que determinada oferta de emprego não chegou à sua rede social porque o algoritmo daquela plataforma

---

124 BOGEN, Miranda. All the ways hiring algorithms can introduce bias, 2019.

125 SPEICHER, T. *et al.* Potential for discrimination in online targeted advertising, cit.

> a excluiu anteriormente? Impossível. Como saber a razão pela qual, na fase de seleção de candidatos para uma oferta de emprego para determinada empresa, quem enviou o currículo também ficou de fora? Também é difícil agir aqui.[126]

Segundo a autora, a pessoa que procura emprego nessa fase inicial gerou apenas ilusões ou esperanças de conseguir um emprego, mas ainda não tem direitos sobre o emprego oferecido. Nesse caso, para ela, só haveria duas possibilidades de atuação (embora, do ponto de vista prático, irrealistas):

a) Iniciar uma ação pleiteando a anulação da oferta ou sua reescrita sem conteúdo discriminatório, e o recebimento de indenização, inclusive pleiteando danos morais por não ter tido a oportunidade de se candidatar, já que excluído injustificadamente da oferta. De todo modo, isso pode acontecer caso se receba uma oferta com conteúdo discriminatório.

Contudo, cada vez mais ofertas são veiculadas sem discriminação aparente, embora os algoritmos, de maneira não transparente, excluam o envio de ofertas de emprego a determinados candidatos. Nesses casos, nada pode ser feito, porque o candidato sozinho não é capaz de enfrentar os gigantes tecnológicos internacionais. Desamparo absoluto.

b) Fazer denúncias a órgãos e entidades legitimadas para atuar coletivamente. Nesse caso, ainda assim, não se verificaria efeito direto quanto aos interesses do candidato, conquanto a atuação coletiva possa ter impacto no patrimônio da empresa e em suas futuras condutas.[127]

Discriminação algorítmica nas etapas de seleção e de contratação de trabalhadores

Historicamente, as primeiras experiências no uso de decisões automatizadas no contexto trabalhista se deram na fase de seleção de candidatos, quando ainda era incipiente o uso das ATS ou *automatic tracking systems* ou sistemas de rastreamento automáticos, conforme explorado anteriormente ("Sistemas automatizados de decisões nas relações trabalhistas: uma breve história", *supra*). Por essas razões históricas, o uso intensivo das ferramentas de IA é comumente verificado, em maior frequência, na fase de seleção dos candidatos às vagas de trabalho. É comum o uso da sigla AHS ou *automated hiring systems* ou "sistemas de contratação automatizados" para designar o uso de IA especificamente para a fase de seleção de candidatos.

---

126 SERRANO FALCÓN, Carolina. Processo de contratación, política de empleo y uso de algoritmos, 2022.

127 SERRANO FALCÓN, Carolina. Processo de contratación, política de empleo y uso de algoritmos, cit.

A etapa de seleção é subdividida em várias outras etapas. Ela comporta inicialmente o processo de triagem e análise de currículos, na qual ocorre uma espécie de "malha fina" para seleção dos currículos que melhor se encaixam nos critérios escolhidos. A triagem, portanto, é o momento em que ocorre a ordenação de currículos de acordo com aderência à vaga. Depois de escolhidos os currículos, selecionados pela triagem, são realizadas entrevistas iniciais, geralmente por vídeo, telefone ou texto.

Dentro da fase de seleção, algumas empresas aplicam testes, desafios e dinâmicas para aqueles candidatos que tiveram os currículos selecionados e passaram pelas entrevistas iniciais. Esses testes podem ser o mais diversificados possível, desde testes de personalidade e comportamentais até testes sobre matérias específicas, como idiomas, por exemplo. Os testes buscam estabelecer a aderência do candidato ao perfil ou cultura organizacional.

Atualmente, todas as tarefas mencionadas podem ser automatizadas por meio do uso de avançadas ferramentas de IA e, em todas as decisões, dentro de cada etapa decisória, podem surgir práticas discriminatórias. A esse respeito Aaron Rieke e Miranda Bogen ensinam:

> A contratação raramente é uma decisão única, mas sim uma série de decisões menores e sequenciais que culminam em uma oferta de emprego – ou em uma rejeição. A contratação de tecnologias pode desempenhar papéis muito diferentes ao longo desse processo. Por exemplo, nas fases iniciais do recrutamento, as previsões automatizadas podem orientar anúncios de emprego e recomendações de emprego personalizadas para candidatos a emprego de grupos demográficos específicos. Depois que os candidatos se inscrevem, os algoritmos ajudam os recrutadores a avaliar e desqualificar rapidamente os candidatos ou priorizá-los para análise posterior. Algumas ferramentas envolvem os candidatos com *chatbots* e entrevistas virtuais, e outras usam avaliações baseadas em jogos para reduzir a dependência de fatores tradicionais (e muitas vezes estruturalmente tendenciosos), como frequência universitária, GPA (desempenho acadêmico) e resultados de testes. Em cada fase, as tecnologias preditivas podem ter um efeito poderoso sobre quem terá sucesso no processo de contratação.[128]

Desde o sistema menos automatizado (que permite a maior intervenção humana) até o mais automatizado (que permite a menor intervenção humana), existem os que empregam algoritmos que analisam currículos em busca de palavras-chave; algoritmos de aprendizado de máquina treinados para seleção

128 RIEKE, Aaron; BOGEN, Miranda. Help wanted, cit.

de currículos e implantados para classificá-los em centenas ou milhares; sistemas de triagem de vídeo, como o oferecido pela empresa HireVue, que fornecem avaliações automatizadas baseadas em análise facial, indicações vocais e outras caraterísticas.[129]

A seleção automatizada como "tendência sociotécnica" desafia o ideal fundamental de iguais oportunidades iguais em matéria de emprego. Essas práticas automatizadas podem não apenas ser utilizadas para excluir certas categorias de trabalhadores, mas também para justificar a inclusão de outras classes como mais "aptas" para o trabalho. Isso é motivo para a preocupação técnica e jurídica no sentido de que algoritmos possam ser usados para manipular o mercado de trabalho de formas que negam a igualdade de oportunidades no contexto laboral.[130]

Nessa trilha, o objetivo deste tópico é apresentar alguns exemplos de como pode se dar a discriminação algorítmica durante a triagem e a análise de currículos; durante as entrevistas; e, por fim, durante os testes comportamentais.

Triagem automatizada de currículos

Embora as novas ferramentas de contratação raramente tomem decisões de contratação afirmativas, muitas vezes elas automatizam as rejeições. Grande parte dessa atividade acontece no início do processo de contratação, quando as oportunidades de emprego surgem automaticamente para algumas pessoas e são negadas a outras, ou quando um sistema preditivo considera que os candidatos não atendem às qualificações mínimas ou desejadas necessárias para avançar no processo de candidatura.[131]

No ano de 2003 foi publicado um estudo denominado "Emily e Greg são mais empregáveis do que Lakisha e Jamal?".[132] Os pesquisadores enviaram currículos fictícios para anúncios de vagas de trabalho publicadas em jornais das cidades americanas de Boston e Chicago. Para manipular a raça percebida, os currículos receberam aleatoriamente nomes que soam afro-americanos ou brancos. Dentre outros resultados, o estudo constatou que nomes comumente ligados a pessoas brancas receberam 50% mais telefonemas agendando entrevistas em relação ao outro grupo, ou seja, candidatos a empregos com nomes afro-americanos receberam muito menos retornos para cada currículo enviado.

---

129 AJUNWA, Ifeoma. An auditing imperative for automated hiring systems, cit.

130 AJUNWA, Ifeoma. An auditing imperative for automated hiring systems, cit.

131 RIEKE, Aaron; BOGEN, Miranda. Help wanted, cit.

132 BERTRAND, Marianne; MULLAINATHAN, Sendhil. Are Emily and Greg more employable than Lakisha and Jamal? A field experiment on labor market discrimination, 2004.

No exemplo citado, a hipótese testada não envolveu o uso de inteligência artificial. Contudo, demonstra claramente que há uma associação entre o número de telefonemas de retorno e os *proxies* relacionados a determinados grupos. Algoritmos de triagem de currículos estão sujeitos a essas mesmas associações indevidas. Em uma triagem de currículos por IA a ferramenta de seleção pode desenvolver preferência por dois fatores: ex-jogadores de lacrosse do ensino médio de nome Jared, concluindo então que esses fatores causavam o alto desempenho, em vez de estarem correlacionados a eles. Isso comprova e demonstra a incapacidade da IA de distinguir correlação de causalidade. Trata-se de típica discriminação algorítmica por correlação espúria.

Em um artigo publicado em 2022 em uma revista de filosofia e tecnologia, Eleanor Drage e Kerry Mackereth analisaram afirmações de várias empresas que ofereciam ferramentas de recrutamento baseadas em IA, muitas das quais afirmavam eliminar preconceitos e promover a diversidade, ocultando os nomes, gêneros e outros identificadores dos candidatos, e outras que ranqueavam os candidatos com base em varreduras de currículo, avaliações *online*, análise da fala e das expressões faciais dos candidatos.

Os investigadores argumentaram que essas ferramentas podem, na verdade, promover a uniformidade nas contratações porque reproduzem preconceitos culturais dos "candidatos ideais", que historicamente têm sido homens brancos ou europeus. Afirmaram que, embora a tentativa de remover os critérios de raça e gênero do processo de contratação tivesse como objetivo a possibilidade de avaliar todos os seres humanos igualmente, ignorava-se o fato de que, historicamente, o candidato arquetípico tem sido percebido como sendo branco e/ou masculino e europeu.[133]

Isso se dá porque, como afirmado por Cathy O'Neil, "os processos de dados codificam o passado. Eles não inventam o futuro".[134] Seguindo a mesma linha de pensamento, a professora Sandra Mayson esclarece que a tomada de decisão automatizada é apenas um reflexo de todas as decisões anteriores:

> A análise preditiva, na verdade, é um espelho do passado. Ele destila padrões em dados passados e interpreta-os como projeções do futuro. A previsão subjetiva produz um reflexo nebuloso de dados anedóticos. Mas a natureza da análise é a mesma. Prever o futuro sob condições de *status quo* é simplesmente projetar a história adiante.[135]

---

133 DRAGE, Eleanor; MACKERETH, Kerry. Does AI debias recruitment? Race, gender, and AI's "eradication of difference", 2022.

134 O'NEIL, Cathy. *Weapons of math destruction:* how big data increases inequality and threatens democracy, 2016, p. 173.

135 MAYSON, Sandra G. Bias in, bias out, 2018.

Acrescenta a mesma autora que "a fonte da desigualdade racial na avaliação de risco [que é um tipo de tomada de decisão automatizada] não reside nem nos dados de entrada, nem em um algoritmo específico, nem na metodologia algorítmica *per se*". Pelo contrário,

> [...] o problema profundo é a natureza da própria previsão. Todas as previsões olham para o passado para fazer suposições sobre eventos futuros. Num mundo racialmente estratificado, qualquer método de previsão irá projetar as desigualdades do passado no futuro. [...] Os algoritmos, em suma, lançam uma nova luz sobre um velho problema.[136]

Em termos técnicos, os sistemas algorítmicos de contratação baseiam-se na aprendizagem automática: técnicas que "detectam padrões em dados existentes (chamados dados de formação ou de alimentação) para construir modelos que preveem resultados futuros sob a forma de diferentes tipos de pontuações e classificações".[137]

Quando assim atuam, como se dá na maior parte dos casos, os algoritmos parecem incorporar da sociologia o *paradigma de atração por similaridade* e a *teoria da identidade social*. Ambas sustentam que as preferências dos indivíduos por interagir com outras pessoas como elas podem resultar no fato de que a diversidade tenha um efeito negativo nos resultados organizacionais e do grupo.[138] Esse é o perigo do chamado "*fit* cultural" das organizações. Os estereótipos, que constituem a base da discriminação e do preconceito, estão relacionados a essa categorização e se referem à generalização excessiva de características sobre grupos.

Logo, se o sistema "aprender" com decisões de contratação anteriores que apresentam algum grau de preconceito, os resultados previstos do sistema apresentarão o mesmo padrão de preconceito humano. Como no exemplo mencionado, a ferramenta algorítmica de triagem de currículo descobriu que os dois fatores mais preditivos do sucesso do funcionário eram o nome ser Jared e o fato de o candidato ter jogado lacrosse no ensino médio. Em outras palavras, o algoritmo selecionava homens brancos e ricos, refletindo o conjunto distorcido de ex-funcionários.[139]

É claro que a discriminação algorítmica na etapa de seleção também pode se dar diretamente, com nítido intuito de segregar injustamente. Em 5 maio de

136 MAYSON, Sandra G. Bias in, bias out, cit.

137 BRITAIN'S ROYAL SOCIETY. *Machine learning*: the power and promise of computers that learn by example, 2017.

138 BYRNE, Doon. *The attraction paradigm*, 1971.

139 HILLIGOSS, Hannah. What's the deal with algorithmic discriminations?, 2021.

2022, a EEOC ajuizou uma ação em desfavor de três empresas pertencentes ao grupo empresarial chinês iTutorGroup por discriminação etária algorítmica. A EEOC alegou que a empresa violou o *The Age Discrimination in Employment Act* ou ADA, ao implementar um programa de contratação de *software* que "discriminava intencionalmente candidatos mais velhos devido à sua idade" ao "rejeitar automaticamente candidatos do sexo feminino com 55 anos ou mais e candidatos do sexo masculino com 60 anos ou mais". A ferramenta de IA do grupo empresarial rejeitou mais de duzentos candidatos qualificados baseados apenas em suas idades.[140]

A prática discriminatória foi descoberta depois que um candidato apresentou dois currículos idênticos, exceto quanto à sua data de nascimento. Segundo a EEOC, o candidato utilizou um pedido com a data de nascimento real e apresentou um segundo pedido com uma data de nascimento mais recente. O candidato recebeu uma chance de entrevista apenas quando utilizou a data de nascimento mais recente. O caso foi encerrado depois que o iTutorGroup realizou um acordo e concordou em pagar 365 mil dólares a um grupo de candidatos cujas inscrições foram rejeitadas devido à idade. No acordo, a empresa não admitiu nenhuma irregularidade, mas concordou em submeter à EEOC "propostas de procedimentos antidiscriminação e de reclamação aplicáveis à triagem, contratação e supervisão" de candidatos e colaboradores.[141]

Igualmente, embora o iTutorGroup tenha cessado a contratação de tutores nos Estados Unidos, o acordo também prevê um alívio não monetário significativo destinado a prevenir a discriminação caso o grupo retome suas operações no país. Essa medida inclui a formação extensiva e contínua para os envolvidos na contratação de tutores, a publicação de uma nova e robusta política antidiscriminação e fortes penalidades contra a contratação discriminatória com base na idade ou sexo e na solicitação das datas de nascimento dos candidatos. A EEOC monitora a conformidade da empresa com essas obrigações pelo menos pelos próximos cinco anos ou mais, caso o grupo resolva retomar a contratação de tutores nos Estados Unidos. Além disso, se a empresa retomar suas operações nesse país, o acordo prevê que ela deve notificar e entrevistar os candidatos supostamente rejeitados por causa da idade.

Na etapa de seleção de trabalhadores, as ferramentas de IA realizam o *screening* ou triagem dos currículos com base em argumentos ou palavras-chave que a empresa cliente ou o próprio algoritmo da empresa de *software* consideram relevantes, ou seja, para as tomadas de decisão a IA se baseia na priorização de características que se associam e são pontuadas pelo algoritmo.

---

140 ESTADOS UNIDOS. Equal Employment Opportunity Comission.
141 ESTADOS UNIDOS. Equal Employment Opportunity Comission.

Independentemente da utilização de critérios proibidos durante a triagem dos currículos, as ferramentas de IA podem discriminar com base em outras características. Por exemplo, não raro o algoritmo é programado ou aprende que candidatos com lacunas temporais de trabalho na carreira devem ser pontuados de forma negativa. Contudo, o algoritmo pode recusar automaticamente um candidato qualificado que precisou parar de trabalhar devido ao tratamento de uma deficiência ou em razão de encargos familiares, o que provocará um resultado discriminatório.

No dia 21 de fevereiro de 2023, também nos Estados Unidos, foi ajuizada uma ação contra a empresa de *softwares* de recrutamento Workday Inc., sob a alegação de que seus sistemas de IA e ferramentas de triagem desqualificam candidatos pretos, com deficiência ou com mais de 40 anos em uma taxa desproporcional. No caso, Derek Mobley, autor da demanda, um homem preto, com mais de 40 anos e que sofre de ansiedade e depressão, afirma que se candidatara a aproximadamente 80 a 100 vagas desde o ano 2018 e que usaram a IA da Workday como ferramenta de triagem. Ele afirmou que em todas as oportunidades não obteve sucesso, apesar de ter um diploma de bacharel em finanças pelo Morehouse College e um diploma de associado em administração de sistemas de rede pelo ITT Technical Institute. Aduziu que a Workday comercializava ferramentas de IA que discriminavam intencionalmente certos indivíduos. O processo ainda está em andamento.[142]

O caso de Derek Mobley bem exemplifica uma das inúmeras preocupações principais levantadas pela Professora Ifeoma Ajunwa quanto à contratação automatizada por sistemas de IA. Dentre outros, ela identifica como principal problema a falta de controle dos trabalhadores sobre a portabilidade de seus dados que são capturados por sistemas automatizados de contratação, o que aumenta a chance de discriminação reiterada, levantando assim o espectro de uma classe de candidatos a empregos permanentemente excluída por algoritmos, o que significa que certos candidatos podem se encontrar "algoritmicamente rejeitados".[143]

---

142 ESTADOS UNIDOS. District Court for the Northern District of California. *Mobley v. Workday, Inc.*, 4:23-cv-00770-YGR (N.D. Cal. Jul. 25, 2023). Disponível em: https://clearinghouse.net/case/44074. Acesso em: 18 jun. 2025.

143 AJUNWA, Ifeoma. An auditing imperative for automated hiring systems, cit., p. 626. No estudo citado, a autora identifica quatro problemas principais com a contratação automatizada: 1) as características de *design* das plataformas de contratação automatizada podem permitir-lhes servir como sistemas de seleção que eliminam discretamente candidatos de categorias protegidas sem reter um registo; 2) sistemas automatizados de contratação que permitem a implantação de substitutos (*proxies*) para categorias protegidas, como gênero ou raça, podem ser usados para apresentar resultados discriminatórios de emprego como justos; 3) a lei de propriedade intelectual, especificamente o segredo comercial, protege os

A empresa Gupy, que oferece *softwares* de recrutamento no Brasil, explica em seu *website*[144] que sua inteligência artificial realiza a ordenação das pessoas candidatas a partir da análise dos currículos. Segundo a empresa, a Gaia, como é chamada sua IA, usa uma combinação de modelos de *machine learning* e *deep learning* que fazem processamento e compreensão de linguagem natural, para buscar similaridades semânticas (de sentido) entre os textos presentes no currículo e na descrição da vaga.

Com isso, a ferramenta faz uma leitura da vaga criada e dos currículos das pessoas candidatas, cruzando as informações para ordenar os melhores candidatos no topo da lista. Assim, o primeiro passo da Gaia na ordenação é ler informações importantes da vaga criada. Um dos critérios utilizados é a análise das ações prévias que a empresa cliente teve na plataforma. A IA então aprende, com base em dados passados, quais as características relevantes de pessoas candidatas que foram contratadas em vagas similares.

Pode ser que a empresa nunca tenha utilizado a ferramenta antes e, por isso, não terá histórico de contratações. Nesses casos, a Gupy afirma que

> a Gaia já vem com uma inteligência média de mercado na funcionalidade de ranqueamento e consegue te ajudar a encontrar as pessoas candidatas mais parecidas com sua vaga desde o dia 1. Essas informações são usadas dentro de um modelo de ranqueamento, o coração da Gaia, que calcula uma pontuação.[145]

Ainda segundo a empresa, essa pontuação é chamada de "fator encaixe" ou "afinidade" e o cálculo é feito a partir de mais de cem características relativas aos campos de experiências, formação, habilidades, certificações, idiomas, distância da empresa, indicações e se a pessoa candidata já trabalha naquela empresa ou não. Nota-se que até mesmo a distância entre o endereço do candidato e o local de trabalho é levado, ilegalmente, em consideração.[146]

---

sistemas automatizados de contratação do escrutínio externo e permite que a discriminação passe despercebida; e 4) a falta de controle de um trabalhador sobre a portabilidade dos dados dos candidatos capturados por sistemas automatizados de contratação aumenta a chance de discriminação repetida no emprego, levantando assim o espectro de uma classe de candidatos a empregos permanentemente excluída por algoritmos, o que significa que certos candidatos podem se encontrar "algoritmicamente rejeitados".

144 GUPY. *Como a Gaia ordena as pessoas candidatas*. 2023. Disponível em: https://www.gupy.io/blog-do-emprego/o-que-a-gaia-avalia. Acesso em: 4 ago. 2025.

145 *Ibid.*

146 A depender do caso concreto, a triagem de candidatos ao trabalho com base no local onde moram pode levar à discriminação racial ou social.

Embora as empresas de *softwares* de seleção algorítmica comumente afirmem que suas ferramentas atuam como meras auxiliares no processo de decisão, na realidade elas têm a capacidade de rejeitar automaticamente uma proporção significativa de candidatos, na medida em que colocam como melhores candidatos aqueles que se ajustam aos critérios ou características tomados como relevantes pela empresa, pois as ferramentas de IA usam o aprendizado de máquina para fazer previsões com base em decisões anteriores de triagem.

Seguindo a diretriz perfilhada, Miranda Bogen afirma que, à primeira vista, pode parecer natural que as ferramentas de seleção modelem decisões de contratação anteriores. Mas essas decisões geralmente refletem os mesmos padrões que muitos empregadores estão ativamente tentando mudar por meio de iniciativas de diversidade e inclusão.[147] A mesma autora argumenta que outras ferramentas de seleção incorporam aprendizado de máquina para prever quais candidatos serão "bem-sucedidos" no trabalho, geralmente metrificados por sinais relacionados à estabilidade, produtividade ou desempenho (ou pela ausência de sinais como atraso ou ação disciplinar). Outras pretendem ajudar os empregadores a usar parâmetros mais sutis para fazer suas previsões, como jogabilidade ou análise de vídeo.[148]

Entrevistas por meio de inteligência artificial

Após a triagem automatizada dos currículos, a depender das etapas escolhidas pela empresa, o candidato à vaga provavelmente será entrevistado. Muitas organizações utilizam ferramentas de inteligência artificial para conduzir e realizar entrevistas, que geralmente se dão por meio de vídeo e/ou por meio de textos conduzidos por *chatbots*.[149]

As preocupações e os riscos são inúmeros e variados. Além dos diversos problemas que conduzem um algoritmo a discriminar e já apontados ao longo do estudo – *v. g.*, os relacionados à falta de diversidade dos dados de treinamen-

147 BOGEN, Miranda. All the ways hiring algorithms can introduce bias, cit.

148 BOGEN, Miranda. All the ways hiring algorithms can introduce bias, cit.

149 Um *chatbot*, abreviação de "*chat robot*", é um *software* projetado para automatizar interações em conversas com usuários, ou seja, eles interagem de maneira conversacional. Fazem e respondem a perguntas, fornecem informações, executam tarefas específicas e mantêm conversas em linguagem natural. Comumente são utilizados em uma variedade de aplicações, desde atendimento automatizado a clientes, assistência pessoal e entrevistas para vagas de trabalho.

tos,[150] ao *design* algorítmico do modelo, ao aprendizado tendencioso[151] e ao impacto desproporcional –, os *chatbots* de IA utilizados nos processos seletivos podem fazer inferências tendenciosas sobre os candidatos a partir de informações publicamente disponíveis na internet e nas redes sociais. Já as ferramentas de entrevistas em vídeo utilizam a análise de expressões faciais e linguagem corporal dos candidatos como parte do processo de avaliação, possibilitando a identificação de características de personalidade dos candidatos, tais como seus aspectos comportamentais e emocionais.

As ferramentas do tipo *chatbots* podem ser usadas para conduzir entrevistas de emprego de várias maneiras, automatizando partes do processo de triagem e coleta de informações. Primeiro, elas têm a capacidade de fazer perguntas iniciais para coletar informações básicas, como nome, experiência, habilidades e motivação para se candidatar à vaga. Ainda, podem verificar a adequação do candidato com base nas informações fornecidas, como experiência e requisitos mínimos da vaga. Igualmente, podem estar programadas para apresentar uma série de perguntas predefinidas. Os candidatos respondem às perguntas em linguagem natural, como se estivessem em uma entrevista com um recrutador humano.

A partir das respostas dadas pelos candidatos, o *chatbot* utiliza o processamento de linguagem natural ou NLP para analisar as respostas dos candidatos, identificando informações relevantes, como competências, experiência, adequação à vaga e outras, de acordo com os critérios utilizados no desenvolvimento do modelo. Com base na análise das respostas, a ferramenta pode atribuir uma pontuação ou classificação aos candidatos e, a depender dos critérios tomados como relevantes pelo modelo, o *chatbot* é capaz de recomendar quais candidatos devem avançar para a próxima etapa do processo seletivo ou ser rejeitados.

Se houver a participação humana, a ferramenta poderá ser integrada ao sistema de gerenciamento de candidatos da empresa, permitindo aos recrutadores acessar as informações coletadas e as recomendações do sistema. Desse modo, a depender do caso, os recrutadores humanos podem revisar as respos-

---

150 Como foi exposto no item "Discriminação produzida por ferramentas de IA: conceito e tipologia própria", *supra*, uma das grandes causas de decisões automatizadas discriminatórias reside nos dados de treinamento do modelo. Se os dados forem imprecisos, não representativos ou tendenciosos, o modelo resultante e as respectivas previsões podem refletir resultados distorcidos e injustos.

151 Também no item "Discriminação produzida por ferramentas de IA: conceito e tipologia própria", *supra*, foi explicado que o sistema, embora não seja inicialmente tendencioso, pode desenvolver ao longo de seu tempo de funcionamento seus próprios vieses, especialmente quando passa a entender que determinados parâmetros ou características pertencentes a um certo grupo são mais relevantes do que outros.

tas dos candidatos e tomar as decisões finais, com base ou não nas recomendações do algoritmo.

Como se trata de uma ferramenta que funciona por retroalimentação ou por reforço (cf. item "Discriminação algorítmica por retroalimentação ou por reforço", *supra*), alguns *chatbots* usados em entrevistas de emprego podem melhorar com o tempo, aprendendo com os *feedbacks* dos recrutadores e o sucesso dos candidatos contratados. Por outro lado, o modelo pode estar, desde o início de sua implementação, enviesado pelos dados de treinamento ou até mesmo pela arquitetura do código. Além disso, uma vez que ele aprende com base em retroalimentação ou reforço, pode desenvolver ou amplificar desigualdades existentes com base nas informações fornecidas pelos recrutadores, que naturalmente têm tendências, vieses e preconceitos, explícitos ou não.

Desse modo, à medida que o *chatbot* interage com os usuários, ele pode aprender a partir dessas interações e ajustar suas respostas com base nas informações que recebe. Se os usuários têm preconceitos ou fornecem informações enviesadas, o sistema pode começar a adotar esses vieses em suas respostas. Outrossim, conforme a ferramenta é atualizada com novos dados ou reajustada ao longo do tempo, ela pode desenvolver vieses devido às mudanças na fonte de dados ou na metodologia de treinamento.

Para evitar o desenvolvimento de vieses em sistemas do tipo *chatbot*, é fundamental utilizar no treinamento conjuntos de dados diversificados, realizar revisões regulares das interações do *chatbot* e implementar medidas de mitigação de vieses, como o uso de técnicas de equilíbrio e revisão humana das respostas geradas. A transparência e a auditoria contínuas também desempenham um papel central na prevenção e correção de vieses em sistemas de aprendizado por reforço.

As entrevistas também podem ser conduzidas de forma automatizada por meio de ferramentas de IA que detectam o perfil dos candidatos a partir da análise de vídeos por ele produzidos. Essas ferramentas "são a última tendência em contratação automatizada"[152] e "talvez o mais extremo dos sistemas de contratação automatizados".[153] Entrevistas automatizadas em vídeo envolvem a colheita da biometria facial e do padrão de fala dos candidatos às vagas de trabalho. Elas são capazes de capturar e avaliar palavras, padrões vocais, expressões corporais e faciais dos candidatos, dentre outras características.

O advento de *softwares* de reconhecimento facial e vocal permite que as empresas registrem e identifiquem, por exemplo, aspectos emotivos do candidato por meio das referidas expressões, o que, naturalmente, é altamente inva-

---

152 AJUNWA, Ifeoma. An auditing imperative for automated hiring systems, cit., p. 626.
153 AJUNWA, Ifeoma. An auditing imperative for automated hiring systems, cit., p. 626.

sivo e desproporcional, pois essa prática redunda no conhecimento e parametrização da própria personalidade do indivíduo.

Além dos problemas relacionados à proteção de dados, pode-se imaginar um caso no qual mulheres pretas estão sub-representadas nos conjuntos de dados. O *software* de reconhecimento facial terá uma taxa de falha mais elevada ao identificar mulheres com tons de pele mais escuros. Da mesma forma, para entrevistas em vídeo, existe a preocupação de que o tom de voz, o sotaque ou os padrões linguísticos específicos de gênero, raça e deficiência possam influenciar as avaliações.

Um estudo da Universidade de Maryland de dezembro de 2018, por exemplo, descobriu que dois serviços de reconhecimento facial – Face++ e Face API da Microsoft – interpretavam os candidatos pretos como tendo mais emoções negativas do que seus colegas brancos.[154] A EEOC já demonstrou sua preocupação quanto ao uso de IA em entrevistas por meio de vídeos, notadamente em relação às pessoas com deficiência:

> Outro tipo de exclusão pode ocorrer se a deficiência de uma pessoa impedir que a ferramenta algorítmica de tomada de decisão meça o que se pretende medir. Por exemplo, um *software* de entrevistas em vídeo que analisa os padrões de fala dos candidatos, a fim de chegar a conclusões sobre a sua capacidade de resolver problemas, provavelmente não dará uma pontuação justa a um candidato se o candidato tiver um problema de fala que cause diferenças significativas nos padrões de fala. Se tal requerente for rejeitado porque o seu problema de fala resultou em uma classificação baixa ou inaceitável, o requerente pode efetivamente ter sido excluído devido à sua deficiência.[155]

Como já afirmado, os *softwares* de recrutamento prometem identificar os traços de personalidade dos candidatos a empregos com base em vídeos curtos ou testes comportamentais, ou seja, "pequenos vídeos, grandes *insights*". Com a ajuda da IA, as empresas do ramo garantem tornar o processo de seleção mais objetivo e rápido. Entretanto, para demonstrar as falhas dos sistemas de IA que realizam avaliações de candidatos por meio de entrevistas em vídeo, um grupo de jornalistas do periódico alemão *Bayerischer Rundfunk* realizou uma experimentação chamada *objective or biased* (objetivo ou tendencioso), que foi publicada na internet em fevereiro de 2021.[156] No experimento, centenas de vídeos foram produzidos com diferentes tipos de pessoas e enviados para uma empre-

---

154 RHUE, Lauren. Emotion-reading tech fails the racial bias test, 2019.

155 ESTADOS UNIDOS. Equal Employment Opportunity Commission, 2023.

156 HARLAN, Elisa; SCHNUCK, Oliver. Objetctive or biased: on the questionable use of artificial intelligence for job applications, 2021.

sa de recrutamento *online* chamada Retorio.[157] O objetivo foi descobrir se diferentes fatores, muitas vezes irrelevantes, podem influenciar e afetar a avaliação da personalidade pela ferramenta de inteligência artificial.

Os experimentos comparativos entre os vídeos enviados ocorreram no final de 2020 e a comparação foi realizada de duas maneiras diferentes: por um lado, uma atriz respondeu às diversas perguntas da entrevista de emprego com trajes diferentes e sempre com o mesmo texto e estilo. Por outro lado, a partir de recursos técnicos, produtores de vídeo modificaram grande número de vídeos, gravados por um grupo diversificado de pessoas. Os testes foram realizados com dez candidatas mais uma atriz.

Na primeira parte da investigação, a atriz decorou e ensaiou um texto padrão. Nesse ponto, o objetivo era observar a robustez do *software*, ou seja, esclarecer a questão de até que ponto o *software* avalia sua personalidade como estável. Isso só foi possível porque a atriz repetiu o texto da mesma forma e com as mesmas palavras. Várias repetições das respostas levaram aos mesmos resultados, exceto por pequenas diferenças. Porém, o experimento demonstrou que, se ela cobrisse os cabelos com um lenço ou trocasse o *blazer* por uma camisa decotada, os valores retornados mudavam significativamente. Contudo, outros fatores, como usar batom ou enfatizar a área dos olhos, não levaram a grandes desvios.

Além dos experimentos com a atriz, a segunda parte da pesquisa usou vídeos tecnicamente modificados. Foi selecionado um grupo de dez indivíduos com diferentes origens étnicas, cor de pele e gênero. Todos foram filmados no mesmo contexto e responderam às mesmas perguntas feitas à atriz, mas sem qualquer tipo de ensaio. Os produtores então editaram os vídeos e alteraram especificamente fatores individuais. Descobriu-se que fundos diferentes, mas também mudanças no brilho e na saturação, levaram a diferenças significativas no resultado da avaliação algorítmica quanto ao aspecto comportamental. Repita-se: constataram-se significativas diferenças de avaliação pela IA em relação *à mesma pessoa*. É dizer, comprovou-se que a IA pode ser influenciada pelas aparências, o que pode perpetuar estereótipos e, ao mesmo tempo, custar a vaga de emprego para certos candidatos.

157 A empresa Retorio afirma em seu *site* que sua IA de gerenciamento de talentos "leva apenas um minuto de uma entrevista em vídeo gravada para obter um perfil de personalidade comportamental cientificamente validado que informa até que ponto um talento combina com sua equipe, cultura e seus clientes". Diz ainda que "a inteligência artificial analisa voz, linguagem, gestos e expressões faciais e, assim, cria um perfil de personalidade baseado no comportamento. Isso torna o processo de candidatura não só mais rápido, mas também mais objetivo e justo". Disponível em: https://www-retorio-com.translate.goog/blog/what-behavioral-intelligence-test. Acesso em: 4 ago. 2025.

O *software* da empresa *Retorio* usa o chamado modelo *big five* para análise de personalidade. O modelo também é o utilizado no Brasil pelas empresas Gupy e Pandapé. Consequentemente, a personalidade das pessoas pode ser descrita em cinco dimensões: abertura, consciência, extroversão, agradabilidade e neuroticismo.

No experimento, a atriz, chamada Stefanie, respondeu sempre às mesmas perguntas, usando as mesmas palavras, a mesma entonação de voz, as mesmas expressões faciais e corporais e outros padrões que permaneceram inalteráveis. A hipótese testada foi a seguinte: alguma coisa muda na avaliação comportamental caso a atriz use óculos? Ou, seja a IA pode ser influenciada por essa mudança de detalhe? Surpreendentemente, sim. O resultado foi diferente, e o mero fato de colocar óculos influenciou em diversas dimensões de sua personalidade. A IA classificou a Stefanie de óculos em quase dez pontos menos consciênciosa.

Em seguida, Stefanie tirou os óculos e cobriu o cabelo com um lenço. Isso também foi feito com os vídeos das outras pessoas. Agora a diferença em relação ao vídeo original é ainda maior. A IA avaliou as pessoas como mais abertas, mais conscienciosas e menos neuróticas. Os resultados diferem em até vinte pontos em comparação com o vídeo original (disponível em: https://interaktiv.br.de/ki-bewerbung/en/. Acesso em: 18 jun. 2025).

Diante dos resultados, foi possível indagar o seguinte: por que acessórios como um lenço na cabeça ou óculos desempenham papel importante para a IA? O experimento continuou, e a aparência da atriz Stefanie foi sendo continuamente alterada. Ela usou peruca, franja e trocou de blusa e *blazer* por camiseta. Mais uma vez os valores flutuaram consideravelmente. Por outro lado, quando Stefanie gravou vários vídeos sem mudar de roupa ou outros aspectos de sua aparência, os resultados da avaliação da personalidade permaneceram em grande parte estáveis.

A primeira conclusão foi a de que a IA aparentemente reage a diferentes roupas e aparências e o resultado às vezes muda significativamente, ou seja, se Stefanie repetir suas respostas e sua aparência for diferente, isso influencia o modo como a IA avalia sua personalidade. Os jornalistas então perguntaram aos desenvolvedores do *software*: como fatores não relacionados com expressões faciais ou gestos atuam na avaliação dos traços de personalidade? A empresa respondeu que *a IA avalia a imagem externa do candidato*, nos seguintes termos: "como numa entrevista normal de emprego, tais fatores também são levados em conta na avaliação. Tudo isso acontece sem pedir, sem qualquer pressão, como a que pode surgir numa situação de conversa". A resposta reflete, sem dúvida, o potencial da IA em discriminar por aparência.

Diante da resposta da empresa, os pesquisadores levantaram outro questionamento: se a escolha de roupas ou óculos influencia a avaliação da personalidade da IA, como as avaliações da IA diferem das de um gestor de RH? Então é uma questão de personalidade ou aparência externa?

Os resultados foram apresentados ao psicólogo empresarial Uwe Kanning, da Universidade de Ciências Aplicadas de Osnabrück, que já havia lidado com produtos semelhantes. Ele explica suas expectativas em relação à IA: "O *software* teria que ser capaz de filtrar essas informações para ser melhor do que o julgamento instintivo de alguém que é suscetível às mesmas influências".

A professora de ciência da computação Katharina Zweig, do Laboratório de Responsabilidade de Algoritmos da Universidade Técnica de Kaiserslautern, também foi ouvida na pesquisa e manifestou ceticismo quanto ao fato de a IA ser atualmente adequada para processos de recursos humanos. Segundo ela, os resultados apontam para uma dificuldade bem conhecida: "O problema fundamental com o reconhecimento facial usando aprendizado de máquina é que nunca podemos saber com precisão a qual padrão em uma imagem essas máquinas reagem".

De acordo com a empresa Retorio, essa impressão que uma pessoa causa nas outras faz parte do conceito, de modo que o algoritmo é treinado para medir o impacto das pessoas. Em outras palavras, trata-se de como as pessoas avaliam as personalidades de outras pessoas. Nesse aspecto, Uwe Kanning vê um perito: tal *software* poderia replicar sentimentos subjetivos e reforçar estereótipos. "Por exemplo, pessoas bonitas são percebidas como mais inteligentes e pessoas altas são percebidas como mais capazes de liderar".

Em seguida, vídeos foram gravados com uma estante ao fundo e outros com porta-retratos. Depois, foi alterado tecnicamente apenas um fator, como o fundo ou a trilha sonora, de modo que o restante do vídeo permaneceu o mesmo. O resultado: a inteligência artificial aparentemente reage a molduras e papéis de parede de aparas de madeira – e altera os valores em até 15 pontos. Ainda, constatou-se que uma estante muda ainda mais os valores do que o porta-retratos. O resultado calculado pela IA foi significativamente diferente em relação à versão original.[158]

Além dos aspectos relacionados à imagem, foi examinado o efeito que a inclusão de uma trilha sonora nos vídeos pode provocar. De acordo com os desenvolvedores do *software*, o que é dito pode ajudar na avaliação dos traços de personalidade. A Retorio fez o seguinte comentário: "a trilha sonora também é importante para a avaliação, por exemplo, ao medir a velocidade da fala ou a inteligibilidade de uma pessoa. Dependendo da prova, a trilha de áudio pode ser incluída na avaliação ou não". Por isso, comparou-se o resultado de um vídeo da atriz Stefanie com trilha sonora vazia e depois um com trilha sonora. O

---

158 Disponível em: https://interaktiv.br.de/ki-bewerbung/en/. Acesso em: 18 jun. 2025.

resultado: as trilhas de áudio incluídas não pareceram tão relevantes, porque os valores da avaliação permaneceram quase inalterados em comparação ao vídeo original.

Brilho e saturação do vídeo também podem influenciar no resultado da avaliação, constatou o experimento. A IA também reage a uma mudança no brilho do vídeo ou na saturação das cores. Logo, as configurações da câmera, os filtros de imagem ou a iluminação também podem influenciar o resultado e, assim, influenciar a decisão de um gestor de recursos humanos que utiliza esse *software*.[159]

Para testar a hipótese sobre a alteração do brilho, o experimento colocou a gravação original ao lado do mesmo vídeo em que apenas o brilho foi alterado. No vídeo com menos brilho, a candidata foi subitamente classificada como significativamente menos conscienciosa e extrovertida – nesse caso devido ao uso de um simples filtro de imagem. A empresa respondeu, quanto a esse ponto, que, como acontece com todos os documentos de candidatura, a qualidade do vídeo também é importante. Ainda, respondeu que "o fato de diferentes condições de iluminação poderem ser problemáticas também é conhecido pelas pesquisas sobre inteligência artificial: com alguns processos, mesmo pequenas alterações na imagem e no material de vídeo analisados podem levar a resultados diferentes".

O experimento relatado coloca em xeque a assertividade e objetividade prometidas pelas empresas de *software* de recrutamento, notadamente as que realizam avaliações dos vídeos por meio de IA. Observa-se que não é possível confiar em uma tecnologia que avalia de maneiras diferentes aspectos da competência e personalidade de um mesmo candidato apenas porque aspectos de sua aparência ou o ambiente circundante foram alterados.

A legitimidade para considerar as características físicas e as expressões faciais como parte do processo de contratação é questionável, sobretudo diante da escassez de estudos científicos capazes de demonstrar qualquer relação causal entre esses atributos e o sucesso no local de trabalho. Muito pelo contrário, ao estabelecerem uma correlação ou conexão entre expressões faciais, aparência e local de gravação com o desempenho ou capacidade do candidato, essas ferramentas reproduzem desigualdades.

Foi justamente em razão dessas inconsistências que o Estado americano de Illinois aprovou, em agosto de 2019, o *Artificial Intelligence Video Interview Act*,[160] que impõe limitações substanciais ao uso da IA para análise de vídeos de candidatos a vagas de trabalho. A lei, que entrou em vigor em 2020 e passou

---

159 Disponível em: https://interaktiv.br.de/ki-bewerbung/en/. Acesso em: 18 jun. 2025.

160 ESTADOS UNIDOS. Illinois General Assembly. *Artificial Intelligence Video Interview Act*. 1º jan. 2020. Disponível em: https://www.ilga.gov/legislation/ilcs/ilcs3.asp?ActID=4015&ChapterID=68. Acesso em: 18 jun. 2025.

por uma alteração em 2022, exige, dentre outras providências que os empregadores façam certas divulgações sobre como a IA funciona e que tipos de características gerais ela usa para avaliar os candidatos. Ainda, exige que as empresas obtenham previamente o consentimento dos candidatos para usar IA nas entrevistas em vídeo.

Quanto às empresas que dependem exclusivamente da IA para tomar certas decisões em entrevistas, exige-se a manutenção de registros de dados demográficos, incluindo a raça e a etnia dos candidatos. Os empregadores devem submeter esses dados anualmente ao Estado, para que este realize uma análise para determinar se houve preconceito racial na utilização da IA. Os empregadores também não podem compartilhar os vídeos dos candidatos desnecessariamente e devem eliminar a entrevista do candidato no prazo de 30 dias após o pedido deste.

No mesmo sentido seguiu o Estado de Maryland ao aprovar, no ano de 2020, uma lei restringindo o uso de serviços de reconhecimento facial pelos empregadores durante entrevistas de emprego até que o empregador receba o consentimento do candidato. É interessante registrar que a norma conceitua um "serviço de reconhecimento facial" como sendo "a tecnologia que analisa as características faciais e é utilizada para reconhecimento ou rastreamento persistente e indivíduos em imagens fixas ou de vídeo". E considera "modelo facial [...] o padrão de características faciais interpretável por máquina que é extraído de uma ou mais imagens de um indivíduo por um serviço de reconhecimento facial".[161]

Em 27 de janeiro de 2022, um cidadão norte-americano chamado Kristen Deyerler ajuizou uma ação coletiva, ainda em trâmite, contra a empresa de *softwares* de recrutamento HireVue Inc., que também oferece serviços de entrevistas em vídeo que são avaliadas por seus algoritmos.[162] O autor alegou que a empresa fez uso indevido de seus dados biométricos e de diversos outros candidatos. Afirmou que a empresa ré estaria capturando, coletando, divulgando ou de outra forma usando sua biometria e de outros membros da classe sem o seu consentimento informado por escrito, conforme exigido por lei, a fim de avaliar um potencial candidato a emprego por meio de inteligência artificial.

A petição inicial traz importantes informações sobre o uso da IA nas entrevistas em vídeo no contexto trabalhista. Explica que a HireVue é uma empresa de serviços de contratação que usa um algoritmo para avaliar, no candi-

---

161 ESTADOS UNIDOS. Maryland House. *House Bill 1202*. Use of Facial Recognition Services. Prohibition. 8 maio 2020. Disponível em: https://legiscan.com/MD/text/HB1202/id/2169556. Acesso em: 18 jun. 2025

162 ESTADOS UNIDOS. Circuit Court of Cook County, Illinois County Department. *Class Action Complaint against HireVue Inc.* Disponível em: https://www.classaction.org/media/deyerler-v-hirevue-inc.pdf. Acesso em: 18 jun. 2025.

dato a emprego, qualificações baseadas em várias características faciais por meio de uma plataforma automatizada de entrevistas em vídeo; os clientes da HireVue são potenciais empregadores que procuram preencher vagas de emprego; a HireVue afirma em seus materiais publicitários que existem "milhares de pontos de dados" na entrevista em vídeo gravada de cada candidato a emprego;[163] a empresa os coleta e usa para avaliar a capacidade cognitiva, traços de personalidade, inteligência emocional e aptidão social dos candidatos; de acordo com a HireVue, *as expressões faciais podem representar 29% da pontuação de empregabilidade de um candidato*;[164] para identificar e avaliar as expressões faciais dos candidatos, a plataforma coleta e usa geometria facial; em violação ao BIPA (*Illinois Biometric Information Privacy Act*), a HireVue não informou os candidatos ao emprego, incluindo o requerente, que seus dados biométricos estavam sendo coletados, capturados, recebidos por meio de comércio ou de outra forma obtidos quando interagiram com a plataforma automatizada de entrevistas de emprego da ré e não obteve o consentimento deles para fazê-lo; da mesma forma, em violação às normas correspondentes, a HireVue não tinha uma política de retenção biométrica disponível que divulgasse por quanto tempo ficavam armazenados os dados biométricos coletados; a ré também lucrou ilegalmente com a biometria da geometria facial que obteve dos candidatos, incluindo o requerente e outros membros da classe, já que a ré foi pago por seu clientes pelo uso de seu *software* biométrico.

Hannah Hilligoss também faz um alerta quanto ao uso de IA para avaliar entrevistas de emprego, e cita expressamente a HireVue como exemplo:

> [...] a ferramenta da empresa HireVue, que aproveita a tecnologia de reconhecimento facial e o processamento de linguagem natural para avaliar e recomendar candidatos. Essas ferramentas "ligam estatisticamente" os dados da entrevista – movimentos faciais, escolha de palavras e tom de voz – com competências relacionadas à inteligência emocional, capacidade cognitiva e personalidade geral. Os modelos são treinados e as variáveis-alvo são definidas pelos dados dos funcionários atuais de uma empresa. Um número suficiente

---

163 MONDRAGON, Nathan *et al.* The next generation of assessments, 2019. Disponível em: https://www.hirevue.com/resources/whitepaper/the-next-generation-of-assessments. Acesso em: 8 ago. 2025.

164 HARWELL, Drew. A face-scanning algorithm increasingly decides whether you deserve the job, 2019. Nessa reportagem, Nathan Mondragon, psicólogo-chefe de organização industrial da HireVue, afirmou que "essas 'Unidades de Ação Facial' podem representar 29% da pontuação de uma pessoa; as palavras que dizem e os 'recursos de áudio' de sua voz, assim como seu tom, compõem o resto" (MONDRAGON, Nathan *et al.* The next generation of assessments, 2019).

de empresas está usando o HireVue e algumas faculdades agora instruem os alunos sobre "como impressionar" o algoritmo. Está bem documentado que a tecnologia de reconhecimento facial é menos precisa para mulheres negras do que para homens brancos: um estudo proeminente encontrou taxas de erro de até 34,7% para mulheres de pele mais escura, enquanto a taxa de erro máxima para homens de pele clara foi de 0,8%. Mesmo que as avaliações psicométricas da HireVue previssem com precisão o sucesso dos funcionários – o que é contestado e é objeto de uma reclamação da FTC ("Federal Trade Commission" –, é provável que fossem menos precisas para alguns candidatos do que para outros, resultando em discriminação racial e de gênero.[165]

Além do efeito desestabilizador das respostas cronometradas, muitos desses sistemas são treinados em rostos e vozes masculinas brancas, o que representa um problema para quaisquer candidatos que divergem dessa norma. Assim, os candidatos que são mulheres brancas, pessoas não binárias ou minorias raciais podem ter suas expressões faciais ou tom de voz descaracterizados por plataformas automatizadas de entrevistas em vídeo.[166]

O uso de tais ferramentas no contexto laboral ainda levanta questionamentos sobre o princípio da proporcionalidade. No Brasil, por exemplo, a Lei Geral de Proteção de Dados prevê que as atividades de tratamento de dados pessoais deverão observar a boa-fé e, dentre outros, o princípio da necessidade, pelo qual o tratamento de dados *deve se limitar ao mínimo necessário* para a realização de suas finalidades, com abrangência dos dados *pertinentes*, *proporcionais* e *não excessivos* em relação às finalidades do tratamento de dados (art. 6º, *caput* e III, da Lei n. 13.709, de 14/08/2023).

Ainda, alguns *softwares* funcionam como polígrafos, há muito tempo já proibidos pela reiterada jurisprudência Tribunal Superior do Trabalho. O uso de mecanismos que detectam a mentira é ato ilícito e enseja o pagamento de indenização por danos morais. Assim como se dá com o polígrafo, o uso de qualquer mecanismo utilizado para comprovar a veracidade das informações colhidas de uma pessoa, visando medir e gravar registros de diversas variáveis fisiológicas, viola a intimidade e a privacidade do indivíduo. Pode-se considerar que o uso desses métodos pode ferir outros direitos fundamentais, dentre os quais a preservação da intimidade e a dignidade do trabalhador.[167]

---

165 HILLIGOSS, Hannah. What's the deal with algorithmic discriminations?, cit.

166 AJUNWA, Ifeoma. An auditing imperative for automated hiring systems, cit., p. 7.

167 BRASIL. Tribunal Superior do Trabalho. E-ED-RR n. 28140-17.2004.5.03.0092, Subseção I Especializada em Dissídios Individuais, rel. Min. Claudio Mascarenhas Brandao, publicação: 15/12/2017; BRASIL. Tribunal Superior do Trabalho. ED-RR n. 1000013-78.2016.5.02.0312, 5ª T., rel. Min. Breno Medeiros, *DEJT* 07/06/2019.

A empresa Taqe, que oferece *softwares* para recrutamento e seleção de forma automatizada, especialmente com técnicas de gamificação, informa em sua política de privacidade, no ponto que menciona "dados para os processos seletivos", o seguinte:

> *Dados para os processos seletivos:* para a realização do processo seletivo, a empresa recrutadora poderá solicitar informações complementares que julgue necessárias para o processo. Neste caso, as perguntas aparecem no momento da candidatura e ficam disponíveis apenas para essa empresa. Também podem ser solicitadas atividades nas etapas do processo, como *gravação de um vídeo exclusivo* ou que você responda a testes selecionados pela empresa recrutadora considerando as necessidades da vaga que você está concorrendo [...].[168]

A mesma política de privacidade da empresa Taqe, quanto ao direito de correção de dados incompletos, inexatos ou desatualizados, prevê que o candidato "possui acesso integral aos dados do seu currículo, podendo alterar, corrigir ou remover eventuais dados pessoais que estejam incompletos, inexatos ou desatualizados". Contudo, de maneira inconcebível e abusiva, prevê que não há direito à correção de dados em relação aos resultados dos testes aplicados: "Correção de testes aplicados pela Taqe não se enquadram no direito de correção".[169]

Por sua vez, a Ecorodovias, uma das maiores companhias de infraestrutura do Brasil e que opera concessões de rodovias, informa em sua política de privacidade que trata os seguintes dados pessoais de seus candidatos às vagas de emprego, muitos em violação à LGPD (destacados em itálico), tendo em vista o momento de mera candidatura:

> Nome completo, endereço completo (físico e eletrônico), números de telefones fixo e celular ou outras formas de contato, número e/ou cópia de documentos governamentais, sexo, estado civil, idade, data de nascimento, informações contidas em seu currículo ou carta de apresentação, *inclusive gravações de áudio e vídeo*, testes comportamentais e de personalidade, tipo de deficiência, nomes e informações de contato de referências, se aplicável.[170]

Diferentemente da identificação por meio da íris ou da impressão digital, o reconhecimento facial é um método de identificação biométrica que opera mes-

---

168 TAQE. *Política de privacidade*. 2023. Disponível em: https://www.taqe.com.br/aviso-de-privacidade/. Acesso em: 8 ago. 2025.

169 TAQE. *Política de privacidade*, cit., 2023.

170 ECORODOVIAS. *Política de privacidade*. Disponível em: https://www.ecorodovias.com.br/a-ecorodovias/politica-de-privacidade. Acesso em: 10 out. 2023.

mo sem o conhecimento da pessoa que tem seu rosto analisado. O sistema permite fazer varreduras em massa de pessoas que passaram apenas segundos diante de uma câmera.[171] Se o uso de biometria facial pode ser questionado até mesmo para fins de segurança pública,[172] ainda mais nas relações privadas de trabalho.

Assim, mesmo diante das inúmeras inconsistências e falhas decorrentes dos testes de personalidade ou comportamentais, especialmente os realizados por vídeos, muitas empresas continuam se valendo de tais práticas no contexto laboral e, mais do que isso, negam aos candidatos qualquer direito à correção dos resultados.

Testes de perfis comportamentais e "profiling"

Segundo o Conselho Federal de Psicologia, os testes comportamentais ou de personalidade objetivam avaliar ou mensurar características psicológicas nas áreas de "emoções, afetos, inteligência, motivação, personalidade, psicomotricidade, atenção, memória e percepção".[173]

A partir de um conjunto de dados pessoais é possível construir um "*profiling*" do indivíduo. A palavra "*profiling*" pode ser traduzida como "perfilamento" ou "criação de perfil" e se refere ao processo de analisar informações de comportamento para criar um perfil. O perfilamento de candidatos a postos de trabalho é prática antiga e comum no contexto trabalhista. Historicamente, afirma-se que a psicologia entrou nas empresas pela porta da seleção e da avaliação de pessoal.[174] Muitas empresas ainda se valem de profissionais de psicologia para a realização de entrevistas que objetivam, por meio de testes comportamentais e de personalidade, traçar o perfil do candidato para fins de seleção.

O uso de tais práticas é comumente justificado sob o argumento de que elas permitem que a empresa "acerte" na contratação, na medida em que o perfilamento comportamental teria a capacidade de revelar quais candidatos melhor atenderiam ao perfil da vaga e de acordo com a cultura organizacional, adaptando-se às exigências da organização.

Com o advento das novas tecnologias, a prática passou a ser feita de modo automatizado, ou seja, por meio de ferramentas de inteligência artificial. No

---

171 INSTITUTO IGARAPÉ. *Videomonitoramento*. 2023. Disponível em: https://igarape.org.br/video monitoramento-webreport. Acesso em: 10 out. 2023.

172 MIZIARA, Raphael. *Coded bias* e a identificação biométrico-facial de pessoas no Brasil, 2021.

173 BRASIL. Conselho Federal de Psicologia. *Testes psicológicos*. Disponível em: https://site.cfp.org.br/testes-psicolgicos. Acesso em: 18 jun. 2025.

174 GODOY, Silvia Leite; NORONHA, Ana Paula Porto. Instrumentos psicológicos utilizados em seleção profissional, 2005.

Brasil, as maiores empresas de *software* de recrutamento do mercado, sem exceção, oferecem em seu pacote de serviços a utilização das tecnologias de IA na realização de testes para definir o perfil comportamental dos candidatos.

A Pandapé, uma das maiores empresas do ramo de *softwares* para seleção no Brasil, fornece ferramentas de ATS (*applicant tracking system*) para realização de testes comportamentais. Segundo a empresa, "com um ATS, os recrutadores conseguem aplicar *avaliações comportamentais* e de valores pessoais, que por meio de *rankings*, demonstram a aderência ao '*Fit* Cultural' da sua empresa" e "com o Pandapé é possível aplicar avaliações de lógica e *comportamentais*, [...] para que o ATS crie um *ranking* de aderência ao *Fit* Cultural de acordo com os resultados".[175]

Por sua vez, a empresa de *softwares* de recrutamento Gupy afirma em seu *site* que

> [...] a avaliação por teste comportamental da Gupy traz uma forma integral de avaliação de candidatos. Para fornecer uma análise dos pontos de perfil mais importantes, o teste comporta e combina duas análises: 1. Metodologia Big 5 (cinco fatores comportamentais); 2. Mapeamento de comportamentos. [Ainda, que o] o Teste de Perfil Comportamental é uma avaliação psicocomportamental que identifica quais são as características da pessoa respondente.[176]

Ao realizar o teste de perfil comportamental, geralmente o candidato recebeu resultado em forma textual e gráfica. Ao mostrar o resultado para o candidato, a Gupy informa que seu teste tem por escopo medir as "dimensões da personalidade do candidato" e que utiliza a metodologia do *big five*, que "é uma teoria que apresenta suas principais características baseadas em cinco fatores", quis sejam, extroversão, abertura, amabilidade, estabilidade emocional e autodisciplina. Por essa razão, o *Five Factor Personality Model* (FFM) também é conhecido por *big five*. Segundo a empresa, os cinco fatores analisados "descrevem as tendências da personalidade do candidato".

Além disso, a partir da análise dos cinco fatores mencionados, a IA da Gupy realiza um mapeamento de *soft skills*[177] que leva em consideração sete

---

175 PANDAPÉ. *Avaliação de desempenho*. Disponível em: https://www.taqe.com.br/aviso-de-privacidade/. Acesso em: 8 ago. 2025.

176 GUPY. *Potencial do teste de perfil*. Disponível em: https://www.gupy.io/blog/potencial-do-teste-de-perfil. Acesso em: 18 jun. 2025.

177 *Soft skills* são as habilidades interpessoais ou habilidades comportamentais. Dizem respeito às habilidades e traços de personalidade que não são técnicas ou específicas de uma profissão, mas desempenham papel fundamental no modo como as pessoas interagem umas com as outras, resolvem problemas e lidam com situações no ambiente de trabalho e na vida

principais características: estilo de decisão intuitivo, estilo de decisão racional, facilitação interpessoal, assertividade, iniciativa individual, resiliência e entusiasmo por novas tecnologias. Uma espécie de "cartografia dos afetos" dos candidatos.

A Gupy afirma em seus materiais publicitários que "o teste deverá ser capaz de mapear as principais características de personalidade e de comportamento do perfil do respondente, dando uma visão ampla de como essa pessoa se porta, age e pensa".[178] Portanto, de acordo com a empresa de *software*, suas empresas clientes serão capazes de saber inclusive o que o candidato "pensa". O grau de invasividade é tamanho que dispensa maiores elucubrações a respeito. Não obstante, a empresa deixa claro que o teste não serve para escolher o candidato que tem maior capacidade de trabalho ou chances de sucesso, mas sim para descobrir se o perfil do candidato se ajusta à cultura da empresa cliente:

> A partir de um questionário de autoavaliação, um perfil comportamental avalia as diferenças de características e de personalidade entre os candidatos. [...] Dentre os respondentes, *não existe a pessoa que será mais produtiva para a função ou a que irá gerar os melhores resultados*. Ao contrário, *o teste de perfil ajuda a clarificar se existe uma conexão entre comportamento do indivíduo, time existente, cultura organizacional e a posição a ser preenchida*. O teste também ajuda a *identificar as pessoas com o comportamento mais adequado com os desafios que a posição possui*. Para uma vaga que exige uma pessoa comunicadora e proativa para comandar reuniões e projetos, podemos presumir que um perfil comunicativo e proativo é o encaixe ideal com os desafios da posição[179] [grifos nossos].

Quando o candidato está prestes a realizar o teste na plataforma, o *software* informa aos candidatos que "o teste de perfil comportamental serve para identificar e agrupar pessoas com determinados traços de personalidade e comportamentos. Ou seja, com um teste de perfil é possível identificar quais são as tendências de atitudes frente a diferentes situações que os indivíduos

---

cotidiana. Costuma-se afirmar que, em muitos contextos profissionais e sociais, essas habilidades são igualmente importantes, se não mais, do que as habilidades técnicas (conhecidas como *hard skills*) (BAJJALY, Stephan; SAUNDERS, Laura. Teaching soft skills competencies in US social work programs, 2023).

178 GUPY. *Teste de perfil comportamental:* prós, contras e quais utilizar. Disponível em: https://www.gupy.io/hubfs/e-Book-Teste-de-perfil-comportamental-pros-contras-e-quais-utilizar.pdf. Acesso em: 18 jun. 2025.

179 GUPY. *Teste de perfil comportamental*, cit.

podem enfrentar no dia a dia". Ainda antes do início do teste, o *software* apresenta a seguinte mensagem ao candidato:

> Vamos mapear o seu perfil? Quanto mais conhecimento sobre você, melhor a pessoa recrutadora poderá avaliar o seu potencial! Com o mapeamento de perfil comportamental, ela vai conseguir te conhecer melhor e *perceber se a vaga combina com você*! Vamos começar? É bem rapidinho! [...] E agora, como vai funcionar? *Escolha os itens que você mais valoriza*, e pode ficar na tranquilidade, pois não existe certo ou errado! [grifos nossos].

Torna-se interessante transcrever as perguntas reais do teste de perfil comportamental da Gupy, cujas respostas serão "julgadas" pela IA para fins de perfilamento. O teste psicométrico aplicado pela plataforma é composto por 21 questões. Não são realizadas perguntas diretas. Em verdade, o candidato é solicitado, em cada questão, a ordenar os itens apresentados de acordo com suas preferências. Assim, considerando suas preferências, o candidato deve, ao ordená-las, colocar em primeiro lugar aquela que ele considera muito importante e em terceiro lugar a que ele considera menos importante.[180]

Para melhor análise e compreensão do teste, inclusive quanto aos aspectos de conformidade normativa, é adequada a transcrição das demais questões, sendo que em todas elas o candidato deve ordenar as características apresentadas em ordem de relevância e de acordo com suas preferências. As preferências foram transcritas no Quadro 1 exatamente na ordem apresentadas pela plataforma.

Quadro 1 Teste de perfil comportamental

Questão n.	Preferências
2 de 21	Sou uma pessoa calma na maioria das vezes Tenho facilidade de me aproximar de outras pessoas Gosto de começar atividades novas
3 de 21	Eu sinto que tudo vai dar certo Tenho foco nos resultados As pessoas geralmente se sentem bem na minha presença
4 de 21	Eu geralmente sou a pessoa que inicio conversas Eu geralmente me coloco no lugar das pessoas Me empolgo com novas ideias

(continua)

180 As questões são apresentadas da seguinte forma: https://assessments.gupy.io/behavioral/d51e47e25b9841df8bb894073e3fe278? utm_source=candidate&utm_medium=portal&utm_campaign=behavioral. Acesso em: 12 out. 2023.

Quadro 1 Teste de perfil comportamental *(continuação)*

Questão n.	Preferências
5 de 21	Tenho facilidade em fazer amigos Eu gosto de ajudar os outros Gosto de discussões que me façam pensar
6 de 21	Demonstro minha gratidão às pessoas Gosto de cumprir com horários Gosto de refletir sobre a vida
7 de 21	Gosto de estar em contato com outras pessoas Sou aberto a novas culturas Consigo controlar minhas emoções com facilidade
8 de 21	Gosto de atividades artísticas Eu me dou bem com praticamente todos ao meu redor Tenho facilidade de comunicar minhas ideias
9 de 21	Gosto de dar uma palavra de conforto às pessoas Só termino quando tudo estiver perfeito Raramente me sinto para baixo
10 de 21	Não gosto de deixar tarefas para a última hora Eu me preocupo como estão as pessoas ao meu redor Tenho facilidade de falar em público
11 de 21	Eu geralmente expresso o que eu sinto ou penso Elogio os colegas de trabalho quando eles são bem-sucedidos Me envolveria em assuntos que afetem a qualidade de vida no trabalho dentro do grupo
12 de 21	Usar tecnologias me dá a sensação de controle sobre meu dia a dia Gosto de dar suporte ou encorajar um colega de trabalho com um problema pessoal Eu acredito que posso superar dificuldades.
13 de 21	Converso com colegas antes de tomar decisões que podem afetá-los Não desisto fácil dos meus planos Expresso minhas opiniões mesmo que eu acredite que haverá grande discordância
14 de 21	Pesquiso muito antes de comprar uma coisa mais cara Caso tivesse críticas e sugestões, eu as compartilharia com outras pessoas da empresa Ao tomar decisões, confio nos meus instintos
15 de 21	Outras pessoas pedem meu conselho sobre o uso de novas tecnologias Tento sempre entregar além das expectativas Tenho confiança no meu próprio julgamento
16 de 21	Não consigo ficar calado quando vejo injustiça Incentivo os meus colegas a se envolverem em assuntos que afetam o grupo Aprendo a usar novos produtos tecnológicos com facilidade
17 de 21	Não perco o interesse com facilidade Frequentemente motivo os outros a expressarem suas ideias e opiniões Sou fascinado por novas tecnologias

(continua)

Quadro 1 Teste de perfil comportamental *(continuação)*

Questão n.	Preferências
18 de 21	Aguardo ter todas as informações necessárias antes de tomar uma decisão Eu geralmente tomo decisões rápidas Sou determinado
19 de 21	Tomo decisões de maneira racional Minhas decisões são espontâneas Gosto de passar meus conhecimentos sobre novas tecnologias para outras pessoas
20 de 21	Sinto-me desconfortável com alguém observando o meu trabalho Eu peso os prós e os contras de cada opção antes de tomar uma decisão Muitas vezes tomo decisões no calor do momento
21 de 21	Eu gosto de ajudar os outros em suas tomadas de decisão Sou satisfeito comigo mesmo Eu gosto de descobrir como usar novas tecnologias

Fonte: https://assessments.gupy.io/behavioral/d51e47e25b9841df8bb894073e3fe278? utm_source=candidate&utm_medium=portal&utm_campaign=behavioral. Acesso em: 12 out. 2023.

Ao finalizar o teste, o candidato pode acessar imediatamente o resultado. Foram realizados dois testes para o mesmo cargo, porém com respostas diferentes, o que, obviamente, influenciou no resultado de cada um deles. Ao acessar o resultado, a plataforma informa ao candidato, em primeiro lugar, as "dimensões da sua personalidade" e explica ao candidato que "os 5 itens abaixo descrevem as tendências da sua personalidade baseados no '*big five*'":

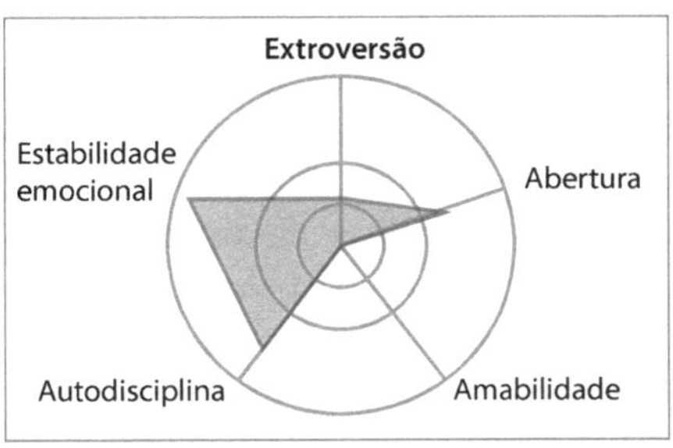

FIGURA 9 Resultado do Teste 1.[181]

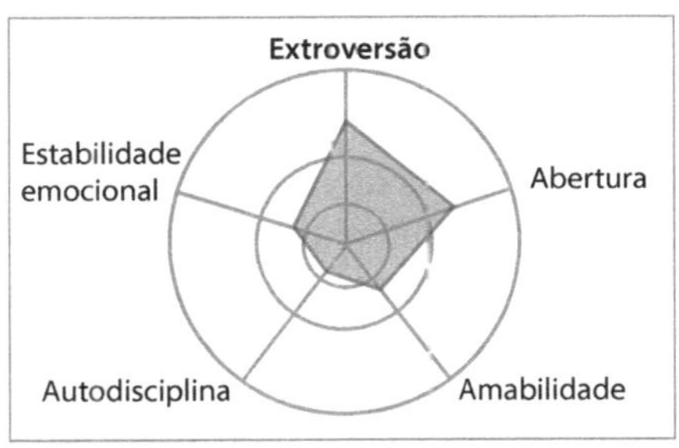

FIGURA 10 Resultado do Teste 2.[182]

181 Nas seleções da Gupy, os resultados do teste comportamental ficam disponíveis aos candidatos por meio de um *link* compartilhável enviado pela plataforma. O resultado do Teste 1 está disponível em: https://assessments.gupy.io/behavioral/d51e47e25b9841df8bb894073e3fe278/results/recruiter?utm_campaign=behavioral&utm_medium=shared&utm_source=mapping. Acesso em: 11 out. 2023.

182 Os resultados do Teste 2 estão disponíveis em: https://assessments.gupy.io/behavioral/2313d09ce97f4e248c523 f45d7ddbdf9/results/recruiter. Acesso em: 11 out. 2023.

Além das dimensões da personalidade, a plataforma informa: "[...] realizamos também um mapeamento considerando as 7 principais características. Essas foram identificadas por diversas pesquisas da Psicologia Organizacional como *soft skills* superimportantes para o mercado de trabalho do futuro":

FIGURA 11 Resultado do Teste 1.

FIGURA 12 Resultado do Teste 2.

A Taqe, que também é uma empresa que oferece *softwares* para recrutamento e seleção de forma automatizada, especialmente com técnicas de gamificação, informa em seu *site* que organiza "as informações essenciais sobre o perfil dos candidatos e realizamos o *match* com as empresas". Para tanto, confirma que os candidatos fazem aulas e testes em formato de jogo na plataforma; que a plataforma *define o perfil comportamental dos candidatos*; que o algoritmo cruza e combina informações das duas pontas (empresa e candidato) e *elimina* quem não atende aos requisitos mínimos; realiza uma classificação dos candidatos de acordo com o grau de afinidade, ou seja, os candidatos mais aderentes à vaga e cultura da empresa são mais bem classificados; informa que o processo de recrutamento é "guiado por dados"; seu *software* de recrutamento e seleção opera de forma automatizada; toda a jornada de candidatura é em formato de jogos; para se candidatar a uma vaga, o candidato passa por testes *gamificados*, e de acordo com o desempenho dele ele fica elegível a se candidatar às vagas; nosso banco talentos conta com *mais de 730 mil profissionais triados* aguardando o *match* com as vagas das empresas clientes.[183]

183 Disponível em: http://www.taqe.com.br/. Acesso em: 11 out. 2023. O mais curioso é que a Taqe também informa em seu *site* que, "em *cooperação com Governo de SP, Prefeitura de SP, SENAC*, e empresas que recrutam com o TAQE *estamos criando o maior banco de candidatos triados do Brasil*. Com isso empresas ganham agilidade por terem um banco de candidatos com seu potencial já identificado". Resta saber se esse compartilhamento de dados atende aos princípios e regras da LGPD. Não é demais afirmar que o direito fundamental à proteção de dados em *Terrae Brasilis*, especialmente nas relações de trabalho, até

Os números impressionam. De acordo com a Gupy "mais de 546 empresas já utilizam o teste de perfil comportamental em seus processos seletivos e *mais de 880 mil candidatos(as) já fizeram o teste*".[184] O que se pode dizer é que as empresas de *softwares* de contratação têm um vasto e rico banco de dados com o perfil comportamental de quase 1 milhão de pessoas, o que permite a elas, inclusive, traçar o perfil de certos grupos (*group profiling*). Além disso, tais dados, que são de titularidade dos candidatos, são utilizados para incrementar e melhorar a ferramenta de IA e, assim, gerar lucro para as companhias de *software*, sem que os candidatos recebam nada por isso e sem que sequer sejam informados dessa finalidade.[185]

Apesar da adoção generalizada e institucionalizada dessas práticas, a submissão de candidatos a testes dessa natureza levanta sérios questionamentos, tais como: a) à luz do princípio da adequação, previsto no art. 6º, I, da LGPD, a realização de testes de personalidade e comportamentais são meios adequados para a consecução da finalidade pretendida? Ou seja, questiona-se aqui a capacidade de os testes realmente permitirem de maneira confiável a escolha dos melhores candidatos; b) de acordo com o princípio da proporcionalidade, inscrito no art. 6º, III, da LGPD, é realmente necessária e possível a coleta de dados de candidatos ao emprego para definir seu perfil comportamental ou de sua personalidade? c) testes de personalidade e comportamentais ofendem a intimidade e a privacidade dos candidatos e ao direito fundamental à proteção de dados? d) no Brasil, a utilização de métodos e técnicas psicológicas com o objetivo de selecionar candidatos é ato exclusivo de psicólogos? e) ferramentas de inteligência artificial podem ser utilizadas para fins de perfilamento de candidatos a vagas de trabalho? f) testes de perfis comportamentais revelam dados de saúde – sensíveis – dos candidatos a vagas de trabalho? g) existem evidências científicas que comprovam de maneira inconteste a relação de causalidade entre o perfil comportamental e a capacidade ou sucesso no trabalho? h) os testes se valem de parâmetros que levam em conta ou estão associados a critérios proibidos e, em caso positivo, ocorre a produção de resultados discriminatórios diretos ou indiretos?

Esses questionamentos geram incertezas e riscos, especialmente quando realizados por meio de ferramentas de decisões automatizadas. Contudo, os

---

agora tem pouca ou nenhuma efetividade. A responsabilidade por essa inefetividade pode ser atribuída, sobretudo, à ineficiência e à omissão – que beira o dolo eventual – dos órgãos governamentais, especialmente dos legitimados para atuar coletivamente na tutela dos direitos difusos e coletivos dos trabalhadores.

184 GUPY. *Teste de perfil comportamental*, cit.

185 A própria Gupy informa em seus materiais publicitários que o teste de perfil comportamental "fortalece e aprimora a Inteligência Artificial" (GUPY. *Teste de perfil comportamental*, cit.).

números apresentados permitem concluir que a prática já é largamente utilizada no Brasil, sem qualquer tipo de preocupação estatal quanto às questões relacionadas à proteção de dados e, notadamente, quanto aos resultados injustos e inconsistentes que tais testes podem produzir.

Pois bem, os questionamentos necessitam ser enfrentados. Em primeiro lugar, é preciso analisar a existência de evidências científicas que comprovem de modo inconteste a relação de causalidade entre o perfil comportamental e a capacidade ou sucesso no trabalho. Ainda, se existem evidências científicas que comprovam cabalmente a relação de causalidade entre o perfilamento do candidato e o melhor ajuste à cultura da empresa.

A esse respeito, importante consignar que a maioria dos psicólogos afirma que a aplicação de testes psicológicos é uma das ferramentas mais importantes e necessárias em um processo de seleção, pois ajudam o selecionador a traçar um perfil mais preciso do candidato, na medida em que esses testes fornecem aos selecionadores informações dificilmente detectadas em uma entrevista individual ou em uma dinâmica de grupo.[186]

Todavia, quando se pensa na relação de causalidade entre a capacidade ou sucesso como profissional e o perfil comportamental, referidos testes sofrem sérias críticas, colocando em xeque sua *adequação* (meio adequado sob a ótica de sua *validade científica* e de sua *confiabilidade*) para escolha do profissional mais capaz e, até mesmo, para escolha de ajuste ao chamado *fit* cultural, o que pode, inclusive, gerar prejuízos também para as empresas contratantes.

A adoção de testes de personalidade para fins de seleção de pessoal é muitas vezes questionada na psicologia. As principais críticas são: a) questiona-se a precisão dessas técnicas (principalmente se são utilizadas técnicas projetivas) e sua validade, isto é, se os construtos[187] por eles avaliados apresentam uma relação *consistente* e *confiável* com o desempenho no trabalho e foram efetivamente investigados em trabalhadores, e não em outros tipos de grupos; b) questiona-se também o quanto os respondentes podem "mentir", dando, assim, respostas

---

186 GUPY. *Teste de perfil comportamental*, cit.

187 "Testes de personalidade e alguns testes de habilidade são interpretados em termos de atributos para os quais não há critério adequado." O conjunto de tais atributos forma um construto. Em psicologia, construto é um conceito ou característica que não pode ser observado diretamente, mas pode ser medido pela observação de outros indicadores que estão associados a ele. Dito de outro modo, "um construto é definido implicitamente por uma rede de associações ou proposições em que isso ocorre". Constituem o construto psicológico as dimensões ou elementos identificados, ou seja, traços, aptidões ou características supostamente existentes e abstraídos de uma variedade de comportamentos que tenham significado psicológico (CRONBACH, L. J.; MEEHL, P. E. Construct validity in psychological tests, 1955).

socialmente aceitáveis;[188] c) a personalidade é uma característica complexa e multifacetada, e os testes não capturam todos os aspectos da personalidade de uma pessoa; d) é frágil, do ponto de vista da validade científica e da confiabilidade, a aplicação de testes de personalidade padronizados e aplicados indistintamente para diferentes candidatos, sem levar em conta as peculiaridades ambientais de cada organização, a categoria profissional do candidato – ou seja, a natureza do trabalho a ser desempenhado – e o tipo de vaga a ser preenchido. As críticas acentuam-se ainda mais quando os testes são realizados por meio de IA, que tem uma tendência *in fieri* para o desenvolvimento de vieses.

Não por acaso, respeitadas vozes no campo da psicologia assinalam que

> as evidências sobre a validade de fatores específicos da personalidade para determinadas áreas profissionais *não são conclusivas*, embora já existam evidências de que a utilização cuidadosa dos testes de personalidade pode oferecer uma boa contribuição aos processos de seleção de pessoal.[189]

Embora afirmem que existem evidências de que a utilização dos testes de personalidade pode oferecer uma boa contribuição aos processos de seleção de pessoal, os mesmos autores advertem sobre a *necessidade de adotar fatores de personalidade que não sejam gerais*, mas que, ao contrário, *apresentem comprovadamente relação com o trabalho desenvolvido*, o que implica a adoção da análise de cargos e a validação dos testes usados no processo seletivo.

A advertência é válida. Contudo, não é o que se tem observado na prática pelas empresas de *software* de recrutamento, que utilizam um teste padrão, independentemente do tipo de empresa, da profissão e da natureza do cargo a ser ocupado, o que coloca sob suspeita a validade e confiabilidade de tais testes, na medida em que estariam totalmente dissociados do contexto ambiental ao qual será submetido o candidato.

Sem entrar no mérito sobre a possibilidade legal, à luz da LGPD e do princípio tuitivo, do uso de testes de personalidade no contexto laboral, o fato é que a utilização de fatores de personalidade gerais, como se tem feito no Brasil, torna o teste totalmente inadequado. Isso porque "a personalidade é o sistema no qual *há a interação entre o ambiente social e as tendências inatas de cada um* a fim de produzir as ações e as experiências de uma pessoa".[190]

---

188 THADEU, Sayonara Helena; FERREIRA, Maria Cristina. A validade da avaliação psicológica em um processo seletivo na área de segurança pública, 2013.

189 COOPER, Dominic; ROBERTSON, Ivan T.; TINLINE, Gordon. *Recruitment and selection:* a framework for success, 2003, p. 85.

190 THADEU, Sayonara Helena; FERREIRA, Maria Cristina. A validade da avaliação psicológica em um processo seletivo na área de segurança pública, cit.

Como se nota, é indispensável para uma avaliação mais confiável que nela se leve em consideração a possível interação das características do candidato com o ambiente de trabalho ao qual será submetido, que tem condições ambientais específicas. Nesse sentido:

> Assim como o ambiente pode ser analisado em diferentes níveis, o comportamento pode ser entendido em diferentes graus de complexidade. [...]. *O comportamento não pode ser entendido isolado do contexto em que ocorre. Não há sentido em uma descrição de comportamento sem referência ao ambiente, como não há sentido, para a Psicologia, em uma descrição do ambiente apenas.* [...]. Os conceitos de comportamento e ambiente e de resposta e estímulo são interdependentes. Um não pode ser definido sem referência ao outro[191] [grifos nossos].

É justamente em razão dessa indissociável correlação entre ambiente e avaliação da personalidade que o profissional da psicologia que irá realizar o teste deve conhecer muito bem a organização, sob pena de não se pode aferir adequadamente o nível de compatibilidade entre a personalidade do sujeito e a cultura organizacional. Nesse sentido também se manifesta a doutrina especializada:

> O conhecimento do Psicólogo em relação à organização em que está inserido influencia diretamente em sua atuação. Para fundamentar suas ações e estratégias, é primordial a compreensão do Psicólogo sobre a história da organização, suas características, o tipo de gestão, as condições organizacionais vigentes, os serviços e ou produtos que fornece, dentre outros aspectos. Tais informações fornecerão subsídios para que o Psicólogo elabore o processo de recrutamento e seleção alinhado à cultura e ao ambiente organizacional.[192]

A partir dessas premissas, é certo que a avaliação da personalidade tem por objetivo compreender a função das reações do candidato quando em interação com determinado ambiente (no caso, o ambiente de trabalho). Porém, cada organização tem suas peculiares formas de organizar o ambiente de trabalho, especialmente do ponto de vista ocupacional. Se os ambientes são distintos em cada empresa, não se pode confiar em um teste que é padronizado para avaliar a interação do candidato com um peculiar e próprio ambiente e,

---

191 TODOROV, João Cláudio. A psicologia como o estudo de interações, 2007, p. 59.
192 MACHADO, Pedro Guilherme *et al.* Atuação do psicólogo no recrutamento e na seleção de pessoas sob a ótica da análise do comportamento, 2019, p. 6.

por consequência, ser capaz de perceber sua adequabilidade de adaptação ao meio.

À medida que os testes hoje aplicados pelas empresas de *softwares* são arquétipos, sem levar em consideração as características e nuances de cada organização, torna-se bastante questionável a adequação (confiabilidade[193] e validade[194]) de tais testes para anilar de forma assertiva o grau de compatibilidade entre a personalidade do candidato e a cultura da empresa e a capacidade para o trabalho. Em outras palavras, o grau em que o teste realmente mede o que pretende medir será baixo, pecando em adequação para o fim que pretende servir.

Não por acaso, a legislação dos Estados Unidos proíbe testes de personalidade padrões, aplicados de forma dissociada da natureza do cargo e do ambiente de trabalho. Por exemplo, exige-se como uma das condições de validade que o teste leve em consideração comportamentos, tarefas ou conhecimentos importantes necessários para o desempenho bem-sucedido de determinado cargo e que a avaliação ou teste é uma amostra representativa desses comportamentos, tarefas ou conhecimentos. Assim, para demonstrar a validade de conteúdo de um procedimento seletivo, a empresa deve demonstrar que os comportamentos medidos no procedimento seletivo são uma amostra representativa dos comportamentos exigidos para o cargo em questão, ou que o procedimento seletivo fornece uma amostra representativa do produto de trabalho do trabalho em questão.[195]

Diante dessas considerações, é possível afirmar que os testes de personalidade e/ou comportamentais, sobretudo se realizados por meio de ferramentas de inteligência artificial, são ainda altamente questionáveis perante a comunidade científica. Não há certeza sobre sua validade científica, tampouco sobre sua confiabilidade ou acurácia. Desse modo, esses testes carecem de adequação, entendida como a compatibilidade do método empregado com a finalidade que pretende alcançar. Em outros termos, à luz do princípio da adequação, previsto no art. 6º, I, da LGPD, a realização de testes de personalidade e comportamen-

---

193 A confiabilidade se refere "ao grau em que as pontuações de um teste são estáveis e os resultados são consistentes. Quando os construtos não são medidos de forma confiável, os escores obtidos não se aproximarão de um valor verdadeiro em relação à variável psicológica que está sendo medida" (NATIONAL ACADEMY OF SCIENCES. Committee on Psychological Testing, including validity testing, for social security administration disability determinations, 2015).

194 Validade é "o grau em que a evidência e a teoria apoiam as interpretações dos resultados dos testes para os usos propostos dos testes" (NATIONAL ACADEMY OF SCIENCES. Committee on Psychological Testing, including validity testing, for social security administration disability determinations, cit.).

195 AJUNWA, Ifeoma. *The quantified worker*, cit., p. 200.

tais são meios inadequados para a consecução da finalidade pretendida (avaliação do ajuste cultural e/ou capacidade para o trabalho).

Porém, não é somente em razão da manifesta inadequação que a submissão de candidatos a esses testes é ilegal, especialmente por meio de ferramentas de inteligência artificial. De acordo com o princípio da necessidade, previsto no art. 6º, III, da LGPD, a coleta dos dados dos candidatos, com a finalidade de traçar seus perfis, deve se limitar ao mínimo necessário para a realização da referida finalidade, com abrangência dos dados pertinentes, proporcionais e não excessivos em relação a tais finalidades. Contudo, na prática, os *softwares* de recrutamento exigem dos candidatos informações claramente impertinentes e excessivas, em nítida violação à Lei Geral de Proteção de Dados. Além disso, alguns outros dados exigidos, embora aparentemente neutros, podem fazer os algoritmos desenvolverem vieses contra determinados grupos.

Até o início de 2023, a plataforma Gupy exigia dos candidatos em seus testes comportamentais informações abusivas e desnecessárias, inclusive dados sensíveis relacionados à saúde e outras com viés político. Pode-se mencionar, por exemplo, a exigência de que o candidato julgasse as seguintes informações como sendo muito ou pouco importantes: "critico autoridades se discordar delas", "muitas vezes tenho dificuldade para dormir", "gosto de ir a museus e exposições de arte", "tenho variações de humor com frequência", "pessoas realmente inteligentes dificilmente cometem erros". Em seus testes, a Gupy já chegou a exigir que o candidato informe a importância das seguintes assertivas: "Me envolveria em assuntos que afetem a qualidade de vida no trabalho dentro do grupo"; "caso tivesse críticas e sugestões, eu as compartilharia com outras pessoas da empresa".

Com efeito, na fase de mera candidatura ao emprego, esses dados são claramente desnecessários. Algumas perguntas, somente excepcionalmente e para determinados cargos seriam necessárias. As perguntas, visivelmente invasivas e abusivas, não guardam nenhuma relação com a escolha do melhor profissional. Não há necessidade de saber, por exemplo, se o candidato ao emprego costuma criticar as autoridades se discordar delas, se gosta de ir a museus e exposições de arte ou, por exemplo, se se envolveria em assuntos que afetem a qualidade de vida no trabalho dentro do grupo.

Tais informações podem revelar que o candidato tem um perfil de quem luta por seus direitos, típicas características de líderes sindicais e outros trabalhadores com perfil de liderança na categoria. Com isso, a empresa poderá eliminar, desde já, essas figuras indesejadas. Embora o teste não mencione diretamente a questão da luta por direitos, é possível inferir tal resultado.

Nesse aspecto, vem em socorro argumentativo o que foi falado sobre a discriminação por meio de *proxies* (ver o item "Discriminação algorítmica *by design*", *supra*). A discriminação por *proxy* ocorre quando um traço facialmente neutro é usado como substituto de um traço proibido. O subterfúgio tem sido por vezes utilizado intencionalmente para contornar regras que proíbem a discriminação, notadamente as regras de direito antidiscriminatório em âmbito laboral. Um exemplo generalizado de discriminação por *proxy* é o "*redlining*"[196] no setor financeiro. Nos Estados Unidos, a partir da década de 1930, em vez de discriminar abertamente com base na raça em suas decisões de subscrição e preços, algumas instituições financeiras utilizaram códigos postais e limites de bairro em vez de raça para evitar empréstimos a bairros predominantemente afro-americanos. Foram utilizados *proxies* no lugar da característica proibida para atingir um propósito discriminatório. Mas a discriminação por *proxy* não precisa ser intencional; basta que tenha *por efeito* ou *resultado* a discriminação.

Quando um *proxy* que se correlaciona com a participação em uma classe protegida é preditivo do objetivo legítimo de um algoritmo, seu uso pode parecer aceitável. Por exemplo, a característica "raramente me sinto para baixo" pode estar correlacionada com pessoas com problemas de saúde mental. Embora não intencional – pelo menos aparentemente –, o uso de tal informação pode gerar resultado discriminatório.

Assim, as ferramentas de contratação preditiva podem refletir preconceitos institucionais e sistêmicos, e remover características sensíveis ou critério proibidos não é uma solução suficiente. Por exemplo, as previsões baseadas em decisões e avaliações de contratação anteriores podem revelar e reproduzir padrões de desigualdade em todas as fases do processo de contratação, mesmo quando as ferramentas ignoram explicitamente raça, gênero, idade e outros atributos protegidos.[197] Logo, uma vez presente o impacto desproporcional, a responsabilidade recai sobre o utilizador do algoritmo, que terá o ônus de demonstrar que sua prática tem um propósito legítimo e não discriminatório, com base, por exemplo, na necessidade empresarial.

---

196 "*Redlining*" é a prática discriminatória de negar serviços, normalmente financeiros, a indivíduos residentes em certas áreas, o que gera impacto desproporcional com base em raça ou etnia, por exemplo. Nos Estados Unidos, durante as décadas de 30 a 60 do século passado, os bancos e companhias de seguro marcavam áreas e comunidades que apresentavam risco. Eles literalmente desenhavam linhas vermelhas nos mapas designando áreas onde os serviços financeiros seriam restringidos. Essas áreas frequentemente eram regiões de minorias raciais, principalmente afro-americanos. A prática, que ficou conhecida como "*redlining*", foi tornada ilegal em 1968, no Ato de Habitação Justa. Esse ato tornou ilegal a discriminação na habitação com base em raça, cor, religião, sexo ou origem nacional. Hoje vivemos um novo tipo de *redlining*: a discriminação virtual baseada no viés dos algoritmos de inteligência artificial. Esse novo tipo de discriminação tem duas características: falta de transparência e uso em massa (TORRES, Alexandre. *Redling*: quando a IA perpetua desigualdades, 2023).

197 RIEKE, Aaron; BOGEN, Miranda. Help wanted, cit.

De todo modo, mesmo que um critério específico utilizado pelo algoritmo cumpra a exigência de necessidade empresarial legítima, ainda assim poderá violar a isonomia caso o algoritmo possa atingir as mesmas finalidades legítimas com uma alternativa menos gravosa, ou seja, menos discriminatória. Daí a importância de conhecer quais fatores a inteligência artificial está usando em seus modelos de decisão. Isso permitirá examinar se há algum parâmetro utilizado no algoritmo que é diretamente proibido pela lei ou se está logicamente relacionado a tal parâmetro, caso em que se caracterizará como um *proxy* indesejado pelo direito antidiscriminatório.

Determinar se seus fatores de decisão podem ser substitutos de critérios proibidos requer intervenção humana, transparência e investigação estatística. Alguns exemplos de discriminação por *proxy* podem ser ilustrados examinando o critério gênero. Como se sabe, em regra é ilegal utilizar o gênero ou qualquer representação do gênero na avaliação de candidatos ao trabalho. Assim, é preciso eliminar qualquer fator que, aparentemente neutro, se relacione ou se aproxime de determinado gênero, tais como hábitos de compra e intervalos (*gaps*) no currículo em razão de gestação e licença-maternidade. Em muitos casos, as estatísticas disponíveis publicamente podem confirmar se um fator está altamente correlacionado com uma característica protegida. Outro exemplo de discriminação algorítmica por *proxy* pode ser ilustrado usando o critério idade. Por exemplo, um dado facialmente neutro (anos desde a formatura) é um substituto claro para a idade.

Caso identificado um *proxy*, é preciso verificar se sua utilização foi intencional ou não e, ainda, se a coleta dessa informação é realmente e minimamente necessária para atingir a finalidade pretendida. Outrossim, se tem o potencial de causar um impacto desproporcional em determinados grupos, o que pode ser aferido por métodos estatísticos. Em muitos casos, critérios substitutos poderão ser menos discriminatórios e poderão ter a mesma utilidade para consecução da finalidade.

Apesar dos inúmeros riscos demonstrados, é bastante comum a conduta das empresas de *softwares* de recrutamento propagandearem que "ao utilizar um teste de perfil você adquire uma percepção individual, justa e segura de cada pessoa, sem sofrer com preconceitos inconscientes que uma pessoa recrutadora possui".[198] Trata-se de engodo manifesto, pelo menos na atual quadra normativa.[199] O algoritmo pode aprender a pontuar melhor ou pior características

---

198 GUPY. *Teste de perfil comportamental*, cit.

199 Como já afirmado na Introdução, admite-se a afirmação dos fornecedores de *softwares* de que a tecnologia pode reduzir o preconceito interpessoal. Essa promessa não deve ser ignorada, mas deve ser acatada com muitas reservas. Por isso, em momento algum se pretende a erradicação de decisões automatizadas no contexto laboral, mas desde que haja

pertencentes a grupos, o que, por certo, ensejará o desenvolvimento de vieses na IA. Portanto, é inverídica a afirmação comumente propagada pelas empresas de *softwares* de que não há vieses inconscientes nas ferramentas. É justamente em razão desse risco que a Comissão de Igualdade de Oportunidades de Emprego ou EEOC, dos Estados Unidos, fornece as Diretrizes Uniformes sobre Procedimentos de Seleção de Emprego, que regem o uso de testes de emprego. Nelas, exige-se que cada empregador mantenha registros do impacto que seus testes pré-contratação e outros procedimentos de seleção de empregados geram sobre as pessoas de uma classe protegida.[200]

Sem embargo da falta de adequação e de necessidade, a prática de submeter candidatos aos postos de trabalho a testes de personalidade e comportamentais com a finalidade de perfilamento via IA encontra barreiras na tutela da intimidade e da privacidade dos indivíduos, além de colidir com o princípio juslaboral da proteção. Poder-se-ia argumentar que o art. 20 da LGPD autoriza tal prática. Contudo, trata-se de uma afirmação que não leva em conta as peculiaridades do direito do trabalho.

Com efeito, o art. 20 da LGPD, com a redação dada pela Lei n. 13.853, de 2019, prevê a possibilidade de decisões tomadas unicamente com base no tratamento automatizado de dados pessoais, "incluídas as decisões destinadas a definir o seu perfil pessoal, profissional, de consumo e de crédito ou os aspectos de sua personalidade". Pela redação do texto legal, percebe-se que, em princípio, a lei faculta o uso de IA para definir o perfil *profissional*, bem como os aspectos da *personalidade* dos titulares dos dados. Por perfil *profissional* deve-se se entender o conjunto de capacidades e aptidões estritamente profissionais, apto a identificar se o sujeito tem as competências necessárias para determinado tipo de trabalho. Por outro lado, os "aspectos da personalidade" dizem respeito não ao perfil estritamente profissional, mas sim aos possíveis comportamentos do sujeito quando em interação com o meio.

Estabelecidos os conceitos , torna-se imperiosa a análise de compatibilidade do art. 20 da LGPD – que é uma norma geral – com as normas tutelares trabalhistas, ramo especial dotado de princípios e regras próprias. A Lei n. 13.709, de 14 de agosto de 2018 – Lei Geral de Proteção de Dados Pessoais – representou o grande marco regulatório da proteção de dados no Brasil. Por se tratar de uma lei geral, referido diploma normativo é dotado de inegável transversalidade, espraiando suas influências por praticamente todas as áreas do direito. Não poderia ser diferente nas relações trabalhistas, nas quais há inten-

---

mecanismos sérios de controle. Observados alguns requisitos, algumas novas tecnologias de contratação podem estar preparadas para ajudar a melhorar a questão da desigualdade nas relações de trabalho.

200 AJUNWA, Ifeoma. *The quantified worker*, cit., p. 194.

so fluxo de dados, desde o momento do preenchimento de um formulário de candidatura ao emprego até o período pós-contratual.

A nova tessitura normativa da proteção de dados impõe aos empregadores novas balizas *procedimentais* e *materiais* para o tratamento de qualquer dado na relação de trabalho. Quando se pensa nos reflexos da LGPD nessa relação, o debate pode se resumir à permanente tensão entre o poder empregatício e os direitos fundamentais do empregado. O primeiro encontra fundamentos na livre-iniciativa (art. 1º, IV, da CRFB/88) e na propriedade privada (art. 170, II, da CRFB/88); de outro lado, os segundos encontram suporte nas garantias de inviolabilidade da intimidade, da vida privada e da imagem (art. 5º, X, da CRFB/88), bem como no direito fundamental à proteção de dados pessoais.

Considerando que nenhum direito é absoluto, pois não pode ser exercido em detrimento da ordem pública ou com desrespeito aos direitos e garantias de terceiros, é preciso encontrar a concordância prática das normas em conflito, eventualmente com concessões recíprocas. Muitas vezes, no limite do caso concreto, na hipótese de colisão de direitos fundamentais, é inevitável que se façam determinadas escolhas.[201]

Desse modo, é necessário o estudo setorial dos impactos da Lei Geral de Proteção de Dados nas relações de trabalho. Essa legislação atinge *substancialmente* o campo normativo das relações de trabalho subordinado. Embora a LGPD nada tenha dito expressamente sobre as relações de trabalho subordinado, também alcança a proteção de dados do empregado, pois dispõe *genericamente* sobre o tratamento de dados pessoais por pessoa natural ou por pessoa jurídica de direito público ou privado (art. 1º).

O grande desafio a ser enfrentado por todos aqueles que diariamente manuseiam o direito laboral é o de fazer a correta transposição normativa das regras e princípios da LGPD para a disciplina das relações de trabalho, pois esta conta com regras e princípios próprios. Como o direito do trabalho é ramo especial, a importação das normas gerais de proteção de dados para o direito do trabalho não pode se dar de maneira automática e irrefletida. Deverá o intérprete ter sempre em mente a principiologia própria que orienta o direito trabalhista, que serve como verdadeira válvula de contenção de importações normativas indevidas. Trata-se de condição ou pressuposto interpretativo indispensável, verdadeiro axioma, sob pena de se permitir que normas gerais desnaturem por completo a principiologia especial trabalhista.

Estabelecidas as bases, não há dúvidas de que permitir às organizações o conhecimento dos "aspectos da personalidade" dos candidatos ao emprego é

---

201 BRASIL. Supremo Tribunal Federal. *ADI 4815*, rel. Min. Cármen Lúcia, Tribunal Pleno, j. 10/06/2015, publicação em 01/02/2016. Trata-se do caso das biografias não autorizadas.

medida que vulnera e aniquila o princípio da proteção do trabalhador, previsto no art. 444 da CLT, na medida em que representa uma exacerbação desmesurada do poder empregatício. Tal prática maximiza a relação de poder, já assimétrica por natureza. Já foi dito neste tópico que as próprias empresas de *softwares* afirmam em seus materiais publicitários que "o teste deverá ser capaz de mapear as principais características de personalidade e de comportamento do perfil do respondente, dando uma visão ampla de como essa pessoa se porta, age e pensa".[202] Portanto, de acordo com a empresa de *software*, suas empresas clientes serão capazes de saber inclusive o que o candidato "pensa". Tamanho grau de invasividade na esfera íntima dos candidatos não encontra suporte na principiologia trabalhista, sobretudo quando levada a efeito por meio de ferramentas de inteligência artificial.

Se já não bastassem as diversas ilegalidades até aqui apontadas, há inúmeros estudos científicos que comprovam a aptidão dos testes comportamentais e de personalidade para revelarem dados sensíveis de saúde das pessoas candidatadas,[203] o que tem alto potencial discriminatório, além de ofender o direito à intimidade. Por exemplo, um dos estudos pesquisados revelou que o neuroticismo, que é uma das características avaliadas pelo teste do *big five*, está associado a aspectos negativos de saúde.[204]

O potencial do *big five* para revelar dados de saúde é tamanho que a American Psychiatric Association (APA) adotou oficialmente o método do Modelo dos Cinco Fatores e o incorporou à quinta edição do Manual Diagnóstico e Estatístico de Transtornos Mentais (DSM-5), publicado em 2013. O DSM busca classificar os transtornos mentais por meio do uso de métodos consistentes e critérios padrão e é a principal autoridade usada pelos psiquiatras no diagnóstico de transtornos de saúde mental nos Estados Unidos.[205]

Em razão disso, os testes comportamentais baseados no "*Five-Factor Model*" são considerados exames médicos. Como afirmado, desde 2013 o Modelo de Cinco Fatores tem sido adotado e utilizado por profissionais da medicina para diagnosticar transtornos de saúde mental. A APA adotou a abordagem dimensional do Modelo de Cinco Fatores para determinar não apenas se existe um transtorno de saúde mental, mas também quão grave o transtorno pode ser,

---

202 GUPY. *Teste de perfil comportamental*, cit.

203 AMIR, Hossein Ali Ghorbani *et al.* Relationship between type A personality and mental health, 2011; CLARK, E. M. *et al.* Explaining the relationship between personality and health in a national sample of African Americans: the mediating role of social support, 2019; WISTOW, Deborah J. *et al.* The relationship between personality, health symptoms and disease, 1990.

204 BEST, Rachel D. *et al.* Neuroticism predicts informant reported cognitive problems through health behaviors, 2021.

205 AJUNWA, Ifeoma. *The quantified worker*, cit., p. 194.

dependendo dos níveis resultantes de cada traço de personalidade medido pelo teste. Não é outra a lição de Ifeoma Ajunwa:

> Além disso, os empregadores não precisam de ter conhecimento real ou construtivo sobre se um candidato a emprego tem realmente uma deficiência diagnosticada para violar as regras da ADA num cenário de teste de personalidade pré-emprego. O *status* de deficiência de um candidato a emprego não tem influência sobre se um exame pré-emprego viola a ADA. A Orientação de Execução da EEOC deixa bem claro que as regras da ADA sobre consultas e exames pré-emprego se aplicam a todos os funcionários potenciais e reais, independentemente da deficiência. [...] Note-se que isto não impede categoricamente que os empregadores realizem testes pré-contratação. Significa, no entanto, que um teste pré-emprego baseado no próprio método que os profissionais de saúde mental utilizam para diagnosticar perturbações de saúde mental é, em si, um exame médico.[206]

A propósito, pouco importa a intenção do empregador ou da empresa de *software* quanto à identificação de dados sensíveis, ou seja, a prática é proibida mesmo que aleguem que o teste não tem por objetivo identificar dados de saúde. Ifeoma Ajunwa alerta sobre tal intenção e, inclusive, cita a posição da EEOC e julgados norte-americanos sobre o tema:

> Além disso, a alegação de um empregador de que determinado teste não tem finalidade médica não impede que o referido exame seja considerado exame médico, para efeitos da ADA. Os empregadores não estão isentos de responsabilidade por fingir ignorância das habilidades de diagnóstico e aplicação médica de seus testes de personalidade pré-emprego. Por exemplo, o Tribunal do Sexto Circuito em *Kroll v. White Lake Ambulance Authority* explicou a irrelevância da intenção de um empregador ao administrar pré-testes de personalidade no emprego. O Tribunal discutiu e utilizou ainda um exemplo fornecido pela EEOC encontrado em suas orientações de aplicação para demonstrar o que considera ser um exame médico de pré-contratação ilegal: um teste psicológico é concebido para revelar doença mental, mas determinado empregador diz que não aplica o teste para revelar doenças mentais (por exemplo, o empregador diz que utiliza o teste apenas para revelar gostos e hábitos). Mas o teste também é interpretado por um psicólogo e é utilizado rotineiramente em um ambiente clínico para fornecer provas que podem ser utilizadas para fazer diagnósticos de saúde mental (por exemplo, se um candi-

206 AJUNWA, Ifeoma. *The quantified worker*, cit., p. 229.

dato tem tendências paranoicas ou está deprimido). Nessas circunstâncias, *esse teste é um exame médico*[207] [grifos nossos].

Portanto, além de desrespeitar os princípios da adequação e da necessidade, os testes de personalidade e comportamentais ofendem o direito à intimidade e à privacidade, podendo muitas vezes revelar dados sensíveis relacionados à saúde, bem como a propensão do candidato para atividades sindicais e a identificação indireta de outros critérios proibidos. Outrossim, a possibilidade conferida ao empregador de traçar o perfil da personalidade dos candidatos colide frontalmente com o princípio trabalhista da proteção, diante da exacerbação do poder empregatício.

Por fim, no Brasil, a utilização de métodos e técnicas psicológicas com o objetivo de selecionar candidatos é ato exclusivo de psicólogos, conforme previsto no art. 13 da Lei n. 4.119, de 27 de agosto de 1962, que "dispõe sobre os cursos de formação em psicologia e regulamenta a profissão de psicólogo". No entanto, esses testes são aplicados por meio de *softwares* de IA e a personalidade é aferida por meio de algoritmos, sem qualquer participação humana no resultado.

Ofertas salariais automatizadas dinâmicas e randomizadas

A discriminação algorítmica nas etapas de seleção e de contratação de trabalhadores pode ocorrer também no momento do oferecimento da remuneração para o candidato selecionado. Por isso, além da avaliação em si, a contratação automatizada oferece outras oportunidades para a entrada de preconceitos humanos.

A discriminação de valores é frequentemente discutida no contexto de preços personalizados para os consumidores. Sabe-se que as ferramentas de IA conseguem personalizar os preços de modo a refletir quanto um consumidor pode pagar ou estaria disposto a pagar por serviços ou produtos. Contudo, essa personalização é cada vez mais frequente nas relações trabalhistas, especialmente para ofertar salários e, por consequência, delimitar a renda dos trabalhadores e tratá-los de forma desigual.

Empresas como Lyft, Uber e Amazon se valem das ferramentas de IA para oferecer e pagar às pessoas salários diferentes pelo mesmo trabalho, causando uma fissura na igualdade salarial e nos patamares justos de retribuição. Tal possibilidade somente é possível em razão da quantidade exorbitante e desproporcional de informações que as empresas possuem dos candidatos e trabalhadores graças ao chamado capitalismo informacional de vigilância. A empresa

---

207 AJUNWA, Ifeoma. *The quantified worker*, cit., p. 230.

coleta dados individualizados sobre os trabalhadores e usa esses dados para determinar a renda por meio de algoritmos, por meio de uma atribuição personalizada de valores e tarefas. Juntos, esses sistemas são usados para controlar sub-repticiamente o comportamento do trabalhador desde o momento da oferta de emprego.

Os algoritmos podem introduzir vieses e discriminação no processo de oferta de salários se forem mal projetados ou se os dados usados para os treinar forem tendenciosos. Basta supor que um algoritmo seja treinado usando dados históricos sobre salários anteriores da empresa, que já têm vieses de gênero embutidos. Se histórica e sistemicamente as mulheres foram sub-remuneradas em comparação com os homens na empresa, o algoritmo pode aprender essa tendência e perpetuar a disparidade salarial. Quando o algoritmo é usado para determinar as ofertas salariais para os candidatos atuais, ele pode levar em consideração fatores que estão correlacionados injustamente com o gênero, como nível educacional, anos de experiência ou outras características. Assim, ferramentas de IA podem acabar oferecendo salários mais baixos para as candidatas mulheres em comparação com os candidatos homens, mantendo assim o viés já existente.

Da mesma forma, algoritmos podem recomendar salários mais elevados com base em parâmetros de referência (*proxies*) aparentemente neutros e "objetivos", tais como critérios educacionais ou outras métricas facialmente indiferentes, mas que podem ser indicadores de disparidades raciais ou de gênero, por exemplo, causando um impacto desproporcional em relação a certos grupos.

Uma investigação sobre os resultados de IA realizada pela The Brookings Institution revelou que, se dados tendenciosos alimentam o algoritmo, os resultados podem ser tendenciosos, como amplamente afirmando ao longo deste trabalho. Por exemplo, se alguns trabalhadores recebem menos do que outros apesar de terem o mesmo cargo, experiência e níveis de competências, a simples introdução desses dados em um sistema de remuneração baseado em IA poderia perpetuar esse preconceito. "O preconceito nos algoritmos pode emanar de dados de treinamento não representativos ou incompletos ou da confiança em informações falhas que refletem desigualdades históricas", afirmou o relatório da Brookings. Se não forem controlados, os algoritmos tendenciosos podem perpetuar preconceitos contra certos grupos de pessoas mesmo sem a intenção do programador de discriminar.[208]

Nesse cenário, os desenvolvedores devem garantir que os dados usados no treinamento sejam representativos e livres de vieses. É necessário também monitorar regularmente os resultados para detectar possíveis vieses não intencionais e, então, eliminá-los. Isso se aplica não apenas nas recomendações que

---

208 SAMMER, Joanne. Bringing artificial intelligence into pay decisions, 2019.

o sistema produz, mas também no modo como os gestores humanos utilizam os resultados. Não basta implementar a ferramenta e esquecê-la. Torna-se necessário avaliar os resultados e ver se eles diferem após a implementação. Por isso, a governança rigorosa do sistema posteriormente à implementação (*post-implementation review* – PIR) é importante para garantir que as decisões de remuneração apoiadas pela IA sejam justas e imparciais.

Além disso, é importante reafirmar que a decisão final sobre as ofertas salariais sempre deve ser revisada por profissionais de recursos humanos e gestores, levando em consideração aspectos humanos que os algoritmos não são capazes de capturar, como habilidades sociais, motivação e outras competências relevantes e igualmente importantes na negociação salarial.

Ao problema supramencionado soma-se o poder informacional do empregador. É inegável a aptidão da IA para, maximizando o poder de barganha do empregador, permitir que este ofereça salários personalizados de maneira automatizada para os candidatos, na exata medida que estes estariam dispostos a aceitar. Na última etapa do processo de contratação, os sistemas de contratação automatizados possibilitam aos empregadores fazer ofertas diferenciadas de salário. A Professora Miranda Bogen assentou que:

> Finalmente, assim que o empregador seleciona o candidato para contratação, outras ferramentas preditivas buscam socorrer o empregador para fazer uma oferta que o candidato estará propenso a aceitar. Tais ferramentas podem subverter as leis que proíbem as empresas de perguntar diretamente sobre o histórico salarial, fixando – ou pelo menos tornando mais difícil a sua correção – padrões duradouros de disparidade salarial.[209]

Desse modo, assim que o candidato é selecionado, a empresa precisa fazer a oferta de contratação, que inclui a proposta de retribuição pelo trabalho (salário e outras verbas). Na era da revolução dos dados, a partir da análise do grande volume de informações sobre o candidato e sobre o mercado, a IA determina um salário "personalizado" a ser oferecido ao candidato. A IA, nessa lógica, aparelha a empresa para que possa oferecer uma oferta mínima de salário, mas que provavelmente o candidato tem chances de aceitar. Por isso, o poder de informação assimétrico significa que um empregador pode oferecer um salário inferior ao justo ou cooperar com outros empregadores a suprimir os salários.

Assim, calcula-se uma oferta de salário personalizada para cada candidato, justamente porque as ferramentas de IA, que se alimentam de dados, podem analisar uma diversidade de informações daquele candidato em específico, tais

---

209 BOGEN, Miranda. All the ways hiring algorithms can introduce bias, *cit.*

como o tempo em que está desempregado, o número de filhos, endereço residencial, idade, custo de vida, dentre várias outras. Tais ferramentas, portanto, amplificam a disparidade negocial e salarial, atingindo sobretudo minorias. É justamente em razão das várias informações que detém sobre o candidato que a empresa consegue, com base em dados, oferecer uma quantia específica que o trabalhador estaria disposto a aceitar. São os chamados "salários personalizados",[210] ou seja, aqueles que os empregadores oferecem e pagam em valores diferentes com base na tomada de decisões algorítmicas.

Nessa perspectiva, ofertas salariais podem ser orientadas por dados, e tal possibilidade vem sendo explorada pelas empresas. Os programas de *software* conseguem prever a probabilidade de um candidato aceitar uma oferta salarial e o que o empregador pode fazer para aumentar a taxa de aceitação. O empregador pode ajustar salário, bônus, opções de ações e outros benefícios para ver em tempo real como a previsão muda. Embora essas funções possam ser úteis para um processo de contratação eficaz, elas também podem ampliar as disparidades salariais para mulheres e empregos de minorias.[211] Exatamente nesse mesmo sentido, com base em outros estudos científicos, Miranda Bogen e Aaron Rieke afirmam que:

> Os empregadores fazem ofertas aos candidatos que passam pelo processo de contratação, que normalmente incluem detalhes sobre salário, benefícios, data de início e outros detalhes. As ferramentas de contratação nesta fase geralmente ajudam os empregadores a planejar atividades de integração e alterações na folha de pagamento. Mas algumas dessas ferramentas também oferecem previsões individualizadas sobre quais ofertas específicas os candidatos provavelmente aceitarão. Por exemplo, a empresa de *software* empresarial Oracle, através do seu produto "*Omnibus Recruiting Cloud*", fornece aos empregadores *previsões sobre a probabilidade de um candidato aceitar uma oferta de emprego e o que o empregador pode fazer para aumentar as hipóteses de aceitação do candidato*. O empregador pode ajustar salário, bônus, opções de ações e outros benefícios para ver em tempo real como a previsão muda. A ferramenta pode atualizar-se com dados dos empregadores sobre o resultado de ofertas e aceitações anteriores ao longo do tempo. *Preocupamo-nos que ferramentas como esta possam ampliar as disparidades salariais entre mulheres e trabalhadores negros*. Os dados de recursos humanos geralmente incluem amplas referências ao *status* socioeconômico e racial de um trabalhador, *o que poderia ser refletido nas previsões de requisitos salariais*. Em qualquer caso, oferecer aos empre-

---

210 TEACHOUT, Zephyr. Algorithmic personalized wages, 2023.
211 AJUNWA, Ifeoma. An auditing imperative for automated hiring systems, cit., p. 19.

gadores uma visão altamente específica sobre os requisitos salariais de um candidato *aumenta a assimetria de informações entre empregadores e candidatos em um nível crítico no momento da negociação.* Estas ferramentas também podem minar – ou mesmo entrar em conflito com as leis que proíbem os empregadores de considerar históricos salariais dos candidatos ao fazer decisões de compensação. Tais leis estão sendo promulgadas em todo o país precisamente para abordar problemas arraigados disparidades salariais[212] [grifos nossos].

Importante ressaltar, a partir das lições apresentadas, que, também segundo a Organização Internacional do Trabalho (OIT), essas ofertas salariais preditivas prejudicam as leis que exigem transparência na fixação e pagamento de salários, bem como – tal qual ocorre nos Estados Unidos – as que impedem os empregadores de considerar os históricos salariais dos candidatos. De acordo com a OIT, as medidas de transparência salarial incorporam um conjunto bastante diversificado de ferramentas, abrangendo a divulgação periódica de salários, relatórios regulares sobre disparidades salariais entre homens e mulheres ou avaliações salariais das empresas. Todos os instrumentos são concebidos para permitir e facilitar a aplicação de remuneração igual para trabalho de igual valor por meio do melhor acesso à informação. Como tal, as medidas de transparência salarial visam revelar preconceitos de gênero ou discriminação nas práticas salariais, na crença de que essas revelações podem desencadear outras ações para realmente abordar e corrigir disparidades salariais potencialmente existentes entre homens e mulheres.[213]

Sob esse ângulo, em importante estudo sobre "salários personalizados", a Professora Zephyr Techout, da Escola de Direito de Fordham, inicialmente

---

212 RIEKE, Aaron; BOGEN, Miranda. Help wanted, cit.

213 Quanto às práticas atuais sobre transparência salarial, as legislações são normalmente estruturadas em torno de diversas abordagens: permitir que os funcionários solicitem e acessem informações sobre os níveis salariais em sua empresa; exigir que os empregadores divulguem informações salariais individuais aos empregados; exigir que os empregadores divulguem o salário de uma posição anunciada aos potenciais empregados, quer durante o processo de entrevista, quer em anúncios de emprego; proibição dos empregadores de solicitar o salário de um empregado ou potencial empregado história; criar um organismo independente para fornecer aos empregadores certificação de igualdade salarial, caso estes atendam a certos requisitos em relação à remuneração neutra em termos de gênero; obrigar as empresas com determinado número de trabalhadores (p. ex., acima de 50) a publicar informações sobre gênero e remuneração dentro de sua organização; realização de auditorias regulares sobre gênero e remuneração em empresas com um limite mínimo nível de funcionários; realizar avaliações salariais regulares nas empresas com o envolvimento de representantes dos funcionários; promover discussões sobre igualdade salarial e auditorias salariais durante a negociação coletiva etc. (ORGANIZAÇÃO INTERNACIONAL DO TRABALHO. *Pay transparency legislation:* implications for employers' and workers' organizations, 2022).

informa que a lei federal antimonopólio nos Estados Unidos surgiu no contexto da tentativa de regular práticas de preços que pareciam ao público injustas e despóticas e que a diferenciação de preços foi uma área central de preocupação antitruste. Outrossim, assinala que durante a maior parte da história americana a diferenciação de preços foi vista tanto como um dano político quanto como um dano econômico e que, após a revolução do bem-estar do consumidor na década de 1970, a discriminação de preços (diferenciação de preços sem justificação de custos) foi inclusive discutida em termos de bem-estar. Com base nessas informações, a professora afirma que "poderíamos estar à beira de uma revolução na forma como os salários e os benefícios são definidos, com a capacidade e o incentivo para as empresas praticarem salários personalizados", especialmente nos serviços pagos por tarefa.

Zephyr Techout apresenta cinco formas distintas de diferenciação salarial que podem moldar salários personalizados. Na primeira categoria os salários são ajustados em tempo real com base na produtividade, em oposição aos salários que são definidos antecipadamente com base no número de horas pré-acordado. Na segunda categoria, que é uma variação da primeira, os salários são definidos por meio do uso do jogo ("gamificação"), com a pontuação atribuída ao trabalhador impactando a remuneração. Na terceira categoria estão os salários comportamentais, baseados no comportamento observado (incluindo comportamento político) ou em suposições algorítmicas sobre as necessidades salariais específicas de um indivíduo. A quarta categoria é dinâmica, na qual os salários flutuam em tempo real com base na oferta e na procura. Na quinta categoria, os salários são diferenciados individualmente durante uma experiência salarial.[214]

A professora, embora não defenda que os salários personalizados estejam atualmente generalizados, afirma ser provável que se tornem suficientemente difundidos para representar uma questão social importante. Embasa sua afirmação em três fatores: os mercados de trabalho concentrados, os desenvolvimentos na tecnologia de vigilância e, por fim, os desenvolvimentos em ferramentas de gestão algorítmica. Nessa trilha, sustenta que os salários personalizados e baseados em vigilância provavelmente se tornarão uma prática de precificação salarial das mais proeminentes no futuro e representam uma ameaça cívica. O isolamento, a vigilância constante, o tratamento diferenciado e a gamificação no local de trabalho, todos acompanhados de preços personalizados, minam as condições sob as quais a democracia é possível. Para combater tais males, defende que as ferramentas antimonopólio – juntamente com as ferramentas laborais e de privacidade – podem ajudar na proteção dos

---

214 TEACHOUT, Zephyr. Algorithmic personalized wages, cit.

trabalhadores. Igualmente, afirma que se deve considerar a exploração da limitação da discriminação de preços laborais e maior aplicação estrutural das normas antitruste.[215]

Nota-se que os rendimentos e benefícios garantidos aos trabalhadores são determinados por um mecanismo de alocação algorítmica do trabalho e não somente pela tarefa realizada ou pela quantidade real de tempo trabalhado. As vicissitudes do controle algorítmico se dão, portanto, desde o período pré-contratual. Ademais, o pagamento não se baseia em uma taxa previsível, pois é calculado de acordo com inúmeros critérios opacos que se somam ao critério da quantidade de trabalho que lhes é atribuída por meio dos algoritmos, ou seja, uma determinação personalizada sobre a qual não se tem qualquer controle ou transparência.

Embora a discriminação salarial por algoritmos aconteça no período pré-contratual por meio de ofertas salariais automatizadas dinâmicas e randomizadas, ela é também bastante comum durante o período contratual, especialmente em relação aos trabalhadores em plataformas. Por isso, optou-se por tecer maiores considerações sobre o tema no tópico seguinte, que aborda a discriminação algorítmica especificamente no período contratual.

Discriminação algorítmica no período contratual

Em seguida ao processo de contratação, o trabalhador estará formalmente integrado à organização dos fatores produtivos da organização empresarial, ou seja, nesse momento ele já é parte da estrutura organizacional dos empregadores, seja na qualidade de empregado, seja sob o *status* de trabalhador autônomo.[216] O *homo laborans* torna-se parte da engrenagem estrutural do *homo oeconomicus*, na expressão de Foucault.[217]

---

215 TEACHOUT, Zephyr. Algorithmic personalized wages, cit.

216 Não é demais lembrar que nos termos do art. 966 do Código Civil brasileiro "considera-se empresário quem exerce profissionalmente atividade econômica organizada para a produção ou a circulação de bens ou de serviços", ou seja, o empresário é quem organiza a empresa, entendida esta como a atividade econômica organizada para a produção ou a circulação de bens ou de serviços. Nesse rumo, a doutrina especializada leciona que: "A empresa é atividade organizada no sentido de que nela se encontram articulados, pelo empresário (que a organiza), os quatro fatores de produção: capital, mão de obra, insumos e tecnologia. A noção de organização, ínsita à ideia de empresa, envolve, portanto, um certo grau de sofisticação da produção ou circulação de bens ou serviços [...] a caracterização da empresa como atividade econômica organizada pressupõe, como assinalado, a articulação dos fatores de produção, entre os quais a mão de obra" (COELHO, Fábio Ulhoa. *Comentários à Lei de Falências e de Recuperação de Empresas*, 2021).

217 FOUCAULT, Michel. *Nascimento da biopolítica*, 2022.

No período contratual, o empregador exerce todas as potencialidades e dimensões de seu poder empregatício, tais como o poder diretivo, o poder regulamentar, o poder fiscalizatório e o poder disciplinar, todos amparados pela ideia de subordinação.[218] Tendo em vista as diversas formas de manifestação do poder empregatício, afirma-se que seu contraponto, que é a subordinação, é *fattispecie* unitária complexa,[219] necessariamente integrada por comandos ordenatórios ou diretivos, fiscalizatórios e punitivos. Logo, "a subordinação é a condição daqueles que estão submetidos à ordem dos outros, ou seja, à organização e, portanto, também à fiscalização e disciplina preordenada por outros".[220]

Todas as possibilidades de poder derivadas do *status subordinator* podem ser exercidas pelo empregador por meio das ferramentas de inteligência artificial que instrumentalizam tomadas de decisão de maneira automatizada e, portanto, orientada por dados e algoritmos. Nesse contexto, algoritmos são capazes de proferir decisões automatizadas de cunho diretivo, normativo, fiscalizatório ou de monitoramento e até mesmo de cunho disciplinar. Em decorrência desse fato objetivo foi que se passou a falar em subordinação "algorítmica" ou "algoritmo chefe",[221] fenômenos que serão mais bem explorados no item "Poder empregatício e suas manifestações automatizadas: 'algocracia', capitalismo de vigilância e gestão algorítmica do contrato" do Capítulo 5, *infra*.

Com efeito, depois de firmado o contrato de trabalho, o empregador tem a sua disposição uma infinidade de "soluções" ofertadas pelas empresas de *software* para realizar a gestão algorítmica do contrato de trabalho por meio de decisões automatizadas. A empresa Pandapé, por exemplo, oferece um produto chamado "avaliação de desempenho", que permite às empresas clientes "analisar o desempenho dos colaboradores e aumentar a produtividade com pesquisas de avaliação de desempenho" e "medir o desempenho da equipe e tomar

---

218 Subordinação deriva de "sub" (baixo) e "ordinare" (ordenar), que revela a ideia de estar abaixo das ordens de alguém. Conceitua-se como a situação jurídica derivada do contrato de trabalho, pela qual o empregado compromete-se a acolher o poder de direção empresarial quanto ao modo de realização de sua prestação de serviços. Traduz-se, em suma, na "situação em que se encontra o trabalhador, decorrente da limitação contratual da autonomia de sua vontade, para o fim de transferir ao empregador o poder de direção sobre a atividade que desempenhará" (DELGADO, Maurício Godinho. *Curso de direito do trabalho*, 2023, p. 764).

219 SCIOTTI, Rossella. *La subordinazione como fattispecie unitária complessa*, 2014, p. 71 e 172.

220 SCIOTTI, Rossella. *La subordinazione como fattispecie unitária complessa*, cit., p. 66.

221 STEFANO, Valerio de; ALOISI, Antonio. *Your boss is an algorithm:* artificial intelligence, platform work and labour, 2022. A mesma expressão é utilizada por: ADAMS-PRASSL, Jeremias. What if your boss was an algorithm? The rise of artificial intelligence at work, 2019.

decisões estratégicas com base em dados gerados pelas pesquisas de avaliação de desempenho do Pandapé".[222]

Durante a vigência do contrato de trabalho, a IA pode fazer a aferição e gestão de desempenho do trabalhador, a distribuição e a avaliação de tarefas, a designação de recompensas pecuniárias, predições sobre retenção de talentos, decisões disciplinares etc. Assim, com base em ferramentas tecnológicas os empregadores monitoram diversos aspectos da vida profissional e pessoal de seus trabalhadores, tais como a produtividade, a disciplina, os comportamentos etc. e, a partir de tais informações, a própria IA decide quem receberá aumentos salariais, quem será promovido, quem ocupará ou deixará de ocupar cargos de confiança, quem sofrerá uma punição disciplinar e, até mesmo, quem será despedido. Tais ferramentas são capazes, inclusive, de monitorar os hábitos e costumes dos trabalhadores, seus dados de saúde, suas propensões e até mesmo a maneira de pensar. Essas possibilidades levantam sérios questionamentos quanto aos possíveis danos aos direitos fundamentais no ambiente de trabalho.

Existem ferramentas de IA que realizam a pontuação de produtividade e indicam os trabalhadores com potencial para ocupar cargos de confiança. Por exemplo, a empresa Enaible, especialista em IA para medir a produtividade de trabalhadores, desenvolveu um *software* chamado *Recomendador de Liderança*, que fornece recomendações de liderança baseadas em IA, capaz de prever o desempenho de alguém em uma nova função. A empresa informa em seu *site* que "a Enaible aprende como cada funcionário trabalha, criando experiências de crescimento personalizadas para todos no trabalho. Assim, eles receberão uma combinação de recomendações exclusivas para eles, com base em seu histórico de trabalho e preferências pessoais".[223]

Nota-se que o "algoritmo chefe" recomenda tarefas aos trabalhadores e é capaz de tomar decisões não só com base em seu histórico de trabalho, mas também em suas preferências pessoais. Essas ferramentas de IA são capazes de analisar todo tipo de informação obtida para determinar o "valor" de um trabalhador e criam uma espécie de *scored workplace*, termo aqui utilizado em alusão à expressão *scored society*, cunhada por Danielle Keats Citron e Frank Pasquale.[224]

Ferramentas de IA utilizadas para medir a produtividade em escala massiva podem também gerar sérios prejuízos mentais aos trabalhadores, na medida em que podem instaurar uma gestão por estresse ou assédio organizacio-

---

222 PANDAPÉ. *Avaliação de desempenho.* Disponível em: https://www.pandape.com/br/avaliacao-desempenho. Acesso em: 25 out. 2023.

223 ENAIBLE. *New technology for a new era.* Disponível em: https://enaible.io/how-it-works. Acesso em: 28 out. 2023.

224 CITRON, Danielle Keats; PASQUALE, Frank. The scored society: due process for automated predictions, 2014.

nal algorítmico, com forte imposição de metas de produção. Assim se afirma porque a IA, na linha do que já acontece nos armazéns de comércio eletrônico e em plataformas, pode ser introduzida na tentativa de aumentar a produção e a produtividade. Se esse for o principal impulso por trás da introdução de sistemas de gestão baseados em IA, a salvaguarda da segurança e da saúde no trabalho poderá tornar-se, na melhor das hipóteses, um objetivo secundário.[225]

Miranda Bogen e Aaron Rieke afirmam que "as organizações avaliam continuamente o desempenho de seus trabalhadores para julgar sua produtividade e qualidade de trabalho para informar decisões de pagamento, promoção e rescisão".[226] Como tais avaliações são feitas por meio de IA, elas estão suscetíveis a promoverem decisões injustas. Os mesmos autores citam como exemplo o Google, que contrata funcionários por um sistema de hierarquia e supervisão estrutural ("*ladders*"[227]) que determina oportunidades de promoção e níveis de remuneração. Contudo, em algumas ações judiciais foi alegado que, ainda em 2017, a empresa discriminou sistematicamente mulheres nas decisões salariais e de promoção, colocando-as em cargos de menor prestígio e faixas salariais, quando comparadas aos homens com funções e experiência semelhantes. Além disso, promovem as mulheres mais lentamente e a taxas mais baixas do que os seus pares do sexo masculino. Tais práticas não são exclusivas do Google. Quando as ferramentas preditivas se baseiam em dados falhos, levantam-se questões fundamentais sobre sua utilidade.[228] Os mesmos autores advertem:

> O problema torna-se mais preocupante porque os resultados dessas avaliações – mesmo na ausência do envolvimento direto da tecnologia – desempenham um papel importante na formação de modelos preditivos usados para julgar futuros candidatos a emprego. É importante para os empregadores compreender as limitações inerentes aos dados de desempenho antes de confiar neles para orientar futuras decisões de contratação. Os recrutadores estão compreensivelmente interessados em usar *insights* sobre funcionários bem-sucedidos para ajudar a contratar novos. Mas, de acordo com a McKinsey, apenas 14% dos executivos acreditam que podem realmente identificar pessoas de alto e baixo desempenho em suas empresas. Estudiosos de operações empresariais

225 UNIÃO EUROPEIA. Parlamento Europeu. *AI and digital tools in workplace management and evaluation*: an assessment of the EU's legal framework, 2022, p. 21.

226 RIEKE, Aaron; BOGEN, Miranda. Help wanted, cit.

227 "*Ladders*" é um sistema baseado supervisão que determina oportunidades de promoção e níveis de remuneração, servindo ainda como ferramenta para planejamento e avaliação curricular (HARDEN, Ronald M. The integration ladder: a tool for curriculum planning and evaluation, 2000).

228 RIEKE, Aaron; BOGEN, Miranda. Help wanted, cit.

> apontam que mesmo dados de desempenho aparentemente robustos podem ser profundamente falhos. Avaliações e classificações de desempenho foram mostradas em diversas ocasiões para refletem preconceitos com base em raça e gênero, e as práticas de promoção e remuneração sofrem com o mesmo problema. [...] Mesmo sinais básicos de sucesso, como a permanência numa empresa, podem refletir os efeitos duradouros da discriminação no local de trabalho, incluindo a discriminação racial e de gênero e o assédio sexual. As práticas institucionais podem manchar o desempenho e dados de promoção que normalmente são a fonte para ferramentas de contratação preditivas.[229]

Algoritmos usam dados retirados do constante monitoramento dos trabalhadores, aprendem com esses dados e produzem pontuações de produtividade. O caso mais notório de discriminação algorítmica na avaliação de produtividade por meio de sistemas de IA se deu com a empresa Amazon, que utilizava um sistema que aferia o desempenho do trabalhador e, a partir do resultado, tomava uma decisão automatizada sobre sua demissão. Logo, a decisão para despedida ou não de um trabalhador ficava a cargo da IA. Com base nos dados de produtividade de diversos trabalhadores da empresa, o sistema calculava um tempo médio de produção. Esse tempo médio passava então a ser considerado o razoável, ou seja, o esperado. Com isso, o *software* emitia uma decisão automatizada para demitir os trabalhadores que ele considerava mais "lentos" na execução de suas tarefas.

Ocorre que referido sistema de IA recomendou a demissão de trabalhadoras grávidas, que naturalmente gozam de peculiaridades fisiológicas que as tornam mais lentas. Justamente por decidir com base em padrões, a IA não foi capaz de identificar que, em regra, mulheres grávidas naturalmente têm um nível de produtividade prejudicado em razão de sua condição fisiológica (ficam mais lentas, vão mais ao banheiro, precisam de mais pausas etc.). Assim, na medida em que o algoritmo as classificou entre as mais ineficientes e as despediu, ignorando por completo sua particularidade gestacional, restou constatada a discriminação produzida pela decisão automatizada.

Essa passagem bem ilustra que os sistemas de monitoramento automatizados são capazes de produzir injustiças não somente contra mulheres grávidas, mas contra quaisquer outros indivíduos que, por condições peculiares, não conseguem manter uma média padrão de produtividade, a exemplo do que se verifica com alguns trabalhadores com determinado tipo de deficiência, como bem adverte a doutrina ao analisar o risco à luz do *Americans with Disabilities Act* (ADA):

---

229 RIEKE, Aaron; BOGEN, Miranda. Help wanted, cit.

> Quando esses sistemas fazem julgamentos sobre o que é considerado produtividade típica ou esperada, também podem levar a outros danos para as pessoas com deficiência. Algumas avaliações da ADA sugerem que, "*se um empregador adotar um padrão de ritmo de trabalho mais rápido e o aplicar de forma rígida, poderá entrar em conflito com a proibição da ADA contra 'padrões, critérios ou métodos de administração* [...] *que tenham o efeito da discriminação com base na deficiência*". Mais de metade das deficiências são invisíveis e são altamente diversas, tornando-as praticamente impossíveis de analisar em escala. Além disso, apenas 21% dos funcionários com deficiência as divulgam aos departamentos de recursos humanos de seus empregadores. O acesso a dados biométricos ou de saúde recolhidos por *wearables* ou através das contas de redes sociais de um trabalhador pode fornecer aos gestores ou empregadores informações adicionais para inferir a capacidade ou o estado de saúde dos trabalhadores, levando a possíveis decisões tendenciosas ou inferências espúrias. Mesmo que a informação não fizesse parte de uma decisão de emprego adversa, os empregadores poderiam ser acusados de ter discriminado devido a uma deficiência ou deficiência percebida. As deficiências técnicas do sistema de IA, como a imprecisão dos dispositivos, também podem causar danos não intencionais. Por exemplo, os *wearables* que recolhem informações sobre saúde e bem-estar podem não ser precisos em primeiro lugar, mas ainda podem ser utilizados para determinações relacionadas com o trabalho. Uma vez que a validade científica do sistema e possíveis preconceitos técnicos não são questionados, os trabalhadores podem estar sujeitos a resultados discriminatórios. Ou imagine um cenário em que o desenvolvedor ou empregador não esteja ciente do preconceito do sistema. Por exemplo, dispositivos de assistência (como leitores de tela) podem interferir na precisão dos dados recolhidos. Ou se os sistemas de pontuação prejudicam as pessoas neurodivergentes, aquelas com velocidades de leitura mais lentas ou aquelas que realizam multitarefas, então os resultados podem ser discriminatórios.[230]

As tecnologias centradas em dados ocultam, complexificam, encobrem e validam os comportamentos dos empregadores por trás de um algoritmo. A falta de transparência e inteligibilidade "normalmente mascara os resultados discriminatórios".[231] Conforme mais e mais aspectos do trabalho se tornam

---

230 HICKOK, Merve; MASLEJ, Nestor. A policy primer and roadmap on AI worker surveillance and productivity scoring tools, 2023. Também nesta perspectiva, conferir: AJUNWA, Ifeoma. Algorithms at work, cit.

231 NOBLE, Safiya Umoja. *Algorithms of oppression*: how search engines reinforce racism, 2018.

passíveis de "datafiicação",[232] a utilização de métricas para mensurá-lo é capaz de escamotear a natureza discriminatória das decisões detrás de um duvidoso véu de imparcialidade. Logo, "a datafiicação (do trabalho) tende a favorecer a gestão algorítmica, pois, quanto mais dados forem recolhidos sobre um processo produtivo, mais fácil e eficiente será controlá-lo algoritmicamente".[233]

A supervisão e a pontuação realizadas pelos sistemas de IA podem levar a penalidades automáticas nos salários, distribuição de turnos e, às vezes, até mesmo à demissão. Por isso, decisões e previsões algorítmicas têm o real poder de afetar a vida e as chances de carreira dos trabalhadores, desde o tratamento durante o contrato de trabalho até a exclusão total da organização.

O fato se torna mais grave e preocupante quando envolve os trabalhadores plataformizados, que são avaliados pelos consumidores e, a partir de tais avaliações, estão sujeitos a decisões algorítmicas pela plataforma. No item "Discriminação algorítmica por retroalimentação ou por reforço", *supra*, foi explicado que estes sistemas de IA funcionam por meio de retroalimentação ou aprendizado por reforço. A discriminação algorítmica por retroalimentação ou por reforço ocorre quando um algoritmo com um sistema de recomendação cria ou amplifica preconceitos ou desigualdades existentes com base nas informações fornecidas pelos usuários, que naturalmente têm tendências, vieses e preconceitos, explícitos ou não. Assim, se os passageiros fornecerem avaliações negativas, muitas vezes baseadas em preconceitos implícitos ou explícitos, esse fato pode levar a uma discriminação injusta na disponibilidade de corridas ou nas oportunidades de trabalho dos motoristas.

Observa-se que a discriminação algorítmica por retroalimentação favorece a prática de discriminação por avaliação dos usuários, pois os algoritmos também se alimentam e aprendem com os dados oriundos de avaliações ou classificações fornecidas pelos próprios usuários do sistema e, com base em tais dados, passam a tomar decisões que podem resultar em tratamento injusto ou

---

232 "Dataficar" um fato ou aspecto da vida significa representá-lo de forma matemática, de modo que seja possível mensurá-lo. "A datafiicação é um fenômeno contemporâneo que se refere à quantificação da vida humana através de informação digital, muitas vezes por valor econômico" (MEJIAS, Ulises A.; COULDRY, Nick. Datafication, 2019). Mayer-Schönberger e Cukier lecionam que "dataficar um fenômeno é colocá-lo em forma quantificada para que possa ser tabulado e analisado". Com a "datafiicação", grandes domínios da vida humana se tornaram suscetíveis ao processamento e análise automatizada em larga escala. Há uma espécie de "renderização" do comportamento humano, em um processo chamado de "a datafiicação de tudo" (MAYER-SCHÖNBERGER; Viktor; CUKIER, Kenneth. *Big data:* a revolution that will transform how we live, work, and think, 2014, p. 78; 93-94).

233 BAIOCCO, Sara *et al.* The algorithmic management of work and its implications in different contexts, 2022, p. 3.

discriminação. Essas avaliações podem ser parciais, tendenciosas ou influenciadas por preconceitos, levando a resultados injustos ou discriminatórios.

Sobre o assunto, Rosenblat, Levy, Barocas e Hwang descreveram que as classificações dos clientes podem funcionar como um veículo para preconceitos, concluindo que esses sistemas podem servir como uma "porta dos fundos para a discriminação no emprego".[234] Segundo os autores, o sistema de classificação proveniente dos consumidores, que é um método dominante de avaliação dos trabalhadores em plataformas, pode representar uma via potencial para a discriminação no emprego, com impacto negativo nos membros de grupos legalmente protegidos. Por meio da análise da plataforma da Uber, demonstraram que o preconceito pode se infiltrar nas avaliações dos condutores por meio de sistemas de classificação provenientes dos consumidores. Concluíram que, embora as empresas estejam legalmente proibidas de tomar decisões de emprego com base nas características protegidas dos trabalhadores, sua dependência de classificações potencialmente tendenciosas dos consumidores para tomar decisões pode levar a um impacto díspar nos resultados. Dado que o preconceito é introduzido pelos consumidores e não pelas próprias empresas tecnológicas, os sistemas de classificação criam potencialmente um ambiente no qual "as empresas podem perpetuar o preconceito sem serem responsáveis por ele".[235]

A prática de discriminação algorítmica salarial durante o contrato, notadamente em relação aos trabalhadores plataformizados, é também questão a ser levantada como fator de preocupação. A IA pode levar em conta o comportamento como parte de um sistema de compensação remuneratória. O conhecido "sistema de preços dinâmicos" da Uber funciona dessa maneira. Tais ferramentas têm "implicações potencialmente prejudiciais em termos de instabilidade salarial e desigualdade".[236]

234 ROSENBLAT, Alex *et al.* Discriminating tastes: customer ratings as vehicles for bias, 2017, p. 256-279.

235 ROSENBLAT, Alex *et al.* Discriminating tastes, cit. Segundo o estudo, "o sistema de classificação da Uber pode, portanto, apresentar uma via aparentemente neutra para que a discriminação 'se infiltre' nas decisões de emprego. Através de um sistema de classificação, os consumidores podem afirmar diretamente as suas preferências e preconceitos de formas que as empresas seriam proibidas de fazer diretamente. Com efeito, as empresas podem perpetuar o preconceito sem serem responsáveis por ele, uma vez que os motivos para despedir ou 'desativar' um determinado motorista podem derivar de um grande corpo de classificações de consumidores sistemicamente tendenciosas" (p. 10).

236 UNIÃO EUROPEIA. Parlamento Europeu. *AI and digital tools in workplace management and evaluation*, cit., p. 20.

Em estudo seminal sobre o assunto[237] desenvolvido pela Professora Veena Dubal, ficou demonstrada a discriminação salarial algorítmica entre os trabalhadores plataformizados, notadamente motoristas via aplicativos e nos armazéns de comércio eletrônico. Com base em uma pesquisa etnográfica plurianual e inédita sobre a organização de trabalhadores *on demand*, o trabalho examinou a ruptura histórica no cálculo, coordenação e distribuição salarial decorrente da lógica do capitalismo informacional: a utilização de dados granulares para produzir pagamentos imprevisíveis, variáveis e personalizados. Com raízes nas experiências dos trabalhadores, Veena Dubal construiu um novo quadro para compreender a ascensão das práticas de remuneração variável automatizadas, ou a transferência da discriminação de preços do consumidor para o contexto laboral, o que identificou como *discriminação salarial algorítmica*.

De acordo com Dubal, a estrutura de controle automatizado e os mecanismos de pagamento da Amazon representam uma técnica empresarial emergente e pouco teorizada que surge da lógica do capitalismo informacional: a utilização da discriminação salarial algorítmica para maximizar os lucros e exercer controle sobre o comportamento dos trabalhadores. A *discriminação salarial algorítmica* consiste, segundo ela:

> Na prática em que os trabalhadores individuais recebem diferentes salários por hora – calculados com fórmulas em constante mudança, utilizando dados granulares sobre localização, comportamento individual, procura, oferta e outros fatores – para trabalhos amplamente semelhantes. Enquanto técnica de fixação de preços salariais, a discriminação salarial algorítmica abrange não só o pagamento digitalizado pelo trabalho concluído, mas, de forma crítica, as decisões automatizadas para alocar trabalho, que são determinantes significativos dos salários horários e alavancas de controle firme. Esses métodos de discriminação salarial tornaram-se possíveis através de mudanças drásticas nas tecnologias de computação em nuvem e de aprendizagem automática na última década.[238]

Depois de conceituar discriminação salarial algorítmica, Dubal sustenta que há duas formas principais de pensar nela: i) salários baseados apenas na análise da produtividade (o que se vê mais claramente no contexto empregatício); e ii) salários baseados na produtividade, oferta, demanda e outros dados personalizados que visam minimizar os custos trabalhistas, seja por meio de "gami-

---

237 DUBAL, Veena. On algorithmic wage discrimination, cit., p. 1935. Sobre o tema, conferir também: TEACHOUT, Zephyr. Algorithmic personalized wages, cit.

238 DUBAL, Veena. On algorithmic wage discrimination, cit., p. 1935.

ficação" ou truques psicológicos, dentre outras técnicas de gestão. Para ela, essa segunda forma de discriminação salarial algorítmica é mais comum no trabalho *on demand*, no qual os trabalhadores são comumente tratados como prestadores de serviços independentes.

Por sua vez, Zephyr Teachout propõe uma taxonomia de cinco formas diferentes de "salários personalizados" que surgiram no mercado de trabalho: i) taylorismo extremo, em que "altos graus de vigilância resultam em recompensar a produtividade"; ii) gamificação, em que ferramentas psicológicas são utilizadas para incentivar a conclusão de tarefas; iii) discriminação comportamental de preços, em que os trabalhadores recebem mais se fizerem determinadas escolhas de estilo de vida, como praticar exercício, que podem ser monitorizadas mediante aplicativos *fitness*; iv) preços dinâmicos do trabalho, que, segundo ela, se baseiam principalmente na procura; e v) experimentação, em que as empresas testam "suposições sobre o que levará a empresa a obter a produção mais elevada pelos salários que paga".[239]

Independentemente da classificação adotada, "em todos esses casos, os salários baseiam-se em dados extraídos do trabalho",[240] ou seja, na "datafiacação" do trabalho e dos aspectos profissionais e pessoais do trabalhador. O fenômeno dá razão à expressão "trabalhador quantificado" ou *quantified worker*, criada por Ifeoma Ajunwa. O trabalhador é espoliado algoritmicamente ao ter muitos de seus dados e informações capturados, muitas vezes sem que sequer saiba os tipos de dados, tampouco a finalidade para a qual serão utilizados, sem qualquer tipo de contrapartida. Muito pelo contrário, o trabalhador, sem nada receber por isso, alimenta o poder da IA das grandes corporações para, em seguida, ver tal poder informacional usado contra si. Eis o ciclo vicioso de poder do capitalismo de vigilância.

Ao acessar o *site* da Uber, a plataforma informa uma "estimativa de ganhos" por semana. Por exemplo, na cidade brasileira de Uberaba, Estado de Minas Gerais, a plataforma informa que, se o motorista dirigir "cerca de 50 horas" por semana, seu ganho estimado é de R$ 1.581,00 semanalmente. Porém, informa ao pretenso motorista que "a estimativa informada não inclui os custos de sua responsabilidade, como combustível e manutenção". Igualmente, a empresa afirma que "*usamos os dados dos motoristas parceiros* da cidade (Uberaba) onde dirigiram nas últimas quatro semanas para estimar os ganhos".[241]

239 TEACHOUT, Zephyr. Algorithmic personalized wages, cit.

240 DUBAL, Veena. On algorithmic wage discrimination, cit., p. 1935.

241 UBER. *Dirija quando quiser e ganhe de acordo com suas necessidades*. Disponível em: https://www.uber.com/br/pt-br/drive/?uclick_id=37e40475-51b7-482c-bbd1-0f10c-495fc91. Acesso em: 29 out. 2023.

Em agosto de 2021, a Uber começou a testar uma nova estrutura de ganhos de motoristas em diversas cidades, denominada *Upfront Fares*. Segundo a nova "fórmula", os motoristas ganham com base em uma tarifa inicial que se baseia "em *vários fatores*, incluindo tarifa-base, duração e duração estimada da viagem, distância de retirada e destino". A partir de 17 de fevereiro de 2022, a estrutura testada foi expandida para as outras cidades.[242]

Os "vários fatores" são desconhecidos pelos motoristas. A plataforma indica apenas alguns deles em seu *site*: "As tarifas que você verá não serão baseadas apenas em *tempo fixo e distância*. As tarifas iniciais podem ser baseadas *em vários fatores*. Alguns você conhece bem, como o *tempo de retirada do consumidor* e o *tempo até o destino*, e alguns são novos, como a *demanda no destino*".[243]

Em outro lugar de seu *site*, especificamente na seção sobre "perguntas frequentes sobre a calculadora de estimativas de ganhos",[244] a empresa demonstra total falta de transparência sobre a composição dos dados utilizados para o cálculo dos valores a serem pagos, na medida em que praticamente se limita a dizer que os ganhos são estimados com base no número de horas dirigidas e, em algumas cidades, também com base na distância percorrida. Além disso, indica que a remuneração do motorista pode ser composta também por meio do pagamento de "bônus", quando for o caso. Contudo, não explica ou informa quais outros dados, critérios ou parâmetros são utilizados para composição do valor.

A Uber não é a primeira empresa a experimentar algoritmos para calcular os ganhos dos motoristas. Há alguns anos, as empresas Instacart, DoorDash e Shipt começaram a calcular o pagamento de seus entregadores usando "algoritmos" opacos. Curiosamente, muitos entregadores dessas empresas disseram que as flutuações arbitrárias dos algoritmos de pagamento tornaram mais difícil prever e calcular seus ganhos. Eles também afirmaram que seus salários diminuíram ao longo do tempo. Com efeito, "quanto mais opacos são os cálculos das tarifas, mais os motoristas, os reguladores e o público têm dificuldade em responsabilizar as empresas por padrões salariais injustos e não transparentes".[245]

Em adição, na medida em que o sistema, totalmente opaco, contém um algoritmo que é alimentado e aprende com os dados comportamentais e pessoais

---

242 UBER. *How are prices determined?* Disponível em: https://www.uber.com/nl/en/marketplace/pricing. Acesso em: 18 jun. 2025.

243 UBER. *More transparency with Upfront Fares*. 21 sep. 2021. Disponível em: https://www.uber.com/blog/all-new-upfront-fares. Acesso em: 18 jun. 2025.

244 UBER. *Dirija quando quiser e ganhe de acordo com suas necessidades*, cit.

245 KERR, Dara. Secretive algorithm will now determine Uber driver pay in many cities, 2022.

dos motoristas, torna-se possível à empresa calcular uma tarifa mais baixa, até o limite no qual o algoritmo estima que o motorista não recusará a corrida. O principal problema, portanto, é o sigilo, porque a ausência de transparência impossibilita a verificação de adequação.

Tais sistemas conduzem a uma disparidade negocial significativa, muito além da que tradicionalmente se verificava quando grande quantidade de dados e informações não era utilizado para tomadas de decisão empresariais. A economia orientada por dados resulta, em última análise, em ofertas salariais personalizadas e orientadas por dados, o que permite às organizações manter a vantagem nas negociações salariais.

Com base no que se sabe sobre a discriminação de preços no contexto consumerista, os manipuladores salariais são personalizados com base no que os sistemas de aprendizagem automática das empresas de plataforma sabem sobre os hábitos, práticas e metas de rendimento dos trabalhadores. A diferenciação de preços existe quando a mesma pessoa paga um valor diferente pelo mesmo produto, mesmo que os custos de produção sejam os mesmos.[246] É exatamente o que se verifica nas ofertas salariais orientadas por dados.

A discriminação salarial algorítmica – em contraste com outras formas de sistemas de variabilidade salarial não automatizados – somente é possível pelo recolhimento ubíquo e invisível de dados extraídos do trabalho e da criação de conjuntos massivos de dados sobre os trabalhadores. Esses conjuntos de dados, combinados com a ciência do aprendizado de máquina e os *insights* da psicologia comportamental, formaram o que a Professora Zephyr Teachout identificou como técnicas moralmente questionáveis de controle e remuneração do trabalho.[247]

Nesse sentido, observa que a discriminação salarial algorítmica, enquanto prática predatória possibilitada pelo capitalismo informacional, é um resultado cruel que se beneficia da esperança: apela ao desejo dos trabalhadores de se verem livres da pobreza e do controlo patronal (e das normas de escalação da economia fordista), ao mesmo tempo que os prende em estruturas de trabalho que não oferecem segurança nem estabilidade.[248]

Para resolver esses problemas, a Zephyr Teachout propõe que os legisladores e os reguladores dirijam sua atenção não apenas para os problemas de transparência e precisão das tecnologias de automação no trabalho, mas também para uma avaliação dos danos sociais incorporados na lógica dos próprios sistemas algorítmicos. Ainda, argumenta que a discriminação de preços é um

246 TEACHOUT, Zephyr. Algorithmic personalized wages, cit.
247 TEACHOUT, Zephyr. Algorithmic personalized wages, cit.
248 TEACHOUT, Zephyr. Algorithmic personalized wages, cit.

antigo problema enfrentando pelo direito antitruste e que novas formas de discriminação de preços e salários podem ser também enfrentadas com os princípios orientadores do antimonopólio. Por isso, defende que é possível buscar princípios antidiscriminatórios dentro das normas do direito antitruste, para pressionar a proibição ou restringir severamente os salários pessoais determinados por algoritmos.

As práticas opacas que constituem a discriminação salarial algorítmica levantam questões centrais sobre a natureza mutável do trabalho e sua regulamentação sob o capitalismo informacional. Sem compreender como os algoritmos de vigilância e pontuação de produtividade são usados para determinar seus salários, benefícios ou condições de trabalho, os trabalhadores têm poucos caminhos para questionar decisões prejudiciais dos empregadores, como discriminação e decisões sobre salários. Nessa lógica propiciada pelo capitalismo de vigilância informacional, Dubal afirma que

> Os trabalhadores estão recebendo valores diferentes pela mesma quantidade de trabalho realizado pelo mesmo período de tempo. [...] A oferta de bônus que um motorista recebe em uma determinada semana não é a mesma que a oferta enviada a outros. As razões subjacentes a essas diferenças são opacas – a lógica escondida dentro dos algoritmos de caixa-preta.[249]

Por isso, a discriminação salarial algorítmica é uma verdadeira prática de gestão da força de trabalho e "permite às empresas personalizar e diferenciar os salários dos trabalhadores de formas que desconhecem, pagando-lhes para se comportarem da forma que a empresa deseja, talvez tão pouco quanto o sistema determine que estejam dispostos a aceitar".[250] Dada a assimetria informacional existente entre os trabalhadores e as empresas, estas podem calcular exatamente o valor que pagarão para incentivar os comportamentos desejados, naquilo que se convencionou chamar de *determinismo algorítmico.*

Outro problema relacionado à diferenciação algorítmica de salários está relacionado à desigualdade de valores entre motoristas homens em detrimento de seus pares do gênero feminino. Em fevereiro de 2018, foi divulgado um estudo realizado por pesquisadores vinculados à Universidade de Stanford e da própria Uber. A partir da análise de mais de 1 milhão de condutores na plataforma, descobriu-se que as mulheres ganham menos 1,24 dólar por hora em relação aos homens, o que representa uma disparidade salarial de 7% contra as motoristas do sexo feminino. As mulheres também ganham em média 130

---

249 DUBAL, Veena. On algorithmic wage discrimination, cit., p. 1935.
250 DUBAL, Veena. On algorithmic wage discrimination, cit., p. 1935.

dólares a menos por semana. Segundo o estudo, a diferença salarial pode ser atribuída principalmente ao fato de que os motoristas masculinos da Uber dirigem em locais com salários mais altos; dirigem mais rápido; ganham mais experiência ao dirigir; e dirigem em locais mais lucrativos – mas às vezes menos seguros. O estudo afirma que *as variáveis na fórmula que a Uber utiliza para calcular os salários dos motoristas pendem a favor dos homens*. Além disso, as mulheres apresentam maior rotatividade na plataforma, e motoristas mais experientes tendem a receber salários mais elevados.[251]

Os pesquisadores disseram que a velocidade de direção por si só é responsável por quase metade da discrepância de rendimentos. Como os homens dirigem mais rápido, eles podem fazer mais viagens e, portanto, mais dinheiro por hora. Por outro lado, as mulheres dirigem para o Uber com menos frequência e desistem mais cedo do que os homens. Com a experiência, os motoristas aprendem a ser estratégicos na condução, por exemplo, identificam quais horários e locais atraem mais clientes ou quais viagens não devem aceitar.[252]

A própria Uber confessa que alguns critérios utilizados na fórmula favorecem motoristas homens. Logo, há um inegável impacto desproporcional em relação às mulheres. Atenta a tal fato, Avivah Wittenberg-Cox fez duras críticas ao estudo:

> A conclusão da discussão é que, no final, existe uma explicação simples e racional baseada nas escolhas, preferências e comportamentos das mulheres *versus* homens. Portanto, este estudo pode (e será) utilizado para racionalizar as disparidades salariais existentes. É simplesmente pelo jeito que as mulheres são, de novo.[253]

A Uber tentou, por meio do estudo, apresentar uma explicação aparentemente legítima e racional para justificar a disparidade salarial de gênero provocada por seu modelo de negócio. Simplesmente, tentou colocar a "culpa" nas próprias mulheres, que optam por não dirigir mais rápido ou não escolher

---

251 COOK, Cody *et al.* The gender earnings gap in the gig economy: evidence form over a million rideshare drivers, 2018. É preciso informar que a pesquisa foi encomendada pela própria Uber. O artigo foi escrito por cinco economistas: dois empregados da Uber, dois professores de Stanford e o presidente do departamento de economia da Universidade de Chicago. A empresa afirmou em seu *site* que não foram encontradas evidências de discriminação ilegal, bem como que os motoristas não recebem taxas diferentes com base no cargo, posição ou sexo.

252 COOK, Cody *et al.* The gender earnings gap in the gig economy, cit.

253 WITTENBERG-COX. Avivah. Uber's gender pay gap study may show the opposite of what researchers were trying to prove, 2018.

viagens para determinados locais. Nesse sentido, quanto aos critérios de experiência e rapidez utilizados pela Uber, Avivah Wittenberg-Cox é enfática:

> Experiência: as escolhas de promoção são sempre "cegas em termos de gênero", mas, se o homem tem mais experiência que a mulher, é preciso promover com base na competência, para que ele tenha mais. [...] Rapidez: os homens são recompensados por seguirem trajetórias profissionais tradicionais (para cima ou para fora, lineares, ininterruptas), e as mulheres (ou pais), cujas carreiras foram afetadas pelas responsabilidades familiares, são para sempre rotuladas de "mais lentas" e, portanto, "menos ambiciosas". O que falta nesses debates, e nesse estudo, é o reconhecimento de que o ambiente e a cultura da própria empresa podem estar impactando homens e mulheres de forma diferente. Quando você coloca uma minoria de mulheres em *um sistema projetado por homens* (a Uber poderia verificar o equilíbrio de gênero das equipes que projetaram seus algoritmos "cegos quanto ao gênero"), você geralmente obtém sistemas normatizados para preferências e perspectivas masculinas. [...] As mulheres teriam maior probabilidade de permanecer se não fosse pela cultura tóxica e hostil às mulheres da empresa, e pela dúvida geral sobre a ética do modelo de negócios da empresa e das práticas de implementação, que provocam lutas com cidades e governos em todo o mundo. [...] Logo, quando dizem que as mulheres recebem menos em grande parte porque não conduzem tão depressa como os homens, estão transferindo a culpa de as mulheres receberem menos para as próprias mulheres – como se essa fosse uma explicação óbvia e "racional" para a diferença de remuneração. Como se pagar mais aos motoristas mais rápidos fosse apenas a ordem natural das coisas. Mas, claro, não é. Na verdade, "velocidade" aqui também significa risco. E não esqueçamos que há muito se sabe que as mulheres são motoristas mais seguras do que os homens (apesar dos estereótipos). Acho estranho que, em um serviço ao qual as pessoas confiam suas vidas, os condutores mais rápidos e mais arriscados recebam mais do que os condutores mais seguros, e penso que isso é um reflexo tanto da cultura da Uber especificamente como da cultura da sociedade em geral.[254]

Portanto, as conclusões do estudo da Uber, em vez de mostrarem que as disparidades salariais são uma consequência natural das diferenças de gênero, mostraram, na verdade, que os sistemas concebidos para ignorar insistentemente as diferenças tendem a tornar-se normatizados de acordo com as preferências daqueles que os criam.

---

254 WITTENBERG-COX. Avivah. Uber's gender pay gap study may show the opposite of what researchers were trying to prove, cit.

Ainda no ano de 2018, duas engenheiras ajuizaram uma ação alegando que a Uber praticava discriminação de gênero e raça As autoras afirmaram na petição inicial que o sistema de classificação de trabalhadores da Uber "não se baseia em medidas de desempenho válidas e confiáveis" e favorece homens e trabalhadores brancos ou asiáticos. A empresa concordou em pagar 10 milhões de dólares para colocar fim à demanda. De acordo com o processo, o acordo compensa danos financeiros e emocionais a cerca de 285 mulheres e 135 homens pretos. O acordo incluiu a obrigação de a empresa apresentar relatórios regulares de dados demográficos em relação à força de trabalho da Uber, bem como o desenvolvimento de um processo validado de avaliação de promoções.[255]

Ao que parece, a Uber e outras empresas que se valem de ferramentas de IA não estão muito preocupadas em inspecionar seus instrumentos de avaliação de impacto adverso contra subgrupos demográficos. Contudo, o risco atual de serem responsabilizadas pelo uso de procedimentos que favorecem excessivamente determinado grupo de candidatos ainda é baixo, seja pela falta de regulamentação, seja pela falta de empenho dos órgãos e entidades de tutela do trabalhador.

Discriminação algorítmica na ruptura do vínculo de trabalho

Como os sistemas de IA são capazes de realizar o gerenciamento de desempenho de produtividade dos trabalhadores de maneira automatizada e com base em critérios opacos, é natural que as decisões sobre o término do vínculo, que também são automáticas, estejam sujeitas aos mesmos riscos e preocupações de toda e qualquer decisão produzida por inteligência artificial. Como decorrência de uma avaliação de desempenho com base em métricas e parâmetros obscuros, os sistemas de IA, também de forma automatizada, decidem quem irá ou não permanecer no trabalho.

Como exemplo de ruptura automática de vínculos de trabalho, o sistema de reconhecimento facial da Uber sofreu questionamentos ao não permitir que condutores pretos iniciassem a sessão em suas contas, porque o *software* de verificação facial automático decidiu erroneamente que suas *selfies* eram de outra pessoa. Sobre o fato, são inúmeros os estudos e pesquisas que demonstram a falibilidade das tecnologias de reconhecimento facial, por trazerem consigo problemas associados a vieses e discriminação daí decorrentes.

A falta de transparência, aliada à opacidade dos sistemas, não permite a correta avaliação, a eficácia e o uso adequado do reconhecimento facial. Além

255 Uber agrees to settle California discrimination lawsuit for $10 million. *Reuters*, 27 mar. 2018. Disponível em: https://www.reuters.com/article/us-uber-lawsuit-idUSKBN1H40A7. Acesso em: 18 jun. 2025.

disso, há alto número de falsos-positivos, muitas vezes em razão de acidentes cognitivos provocados pelos vieses algoritmos, o que é motivo de sérias preocupações, pois esses erros podem provocar constrangimento e decisões arbitrárias, violando inexoravelmente de direitos fundamentais.[256]

Somam-se a isso problemas relacionados a viés de gênero e de raça que têm sido constatados em diversos casos de uso de sistema de reconhecimento facial – SRF (*facial recognition systems*). O relatório do National Institute of Standards and Technology (NIST) sobre questões demográficas em reconhecimento facial concluiu que os falsos-positivos são muito maiores na identificação de pessoas com traços africanos e asiáticos do que para traços europeus caucasianos. Outrossim, a proporção de falsos-positivos em mulheres também foi maior do que em homens.[257]

O sistema de reconhecimento facial da Uber foi desenvolvido pela Microsoft, que, diante do episódio, disse que "aqueles que implantam seu *software* de reconhecimento facial deveriam incorporar revisão humana significativa para detectar e resolver casos de identificação incorreta ou outras falhas".[258] Em 2019, Brad Smith, presidente da Microsoft, admitiu que o *software* de reconhecimento facial não funcionava tão bem para pessoas de cor e poderia não as reconhecer.[259]

Na Inglaterra, o sindicato dos Trabalhadores Independentes da Grã-Bretanha ajuizou uma ação contra a empresa de plataforma e afirmou que a tecnologia da Uber levou erroneamente ao cancelamento do registro de pelo menos 36 motoristas desde o início da pandemia da covid-19. Na petição inicial, dentre outros pedidos, a entidade sindical postula que a Uber desfaça o "algoritmo racista" e reintegre os motoristas demitidos. Consta, ainda, que "um em cada cinco rostos femininos de pele mais escura e um em cada vinte homens de pele mais escura falham no algoritmo. [...] Um problema significativo em Londres, onde até 95% dos condutores são negros ou de minorias étnicas".[260]

Especificamente quanto à ausência de intermediários humanos nas decisões sobre o término do vínculo, essa circunstância também pode dificultar adaptações razoáveis relacionadas com deficiência, gravidez ou observância religiosa. Uma vez que o algoritmo mede a eficiência sem considerar externalidades

---

256 MIZIARA, Raphael. *Coded bias* e a identificação biométrico-facial de pessoas no Brasil, cit.

257 GROTHER, Patrick; NGAN, Mei; HANAOKA, Kayee. *Face recognition vendor test – FRVT*, 2009, p. 2.

258 BUTLER, Sarah. Uber facing new UK driver claims of racial discrimination, 2021.

259 HILLS, Joel. Microsoft warns of danger posed by mass surveillance unless facial recognition is regulated, 2019.

260 WHITE, Nadine. Uber sued over "racist" facial recognition algorithm that locks out workers, 2021.

inevitáveis e fluidas ou a condição física do indivíduo, isso pode ter um impacto díspar nos trabalhadores com uma razão legítima para solicitar um padrão de avaliação diferente.[261]

Nos Estados Unidos, o sindicato que representa os motoristas da empresa UPS e de outras empresas de logística intermediou uma negociação coletiva para proteger os trabalhadores de despedimentos com base exclusivamente em informações obtidas a partir de sistemas de monitorização eletrônica.[262] Já na Inglaterra, a Uber foi processada no ano de 2020 por problemas envolvendo seu sistema de "desligamento" automatizado de motoristas. O sindicato dos motoristas por aplicativos, que ajuizou a ação, afirma que, entre 2018 e 2020, mais de mil motoristas foram supostamente acusados injustamente de atividades fraudulentas e tiveram suas contas imediatamente encerradas pelo algoritmo, sem qualquer informação adicional.[263]

O advogado que representa os trabalhadores na ação afirmou que a situação "coloca os motoristas em uma situação kafkiana", porque não são informados dos motivos pelos quais foram acusados de "fraude". A Uber informa que não pode dar maiores informações, porque isso comprometeria a segurança da empresa. Um ex-motorista, em entrevista para a BBC, disse que dirigia para a Uber havia cerca de dois anos e tinha uma avaliação de clientes de 4,94 quando foi subitamente desligado do aplicativo. "No dia em que aconteceu, saí para trabalhar e meu aplicativo informou que eu não tinha permissão para fazer *login*. O aplicativo mandava ligar para o suporte ao cliente", disse ele. "Liguei para o suporte e fui informado que minha conta foi desativada porque eu estava envolvido em atividades fraudulentas". Ele alega que contatou a Uber mais de cinquenta vezes ao longo de um ano e meio por telefone e por *e-mail*, mas nunca foi informado do que havia feito de "fraudulento". Quando ligou para o suporte ao cliente, foi informado que uma "equipe especializada" estava cuidando do problema e que ligariam de volta. Eles nunca ligaram, ele diz. "Eu implorei repetidamente em meus *e-mails*. Até perguntei se poderia ter uma reunião presencial com a equipe especializada. Eu estava disposto a viajar para outro país para conhecê-los", disse ele.[264]

Quanto às decisões de rompimento de vínculos de trabalho por meio de IA, este autor já defendeu em oportunidade pretérita que a LGPD brasileira assegura o direito à motivação em caso de despedida automatizada, que é uma

---

261 BAJGIRAN, Tiran. When algorithms fire humans, 2022.

262 INTERNATIONAL BROTHERHOOD OF TEAMSTERS. *National Master UPS Freight Agreement. 2018/2023.* Disponível em: https://teamster.org/wp-content/uploads/2018/12/upsf18freightnationalmaster.pdf. Acesso em: 30 out. 2023.

263 RUSSON, Mary-Ann. Uber sued by drivers over "automated robo-firing", 2020.

264 RUSSON, Mary-Ann. Uber sued by drivers over "automated robo-firing", cit.

forma de, ao menos, minorar as consequências das falhas não intencionais do sistema. É comum que um motorista de aplicativo seja abruptamente descredenciado sem nenhum motivo aparente.

A LGPD consagrou o princípio da transparência, que garante aos titulares o acesso a informações claras, precisas e facilmente acessíveis sobre a realização do tratamento e os respectivos agentes de tratamento, observados os segredos comercial e industrial. É inconteste que os segredos comercial e industrial não são direitos absolutos e devem ceder diante do direito à explicação que o candidato ou empregado têm em face da transparência do algoritmo.

Na prática, caso a empresa deseje utilizar um mecanismo automatizado para contratação ou dispensa, deverá conceder ao empregado o direito à explicação, ou seja, deverá apresentar os motivos pelos quais a decisão foi tomada. Em termos práticos, a LGPD consagra o direito à despedida algorítmica motivada, como corolário do princípio da transparência.

Ao regular o tema, o art. 20 da LGPD prevê que o titular dos dados tem direito a solicitar a revisão de decisões tomadas unicamente com base no tratamento automatizado de dados pessoais que afetem seus interesses, incluídas as decisões destinadas a definir seu perfil pessoal, profissional, de consumo e de crédito ou os aspectos de sua personalidade (art. 20, *caput*, da LGPD).

O direito à explicação é consagrado expressamente no art. 20, § 1º, da LGPD: "O controlador deverá fornecer, sempre que solicitadas, informações claras e adequadas a respeito dos critérios e dos procedimentos utilizados para a decisão automatizada, observados os segredos comercial e industrial". Em caso de não oferecimento de informações de que trata o § 1º desse artigo baseado na observância de segredo comercial e industrial, a autoridade nacional poderá realizar auditoria para verificação de aspectos discriminatórios em tratamento automatizado de dados pessoais (art. 20, § 2º, da LGPD).

A legislação europeia vai mais longe. O Considerando 57 da GDPR (Regulamento Geral sobre a Proteção de Dados) prevê que o titular dos dados deverá ter o direito de não ficar sujeito a uma decisão, que poderá incluir uma medida que avalie aspectos pessoais que lhe digam respeito, que se baseie exclusivamente no tratamento automatizado e que produza efeitos jurídicos que lhe digam respeito ou o afetem significativamente de modo similar, como a recusa automática de um pedido de crédito por via eletrônica ou práticas de recrutamento eletrônico sem qualquer intervenção humana.

Esse tratamento, segundo o mesmo considerando, inclui a definição de perfis mediante qualquer forma de tratamento automatizado de dados pessoais para avaliar aspectos pessoais relativos a uma pessoa singular, em especial a análise e previsão de aspectos relacionados com o desempenho profissional, a situação econômica, saúde, preferências ou interesses pessoais, fiabilidade ou comportamento, localização ou deslocamentos do titular dos dados, quando produza efeitos jurídicos que lhe digam respeito ou o afetem significativamente de forma similar.

No mesmo sentido, o art. 22, item 1, da GDPR, ao tratar das decisões individuais automatizadas, incluindo definição de perfis, prevê expressamente que "o titular dos dados tem o direito de não ficar sujeito a nenhuma decisão tomada exclusivamente com base no tratamento automatizado, incluindo a definição de perfis, que produza efeitos na sua esfera jurídica ou que o afete significativamente de forma similar". Contudo, essa regra geral não se aplica se a decisão for necessária para a celebração ou a execução de um contrato entre o titular dos dados e um responsável pelo tratamento, como se dá no contrato de emprego ou de trabalho subordinado. Nesses casos, o empregador, que é o responsável pelo tratamento, deve aplicar medidas adequadas para salvaguardar os direitos e liberdades e legítimos interesses do titular dos dados, designadamente o direito de, pelo menos, obter intervenção humana por parte do responsável, manifestar seu ponto de vista e contestar a decisão (art. 22, itens 2, *a*, e 3, do GDPR). Neste ponto, importante observar que, ao contrário da LGPD brasileira, a GDPR garantiu o direito à intervenção humana.

É certo que, no art. 7º, I, da CRFB/88, está dito que é direito dos trabalhadores urbanos e rurais, além de outros que visem à melhoria de sua condição social, relação de emprego protegida contra despedida arbitrária ou sem justa causa, nos termos de lei complementar, que preverá indenização compensatória, dentre outros direitos. Em decorrência desse dispositivo, pode-se argumentar que seria necessária a edição de lei complementar para garantia do direito à explicação. Mas o direito à explicação ou transparência do algoritmo não se confunde com proteção contra despedida arbitrária ou sem justa causa. Trata-se apenas de garantir o princípio da transparência, que, caso não seja observado, redundará em perdas e danos em favor do empregado despedido.

Em termos pragmáticos, as empresas que optarem pela utilização de sistemas automatizados para contratação e dispensa deverão ter cuidado redobrado para que seus algoritmos sejam programados de modo a evitar a reprodução de tratamentos discriminatórios e sejam o mais transparentes possível. Por outro lado, os empregados e candidatos a empregos devem ser previamente informados pelo controlador acerca de seu direito à explicação diante de decisões automatizadas.

A PROVA DA DISCRIMINAÇÃO PRODUZIDA POR ALGORITMOS

A prova da discriminação levada a cabo por algoritmos pode se dar por todos os meios de prova em direito admissíveis, estejam eles previstos (meios de provas *típicos*) ou não (meios de prova *atípicos*) no ordenamento jurídico. Isso porque um dos princípios orientadores da produção das provas no sistema brasileiro é o princípio da *atipicidade dos meios de prova*, consagrado no art. 369 do Código de Processo Civil (CPC), com a seguinte redação:

> Art. 369. As partes têm o direito de empregar todos os meios legais, bem como os moralmente legítimos, ainda que não especificados neste Código, para provar a verdade dos fatos em que se funda o pedido ou a defesa e influir eficazmente na convicção do juiz.

Como a análise do código-fonte do algoritmo demanda conhecimentos técnicos e/ou científicos, o mais usual é a realização de prova pericial, nos termos do art. 156 do CPC, que assim dispõe: "Art. 156. O juiz será assistido por perito quando a prova do fato depender de conhecimento técnico ou científico". A prova pericial algorítmica será tratada no item "Prova pericial em algoritmos e por algoritmos" deste capítulo.

Não obstante, podem surgir situações nas quais a prova pericial reste inviabilizada, por exemplo, nos casos em que o código-fonte não mais existe, e até mesmo em situações nas quais a empresa se recuse a apresentar o algoritmo para perícia. Nessas ocasiões, outros meios de prova podem ser úteis para a formação do convencimento do magistrado, como se dá, por exemplo, com a chamada prova estatística, que é um instrumento muito útil para identificar as situações de impacto desproporcional.

Nos itens seguintes, o estudo dedica-se à análise da prova estatística e da prova pericial, por serem os meios de prova mais recorrentes na detecção de aspectos discriminatórios por meio do uso de sistemas automatizados.

Prova estatística

A prova estatística, sem dúvida, enquadra-se no rol das chamadas provas atípicas, além de lícita e moralmente legítima. Inicialmente, convém formular um conceito de prova ou evidência estatística. Uma evidência ou prova é um fato demonstrado. Por sua vez, uma estatística é uma informação derivada de um grande conjunto de dados. Do somatório dos dois vocábulos, chega-se à "prova estatística", que pode ser definida como um fato demonstrado a partir da extração de informações derivadas de um grande conjunto de dados.

Sérgio Cruz Arenhart afirma que a prova estatística é uma particular modalidade de prova científica, em que o método estatístico é empregado para, a partir da avaliação de um universo de elementos – inteiramente ou por amostragem –, extrair conclusões que possam servir como argumentos.[265]

---

265 ARENHART, Sérgio Cruz. A prova estatística e sua utilidade em litígios complexos, 2019.

Os dados estatísticos podem desempenhar uma função importante, demonstrando, pelo menos, certo padrão de comportamento do réu que conduz à presunção de discriminação. Elas são úteis principalmente na produção de provas de discriminação indireta, nas quais há uma conduta aparentemente neutra, mas que causa um impacto desproporcional em determinados grupos. A produção de dados pode demonstrar, por exemplo, que as mulheres ou as pessoas com deficiência são particularmente desfavorecidas, cabendo à empresa fornecer uma explicação alternativa e convincente quanto aos números, por aplicação da teoria da carga dinâmica das provas.

Na experiência estrangeira, sobretudo nos Estados Unidos, a prova estatística é bem-aceita pelo menos desde a década de 1980,[266] encontrando inclusive previsão legal na regra 703 das *Federal Rules of Evidence,* que expressamente autoriza, naquele sistema, peritos a expressarem opiniões, desde que baseadas em resultados de pesquisas, o que de certa forma autoriza o oferecimento de opiniões pessoais fundamentadas em análises estatísticas:[267]

> Um perito pode basear sua opinião em fatos ou dados em caso que tenha tido conhecimento ou observado pessoalmente. Se especialistas na área específica confiarem razoavelmente nesses tipos de fatos ou dados para formar uma opinião sobre o assunto, eles não precisam ser admissíveis para que a opinião seja admitida. Mas, se os fatos ou dados forem inadmissíveis, o proponente do parecer pode divulgá-los ao júri apenas se seu valor probatório para ajudar o júri a avaliar o parecer supere substancialmente seu efeito prejudicial (Pub. L. 93-595, § 1, Jan. 2, 1975, 88 Stat. 1937; Mar. 2, 1987, eff. Oct. 1, 1987; Apr. 17, 2000, eff. Dec. 1, 2000; Apr. 26, 2011, eff. Dec. 1, 2011).[268]

A própria jurisprudência norte-americana vem permitindo o uso de prova estatística para evidenciar certos fatos, inclusive em casos envolvendo discriminação, como se deu no caso *Castaneda v. Partida (430 U.S. 482 – 1977)*, jul-

---

266 FIENBERG, Stephen E.; STRAF, Miron L. Statistical evidence in US Courts: an appraisal, 1991.

267 ARENHART, Sérgio Cruz. A prova estatística e sua utilidade em litígios complexos, cit., p. 662.

268 No original: "*An expert may base an opinion on facts or data in the case that the expert has been made aware of or personally observed. If experts in the particular field would reasonably rely on those kinds of facts or data in forming an opinion on the subject, they need not be admissible for the opinion to be admitted. But if the facts or data would otherwise be inadmissible, the proponent of the opinion may disclose them to the jury only if their probative value in helping the jury evaluate the opinion substantially outweighs their prejudicial effect*".

gado pela Suprema Corte dos Estados Unidos no ano de 1977.[269] O caso, de natureza criminal, tinha como réu um cidadão americano de ascendência mexicana, e a controvérsia que chegou à Suprema Corte envolvia possível discriminação racial na escolha dos componentes do corpo de jurados. Inicialmente, o réu foi condenado pelo crime pelo Tribunal Distrital do Texas. Em sede recursal, alegou discriminação na seleção do júri que o condenou, com base na frequente sub-representação grosseira de mexicano-americanos nos grandes júris da localidade. Em síntese, o recurso tinha como fundamento a sub-representação de latinos na formação e composição do júri.

Com base em todos os fatos relacionados à questão da discriminação do júri, como as disparidades estatísticas (a população do condado era 79% mexicano-americana, mas, em um período de 11 anos, apenas 39% dos convocados para servir no grande júri eram mexicano-americanos), o método de seleção do júri e qualquer outro testemunho relevante sobre a maneira como o processo de seleção foi implementado, a Suprema Corte entendeu que a prova oferecida pelo réu foi suficiente para demonstrar um caso *prima facie* de discriminação intencional na seleção do grande júri, e o Estado não conseguiu refutar essa presunção por meio de provas competentes.

Ao analisar o caso, Sérgio Cruz Arenhart anota que na época havia 180.525 pessoas aptas a participar de júris, das quais 142.675 eram de origem mexicana. Porém, das 851 pessoas escolhidas para atuar em júris, apenas 341 tinham ascendência mexicana, o que indicava estatisticamente uma sub-representação do grupo. A decisão foi muito debatida entre os magistrados da Corte, sobretudo em relação à interpretação dos dados estatísticos oferecidos e a possíveis imprecisões dessas informações.[270]

Especificamente na relação de emprego, foi desenvolvida nos Estados Unidos a "regra dos quatro quintos" ou *four-fifths rule*, que, baseada em estatísticas, pode constatar ou não a presença de impacto desproporcional em relação a determinados grupos. De acordo com a regra, uma taxa de seleção para qualquer raça, sexo ou grupo étnico que seja inferior a quatro quintos (ou 80%) da taxa para o grupo com a taxa mais alta será geralmente considerada pelas agências federais de fiscalização americanas como evidência de impacto adverso, enquanto uma taxa superior a quatro quintos geralmente não será considerada pelas agências federais de fiscalização como evidência de impacto adverso.

A regra é aceita pela agência federal norte-americana que fiscaliza a igualdade no trabalho, a Equal Employment Opportunity Commission (EEOC),

---

269 ESTADOS UNIDOS. Suprema Corte. *Castaneda v. Partida, 430 U.S. 482.* 1977. Disponível em: https://supreme.justia.com/cases/federal/us/430/482. Acesso em: 18 jun. 2025.

270 ARENHART, Sérgio Cruz. A prova estatística e sua utilidade em litígios complexos, cit., p. 663.

segundo a qual a regra prática de "quatro quintos" ou "80%" não pretende ser uma definição legal, mas é um meio prático de manter a atenção dos órgãos de fiscalização sobre discrepâncias graves nas taxas de contratação, promoção e outras decisões de seleção.[271]

Um simples processo de quatro etapas pode determinar o impacto adverso: i) inicialmente, calcula-se a taxa de seleção para cada grupo (divisão do número de pessoas selecionadas de um grupo pelo número de candidatos desse grupo); ii) em seguida, determina-se qual grupo tem a maior taxa de seleção; iii) posteriormente, calcula-se a taxa de impacto comparando a taxa de seleção de cada grupo com a do grupo mais alto (divisão da taxa de seleção de um grupo pela taxa de seleção do grupo mais alto); por fim, iv) observa-se se a taxa de seleção para qualquer grupo é substancialmente menor (ou seja, geralmente inferior a quatro quintos ou 80%) do que a taxa de seleção para o grupo mais alto. Se for, o impacto adverso é indicado na maioria das circunstâncias.

O Quadro 2 apresenta alguns exemplos que podem ajudar no entendimento da regra.

Quadro 2 Taxa de seleção de candidatos

Grupo	Candidatos	Contratações	Porcentagem de seleção
Homens	80	48	48/80 ou 60%
Mulheres	40	12	12/40 ou 30%

Fonte: elaboração própria.

No exemplo apresentado no Quadro 2, uma comparação da taxa de seleção de candidatos do gênero feminino (30%) com a taxa de seleção masculina (60%) mostra que a taxa de mulheres é 30/60, ou metade (50%) da taxa masculina. Como metade (50%) é inferior a quatro quintos (80%), o impacto adverso é geralmente identificado. Mas trata-se de presunção, que sempre demandará a análise do caso concreto e a análise das demais provas. Outros exemplos de cálculo do índice de impacto para contratação e rescisão podem ser mencionados.

Imagine que em um processo seletivo se inscreveram 511 candidatos, distribuídos da seguinte forma: a) 108 afrodescendentes; b) 78 latinos; e c) 325

271 ESTADOS UNIDOS. Equal Employment Opportunity Comission. *Questions and Answers to Clarify and Provide a Common Interpretation of the Uniform Guidelines on Employee Selection Procedures.* Disponível em: https://www.eeoc.gov/laws/guidance/questions-and-answers-clarify-and-provide-common-interpretation-uniform-guidelines. Acesso em: 18 jun. 2025.

caucasianos. Foram contratados: a) 25 afrodescendentes; b) 24 latinos; e c) 114 caucasianos. De acordo com os passos mencionados, a *primeira etapa* consiste no cálculo da porcentagem de contratação de cada grupo, determinando-se também qual o grupo que obteve a maior taxa de seleção, conforme o Quadro 3.

Quadro 3 Taxa de seleção de candidatos

Grupo	Candidatos	Contratações	Porcentagem de seleção
Afrodescendentes	108	25	23%
Latinos	78	24	31%
Caucasianos	325	114	35%

Fonte: elaboração própria.

No caso, o grupo com a taxa de seleção mais alta foi o composto por caucasianos, com 35%. A esta altura, a primeira e a segunda etapas já estão analisadas. É preciso agora calcular a taxa de impacto, o que se faz comparando a taxa de seleção de cada grupo com a do grupo mais alto. Para comparar a taxa de seleção de cada grupo com a do grupo mais alto, realiza-se a divisão da taxa de seleção de cada grupo pela taxa de seleção do grupo mais alto, conforme o Quadro 4.

Quadro 4 Taxa de seleção de candidatos

Grupo	Porcentagem de seleção	Divisão	Taxa de impacto	Impacto adverso
Caucasianos	35%	–	–	–
Afrodescendentes	23%	23 ÷ 35	66%	**Sim**, pois está abaixo de 80%
Latinos	31%	31 ÷ 35	88%	**Não**, pois está acima de 80%

Fonte: elaboração própria.

O teste também pode ser aplicado em cada etapa individual do processo de seleção ou até mesmo de demissão. Basta observar um exemplo no qual o índice de impacto para desligamento é calculado para um grupo de empregados despedidos. A amostra é a seguinte: a) grupo de 162 homens empregados; e b) outro grupo com 178 mulheres empregadas. Foram demitidos em determinado período 12 homens (7%) e 33 mulheres (19%). Nesse caso, o grupo com a menor taxa de seleção é o masculino, com 7%. Em seguida, é preciso calcular a taxa de impacto. Para ações negativas, a taxa do grupo mais favorecido é colocada na posição do numerador. Assim, do resultado da divisão de 7 por 19 obtém-se uma taxa de impacto de 37%, o que demonstra um impacto adverso, já que a taxa de impacto é menor do que 80%.

É preciso atentar, por fim, ao fato de que a regra não é absoluta, pois diferenças menores na taxa de seleção podem constituir um impacto adverso, quando são significativas em termos estatísticos e práticos ou quando as ações de um usuário desencorajaram os candidatos desproporcionalmente com base em raça, sexo ou grupo étnico. Em contrapartida, maiores diferenças na taxa de seleção podem não constituir um impacto adverso quando as diferenças são baseadas em números pequenos e não são estatisticamente significativas, ou quando o recrutamento especial ou outros programas fazem o grupo de candidatos minoritários ou femininos ser atípico do grupo normal de candidatos daquele grupo. Por isso é preciso ficar atento, pois a taxa de impacto está sujeita a erros de amostragem quando o tamanho da amostra e as taxas de seleção são pequenas.

Já no âmbito da União Europeia, há pelo menos duas diretivas que admitem expressamente a utilização de dados estatísticos para prova de discriminação, especialmente a indireta. A primeira delas, a Diretiva n. 2000/43/CE do Conselho, de 29 de junho de 2000, dispõe sobre a aplicação do princípio da igualdade de tratamento entre as pessoas, sem distinção de origem racial ou étnica. Já em seus considerandos, prevê no item 15 que:

> A apreciação dos fatos dos quais se pode deduzir que houve discriminação direta ou indireta é da competência dos órgãos judiciais, ou outros órgãos competentes, em nível nacional, de acordo com as normas ou a prática do direito nacional. *Essas normas podem prever, em especial, que a determinação da discriminação indireta se possa fazer por quaisquer meios de prova, incluindo os **estatísticos*** [grifos nossos].

Por sua vez, a Diretiva n. 2000/78/CE do Conselho, de 27 de novembro de 2000, que estabelece um quadro geral de igualdade de tratamento no emprego e na atividade profissional, contém idêntica previsão em seu considerando n. 15, ao afirmar que a apreciação dos fatos dos quais se pode presumir que houve discriminação pode prever, *em especial*, que a discriminação indireta pode ser estabelecida por quaisquer meios, inclusive com base em *dados estatísticos*.

Ao transpor a diretiva para seu ordenamento jurídico interno,[272] a Bélgica, por exemplo, editou a Lei de 10 de maio de 2007 de combate à discriminação,

272 No direito comunitário as diretivas não gozam de aplicabilidade direta na ordem interna de cada Estado, carecendo, portanto, de um ato estadual de transposição, por meio do qual os Estados destinatários gozam da liberdade de escolher a forma e os meios adequados para prosseguirem com o resultado imposto pela diretiva. Decorrido o prazo para a trans-

na qual está expresso, em seu artigo 28, § 3º, a possibilidade de uso da prova por estatística para a demonstração seja da situação do grupo a que pertence a vítima de discriminação, seja do tratamento desfavorável sofrido:

> § 3º Por fatos que permitam presumir a existência de discriminação indireta com base em critério protegido, entendem-se, *inter alia*, mas não exclusivamente: 1º *estatísticas gerais* sobre a situação do grupo ao qual pertence a vítima da discriminação parte ou fatos de conhecimento geral; ou 2º a utilização de critério de distinção intrinsecamente suspeito; ou 3º *material estatístico básico que revele tratamento desfavorável* [grifos nossos].

Em exemplo mais próximo da realidade brasileira, Sérgio Cruz Arenhart lembra que a Colômbia expressamente admite o emprego da prova estatística em ações coletivas, ciente da utilidade desse meio de prova naquele campo, especialmente diante da dispersão e da complexidade das lesões normalmente ali ocorridas. Afirma o artigo 28 da Lei colombiana n. 472, de 1998, que "*El juez podrá ordenar o practicar cualquier prueba conducente, incluida la presentación de* **estatísticas** *provenientes de fuentes que ofrezcan credibilidad*"[273] (grifos nossos).

Retornando ao direito europeu, interessante notar que o Tribunal Europeu de Direitos Humanos (TEDH), no caso *Hoogendijk c. Países Baixos*, aceitou expressamente que é possível a demonstração, com base em estatísticas oficiais incontestadas, da existência de um indício *prima facie* de que determinada regra – formulada embora de maneira neutra – pode afetar uma percentagem consideravelmente mais elevada de mulheres do que de homens, cabendo à outra parte demonstrar que isso resulta de fatores objetivos e alheios a qualquer discriminação em razão do sexo.[274]

É claro que, para se presumir discriminatória, a conduta supostamente ilícita deve atingir um número significativamente mais elevado ou menor de pessoas de determinado grupo. A desproporção, portanto, deve ser evidente e marcante. No caso *Hilde Schönheit c. Stadt Frankfurt am Main e Silvia Becker c. Land Hessen*, julgado pelo Tribunal de Justiça europeu, uma trabalhadora a

---

posição da diretiva sem que esta haja sido transposta pelo Estado destinatário, a diretiva goza de efeito direto (se reunir os requisitos exigidos para isso), isto é, ela pode ser invocada por um particular perante o Estado faltoso para fazer valer, perante este, um direito que a diretiva lhe confira. Igual solução deve ser adotada no caso de a diretiva haver sido transposta, mas de modo errado ou insuficiente.

273 ARENHART, Sérgio Cruz. A prova estatística e sua utilidade em litígios complexos, cit., p. 665.

274 TEDH. *Hoogendijk c. Países Baixos*, n. 58641/00, de 6 de janeiro de 2005.

tempo parcial alegou ter sido vítima de discriminação em razão do sexo. A diferença nas pensões a pagar, que não se baseava em diferenças no tempo de serviço cumprido, levava a que a remuneração dos trabalhadores a tempo parcial fosse efetivamente inferior à dos trabalhadores em jornada completa. Foram apresentadas provas estatísticas para demonstrar que 87,9% dos trabalhadores a tempo parcial eram do sexo feminino. Uma vez que a medida, apesar de sua formulação neutra, prejudicava as mulheres de maneira desproporcional em relação aos homens, o TJE reconheceu que ela dava origem à presunção de discriminação indireta em razão do sexo.[275] De igual modo se deu no caso *Gerster c. Freistaat Bayern*, no qual o tribunal reconheceu que a situação de desvantagem dos trabalhadores a tempo parcial, dos quais 87% eram mulheres, constituía prova suficiente da discriminação.[276]

Outro julgado interessante, dessa vez para não reconhecer a discriminação, também com base em prova estatística, é o que se deu no caso *R c. Secretary of State for Employment, ex parte Seymour-Smith e Perez*, envolvendo uma lei do Reino Unido sobre os despedimentos sem justa causa. A lei em referência concedia proteção especial aos empregados que tivessem trabalhado continuamente durante um período mínimo de dois anos para uma mesma entidade patronal. Determinada empregada alegou que essa medida constituía discriminação indireta em razão do sexo, uma vez que as mulheres tinham menos probabilidades do que os homens de satisfazer a condição imposta. O TJE afirmou que uma diferença menos importante pode, ainda assim, configurar discriminação indireta se se revelar "persistente e relativamente constante durante um longo período entre os trabalhadores do sexo masculino e os do sexo feminino". Contudo, analisados os fatos do processo, o TJE constatou que os dados estatísticos apresentados, que indicavam que 77,4% dos homens e 68,9% das mulheres preenchiam referido critério, não demonstravam que a proporção de mulheres capazes de satisfazer a referida condição fosse consideravelmente inferior à dos homens.[277]

No Brasil, não há no ordenamento jurídico a previsão expressa de dados estatísticos como prova, embora tramite no Congresso Nacional o Projeto de

---

275 UNIÃO EUROPEIA. Tribunal de Justiça da União Europeia. *Hilde Schönheit c. Stadt Frankfurt am Main e Silvia Becker c. Land Hessen*, Processos C-4/02 e C-5/02. Quinta Câmara, 23/10/2003. Disponível em: https://eur-lex.europa.eu/legal-content/EN/TXT/?uri=CELEX%3A62002CJ0004. Acesso em: 18 jun. 2025.

276 UNIÃO EUROPEIA. Tribunal de Justiça da União Europeia. *Hellen Gerster v Freistaat Bayern*, Processo C-1/95. Sexta Câmara, 02/07/1997. Disponível em: https://eur-lex.europa.eu/legal-content/EN/TXT/?uri= CELEX%3A61995CJ0001. Acesso em: 18 jun. 2025.

277 UNIÃO EUROPEIA. Tribunal de Justiça da União Europeia. *Regina v Secretary of State for Employment, ex parte Nicole Seymour-Smith and Laura Perez*, Processo C-167/97, 09/02/1999. Disponível em: https://eur-lex.europa.eu/legal-content/EN/TXT/?uri=CELEX%3A61997CJ0167. Acesso em: 18 jun. 2025.

Lei n. 1.641/2021,[278] que pretende incluir no CPC o art. 464-A, para admitir prova por amostragem ou estatística. De todo modo, há neste país alguns tipos de prova, com base em dados estatísticos, que são amplamente aceitos pela jurisprudência, inclusive do STF. Cite-se, por exemplo, o exame de DNA, que nada mais é que uma prova com base em dados estatísticos, por meio da qual o STF admite inclusive a relativização da coisa julgada, ainda que o trânsito em julgado tenha ocorrido há mais de dois anos.[279]

Outro tipo de prova baseada em dados estatísticos é o chamado Nexo Técnico Epidemiológico Previdenciário (NTEP), previsto no art. 21-A da Lei n. 8.213, de 1991, e que foi declarado constitucional pelo STF.[280] Na prática, o NTEP

---

278 BRASIL. Câmera dos Deputados. *Projeto de Lei da Câmara n. 1641, de 2021.* Disciplina a Ação Civil Pública. Disponível em: https://www.camara.leg.br/proposicoesWeb/fichadetramitacao?idProposicao=2279806. Acesso em: 18 jun. 2025.

279 "Recurso extraordinário. Direito processual civil e constitucional. Repercussão geral reconhecida. Ação de investigação de paternidade declarada extinta, com fundamento em coisa julgada, em razão da existência de anterior demanda em que não foi possível a realização de exame de DNA, por ser o autor beneficiário da justiça gratuita e por não ter o Estado providenciado a sua realização. Repropositura da ação. Possibilidade, em respeito à prevalência do direito fundamental à busca da identidade genética do ser, como emanação de seu direito de personalidade. 1. É dotada de repercussão geral a matéria atinente à possibilidade da repropositura de ação de investigação de paternidade, quando anterior demanda idêntica, entre as mesmas partes, foi julgada improcedente, por falta de provas, em razão da parte interessada não dispor de condições econômicas para realizar o exame de DNA e o Estado não ter custeado a produção dessa prova. 2. Deve ser relativizada a coisa julgada estabelecida em ações de investigação de paternidade em que não foi possível determinar-se a efetiva existência de vínculo genético a unir as partes, em decorrência da não realização do exame de DNA, meio de prova que pode fornecer segurança quase absoluta quanto à existência de tal vínculo. 3. Não devem ser impostos óbices de natureza processual ao exercício do direito fundamental à busca da identidade genética, como natural emanação do direito de personalidade de um ser, de forma a tornar-se igualmente efetivo o direito à igualdade entre os filhos, inclusive de qualificações, bem assim o princípio da paternidade responsável. 4. Hipótese em que não há disputa de paternidade de cunho biológico, em confronto com outra, de cunho afetivo. Busca-se o reconhecimento de paternidade com relação a pessoa identificada. 5. Recursos extraordinários conhecidos e providos" (RE n. 363.889, rel. Min. Dias Toffoli, Tribunal Pleno, j. 02/06/2011, Repercussão Geral com Mérito Julgado, *DJe*-238, divulgação em 15/12/2011, publicação em 16/12/2011)

280 "Ação direta de inconstitucionalidade. Art. 21-A da Lei n. 8.213/1991 e §§ 3º e 5º a 13 do art. 337 do Regulamento da Previdência Social. Acidente de trabalho. Estabelecimento de nexo entre o trabalho e o agravo *pela constatação de relevância estatística* entre a atividade da empresa e a doença. Presunção da natureza acidentária da incapacidade. Ausência de ofensa ao inc. XIII do art. 5º, ao inc. XXVIII do art. 7º, ao inc. I e ao § 1º do art. 201 da Constituição da República. Ação direta de inconstitucionalidade julgada improcedente. 1. É constitucional a previsão legal de presunção de vínculo entre a incapacidade do segurado e suas atividades profissionais quando constatada pela Previdência Social a presença do nexo técnico epide-

faz-se presente quando constatada **significância estatística na associação** entre determinado código da Classificação Internacional de Doenças (CID) e determinado código da Classificação Nacional de Atividade Econômica (CNAE).

No julgamento, foi expressamente afirmado que é possível o estabelecimento do nexo entre o trabalho e o agravo da doença constatado pela relevância estatística entre a atividade da empresa e a doença, gerando uma presunção relativa da natureza acidentária da incapacidade que acomete o trabalhador. Para o STF, há uma *força de atração estatística* entre a CID do agravo e a CNAE da empresa, o que faz o NTEP estabelecer presunção *juris tantum* do nexo epidemiológico e, consequentemente, inversão do ônus da prova.

Por sua vez, a Primeira Turma do Tribunal Superior do Trabalho (TST) já teve a oportunidade de enfrentar a questão, envolvendo fatos especificamente ligados à discriminação indireta no contexto trabalhista. No caso, o Ministério Público do Trabalho ajuizou ação civil pública, na qual se postulou obrigação de fazer e de não fazer, além de indenização, como forma de corrigir discriminação indireta contra mulheres, negros e trabalhadores mais velhos na contratação e administração de pessoal nos quadros de determinada instituição financeira.

Inicialmente, afirmou-se no acórdão recorrido, originário do Tribunal Regional do Trabalho da 10ª Região, que é "incontroverso que a disparidade estatística se revela como um importante indício da discriminação indireta". Não obstante, o Tribunal Regional entendeu que, na análise de situações semelhantes, a conduta discriminatória ilícita, apta a ensejar a indenização por dano moral coletivo, deve ser comprovada de maneira mais robusta, revelando-se insuficiente a metodologia da disparidade estatística.

Já na Primeira Turma do TST, o órgão colegiado entendeu que as coletas estatísticas trazidas pelo Ministério Público foram generalizantes, sem descrever grupos específicos segundo as exigências para o exercício das diversas funções na empresa. Na ocasião, afirmou a mais alta Corte Trabalhista que não é possível ao Poder Judiciário atuar como legislador positivo, implementando ações afirmativas de "cotas" ou metas para correção das *alegadas disparidades estatísticas*, encontradas nos quadros de empregados do banco em cotejo com a população economicamente ativa do Distrito Federal, quanto aos critérios de admissão, promoção e remuneração dos empregados negros, mulheres ou maiores de 40 anos.[281]

---

miológico entre o trabalho e o agravo, podendo ser elidida pela perícia médica do Instituto Nacional do Seguro Social se demonstrada a inexistência. 2. Ação direta de inconstitucionalidade julgada improcedente" (ADI n. 3931, rel. Cármen Lúcia, Tribunal Pleno, j. 20.04.2020, *DJe*-117, divulgação em 11/05/2020 e publicação em 12/05/2020) (grifos nossos).

281 AIRR n. 95240-03.2005.5.10.0013, 1ª T., rel. Min. Walmir Oliveira da Costa, *DEJT* 10/04/2015.

De todo modo, é bom esclarecer que o TST não chegou a enfrentar o mérito acerca do cabimento ou não das provas com base em dados estatísticos, apenas as reputou insuficientes no caso concreto. Em razão de questões processuais, afirmou a Turma que a Corte de origem, soberana no exame da prova, reconheceu a inexistência de discriminação indireta, em face de o banco réu ter demonstrado a adoção de critérios meritórios e impessoais na admissão e promoção de seus empregados. Diante desse dado fático, insuscetível de reexame na instância extraordinária, por óbice da Súmula n. 126 do TST, entendeu ser *desnecessário incursionar na discussão acerca da possibilidade de a prova estatística ser apta a demonstrar a prática de discriminação indireta.*[282]

Portanto, é equivocada a afirmação de que o Tribunal Superior do Trabalho não admite a prova com base em dados estatísticos, pois o mérito desse cabimento jamais foi enfrentado pela citada Corte Trabalhista. Apenas se afirmou que as estatísticas coletadas eram generalizantes, sem descrever grupos específicos segundo as exigências para o exercício das diversas funções na empresa, o que demonstra a necessidade, pela parte, de acurácia e cuidado na coleta e apresentação dos dados coletados. De todo modo, trata-se de decisão relativamente antiga e o Tribunal não voltou a enfrentar o tema posteriormente.

Prova pericial em algoritmos e por algoritmos

Ao discorrer sobre as novas tendências em processo e tecnologia, Antonio do Passo Cabral percebe que a crescente utilização de instrumentos tecnológicos para a prova judiciária provocou uma guinada no objeto das discussões sobre a prova. Afirma que, enquanto outrora as partes discutiam se o fato probando em

---

282 "[...]. I – O MPT não apresenta argumentos capazes de desconstituir a juridicidade da decisão de prelibação do recurso de revista, à míngua de demonstração de pressuposto intrínseco previsto no art. 896, *a* e *c*, da CLT. II – Na hipótese vertente, o Tribunal Regional reconheceu inexistir discriminação indireta, em face de o Banco réu ter demonstrado a adoção de critérios meritórios e impessoais na admissão, promoção e remuneração de seus empregados. *Diante desse dado fático, insuscetível de reexame nesta instância extraordinária recursal, por óbice da Súmula n. 126 do TST, é inviável incursionar na discussão acerca da possibilidade de a prova estatística ser apta a demonstrar a prática de discriminação indireta.* III – Além disso, conforme a jurisprudência do STF e desta Corte Superior, não é possível o Poder Judiciário atuar como legislador positivo, implementando ações afirmativas de 'cotas' ou metas para correção das alegadas disparidades estatísticas, encontradas nos quadros de empregados do Banco em cotejo com a população economicamente ativa do Distrito Federal, quanto aos critérios de admissão, promoção e remuneração dos empregados negros, mulheres ou maiores de 40 anos de idade. Agravo de instrumento a que se nega provimento" (BRASIL. Tribunal Superior do Trabalho. AIRR n. 95240-03.2005.5.10.0013, 1ª T., rel. Min. Walmir Oliveira da Costa, publicação 10/04/2015 – grifos nossos).

si mesmo ocorrera ou não, diante de certas provas digitais (p. ex., imagens de alta resolução e dados precisos) que mostram onde a pessoa estava ou por onde passou, fica cada vez mais improvável questionar a ocorrência de certos fatos.[283]

Nesse contexto, as partes passaram então a direcionar seus esforços ao debate a respeito dos aspectos da produção, armazenamento e integridade das provas digitais. Por isso, afirma-se que cresce em importância, de um lado, analisar o procedimento de produção da prova, especialmente quando produzida por entes privados. E, de outro lado, indagar a respeito da integridade dos elementos de prova colhidos, cuidando para que os registros não sejam adulterados (com inserção de dados falsos, do rosto de pessoas que nunca estiveram naquele local etc.). É aqui que se fala em investigar a cadeia de custódia da prova, perquirindo o caminho da produção à juntada da prova em juízo.[284]

Dentro desse movimento de alteração do debate sobre a prova no processo, fala-se em *metaprova ("meta evidence")*, que seria a prova produzida sobre a própria prova, seu método de produção e armazenamento.[285] No direito norte-americano, a metaprova também é chamada de "*ancillary evidence*" ou evidência ancilar, no sentido de auxiliar. Um exemplo de metaprova é o chamado carimbo de tempo ou "*timestamp*", que atesta o exato horário em que a prova foi coletada.[286]

Diversas questões complexas podem ser levantadas quando se pensa nos impactos das novas tecnologias no direito probatório. Além da problemática relacionada às provas ancilares – que não é objeto do presente estudo –, têm chamado a atenção da doutrina, sobretudo estrangeira, as seguintes controvérsias:

a) *Quais os limites da produção da prova digital (necessidade e proporcionalidade da prova) quando essa produção entra em confronto com o direito fundamental das partes?* Veja-se, por exemplo, a tensão existente entre a perícia algorítmica e o segredo industrial, ou o conflito entre a prova por meio de geolocalização e a intimidade e privacidade das partes.
b) Outro ponto alvo de grande debate diz respeito à preferência pela prova pericial por meio do "perito máquina", ou seja, laudos produzidos com base em conclusões extraídas de algoritmos preditivos. *Dito de outro modo, predições realizadas por algoritmos são melhores e mais assertivas do que as produzidas pelo perito humano?*[287]

---

283 CABRAL, Antonio do Passo. Processo e tecnologia: novas tendências, 2022.

284 CABRAL, Antonio do Passo. Processo e tecnologia: novas tendências, cit.

285 CABRAL, Antonio do Passo. Processo e tecnologia: novas tendências, cit.

286 MIZIARA, Raphael. Novas tecnologias e direito probatório: aspectos atuais sobre provas digitais, 2022.

287 Nos Estados Unidos, por exemplo, um *software* de genotipagem probabilística chamado *TrueAllele* vem sendo largamente utilizado em provas periciais, e o acesso a seu códi-

Tais questionamentos já atormentam a doutrina brasileira. O Professor Ricardo de Barros Leonel, da Universidade de São Paulo, levantou outros questionamentos derivados desses problemas. O autor demonstra sua preocupação com o desenvolvimento de programas para detectar padrões de comportamento das partes, para, com esses dados, demonstrar a menor ou maior probabilidade de que determinada conduta indevida e lesiva tenha sido praticada por certo litigante.

Por isso, indaga: qual o valor que poderá ser atribuído a tal prova (dados levantados a partir de verificação de comportamento de usuários, aos quais são aplicados cálculos e procedimentos estatísticos)? Qual a credibilidade dos algoritmos utilizados como parâmetros para tal raciocínio e aplicação? Devem também ser objeto de demonstração no processo judicial? Deve ser assegurado o contraditório apenas em relação à discussão relativa ao conteúdo dos dados fornecidos pelo provedor dos serviços de dados (internet), ou deve ser assegurado o contraditório em relação ao próprio procedimento para a obtenção e organização dos dados? Como reforçar a credibilidade (e consequentemente o valor atribuível) à prova (informação a respeito dos dados de navegação dos usuários de certa categoria, ou mesmo de determinado usuário, ou seja, o litigante) para sua aplicação a certo processo?[288] E, acrescentamos: seria necessária uma perícia sobre a perícia computacional (uma metaperícia) para determinar como se chegou ao resultado alcançado? Assim se questiona por que o algoritmo que realizou a prova pode, ele próprio, conter vieses e inconsistências.

---

go-fonte pelo próprio Poder Judiciário tem sido objeto de controvérsias, pois muitas vezes a parte não tem como escrutinar os critérios e procedimentos utilizados para a conclusão pericial algorítmica, ou seja, seu *output*. Trata-se de uma questão preocupante, pois nem as partes nem o próprio Poder Judiciário têm uma visão significativa de como funciona o "perito máquina". Seu fabricante, a Cybergenetics, argumenta que o código do *software* é um segredo comercial e que gastou décadas e milhões de dólares para desenvolvê-lo. Fato é que o Poder Judiciário, que lida com o destino das pessoas, não pode se tornar um laboratório para testes de *software*. Sobre o assunto, decisão do Tribunal Superior de Nova Jersey, Divisão de Apelação (*State of New Jersey vs. Corey Pickett*), considerou que o código-fonte da *TrueAllele* pode ser examinado por um especialista independente antes de uma audiência de admissibilidade. Ao avaliar se existe necessidade particularizada de produção da prova, o tribunal instruiu que os juízes de primeira instância deveriam seguir um teste de ponderação multifatorial, considerando (1) se existe uma base racional para a ordem de produção; (2) a especificidade da informação desejada; (3) a capacidade de salvaguardar a propriedade intelectual da empresa; e (4) outros fatores específicos do caso (ESTADOS UNIDOS. Corte Superior de New Jersey. *State of New Jersey v. Corey Pickett*, 03/02/2021. Disponível em: https://www.eff.org/files/2021/02/03/decision_ appdiv_232021.pdf. Acesso em: 1º maio 2022).

288 LEONEL, Ricardo de Barros. Provas, meios eletrônicos e garantias constitucionais: reflexões iniciais, 2022.

Neste item será analisado especificamente o debate atual em torno dos limites jurídicos da produção de prova pericial algorítmica, bem como alguns aspectos técnicos necessários ao profissional do direito para que desenvolva um melhor acompanhamento da prova pericial pelos *experts*.

Como já foi demonstrado, uma das preocupações mais candentes em torno do uso de sistemas de inteligência artificial diz respeito à governança e à transparência algorítmica. A despeito das inúmeras vantagens da inteligência para a sociedade, não são poucas as pesquisas e estudos que já demonstraram os riscos inerentes ao uso de algoritmos, sobretudo os ligados à chamada discriminação algorítmica. Por isso, ainda é crescente a necessidade de análise e reflexão das condições e dos limites jurídicos para o uso de decisões automatizadas, especialmente na relação de emprego, como forma de mitigação dos vieses de cognição algorítmica.

Com efeito, padrões algorítmicos podem se revelar enviesados e capazes de produzir uma nova espécie de dano na dinâmica laboral: a "discriminação algorítmica". Quando determinado conteúdo é valorado negativamente ou excluído do *output* correspondente ao que o artifício compreende como relevante, o dano, tal qual o *big data*, ocorre em velocidade, volume e variedade exponenciais.

Apesar das indubitáveis vantagens associadas a essa modalidade de operações de tratamento – por exemplo, a tutela de interesses de mercado, de eficiência, de investigação e segurança –, ela pode implicar exclusões ilegítimas, com base em critérios desqualificantes. Assim se dá porque as tomadas de decisão de forma automatizada se baseiam em linguagens artificiais muitas vezes enviesadas. Assim como se dá nos processos decisórios humanos, as decisões algorítmicas podem ser afetadas por vieses, com alto potencial discriminatório.

Com o uso cada vez mais frequente dos sistemas de inteligência artificial, especialmente no campo da tomada de decisão nas relações trabalhistas, a discussão sobre o funcionamento dos algoritmos e de como evitar que eles repliquem processos discriminatórios é cada vez mais importante. Neste ponto, a possibilidade de realização de perícia algorítmica, ou seja, a perícia realizada sobre o código-fonte do sistema de tomada de decisão, revela-se em um instrumento processual útil para verificação dos critérios utilizados por esses sistemas para a tomada de decisão.

As controvérsias em torno da prova pericial em algoritmos passam, necessariamente, pela análise e interpretação sistemática, principalmente, dos seguintes dispositivos legais: art. 20 da LGPD (Lei n. 13.709, de 2018), art. 206 da Lei de Propriedade Industrial (Lei n. 9.279, de 1996) e, por fim, art. 464 a 480 do CPC, que regulamentam a produção da prova pericial. É o que se passa a fazer, especialmente a partir da análise de decisões do Tribunal Superior do Trabalho sobre o tema.

A realização de perícia computacional tem levantado a discussão sobre limites entre o segredo de negócios da empresa, de um lado, e, de outro, o direito fundamental à igualdade e o direito à transparência algorítmica. Fato é que, além do princípio constitucional da isonomia, a LGPD garante o direito à explicabilidade das decisões automatizadas, o que confere substrato jurídico para o pedido e o deferimento da realização dessa prova pericial, em determinadas circunstâncias. Assim dispõe o art. 20 da LGPD:

> Art. 20. O titular dos dados tem direito a solicitar a revisão de decisões tomadas unicamente com base em tratamento automatizado de dados pessoais que afetem seus interesses, incluídas as decisões destinadas a definir o seu perfil pessoal, profissional, de consumo e de crédito ou os aspectos de sua personalidade. [redação dada pela Lei n. 13.853, de 2019]
>
> § 1º O controlador deverá fornecer, sempre que solicitadas, informações claras e adequadas a respeito dos critérios e dos procedimentos utilizados para a decisão automatizada, observados os segredos comercial e industrial.
>
> § 2º Em caso de não oferecimento de informações de que trata o § 1º deste artigo baseado na observância de segredo comercial e industrial, a autoridade nacional poderá realizar auditoria para verificação de aspectos discriminatórios em tratamento automatizado de dados pessoais.

Já tramitam perante o Judiciário trabalhista diversas ações nas quais se tem como pano de fundo a discussão sobre as possibilidades e limites da realização de perícias algorítmicas. Em algumas, a perícia tem por objeto determinar se os algoritmos exercem poderes de ordem e comando sobre os trabalhadores por aplicativos, ou seja, busca-se evidenciar a existência da chamada "subordinação algorítmica". Em outras, discute-se até mesmo se o código-fonte adota como critérios para tomada de decisão padrões e critérios discriminatórios, sejam diretos ou indiretos.

O tema já chegou ao Tribunal Superior do Trabalho em algumas ocasiões. Na primeira, envolvendo uma correição parcial apresentada pela plataforma de transporte por aplicativos 99 Tecnologia Ltda., o Ministro Aloysio Corrêa da Veiga, em decisão monocrática, deferiu a liminar requerida para conceder efeito suspensivo ao agravo regimental interposto à decisão proferida no Mandado de Segurança n. 0101708-12.2021.5.01.0000, com a consequente suspensão da perícia computacional, designada nos autos da Reclamação Trabalhista n. 0101036-13.2020.5.01.0073, até que ocorresse o exame da matéria pelo órgão jurisdicional competente.[289]

289 BRASIL. Tribunal Superior do Trabalho. CorPar n. 1000822-15.2021.5.00.0000, rel. Min. Aloysio Corrêa da Veiga, publicação 05/08/2021.

O principal fundamento da empresa de tecnologia pauta-se na tese de que a perícia requerida pode trazer prejuízos imensuráveis ao seu negócio, na medida em que exporá seu segredo empresarial. Na decisão que deferiu a liminar, o Ministro fundamentou que "a perícia técnica dos algoritmos pode tornar vulneráveis propriedades intelectuais e industriais, o segredo de indústria". E, acrescentou que:

> No caso, o reclamante pretendeu prova pericial para a demonstração do vínculo de emprego. Ocorre que, na contestação apresentada na reclamação trabalhista, a reclamada não negou a prestação do serviço, mas apenas impugnou a natureza empregatícia da relação jurídica invocada pelo reclamante.
>
> Assim, admitida a prestação do serviço, o ônus da prova da natureza da relação jurídica diversa do vínculo de emprego recai sobre a reclamada, de modo que, em exame perfunctório, não se revela razoável e necessária a produção de prova pericial com acesso ao algoritmo da plataforma digital da requerente, que constitui consabido segredo de negócio.
>
> Nesse cenário, o deferimento de produção de prova técnica com acesso ao algoritmo da requerente para a demonstração de vínculo de emprego específico de um trabalhador *configura situação extrema e excepcional* e com aptidão para produzir lesão de difícil reparação, razão pela qual se impõe o deferimento da liminar com amparo no art. 13, parágrafo único, do Regimento Interno da Corregedoria-Geral da Justiça do Trabalho.
>
> O acesso ao algoritmo, mesmo que restrito às partes do processo tem grande repercussão, na medida que se trata da revelação de toda a plataforma de informática, inclusive com relação a pontos de atuação e os locais de ponto, bem como a identificação das correlações de dados de inteligência utilizados pela empresa [grifos nossos].

Como se nota, *no caso concreto*, a decisão entendeu pela *precocidade* e *desnecessidade* da prova pericial, mas em nenhum momento inadmitiu, em tese, a realização de tal prova judicial. A decisão está alinhada com o disposto no art. 370 do CPC, segundo o qual "Caberá ao juiz, de ofício ou a requerimento da parte, determinar as provas *necessárias* ao julgamento do mérito" (grifo nosso). Nos casos referidos, a prova era desnecessária, pelo menos naquele momento processual. A uma, porque o ônus da prova para afastar o vínculo é da empresa, sendo a prova pericial *desnecessária*; a duas, porque somente em casos extremos e excepcionais tal prova pode ser produzida, ou seja, somente será produzida a prova se for indispensável à solução da controvérsia. A decisão claramente adota o *princípio da subsidiariedade da prova digital* quando ela for capaz de colocar em risco direitos fundamentais.

Além disso, a prova pericial algorítmica pode ser indeferida caso outras provas constantes dos autos já sejam suficientes para solução do caso. É o que prevê o art. 464, § 1º, II, do CPC: "O juiz indeferirá a perícia quando for *desnecessária* em vista de outras provas produzidas" (grifo nosso).

De todo modo, como dito, não se mostra adequado afirmar que o TST não admite a prova pericial. Em verdade, em casos nos quais o juízo da causa, enquanto diretor do processo e gestor da prova, entender, mediante decisão fundamentada, pela imprescindibilidade da elaboração de laudo pericial que envolva a propriedade industrial ou segredo empresarial, poderá fazê-lo, nos termos do art. 206 da Lei de Propriedade Industrial, desde que observados os procedimentos para a garantia do sigilo da informação obtida, *verbis*:

> Art. 206. Na hipótese de serem reveladas, em juízo, para a defesa dos interesses de qualquer das partes, informações que se caracterizem como confidenciais, sejam segredo de indústria ou de comércio, deverá o juiz determinar que o processo prossiga em segredo de justiça, vedado o uso de tais informações também à outra parte para outras finalidades.

Sobre o assunto, além do requisito *necessidade* da prova pericial, a decisão monocrática alerta para a *proporcionalidade* e os *limites* de tal prova ao citar a bem lançada decisão proferida nos autos da Reclamação Trabalhista n. 0000335-45.2020.5.09.0130 (5ª Vara do Trabalho de São José dos Pinhais, TRT da 9ª Região), proferida pelo Juiz Leonardo Vieira Wandelli, para quem a prova pericial sob comento deve ser adstrita "à análise das instruções, critérios e algoritmos inseridos no código-fonte do aplicativo utilizado", inclusive no que se refere a "testes de metodologia, verificação de *datasets*, documentos de desenvolvimento do código-fonte e outros que a perícia encontrar necessários".

Com efeito, o direito processual da parte de produzir prova circunscreve-se à demonstração das suas alegações, não lhe sendo permitido acesso a informações sigilosas ou privadas *que não sejam necessárias à demonstração do direito invocado.*[290]

Em outra decisão, de natureza monocrática e da lavra do Ministro Douglas Alencar Rodrigues em sede de tutela cautelar antecedente, a mesma linha da necessidade (*princípio da subsidiariedade da prova digital*) foi seguida.[291] No caso, tratava-se de requerimento de tutela cautelar de urgência, por meio do qual a Uber do Brasil Tecnologia Ltda. pretendia a concessão de efeito suspen-

---

290 BRASIL. Tribunal Superior do Trabalho. CorPar n. 1000822-15.2021.5.00.0000, rel. Min. Aloysio Corrêa da Veiga, publicação 05/08/2021.

291 BRASIL. Tribunal Superior do Trabalho. TutCautAnt n. 1000825-67.2021.5.00.0000, rel. Min. Douglas Alencar Rodrigues, publicação 01/06/2021.

sivo ao recurso ordinário interposto contra acórdão lavrado pelo TRT da 1ª Região no julgamento do Mandado de Segurança n. 0103519-41.2020.5.01.0000, em que denegada a ordem impetrada pela requerente em face da determinação, exarada pelo juízo da 80ª Vara do Trabalho do Rio de Janeiro, na Reclamação Trabalhista n. 0100531-98.2020.5.01.0080, de realização de perícia técnica no algoritmo utilizado no aplicativo da empresa, com o objetivo de subsidiar o exame da presença dos elementos caracterizadores da relação de emprego.

Nos termos da decisão, o Ministro prolator da decisão afirma que

> [...] o problema não é a utilização dessa prova na instrução da reclamação trabalhista, que poderia ser questionada em recurso ordinário, interposto após a prolação da sentença. O fato é que a realização da questionada prova técnica tornaria inócuo – quando menos, desnecessário – o provimento final a ser expedido pela SBDI-2 do TST no julgamento do recurso ordinário interposto no mandado de segurança.

Assim, afirmou o Ministro que, sem prejuízo do exame dos objetivos pretendidos com a obtenção das informações a partir da prova pericial, é certo que os riscos que podem advir da realização da prova precisam ser avaliados com maior acuidade (*proporcionalidade*), porquanto tem ela o potencial de trazer à tona informações sigilosas, aparentemente fundamentais no segmento empresarial de atuação da empresa, baseado em tecnologia digital.

Por isso, reconheceu que a pretensão de urgência se mostrou clara e objetivamente justificada, até porque, sem prejuízo de digressões outras, a forma como se dava o relacionamento entre as partes em disputa – aspecto essencial para a definição de sua real natureza jurídica, à luz dos requisitos inscritos nos arts. 2º e 3º da CLT – *parece mesmo prescindir de dados adicionais vinculados aos parâmetros de operação da plataforma utilizada.*

Como se vê, também nessa decisão a tutela provisória de urgência foi deferida sob o aspecto da *desnecessidade* dos dados que se buscava mediante a perícia e, também, com base no risco potencial de revelação do segredo industrial, o que, naquele momento, se mostrou precoce.

Mais recentemente, a Subseção II Especializada em Dissídios Individuais (SDI-2) do Tribunal Superior do Trabalho concedeu mandado de segurança à 99 Taxis Desenvolvimento de *Softwares* Ltda. para cassar decisão que havia determinado a realização de perícia técnica no algoritmo do aplicativo da empresa para identificar a forma de gestão dos trabalhadores associados a ela. No caso, iniciado em abril de 2022, o motorista pedia o reconhecimento de vínculo de emprego com a empresa, informando que se cadastrou na plataforma em 2017 e foi bloqueado em 2020. Para provar os requisitos da relação de emprego, requereu a perícia técnica no algoritmo da empresa.

Inicialmente, a perícia foi deferida pelo juízo da 33ª Vara do Trabalho de Belo Horizonte. Ao deferir o pedido, o juízo destacou que a definição da natureza da relação entre as partes depende da subordinação e, no caso, exige a verificação e o exame das formas de gestão algorítmica. A perícia técnica no código-fonte revelaria o contexto em que se dá a relação de trabalho intermediada pela plataforma, a partir de quesitos como distribuição de chamadas, definição de valores a serem cobrados e repassados, restrições ou preferências no acesso e na distribuição de chamados com base na avaliação, na aceitação na frequência das corridas e comunicações entre plataforma e motorista. Determinou, ainda, que o processo passasse a tramitar em segredo de justiça.

Contra a decisão de primeira instância, a empresa impetrou mandado de segurança, mas o pedido foi negado pelo Tribunal Regional do Trabalho da 3ª Região, para quem a medida teria amparo na Lei de Propriedade Industrial (Lei n. 9.279/96). No recurso ao TST, a 99 sustentou que a perícia implica risco de danos irreparáveis ao segredo empresarial. Para o relator do recurso, Ministro Dezena da Silva, não é razoável que empresas de tecnologia devam expor informações secretas que possam comprometer a competitividade no mercado em que atuam. Segundo ele, a perícia no algoritmo da 99 torna vulnerável a propriedade intelectual e industrial em relação aos pontos de atuação e à identificação das correlações de dados de inteligência utilizados pela empresa, e essa situação é irreversível.[292] A decisão ficou assim ementada:

> RECURSO ORDINÁRIO EM MANDADO DE SEGURANÇA. DETERMINAÇÃO DE REALIZAÇÃO DE PERÍCIA TÉCNICA NO ALGORITMO DA EMPRESA. DEMONSTRAÇÃO DO *FUMUS BONI IURIS* E DO *PERICULUM IN MORA*. PRECEDENTES. 1. Cuida-se de Mandado de Segurança impetrado contra decisão que determinou a realização de perícia técnica no algoritmo do aplicativo utilizado pela impetrante, para o fim de identificar "*as condições em que se dava a distribuição das chamadas, a definição de valores a serem cobrados e a serem repassados, a existência de restrições ou preferências no acesso e na distribuição de chamados em decorrência da avaliação e da aceitação ou frequência de realização de corridas, bem como o conteúdo das comunicações entre a ré o motoristas*". 2. A análise perfunctória dos elementos dos autos induz a concluir pela reforma do acórdão recorrido. 3. Com efeito, o deferimento da prova pericial no algoritmo da empresa pode, no caso, revelar-se absolutamente desproporcional e, quiçá, irreversível. Não é crível que empresas de tecnologia, como da espécie, devam expor e revelar

292 BRASIL. Tribunal Superior do Trabalho. TST suspende perícia técnica no algoritmo de plataforma de táxis, 2023. Disponível em: https://www.tst.jus.br/-/tst-suspende-per%C3%ADcia-t%C3%A9cnica-no-algoritmo-de-plataforma-de-t%C3%A1xis. Acesso em: 18 jun. 2025.

informações secretas que possam comprometer a competitividade no mercado em que atuam. De fato, a perícia técnica nos algoritmos da empresa torna vulnerável a propriedade intelectual e industrial no que toca aos pontos de atuação e à identificação das correlações de dados de inteligência utilizados pela empresa. A existência de dúvida quanto à extensão e ao alcance do que pode ser extraído da realização da prova pericial, a ser produzida no campo do patrimônio intelectual da empresa, é o quanto basta para robustecer a percepção do *fumus boni iuris* e do *periculum in mora*. 4. Essa preocupação tem sido observada em decisões monocráticas da Corregedoria-Geral da Justiça do Trabalho e desta Subseção Especializada. Precedentes. 5. Recurso Ordinário conhecido e provido.[293]

Importante notar que *em nenhum dos casos* até agora enfrentados pelo Tribunal Superior do Trabalho a discussão se pautava sobre os potenciais aspectos discriminatórios dos algoritmos, mas, tão somente, sobre a possibilidade de controle hierárquico algorítmico. De todo modo, pode-se afirmar tranquilamente que o TST não considerou o segredo de empresa algo absolutamente intocável, apenas estabeleceu como requisito para a produção de tais provas a real necessidade delas.

Por isso, nos casos atuais e futuros envolvendo questões relacionadas à discriminação algorítmica, o intérprete estará diante do difícil desafio de sopesar, de um lado, os relevantes interesses sociais que estão ameaçados pelas novas tecnologias e, de outro, o segredo industrial. No Brasil, repita-se, o art. 206 da Lei de Propriedade Industrial prevê:

> Na hipótese de serem reveladas, em juízo, para a defesa dos interesses de qualquer das partes, informações que se caracterizem como confidenciais, sejam segredo de indústria ou de comércio, deverá o juiz determinar que o processo prossiga em segredo de justiça, vedado o uso de tais informações também à outra parte para outras finalidades.

Com efeito, se demonstrada a imprescindibilidade de realização da prova pericial e, ainda assim, a empresa optar por não franquear o acesso ao código, será preciso refletir sobre as consequências da recusa do ponto de vista probatório. A Professora Ana Frazão sugere como solução a presunção de veracidade dos fatos que se pretendiam provar, em desfavor da empresa de tecnologia.

---

293 BRASIL. Tribunal Superior do Trabalho. ROT n. 11772-82.2022.5.03.0000, Subseção II Especializada em Dissídios Individuais, Relator Ministro Luiz José Dezena da Silva, *DEJT* 27/10/2023.

Invoca, para tanto, a decisão do Supremo Tribunal Federal que reconheceu ao réu de investigação de paternidade o direito de não realizar o teste de DNA contra sua vontade, na qual, embora tenha assegurado o direito à privacidade e à liberdade do réu, entendeu-se que a recusa em produzir a prova deveria ter impactos sobre a distribuição dos ônus respectivos, inclusive para o fim de invertê-los, de modo a criar uma presunção relativa de paternidade.[294] Assim leciona a professora:

> É preciso refletir, portanto, sobre os ônus da prova diante de situações de interesses legítimos de uma parte que são afetados por outra. Em casos assim, é necessário indagar se a recusa de uma das partes em relação à produção de prova determinante para o processo, ainda que sob a alegação de exercício regular de direito, não deveria levar à inversão dos respectivos ônus, nos termos do atual art. 373, § 1º, do CPC. Caso os tribunais trabalhistas entendam que realmente não é possível abrir o código da Uber contra a sua vontade, mesmo no contexto de processo judicial sob sigilo, terão necessariamente que enfrentar os impactos da recusa da plataforma sobre a atribuição dos ônus da prova e em que medida seria razoável se cogitar de presunção relativa de vínculo empregatício. Com efeito, considerando todos os riscos da opacidade algorítmica, o pior cenário é aquele em que se permitiria à plataforma se beneficiar do segredo de negócios, de forma ampla e absoluta, igualmente para efeitos probatórios. Caso as cortes trabalhistas assim entendam, chancelarão, ainda que indiretamente, a possibilidade de todos os tipos de fraudes e burlas à legislação trabalhista sob a conveniente justificativa do segredo de negócios.[295]

Os casos já enfrentados pelo Tribunal Superior do Trabalho, repita-se, não tinham como causa de pedir a alegação de discriminação algorítmica, o que afasta, em princípio, a invocação do art. 20, § 2º, da LGPD, que, em caso de não oferecimento de informações pela parte com fundamento em segredo comercial e industrial, franqueia à autoridade nacional a possibilidade de realizar auditoria para verificação de aspectos discriminatórios em tratamento automatizado de dados pessoais.

Nos casos envolvendo alegação de discriminação por algoritmos, não há dúvidas de que a prova pericial poderá ser realizada no código-fonte do algoritmo, desde que observadas as demais regras processuais – especialmente a

---

294 BRASIL. Supremo Tribunal Federal. *HC* n. 71.373, rel. Francisco Rezek, rel. p/ ac. Marco Aurélio, Tribunal Pleno, j. 10/11/1994, publicação 22/11/1996.
295 FRAZÃO, Ana. Transparência de algoritmos x segredo de empresa, 2021.

necessidade – e o caráter subsidiário da prova pericial, que somente deverá ser admitida caso imprescindível, *no caso concreto*.

Caso a empresa recuse o fornecimento do código-fonte, a solução perpassa pelos arts. 396 e seguintes do CPC, que regulamentam a exibição de documento ou coisa. Não havendo motivo legal justificador para que a parte se escuse de exibir o código-fonte, ao decidir o pedido de exibição, o juiz admitirá como verdadeiros os fatos que, por meio do documento ou da coisa, a parte pretendia provar, caso a empresa não efetue a exibição (art. 400 do CPC).

Percebe-se que o Poder Judiciário será confrontado, com frequência crescente, com os algoritmos de aprendizado de máquina. A perícia nos algoritmos poderá contribuir para o problema da "caixa-preta" algorítmica para demonstrar como tais sistemas chegam às suas conclusões ou previsões, quais são os parâmetros utilizados e como seu *dataset* foi formado. Nessa diretriz, o Poder Judiciário exercerá um papel seminal na formação da natureza e forma da "inteligência artificial explicável" (ou *xAI*). Ao enfrentar questões relacionadas ao *xAI*, os tribunais devem se concentrar em maximizar a capacidade da *xAI* em ajudar a identificar erros e vieses dentro do algoritmo.

Capítulo 5

Atuais limites jurídicos ao uso da inteligência artificial no direito do trabalho

> *"A discriminação algorítmica é a injustiça da era digital. Um eco silencioso da desigualdade que clama por regulamentação justa e ética no mundo virtual."*
> (O AUTOR)

Algoritmos discriminatórios codificam digitalmente injustiças sociais e perpetuam preconceitos com eficiência computacional. Preconceitos e estereótipos são enraizados e disfarçados de códigos, de forma intencional ou não. Esses códigos "contaminados" podem excluir e causar injustiças sociais, revelando o lado obscuro da automação. Por isso, não é demais afirmar que a desigualdade algorítmica é um vírus da era digital, que se espalhou em níveis pandêmicos por toda a sociedade global. A pergunta que se coloca atualmente é: o que o direito pode fazer?

Este capítulo está segmentado em duas partes. Na primeira parte o estudo revisita, em linhas gerais, alguns ensinamentos sobre poder, governo e democracia. Em seguida, traça apontamentos breves e necessários acerca da proteção dos direitos fundamentais das relações privadas. Demonstra, outrossim, que o uso de sistemas de inteligência artificial potencializa o poder privado das organizações, acentuando a tradicional e inevitável assimetria estrutural nas relações de trabalho. Por fim, na segunda parte, aborda os limites jurídicos ao uso da inteligência artificial, nas relações de trabalho nas experiências estrangeiras e no Brasil.

O PODER EMPREGATÍCIO E SUAS MANIFESTAÇÕES AUTOMATIZADAS: "ALGOCRACIA", CAPITALISMO DE VIGILÂNCIA E GESTÃO ALGORÍTMICA DO CONTRATO

A expressão "algocracia" é um neologismo que designa governo por e dos algoritmos. Trata-se de fenômeno típico da atualidade cujas raízes estão entrelaçadas com os avanços mais significativos das tecnologias relacionadas à inteligência artificial. Em um ambiente "algocrático", quem estabelece os atos de poder e exerce a capacidade de comando são os algoritmos, que exercem um poder autoritário e nada transparente.

Em regimes verdadeiramente democráticos, quem deve ditar as ordens é o povo, por intermédio de seus representantes eleitos. Nesses cenários de democracia, os atos de poder são dotados de legitimidade e podem refletir na esfera jurídica dos destinatários justamente porque tais sujeitos *participaram*, ainda que indiretamente, da construção dos referidos atos de poder. Nessa diretriz, a ideia de democracia pressupõe e está intrinsecamente relacionada à participação dos destinatários dos atos de poder. De igual modo, "a democracia se encontra associada, fundamentalmente, à questão da legitimidade do exercício do poder, permitindo ao povo uma sinérgica participação (ainda que indireta) no governo".[1]

Desse modo, pode-se reconhecer como verdadeira premissa a assertiva pela qual o poder, para ser legítimo, requer a inalienável e imprescindível participação daqueles que serão impactados por sua manifestação ou exercício. Em uma organização democrática o poder somente é legítimo quando exercitado após a prévia participação dos interessados. A *participação* favorece a *transparência,* e esta, por sua vez, apadrinha o *controle* sobre eventuais abusos.

Nesse exato sentido, Simone Goyard-Fabre, em sua obra *O que é democracia?*, argumenta que "a força de uma legitimação depende da capacidade de justificação que ela contém, ou seja, do tipo de razões que ela é capaz de produzir [...] a democracia é a institucionalização do direito à crítica".[2] Condutas com potencial para inflexionar a esfera jurídica de outras pessoas devem, portanto, estar sujeitas a controle. Contudo, esse controle somente é possível quando há transparência. Sem participação e sem transparência não há democracia, mas sim um controle despótico e arbitrário.

Essas premissas não se restringem aos atos públicos de poder. Com a ascensão da eficácia horizontal dos direitos fundamentais a necessária tutela

---

1 FRIEDE, Reis. *Curso analítico de direito constitucional e de teoria geral do Estado*, 2005, p. 88.

2 GOYARD-FABRE, Simone. *O que é democracia?*, 2003, p. 282-284.

contra atos de poder aplica-se também às relações privadas, entre as quais estão as relações de trabalho. A teoria da eficácia horizontal ou externa dos direitos fundamentais (*drittwirkung*), amplamente acolhida pela jurisprudência do Supremo Tribunal Federal, impõe a aplicação *direta* e *imediata* do respeito aos direitos fundamentais não apenas nas relações entre o Estado e os cidadãos, mas também nas relações entre particulares.[3] Em outras palavras, significa que os direitos fundamentais não se limitam a vincular o poder estatal, mas também têm relevância nas interações entre indivíduos e entidades privadas.[4]

Nesse diapasão, Daniel Sarmento considera indiscutível que "a opressão e a violência contra a pessoa provém não apenas do Estado, mas de uma multiplicidade de atores privados, presentes em esferas como o mercado, a família, a sociedade civil e a empresa". Consequentemente, isso "significa a adoção de medidas de compensação e combate às desigualdades sociais e à assimetria de poder".[5] Dessa teoria decorre a necessária vinculação dos particulares ao prin-

---

3 Por todos, ver: CANARIS, Claus-Wilhelm. *Direitos fundamentais e direito privado*, 2016.

4 No início de 1958, o Tribunal Constitucional Alemão julgou o caso Lüth, considerado por muitos o mais importante de sua história. Pela primeira vez uma corte constitucional admitiu que um particular utilizasse direitos fundamentais contra outro particular. A partir do caso Lüth passou-se a entender que um particular poderia ofender direitos fundamentais em face de um igual, ou seja, criou-se a chamada eficácia indireta ou horizontal dos direitos fundamentais em relação aos particulares. No caso, um famoso diretor de cinema, chamado Veit Harlan, produziu um filme de propaganda antissemita, dando-lhe o título de *O Judeu Süß*. Após o término da Guerra, Veit Harlan foi processado por prática de crime contra a humanidade, pois o filme, com sua influência tendenciosa sobre o público, servira de causa para a perseguição aos judeus. Mas o autor acabou absolvido por sua conduta, ao fundamento de que não poderia recusar uma ordem do ministro da propaganda nazista, Joseph Goebbels, sem colocar sua própria vida em perigo, tampouco poderia realizar o filme de forma menos impressionante ou eficaz para o público. Tempos depois, Erich Lüth, então presidente de clube de imprensa de Hamburgo, dirigiu-se em uma palestra a empresários e a produtores cinematográficos, convocando-os literalmente a boicotar o realizador do filme em todas as suas outras produções. Em razão disso, a produtora do novo filme de Veit Harlan processou Erich Lüth pedindo sua condenação em omitir-se de expressar suas opiniões. A Justiça estadual de Hamburgo julgou procedente o pedido ao fundamento de que o boicote era ilegal, pois Veit Harlan tinha sido absolvido no processo do filme *O Judeu Süß*. O caso chegou ao Tribunal Constitucional alemão, que acolheu o recurso de Lüth. Segundo o Tribunal, a Constituição alemã consagra uma ordem objetiva de valores que irradia sua eficácia por todo o ordenamento jurídico, irradiando-o, incluindo-se aí o direito civil e as relações entre particulares. Em outras palavras, firmou-se a ideia de que toda a ordem jurídica deveria ser interpretada à luz do Direito Constitucional, mais especialmente a partir dos direitos fundamentais, ainda que se cuidasse de relações jurídicas entre particulares (TOFFOLI, Dias; RODRIGUES JÚNIOR, Otavio Luiz. 60 anos do julgamento do caso Lüth e a autocontenção judicial, 2018).

5 SARMENTO, Daniel. A vinculação dos particulares aos direitos fundamentais no direito comparado e no Brasil, 2006, p. 193-194.

cípio da dignidade humana e, por consectário, o estabelecimento de balizas e limites à autonomia privada.

Nessa vereda, não há mais dúvidas de que os direitos fundamentais têm eficácia irradiante também nas relações privadas de trabalho. José João Abrantes, em sua *magnum opus Contrato de trabalho e direitos fundamentais,* há muito fez o alerta de que a relação de trabalho apresenta características especiais, dentre as quais o fato de que "a pessoa do trabalhador está inserida numa organização alheia e submetida a uma autoridade dotada de poder social".[6] Logo, a relação de trabalho é estruturalmente assimétrica, dada a disparidade de poderes entre a figura do trabalhador e a de quem o contrata, que dispõe de "uma situação real de poder equiparável à supremacia do Estado".[7] Por esse motivo, os direitos fundamentais se impõem nas relações trabalhistas, "constituindo um limite à autonomia negocial".[8]

Sobre governo e democracia nas relações de trabalho, são precisas as lições de Elizabeth Anderson segundo a qual as organizações exercem um verdadeiro governo privado sobre os trabalhadores. A obra *Private government* traz como resultado o fato de um em cada quatro trabalhadores norte-americanos afirmar que seu local de trabalho é uma "ditadura". A autora alega que esse número provavelmente seria ainda maior se reconhecêssemos a maioria dos empregadores pelo que são: governos privados com um poder autoritário abrangente sobre nossas vidas, em serviço e fora dele.[9]

Defende a referida autora que normalmente pensamos no governo como algo que só o Estado faz, mas *muitos de nós somos governados muito mais – e de forma muito mais intrusiva – pelo governo privado do local de trabalho.* Essas confusões, segundo ela, explicam por que razão, apesar de todas as provas em contrário, ainda se fala como se os mercados livres tornassem os trabalhadores livres – e *por qual razão tantos empregadores defendem menos governo, mesmo quando atuam como ditadores nos seus negócios?* Constata que em muitos locais de trabalho os empregadores regulam minuciosamente a fala, o vestuário e as maneiras dos trabalhadores, restando a eles pouca privacidade e poucos outros direitos. E, ainda, que os empregadores muitas vezes estendem sua autoridade às vidas dos trabalhadores fora do serviço.[10]

Desse modo, Elizabeth Anderson argumenta que os trabalhadores podem ser despedidos por seu discurso político, atividades recreativas, dieta e quase

6 ABRANTES, José João. *Contrato de trabalho e direitos fundamentais*, 2005, p. 14-16.

7 ABRANTES, José João. *Contrato de trabalho e direitos fundamentais*, cit., p. 14-16.

8 ABRANTES, José João. *Contrato de trabalho e direitos fundamentais*, cit., p. 14-16.

9 ANDERSON, Elizabeth. *Private government:* how employers rule our lives (and why we don't talk about it), 2017.

10 ANDERSON, Elizabeth. *Private government*, cit.

tudo o mais que os empregadores queiram governar. No entanto, leciona que continuamos a falar como se os primeiros defensores da sociedade de mercado – desde John Locke e Adam Smith a Thomas Paine e Abraham Lincoln – estivessem certos quando argumentaram que isso libertaria os trabalhadores das autoridades opressivas. Esse sonho foi destruído pela Revolução Industrial, mas o mito perdura.[11]

Atualmente, com o avanço das novas tecnologias associadas à inteligência artificial,[12] os poderes privados governamentais das organizações assumem uma dimensão nunca experimentada na história. Não é ousado dizer que as *big techs*, por meio de suas ferramentas tecnológicas, detêm um poder que vai além do poder estatal. Trata-se do poder informacional, que a tudo e a todos controla, trazendo sérios riscos à democracia.[13] As novas formas de controle possibilitadas pelo uso da inteligência artificial têm como consequência natural e indissociável a exacerbação ou potencialização do poder empregatício.

Necessário observar e advertir que o poder que tais empresas exercem por meio da governança por algoritmos – que não são neutros, mas sim ideologicamente orientados[14] – coloca em perigo o Estado de Direito. Nesse sentido, Stéphane Bernatchez alerta que "a ditadura dos algoritmos está associada a uma

---

11 ANDERSON, Elizabeth. *Private government*, cit.

12 Dentre as principais distinções entre a IA e outras tecnologias destacam-se: i) a capacidade de automação de decisões em escalas territorial e temporal jamais vistas; ii) o uso de análise de dados, *insights* e aprendizado; iii) a capacidade de adaptação à medida que o ambiente do sistema de IA muda. No Capítulo 2, *supra*, foram abordadas de forma mais detalhada as diferenças entre a inteligência artificial e outras tecnologias.

13 O poder das *big techs* é tamanho que se chegou a cunhar a expressão "*silicolonisation*", em referência ao Vale do Silício, sede das grandes empresas de tecnologia. Elas não exploram pedras preciosas ou madeira. Elas exploram dados (SADIN, Éric. *La silicolonisation du monde*, 2006).

14 O filósofo Philip Walsh questiona: "Do algorithms have politics?" (Os algoritmos têm ideologia?). Ele retoma o trabalho do investigador de ciências sociais Langdon Winner, que, na década de 1980, questionou a tecnologia e seu impacto na sociedade. Para Winner, as tecnologias convidam a certos modos de ação, a certos hábitos, até mesmo transmitem uma ideologia real e, portanto, levam-nos a adaptar nosso comportamento em conformidade. Com base nesse postulado, Walsh lembra que os algoritmos também têm características inerentes muito específicas, com certa maneira de ordenar matematicamente o mundo e classificá-lo em categorias muitas vezes perfeitamente arbitrárias. Ao se inserirem profundamente em nossas representações sociais e políticas, contribuem para pesar significativamente em nossas escolhas, nossas ações e nossas decisões, com seu prisma distorcido. Para Walsh, seria ingênuo considerar que as dificuldades colocadas por essas novas ferramentas são apenas problemas externos (como preconceitos e qualidade dos dados). Pelo contrário, deveríamos nos afastar permanentemente de uma percepção puramente instrumental das tecnologias digitais, para podermos considerar como um todo o novo modelo de sociedade resultante da implementação massiva de algoritmos (WALSH, Philip. Do algorithms have politics?, 2021).

mudança de poder em direção às mídias de redes sociais e ao grupo GAFA (Google, Apple, Facebook e Amazon), devido a sua forte capacidade de coletar e processar dados no contexto de explosão do *big data*".[15]

Com efeito, o desenvolvimento de processos tecnológicos relacionados à inteligência artificial e a grandes análises de dados tem criado verdadeiras câmaras de eco, que removem os indícios de confiabilidade nos processos decisórios e colocam em dúvida a capacidade de governar a nós mesmos como democracias razoáveis.[16] Agora, esse poder vem sendo transferido para as demais empresas ao redor do globo, que a cada dia mais se valem de ferramentas de IA para exercer, de maneira ampliada, seu poder de mando e gestão no contexto laboral.

Passa-se, então, nas palavras do Professor Cesar A. Serbena, da informática meramente documental (voltada à produção do texto) à informática da gestão e à informática decisória.[17] Na mesma direção, Valerio De Stefano e Antonio Aloisi afirmam: "é possível que, antes de 'roubar' nossos empregos, as tecnologias tenham tomado conta das tarefas de nossos chefes".[18] Em outros termos, o algoritmo torna-se o chefe. O poder empregatício, antes exercido analogicamente, ganha nova natureza a partir do capitalismo de vigilância informacional. Uma dimensão de pujança nunca vista. Ordens que eram emanadas por seres humanos no contexto fabril agora são proferidas por inteligência artificial, o que representa nitidamente a transição do modo de produção e captura da força de trabalho "da máquina à nuvem".[19]

Nessa conjuntura, a inteligência artificial é capaz de elevar ao máximo a tradicional assimetria de poder existente nas relações trabalhistas. A relação de subordinação, que se baseia no poder, passa a ser mediatizada por dispositivos tecnológicos-organizacionais na relação de trabalho. No ponto, vale lembrar que o poder empregatício é inversamente proporcional à vulnerabilidade do trabalhador. É como se o poder do empregador fosse elevado ao quadrado, ao cubo ou a qualquer outra potência, especialmente em ambientes nos quais o uso das tecnologias é desregulado. O atual quadro normativo, portanto, permi-

---

15 BERNATCHEZ, Stéphane. De la démocrate par le droit à la dictature des algorithmes? La théorie juridique à l'ère cybernétique, 2020. Alguns falam em GAFAM, para incluir as empresas Microsoft e IBM.

16 BENKLER, Y.; FARIS, R.; ROBERTS, H. *Network propaganda:* manipulation, desinformation and radicalization in american politics, 2018, p. 5

17 SERBENA, Cesar A. Perspectivas de aplicações da inteligência artificial ao direito, 2013, p. 42.

18 DE STEFANO, Valerio; ALOISI, Antonio. *Your boss is an algorithm:* artificial intelligence, platform work and labour, 2022, p. 58.

19 LEME, Ana Carolina Paes. *Da máquina à nuvem:* caminhos para o acesso à justiça pela via de direitos dos motoristas da Uber, 2019.

te a exponenciação geométrica e sem limites dos poderes do empregador. O fenômeno da potencialização do poder empregatício não passou ao largo das preocupações da Organização Internacional do Trabalho:

> Embora a gestão algorítmica deva ser entendida como a evolução digital de algumas tendências preexistentes que há muito caracterizam a organização da atividade econômica, ela é potencialmente perturbadora. Isso porque *aumenta consideravelmente a capacidade organizacional de controlar processos econômicos* e de trabalho complexos, pois se beneficia da enorme capacidade de recolhimento, armazenamento e processamento de informação das tecnologias digitais. Na gestão algorítmica, esses desenvolvimentos tecnológicos são combinados e utilizados para reorganizar o controle e *remodelar os equilíbrios de poder no local de trabalho*[20] [grifos nossos].

A transposição do poder analógico para o poder exercido por meio de ferramentas digitais significa praticamente o abandono do julgamento humano em benefício da lógica gerencial numérica de quantificação e medição. Os algoritmos decidem de maneira obscura, por exemplo, qual trabalhador receberá um aumento salarial e de quanto será, ou qual receberá uma promoção ou será despedido.

De igual modo, autorizada doutrina em proteção de dados alerta que todas essas transformações tecnológicas ensejam aquilo que é identificado como verdadeiro cenário de *hipervulnerabilidade* no regime de proteção de dados pessoais, que se desdobra em traços vulnerantes peculiares sob as perspectivas *informacional, técnica* e *econômica*.[21] Logo, está-se diante de um cenário em que o incremento do poder empregatício proporcionado pelas novas tecnologias transmuda-se em verdadeiro axioma. O Professor Luciano Martinez, por exemplo, afirma que a gestão algorítmica ou poder diretivo algorítmico no contrato de trabalho é "a nova autoridade anônima e implacável".[22]

Desse modo, a afirmação da força normativa dos direitos fundamentais decorre da inflexível necessidade de proteção à dignidade da pessoa humana ante a contínua exposição dos trabalhadores aos riscos de comprometimento de suas oportunidades nas sociedades contemporâneas. Por exemplo, no início do ano 2021, a Amazon instalou câmeras nas vans de entrega de seus motoris-

---

20 BAIOCCO, Sara *et al.* The algorithmic management of work and its implications in different contexts, 2022, p. 3.

21 BIONE, Bruno. *Proteção de dados pessoais*: a função e os limites do consentimento, 2019, p. 132.

22 MARTINEZ, Luciano. Poder diretivo algorítmico: a nova autoridade anônima e implacável, 2020.

tas. A câmera recebia dados de imagem e áudio, que, por sua vez, eram processados por IA. Um motorista afirmou que a câmera de sua van começou a penalizá-lo incorretamente sempre que os carros o fechavam, embora isso seja uma ocorrência diária comum no trânsito de Los Angeles. "Mantenha uma distância segura", dizia a câmera instalada acima de seu assento quando um carro o cortava. Com base nesses dados a IA da Amazon avaliava seu desempenho e determinava se ele receberia ou não um bônus.[23] Cada vez que a câmera registra um evento, a filmagem é carregada em um sistema, gravada e afeta a pontuação que os motoristas recebem no fim da semana por dirigirem com segurança.

De forma muito concreta, o mecanismo de gestão de empresas como a Amazon permite perceber como a presença de encarregados algorítmicos transforma, pela sua própria natureza, as relações de trabalho. Os motoristas são monitorados por algoritmos e avaliados quanto à "eficiência" ao abrir o aplicativo – com métricas que vão desde o uso do cinto de segurança até aceleração, ré, frenagem, curvas, resposta às solicitações dos clientes ou o quanto eles tocam na tela enquanto estão em movimento.[24]

Ao discorrer sobre as técnicas de gestão que envolvem "gamificação", a Professora Veena Dubal traz uma visão interessante dos algoritmos usados por algumas empresas para direcionar o comportamento dos trabalhadores, de modo a ajustá-los ao máximo às conveniências da organização. Nesse sentido, argumenta que, em vez de receberem um salário por hora previsível, os trabalhadores estão submetidos a um novo sistema em que seus salários, em constante flutuação, estão intimamente ligados à gestão algorítmica do trabalho. Ao abrigo desses novos esquemas remuneratórios, os trabalhadores recebem salários diferentes – calculados com base em fórmulas opacas e em constante mudança que refletem a localização, o comportamento, a procura, a oferta e outros fatores de cada condutor – por trabalhos globalmente semelhantes. Enquanto empresas como a Uber utilizam estruturas dinâmicas de preços e incentivos, outras, como a Amazon, pagam aos trabalhadores por meio de "bônus" basea-

---

23 GURLEY, Lauren Kaori. Amazon's AI cameras are punishing drivers for mistakes they didn't make, 2021.

24 Quando os trabalhadores não têm certeza sobre a razão pela qual poderão ser despedidos, ficam propensos a aumentar a ansiedade: sem a capacidade de compreender racionalmente uma classificação, procuram padrões para explicar e recriar as condições que antes os recompensavam. Estudos emergentes associam esse tipo de tecnologia generalizada de definição de metas a impactos negativos na saúde mental dos trabalhadores. Os motoristas, em particular, enfrentam a pressão do microgerenciamento e da análise comportamental quase constantes por meio de seus telefones. Essa vigilância eletrônica constante pode aumentar os níveis de estresse. E uma extensa investigação relaciona o estresse relacionado com o trabalho a úlceras e outras doenças cardiovasculares (BAJGIRAN, Tiran. When algorithms fire humans, 2022).

dos em pontuações determinadas por algoritmos. Estes influenciam o comportamento do trabalhador por meio da constante vigilância.[25]

A doutrina é recorrente em alertar sobre a terrível complexidade daquilo que poderia ser descrito como verdadeiras gaiolas lógicas, nas quais as decisões humanas se tornam cada vez mais enredadas pela IA, mesmo que os indivíduos estejam plenamente convencidos de que são livres para fazer as suas escolhas. Nesse sentido, o exercício do poder sobre os indivíduos, essa biopolítica teorizada por Michel Foucault, é hoje complementada por discretos mecanismos algorítmicos de decisão, cada vez mais autônomos e cuja criação não se assenta em qualquer base democrática.[26]

No atual cenário, marcado pela exacerbação do poder do empregador pelo uso de ferramentas de IA, surge o fenômeno da gestão algorítmica do contrato: as empresas tomam suas decisões sobre os contratos de trabalho de modo automatizado, ou seja, orientadas por dados e com base em algoritmos. Um meio de instaurar a democracia algorítmica e legitimar os atos de poder produzidos por algoritmos no contexto trabalhista é, por exemplo, facultar a participação das entidades sindicais na realização das auditorias independentes, seja antes da implementação do modelo, seja posteriormente, depois que a ferramenta já foi implementada e está em uso. Contudo, diante da falta de controle e transparência nos atos de poder automatizados, pode-se falar que o poder do empregador, quando orientado por algoritmos, revela sua faceta mais perigosa e nociva, numa forma de poder empregatício "algocrático". A democracia pelo direito transforma-se então na ditadura dos algoritmos.

Nesse panorama é que se fala em gestão algorítmica do contrato de trabalho e, por consequência, em subordinação algorítmica. É a subordinação mediante o controle por meio de ferramentas de IA (dados, algoritmos e alta capacidade computacional). Nela, ainda que inexista o direcionamento de comandos diretos e expressos originados de um superior hierárquico (subordinação clássica), a consolidação do controle via aplicativo revela um direcionamento ainda mais intenso.[27] Há uma gestão algorítmica de dados coletados pelos aplicativos. Inversamente, os trabalhadores têm pouco acesso às informações sobre o sistema e seu contato com a empresa é bastante limitado,[28] especialmente para os trabalhadores via plataformas.

---

25 DUBAL, Veena. The house always wins: the algorithm gamblification of work, 2023.

26 MENECEUR, Yannick. Les trois grands défis posés par la gouvernance de l'intelligence artificielle et de la transformation numérique, 2021.

27 CARELLI, Rodrigo. O caso Uber e o controle por programação: de carona para o século XIX, 2016.

28 MURADAS, Daniela Reis; CORASSA, Eugênio Delmaestro. Aplicativos de transporte e plataforma de controle: o mito da tecnologia disruptiva do emprego e a subordinação por algoritmos, 2016, p. 157.

O Tribunal Superior do Trabalho, com espeque em diversas experiências comparadas de tribunais de outros países, vem reconhecendo o instituto da subordinação algorítmica, na qual o poder empregatício é orientado por dados e as decisões são também tomadas com base neles. Afirma o TST que a subordinação algorítmica consiste em uma classificação moderna do instituto da subordinação que não se deve ao fundamento da existência da subordinação (o contrato, na subordinação jurídica; o patrimônio, na econômica; o conhecimento, na técnica), mas sim à forma de exercício do poder de comando pelo empregador.[29]

Além do incremento sem medidas do poder, a opacidade das ferramentas de IA impede o trabalhador de exercer o controle sobre a legitimidade e a legalidade das condutas empresariais, o que torna ainda mais autoritário o modelo de gestão por algoritmos. A escuridão dentro da qual são tomadas as decisões automatizadas é terreno fértil para a prática de condutas discriminatórias, intencionais ou não, exatamente porque há uma blindagem quanto à explicabilidade dos critérios e caminhos utilizados nas tomadas de decisão.

Com base nessas características, a doutrina aponta que na era da economia orientada a dados, do capitalismo de rastreabilidade, da vigilância pós-panóptica, o Direito do Trabalho deve encampar novos paradigmas operacionais para lidar com a nova economia da gestão algorítmica do comportamento de trabalhadores, dentre os quais se destaca a percepção de que há uma transição da sociedade da disciplina (Foucault) para a sociedade do controle (Deleuze). Megadados capturados em rede são processados, escrutinados e transformados

---

29 BRASIL. Tribunal Superior do Trabalho. RR n. 10404-81.2022.5.03.0018, 6ª T., rel. Min. Katia Magalhaes Arruda, publicação 15/09/2023. Nessa mesma linha, informa a ementa de julgamento que o Tribunal Distrital de Amsterdã (Holanda) manifestou o entendimento de que a liberdade relativa assegurada aos motoristas não impede a configuração de "contrato de trabalho" (naquele ordenamento, equivalente ao contrato empregatício brasileiro). Ainda, a Corte Superior de competência trabalhista da Alemanha também conserva predominante jurisprudência no sentido de que os motoristas de aplicativo são empregados. Na Bélgica, a Comissão Administrativa de regulamentação da relação de trabalho entendeu que "tais organizações de trabalho obrigam o motorista a fornecer uma prestação inteiramente padronizada e são incompatíveis com a qualificação de relação de trabalho independente". No Uruguai, o Tribunal de Apelaciones del Trabajo, em junho de 2020, manteve sentença que reconhecia como empregado motorista de aplicativos. Em relação aos entregadores, há decisões reconhecendo o vínculo empregatício no Tribunal de Apelação do Chile e na Fair Work Comission na Austrália. Além disso, o Exmo. Ministro Maurício Godinho Delgado, no julgamento do RR n. 100353-02.2017.5.01.0066 (3ª T., *DEJT* 11/04/2022), cita julgados da Corte de Cassação francesa, do Tribunal Superior de Justiça de Madri, da Suprema Corte da Califórnia, bem como decisão do Tribunal de Justiça da União Europeia.

em megapoderes.[30] A partir dessa ideia, é tranquilo afirmar que se vivencia atualmente uma verdadeira revolução tecnológico-algorítmica do Direito do Trabalho, especialmente em relação ao instituto do poder empresarial.

Como afirmado anteriormente (item "Discriminação algorítmica na ruptura do vínculo de trabalho", no Capítulo 4, *supra*), a "dataficação" do trabalho e dos aspectos profissionais e pessoais do trabalhador criou a figura do "trabalhador quantificado" ou *quantified worker*, conforme assertiva expressão proposta por Ifeoma Ajunwa. O trabalhador é espoliado do ponto de vista informacional, e seus dados alimentam as próprias ferramentas de IA que lhe servirão de algozes. Seus dados e informações são capturados e apropriados, muitas vezes sem que o trabalhador sequer saiba os tipos de dados, tampouco a finalidade para a qual serão utilizados. E, o mais grave, sem qualquer tipo de contrapartida, embora sirvam para melhoria e incremento dessas ferramentas tecnológicas. Muito pelo contrário, o trabalhador, sem nada receber por isso, alimenta o poder da IA das grandes corporações para, em seguida, ver esse poder informacional usado contra si. Eis então o ciclo vicioso e pernicioso de poder concebido pelo capitalismo de vigilância.

Nesse sentido, Shoshana Zuboff alerta que, ao capturar e armazenar as experiências humanas, os meios tecnológicos utilizam os dados como matéria-prima, seja para aprimorar mecanismos que possibilitaram a instituição de um desenvolvimento tecnológico ou para gerar uma predefinição de comportamentos, estabelecendo um mercado de comportamentos futuros.[31] Além de explorar a força de trabalho, o capitalismo de vigilância se alimenta de todo aspecto de toda a experiência humana.

> O capitalismo de vigilância reivindica de maneira unilateral a experiência humana como matéria-prima gratuita para a tradução em dados comportamentais. [...], alimentando avançados processos de fabricação conhecidos como "inteligência de máquina" e manufaturados em produtos de predição que antecipam o que um determinado indivíduo faria agora, daqui a pouco e mais tarde.[32]

É nesse contexto que se fala em algoritmo "chefe", poder empregatício algocrático e subordinação algorítmica. Referidas expressões servem indistintamente para denominar as novas formas de controle possibilitadas pelo uso da

30 CHAVES JÚNIOR, José Eduardo de Resende. O poder empregatício orientado a dados: controle e contrato hiper-realidade, 2020, p. 77-92.

31 ZUBOFF, Shoshana. *A era do capitalismo de vigilância:* a luta por um futuro humano na nova fronteira do poder, 2020, p. 16.

32 ZUBOFF, Shoshana. *A era do capitalismo de vigilância*, cit., p. 16.

inteligência artificial e a consequente exacerbação ou potencialização do poder empregatício.

Byung-Chul Han classifica o trabalhador gerido por algoritmos de inteligência artificial, que é retirado total ou parcialmente do convívio social, como um sujeito de desempenho na sociedade do cansaço, que "concorre consigo mesmo e sob uma coação destrutiva" e que "se vê forçado a superar constantemente a si próprio". Prossegue o filósofo afirmando que esse trabalhador é "totalmente incapaz de sair de si, estar lá fora, de confiar no outro, no mundo", e "fica remoendo, o que paradoxalmente acaba levando à autoerosão e ao esvaziamento".

Mais uma vez, não é demais frisar que o uso da inteligência artificial nas relações trabalhistas proporcionou o surgimento da figura do "trabalhador quantificado" (*quantified worker*[33]), que é monitorado e avaliado por sistemas de IA com base em métricas e dados quantitativos. O trabalhador quantificado é, pois, fruto do capitalismo de vigilância. O conceito está relacionado ao uso de tecnologias de rastreamento, automação e análise de dados no ambiente de trabalho para medir e quantificar, desde o momento da aplicação para o emprego até seu término, o perfil, o desempenho, a produtividade e outras métricas relacionadas ao trabalho. O *quantified worker* pode estar sujeito a várias práticas, como o monitoramento do tempo gasto em tarefas, a análise do uso de computadores, a coleta de dados de desempenho, a avaliação do cumprimento de metas e outras medidas quantitativas. Toda essa gama de práticas somente se tornou possível com o advento das novas tecnologias, tais como sistemas de recrutamento e seleção automatizados, gerenciamento de desempenho por meio de *softwares* de produtividade, dispositivos de rastreamento, entre outros. A inteligência artificial pode ser utilizada em todas as etapas do contrato e até mesmo antes dele. A respeito, assim leciona Ifeoma Ajunwa:

> O Trabalhador Quantificado traz um aviso – faz soar o alarme de que os trabalhadores americanos são cada vez mais quantificados de uma forma e num grau até então desconhecido na história. A quantificação dos trabalhadores não é nova; é tão antiga quanto a avaliação dos escravos romanos ou a contagem dos alqueires de algodão colhidos pelos escravos africanos nas Américas. O que diferencia esta nova era de quantificação dos trabalhadores é *que a quantificação é agora auxiliada por avanços tecnológicos agrupados sob o termo abrangente de inteligência artificial*. Essas novas tecnologias realizam tomadas de decisão automatizadas com algoritmos de aprendizagem automática, muitas vezes ignorando a *gestalt* do trabalhador em favor dos números em uma tela.

33 Ifeoma Ajunwa afirma que "os avanços tecnológicos inauguraram uma nova era no local de trabalho – a era do trabalhador quantificado" (AJUNWA, Ifeoma. *The quantified worker:* law and technology in the modern workplace, 2023).

> *O espírito desta nova era de quantificação é que ela é simultaneamente nebulosa e impactante*; a intangibilidade do comportamento humano e a predileção genética são concretizados como números para gerenciar riscos e lucros para a empresa[34] [grifos nossos].

O acesso a toda essa gama de informações sobre a figura do trabalhador dará a conhecer aspectos muito importantes de sua vida, tais como personalidade, caráter, predisposições genéticas e de saúde, intenções, comportamentos etc. Por conseguinte, a difusão incontrolada da IA constitui um grave perigo, sobretudo pelo risco de converter o ser humano trabalhador em "cidadão transparente" ou "de cristal", é dizer, alguém sobre quem se conhece absolutamente tudo. Nesse mesmo sentido lecionam Richard Bales e Katherine Stone:

> Os dados coletados são transformados por meio de algoritmos de inteligência artificial em um currículo eletrônico permanente que pode identificar e prever o desempenho de um indivíduo, bem como sua ética de trabalho, personalidade, propensão sindical, lealdade ao empregador e custos futuros com saúde. O currículo eletrônico produzido pela IA acompanhará os trabalhadores de emprego em emprego e enquanto eles se movimentam pelo mercado sem fronteiras. Assim, a IA e a monitorização eletrônica produzem uma rede digital invisível que ameaça invadir a privacidade dos trabalhadores, dissuadir a sindicalização, permitir formas sutis de rejeição, exacerbar a discriminação no emprego, tornar os sindicatos ineficazes e obliterar as proteções das leis trabalhistas.[35]

Diante desse cenário de incremento do poder empregatício, imperiosa se torna a análise dos atuais limites jurídicos ao uso da inteligência artificial nas relações trabalhistas em experiências estrangeiras e no Brasil, conforme se passa a discorrer no tópico subsequente.

LIMITES JURÍDICOS AO USO DA INTELIGÊNCIA ARTIFICIAL NAS RELAÇÕES TRABALHISTAS EM EXPERIÊNCIAS ESTRANGEIRAS

A utilização da inteligência artificial nas relações trabalhistas tem se expandido globalmente, trazendo consigo uma série de desafios e questões jurídicas. Diversos países enfrentam a necessidade de estabelecer limites e regulamentações para garantir a proteção dos direitos dos trabalhadores diante dos

---

34 AJUNWA, Ifeoma. *The quantified worker*, cit., p. 22.

35 BALES, Richard A.; STONE, Katherine Van Wezel. The invisible web at work: artificial intelligence and electronic surveillance in the workplace, 2020.

avanços tecnológicos. Nesse contexto, é possível observar experiências estrangeiras que oferecem caminhos e soluções sobre os limites jurídicos ao uso da IA nas relações de trabalho.

Em muitos países, a legislação trabalhista tradicional está sendo revisada para abranger as transformações trazidas pela automação e pela IA. Em outros, leis gerais sobre proteção de dados e inteligência artificial dialogam com a especificidade do segmento trabalhista. Limites são estabelecidos para garantir a transparência no uso de algoritmos de tomada de decisão em processos de contratação, promoção e demissão.

A discriminação algorítmica se coloca como preocupação central em todas as propostas regulamentares. Contudo, mesmo com as regulamentações já implementadas, o caminho ainda se mostra tortuoso, e uma proteção efetiva somente será alcançada por meio de longos debates e diálogos internacionais sobre a defesa dos direitos humanos na era digital. A adaptação da legislação trabalhista a um ambiente cada vez mais digital e automatizado é um processo em constante evolução. A definição de responsabilidades em casos de erros algorítmicos, a proteção contra demissões arbitrárias baseadas em IA e a garantia de que os trabalhadores contem com meios de contestar decisões automatizadas são áreas que ainda merecem evolução.

As experiências estrangeiras revelam caminhos a serem trilhados no Brasil, depois de, é claro, feitas as devidas adaptações, mas sempre partindo da premissa de que há a necessidade de regulamentações claras, éticas e adaptáveis que devem refletir o desejo de conciliar a inovação tecnológica com a proteção dos direitos fundamentais dos trabalhadores em um mundo cada vez mais automatizado.

Dito isso, mostrou-se recomendável um breve estudo sobre as experiências comparadas no que toca à regulamentação do uso da inteligência artificial nas relações de trabalho. Optou-se por uma abordagem diversa, abrangendo países de todos os continentes. A análise das preocupações estrangeiras revelou que o problema é global, assim como as iniciativas no setor.[36]

ATUAIS LIMITES JURÍDICOS AO USO DA INTELIGÊNCIA ARTIFICIAL NAS RELAÇÕES TRABALHISTAS NO BRASIL

Ao tratar das novas tecnologias e ferramentas de inteligência artificial, o Professor Otavio Pinto e Silva lançou a seguinte provocação: “O Direito do

---

36 Para estudo aprofundado quanto à regulamentação da IA na República Popular da China, no Canadá, nos Estados Unidos, na União Europeia e em países do Mercosul, recomenda-se a leitura da versão original da tese.

Trabalho atual é suficiente para regular as novas relações de trabalho ou precisaria ser alterado? E se precisa, de que maneira?".[37] A primeira parte da pergunta é retórica, e a resposta deve ser negativa. A segunda, desafiante, pois a maneira como o sistema jurídico deve lidar com o avanço de novas tecnologias é uma questão altamente intrincada, especialmente diante da complexidade das relações sociais e da rapidez com que as novas tecnologias estão se desenvolvendo. Qualquer tentativa de normatização rapidamente ganharia foros de obsolescência.

O relatório desenvolvido pelo Centro Nacional de Inteligência Artificial (Cenia) indica o Brasil em segundo lugar no *ranking* latino-americano no tocante à preparação para o enfrentamento de um mundo com inteligência artificial.[38] Na região, o Brasil fica atrás apenas do Chile, que está posicionado na primeira colocação. Seja como for, embora exista uma Estratégia Brasileira da Inteligência Artificial, o país não tem nenhuma legislação específica para regulamentar o uso das ferramentas de IA, sobretudo nas relações de trabalho.

Além das regras genéricas sobre proteção contra discriminação espraiadas por todo o ordenamento jurídico brasileiro, a norma que mais tem sido invocada em relação aos problemas relacionados às decisões automatizadas é a Lei Geral de Proteção de Dados (LGPD, a Lei n. 13.709, de 14 de agosto de 2018). Por ser uma lei geral, diversos princípios e fundamentos da LGPD tranquilamente se aplicam às questões atinentes ao uso de IA, inclusive no contexto laboral.

No Capítulo 2, observou-se que os sistemas de inteligência artificial funcionam basicamente a partir de três elementos essenciais, quais sejam, máquinas computacionais com alta capacidade de processamento, algoritmos e um grande volume de dados. Metaforicamente, pode-se comparar os sistemas de IA a um veículo automotor, no qual o motor são os computadores superpotentes, o manual de instruções são os algoritmos e o combustível são os dados. Com isso, pode-se afirmar que há uma *relação indissociável entre inteligência artificial e proteção de dados*, razão pela qual a análise das leis de proteção de dados sempre socorrerá o intérprete no exame de casos envolvendo inteligência artificial.

Com efeito, os dados são centrais para muitos sistemas de IA. Muitos deles são projetados para processar dados, e frequentemente é necessário usar dados para fins de teste. No caso dos sistemas de aprendizado de máquina, todo o seu ciclo de vida depende da disponibilidade de dados. Os dados, portanto, são um

---

37 SILVA, Otavio Pinto e. *Inteligência artificial x trabalhadores*, 2024.

38 CENTRO NACIONAL DE INTELIGÊNCIA ARTIFICIAL. Índice Latino-Americano de Inteligência Artificial, 2023.

aspecto fundamental dos sistemas de IA.[39] Diante dessas considerações e levando em consideração que o Brasil ainda não conta com um marco legal sobre inteligência artificial, mostra-se imperiosa a análise da LGPD brasileira naquilo que toca ao tema central deste estudo, que é a discriminação provocada pelas ferramentas de decisões automatizadas de inteligência artificial.

Essa análise prévia é importante, pois todos os dados utilizados pelas ferramentas de IA no contexto das relações de trabalho devem, necessariamente, ser tratados de acordo com a LGPD, sob pena de violação ao direito fundamental à proteção de dados, notadamente no que diz respeito à privacidade e à intimidade, o que ensejará a desconformidade do uso da ferramenta.

Conciso panorama histórico-legislativo sobre a proteção de dados no Brasil e no Direito do Trabalho brasileiro

Do ponto de vista histórico, é possível dividir o direito à proteção de dados no Brasil em três grandes fases, pelo menos até a presente quadra temporal: a)

39 Segundo a ABNT, os dados utilizados pelos sistemas de IA podem passam por diversos processos de tratamento, por exemplo: a) aquisição de dados, em que estes são obtidos de uma ou mais fontes. Podem ser originários da organização ou trazidos de fora; b) adequação dos dados, que precisa ser avaliada, por exemplo, se são enviesados de alguma forma ou se são amplos o suficiente para serem representativos da entrada de dados operacionais esperada; c) análise exploratória de dados, em que suas características são examinadas quanto a padrões, relacionamentos, tendências e *outliers* (fora dos parâmetros). Essa análise pode orientar etapas posteriores, como treinamento e verificação; d) anotação de dados, na qual os elementos significativos destes são adicionados com metadados (p. ex., informações sobre procedência dos dados ou rótulos para auxiliar no treinamento de um modelo); e) preparação de dados, em que estes são colocados em um formato que pode ser usado pelo sistema de IA; f) filtragem, que é a remoção de dados indesejados. Os efeitos da filtragem precisam ser cuidadosamente examinados para evitar a introdução de viés indesejado; g) normalização, que é o ajuste dos valores dos dados a uma escala comum para que sejam matematicamente comparáveis; g) desidentificação ou anonimização, que podem ser necessárias se o banco de dados incluir dados pessoais, antes que os dados possam ser usados pelo sistema de IA; h) verificação de qualidade dos dados, em que os conteúdos destes são examinados quanto à integridade, ao viés e a outros fatores que afetam sua utilização pelo sistema de IA. A verificação de envenenamento de dados é crucial para assegurar que os dados de treinamento não tenham sido contaminados com dados que possam causar resultados nocivos ou indesejáveis; i) amostragem de dados, em que um *subset* representativo destes é extraído; j) aumento de dados, em que os dados disponíveis em quantidades muito pequenas passam por vários tipos de transformações para expandir o *dataset*; k) rotulagem de dados, na qual estes são rotulados, o que significa que as amostras estão associadas a variáveis de destino. Os rótulos são frequentemente necessários para dados de teste e dados de validação. ASSOCIAÇÃO BRASILEIRA DE NORMAS TÉCNICAS. *ABNT NBR ISO/IEC 22898:2023*. Sobre Tecnologia da Informação – Inteligência Artificial – Conceitos de IA e Terminologia. 2023.

fase de anomia; b) fase de manifestações legislativas esparsas; c) fase de consolidação. A compreensão do contexto histórico-evolutivo é importante, na medida em que a análise dos aspectos a ele relacionados serve de bússola ao intérprete do presente, dada a importância da interpretação histórica a partir das fontes materiais que levaram o Estado a editar as normas atualmente em vigor.

Como o próprio nome está a indicar, na fase de anomia não havia nenhuma lei específica sobre proteção de dados no Brasil. Trata-se do período anterior à Constituição de 1988. Já a fase de manifestações legislativas esparsas é inaugurada no Brasil com a promulgação da Constituição de 1988. O texto constitucional, não obstante de forma tímida, trouxe duas disposições que se aproximam do tema da proteção "dados". A primeira, no tocante à garantia de inviolabilidade de dados (art. 5º, XII, da CR/88). A segunda, em relação à garantia de *habeas data* para assegurar o conhecimento de informações relativas à pessoa do impetrante constantes de registros ou bancos de dados de entidades governamentais ou de caráter público ou para a retificação de dados (art. 5º, LXXII, da CR/88).

Ainda no período pós-1988 e antes da LGPD, o Brasil também já contava com manifestações legislativas esparsas que contemplavam a proteção de dados em âmbito nacional, embora de maneira deficiente. Destacam-se, por exemplo, a Lei n. 8.078, de 11 de outubro de 1990 (CDC); a Lei n. 9.507, de 12 de novembro de 1997 (*habeas data*); a Lei n. 12.414, de 9 de junho de 2011 (Cadastro Positivo); a Lei n. 12.527, de 18 de novembro de 2011 (Lei de Acesso à Informação); e a Lei n. 12.965, de 23 de abril de 2014 (Marco Civil da Internet). Contudo, "tais normas, além de limitadas ao seu respectivo escopo de aplicabilidade, não regem a questão sob a ótica dos mais modernos regimes internacionais de proteção de dados".[40]

Em seguida, a fase de expansão e consolidação restou estabelecida com a publicação da LGPD. Com a pretensão de se alinhar ao panorama mundial de crescente busca pela proteção de dados, o Poder Legislativo brasileiro editou a Lei n. 13.709, de 2018, a "Lei Geral de Proteção de Dados Pessoais (LGPD)". Essa norma representa significativo marco regulatório da proteção de dados no Brasil. A LGPD, em resumo, trouxe balizas legais para que o empregador trate os dados de seus empregados e candidatos ao emprego, representando verdadeira limitação legislativa do poder empregatício.

Os termos do relatório legislativo elaborado durante a tramitação dos projetos de lei que deram origem à LGPD permitem inferir algumas fontes

40 BRASIL. Comissão de Assuntos Econômicos do Senado Federal. Projeto de Lei da Câmara n. 53, de 2018. Dispõe sobre a proteção de dados pessoais e altera a Lei n. 12.965, de 23 de abril de 2014. Parecer. 2018.

materiais que impulsionaram o legislador na edição da norma. Afirmou-se que o Brasil tem perdido oportunidades valiosas de investimento financeiro internacional em razão do isolamento jurídico em que se encontra por não dispor de uma lei geral e nacional de proteção de dados pessoais.[41]

Além disso, destacou-se que o dado pessoal é hoje insumo principal da atividade econômica em todos os setores possíveis da sociedade. É, ainda, elemento fundamental até mesmo para a concretização de políticas públicas, dado o elevado grau de informatização e sistematização do Estado brasileiro, em todos os níveis federativos. Mais que isso: o dado pessoal é um ingrediente indissociável da privacidade do cidadão, e sua preservação guarda conformidade com o efetivo respeito a garantias fundamentais do indivíduo, tal como prescritas na Constituição da República.

Por esses motivos, o citado relatório enfatizou que as principais democracias no mundo já compreenderam a importância da construção de um sistema jurídico de proteção da privacidade, baseado principalmente no consentimento do cidadão quanto ao tratamento de seus dados pessoais. Esse é, aliás, o ponto de partida para a implementação de uma estratégia social que coloca o indivíduo no controle efetivo dos seus dados pessoais perante terceiros, resultando em maior qualidade sobre os próprios dados e, assim, em maior eficiência sobre as decisões neles baseadas.

Um regime de proteção de dados, portanto, quando eficaz e plenamente vigente, impulsiona o surgimento de ecossistema de dados, no qual todos os setores da sociedade, inclusive o cidadão, são diretamente beneficiados. Ao relatar as consequências práticas da proteção de dados para o cidadão, o legislador brasileiro chamou a atenção para os riscos que um tratamento de dados desregulado pode trazer para as pessoas, além de fazer a correlação expressa entre tratamento de dados e inteligência artificial, nos termos seguintes:

> Um observador menos atento poderia levantar o seguinte questionamento: por que tanta importância atribuída à necessidade de um marco regulatório de proteção de dados? A resposta, porém, é simples: o dado pessoal é, hoje, o principal insumo da economia globalizada e baseada em tecnologia. Cada vez mais, dados são processados e valorados economicamente. Afinal, vivemos a era da economia dirigida por dados. O nível de avanço tecnológico a que a humanidade chegou permite o processamento massivo de dados, baseado em tecnologia digital avançada. E esse processamento já ocorre com base em inteligência artificial e algoritmos complexos, capazes de, por um lado, facilitar

---

41 BRASIL. Comissão de Assuntos Econômicos do Senado Federal. Projeto de Lei da Câmara n. 53, de 2018, cit., p. 3.

> o processo produtivo de tomada de decisões empresariais, e, por outro lado, afetar a vida do cidadão. Podemos não ter consciência disso, mas tudo o que fazemos é coletado e armazenado em bases de dados cada vez maiores: ao acordarmos, usamos o celular ou *tablet* para as atividades cotidianas, como verificar mensagens, ler notícias na internet, conferir o clima e checar o nível de trânsito até o local de trabalho ou a escola dos filhos. Ao sair de casa, as torres de telefonia celular registram nosso itinerário. Aplicativos baseados em geolocalização monitoram nossos trajetos e traçam rotas do dia a dia. Programas instalados em nossos carros, telefones ou computadores registram nossos hábitos, gostos e preferências. Há aplicativos que monitoram com quem falamos por ligações telefônicas, videochamada ou mensagens de texto registrando data, hora e duração da chamada. Às vezes, até o conteúdo. Tudo é mensurável em dados, que podem revelar quem somos. Para o cidadão comum, porém, falar em privacidade e proteção de dados pessoais pode ressoar, de forma bastante simplificada, em mera exposição em redes sociais ou na internet, de modo geral.[42]

Além das considerações acima, afora o desiderato de cumprir o objetivo central da norma, que é o de proteger os direitos fundamentais das pessoas naturais, as organizações devem adequar suas condutas à lei em razão de quatro principais motivos, que são: seguir a tendência de mercado de agregar valor à marca; evitar o isolamento contratual, na medida em que as organizações que investirem em conformidade na área certamente evitarão estabelecer relações comerciais com empresas que não se adequaram; minorar aspectos quanto ao critério de aferição do grau de culpa em casos de responsabilidade civil; e, por fim, simplesmente cumprir a constitucional função social, sob pena de sofrer consequências administrativas (multas etc.) e responsabilidade civil.

Reforça a fase de expansão e consolidação a promulgação da Emenda Constitucional n. 115, de 10 de fevereiro de 2022, que incluiu a proteção de dados pessoais entre os direitos e garantias fundamentais e fixou a competência privativa da União para legislar sobre proteção e tratamento de dados pessoais. De acordo com o art. 5º, LXXIX, incluído por essa emenda constitucional, "é assegurado, nos termos da lei, o direito à proteção dos dados pessoais, inclusive nos meios digitais".

Do ponto de vista topográfico, a LGPD está estruturalmente dividida em dez capítulos, com a seguinte disposição: Capítulo I – Disposições Preliminares (arts. 1º a 6º); Capítulo II – Do tratamento de dados pessoais (arts. 7º a 15);

---

42 BRASIL. Comissão de Assuntos Econômicos do Senado Federal. Projeto de Lei da Câmara n. 53, de 2018, cit., p. 6.

Capítulo III – Dos direitos do titular (arts. 17 e 18); Capítulo IV – Do tratamento de dados pessoais pelo Poder Público (arts. 23 a 32); Capítulo V – Da transferência internacional de dados (arts. 33 a 36); Capítulo VI – Dos agentes de tratamento de dados pessoais (arts. 37 a 45); Capítulo VII – Da segurança e das boas práticas (arts. 46 a 51); Capítulo VIII – Da fiscalização (arts. 52 a 54); Capítulo IX – Da ANPD e do CNPD (arts. 55 a 59); Capítulo X – Disposições finais e transitórias (arts. 60 a 65)

No tocante ao Direito do Trabalho, não há espécie legislativa específica sobre proteção de dados no Brasil, ao contrário do que ocorre nas experiências comparadas. Pode-se mencionar, ilustrativamente, o Regulamento Geral de Proteção de Dados da União Europeia, que, não obstante seja uma norma geral, contempla em seu texto diversas disposições expressas e específicas sobre a proteção de dados no contexto trabalhista. Não obstante, como as questões sobre proteção de dados têm natureza de fundamentalidade, os tribunais brasileiros, mesmo antes da LGPD, já analisavam controvérsias sobre a temática a partir da interpretação da Constituição da República de 1988 e das normas internacionais de direitos humanos.

Como exemplo do que foi afirmado no parágrafo anterior, pode-se mencionar as teses vinculantes firmadas no ano de 2017 pelo Tribunal Superior do Trabalho em relação aos limites fáticos e jurídicos para exigência, pelas empresas, de certidão de antecedentes criminais de candidatos ao emprego. Trata-se de objeto diretamente relacionado com a proteção de dados.[43] Logo, a história da proteção de dados de trabalhadores no Brasil não se confunde com o histórico legislativo sobre a matéria.

---

43 "INCIDENTE DE RECURSO DE REVISTA REPETITIVO. TEMA N. 1. DANO MORAL. EXIGÊNCIA DE CERTIDÃO DE ANTECEDENTES CRIMINAIS. CANDIDATO A EMPREGO. 1. Não é legítima e caracteriza lesão moral a exigência de Certidão de Antecedentes Criminais de candidato a emprego quando traduzir tratamento discriminatório ou não se justificar em razão de previsão em lei, da natureza do ofício ou do grau especial de fidúcia exigido. 2. A exigência de Certidão de Antecedentes Criminais de candidato a emprego é legítima e não caracteriza lesão moral quando amparada em expressa previsão legal ou justificar-se em razão da natureza do ofício ou do grau especial de fidúcia exigido, a exemplo de empregados domésticos, cuidadores de menores, idosos ou deficientes (em creches, asilos ou instituições afins), motoristas rodoviários de carga, empregados que laboram no setor da agroindústria no manejo de ferramentas de trabalho perfurocortantes, bancários e afins, trabalhadores que atuam com substâncias tóxicas, entorpecentes e armas, trabalhadores que atuam com informações sigilosas. 3. A exigência de Certidão de Antecedentes Criminais, quando ausente alguma das justificativas *supra*, caracteriza dano moral *in re ipsa*, passível de indenização, independentemente de o candidato ao emprego ter ou não sido admitido" (BRASIL. Tribunal Superior do Trabalho. IRR-RR-243000-58.2013.5.13.0023, Subseção I Especializada em Dissídios Individuais, rel. Min. João Oreste Dalazen, publicação 22/09/2017).

É possível também afirmar que outras normas trabalhistas, editadas muito tempo antes da LGPD, guardam total pertinência com a proteção de dados. Por exemplo, a Lei n. 9.029, de 13 de abril de 1995, que "proíbe a exigência de atestados de gravidez e esterilização, e outras práticas discriminatórias, para efeitos admissionais ou de permanência da relação jurídica de trabalho, e dá outras providências", tem por objeto, além de outros temas, a proteção de dados, na medida em que considera discriminatória e abusiva a exigência dos seguintes dados de saúde e, portanto, sensíveis: teste, exame, perícia, laudo, atestado, declaração ou qualquer outro procedimento relativo à esterilização ou a estado de gravidez. A propósito, a prática é tipificada penalmente (art. 2º, I, da Lei n. 9.029, de 1995).

Outrossim, de acordo com a Lei n. 12.984, de 2 de junho de 2014, que "define o crime de discriminação dos portadores do vírus da imunodeficiência humana (HIV) e doentes de aids", a conduta de negar emprego ou trabalho a portadores do HIV e doentes de aids é crime de discriminação, punível com reclusão de um a quatro anos e multa. Além disso, a Portaria n. 1.246/2010 do Ministério do Trabalho proíbe a testagem do trabalhador para o HIV, de forma direta ou indireta, nos exames médicos para admissão, mudança de função, avaliação periódica, retorno, demissão ou outros ligados à relação de emprego. Trata-se também de normas sobre o tratamento de dados sensíveis. A violação de tais comandos normativos, além de crime, rende ensejo a responsabilidade civil por danos extrapatrimoniais.[44]

---

44 "DANOS MORAIS. EXIGÊNCIA DE REALIZAÇÃO DE TESTE DE HIV NA ADMISSÃO DO EMPREGADO. O Tribunal Regional manteve a sentença que indeferiu o pagamento de indenização por danos morais decorrentes da exigência de realização de exames. Consignou que 'a exigência de exames HIV e toxicológicos, por si só, não implica ofensa aos direitos da personalidade, notadamente à honra ou à imagem do trabalhador. Ainda mais, como é caso, quando tal exigência se ampara em motivo razoável e se destina de forma genérica a todos os empregados'. A Lei n. 12.984/2014 define a conduta de 'negar emprego ou trabalho' a portadores do vírus da imunodeficiência humana (HIV) e doentes de aids como crime de discriminação, punível com reclusão de um a quatro anos e multa. O art. 2º da Portaria n. 1.246/2010 do Ministério do Trabalho e Emprego dispõe que 'não será permitida, de forma direta ou indireta, nos exames médicos por ocasião da admissão, mudança de função, avaliação periódica, retorno, demissão ou outros ligados à relação de emprego, a testagem do trabalhador quanto ao HIV'. Nesse contexto, resta caracterizado o dano moral, pois a exigência de teste de HIV como requisito para admissão no emprego constitui conduta discriminatória vedada pela ordem jurídica (Lei n. 9.029/95, art. 1º) que viola a intimidade e a privacidade do trabalhador. Em relação ao *quantum* indenizatório, diante da falta de critérios objetivos para fixação do valor do dano moral, cabe ao julgador, diante das peculiaridades de cada caso, arbitrar o montante da indenização atendendo aos postulados da razoabilidade e proporcionalidade, de modo a permitir, ao mesmo tempo, que o valor da reparação não gere enriquecimento ilícito do reclamante (caráter reparatório) e que seja

É cediço que, seguindo a trilha regulatória em tempos de revolução informacional, o Brasil incluiu expressamente na Constituição de 1988 o direito fundamental à proteção de dados (art. 5º, LXXIX) ao prever, entre os direitos e garantias fundamentais, que "é assegurado, nos termos da lei, o direito à proteção dos dados pessoais, inclusive nos meios digitais". Trata-se de dispositivo incluído pela Emenda Constitucional n. 115, de 2022.

Apesar de tudo o que foi dito quanto ao panorama histórico-legislativo sobre a proteção de dados no Brasil e no Direito do Trabalho brasileiro, bem como sobre a aplicação da LGPD às relações trabalhistas, inclusive no tocante ao uso de IA, a Lei Geral de Proteção de Dados ainda "não pegou" no Brasil, especialmente nas relações de trabalho, mesmo depois de praticamente cinco anos da publicação da norma. Em boa parte, a notória inefetividade social da lei se deve à postura omissiva do Governo – especialmente omisso quanto ao dever de informação, publicidade e conscientização da população –, da sociedade civil e, notadamente, dos órgãos e entidades responsáveis pela tutela coletiva dos direitos dos trabalhadores.

Para se ter uma ideia, o sítio eletrônico do Ministério Público do Trabalho, na parte sobre a tutela dos direitos dos trabalhadores quanto à proteção de dados, continha apenas duas notícias relacionadas ao tema, ambas publicadas há mais de dois anos, e nenhuma delas está relacionada à efetiva tutela coletiva dos direitos dos trabalhadores.[45] No Brasil, as ações judiciais coletivas mais expressivas cujo objeto era a adequação das empresas à LGPD foram ajuizadas por associação sem fins lucrativos, e o mais surpreendente foi notar que o próprio MPT, mesmo diante de sua omissão deliberada quanto ao tema, proferiu muitos pareceres contrários à legitimidade da referida associação, possivelmente por incorporar a leviana ideia de que o órgão é o titular exclusivo da tutela coletiva dos trabalhadores no Brasil.

Obviamente, não se está aqui a dizer que o MPT não atua ou atou em nenhum caso envolvendo proteção de dados. Muito pelo contrário, há relevantes

---

suficiente para reprimir a conduta ilícita do empregador (caráter punitivo). Assim, razoável o valor de R$ 10.000,00, porquanto atende aos princípios da razoabilidade e proporcionalidade. [...]" (BRASIL. Tribunal Superior do Trabalho. RRAg n. 11692-73.2016.5.09.0029, 2ª T., rel. Min. Maria Helena Mallmann, publicação 03/09/2021). No mesmo sentido, há diversas decisões recentes sobre o tema, *v. g.*: BRASIL. Tribunal Superior do Trabalho. RRAg n. 793-39.2017.5.09.0010, 5ª T., rel. Min. Breno Medeiros, publicação 19/12/2023.

45 A primeira notícia tem o seguinte título como manchete: "Selecionados artigos para o livro digital 'O Uso de Dados Pessoais e Inteligência artificial na relação de trabalho" (publicada há 744 dias). Já a segunda notícia tem o seguinte título como manchete: "MPT participa de reunião do Conselho Nacional dos Corregedores-Gerais do Ministério Público dos Estados e da União" (publicada há 757 dias) (BRASIL. Ministério Público do Trabalho. *LGPD*. Disponível em: https://mpt.mp.br/pgt/lgpd. Acesso em: 29 dez. 2023).

decisões sobre o tema que foram proferidas no bojo de ações civis públicas ajuizadas pelo órgão. Contudo, não há como negar que ainda se trata de atuações extremamente tímidas e sem expressão significativa para a sociedade, sobretudo quando se especula nos bastidores do poder que a instituição inclusive trabalhou administrativamente nas sombras para impedir a atuação da sociedade civil por meio de associações regularmente constituídas.

Dentre as ações coletivas, merece destaque a ação civil pública ajuizada pela Federação dos Empregados e Agentes Autônomos do Comércio do Estado de São Paulo, a FEAAC, em face das empresas PJ Bank Pagamentos S/A e Superlogica Tecnologias S/A. No caso, a empresa requerida tratava dados em desconformidade com diversos princípios da LGPD e os utilizava para realizar seleção ou triagem automática de currículos e perfis por meio dos sistemas de inteligência artificial da fornecedora de *software* Gupy.

Em síntese, a entidade sindical autora aduziu a inobservância de diversas regras atinentes à Lei Geral de Proteção de Dados pela empresa. Os pedidos formulados consistiram na condenação da empresa requerida nas seguintes obrigações de fazer e não fazer: a) abster-se de tratar, na dicção do art. 5º, X, da LGPD, os seguintes dados dos candidatos ao emprego, bem como quaisquer outros desnecessários e impertinentes para a finalidade informada: "critico autoridades se discordar delas", "muitas vezes tenho dificuldade para dormir", "gosto de ir a museus e exposições de arte", "tenho variações de humor com frequência", "pessoas realmente inteligentes dificilmente cometem erros"; b) indicar encarregado pelo tratamento de dados pessoais, nos exatos termos do art. 41, *caput* e § 1º, da LGPD; c) cumprir o art. 37, para manter registro das operações de tratamento de dados pessoais que realizarem, especialmente quando baseado no legítimo interesse; d) deixar de tratar dados sensíveis com base em seu legítimo interesse ou, ainda, com fulcro em qualquer outra base de tratamento não prevista no rol do art. 11 da LGPD; e) indicar a finalidade dos dados tratados, em cumprimento ao princípio da finalidade previsto na LGPD; f) indicar em suas políticas de privacidade as bases de tratamento que utiliza para o tratamento de dados pessoais de candidatos ao emprego e de empregados, previstas no art. 7º e/ou 11 da LGPD.

No caso em análise, instado a se manifestar, o Ministério Público do Trabalho emitiu parecer manifestando sua concordância com a procedência integral dos pedidos, considerando a desnecessidade das perguntas formuladas aos candidatos pela plataforma, que atentam contra o disposto no art. 6º da LGPD. A sentença proferida em primeira instância entendeu que a prática das empresas nos questionamentos realizados era realizada de maneira completamente desnecessária, sobretudo aqueles relacionados à saúde e ao viés político, para os quais não há qualquer justificativa plausível, por violarem diametralmente os direitos e garantias fundamentais. No dia 15 de dezembro de 2023 foi proferida sentença em primeira instância que julgou a totalidade dos pedidos procedentes, inclusive para condenar as empresas requeridas ao pagamento de indenização por danos morais coletivos no valor de 200 mil reais.[46]

Desde 2018, ano da publicação da LGPD, a impressão que ainda paira, como mencionado, é a de que a norma ainda "não pegou" no Brasil, especialmente no contexto das relações de trabalho. Os motivos para a clara inefetividade social da norma são inúmeros e vão desde a omissão governamental em desenvolver campanhas educativas e de conscientização até a postura relativamente omissiva dos órgãos e entidades responsáveis pela tutela coletiva dos direitos dos trabalhadores, como também já afirmado.

A LGPD tem um forte potencial cultural. Assim como aconteceu com o Código de Defesa do Consumidor, ela pode ser capaz de moldar a cultura social e o comportamento das pessoas, especialmente as pertencentes às camadas mais despossuídas de riqueza material acumulada. Contudo, esse assunto merece um estudo em apartado e escapa aos estritos limites metodológicos desta obra.

Natureza jurídica do direito à autodeterminação informativa e à proteção de dados pessoais

O que torna um direito fundamental? Dito de outro modo, como saber se um direito ou garantia é dotado de fundamentalidade? Robert Alexy afirma que a fundamentalidade pode ser analisada sob dois aspectos, um de caráter formal e outro de cunho material. O primeiro está ligado à expressa atribuição de tal natureza pelo texto constitucional. Outrossim, integra a fundamentalidade formal o maior grau de dificuldade para que tais direitos e garantias sejam alterados pelo constituinte não originário, bem como seu caráter de imediatidade, ou seja, "as normas definidoras dos direitos e garantias fundamentais têm aplicação imediata" (art. 5º, § 1º, da CR/88). Já a fundamentalidade material relaciona-se ao conteúdo da norma, ou seja, à sua substância. Nesse sentido é a lição do citado autor:

> Direitos fundamentais, são, portanto, todas aquelas posições jurídicas concernentes às pessoas que, do ponto de vista do direito constitucional positivo, foram, por seu conteúdo e importância (fundamentalidade em sentido material), integradas ao texto da Constituição e, assim, retiradas da esfera de disponibilidade dos poderes constituídos (*fundamentalidade formal*), bem

---

46 BRASIL. Tribunal Regional do Trabalho da 15ª Região, 2ª Vara do Trabalho de Campinas, ACPCiv n. 0010333-04.2022.5.15.0032, j. 15/12/2023.

como, por seu conteúdo e significado, possam lhes ser equiparados, agregando-se à Constituição *material*, tendo, ou não, assento na Constituição formal.[47]

É preciso diferenciar direitos subjetivos de direitos fundamentais. Neste ponto, são válidas as lições de Daniel Sarmento e Cláudio Pereira de Souza Neto. Segundo argumentam, há na Constituição inúmeros direitos subjetivos que não têm a marca da fundamentalidade; é o caso, por exemplo, do direito dos membros do Ministério Público que tomaram posse antes de 1988 de continuarem exercendo a advocacia (art. 29, § 3º, do ADCT). Para eles, a categoria do direito subjetivo, lavrada no passado por civilistas, não é a mais adequada para lidar com a complexa estrutura e as multifacetadas funções dos direitos fundamentais. Estes, para além da dimensão subjetiva, ostentam também uma dimensão objetiva, que envolve, dentre outras características: a) a irradiação de seus efeitos, que atingem várias outras situações e relações jurídicas, para além dos limites do direito subjetivo; b) o dever do Estado de proteger esses direitos de lesões e ameaças de terceiros, inclusive de particulares; e c) o direito a organizações e procedimentos adequados à sua tutela.[48]

Portanto, os direitos fundamentais não cabem na moldura do direito subjetivo, talhada, historicamente, para lidar com situações típicas do direito privado e hoje questionadas mesmo naquele quadrante. Por outro lado, a adoção de critérios puramente formais para a definição de direito fundamental peca por não atribuir o peso necessário à argumentação moral no campo constitucional.

Como visto, na dogmática constitucional empregam-se dois critérios para identificação dos direitos fundamentais: o critério formal e o critério material. De acordo com o critério formal, são direitos fundamentais aqueles contidos no catálogo de direitos fundamentais inserido na Constituição. Já de acordo com o critério material, são direitos fundamentais também aqueles que, conquanto não inseridos no catálogo, têm imensa relevância axiológica, notadamente no que concerne à sua íntima ligação com o princípio da dignidade da pessoa humana.

No ordenamento constitucional brasileiro, é incontroverso que os direitos materialmente fundamentais se beneficiam de seu regime reforçado de proteção, ainda quando não figurem no catálogo constitucional pertinente, até mesmo em razão do disposto no art. 5º, § 2º, da CR/88.

Como visto no tópico anterior, a Emenda Constitucional n. 115, de 2022, incluiu o direito à proteção de dados pessoais entre os direitos e garantias fun-

---

47 ALEXY, Robert. *Teoria dos direitos fundamentais*, 2024, p. 43.

48 SOUZA NETO, Cláudio Pereira de; SARMENTO, Daniel. *Direito constitucional:* teoria, história e métodos de trabalho, 2012, p. 319.

damentais. De acordo com o art. 5º, LXXIX, da Constituição, incluído em 2022, "é assegurado, nos termos da lei, o direito à proteção dos dados pessoais, inclusive nos meios digitais". Logo, quanto ao aspecto formal, não há dúvidas de que tal direito é dotado de fundamentalidade.

Sob o ponto de vista material, são preciosas as lições extraídas do substancioso voto proferido pela Ministra Rosa Weber no julgamento da medida cautelar no bojo da ADI n. 6.387, em 7 de maio de 2020, que teve por objeto a inconstitucionalidade da Medida Provisória n. 954, de 2020, que autorizava o compartilhamento de dados dos usuários do serviço telefônico com o IBGE. Nesse julgamento, o Supremo Tribunal Federal reconheceu a existência de um direito fundamental autônomo à proteção de dados pessoais e à autodeterminação informacional.

Em seu voto, lembrou a Ministra que o Tribunal de Justiça da União Europeia, no caso *Digital Rights Ireland* (C-293/12), destacou a existência do direito fundamental à proteção dos dados pessoais, assentando que qualquer medida legislativa promulgada para fornecer uma base legal para o tema deve atender ao *princípio da proporcionalidade*, de modo que "só podem ser introduzidas restrições a esses direitos e liberdades se forem necessárias e corresponderem efetivamente a objetivos de interesse geral reconhecidos pela União ou à necessidade de proteção dos direitos e liberdades de terceiros".[49]

Mencionou ainda o paradigmático julgamento do Tribunal Constitucional Alemão que reconheceu a autonomia do "direito à autodeterminação informativa" a partir da análise da Lei do Censo alemã de 1983, que determinou que os cidadãos fornecessem uma série de dados pessoais para mensurar estatisticamente a distribuição espacial e geográfica da população. O Tribunal declarou a inconstitucionalidade parcial da norma em razão de sua vagueza e amplitude, que possibilitava o cruzamento dos dados coletivos com outros registros públicos, bem como sua transferência para outros órgãos da administração.

Baseando-se em relevantes aportes doutrinários, o voto consigna que no caso alemão foi reconhecida a autonomia dos direitos à proteção dos dados pessoais e à autodeterminação informacional, separados do direito à privacidade. E, segundo a referida Corte, a capacidade do indivíduo de autodeterminar seus dados pessoais é parcela fundamental de seu direito de desenvolver livremente sua personalidade. Dessa forma, a atividade de processamento dos dados pessoais deve ter limites, impondo-se precauções organizacionais e processuais que combatam o perigo de uma violação do direito da personalidade.

---

49 UNIÃO EUROPEIA. Tribunal de Justiça da União Europeia. Digital Rights Ireland Ltd versus Minister for Communications, Marine and Natural Resources, 2014.

Desse modo, a Ministra esclarece que essa abrangência da proteção atribuída ao direito de autodeterminação constitui importante chave interpretativa do *âmbito de proteção do direito fundamental à proteção de dados pessoais*, que não recai propriamente sobre a dimensão privada ou não do dado, mas sim sobre os riscos atribuídos ao seu processamento por terceiros. Também nesse sentido, o voto colaciona a doutrina da Professora Laura Schertel, de acordo com a qual, no caso do direito fundamental à proteção de dados, este envolve, em uma perspectiva *subjetiva*, a proteção do indivíduo contra os riscos que ameaçam sua personalidade em face da coleta, processamento, utilização e circulação dos dados pessoais, e, em uma perspectiva objetiva, a atribuição ao indivíduo da garantia de controlar o fluxo de seus dados.

Sobre a referida dimensão subjetiva, o Ministro Gilmar Mendes apontou, no mesmo caso citado e valendo-se de experiências comparadas, que a partir da tradição norte-americana também é possível identificar como corolário da dimensão subjetiva do direito à proteção de dados pessoais a preservação de verdadeiro "devido processo informacional" ou *informational due process privacy right*, voltado a conferir ao indivíduo o direito de evitar a exposição de seus dados sem possibilidades mínimas de controle, sobretudo em relação a práticas de tratamento de dados capazes de sujeitar o indivíduo a julgamentos preditivos e peremptórios.

Ainda de acordo com o Ministro Gilmar Mendes, já em uma dimensão *objetiva*, a afirmação do direito fundamental à proteção de dados pessoais impõe ao legislador um verdadeiro dever de proteção (*Schutzpflicht*) do direito à autodeterminação informacional, que deve ser colmatado com base na previsão de mecanismos institucionais de salvaguarda traduzidos em normas de organização e procedimento (*Recht auf Organisation und Verfahren*) e normas de proteção (*Recht auf Schutz*). Para o Ministro, essas normas devem ser positivadas justamente para garantir o controle efetivo e transparente do indivíduo relativamente à circulação de seus dados, tendo como chave interpretativa da juridicidade desse controle a noção de consentimento.

Fundamentos e princípios que orientam a proteção de dados no Brasil e suas aplicações nos casos de discriminação algorítmica no contexto laboral

No Capítulo 4 deste trabalho, *supra*, foi apresentada e estudada a tipologia própria das discriminações produzidas por ferramentas de inteligência artificial. Naquela oportunidade, foi possível constatar que diversos tipos de discriminações algorítmicas são oriundos do tratamento inadequado de dados. Tal constatação é de suma importância, pois mais uma vez demonstra a inextrincável relação entre o tema central objeto do livro e as normas que objetivam tutelar a proteção de dados.

Nesse contexto, exsurge necessária a investigação dos fundamentos e dos princípios que orientam a proteção de dados no Brasil. O domínio da Lei Geral de Proteção de Dados e de suas possibilidades normativas é condição *sine qua non* para uma melhor análise das controvérsias relacionadas aos limites jurídicos do uso de ferramentas de inteligência artificial, notoriamente no que concerne à discriminação algorítmica relacionada ao tratamento de dados, pois esses fundamentos e princípios, indubitavelmente, incidem nos casos que envolvam dados utilizados pela IA.

Nos termos do art. 2º da LGPD, a disciplina da proteção de dados pessoais tem como fundamentos:

> I – o respeito à privacidade; II – a autodeterminação informativa; III – a liberdade de expressão, de informação, de comunicação e de opinião; IV – a inviolabilidade da intimidade, da honra e da imagem; V – o desenvolvimento econômico e tecnológico e a inovação; VI – a livre-iniciativa, a livre concorrência e a defesa do consumidor; e VII – os direitos humanos, o livre desenvolvimento da personalidade, a dignidade e o exercício da cidadania pelas pessoas naturais.

Percebe-se que, com exceção do direito fundamental à autodeterminação informativa, todos os demais fundamentos listados no dispositivo legal encontram assento constitucional expresso na Constituição de 1988. Do mesmo modo, é indiscutível que os fundamentos indicados devem servir como premissas hermenêuticas inafastáveis ao intérprete quando do exame de contendas envolvendo o tratamento de dados no contexto das ferramentas de inteligência artificial.

A seu turno, o art. 6º da Lei Geral de Proteção de Dados Pessoais estatui que, além da boa-fé, as atividades de tratamento de dados pessoais deverão observar pelo menos dez outros princípios. Tais princípios são imperativos e orientam toda e qualquer atividade de tratamento de dados. Segundo a clássica lição de Celso Antônio Bandeira de Mello, o princípio é um mandamento nuclear de um sistema, verdadeiro alicerce dele, disposição fundamental que se irradia sobre diferentes normas, compondo-lhes o espírito e servindo de critério para sua exata compreensão e inteligência, exatamente para definir a lógica e a racionalidade do sistema normativo, no que confere a tônica de lhe dá sentido harmônico.[50]

A partir da premissa conceitual apresentada, é possível afirmar que toda e qualquer análise jurídica sobre a licitude ou ilicitude de um tratamento de dados deve necessariamente perpassar pelo enfrentamento da observância dos princípios que orientam todos os tratamentos de dados pessoais, além de, é claro, investigar o cumprimento das demais disposição da lei. Porém, dada a

---

50 BANDEIRA DE MELLO, Celso Antônio. *Curso de direito administrativo*, 2004, p. 451.

importância dos princípios, a verificação de conformidade do tratamento para com eles é um aspecto que não se pode negligenciar.

Assim, nos termos do mencionado artigo, as atividades de tratamento de dados pessoais deverão observar a boa-fé e os seguintes princípios: I – finalidade; II – adequação; III – necessidade; IV – livre acesso; V – qualidade dos dados; VI – transparência; VII – segurança; VIII – prevenção; IX – não discriminação; X – responsabilização e prestação de contas. As garantias suficientes de observância dos princípios gerais de proteção e, ainda, dos direitos do titular devem ser comprovadas pelos controladores e operadores de dados. Logo, em caso de alegação de descumprimento de qualquer regra da LGPD, o ônus probatório não pode ser imputado à pessoa natural.

Princípio da finalidade: dever de motivação quanto aos propósitos do tratamento dos dados e a cláusula de autocontenção do poder do empregador

De acordo com o *princípio da finalidade*, previsto no inciso I do art. 6º da LGPD, a realização do tratamento de dados pessoais somente pode ser feita para o alcance de "propósitos legítimos, específicos, explícitos e informados ao titular, sem possibilidade de tratamento posterior de forma incompatível com essas finalidades". A compreensão do sentido e do alcance do princípio da finalidade demanda a análise pormenorizada do quanto é disposto textualmente no dispositivo. Logo, é preciso decifrar o que se entende por "propósitos legítimos", "específicos", "explícitos" "informados" e "sem possibilidade de tratamento posterior de forma incompatível com essas finalidades".

A expressão "propósitos legítimos" denota a ideia de proibição de tratamento de dados como um meio para alcançar objetivos contrários à ordem jurídica. Por exemplo, não podem as empresas se valer de sistemas de inteligência artificial que, ao processarem milhares de dados de candidatos ao emprego, permitam um *output* que oferte salários diferenciados a depender da situação econômica do candidato. Trata-se, evidentemente, de prática que objetiva alcançar fim contrário ao ordenamento jurídico e, portanto, violador do princípio da finalidade.

Outro exemplo que bem ilustra a situação sobre propósito ilegítimo é ofertado por Guilherme Guimarães Feliciano, para quem restará violado o princípio da finalidade se o empregador/controlador utilizar o número individual de toques sobre o teclado para avaliar ou remunerar seus empregados digitadores; e, indo além, se passar a coletar os dados relativos ao ritmo e à quantidade de toques dos seus trabalhadores, por meio de *software* específico associado aos teclados, no afã de proceder ao respectivo controle.[51]

---

51 Esclarece a citada doutrina que "a conclusão ofertada no exemplo, aparentemente irretorquível, já não seria tão assertiva à luz da legislação atual, nem se poderia extrair dire-

Em seguida ao dever de observar propósitos "legítimos", o princípio da finalidade também compele que a atividade de tratamento tenha propósitos "específicos", ou seja, determinados, delimitados e limitados. Significa que o tratamento de dados não pode ser genérico, ou seja, realizado para a consecução de finalidades que não foram antes especificadas pelo controlador dos dados.

Ao contrário de um propósito geral ou amplo, o propósito específico é direcionado e focalizado em um resultado particularizado. A especificação do propósito permite a exata delimitação das intenções do controlador de forma

---

tamente das normas-regras em vigor. É que a recente Portaria MTP n. 423, de 7.10.2021, ao revisar toda a Norma Regulamentadora 17 ('Ergonomia') – vinculante para os empregadores, mercê do que dispõe o art. 200 da CLT –, revogou o teor do antigo item 17.6.4, *a*, pelo qual 'o empregador não deve promover qualquer sistema de avaliação dos trabalhadores envolvidos nas atividades de digitação, baseado no número individual de toques sobre o teclado, inclusive o automatizado, para efeito de remuneração e vantagens de qualquer espécie'. Assim, na perspectiva da legislação (ou de sua literalidade), dir-se-ia ser agora possível avaliar ou remunerar o empregado com base no número de toques; e, logo, seria possível – e até necessário, no sentido do art. 11, II, *a* ou *d*, da LGPD (logo, independentemente de consentimento) – coletar e tratar esses dados (ritmo e quantidade de toques por unidade de tempo), que, na verdade, são dados pessoais sensíveis (LGPD, art. 5º, II). E, convenha-se, esse meio (o *software* de controle) seria, a um tempo, adequado à finalidade e necessário à sua consecução. Assim, porém, não nos parece, pelas exatas razões de saúde laboral que originalmente inspiraram a regra do item 17.6.4, *a*, da NR 17: vincular a avaliação/remuneração ao número ou ritmo de toques é, a rigor, instituir um modelo de gestão de pessoal que preordena a intensificação desordenada de trabalho baseado em movimentos repetitivos (e que, com isso, determina microtraumas que desaguarão em quadros de LER/DORT); e, para mais, é instilar um círculo vicioso de tensões que desaguará em TMCRT. Daí que, mesmo sem a proibição textual na atual NR 17, a ilegitimidade da medida decorre da ponderação entre, por um lado, o 'interesse legítimo' do controlador – que, na espécie, teria sede no direito de propriedade, no direito à livre-iniciativa (de onde se extrai a autonomia para organizar as políticas da empresa) e no consequente poder hierárquico (e, por ele, no *ius variandi*) – e, por outro, a proteção da incolumidade física dos trabalhadores e o direito à redução dos riscos inerentes ao trabalho (CRFB, art. 7º, XXII); nessa arena, portanto, esses últimos hão de prevalecer. E, portanto, reconhecida a desproporcionalidade da medida (pela ponderação *in tese* dos interesses contrapostos, *i.e.*, por (des)proporcionalidade em sentido estrito), resta claro que a finalidade não é legítima; e, logo, a captação desses dados biométricos, mesmo se consentida pelo titular de dados (sob a viciante influência do poder hierárquico), não terá sido lícita, à luz do art. 6º, I, da LGPD. Atente-se a que, diante dessas circunstâncias, possivelmente haverá uma multiplicidade de danos cumulativamente indenizáveis: o dano material (biológico), se o trabalhador efetivamente desenvolveu afecções; o dano moral, pelo possível contexto de gestão por estresse ou *straining*, a agredir a tranquilidade, a autoestima e/ou a saúde psíquica do trabalhador; e, por fim, o dano material e/ou moral derivado da violação ao direito fundamental de proteção dos dados pessoais (CRFB, art. 5º, LXXIX), a depender, inclusive, dos ulteriores tratamentos após a coleta (*i.e.*, se houve compartilhamento, se houve vazamento, quando e se houve término etc.)" (FELICIANO, Guilherme Guimarães. *Proteção de dados e os impactos nas relações de trabalho:* princípios, aplicações e crítica, 2023).

mais precisa, identificando escopos e desígnios concretos a serem alcançadas. Guilherme Guimarães Feliciano observa que a exigência da especificidade das finalidades relaciona-se, ademais, com a vedação de consentimentos generalistas prevista no art. 8º, § 4º, da LGPD, que exige a chamada *granularidade do consentimento*.[52]

Por exemplo, empresas como a Gupy, que prestam serviços de *softwares* de recrutamento, processam milhares de dados de incontáveis candidatos. Ao se cadastrar para participar do processo seletivo, o postulante à vaga deve necessariamente ser informado pela controladora dos dados, de forma explícita, sobre os propósitos do tratamento. Nesse exemplo, se a empresa, hipoteticamente, informa que o propósito do tratamento é a triagem do candidato que tenha mais afinidade com o perfil da vaga, não pode, posteriormente, tratar esses dados para o incremento de sua ferramenta de IA, pois tal propósito não foi especificado e individualizado previamente.

Nesse prisma, de acordo com o princípio da finalidade, não é lícito às empresas, ao especificarem os propósitos do tratamento, se valerem das expressões "entre outros", "quaisquer outros" etc. De igual modo, parecem ser incompatíveis com o princípio previsões do tipo "melhorar a qualidade de vida dos trabalhadores", "fomentar a produtividade", "melhorar a eficiência operacional na equipe", dentre outras assemelhadas. Nessas situações, observa-se que o propósito é geral e amplo, indicando a intenção de aprimorar algo sem especificar de forma estreita o fim buscado. Propósitos genéricos deixam espaço para interpretações e abordagens variadas, o que é contrário ao conteúdo jurídico do princípio da finalidade, previsto justamente para, dentre outros motivos, trazer segurança para ambas as partes. Em resumo, os propósitos devem ser *determinados* e não *determináveis*.

Com efeito, todos os exemplos mencionados refletem hipóteses de previsões com propósitos genéricos e, por consequência, amplos demais. Tais expressões guardam em si uma álea interpretativa que, ao fim e ao cabo, reflete insegurança jurídica e sujeita exclusivamente ao arbítrio do empregador a delimitação do que estará ou não englobado nos limites semânticos do texto. Com efeito, trata-se de prática incompatível com a *ratio* do princípio em comento.

Além disso, de acordo com o princípio da finalidade, os propósitos do tratamento de dados devem ser "*explícitos*", ou seja, explicitados de maneira expressa, clara e evidente, sem espaço para interpretações dúbias e sem margem para qualquer tipo de dúvida quanto ao propósito. Não há possibilidade de informação tácita de propósitos. Um propósito explícito refere-se a um objetivo

---

52 FELICIANO, Guilherme Guimarães. *Proteção de dados e os impactos nas relações de trabalho*, cit.

ou intenção que é claramente declarado, evidente ou manifesto. Em outras palavras, é um propósito que é comunicado de maneira evidente e sem ambiguidade. Quando algo é feito com um propósito explícito, isso significa que a intenção por trás da ação é transparente e compreensível, sem a necessidade de interpretação ou dedução complexa.

A LGPD valoriza, assim, a explicitação dos propósitos, pois essa providência promove clareza e compreensão mútuas. É compatível com esse princípio o trecho de uma política de privacidade de proteção de dados que contenha informação demonstrando, por exemplo, que a atividade de tratamento de dados dos candidatos ao emprego e empregados tem o propósito explícito de evitar riscos à saúde, segurança e higiene no meio ambiente de trabalho.

Ainda em harmonia com o princípio da finalidade, além de a realização do tratamento de dados ter propósitos "legítimos", "específicos" e "explícitos", estes devem ser "informados" ao titular. Informar é comunicar ou transmitir alguma informação. É dar ciência ao outro sobre algo. Uma informação pode se dar de forma verbal, escrita, expressa, tácita etc. Contudo, o princípio da finalidade não se contenta com mera informação. O que a principiologia em comento impõe é que a informação seja *qualificada*. Com efeito, há substancial diferença entre *mera* informação – aspecto meramente protocolar e formal – e informação *qualificada* – aspecto substancial ou de conteúdo. Esta última se diferencia e se qualifica pela forma como é veiculada, contexto, grau de detalhamento, precisão, clareza, inteligibilidade facilitada de acordo com o receptor e relevância das informações fornecidas.

Para fins de proteção de dados, a LGPD determina que o controlador de dados emita uma informação qualificada ou substancial. Não é suficiente apenas o *ato* de informar. Há uma *forma* prevista para a informação, e ela é da substância do ato. Para fins de observância do princípio, o que tornará a informação dos propósitos substancialmente qualificada é justamente a contemplação desses mesmos propósitos, de maneira específica e explícita. Se os propósitos forem informados sem que o sejam de forma específica e explícita, haverá mera informação e o conteúdo normativo do princípio não será atendido, ou seja, será violado, tornando o tratamento ilícito.

Desse modo, está embutido expressamente no princípio da finalidade o dever de informação. Quanto ao seu conteúdo jurídico, o dever de informação pode ser interpretado como a obrigação atribuída ao controlador dos dados de justamente informar, de forma clara e transparente, as finalidades buscadas pela organização com o tratamento dos dados. Em verdade, o dever de informação contempla em seu âmago a obrigação de especificar e explicitar os propósitos do tratamento, ou seja, de motivar, na medida em que "a motivação é a expressão formal da finalidade".[53] Não se trata, assim, de mera informação ou comunicação, mas de informação *qualificada* pelas características de especificidade e explicitude.

O sentido e o alcance da expressão "informados" vão mais além do que já foi dito quanto à especificidade e à explicitude dos propósitos. O dever de informação somente será alcançado se a informação for veiculada de maneira *compreensível*, ou seja, a elaboração da informação deve levar em conta as condições sociais, econômicas e culturais das pessoas naturais titulares dos dados. Nessa lógica há um *aspecto qualitativo* a ser considerado. O controlador somente se desincumbirá dessa obrigação legal se a informação puder ser entendida ou percebida de maneira clara e lógica, sempre a partir da ótica da pessoa natural titular dos dados.

Como se nota, a informação que se impõe ao controlador deve observar uma forma qualificada, com a presença de requisitos *intrínsecos* – quanto ao conteúdo ou substância – e *extrínsecos* – que são os elementos objetivamente perceptíveis. São requisitos intrínsecos ou qualitativos da informação sua inteligibilidade, clareza e compreensibilidade. Por sua vez, são requisitos extrínsecos da forma como a informação deve ser veiculada a indicação dos propósitos legítimos, específicos e explícitos.

Por fim, a parte final do art. 6º, I, prevê a proibição ou impossibilidade de tratamento posterior de modo incompatível com as finalidades ou propósitos já informados. Nesse aspecto, o texto do dispositivo contempla norma que limita ou condiciona o tratamento às finalidades anteriormente informadas. A ideia é a seguinte: o controlador, ao estabelecer e *informar*, de maneira *explícita*, os propósitos legítimos da atividade de tratamento, autolimita-se, ou seja, autocondiciona-se, pois não poderá desvirtuar o tratamento para consecução de outros propósitos que não foram informados de maneira específica e explícita.

Nessa lógica de compreensão, o princípio da finalidade contempla no âmbito de suas possibilidades normativas o instituto da *autolimitação* ou *autocontenção das finalidades*. Explica-se. O princípio da finalidade tem plasmado em sua essência normativa um binômio obrigacional formado, por um lado, pelo dever de o controlador explicitar os motivos ou propósitos do tratamento e, por outro, a obrigação de não realizar o tratamento de dados para o alcance de propósitos não informados. Com isso, o dever de motivar aliado à proibição de desvio de finalidade representa verdadeira *autolimitação* ou *autocontenção das finalidades*.

---

53 FELICIANO, Guilherme Guimarães. *Proteção de dados e os impactos nas relações de trabalho*, cit.

Ao discorrer sobre a proibição do desvio de finalidade, Teresa Coelho Moreira enxerga nessa vedação um princípio autônomo, por ela chamado de *princípio da compatibilidade com a finalidade prevista inicialmente*, princípio este que:

> [...] estabelece a proibição de o empregador aproveitar-se deste tipo de dados para um uso diferente da finalidade originária para a qual foram aceites e impõe uma grande limitação ao poder de controlo eletrônico do empregador na medida em que ele não pode fazer um uso livre da informação recolhida. [...] Defende-se que o conteúdo deste conceito deve ser entendido tendo em atenção o resultado final pretendido e definido à partida e pelas operações de tratamento que lhe forem posteriores, não se podendo efetuar uma alteração substancial da finalidade inicial sob pena de se desvirtuar o princípio da adequação e da finalidade. Desta forma, só podem ser tratados os dados que sejam adequados e pertinentes de acordo com uma finalidade legítima, não se aprovando o tratamento de tais dados com finalidades incompatíveis das que justificam o tratamento declarado no momento inicial [...].[54]

Nos termos dessa linha de raciocínio, é possível afirmar que o princípio da finalidade também plasmou em seu âmbito de incidência normativa o princípio da boa-fé objetiva, notadamente em relação ao dever anexo de proibição de comportamentos contraditórios (*nemo potest venire contra factum proprium*). Se determinados propósitos foram informados de maneira determinada e explicitada, não poderá depois o controlador violar as legítimas expectativas criadas no titular dos dados em razão de seu comportamento anterior.

É tranquilo defender que o princípio da finalidade se alinha ao espírito democrático ao impor como obrigação do controlador dos dados o dever de motivação quanto aos propósitos do tratamento. A composição textual topograficamente disposta no inciso I do art. 6º da LGPD não deixa margens para interpretações quanto à natureza obrigatória do dever que tem o controlador dos dados de informar, de forma qualificada, as razões ou propósitos do tratamento. Essa obrigação de motivar consubstancia-se verdadeiro instrumento de salvaguarda do direito à proteção de dados, na medida em que instrumentaliza e permite a análise de eventual caracterização de desvio de finalidade.

Há mais. É consensual a ideia de que os propósitos nada mais são do que os motivos do tratamento. Tais motivos devem, além de específicos, ser explicitados, ou seja, externalizados pelo controlador, configurando verdadeira

---

54 MOREIRA, Teresa Coelho. *A privacidade e o controlo electrónico da utilização da internet*, 2016, p. 125.

"justificação teleológica"[55] dos propósitos do tratamento. Por isso, há um dever, para o controlador, de motivação quanto aos propósitos do tratamento. Nessa linha de entendimento, para averiguação de eventual desvio de finalidade o intérprete deve lançar mão, porque aqui encontra perfeita aplicação, da chamada teoria dos motivos determinantes.

De acordo com a teoria citada, também chamada de *teoria da transcendência* ou *dos efeitos irradiantes dos motivos determinantes*, a validade de um ato jurídico motivado depende da exata correspondência entre os motivos exteriorizados (motivação) e a existência concreta dos fatos que ensejaram sua edição. Isso porque, ao motivar o tratamento dos dados com base em determinados propósitos, o controlador fica vinculado aos propósitos expostos. Essa teoria alinha-se também à ideia de que a explicitação dos propósitos do tratamento representa uma *válvula de autocontenção* de poder, pois não poderá o controlador desvirtuar o tratamento para o atingimento de propósitos diversos ou dissonantes aos informados. Logo, é imprescindível que o controlador demonstre a *estrita aderência* do tratamento aos propósitos informados de maneira explícita e especificada.

Para exemplificar a proibição de desvio de finalidade no tratamento de dados, é possível imaginar um exemplo hipotético no qual uma empresa armazena dados de currículos de candidatos que não foram selecionados para a vaga. Nesse caso, imagine que a empresa informe em sua política de privacidade e proteção de dados que, com fundamento em algumas das bases de tratamento previstas no art. 7º da LGPD, armazenará os dados de currículos de candidatos que não foram selecionados para a vaga com o propósito de enviar para as pessoas futuras oportunidades de trabalho.

No caso hipotético narrado, não poderá a empresa usar o dado *e-mail* dos candidatos para enviar publicidade sobre produtos e serviços por ela prestados. A toda evidência, tratar-se-ia de típica hipótese de desvio de finalidade no tratamento dos dados, pois tal conduta caracterizaria posterior desvio dos propósitos informados anteriormente. Dito de outro modo, a prática assim levada a cabo consubstanciar-se-ia em tratamento posterior incompatível com as finalidades outrora informadas aos titulares dos dados.

Vale observar que, no caso mencionado, os propósitos foram devidamente informados aos titulares e eram legítimos (não proibidos ou incompatíveis com o ordenamento jurídico), específicos ou determinados (envio de futuras oportunidades de trabalho) e explícitos (não estavam subentendidos ou tacitamente previstos). Contudo, esses propósitos foram desviados, o que coloca a conduta empresarial em desconformidade com o princípio da finalidade.

55 Expressão cunhada por González-Cuellar Serrano. *Apud* FELICIANO, Guilherme Guimarães. *Proteção de dados e os impactos nas relações de trabalho*, cit.

Na jurisprudência brasileira há diversos julgados do Tribunal Superior do Trabalho que, com fundamento no princípio da finalidade, determinaram às empresas de gerenciamento de riscos o dever de se absterem de utilizar banco de dados, de prestar e/ou buscar informações sobre restrições creditícias relativas a candidatos ao emprego. Entende a jurisprudência que os cadastros de restrições creditícias, ainda que públicos, destinam-se à proteção do crédito a ser concedido por bancos, particulares e associações comerciais. Não devem ser usados para aferição da empregabilidade do motorista ou da probabilidade de que venha a subtrair as mercadorias transportadas, sob pena de *desvio de finalidade* e afronta ao art. 6º, I, da LGPD. Desse modo, para o TST, é ilegal a conduta de uma empresa que usa dados com *fins diversos* daqueles para os quais foram criados – proteção ao crédito –, a fim de indicar ao empregador maior risco na contratação ou na distribuição de serviços para determinado empregado. Destarte, utilizar ou fazer utilizar o cadastro para qualquer outro fim que não a proteção ao fornecimento de crédito, salvo autorização em lei, após a vigência da LGPD, é ilegal.[56]

Como último exemplo de aplicação do princípio da finalidade nas relações trabalhistas, pode-se supor um caso hipotético no qual uma organização informa aos seus empregados, de maneira determinada e explícita, que realizará o tratamento de dados – imagens dos trabalhadores – via monitoramento por câmeras, para o fim de tutelar a segurança no local de trabalho, bem como a incolumidade física dos empregados e terceiros.

No caso ilustrativo apresentado, os propósitos informados encontram sua base de tratamento no art. 7º, VII, da LGPD: "para a proteção da vida ou da incolumidade física do titular ou de terceiro". Nessas circunstâncias, caso o empregador passe a monitorar as imagens com finalidade diversa, por exemplo, para verificar e fiscalizar o cumprimento das obrigações do contrato de trabalho, haverá nítido desvio de finalidade, o que tornará o tratamento ilícito.

É claro que há exceções pontuais nessas hipóteses de desvio de finalidade, pois nenhum princípio é absoluto. Exceção a essa consequência pode ser verificada em casos concretos, quando, por exemplo, a falta cometida pelo empregado for extremamente grave, hipótese na qual o princípio da proporcionalidade poderá socorrer o intérprete. Pode-se imaginar situação na qual o empregado é flagrado pelas câmeras em ato de assédio sexual em face de colegas de trabalho. Nesse caso, não poderá o empregado invocar o argumento do desvio de finalidade como escudo para condutas gravemente ilícitas.[57]

---

56 BRASIL. Tribunal Superior do Trabalho. E-RR n. 933-49.2012.5.10.0001, SbDI-1, rel. Min. Alberto Luiz Bresciani de Fontan Pereira, publicação 25/02/2022.

57 Em hipóteses excepcionais, sempre aferíveis casuisticamente, o princípio da finalidade – e sua consequente proibição de desvio dos propósitos informados – pode ceder espaço

Diante de todas as considerações acima, a adequação e o respeito do tratamento dos dados ao princípio da finalidade pressupõe a observância, pelo controlador dos dados, dos seguintes pressupostos, todos extraídos da carga normativa do princípio em estudo e exaustivamente explicados: a) observância do *dever de informação qualificada*; b) observância do *dever de informação compreensível* e *inteligível*, sob a ótica do titular dos dados; c) observância do dever de realizar o tratamento apenas para consecução de *propósitos legítimos*, de modo a não servir de meio para o alcance de um fim proibido pela ordem jurídica; d) observância do dever de *especificar* ou *determinar* os propósitos do tratamento, sem margem de indeterminabilidade, pois os propósitos devem ser *determinados* e não *determináveis*; e) observância do dever de *explicitar* os propósitos do tratamento, tornando-os evidentes e manifestos; f) observância do *princípio da compatibilidade com a finalidade inicialmente prevista*, ou seja, estrita aderência do tratamento com os propósitos informados de maneira explícita e especificada e, por consequência, proibição de realizar tratamento dos dados em desvio de finalidade em relação aos propósitos originariamente informados, segundo a lógica da *autocontenção* das finalidades, da proibição de comportamentos contraditórios e da *teoria da transcendência ou dos efeitos irradiantes dos motivos determinantes*.

Portanto, com base em todas as considerações sobre o conteúdo jurídico do princípio da finalidade, se o tratamento dos dados for realizado sem que o trabalhador titular dos dados seja informado devida e completamente com a observância desses requisitos indispensáveis, o tratamento dos dados será ilegal e, a depender das circunstâncias fáticas do caso concreto, poderá render ensejo à caracterização de responsabilidade civil pelo controlador dos dados.

Princípio da adequação: aptidão lógico-causal entre o tratamento e a consecução das finalidades informadas

De acordo com o inciso II do art. 6º da LGPD, a atividade de tratamento deverá observar o princípio da adequação. De acordo com o texto legal, a ade-

para a efetivação de outros princípios de maior peso. Nesse sentido já decidiu, por exemplo, a Corte Europeia de Direitos Humanos ao julgar o caso *López Ribalda e Outros v. Spain*, no qual, diante das excepcionais circunstâncias fáticas do caso concreto, admitiu-se a licitude do uso de câmeras ocultas no ambiente de trabalho. Por aplicação do princípio da proporcionalidade, o princípio da finalidade foi afastado ao colidir com outros interesses jurídicos em jogo. Para maior aprofundamento sobre o caso, conferir o seguinte artigo de autoria própria: MIZIARA, Raphael. Videomonitoramento de empregados no ambiente de trabalho: estudo comparado entre a proteção de dados no Brasil e a posição do Tribunal Europeu de Direitos Humanos firmada no caso López Ribalda *vs.* Espanha, 2022.

quação se refere à "compatibilidade do tratamento com as finalidades informadas ao titular, de acordo com o contexto do tratamento". Conformidade significa coerência, nexo lógico, harmonia. No sentido expresso no dispositivo, "compatibilidade do tratamento" tem o sentido de *aptidão, idoneidade* ou *capacidade* do tratamento para alcançar as finalidades outrora informadas pelo controlador.

Assim, de acordo com o princípio da adequação, o meio utilizado – tratamento – deve ser capaz, ou seja, ter aptidão lógico-material para a persecução do fim informado. Em outros termos, a adequação refere-se à relação entre os propósitos informados pelo controlador dos dados e a idoneidade do meio de tratamento escolhido para atingir esse fim. Portanto, a análise valorativa da adequação deve ser inventariada por razões instrumentais, a partir do estabelecimento relacional entre o tratamento realizado e os propósitos informados.

Para verificar se o tratamento é adequado, o intérprete pode se socorrer da seguinte indagação: "o modo como o tratamento é ou foi realizado consegue (tem aptidão para ou é apropriado para ou é útil para) promover, alcançar ou fomentar o fim almejado?". Se a resposta for negativa, a atividade de tratamento estará em desconformidade com o princípio da adequação, diante da patente inaptidão ou impropriedade do tratamento para o alcance do fim colimado.

Ao discorrer sobre o princípio ou critério da adequação, Robert Alexy cita o seguinte exemplo: o legislador introduz uma norma N para melhorar a segurança nacional (P1 = princípio do bem coletivo), mas ela não é adequada para promover esse princípio e, ainda, infringe a liberdade de expressão (P2 = princípio da liberdade de expressão). Aqui, existiria a possibilidade de declarar inválida a norma N, pois ela não seria adequada para otimizar o princípio P1.[58]

Transpondo o exemplo para o contexto interpretativo do inciso II do art. 6º da LGPD e da discriminação algorítmica, é possível formular a seguinte hipótese ilustrativa: o empregador afirma realizar o tratamento de alguns dados para escolher com base em sistemas de IA o candidato mais preparado para o cargo (P1 = livre-iniciativa), mas tais dados não são adequados, ou seja, aptos para indicar as competências profissionais de um candidato, e ainda, violam a dignidade do trabalhador e o direito à proteção de dados (P2 = princípio maior da dignidade humana).

No caso apresentado, como o tratamento dos dados não tem a capacidade de atingir a finalidade informada, esse tratamento é inválido, pois não é adequado para otimizar o propósito subjacente ao princípio P1. Dito de outra forma, não há nexo causal ou de pertinência entre o tratamento realizado e o propósito declarado, pois o tratamento em nada poderá contribuir para fomentar a realização do objetivo pretendido.

---

58 ALEXY, Robert. *Derecho y razón práctica*, 1993, p. 46.

Princípio da necessidade: limitação do tratamento ao mínimo essencial para o alcance dos propósitos informados

Nos termos do inciso III do art. 6º da LGPD, a atividade de tratamento deverá observar o princípio da necessidade. De acordo com o texto legal, o princípio da necessidade se refere à "limitação do tratamento ao mínimo necessário para a realização de suas finalidades, com abrangência dos dados pertinentes, proporcionais e não excessivos em relação às finalidades do tratamento de dados". Em outras palavras, o tratamento deve ser restringido ao mínimo essencial e indispensável para o atingimento das finalidades pretendidas.

Para interpretar o dispositivo, importante notar que o texto legal é dividido em duas partes distintas, embora semelhantes. A primeira parte é a "limitação do tratamento ao mínimo necessário para a realização de suas finalidades", e a segunda, "com abrangência dos dados pertinentes, proporcionais e não excessivos em relação às finalidades do tratamento de dados". Nota-se que, em ambas as partes, o texto sempre condiciona ou sujeita a verificação sobre a licitude do tratamento a suas finalidades. Há uma dependência contextual que não pode ser ignorada. Assim, na primeira parte, o *mínimo necessário* do tratamento deve ser apurado tendo em mente "a realização *de suas finalidades*". Na segunda parte, a *abrangência*, a *pertinência*, a *proporcionalidade* e a *não excessividade* também devem ser analisadas "**em relação às finalidades**".

O fragmento "limitação do tratamento ao mínimo necessário" deve ser interpretado em **dependência contextual** em relação ao trecho "para a realização de suas finalidades", e pode levar em consideração três dimensões: i) *dimensão quantitativa* ou *numérica*: a atividade de tratamento deve ser realizada com o menor número de dados possível, ou seja, apenas a quantidade necessária de dados deve ser tratada para atender aos objetivos específicos informados. Nesse sentido, o tratamento será desnecessário sempre que o fim buscado puder ser alcançado com o tratamento de dados *quantitativamente* menores ou até mesmo sem o tratamento de qualquer dado; ii) *dimensão qualitativa* ou *quanto à natureza dos dados*: a atividade de tratamento deve priorizar, sempre que possível, apenas o tratamento de dados de natureza não sensível, usando apenas subsidiariamente dados sensíveis; iii) *dimensão temporal*: o período de tratamento deve ser limitado ao tempo estritamente necessário para o cumprimento dos propósitos específicos do tratamento. Uma vez atingidos os propósitos, o tratamento deve cessar.

Por sua vez, já na segunda parte do dispositivo, as expressões *abrangência*, *pertinência*, *proporcionalidade* e *não excessividade* também devem ser interpretadas em dependência contextual com a expressão "**em relação às finalidades**". As expressões *abrangência*, *pertinência*, *proporcionalidade* e *não excessividade* são todas facetas de um mesmo polígono quadrilátero, ou seja, parece que aqui a intenção do legislador foi tratar especificamente do princípio da proporcionalidade em sentido *lato*, com seus três subcritérios, a) necessidade; b) adequação; e c) proporcionalidade em sentido estrito.

Se comparadas as clássicas lições de Robert Alexy sobre o princípio da proporcionalidade com o texto do art. 6º da LGPD, nota-se que a intenção do legislador foi a incorporar ao texto legal o clássico princípio da proporcionalidade. Contudo, embora pudesse o legislador ter separado em três incisos distintos os subcritérios da necessidade, adequação e proporcionalidade em sentido estrito, o texto legal não ficou bem distribuído e, aparentemente, ficou incompleto. Como se sabe, o inciso II do art. 6º trata da *adequação* e o inciso III do mesmo artigo cuida da *necessidade*. Em uma primeira e mais açodada análise pode parecer que a proporcionalidade em sentido estrito não foi contemplada pela LGPD. Porém, tal conclusão não é correta, conforme se passa a demonstrar.

O inciso III do art. 6º contempla, de uma só vez e expressamente, o princípio da proporcionalidade em sentido *lato*, bem como seus três subcritérios (necessidade, adequação e proporcionalidade em sentido estrito). E melhor seria que o legislador intitulasse o inciso como "proporcionalidade" e não "necessidade", dado que esta é um elemento daquela. Ou, então, que tratasse em três incisos distintos os subcritérios.

Seja como for, a leitura do texto do inciso III não rende ensejo a maiores elucubrações quanto ao afirmado. O quadro seguinte torna o entendimento mais compreensível. Demonstra que o princípio da proporcionalidade, assim como seus subcritérios, foram todos expressamente previstos na LGPD. Demonstra também que o legislador foi redundante ao prever o princípio da adequação tanto no inciso II do art. 6º como no inciso III do art. 6º:

Quadro 1 Lei Geral de Proteção de Dados (LGPD) – Princípios

Art. 6º, III, da LGPD	
Trecho do dispositivo	**Norma principiológica correspondente**
Limitação do tratamento ao *mínimo necessário*	Princípio ou subcritério da necessidade
Com abrangência dos dados *pertinentes*	Princípio ou subcritério da adequação
Com abrangência dos dados [...] *proporcionais*	Princípio ou subcritério da proporcionalidade em sentido estrito
Com abrangência dos dados [...] *não excessivos*	Princípio da proporcionalidade na vertente da proibição do excesso

Fonte: elaboração própria.

Na lógica exposta, com o devido respeito às opiniões em contrário, parece tranquilo afirmar que a proporcionalidade em sentido estrito tem referência expressa no art. 6º da LGPD. De todo modo, mesmo os defensores da ideia segundo a qual a proporcionalidade em sentido estrito não tem referência expressa no art. 6º entendem que tal subcritério é aplicável em matéria de proteção de dados e não somente os juízos fáticos imanentes à adequação e à necessidade.[59]

Um tratamento pode ser adequado porém desnecessário, ou seja, nem todo tratamento desnecessário será inadequado. Por exemplo, é *adequado* tratar dados biométricos com o fim de controlar a segurança da entrada e saída do estabelecimento empresarial. Contudo, o tratamento é *desnecessário*, pois esse controle pode ser feito de outra forma menos invasiva e restritiva aos dados do titular, porém igualmente idônea ou eficaz, sobretudo levando em consideração a qualidade de tais dados, que são sensíveis (art. 5º, II, da LGPD).

Sobre o princípio e em obra específica sobre os reflexos da LGPD nas relações de trabalho, assim leciona o Professor Guilherme Guimarães Feliciano, da Universidade de São Paulo:

> Ao elemento ou subprincípio da *necessidade*, por sua vez, atribui-se também a denominação de *intervenção mínima* ou *subsidiariedade*. É um elemento que serve para otimizar os direitos e liberdades fundamentais da pessoa, abonando o máximo grau de eficácia desses direitos e liberdades frente às limitações/restrições que acaso lhe possam ser impostas por outrem. Induz a uma *seleção depurativa*: obriga os sujeitos intervenientes a confrontarem as várias medidas restritivas em tese aplicáveis e suficientemente idôneas para a satisfação do fim perseguido (= adequadas), para elegerem, a partir desse cotejo, aquela que seja a *menos lesiva* ou *invasiva* para aqueles direitos e liberdades. Coincide, pois, com a própria ideia de proibição de excesso (*"Übermaßverbot"*), a que nos reportamos *supra*. E está igualmente presente na LGPD, em seu art. 6º, III: o tratamento de dados deve se ater ao *mínimo necessário* para a realização das respectivas fina-

59 O Professor Guilherme Guimarães Feliciano, embora defenda a plena aplicação do juízo de proporcionalidade em sentido estrito nas questões sobre proteção de dados, afirma – contrariamente ao entendimento manifestado neste trabalho – que, "No que diz respeito à nossa LGPD, o analista atento observará que a proporcionalidade em sentido estrito, placidamente reconhecida pela dogmática alemã (*Grundsatz der Proportionalität* ou *Grundsatz des Angemessenheits*), não tem referência expressa no respectivo art. 6º. Há, com efeito, essa aparente 'omissão'" (FELICIANO, Guilherme Guimarães. *Proteção de dados e os impactos nas relações de trabalho*, cit.). Com a devida vênia ao entendimento manifestado pelo respeitado autor e professor, é mais correta a visão de que o princípio da proporcionalidade, assim como seus subcritérios, foram todos expressamente previstos na LGPD. Seja como for, é preciso destacar que o Professor G. G. Feliciano entende perfeitamente aplicável em matéria de proteção de dados não somente os juízos fáticos imanentes à proporcionalidade – adequação e necessidade (em relação à finalidade) –, mas também o da proporcionalidade em sentido estrito.

lidades, "*com abrangência dos dados pertinentes, proporcionais e não excessivos em relação às finalidades do tratamento de dados*".[60]

Feitas essas considerações teóricas, é fácil pensar em diversos exemplos práticos de desrespeito ao princípio da proporcionalidade em casos de discriminação algorítmica cuja gênese está exatamente no tratamento indevido de dados. A título ilustrativo, imaginem-se as seguintes situações concretas, reais e que comumente se verificam no cotidiano das relações laborais a partir do uso de sistemas de IA que adotam decisões automatizadas:

Caso 1: a empresa Americanas S/A, por meio do *software* do recrutamento da Pandapé, o Infojobs, exige, obrigatoriamente e já na *mera etapa de* ***candidatura*** à vaga de operador de vendas, informações pessoais (dados) totalmente desproporcionais, tais como, apenas para citar alguns: data de nascimento, estado civil, sexo, existência de filhos, endereço, redes sociais, fotografia.[61]

A exemplo das Americanas S/A, diversas outras grandes empresas do Brasil e outras de caráter multinacional utilizam o *software* de recrutamento da Pandapé para, por meio de ferramentas de IA, tomar decisões automatizadas para seleção de candidatos ao emprego. Como o *software* é padronizado, todas as demais empresas que utilizam a IA também exigem, há muito tempo e sem que os órgãos oficiais tomem qualquer providência, inúmeros dados desproporcionais, em flagrante desrespeito à LGPD.

Como facilmente se nota, a um só tempo a atividade de tratamento realizada pela Pandapé e por todas as empresas que utilizam o *software* de recrutamento daquela é desnecessária, inadequada e desproporcional. O que mais assusta é a circunstância de que tal prática, além de manifestamente pública, é notoriamente abusiva e nociva aos direitos fundamentais dos trabalhadores, e conta com a cegueira deliberada dos órgãos responsáveis pela tutela coletiva dos trabalhadores.

Todos esses dados – repita-se desnecessários, inadequados e desproporcionais – são inseridos (*inputs*) no sistema, em seguida são processados "lidos" pelas ferramentas de IA da empresa fornecedora, por algoritmos inescrutáveis que utilizam critérios obscuros de pontuação e classificação para, ao final, produzir decisões automatizadas (*outputs*), com grande potencial discriminatório.

Caso 2: plataformas digitais de trabalho do tipo *work on demand* via *apps* se valem das ferramentas de IA para oferecer e pagar aos trabalhadores salários diferentes pelo mesmo tipo de tarefa, causando uma fissura na igualdade sala-

60 FELICIANO, Guilherme Guimarães. *Proteção de dados e os impactos nas relações de trabalho*, cit.

61 PANDAPÉ. Avaliação de desempenho. Disponível em: https://www.pandape.com/br/blog/avaliacao-de-desempenho/. Acesso em: 25 out. 2023.

rial e nos patamares justos de retribuição. São os chamados "salários personalizados, dinâmicos ou randômicos". Tal possibilidade somente é possível em razão da quantidade exorbitante e desproporcional de informações que as empresas detêm a respeito dos candidatos e trabalhadores graças ao chamado capitalismo informacional de vigilância. A empresa coleta dados individualizados sobre os trabalhadores e usa esses dados para determinar a renda por meio de algoritmos, com base em uma atribuição personalizada de valores e tarefas. Juntos, esses sistemas são usados para controlar sub-repticiamente o comportamento do trabalhador desde o momento da oferta da vaga até durante a execução do trabalho.

Princípio do livre acesso ou acessibilidade informacional: garantia de consulta e acesso qualificado aos dados e a seu respectivo tratamento

O princípio do livre acesso deve ser estudado e compreendido a partir da interpretação sistemática, principalmente, dos seguintes dispositivos da LGPD: arts. 6º, IV, 9º, 18, 19 e 20.[62]

Nos termos do art. 6º, IV, da LGPD, a atividade de tratamento deverá observar o princípio do livre acesso, que estabelece a "garantia, aos titulares, de consulta *facilitada* e *gratuita* sobre a *forma* e a *duração* do tratamento, bem como sobre a *integralidade* de seus dados pessoais" (grifos nossos). O livre acesso reflete a necessidade de assegurar que os titulares de dados contem com meios efetivos para entender como suas informações pessoais são coletadas, processadas, armazenadas e, enfim, tratadas.

O princípio do livre acesso é encontrado também no art. 9º da LGPD, ao prever que

> O titular tem direito ao acesso *facilitado* às informações sobre o tratamento de seus dados, que deverão ser disponibilizados de *forma clara*, *adequada* e *ostensiva* acerca de, entre outras características previstas em regulamentação para o atendimento do princípio do livre acesso: I – finalidade específica do tratamento; II – forma e duração do tratamento, observados os segredos comercial e industrial; III – identificação do controlador; IV – informações de contato do controlador; V – informações acerca do uso compartilhado de dados pelo controlador e a finalidade; VI – responsabilidades dos agentes que reali-

62 O art. 20 da LGPD, que trata de decisões automatizadas por meio de sistemas de inteligência artificial, também contempla aspectos relacionados ao livre acesso. Contudo, em razão de sua importância para o objeto central deste estudo, será analisado em apartado no item "Aplicação da LGPD às relações trabalhistas, inclusive no tocante ao uso de IA", *infra*.

> zarão o tratamento; e VII – direitos do titular, com menção explícita aos direitos contidos no art. 18 desta Lei (grifos nossos).

Ainda, o art. 40 da LGPD também faz referência ao princípio do livre acesso ao estatuir que "A autoridade nacional poderá dispor sobre padrões de interoperabilidade para fins de portabilidade, *livre acesso* aos dados e segurança, assim como sobre o tempo de guarda dos registros, tendo em vista especialmente a necessidade e a transparência" (grifos nossos).

Por fim, o princípio do livre acesso encontra manifestações nos arts. 18 e 19 da LGPD, mais adiante analisados. O primeiro prevê que o titular dos dados pessoais tem direito a obter do controlador, em relação aos dados do titular por ele tratados, a qualquer momento e mediante requisição, a confirmação da existência de tratamento; o acesso aos dados; a correção de dados incompletos, inexatos ou desatualizados; a anonimização, bloqueio ou eliminação de dados desnecessários, excessivos ou tratados em desconformidade com o disposto na LGPD, dentre outras informações. O segundo estabelece que a confirmação de existência ou o acesso a dados pessoais serão providenciados, mediante requisição do titular em formato simplificado e imediatamente; ou por meio de declaração clara e completa, que indique a origem dos dados, a inexistência de registro, os critérios utilizados e a finalidade do tratamento, observados os segredos comercial e industrial, fornecida no prazo de até 15 dias, contado da data do requerimento do titular.

A análise dos dispositivos acima permite concluir que, em sua essência normativa, o princípio do livre acesso tem duas facetas: a) aspecto *formal* ou *procedimental*; b) aspecto *substancial*. Incialmente, convém analisar essa dimensão formal ou procedimental do princípio do livre acesso.

Formalmente, o princípio do livre acesso impõe que a consulta seja *facilitada* e *gratuita* e faculte o acesso do titular à *forma e* à *duração* do tratamento, bem como à *integralidade* de seus dados pessoais. Do ponto de vista formal, a garantia de livre acesso contemplada pelo princípio se desdobra em consulta *facilitada* e *gratuita* sobre a *forma* e a *duração* do tratamento, bem como sobre a *integralidade* de seus dados pessoais. O art. 6º, IV, da LGPD, se analisado isoladamente, prevê apenas o aspecto formal do livre acesso.

Consulta *facilitada* é aquela na qual não há barreiras burocráticas para o exercício do direito. Por exemplo, é facilitada a consulta na qual o controlador dos dados fornece dados de usuário e senha para que o titular dos dados possa acessar um sistema fornecido pelo controlador e compreender, sem complicações e com clareza, a *forma (modo, maneira, lugar etc.)* e o *tempo (duração)* em que seus dados são tratados. Por outro lado, não é facilitada a consulta que impõe ao titular dos dados uma verdadeira via-crúcis para poder efetivamente exercer o seu direito. Basta imaginar um sistema que viabilize o acesso por meio de *chatbots* que fazem inúmeras perguntas ao titular dos dados como condição prévia de acesso.

Além disso, a consulta deve ser *gratuita*, sem a cobrança de qualquer taxa ou ônus atribuível ao titular dos dados. Porém, o que é gratuito é a consulta. Se o titular dos dados optar por receber uma cópia impressa dos dados, por exemplo, não parece incorreto que o controlador condicione as cópias a uma contrapartida financeira não excessiva e sem qualquer intuito lucrativo.

De igual maneira, a consulta pode se dar não somente em relação à forma e à duração do tratamento, mas também quanto à *integralidade* dos dados pessoais do titular. A integralidade dos dados é um conceito que se refere à *precisão* ou *exatidão*, *completude*, *consistência* e *confiabilidade* das informações tratadas. Em outras palavras, os dados devem ser *íntegros* (*corretos*, *precisos*) e *integrais* (*completos*). Assim, mantêm-se sua *exatidão* e *completude* ao longo do tempo, desde o início do tratamento até o seu término. Dados *precisos* são dados corretos, exatos ou verdadeiros e que refletem com precisão a realidade que estão destinados a descrever. Por exemplo, se um banco de dados contém a idade de uma pessoa como 25 anos, essa informação é precisa se a pessoa realmente tiver 25 anos.

A ideia de integralidade também remete à necessidade de *completude* dos dados. Os dados também devem ser *completos*, ou seja, sem que falte qualquer informação relevante que possa deturpar sua interpretação dentro de determinado contexto. Por exemplo, imagine que um banco de dados contenha a informação de que determinada trabalhadora está com a produtividade abaixo da média mensal dos últimos 12 meses. Contudo, não há a informação de que, no período, a trabalhadora esteve gestante e se afastou para o gozo de licença-maternidade. Resta óbvio que a incompletude dos dados pode causar sérios danos em caso de eventual processamento de dados, especialmente por meio de ferramentas de inteligência artificial, uma vez que as decisões automatizadas são tomadas com base em critérios que levam em consideração certos padrões.

Por sua vez, dados *consistentes* referem-se à uniformidade e congruência dos dados ao longo do tempo e em diferentes partes de um sistema, ou seja, eles não devem conter contradições ou discrepâncias. Por exemplo, suponha-se que o banco de dados contenha informações sobre os trabalhadores, incluindo seus nomes. Para garantir a consistência, é importante que a formatação dos nomes seja uniforme em todo o sistema. Se algumas entradas seguem a convenção "Nome, Sobrenome" e outras "Sobrenome, Nome", isso pode levar a inconsistências na manipulação e na apresentação dos dados.

Por fim, dados *confiáveis* são dados em que se pode confiar para serem precisos e consistentes, sem risco significativo de erro ou manipulação indevida. Geralmente a análise da confiabilidade dos dados requer a investigação das fontes dos dados, de sua diversidade e representatividade etc.

A leitura do inciso IV do art. 6º permite inferir, em primeiro lugar, que a **consulta** deve ser *facilitada* e *gratuita*. Em segundo lugar, que tal consulta deve franquear ao titular o **acesso** à *forma e* à *duração* do tratamento, bem como à *integralidade* dos dados. Esse dispositivo deve ser lido em conjunto com o art. 9º da LGPD, que também contempla aspectos formais do princípio do livre acesso. Nos termos do art. 9º, o acesso deve ser *facilitado*, tal qual previsto no art. 6º, IV. Mas o dispositivo vai mais além ao determinar que as informações devem ser disponibilizadas de forma *clara, adequada e ostensiva*.

A *clareza* indica que a maneira pela qual as informações são prestadas não deve gerar dúvidas de apreciação no titular dos dados quanto ao tipo de informação disponibilizada, considerados os parâmetros do homem médio. É dizer, o titular dos dados deve ser capaz de identificar que as informações prestadas são exatamente as informações sobre o tratamento de seus dados.

A *adequação* reflete que as informações devem ser prestadas de forma inteligível e compreensível sob a ótica do titular dos dados. Por exemplo, não é adequada uma informação prestada por meio de códigos ou em linguagem incompreensível para o titular dos dados. Por outro lado, são adequadas – e até mais do que adequadas – informações acompanhadas de legendas, figuras ilustrativas, vídeos educacionais etc.

Por fim, as informações devem ser disponibilizadas de forma *ostensiva*. O termo *ostensivo* refere-se a algo que é evidente, facilmente visível, perceptível ou notório. Quando uma informação é prestada de maneira ostensiva, significa que é facilmente perceptível. O objetivo da norma é permitir que a informação prestada chame a atenção do titular dos dados, de modo a ser reconhecida por ele de maneira direta.

Quanto ao aspecto substancial ou de conteúdo, o princípio do livre acesso somente será atendido se as informações prestadas contemplarem as características do tratamento elencadas nos incisos do art. 9º da LGPD, quais sejam, finalidade específica do tratamento; forma e duração do tratamento, observados os segredos comercial e industrial; identificação do controlador; informações de contato do controlador; informações acerca do uso compartilhado de dados pelo controlador e da finalidade; responsabilidades dos agentes que realizarão o tratamento; e direitos do titular, com menção explícita aos direitos contidos no art. 18.

A concretização fática da garantia de livre acesso assegurada pelo princípio pode ser exercida *a qualquer momento* e *mediante requisição*, nos termos do art. 18 da LGPD. Outrossim, o art. 19 prevê que a *confirmação de existência* ou o *acesso aos dados pessoais* serão providenciados, mediante requisição do titular, em formato simplificado e imediatamente; ou por meio de declaração *clara* e *completa*, que indique a *origem dos dados*, a *inexistência de registro*, os *critérios utilizados* e a *finalidade do tratamento*, observados os segredos comercial e industrial, fornecida no prazo de até 15 dias, contado da data do requerimento do titular.

Interessante notar que, nos termos da LGPD, os dados pessoais devem ser armazenados em formato que favoreça o exercício do direito de acesso (art. 19, § 1º). Ainda, que as informações e os dados poderão ser fornecidos, a critério do titular, por meio eletrônico, seguro e idôneo para esse fim; ou sob a forma impressa (art. 19, § 2º). Por fim, quando o tratamento tiver origem no consentimento do titular ou em contrato, o titular poderá solicitar cópia eletrônica integral de seus dados pessoais, observados os segredos comercial e industrial, nos termos de regulamentação da autoridade nacional, em formato que permita sua utilização subsequente, inclusive em outras operações de tratamento (art. 19, § 3º).

Princípio da qualidade dos dados: garantia de exatidão, clareza, relevância e atualização dos dados em relação às necessidades e às finalidades do tratamento

O princípio da qualidade dos dados está assentado no inciso V do art. 6º da LGPD e normatiza a "garantia, aos titulares, de exatidão, clareza, relevância e atualização dos dados, de acordo com a necessidade e para o cumprimento da finalidade de seu tratamento". A interpretação do dispositivo exige o enfrentamento do sentido e alcance das expressões elementares do núcleo principiológico em comento, quais sejam, *exatidão, clareza, relevância* e *atualização* dos dados. As quatro expressões mencionadas são fundamentais para o princípio da qualidade dos dados, e sua compreensão é necessária. Tal exame, é importante dizer, deve ser feito em dependência textual semântica com a segunda parte do dispositivo, ou seja, de acordo "com a necessidade e para o cumprimento da finalidade de seu tratamento".

Exatidão é quase um requisito objetivo aferível. Os dados tratados devem ser corretos, exatos, precisos, escorreitos. A exatidão como requisito de qualidade dos dados tem íntima relação com o princípio do livre acesso previsto no art. 6º, V, da LGPD, pelo qual se garante ao titular a consulta facilitada e gratuita à *integralidade* de seus dados pessoais.

No item "Princípio do livre acesso ou acessibilidade informacional: garantia de consulta e acesso qualificado aos dados e ao seu respectivo tratamento" foi explicado que a *integralidade* dos dados é um conceito que se refere à *precisão* ou *exatidão, completude, consistência* e *confiabilidade* das informações tratadas. Em outras palavras, os dados devem ser *íntegros* (*corretos, precisos, exatos*) e *integrais* (*completos*). Como se nota, a exatidão é um requisito componente da integralidade. Por isso, melhor seria que o legislador, ao tratar da qualidade dos dados, usasse a expressão "integralidade" dos dados em vez de "exatidão" dos dados, na medida em que a primeira é mais abrangente do que a segunda.

Seja como for, como a interpretação deve ser sistemática e buscar a máxima efetividade dos direitos fundamentais, é correto afirmar que o princípio da qualidade dos dados garante não só a exatidão dos dados, mas também sua integralidade. Desse modo, pelo princípio da qualidade dos dados há uma garantia de exatidão – os dados devem ser verdadeiros, íntegros, corretos etc. –, bem como uma garantia de completude – os dados devem ser integrais ou completos. Em ambos os casos, há o direito de correção de dados *incompletos*, *inexatos* ou *desatualizados* (art. 18, III, da LGPD).

O princípio da qualidade dos dados também garante a *clareza* dos dados. Dados claros são dados inteligíveis, compreensíveis e interpretáveis. Dados ambíguos ou contraditórios não são toleráveis. Os dados devem ser apresentados de maneira que o titular consiga entendê-los facilmente.

Outrossim, garante-se a *relevância* dos dados de acordo com a necessidade e para o cumprimento da finalidade de seu tratamento. No contexto da LGPD, dados irrelevantes ou impertinentes podem ser de duas espécies: a) dados *desnecessários*; b) dados *inúteis* ou *irrelevantes*. Dados *desnecessários* são os que, embora possam fomentar a consecução da finalidade pretendida, são excessivos, seja do ponto de vista numérico ou quantitativo, seja do ponto de vista qualitativo. Logo, se os dados são desnecessários, há violação tanto do princípio da necessidade como do princípio da qualidade dos dados. Por sua vez, dados *inúteis* ou *irrelevantes* são aqueles impertinentes, pois em nada contribuem para fomentar o cumprimento da finalidade informada. Dados irrelevantes para a finalidade específica não devem ser coletados.

Por fim, de acordo com o princípio da qualidade dos dados, a LGPD impõe a necessidade de que estes sejam atualizados. A obsolescência dos dados pode causar sérios prejuízos aos titulares. A utilização de dados desatualizados em sistemas de IA pode acarretar vários riscos e impactos negativos no desempenho e na confiabilidade do sistema. Primeiro no tocante a decisões com baixa acurácia ou errôneas. Dados desatualizados podem não refletir as condições ou contextos mais recentes, levando a decisões inadequadas ou incorretas por parte do sistema de IA. Isso é especialmente crítico em casos em que a precisão das decisões é crucial. Em segundo lugar, pode surgir o chamado "viés temporal", pois, se os dados desatualizados refletirem condições passadas que não são mais representativas do ambiente atual, o sistema pode aprender padrões que não são mais válidos. Isso pode introduzir viés temporal e resultar em previsões ou recomendações inadequadas.

A desatualização dos dados é prejudicial até mesmo para os próprios controladores, na medida em que afeta a capacidade de competitividade. Em ambientes que evoluem rapidamente, como mercados comerciais, o uso de dados desatualizados pode resultar em estratégias obsoletas. Igualmente, dados desatualizados podem limitar a capacidade do sistema de IA de se adaptar a mudanças repentinas no ambiente. A falta de adaptabilidade pode prejudicar a eficácia do sistema em cenários dinâmicos.

De acordo com as ideias expostas, se um sistema de IA não for atualizado regularmente com novos dados relevantes, seu desempenho pode se deteriorar à medida que as condições do mundo real evoluem. Isso porque não há dúvidas de que os vieses também "entram" por meio dos dados. Por exemplo, a introdução de dados limitados ou mal selecionados, favorecendo alguns dados e critérios; dados incompletos, desatualizados ou incorretos, gerados pela coleta pouco rigorosa ou imprecisa; dados que não representam a população ou grupo, obtidos pela aplicação do viés de seleção, podendo favorecer alguns grupos; dados que refletem resultados passados, que podem ser discriminatórios e perpetuar vieses de forma não intencional.[63]

Em apertada síntese, a conformidade ao princípio da qualidade dos dados demanda a observância dos seguintes pressupostos, sempre investigados de acordo com a *necessidade* e para o cumprimento da *finalidade* de seu tratamento: a) *integralidade dos dados*, nas acepções de a.1) *exatidão* (veracidade, integridade, exatidão) e a.2) *completude*; b) *clareza*, no sentido de inteligibilidade, compreensibilidade e interpretabilidade; c) *relevância* ou *pertinência*, de modo que os dados devem ser c.1) *necessários* e c.2) *úteis* ou *relevantes*; e, por fim, d) *atualização* ou *contemporaneidade* dos dados.

Princípio da transparência: uma metagarantia ou um cluster right

O princípio da transparência consubstancia-se na "garantia, aos titulares, de informações claras, precisas e facilmente acessíveis sobre a realização do tratamento e os respectivos agentes de tratamento, observados os segredos comercial e industrial" (art. 6º, VI, da LGPD). Em se tratando de proteção de dados e inteligência artificial, esse é um verdadeiro princípio condicionador para verificação de conformidade do tratamento à maioria dos demais princípios. A transparência, não há como negar, é uma condição *sine qua non* sem a qual se torna muito difícil a análise da observância da maioria dos demais princípios, cuja verificação é dependente do primeiro. Trata-se, assim, de uma *metagarantia* ou um *cluster right*. Estes são direitos que englobam outros direitos, ou seja, um feixe de direitos, a exemplo do que ocorre com os direitos fundamentais à vida, à liberdade e à propriedade. É um agregado jurídico-molecular de natureza *complexa* e *multifacetária*. Sobre a abordagem mais aprofundada quanto à natureza da transparência, remete-se ao Capítulo 6, *infra*.

---

63 PROGRAMARIA. Algoritmos de inteligência artificial (IA) e vieses: uma reflexão sobre ética e justiça, 2020.

Advirta-se que o enfoque da análise do princípio da transparência neste tópico diz respeito exclusivamente a um dos aspectos dos sistemas de IA, qual seja, o *tratamento de dados*. O enfrentamento do princípio da transparência quanto aos demais elementos dos sistemas de IA – algoritmos, por exemplo – será feito no Capítulo 6. A própria redação do dispositivo delimita esse princípio ao contexto específico de tratamento de dados, ao referir que a *garantia de informações* diz respeito apenas à realização *do tratamento* e aos respectivos agentes *de tratamento*.

Fato é que em muitas situações a ausência de transparência representa óbice intransponível para a adequada investigação dos princípios da adequação, da necessidade e da proporcionalidade em sentido estrito. De igual modo, a depender das circunstâncias, a falta de transparência representa sério entrave à investigação da ocorrência de desvio de finalidade. Outrossim, nos tratamentos automatizados de dados por IA, sem transparência é praticamente impossível a verificação de aspectos discriminatórios. Além disso, a transparência é elemento integrante de muitas outras garantias e direitos previstos na LGPD, tais como o livre acesso e a prestação de contas.

A redação do dispositivo, ao prever que a transparência é a "garantia de informações claras, precisas e facilmente acessíveis sobre a realização do tratamento e os respectivos agentes de tratamento", revela que tal garantia é exercitada pelo titular dos dados exatamente pelo exercício dos direitos ao livre acesso e à qualidade dos dados. É fácil notar que os adjetivos "claras" e "precisas", ambas integrantes do conceito de transparência, também fazem parte do princípio da qualidade dos dados, ao mencionar a garantia de "exatidão" e "clareza" dos dados (art. 6º, V, da LGPD) e do princípio do livre acesso, ao mencionar "integralidade" (art. 6º, IV, da LGPD). Quanto a este último, vale ressaltar que integralidade dos dados contempla a ideia de precisão ou exatidão dos dados. Por derradeiro, a expressão "facilmente acessíveis" está igualmente assentada no princípio do livre acesso (art. 6º, IV, da LGPD), que prevê o direito à consulta "facilitada".

De acordo com o texto legal, a garantia de transparência se refere não só às informações sobre "a realização do tratamento", mas também sobre "os respectivos agentes de tratamento". O dispositivo é genérico e engloba todo e qualquer aspecto do tratamento dos dados. Em rol aberto, o art. 9º da LGPD lista alguns exemplos abarcados pela garantia de transparência: finalidade específica do tratamento; forma e duração do tratamento, observados os segredos comercial e industrial; identificação do controlador; informações de contato do controlador; informações acerca do uso compartilhado de dados pelo controlador e finalidade; responsabilidades dos agentes que realizarão o tratamento etc. Outros exemplos podem ser mencionados além do rol do art. 9º, tais como informações sobre os tipos ou espécies de dados tratados, se sensíveis ou não sensíveis; a quantidade de dados tratados, dentre outros.

É imperioso observar também que, tratando-se de tratamento automatizado de dados, ou seja, por intermédio de ferramentas de inteligência artificial, a garantia de transparência prevista no art. 6º, I, da LGPD deve ser interpretada em conjunto com o disposto no art. 20, § 1º, por se tratar de norma especial quanto ao tratamento automatizado de dados pessoais.[64]

Desde já, uma constatação se mostra salutar. O princípio da transparência muitas vezes irá colidir com a salvaguarda da tutela dos segredos comercial e industrial do controlador dos dados. A própria LGPD faz a ressalva na parte final do dispositivo em comento ao prescrever que a garantia de transparência deve "observar os segredos comercial e industrial". Porém, o art. 6º, VI, é uma norma *genérica* dentro da LGPD. Com isso, quer-se dizer que há situações específicas dentro dessa lei nas quais o próprio legislador já fez uma ponderação de valores e interesses e não excepcionou a transparência, ou seja, garantiu-a em sua inteireza.

Como se sabe, os direitos fundamentais – tal qual o é o direito à proteção de dados e seu elemento transparência – só podem ser restringidos em situações excepcionalíssimas. Em algumas situações, caberá ao intérprete essa tarefa. Em outras, o próprio legislador já realiza essa ponderação, sem que isso impeça o posterior escrutínio jurisdicional. No contexto da proteção de dados, a própria LGPD já previu taxativamente as hipóteses nas quais os segredos comercial e industrial devem ser respeitados e, inclusive, uma disposição expressa na qual eles podem ser afastados.

Nesse sentido, a LGPD contém disposições *especiais* em detrimento da *geral* prevista em seu art. 6º, VI, quais sejam: arts. 9º, I, 10, § 3º, 18, V, 19, II e § 3º, 20, § 1º, 38, *caput*, 48, III, e 55-J, II e X. Fora dessas hipóteses, não poderá o controlador dos dados invocar segredos comercial ou industrial em detrimento do princípio da transparência.

Por exemplo, com vistas a dar concretude ao princípio do livre acesso, o art. 9º lista, de forma exemplificativa, um rol de informações que o titular tem direito de acessar sobre o tratamento de seus dados, e, exclusivamente em relação à "forma e duração do tratamento", manda observar "os segredos comercial e industrial". Desse modo, é possível que o titular dos dados provoque o controlador para que este forneça informações sobre a procedência dos dados, a validade das fontes de dados, os esforços de mitigação de riscos, processos e decisões implementadas etc.

---

64 O princípio da transparência no contexto do tratamento automatizado de dados via ferramentas de IA, inclusive quanto ao conflito com o direito aos segredos comercial e industrial, será mais bem estudado no Capítulo 6.

Logo, não é em relação a toda e qualquer informação que a salvaguarda empresarial pode ser invocada. Com isso, pode-se dizer que, com exceção das hipóteses taxativamente previstas na LGPD, o princípio da transparência deve ser observado em sua plenitude e, ainda assim, não poderá ser invocado em casos de tratamento automatizado de dados em casos quando se faça necessária a verificação de aspectos discriminatórios.

Pelas razões apresentadas, com a vigência da LGPD, surgiu no Brasil o direito à motivação em casos de despedida baseada em dados. Por exemplo, se um trabalhador é despedido e a decisão sobre a ruptura contratual teve por motivo o tratamento de quaisquer de seus dados – por exemplo, baixa produtividade –, terá ele o direito de exigir da empresa informações claras, precisas e facilmente acessíveis sobre a realização do referido tratamento, *exceto* quanto à *forma* e *duração* do tratamento. Essa conclusão tem como suporte a interpretação sistemática do art. 6º, IV e VII, da LGPD em conjunto com o art. 9º, II.

Já se a despedida foi baseada em decisão tomada unicamente com base no tratamento automatizado de dados pessoais, o trabalhador também tem direito a obter informações claras, precisas e facilmente acessíveis sobre a realização do referido tratamento, *exceto* quanto a sua *forma* e *duração* (art. 9º, II, da LGPD) e também *exceto* quanto aos *critérios* e os *procedimentos* utilizados para a decisão automatizada (art. 20, § 1º, da LGPD). Contudo, se houver suspeitas ou indícios de conduta discriminatória, será possível à Autoridade Nacional de Proteção de Dados ou ao próprio Poder Judiciário realizar, respectivamente, auditoria ou perícia para verificação de aspectos discriminatórios em tratamento automatizado de dados pessoais, conforme expressamente autorizado pelo art. 20, § 2º, da LGPD.[65]

A doutrina sugere duas formas diferentes para abertura da caixa-preta: 1) a explicação *by design*: dado um conjunto de dados de registros de decisões de treinamento, como se propõe desenvolver o modelo de decisão de aprendizagem automática juntamente com sua explicação; e a 2) explicação *a posteriori*: diante dos registros de decisão produzidos por um modelo de decisão de caixa-preta inescrutável, reconstruir uma explicação para a decisão.[66]

Na explicação *by design* há uma abordagem de *design* de sistemas de IA que visa tornar os modelos mais transparentes e explicáveis desde o início do

65 Sobre a realização de perícia algorítmica, remete-se ao item "Prova pericial em algoritmos e por algoritmos", no Capítulo 4, *supra*. Sobre o princípio da transparência, a análise será retomada de forma mais esmiuçada e analítica no Capítulo 6, parte na qual será abordada sua incidência não somente em relação ao tratamento dos dados utilizados em IA, mas também em relação aos demais elementos das ferramentas de IA, sobretudo os algoritmos.

66 PEDRESCHI, Dino *et al.* Open the black box: data-driven explanation of black box decision systems, 2018, p. 4.

processo de desenvolvimento. Nessa abordagem, a explicabilidade e a interpretabilidade são consideradas parte integrante do *design* do sistema, em vez de serem adicionadas como uma reflexão posterior. Ao projetar a explicabilidade desde o início, as organizações podem melhorar a confiança dos usuários na IA e garantir que as decisões do modelo possam ser compreendidas e auditadas de maneira mais eficaz. Por exemplo, dado um modelo de IA que resolve um problema de classificação, o *output* é um resultado autoexplicável de forma clara e inteligível para humanos.[67]

Por sua vez, na explicação *a posteriori* a abordagem se concentra em explicar posteriormente o passo a passo utilizado pelo sistema para as tomadas de decisão, tornando seu comportamento mais transparente para os usuários. Desse modo, pode-se pensar na seguinte hipótese de explicação *a posteriori*: dado um modelo de IA que resolve um problema de classificação, o problema de explicação do resultado consiste em fornecer um resultado interpretável, ou seja, um método para fornecer uma explicação para o resultado apresentado. Em outras palavras, o modelo interpretável deve retornar a predição juntamente com uma explicação sobre as razões para essa predição.[68]

No exemplo do motorista de aplicativo anteriormente narrado, sabe-se que a ferramenta de decisão automatizada recebeu alguma informação (*input*), processou tal informação e, em seguida, descadastrou o motorista (*output*). Quando o motorista entra em contato com a plataforma, geralmente a empresa expõe e informa o *input*,[69] contudo não explica como referido dado de entrada foi sopesado pela IA para que ela chegasse ao resultado de descredenciamento. Assim, se a plataforma recebe um dado de entrada ou *input* como o de "identificação de incidente de segurança relacionado a uma viagem", o algoritmo irá processar essa informação e, de forma automatizada, tomará uma decisão. O problema é que o motorista não tem acesso ao modo como tal informação foi processada, muito menos aos critérios utilizados para a tomada da decisão final.

De todo modo, o *site* da plataforma Uber, assim como se dá em outras empresas de plataforma, contém uma página intitulada "transparência e revisão das desativações", na qual consta a informação de que "está disponível aos

---

67 GUIDOTTI, Riccardo *et al.* A survey of methods for explaining black box models, 2019.

68 GUIDOTTI, Riccardo *et al.* A survey of methods for explaining black box models, cit.

69 Por exemplo, a plataforma Uber indica em seu *site* alguns motivos de suspensão ou descredenciamento de motoristas, tais como meios inapropriados/atividades fraudulentas, perfil falso ou duplicado, assédio sexual ou moral, condutas discriminatórias contra passageiros, existência de apontamentos criminais, identificação de atividades fraudulentas relacionadas à conta do motorista parceiro, identificação de incidente de segurança relacionado a uma viagem, dentre outras (UBER. Transparência e revisão das desativações. Disponível em: https://www.uber.com/br/pt-br/drive/driver-app/deactivation-review. Acesso em: 24 jun. 2025).

motoristas parceiros a possibilidade de solicitar uma revisão da decisão da Uber de desativação de sua conta, se assim desejarem".[70] Para tanto, a plataforma disponibiliza ao motorista um "Portal de Pedidos de Revisão".

No caso de revisão de desativação por motivos ou relatos de usuários que envolvem situações relacionadas à segurança, a Uber informa que "processará as informações e poderá rever a decisão apenas mediante o compartilhamento de evidências objetivas solicitadas, como vídeos, gravações de áudio pelo aplicativo da Uber, decisões judiciais ou outras eventuais evidências que poderão ser requeridas durante o processo".

Mesmo diante da possibilidade de se pedir a revisão, surge um outro problema, consistente em saber a forma como essas novas informações serão processadas e como serão processadas. Trata-se de um problema porque o motorista tem direito à revisão humana da decisão automatizada. Além disso, a LGPD assegura direito à motivação ou à explicação em caso de despedida ou descredenciamento oriundo de decisão automatizada.[71]

Essencialmente, a explicação do processo de tomada de decisão automatizada permite a "interface" entre humanos e o tomador de decisão (sistema), que permitirá uma representação precisa do tomador de decisão de forma compreensível para os humanos.[72] Não basta que ela seja interpretável tecnicamente. De igual modo, não basta que ela seja explicável. É indispensável que haja a compreensibilidade do sistema pelos usuários, ou seja, a transparência deve ser tal que permita a legibilidade algorítmica, ou seja, sua compreensão pelo ser humano. O assunto será retomado com maior profundidade por ocasião do estudo do princípio da inteligência artificial explicável.

Por enquanto, torna-se necessário entender que uma explicação é uma representação compreensível de um modelo de decisão associado a um sistema, atuando como uma interconexão entre o modelo e o ser humano. Nesse sentido, "uma inteligência artificial explicável é aquela que produz detalhes ou razões que

---

70 Disponível em: https://www.uber.com/br/pt-br/drive/driver-app/deactivation-review/?-uclick_id=bce0841e-2d8d-42fe-8bb8-e9678f7a34c9. Acesso em: 24 jun. 2025.

71 Extrai-se do art. 20 da LGPD a possibilidade de o controlador tomar decisões unicamente com base no tratamento automatizado de dados pessoais, inclusive as destinadas a definir o perfil profissional do titular dos dados. Contudo, o controlador deverá fornecer, sempre que solicitadas, informações claras e adequadas a respeito dos critérios e dos procedimentos utilizados para a decisão automatizada, observados os segredos comercial e industrial. Trata-se da consagração do *direito à explicação*. Em caso de não oferecimento de informações por parte do empregador, a Autoridade Nacional de Proteção de Dados (ANPD) poderá realizar auditoria para verificação de aspectos discriminatórios em tratamento automatizado de dados pessoais.

72 GUIDOTTI, Riccardo *et al.* A survey of methods for explaining black box models, cit.

tornam seu funcionamento claro e fácil de compreender"[73] e deve ser centrada no usuário, levando em consideração seus objetivos, o contexto no qual se inserem, seus conhecimentos etc.[74] Isso permitirá que, por exemplo, os usuários da IA compreendam como o modelo tomou uma decisão sobre eles; as entidades reguladoras possam verificar a conformidade normativa das condutas; os desenvolvedores possam garantir e melhorar a eficiência e a confiabilidade.

A LGPD consagrou o princípio da transparência, que garante aos titulares o acesso a informações claras, precisas e facilmente acessíveis sobre a realização do tratamento e os respectivos agentes de tratamento, observados os segredos comercial e industrial. É inconteste que os segredos comercial e industrial não são direitos absolutos e devem ceder diante do direito à explicação do candidato ou empregado sobre a transparência do algoritmo. Na prática, caso o empregador deseje utilizar um mecanismo automatizado para contratação ou dispensa, deverá conceder ao empregado o direito à explicação. Em termos práticos, a LGPD consagra o *direito ao descredenciamento ou à despedida algorítmica motivada*, como corolário do princípio da transparência.

Ao regular o tema, o art. 20 da LGPD prevê que o titular dos dados tem direito a solicitar a revisão de decisões tomadas unicamente com base no tratamento automatizado de dados pessoais que afetem seus interesses, incluídas as decisões destinadas a definir seu perfil pessoal, profissional, de consumo e de crédito ou os aspectos de sua personalidade (art. 20, *caput*, da LGPD). O direito à explicação é consagrado expressamente no art. 20, § 1º, da LGPD, *verbis*: "O controlador deverá fornecer, sempre que solicitadas, informações claras e adequadas a respeito dos critérios e dos procedimentos utilizados para a decisão automatizada, observados os segredos comercial e industrial". Em caso de não oferecimento de informações de que trata o § 1º desse artigo, baseado na observância de segredo comercial e industrial, a autoridade nacional poderá realizar auditoria para verificação de aspectos discriminatórios em tratamento automatizado de dados pessoais (art. 20, § 2º, da LGPD).

A legislação europeia vai mais longe. O Considerando 57 da GDPR (Regulamento Geral sobre a Proteção de Dados) prevê que o titular dos dados deverá ter o direito de não ficar sujeito a uma decisão, que poderá incluir uma medida, que avalie aspectos pessoais que lhe digam respeito, que se baseie exclusivamente no tratamento automatizado e que produza efeitos jurídicos que lhe digam respeito ou o afetem significativamente de modo similar, como a recusa auto-

---

73 ARRIETA, Alejandro Barredo *et al.* Explainable Artificial Intelligence (XAI): concepts, taxonomies, opportunities and challenges toward responsible AI, 2019.

74 BRANDÃO, Rafael *et al.* Mediation challenges and socio-technical gaps for explainable deep learning applications, 2019.

mática de um pedido de crédito por via eletrônica ou práticas de recrutamento eletrônico sem qualquer intervenção humana.

Esse tratamento, segundo o mesmo considerando, inclui a definição de perfis mediante qualquer forma de tratamento automatizado de dados pessoais para avaliar aspectos pessoais relativos a uma pessoa singular, em especial a análise e previsão de aspectos relacionados com o desempenho profissional, a situação econômica, saúde, preferências ou interesses pessoais, fiabilidade ou comportamento, localização ou deslocações do titular dos dados, quando produza efeitos jurídicos que lhe digam respeito ou a afetem significativamente de forma similar.

No mesmo sentido, o artigo 22, item 1, da GDPR, ao tratar das decisões individuais automatizadas, incluindo definição de perfis, prevê expressamente que "o titular dos dados tem o direito de não ficar sujeito a nenhuma decisão tomada exclusivamente com base no tratamento automatizado, incluindo a definição de perfis, que produza efeitos na sua esfera jurídica ou que o afete significativamente de forma similar".

Contudo, essa regra não se aplica se a decisão for necessária para a celebração ou a execução de um contrato entre o titular dos dados e um responsável pelo tratamento, como se dá nos contratos de trabalho. Nesses casos, o empregador, que é o responsável pelo tratamento, deve aplicar medidas adequadas para salvaguardar os direitos e liberdades e os legítimos interesses do titular dos dados, designadamente o direito de, pelo menos, *obter intervenção humana por parte do responsável*, manifestar seu ponto de vista e *contestar a decisão* (art. 22, itens 2, *a*, e 3, da GDPR). Neste ponto, importante observar que, ao contrário da LGPD brasileira, a GDPR garantiu o direito à intervenção humana.

No entanto, ao contrário do que expressamente preveem outras legislações (GDPR, por exemplo), foi vetado dispositivo da LGPD que garantia expressamente o direito à revisão humana ou humanizada das decisões automatizadas. O texto tinha a seguinte redação: "Art. 20 [...] § 3º A revisão de que trata o *caput* deste artigo deverá ser realizada por pessoa natural, conforme previsto em regulamentação da autoridade nacional, que levará em consideração a natureza e o porte da entidade ou o volume de operações de tratamento de dados". As razões do veto foram:

> A propositura legislativa contraria o interesse público, tendo em vista que tal exigência inviabilizará os modelos atuais de planos de negócios, notadamente das *startups*, bem como impacta na análise de risco de crédito e novos modelos de negócios de instituições financeiras, gerando efeito negativo na oferta de crédito aos consumidores, tanto no que diz respeito à qualidade das garantias, ao volume de crédito contratado e à composição de preços, com reflexos nos índices de inflação e na condução da política monetária.

Em que pese a ausência de dispositivo garantindo expressamente o direito à revisão humana, nada impede que o Judiciário, no caso concreto, determine a revisão humana (por perito judicial, por exemplo) das decisões automatizadas, decisão que deverá ser fundamentada nos princípios da isonomia e da transparência. É certo que, nos termos do art. 7º, I, da CRFB/88, está dito que é direito dos trabalhadores urbanos e rurais, além de outros que visem à melhoria de sua condição social, relação de emprego protegida contra despedida arbitrária ou sem justa causa, nos termos de lei complementar, que preverá indenização compensatória, dentre outros direitos.

Em decorrência do disposto acima, pode-se argumentar que seria necessária a edição de lei complementar para garantia do direito à explicação. Mas o direito à explicação ou transparência do algoritmo não se confunde com proteção contra despedida arbitrária ou sem justa causa. Trata-se apenas de garantir o princípio da transparência, que, caso não seja observado, redundará em perdas e danos em favor do empregado despedido.

Princípio da segurança: dever geral de cautela – safety *e* security

Segundo o inciso VII do art. 6º da LGPD, o princípio da segurança compreende a "utilização de medidas técnicas e administrativas aptas a proteger os dados pessoais de acessos não autorizados e de situações acidentais ou ilícitas de destruição, perda, alteração, comunicação ou difusão". Em consonância com o inciso VII do art. 6º, a lei dedicou um capítulo ao assunto, intitulado "Da Segurança e das Boas Práticas", dentro do qual a Seção I trata "Da Segurança e do Sigilo de Dados", especificamente entre os arts. 46 e 49.

O princípio da segurança tem duas dimensões, a segurança física ou *safety* e a segurança não física ou *security*. Em relação à primeira, o uso de sistemas de IA pode introduzir novas ameaças à segurança física. A segurança física refere-se à expectativa de que um sistema não conduza, em condições definidas, a um estado em que a vida, a saúde, a propriedade ou o ambiente humano estejam em perigo. Por exemplo, o uso de sistemas de IA em veículos automatizados, dispositivos de fabricação e robôs pode introduzir riscos relacionados à segurança física. Convém que sejam consideradas normas específicas para domínios de aplicação específicos (p. ex., o projeto de máquinas, transportes, dispositivos médicos) para os sistemas de IA nestes domínios.

Já a segurança não física ou *security* consiste em vertente relacionada à gestão de riscos relacionados à segurança da informação. A norma ABNT NBR ISO/IEC 27005:2023 fornece diretrizes para a gestão de riscos de segurança da informação em uma organização e foi elaborada para facilitar uma implementação satisfatória de segurança da informação tendo como base uma abordagem de gestão de riscos. É altamente recomendável que as empresas sigam as normas técnicas, sob pena de tal omissão servir de critério relevante para caracterização de culpabilidade e fixação do *quantum* indenizatório.

Nos termos do art. 46, *caput*, da LGPD, os agentes de tratamento devem adotar medidas de segurança, técnicas e administrativas aptas a proteger os dados pessoais de acessos não autorizados e de situações acidentais ou ilícitas de destruição, perda, alteração, comunicação ou qualquer forma de tratamento inadequado ou ilícito.

A autoridade nacional poderá dispor sobre padrões técnicos mínimos para tornar aplicável o disposto no *caput* do art. 46, considerados *a natureza das informações tratadas, as características específicas do tratamento* e *o estado atual da tecnologia*, especialmente no caso de dados pessoais sensíveis, assim como os princípios previstos no *caput* do art. 6º da LGPD (art. 46, § 1º). As medidas previstas no *caput* do art. 46 deverão ser observadas desde a fase de concepção do produto ou do serviço até sua execução (art. 46, § 2º, da LGPD).

Importante considerar que as questões sobre segurança da informação deverão ser analisadas de acordo com o atual estado da técnica. O termo "estado da técnica" refere-se ao conhecimento e às práticas dominantes em uma área específica em determinado momento. Diz respeito, portanto, ao conjunto de conhecimentos, métodos e tecnologias mais avançados e amplamente reconhecidos em um campo específico em dado momento.

O estado da técnica é *dinâmico* e está em constante evolução à medida que novas descobertas são feitas, tecnologias emergem e práticas aprimoradas são adotadas. Desse modo, ao examinar medidas de segurança adotadas por uma empresa, o atual estado da técnica servirá de parâmetro avaliativo ao observador, que deverá levar em conta, além desse critério, a natureza das informações tratadas, as características específicas do tratamento e outros elementos relevantes para o caso concreto.

Quanto ao alcance da obrigatoriedade de adoção de medidas de segurança, o art. 47 dispõe que os agentes de tratamento ou *qualquer outra pessoa* que intervenha em uma das fases do tratamento obriga-se a garantir a segurança da informação prevista na LGPD em relação aos dados pessoais, *mesmo após o seu término*.

Como medida de gestão de incidentes, o art. 48 da LGPD determina que o controlador deverá comunicar à autoridade nacional e ao titular a ocorrência de incidente de segurança que possa acarretar risco ou dano relevante aos titulares. Tal comunicação deve ser feita em prazo razoável, conforme definido pela autoridade nacional, e deverá mencionar, no mínimo, a descrição da natureza dos dados pessoais afetados; as informações sobre os titulares envolvidos; a indicação das medidas técnicas e de segurança utilizadas para a proteção dos dados, observados os segredos comercial e industrial; os riscos relacionados ao incidente; os motivos da demora, no caso de a comunicação não ter sido imediata; e as medidas que foram ou que serão adotadas para reverter ou mitigar os efeitos do prejuízo (art. 48, § 1º, da LGPD).

Nesses casos, a autoridade nacional verificará a gravidade do incidente e poderá, caso necessário para a salvaguarda dos direitos dos titulares, determinar ao controlador a adoção de providências, tais como a ampla divulgação do fato em meios de comunicação; e a adoção de medidas para reverter ou mitigar os efeitos do incidente (art. 48, § 2º, da LGPD).

No juízo de gravidade do incidente, será avaliada eventual comprovação de que foram adotadas medidas técnicas adequadas que tornem os dados pessoais afetados ininteligíveis, no âmbito e nos limites técnicos de seus serviços, para terceiros não autorizados a acessá-los (art. 48, § 2º, da LGPD). Outrossim, nos termos do art. 49, os sistemas utilizados para o tratamento de dados pessoais devem ser estruturados de modo a atender aos requisitos de segurança, aos padrões de boas práticas e de governança e aos princípios gerais previstos nessa lei e às demais normas regulamentares.

Por sua vez, o art. 44 da LGPD expressamente prevê que o tratamento de dados pessoais será *irregular* quando *deixar de observar a legislação* ou quando *não fornecer a segurança que o titular dele pode esperar*, consideradas as circunstâncias relevantes, entre as quais o modo pelo qual é realizado; o resultado e os riscos que razoavelmente dele se esperam; as técnicas de tratamento de dados pessoais disponíveis à época em que foi realizado.

Ao deixar de adotar as medidas de segurança previstas no art. 46 da LGPD, o controlador ou o operador deverá responder pelos eventuais danos decorrentes da violação da segurança dos dados, na medida de sua concorrência para o fato.

Como exemplos de medidas de segurança da informação mais comuns, pode-se citar a criptografia de dados, a implementação de controles de acesso, atualizações nos *softwares*, monitoramento e detecção de anomalias, políticas de retenção e descarte seguros etc. Essas práticas representam uma boa ideia atual do estado da técnica em segurança da informação na proteção de dados, refletindo abordagens e tecnologias aceitáveis e disponíveis para garantir a confidencialidade, integridade e disponibilidade dos dados pessoais.

Por exemplo, a norma ABNT NBR ISO/IEC 23894:2023, sobre "Tecnologia da Informação – Inteligência Artificial – Orientações sobre gestão de riscos", contém regras técnicas sobre os princípios básicos a respeito de gestão de riscos especificamente no campo da inteligência artificial e indica uma estrutura de gestão de riscos e seus respectivos processos. Em resumo, a norma tem por escopo fornecer orientações sobre como as organizações que desenvolvem, produzem, implantam ou usam produtos, sistemas e serviços que utilizam inteligência artificial podem gerenciar riscos especificamente relacionados à IA. As orientações também visam ajudar as organizações a integrar a gestão de riscos em suas atividades e funções relacionadas à IA. Além disso, descreve processos para a implementação e integração eficazes da gestão de riscos em IA.[75]

Também no âmbito das normas técnicas, pode ser mencionada a ABNT NBR ISSO/IEC 27005:2023, sobre "Segurança da informação, segurança cibernética e proteção à privacidade – Orientações para gestão de riscos de segurança da informação".[76] A norma fornece orientações para ajudar as organizações a cumprir os requisitos em relação às ações para abordar riscos de segurança da informação; realizar atividades de gestão de riscos de segurança da informação, especificamente avaliação e tratamento de riscos de segurança da informação.[77]

Princípio da prevenção ou da anterioridade das medidas impeditivas de lesões e princípio da precaução ou da prontidão tecnológica

O princípio da prevenção ou da anterioridade das medidas impeditivas de lesões determina a "adoção de medidas para prevenir a ocorrência de danos em virtude do tratamento de dados pessoais" (art. 6º, VIII, da LGPD). A ideia central é de antecipação proativa de medidas impeditivas de lesões por parte dos controladores e operadores, pois, uma vez que se sabe que a atividade de tratamento de dados apresenta riscos aos direitos fundamentais, tal atividade não poderá ser desenvolvida sem as devidas cautelas e medidas antecipatórias capazes de impedir eficazmente possíveis lesões.

Desse modo, os agentes de tratamento devem analisar os riscos e, em seguida, desenvolver medidas, estratégias e executar as ações necessárias para evitar consequências danosas oriundas de suas atividades de tratamento de dados, cujo potencial danoso é presumido. Devem, assim, antecipar-se ao dano, evitando-o.

Tais medidas preventivas podem ser das mais variadas naturezas, tais como da natureza administrativa, técnica, segurança, jurídica, governamental etc. Seja como for, o art. 37 da LGPD prevê a obrigatoriedade de um importante

---

75 ASSOCIAÇÃO BRASILEIRA DE NORMAS TÉCNICAS. *ABNT NBR ISO/IEC 23894:2023*. Tecnologia da Informação – Inteligência Artificial – Orientações sobre gestão de riscos. 2023.

76 ASSOCIAÇÃO BRASILEIRA DE NORMAS TÉCNICAS. *ABNT NBR ISO/IEC 27005:2023*. Segurança da Informação, segurança cibernética e proteção à privacidade – Orientações para gestão de riscos de segurança da informação. 2023.

77 Há outras normas técnicas sobre o assunto. Para conferir as principais normas técnicas que devem servir de norte orientativo para o cumprimento dos princípios da segurança, prevenção e precaução no tocante ao tratamento de dados e uso de sistemas de IA, remete-se ao tópico seguinte. É indispensável aos advogados e advogadas o conhecimento, ainda que mínimo, de tais normas, sobretudo para que bem elaborem quesitos em caso de necessidade de prova pericial.

mecanismo preventivo. Trata-se do Registro de Operações de Tratamento ou ROPA. Nos termos do mencionado artigo, "O controlador e o operador devem manter registro das operações de tratamento de dados pessoais que realizarem, especialmente quando baseado no legítimo interesse".

Outra medida de especial relevo e com forte caráter preventivo é o RIPT ou Relatório de Impacto de Tratamento de Dados. Ao contrário do *registro das operações de tratamento*, o RIPT não tem natureza obrigatória *ope legis*, pois o art. 38 da LGPD estabelece que a autoridade nacional *poderá* determinar ao controlador que elabore *relatório de impacto à proteção de dados pessoais*, inclusive de dados sensíveis, referente a suas operações de tratamento de dados, nos termos de regulamento, observados os segredos comercial e industrial.

Em caso de determinação pela ANPD, o relatório deverá conter, no mínimo, a descrição dos tipos de dados coletados, a metodologia utilizada para a coleta e para a garantia da segurança das informações e a análise do controlador com relação a medidas, salvaguardas e mecanismos de mitigação de risco adotados.

A propósito, nos termos do art. 55-J, XIII, da LGPD, compete à ANPD editar regulamentos e procedimentos sobre proteção de dados pessoais e privacidade, bem como sobre *relatórios de impacto à proteção de dados pessoais* para os casos em que o tratamento representar **alto risco** à garantia dos princípios gerais de proteção de dados pessoais previstos nessa lei. É justamente o caso do tratamento de dados nas relações de trabalho. Contudo, em flagrante postura omissiva e violação ao princípio da não proteção deficiente, a ANPD não editou nenhum regulamento ou procedimento sobre a obrigatoriedade do RIPT nas relações de trabalho.

Embora não previsto expressamente na LGPD, é salutar entender que também se aplica às atividades de tratamento de dados o *princípio da precaução*, que, especificamente aplicado à proteção de dados envolvendo novas tecnologias, é chamado de *princípio da prontidão tecnológica*, pelo qual se impõe aos agentes de tratamento o desenvolvimento de uma política de gestão de risco a ser aplicada sempre que existirem incertezas científicas sobre a possibilidade de um método, uma técnica ou uma ferramenta de tratamento causarem danos aos titulares dos dados. Trata-se da proibição ou não adoção, *a priori*, de medidas ou protocolos a respeito dos quais haja dúvida sobre impactos adversos ao direito à proteção de dados, sobretudo quando não se pode sequer conhecer os riscos.

A prontidão tecnológica indica quão madura uma tecnologia está em determinado contexto de aplicação. Tecnologias menos maduras usadas no desenvolvimento e aplicação de sistemas de IA podem impor riscos que são desconhecidos para a organização ou que são difíceis de avaliar. Para tecnologias maduras, uma maior variedade de dados de experiência pode estar disponível, tornando os riscos mais fáceis de serem identificados e avaliados.[78]

O Supremo Tribunal Federal entende que "em matéria de proteção à vida, à saúde e ao meio ambiente, é legítima e exigível a observância dos princípios da prevenção e da precaução".[79] Com o avanço das novas tecnologias e a partir da ideia de constitucionalismo digital, é acertado dizer que tais princípios aplicam-se também nas situações envolvendo a defesa dos direitos fundamentais no contexto informacional. Por exemplo, a adoção de uma ferramenta de IA sem a demonstração prévia de sua eficácia e segurança pode violar os princípios da precaução e da prevenção, se se mostrar insuficiente o instrumento para a integral proteção dos dados e dos direitos humanos dos trabalhadores.

Pelas razões apresentadas, espera-se que os agentes de tratamento despertem nos titulares uma legítima confiança. Por isso, ao tratarem dados, especialmente nas situações de alto risco, é recomendável que incorporem a suas práticas opiniões de especialistas; normas e critérios científicos e técnicos aplicáveis à matéria, tais como as normas ISO para tratamento de dados; observância dos princípios da precaução e da prevenção, sob pena de tal descaso influenciar nos critérios de quantificação de reparações em casos de danos. Vale ressaltar, como já feito no tópico anterior, que na análise de casos concretos é indispensável e fundamental que as partes, advogados, magistrados, dentre outros, analisem se a organização, no mínimo, segue as normas técnicas recomendadas, sob pena de negligência.

A título ilustrativo, as principais normas técnicas que devem servir de norte orientativo para o cumprimento dos princípios da segurança, prevenção e precaução no tocante ao tratamento de dados e uso de sistemas de IA são: a) ABNT NBR ISO/IEC 27005:2023, sobre "Segurança da Informação, segurança cibernética e proteção à privacidade – Orientações para gestão de riscos de segurança da informação"; b) ABNT NBR ISO/IEC 27001:2022, sobre "Segurança da Informação, segurança cibernética e proteção à privacidade – Sistemas de gestão da segurança da informação – Requisitos"; c) ABNT NBR ISO/IEC 27003:2022, sobre "Segurança da Informação, segurança cibernética e proteção à privacidade – Controles de segurança da Informação"; d) ABNT NBR ISO/IEC 23894:2023, sobre "Tecnologia da Informação – Inteligência Artificial – Orientações sobre gestão de riscos".

---

78 ASSOCIAÇÃO BRASILEIRA DE NORMAS TÉCNICAS. *ABNT NBR ISO/IEC 23894:2023*. Tecnologia da Informação – Inteligência Artificial – Orientações sobre gestão de riscos. 2023.

79 BRASIL. Supremo Tribunal Federal. ADI n. 6.855, rel. Min. Roberto Barroso, Tribunal Pleno, julgamento: 22/02/2023, publicação: 02/03/2023.

Princípio da proibição de tratamento de dados para fins ou resultados discriminatórios

O princípio da não discriminação significa a "impossibilidade de realização do tratamento para fins discriminatórios ilícitos ou abusivos" (art. 6º, IX, da LGPD). Nesse dispositivo o legislador poderia ter sido mais cuidadoso na elaboração do texto da norma. A interpretação literal do dispositivo leva a crer que a impossibilidade de tratamento de dados somente se dará quando este tenha *por fim* discriminar ilicitamente. Em outras palavras, o texto prevê apenas a proibição de tratamento em caso de *intenção* discriminatória. Contudo, se assim fosse, tal dispositivo seria inútil, pois o princípio da finalidade permite a realização do tratamento apenas para propósitos legítimos (art. 6º, I, da LGPD).

Por essa razão, o disposto no art. 6º, IX, da LGPD deve ser interpretado em conjunto com as demais normas que compõem o ordenamento jurídico brasileiro, sobretudo as oriundas do bloco de constitucionalidade, que consideram caracterizada a discriminação tanto nos casos em que *há uma finalidade* discriminatória (*disparate treatment*) como nas situações em que a conduta tem *por efeito* produzir um resultado desigual (*disparate impact*), conforme já estudado no Capítulo 3, item "Discriminação direta (*disparate treatment*) e indireta. Teoria do impacto adverso (*disparate impact*)", *supra*.

Desse modo, no contexto das relações de trabalho, incide no caso o conceito de discriminação previsto no artigo 1º da Convenção n. 111 da OIT, sobre Discriminação em Matéria de Emprego e Ocupação, de acordo com o qual o termo "discriminação" compreende: a) toda distinção, exclusão ou preferência fundada na raça, cor, sexo, religião, opinião política, ascendência nacional ou origem social, que tenha *por efeito* destruir ou alterar a igualdade de oportunidade ou de tratamento em matéria de emprego ou profissão; b) qualquer outra distinção, exclusão ou preferência que tenha *por efeito* destruir ou alterar a igualdade de oportunidades ou tratamento em matéria de emprego ou profissão.

No Capítulo 4, *supra*, foi estudada a tipologia das discriminações produzidas por ferramentas de inteligência artificial, entre as quais se demonstrou que o tratamento indevido de dados – enquanto "combustível" indispensável de tais ferramentas – pode desencadear uma série de injustiças e desigualdades. Portanto, no tocante aos dados usados pelas ferramentas de IA o princípio em comento encontra plena aplicação, conjuntamente com o disposto no art. 20, § 1º, da LGPD, que autoriza a realização de auditoria a respeito dos critérios e dos procedimentos utilizados para a decisão automatizada para verificação de aspectos discriminatórios em tratamento automatizado de dados pessoais.

Um dos mecanismos de mitigação dos riscos de discriminação por decisões automatizadas é o direito à revisão das decisões, expressamente previsto no *caput* do art. 20 da LGPD. Sobre o tema, a Estratégia Brasileira de Inteligência Artificial faz referência expressa ao citado dispositivo ao tratar do *direito à revisão **humanizada*** das decisões automatizadas. Embora a LGPD não contemple expressamente o direito à intervenção humana, a EBIA considera adequada e necessária a intervenção humana em casos de uso de IA que apresenta risco elevado para os direitos humanos, dentre os quais se enquadra as relações de trabalho.

Com efeito, a EBIA registra que um dos pontos de discussão mais importantes nesse sentido é o de avaliar quais tipos de decisão podem ser delegados a uma máquina e quais exigiriam, necessariamente, a intervenção humana. Em seguida, fornece os seguintes exemplos hipotéticos:

> Há diversas metodologias e ferramentas comumente usadas para a revisão dos processos automatizados de tomada de decisão, que variam de acordo com os riscos e o impacto causado ao indivíduo pela decisão. Por exemplo, o uso de tecnologias de reconhecimento facial por companhias aéreas para verificar cartões de embarque, ou por funcionários da alfândega para permitir a entrada de indivíduos em um país, produzem decisões muito significativas, pois afetam a liberdade de locomoção de um indivíduo. Quando uma decisão incorreta é alcançada em tais cenários, a intervenção humana compõe um elemento crítico para fornecer reparação suficiente. Por outro lado, se uma tela inteligente em um espaço de varejo apresentar um anúncio destinado a aposentados para um jovem profissional com base no reconhecimento facial – portanto identificando incorretamente a faixa etária do indivíduo –, tal decisão não justificaria intervenção humana imediata ou potencialmente qualquer intervenção. Outros exemplos de usos corriqueiros das tecnologias de IA para tomadas de decisão automatizadas que podem ter impactos significativos na vida de indivíduos são técnicas de personalização e de moderação de conteúdo em plataformas de redes sociais e mecanismos de busca. Nesse contexto, a IA é utilizada para definir quais informações são disponibilizadas de acordo com perfis determinados pelos padrões de comportamento dos usuários, ou por regras de conduta da plataforma. Desse modo, *nos casos em que a avaliação de risco de decisões automatizadas indica um alto risco para os indivíduos, a intervenção humana pode ser um importante fator de mitigação do risco a ser considerado pelas organizações privadas e pelo setor público*[80] (grifos nossos).

No tocante à explicabilidade ou transparência informacional a respeito dos critérios e dos procedimentos utilizados para a decisão automatizada, a EBIA considera que é desejável que decisões tomadas por sistemas automatizados

80 BRASIL. Ministério da Ciência, Tecnologia e Inovações. *Estratégia Brasileira de Inteligência Artificial*, 2021.

sejam passíveis de explicação e de interpretação. Reconhece que, embora as tecnologias de *machine learning* sejam frequentemente caracterizadas como "sistemas fechados", é possível incorporar tais ideias aos sistemas de IA de várias maneiras, inclusive por meio da implementação de mecanismos para facilitar a rastreabilidade do processo decisório e do desenvolvimento e emprego de ferramentas e de técnicas de explicabilidade. Entretanto, o documento ressalva a importância de reconhecer que a divulgação demasiada de informações sobre um algoritmo ou um processo de IA pode não apenas resultar em confusão e sobrecarga de informações para indivíduos como também ameaçar segredos comerciais, industriais e propriedade intelectual. Por isso, conclui o documento que o foco da explicabilidade deve se voltar ao fornecimento de informações significativas que permitam interpretar o sistema.[81]

Como se nota, há uma íntima relação da discriminação algorítmica com o direito à proteção de dados e com as normas tutelares da LGPD. O maior ponto de contato desta última com o uso de IA está, de fato, em seu art. 20. Porém, como a discriminação produzida por sistemas de inteligência artificial pode advir de outros aspectos não relacionados a dados, a atual regulamentação brasileira é insuficiente para alcançar todos os aspectos do objeto em estudo.

Princípio da accountability*: responsabilização e prestação de contas*

O inciso X do art. 6º da LGPD contempla o princípio da responsabilização e prestação de contas, nos seguintes termos: "demonstração, pelo agente, da adoção de medidas eficazes e capazes de comprovar a observância e o cumprimento das normas de proteção de dados pessoais e, inclusive, da eficácia dessas medidas".

A *accountability* exige que as organizações assumam a responsabilidade pelas práticas de tratamento de dados por elas adotadas. O dispositivo claramente atribui aos agentes de tratamento o *ônus da prova* quanto à adoção de medidas eficazes e capazes de comprovar a observância e o cumprimento das normas de proteção de dados pessoais e, inclusive, da eficácia dessas medidas.

Será preciso demonstrar a implementação de medidas técnicas e organizacionais para garantir observância da LGPD, especialmente no tocante à concretização de seus princípios regentes. Logo, as empresas devem ser capazes de demonstrar conformidade com as leis e regulamentações respectivas, o que pode ser feito por meio de documentação de políticas internas, adoção de uma cultura organizacional preocupada com a proteção de dados, oferecimento de treinamentos, registro das operações de tratamento, realização de avaliações de impacto, designação de um encarregado de proteção de dados (DPO), dentre outras.

---

81 *Ibid.*

Além disso, a *accountability* está ligada à capacidade de resposta rápida a incidentes de segurança ou violações de dados. As organizações devem ter planos de resposta a incidentes e comunicar de maneira transparente quando ocorrerem eventos que possam comprometer a segurança dos dados pessoais. Em resumo, o princípio da *accountability* destaca a ênfase na responsabilidade ativa das organizações, instigando uma mudança cultural em direção à transparência, à ética e à prestação de contas no tratamento de dados pessoais, visando proteger os direitos e a privacidade dos indivíduos.

Porém, não basta comprovar a adoção de medidas. É preciso comprovar sua eficácia. A eficácia das medidas pode ser comprovada, por exemplo, por meio da documentação de *avaliações e auditorias internas e externas regulares*, para garantir que as políticas e práticas estejam alinhadas com os requisitos legais e as melhores práticas, o que pode incluir *auditorias internas e externas independentes sobre segurança da informação*, revisões de conformidade e análise de processos; *testes de penetração e simulações de incidentes*, para avaliar a resistência dos sistemas a possíveis ataques e a eficácia dos planos de resposta a incidentes, inclusive quanto ao tempo médio de resposta; *sistemas de* feedback *dos titulares de dados*, por meio de pesquisas de satisfação; *certificações de terceiros*, sobretudo de empresas reconhecidas na área de segurança da informação e proteção de dados. Certificações como ISO 27001 podem validar a conformidade com padrões internacionalmente reconhecidos; *treinamento e conscientização com os trabalhadores titulares dos dados*, garantindo que compreendam e sigam as políticas de proteção de dados, inclusive monitorando a participação e a eficácia desses programas etc.

Especificamente quanto ao tratamento de dados no contexto da inteligência artificial, a Estratégia Brasileira de Inteligência Artificial afirma que a ideia de *accountability* impõe que, a depender da aplicação de IA e dos riscos a ela associados, sejam estabelecidas estruturas de governança de IA que possam assegurar a adoção de princípios para IA confiável e implementar mecanismos para sua observância. Tais mecanismos podem incluir: i) a designação de indivíduos ou de grupos específicos dentro da organização para promover a conformidade com os princípios; ii) a adoção de medidas para aumentar a conscientização interna sobre a necessidade dessa conformidade, inclusive por meio de orientações e treinamentos em toda a empresa; e iii) a implementação de um processo de escalação por meio do qual os funcionários possam levantar preocupações de conformidade e resolver essas preocupações. Podem, ainda, envolver a criação de selos, certificações e códigos de conduta corporativos ou governamentais.[82]

---

82 *Ibid.*

Conexões entre os princípios da segurança, da prevenção e da accountability

O princípio da proteção, estudado no item "Princípio da prevenção ou da anterioridade das medidas impeditivas de lesões e princípio da precaução ou da prontidão tecnológica", *supra*, guarda íntima relação com o princípio da prevenção. De acordo com aquele, impõe-se a adoção de "medidas técnicas e administrativas aptas a proteger os dados pessoais de acessos não autorizados e de situações acidentais ou ilícitas de destruição, perda, alteração, comunicação ou difusão". Já de acordo com o princípio da prevenção, determina-se a "adoção de medidas para prevenir a ocorrência de danos em virtude do tratamento de dados pessoais".

Nota-se por essa leitura que em ambos há a obrigação de adotar *medidas*. A diferença é que no princípio da prevenção tais medidas devem ser prévias, enquanto no princípio da proteção as medidas devem ser prévias e também *a posteriori*, ou seja, implementadas após o início do tratamento dos dados. De certo modo, o princípio da prevenção é um aspecto do princípio mais amplo da proteção, e ambos compõem o núcleo do princípio da *accountability*, que determina a "demonstração, pelo agente, da adoção de medidas eficazes e capazes de comprovar a observância e o cumprimento das normas de proteção de dados pessoais e, inclusive, da eficácia dessas medidas".

A norma não pretende evitar riscos. A atividade de tratamento muitas vezes será de risco. O que a norma pretende evitar são os danos, ou seja, as consequências indesejáveis. Ocorre que, para impedir danos, é indispensável o prévio conhecimento dos riscos e de sua natureza. E, a partir da identificação da natureza riscos, implementar medidas eficazes para que tais riscos não se transformem em danos. Se os riscos são desconhecidos ou inaceitáveis, o tratamento não pode ocorrer. Por exemplo, um sistema de IA pode reduzir o risco de erro quando implantado para complementar a atividade humana em tarefas repetitivas, ou quando se estabelece a supervisão humana para tarefas desempenhadas por uma IA.

Na perspectiva apresentada, é possível afirmar que o tratamento de dados pessoais observará o conteúdo normativo dos princípios, desde que os agentes de tratamento ou apenas um deles adote um substancioso programa ou sistema de gestão de riscos, bem como uma robusta política de governança quanto ao tratamento de dados. Tais iniciativas, como já dito, devem se pautar em normas técnicas expedidas por organismos internacionais reconhecidos. A título exemplificativo e a partir das normas ISO, pode-se propor, como conteúdo mínimo, que um sistema de gestão de riscos em tratamento de dados deve abordar, necessariamente, as disposições a seguir descritas.

Uma das principais medidas em relação aos dados é que a empresa tenha uma *política de governança quanto ao tratamento de dados* que contemple, dentre outras medidas, a implementação de *gestão de riscos quanto ao tratamento de dados*, ambas devidamente documentadas e com conteúdo que siga os padrões estabelecidos em normas técnicas. Por exemplo, a ABNT NBR ISO/IEC prevê normas técnicas específicas sobre governança de dados em tecnologia da informação.

A NBR ISO/IEC 38505-1 de 2020 fornece princípios orientadores para os membros de estruturas de *governança* de organizações (que podem incluir proprietários, diretores, parceiros, gerentes executivos ou similares) sobre o uso eficaz, eficiente e aceitável de dados em suas organizações, por meio de: aplicação dos princípios e modelo de governança da NBR ISO/IEC 38500 à governança de dados, asseguramento às partes interessadas de que, se os princípios e práticas propostos por esse documento forem seguidos, *eles poderão confiar na governança de dados da organização*; informação e orientação às estruturas de governança sobre o uso e proteção de dados em sua organização; e estabelecimento de um vocabulário para a governança de dados. A norma se aplica à governança do uso atual e futuro dos dados que são criados, coletados, armazenados ou controlados por sistemas de TI, e afeta os processos de gestão e as decisões relacionadas aos dados. Outrossim, define a governança de dados como um subconjunto ou domínio da governança da TI, que em si é um subconjunto ou domínio organizacional ou, no caso de uma corporação, governança corporativa.

Além da política de governança, a organização deve ter documentação específica quanto à *gestão de riscos no tratamento de dados*, devidamente implementada. A documentação relativa à gestão de riscos deve demonstrar as etapas do *processo* de gestão de riscos, tais como previstas, por exemplo, na ABNT NBR ISO 31000, sobre "Gestão de Riscos – Princípios e Diretrizes". Em linhas gerais, o *processo de gestão de riscos* prevê como *etapas* a definição dos critérios de risco, identificação dos riscos, análise dos riscos, avaliação dos riscos, tratamento dos riscos e monitoramento e análise crítica, todas elas devidamente detalhadas na respectiva norma.

Além das normas técnicas gerais sobre gestão de riscos e governança, há também normas técnicas específicas sobre tais assuntos aplicáveis especificamente quanto ao uso de inteligência artificial e à proteção de dados em ambiente virtual. Cite-se, apenas para ilustrar, a ABNT NBR ISO/IEC 23894:2023, sobre "Tecnologia da Informação – Inteligência Artificial – Orientações sobre gestão de riscos".

Aplicação da LGPD às relações trabalhistas, inclusive no tocante ao uso de IA

Diante das novas tecnologias de informação e comunicação (NTIC), aliadas ao fenômeno do *big data*, a sociedade, dominada que está pela chamada *data driven economy* ou economia dirigida por dados, viu-se premida pela formulação de um verdadeiro pacto social para o tratamento de dados por parte dos atores econômicos, que deverão, a partir da nova regulamentação, observar novos e determinados parâmetros para suas operações de dados.

No ano de 1890 foi publicado no *Harvard Law Review* o famoso ensaio acadêmico intitulado "The right to privacy", de Samuel D. Warren e Louis D. Brandeis.[83] Considerado um marco doutrinário sobre o direito à privacidade, o estudo demonstrou, já à época, a preocupação com os impactos das novas tecnologias nas esferas menos penetráveis da vida de cada pessoa. Desde então, foram notáveis, em diversos ordenamentos jurídicos, os avanços na tutela da privacidade e intimidade dos indivíduos. Na Europa, sobretudo, múltiplas foram as produções normativas que buscaram o resguardo da privacidade e da intimidade, especialmente dos direitos à proteção de dados e à autodeterminação informativa,[84] hoje alçado ao patamar de direito autônomo em relação à privacidade, dada a especialidade de regras e princípios que o ordenam.

Esse direito foi reconhecido inicialmente pelo Tribunal Constitucional Alemão, em 1982, no julgamento do caso da Lei do Censo Alemã, que foi declarada inconstitucional porque, para realização do censo demográfico, haveria a coleta excessiva de dados. O direito geral à autodeterminação informativa se traduz, essencialmente, na faculdade do titular dos dados de determinar e controlar a utilização de seus dados pessoais.

Com a pretensão de se alinhar ao panorama mundial de crescente busca pela proteção de dados, o Poder Legislativo brasileiro editou a Lei n. 13.709, de 2018, a Lei Geral de Proteção de Dados Pessoais (LGPD). A lei representa significativo marco regulatório da proteção de dados no Brasil. A LGPD, em resumo, trouxe balizas legais para que o empregador trate os dados de seus empregados e candidatos ao emprego, representando verdadeira limitação legislativa do poder empregatício. Diante desse fato, é preciso tecer algumas considerações sobre as premissas hermenêuticas que devem orientar o intérprete no campo laboral no tocante ao convívio entre LGPD e normas trabalhistas

---

83 WARREN, Samuel D.; BRANDEIS, Louis D. The right to privacy, 1980.

84 Desde a década de 1970, por exemplo, o Conselho da Europa já disciplinava juridicamente o tratamento de dados pessoais, por meio das Resoluções n. 22, de 1973, e n. 29, de 1974, ambas versando sobre princípios para proteção de informações pessoais em bancos de dados automatizados, tanto no setor público como no privado. No ano de 1981 foi editada a Convenção n. 108 do Conselho da Europa para a Proteção de Indivíduos com Relação ao Processamento Automático de Dados Pessoais, considerado o primeiro instrumento internacional disciplinando especificamente o assunto com força legal, aberta inclusive a países não membros da Comunidade Europeia. Já em 1995 foi editada a Diretiva n. 46, recentemente sucedida pelo Regulamento Geral de Proteção de Dados, que entrou em vigor no dia 25 de maio de 2018.

Premissas hermenêuticas para harmonização entre a LGPD e as normas trabalhistas

A LGPD, que é uma norma geral, tangencia temas trabalhistas em algumas disposições pontuais. Por exemplo, ao traçar o conteúdo normativo do que considera dados sensíveis, o art. 5º, II, da Lei n. 13.709/2018 expressamente elenca a "filiação a sindicato". Por sua vez, o art. 20 da LGPD, que trata das decisões automatizadas e que será objeto de análise mais aprofundada no tópico seguinte, permite o tratamento automatizado de dados por meio de decisões destinadas a definir o perfil profissional de uma pessoa natural. Trata-se de outro ponto de contato direto entre a LGPD e o direito do trabalho.

Por fim, o art. 58-A da LGPD prevê que o Conselho Nacional de Proteção de Dados Pessoais e da Privacidade será composto de 23 representantes, titulares e suplentes, de vários órgãos, incluindo três de confederações sindicais representativas das categorias econômicas do setor produtivo (inciso IX) e dois de entidades representativas do setor laboral (inciso XI).[85] São apenas esses os dispositivos da LGPD que se relacionam de maneira direta e expressa com o Direito do Trabalho.

Apesar do que foi colocado, a LGPD é uma norma geral – insista-se – e, como tal, tem o potencial para ser integralmente aplicada ao Direito do Trabalho, depois de, é claro, feita a devida análise de compatibilidade lógico-principiológica com as normas que orientam essa área específica do Direito. De incontestável transversalidade, a lei provoca expressivos impactos em todas as áreas do direito e tem por objetivo principal proteger os direitos fundamentais de liberdade e de privacidade e o livre desenvolvimento da personalidade da pessoa natural (art. 1º). Não poderia ser diferente no Direito do Trabalho, disciplina que tem por objeto o estudo das normas que regulam as relações jurídicas firmadas, em sua maior parte, entre empregado e empregador, na qual há intenso fluxo de dados – desde o momento do preenchimento de um formulário de candidatura ao emprego até o período pós-contratual – e uma das partes está em situação de assimetria de poder, tal qual ocorre na LGPD.

Justamente em razão de seu caráter transversal é que a LGPD atinge, substancialmente, o campo normativo das relações de trabalho subordinado, que possuem como característica a manifesta desigualdade fático-jurídica entre os contratantes. Com efeito, na medida em que em uma relação contratual o objeto do contrato se mostra essencial para sobrevivência de um dos sujeitos – na

85 Não há dúvidas de que a flagrante disparidade entre categorias econômica e profissional na composição do CNPD viola o princípio da isonomia, sendo por isso inconstitucional.

ideia de *paradigma da essencialidade* –, mostra-se imperiosa a proteção jurídico-retificadora imposta pela lei.

Obviamente, não se trata da proibição legal para o tratamento de dados, mas sim de nítido balanceamento feito pelo próprio legislador entre o direito fundamental à proteção de dados e os poderes do empregador, chamado pela lei de controlador dos dados. Com a LGPD, o empregador e as organizações em geral só poderão tratar legitimamente os dados de seus empregados e trabalhadores se observarem fielmente o disposto na legislação, com destaque para os arts. 6º, 7º e 11 da lei, que disciplinam, respectivamente, os princípios orientadores da proteção de dados e as bases legais para o tratamento de dados comuns e as bases legais para o tratamento de dados sensíveis.

Cediço de que nenhum direito é absoluto, pois não pode ser exercido em detrimento da ordem pública ou com desrespeito aos direitos e garantias de terceiros, é preciso encontrar a concordância prática das normas em conflito, eventualmente com concessões recíprocas. Muitas vezes, no limite do caso concreto, na hipótese de colisão de direitos fundamentais, é inevitável que se façam determinadas escolhas.[86]

A nova tessitura normativa da proteção de dados impõe aos empregadores novas balizas *procedimentais* e *materiais* para o tratamento de qualquer dado na relação de trabalho. Quando se pensa nos reflexos da LGPD nas relações de trabalho, o debate pode se resumir à permanente tensão entre o poder empregatício e os direitos fundamentais do empregado. O primeiro encontra fundamento na livre-iniciativa (art. 1º, IV, da CRFB/88) e na propriedade privada (art. 170, II, da CRFB/88); de outro lado, o segundo encontra suporte nas garantias de inviolabilidade da intimidade, da vida privada, da imagem (art. 5º, X, da CRFB/88), bem como no direito fundamental à proteção de dados pessoais.

Contudo, é preciso ter em mente que a importação das normas gerais de proteção de dados para o Direito do Trabalho não se pode fazer de maneira automática e irrefletida. Deverá o intérprete ter sempre em mente a principiologia própria que orienta o direito laboral, que serve como verdadeira válvula de contenção de entradas normativas indevidas e adequada harmonização diante da necessária interpretação sistemática. Por isso, nem todos os dispositivos da LGPD aplicam-se às relações trabalhistas, pois em determinados contextos a aplicação da norma geral irá colidir com o princípio trabalhista da proteção, expresso no art. 444 da Consolidação da Leis do Trabalho, como se demonstrará nos tópicos seguintes.

---

86 BRASIL. Supremo Tribunal Federal. ADI n. 4.815, rel. Min. Cármen Lúcia, Tribunal Pleno, julgamento: 10/06/2015, publicação em 01/02/2016. Trata-se do caso das biografias não autorizadas.

Casuística: LGPD e proteção de dados perante o Tribunal Superior do Trabalho

No âmbito da mais alta Corte trabalhista brasileira é possível encontrar algumas decisões que já abordam a Lei Geral de Proteção de Dados. Ao pesquisar a jurisprudência da mais alta Corte trabalhista brasileira no ano de 2023, foi possível encontrar a expressão "proteção de dados", a busca gerou como resultado apenas seis ementas, número inexpressivo quando considerado o tempo de vigência da LGPD e a importância do tema para as relações trabalhista.[87] Porém, é sabido que o TST tem outras decisões envolvendo proteção de dados em momento anterior à vigência da LGPD, como se deu no caso das teses vinculantes firmadas no ano de 2017 em relação aos limites fáticos e jurídicos para exigência, pelas empresas, de certidão de antecedentes criminais de candidatos a emprego, fato inclusive já mencionado neste estudo, no item "Conciso panorama histórico-legislativo sobre a proteção de dados no Brasil e no Direito do Trabalho brasileiro", *supra*, bem como outras que, mesmo após a vigência da norma, abarcaram o direito fundamental à proteção de dados, embora fora do contexto da LGPD.

Seja como for, há algumas decisões já proferidas pelo Tribunal Superior do Trabalho que merecem destaque. Ao pesquisar a jurisprudência da mais alta Corte trabalhista brasileira no ano de 2023, foi possível encontrar a expressão "proteção de dados", a busca gerou como resultado apenas seis ementas. Trata-se de número inexpressivo quando considerado o tempo de vigência da LGPD e a importância do tema para as relações trabalhistas.

Por isso, o autor reputou interessante listar pelo menos dez importantes casos já julgados pela Corte trabalhista sobre a temática. Todos eles têm como

---

87 São os seguintes os casos já julgados pelo TST que trazem em sua ementa a expressão "Proteção de Dados": **1)** ROT n. 103254-68.2022.5.01.0000, SbDI-2, rel. Min. Liana Chaib, *DEJT* 13/10/2023 – no qual se discutiu se a requisição de extratos de transporte público fere a LGPD; **2)** RR n. 297-51.2015.5.21.0008, 7ª T., rel. Min. Alexandre de Souza Agra Belmonte, *DEJT* 15/09/2023 – sobre justa causa aplicada em razão de acesso a dados cadastrais por empregado de forma inautorizada; **3)** Ag-AIRR n. 10873-19.2017.5.15.0132, 1ª T., rel. Min. Hugo Carlos Scheuermann, *DEJT* 16/08/2022 – sobre a obrigação de a empresa enviar ao sindicato dados da RAIS; **4)** E-RR n. 933-49.2012.5.10.0001, SbDI-1, rel. Min. Alberto Luiz Bresciani de Fontan Pereira, *DEJT* 25/02/2022 – sobre a obrigação de empresa de gerenciamento de riscos não utilizar banco de dados com informações creditícias de candidatos ao emprego; **5)** ES n. 1000537-22.2021.5.00.0000, SDC, *DEJT* 10/09/2021 – sobre obrigação de envio ao sindicato dos empregados da relação dos empregados admitidos, afastados e demitidos, bem como cópia da RAIS; **6)** RO n. 21961-34.2018.5.04.0000, SbDI-2, rel. Min. Douglas Alencar Rodrigues, *DEJT* 28/10/2019 – sobre pedido de segredo de justiça feito pela empresa que alega existirem nos autos informações confidenciais.

fundamentos, direta ou indiretamente, o direito fundamental à proteção e dados e a LGPD, conforme se passa a explicar.

Caso 1) Requisição judicial de extratos de utilização, pelo empregado, de transporte público.

Um juiz determinou a expedição de ofício para empresa de bilhetagem de transporte público para fins probatórios de esclarecimento dos fatos alegados na inicial, especialmente em relação ao controle de jornada. O trabalhador alegou que a ordem violaria sua intimidade e privacidade, configurando prova ilícita.

O TST não deu razão ao reclamante, sob o fundamento de que a LGPD estabelece em seu art. 7º, *caput* e VII, que "o tratamento de dados pessoais somente poderá ser realizado", além das hipóteses ali previstas, "para o exercício regular de direitos em processo judicial, administrativo ou arbitral". Como se vê, a própria LGPD excepciona a proteção à vida privada e à intimidade quando se está diante do exercício regular de direito em processo judicial.

O acordão ainda esclareceu que o caso configura verdadeiro *distinguishing* daqueles que envolvem a quebra de sigilo de geolocalização. Isso porque, ao contrário dos precedentes apontados no parecer do MPT (ROT n. 658-34.2021.5.12.0000, *DJE* 09/05/2022 e ROT n. 1003410-04.2022.5.02.0000, *DJE* 26/05/2023), no presente caso concreto não há quebra de sigilo de "geolocalização" propriamente dito.[88]

Caso 2) Justa causa aplicada a empregado que acessa dados cadastrais de correntista sem a devida motivação do serviço, violando, assim, seus dados pessoais.

A conduta do empregado ensejou a violação dos dados pessoais de sua ex-esposa, pois desviada de qualquer finalidade da instituição bancária, tendo o intuito de satisfação de interesse pessoal, notadamente em face da ação de divórcio litigioso e de revisão da pensão alimentícia de sua filha.

O TST validou a despedida por justa causa por entender que o ato praticado apresenta gravidade suficiente para justificar a penalidade máxima, ensejando a ruptura da confiança atinente à relação de emprego, não sendo o caso de aplicar a gradação pedagógica de punições.[89]

Caso 3) Empresa de gerenciamento de riscos deve se abster de utilizar banco de dados, de prestar e/ou buscar informações sobre restrições creditícias relativas a candidatos ao emprego.

---

88 BRASIL. Tribunal Superior do Trabalho. ROT n. 103254-68.2022.5.01.0000, Subseção II Especializada em Dissídios Individuais, rel. Min. Liana Chaib, publicação: 13/10/2023.

89 BRASIL. Tribunal Superior do Trabalho. RR n. 297-51.2015.5.21.0008, 7ª T., rel. Min. Alexandre de Souza Agra Belmonte, publicação:15/09/2023.

De início, no que tange aos motoristas de transporte de cargas, dispõe o art. 13-A da Lei n. 11.442/2007, incluído pela Lei n. 13.103/2015, que "É *vedada* a utilização de informações de bancos de dados de proteção ao crédito como mecanismo de vedação de contrato com o TAC e a ETC devidamente regulares para o exercício da atividade do Transporte Rodoviário de Cargas".

Referido cadastro, ainda que público, destina-se à proteção do crédito a ser concedido por bancos, particulares e associações comerciais. Não deve ser usado para aferição da empregabilidade do motorista ou da probabilidade de que venha a subtrair as mercadorias transportadas, sob pena de *desvio de finalidade* e afronta ao art. 6º, I, da LGPD.

Ademais, o art. 6º, IX, consagra o princípio da não discriminação, pelo qual é vedada a realização do tratamento de dados para fins discriminatórios ilícitos ou abusivos. No caso, se se está diante de manipulação de dados pessoais tendente a gerar uma cadeia de quebra da isonomia e de discriminação (já repudiada no art. 1º da Lei n. 9.029/95 e pela Convenção 111 da OIT), não há que se falar em prevalência do direito fundamental à livre-iniciativa.

No caso, o TST entendeu que a empresa ré usou dado com *fim diverso* daquele para o qual foi criado, a fim de indicar ao empregador e à seguradora maior risco na contratação ou na distribuição de serviços para determinado empregado. Destarte, utilizar ou fazer utilizar o cadastro para qualquer outro fim que não a proteção do fornecimento de crédito, salvo autorização em lei, após a vigência da LGPD, é ilegal.[90]

Caso 4) Previsão em sentença normativa impondo à empresa o envio da RAIS ao sindicato profissional.

Nesse caso o TST manteve uma sentença normativa que impôs obrigação de fazer às empresas consistente no envio, para o sindicato profissional, da relação dos funcionários admitidos, afastados e demitidos, bem como da cópia da Relação Anual de Informações Sociais (RAIS). Para o TST, a previsão em sentença normativa de envio de informações de empregados aos sindicatos, com finalidade e adequação específica, encontra amparo na Lei Geral de Proteção de Dados (LGPD), e não gera qualquer violação ou risco de lesão aos direitos dos empregadores.[91]

Caso 5) LGPD e segredo de justiça: indeferimento do pedido formulado pela empresa.

A empresa ré postulou a decretação de segredo de justiça em ação civil pública ao argumento de que juntara aos autos documentos confidenciais.

---

90 BRASIL. Tribunal Superior do Trabalho. E-RR n. 933-49.2012.5.10.0001, SbDI-1, rel. Min. Alberto Luiz Bresciani de Fontan Pereira, publicação 25/02/2022.

91 BRASIL. Tribunal Superior do Trabalho. ES n. 1000537-22.2021.5.00.0000, Seção Especializada em Dissídios Coletivos, publicação 10/09/2021.

Contudo, o TST entendeu que a prova pré-constituída que acompanhou a inicial do mandado de segurança não indica quaisquer documentos empresariais relevantes ou informações confidenciais que foram anexados à ação civil pública originária capazes de colocar em risco o desenvolvimento das atividades da impetrante.

Consta da fundamentação que a simples alegação de que a divulgação da existência de ação civil pública, que investiga irregularidades trabalhistas supostamente praticados pela empresa, causará prejuízos à imagem da impetrante não justifica a necessidade de decretação de sigilo do processo matriz. Como a empresa impetrante não apresentou provas concretas que apontem a iminência de veiculação de informações confidenciais que lhe digam respeito, não ficou demonstrado seu direito líquido e certo ao afastamento, no caso, da regra geral de publicidade dos atos processuais (art. 189, *caput*, do Código de Processo Civil).

Há um fato interessante a ser considerado. Após a impetração do mandado de segurança, a empresa informou ao TST que foi determinada a exibição do Cadastro Geral de Empregados e Desempregados (CAGED) da empresa, relativos aos anos de 2013 a 2017, o que também não justificava a concessão da ordem mandamental.

No entanto, para o TST, a análise específica e objetiva da necessidade de concessão de sigilo aos referidos documentos (que contêm dados pessoais dos trabalhadores - data de nascimento, números do CPF, do PIS e da CTPS, grau de instrução, raça, cor, endereço e se é ou não portador de necessidades especiais), à luz do art. 8º, § 2º, do Decreto n. 8.373/2014, do art. 3º, II, da Lei n. 12.965/2014 (Marco Civil da Internet) e da Lei n. 13.709/2018 (Lei Geral de Proteção de Dados), há de ser postulada pela empresa ao juízo natural da causa, para apenas em seguida, se o caso, adotar as medidas de salvaguarda necessárias à defesa do direito que afirma possuir.

Portanto, sem que se vulnere o devido processo legal (CR/88, art. 5º, LIV), o TST entendeu que não se mostrou possível, em sede revisional ordinária, considerar a circunstância de fato superveniente e autônoma relatada nas razões do recurso ordinário, para compor a questão incidental que se instalou com fundamento em premissas de fato e de direito específicas e em momento certo e determinado da relação processual matriz.[92]

Caso 6) Possibilidade de monitoramento de conta bancária de empregado, desde que feito de forma impessoal e genérica.

O TST firmou o entendimento no sentido de que o acompanhamento indiscriminado, promovido pelo banco empregador, das movimentações finan-

92 BRASIL. Tribunal Superior do Trabalho. RO n. 21961-34.2018.5.04.0000, SbDI-2, rel. Min. Douglas Alencar Rodrigues, publicação 28/10/2019.

ceiras de seus empregados correntistas não constitui abuso, mas exercício regular de direito, não se havendo falar em violação ilícita do sigilo bancário quando respeitados os limites da legislação acerca da obrigatoriedade de prestação de informações, por parte das instituições bancárias, ao Conselho de Controle de Atividades Financeiras ou COAF e ao Banco Central do Brasil – Lei n. 9.613/98 (alterada pela Lei n. 12.613/2012) e Lei Complementar n. 105/2001.[93]

Este caso merece algumas observações. Trata-se de controvérsia que claramente envolve a proteção de dados de empregados, e o entendimento transcrito é pacífico no TST (há diversas decisões nesse sentido). Contudo, é preciso advertir que nesses casos o TST não tem invocado a LGPD para fundamentar suas decisões.

De todo modo, concordo que seja possível o monitoramento de conta bancária de empregado, desde que feito de forma impessoal e genérica. A própria LGPD tem base de tratamento nesse caso, especificamente no art. 7º, II: "para o cumprimento de obrigação legal ou regulatória pelo controlador".

Porém, não basta a existência de uma base de tratamento para que o tratamento se torne lícito. O TST precisa começar a enfrentar nesses casos, desde que alegado pela parte, é claro, se o tratamento observou os princípios orientadores da LGPD, tal como, por exemplo, o dever da instituição financeira empregadora de realizar o tratamento de maneira informada ao titular dos dados (art. 6º, I, da LGPD).

Caso 7) Monitoramento de *e-mail* corporativo.

Há muito tempo o TST firmou posicionamento de que o *e-mail* corporativo ostenta a natureza jurídica de ferramenta de trabalho. Por esse motivo, é permitido ao empregador monitorar e rastrear a atividade do empregado em *e-mail* corporativo, isto é, checar as mensagens, tanto do ponto de vista *formal* (quantidade, horários de expedição, destinatários etc.) quanto sob o ângulo *material* ou *de conteúdo*, não se constituindo em prova ilícita a prova assim obtida.[94]

O entendimento relatado é anterior à entrada em vigor da LGPD. O TST, após a vigência da referida lei, ainda não voltou a analisar controvérsias semelhantes. Penso que manterá o entendimento. Porém, possivelmente entenderá que o empregador somente poderá monitorar o *e-mail* corporativo desde que obedecidas as regras da LGPD, especialmente os princípios expressos no art. 6º da lei, pois a nova tessitura normativa da proteção de dados no Brasil impõe aos empregadores novas balizas procedimentais e materiais para o tratamento de quaisquer dados de pessoa natural na relação de trabalho. Afinal, é possível que

---

93 BRASIL. Tribunal Superior do Trabalho. RRAg n. 605-67.2012.5.15.0038, 6ª T., rel. Min. Augusto Cesar Leite de Carvalho, publicação 30/09/2022.

94 BRASIL. Tribunal Superior do Trabalho. RR n. 1347-42.2014.5.12.0059, 4ª T., rel. Min. Alexandre Luiz Ramos, publicação 26/06/2020.

o empregado veicule dados pessoais via *e-mail* corporativo. Portanto, para evitar riscos, é recomendável que a empresa faça o monitoramento de acordo com a LGPD.

Sobre o tema, importante registrar que em Portugal, por exemplo, a jurisprudência entende, já sob à luz das normas de proteção de dados, que o conteúdo de *e-mails* com natureza pessoal/extraprofissional está abrangido pela tutela dos direitos à privacidade e à confidencialidade das mensagens, quer os que sejam enviados ou recepcionados pelo trabalhador por meio de sua conta pessoal, quer por meio de sua conta corporativa.[95]

No mesmo caso acima citado, a jurisprudência portuguesa acrescenta que, sendo disponibilizada ao trabalhador conta de correio eletrônico profissional, mas sem definição de regras quanto à sua utilização, mormente sem que seja

95 Ementa: "I – A recolha e tratamento de dados relativos a correio eletrônico (*e-mails*, anexos e dados de tráfego) está sujeita à tutela da Lei 67/98, bem como da Lei 41/2004. II – O conteúdo dos *e-mails* enviados ou rececionados pelo trabalhador, quer de conta de correio pessoal, quer de conta de correio profissional que tenham natureza pessoal/extraprofissional, estão abrangidos pela tutela dos direitos à privacidade e à confidencialidade das mensagens conferida pela CRP e pelo CT/2009. III – Sendo disponibilizado ao trabalhador conta de correio eletrónico profissional, mas sem definição de regras quanto à sua utilização, mormente sem que seja proibida a sua utilização para efeitos pessoais (arts. 22º, n. 2, e 106º, n. 1, do CT/2009), não pode o empregador aceder ao conteúdo dos *e-mails*, e dos seus anexos, enviados ou recepcionados nessa conta, mesmo que não estejam marcados como pessoais ou dos seus dados externos não resulte que sejam pessoais. IV – Pelo menos nas situações em que o empregador, ao abrigo do disposto nos citados arts. 22º, n. 2, e 106º, n. 1, não haja regulamentado e proibido a utilização de contas de correio eletrónico pessoais, o controlo dos dados de tráfego dos e-mails enviados ou rececionados em tais contas é sempre inadmissível. V – No que se reporta a contas de correio eletrônico profissionais com utilização indistinta para fins profissionais e pessoais, o empregador pode tomar conhecimento da data e hora do envio do *e-mail*, dos dados externos dos anexos (que não do seu conteúdo), mas não do remetente e/ou destinatário do *e-mail* que seja terceiro. VI – Em qualquer caso, o acesso e tratamento de correio eletrônico (*e-mails*, anexos e dados de tráfego) pelo empregador tem que observar os princípios consagrados na Lei 67/98, designadamente os princípios da finalidade, da transparência e da notificação da CNPD. VII – A violação da proibição de recolha e utilização dos dados de correio eletrónico (conteúdo dos *e-mails*, anexos e dados de tráfego) e/ou dos princípios previstos na Lei 67/98 determina a nulidade da prova obtida por via dessa recolha, bem como da que assente, direta ou indiretamente, no conhecimento adveniente dessa prova nula. VIII – O art. 466º do CPC/2013 veio consagrar, como meio de prova, as declarações de parte, não estando a admissibilidade da produção desse meio de prova sujeito a um juízo de prognose, por parte do juiz, da sua utilidade. IX – A parte pode requerer, nos termos do citado preceito, as suas declarações de parte à matéria do processo em que é parte, mas não já à matéria do processo (apenso) em que o requerente não é parte" (PORTUGAL. Tribunal da Relação do Porto. 208/14.1TTVFR-D.P1. 4ª Seção. rel. Paula Leal de Carvalho. Julgamento em 15/12/2016. Disponível em: https://www.uc.pt/site/assets/files/475840/20161215_acordao_trp_p20814.pdf. Acesso em: 10 jul. 2025).

proibida sua utilização para efeitos pessoais (artigos 22º, n. 2, e 106º, n. 1, do Código do Trabalho de 2009), não pode o empregador acessar o conteúdo dos *e-mails*, e de seus anexos, enviados ou relacionados nessa conta, mesmo que não estejam marcados como pessoais ou dos seus dados externos não resulte que sejam pessoais.

Caso 8) Exigência de dados sensíveis – saúde – por ocasião da admissão no emprego (teste de HIV e exame toxicológico).

Entendimento pela admissibilidade no caso concreto. É lícita a exigência de testes para detecção do vírus HIV e toxicológico quando da admissão pela empresa que presta serviços em navios, durante a realização de cruzeiros marítimos, configuraria dano moral. No caso julgado, a empresa exigia a realização do exame de HIV e toxicológico para a contratação de todos os empregados da embarcação, sem distinção.

A 5ª Turma do TST afirmou que a conduta da empresa parece razoável diante da peculiaridade da prestação de serviços, que ocorre em navios, durante a realização de cruzeiros marítimos. Os tripulantes permanecem por diversos dias embarcados, em alto-mar, sem acesso a médicos especializados, hospitais ou remédios específicos.

Dessa maneira, tendo em vista a estrutura médica limitada, a exigência de prévio exame de seus empregados possibilita à reclamada providenciar eventual medicação e tratamento específicos, o que revela que a atitude patronal visa, em realidade, à proteção do próprio empregado.

Registrou-se, ainda, a ausência de alegação quanto à inviabilização da contratação em caso de sorologia para HIV e teste toxicológico positivo. Logo, a exigência dos exames, por si só, não caracteriza conduta discriminatória da reclamada, nem mesmo é capaz de causar abalo moral no autor, não havendo falar em violação da privacidade e intimidade, nem mesmo em ato abusivo ou ilícito por parte da empresa, que tem o dever de garantir a segurança da tripulação e de todos os seus passageiros.[96]

Embora o caso envolva o tratamento de dados sensíveis, a 5ª Turma não enfrentou nenhum aspecto da LGPD, pois, ao que tudo indica – processo de 2017 –, a causa de pedir não contemplou fundamentos nesse sentido. De todo modo, os advogados de trabalhadores precisam ficar atentos ao elaborar suas petições iniciais para incluir entre as causas de pedir fundamentos extraídos da Lei n. 13.709/2018. Logo, no caso acima não foi possível analisar se, por exemplo, a empresa realizou o tratamento dos dados com a observância do princípio da finalidade, dentre outros.

---

96 BRASIL. Tribunal Superior do Trabalho. RRAg n. 793-39.2017.5.09.0010, 5ª T., rel. Min. Breno Medeiros, publicação: 19/12/2023.

Entendimento pela inadmissibilidade no caso concreto. Neste segundo caso do item 8, o TRT de origem consignou no acórdão recorrido as seguintes premissas fáticas: "a exigência de tais exames era destinada a todos os empregados e era necessária para garantir a saúde dos próprios empregados, uma vez que os recursos disponíveis em alto-mar são limitados e restritos". Contudo, a 1ª Turma entende que ***não há razão para a submissão dos trabalhadores a testes de HIV, levando em conta o avanço da medicina quanto ao controle dos sintomas da doença***.

Nesse contexto, entendeu configurado o dano extrapatrimonial, pois a exigência de teste de HIV como requisito para admissão no emprego constitui conduta discriminatória, vedada pela ordem jurídica, violando a intimidade e a privacidade do trabalhador, nos termos do art. 1º da Lei n. 9.029/95.

Demonstrado ainda mais o caráter abusivo e discriminatório da demanda quando não há registro nos autos no sentido de que os tripulantes deveriam se submeter ao mesmo procedimento, em que pese as alegadas limitações dos serviços de saúde fossem comuns a toda e qualquer pessoa embarcada. Concluiu-se no mesmo sentido em relação ao exame toxicológico, haja vista que a atividade desempenhada pela autora (assistente de garçom) não se equipara às atividades de segurança pública ou de motorista profissional, tornando-se tal exigência apenas mais um critério discriminatório obstativo à contratação.[97]

Observe o leitor que, embora o acórdão não tenha invocado a LGPD, o trecho em negrito e itálico revela exatamente o princípio da necessidade, previsto no art. 6º, II, da LGPD, pelo qual o tratamento deve ser limitado ao mínimo necessário para a realização de suas finalidades, com abrangência dos dados pertinentes, proporcionais e não excessivos em relação às finalidades do tratamento de dados. Logo, se há outras formas menos invasivas de atingir a finalidade pretendida – controle dos sintomas da doença –, estas devem ser adotadas, na ideia de proporcionalidade entre os meios e os fins.

Caso 9) Caracterização de vínculo de emprego de trabalhadores em plataforma em razão da subordinação algorítmica exercida por ferramentas de inteligência artificial.

Como se sabe, algumas Turmas do TST reconhecem o vínculo de emprego entre trabalhadores plataformizados e as respectivas empresas. Por outro lado, outras Turmas negam tais pretensões. Portanto, trata-se de matéria altamente controvertida. Mas o leitor pode se perguntar: *o que este caso tem a ver com proteção de dados e LGPD?*

---

97 BRASIL. Tribunal Superior do Trabalho. RRAg n. 2003-85.2017.5.09.0088, 1ª T., rel. Min. Amaury Rodrigues Pinto Junior, publicação: 14/04/2023; e BRASIL. Tribunal Superior do Trabalho. RRAg-302-07.2018.5.09.0007, 1ª T., rel. Min. Amaury Rodrigues Pinto Junior, publicação: 12/06/2023.

Para compreensão, é preciso considerar que os sistemas de inteligência artificial funcionam basicamente a partir de três elementos essenciais: a) máquinas computacionais com alta capacidade de processamento; b) algoritmos; c) um grande volume de dados. Vale aqui relembrar a metáfora que compara as ferramentas de IA a veículos automotores. O motor são os computadores superpotentes, o manual de instruções são os algoritmos e o combustível são os dados. Com isso, pode-se afirmar que há uma relação indissociável entre inteligência artificial e proteção de dados, razão pela qual a análise das leis de proteção de dados sempre socorrerão o intérprete na análise de casos envolvendo inteligência artificial.

Logo, os dados são insumos indispensáveis para o funcionamento de sistemas de IA, exatamente como os utilizados pelas plataformas como Uber e outras. É justamente a partir do processamento de milhares de dados de consumidores e trabalhadores (motoristas) que a ferramenta se torna capaz de exercer seu comando e ditar ordens.

Nesse sentido, de acordo com a 6ª Turma do TST, como os algoritmos de aplicativos de transporte destinam-se, por natureza e finalidade próprias, a atender a instruções previamente definidas pelo gestor do modelo de inteligência artificial que os processará, é inequívoco o exercício, pelas empresas que realizam a gestão de trabalho por meio de plataformas digitais, do poder de organização, já que predefine as variáveis relevantes à execução dos serviços de transporte. Em razão da adaptabilidade do algoritmo como elemento operável para o fim da organização e da direção do trabalho alheio, o método adotado pela reclamada origina verdadeiro algoritmo de plataformas de transporte. Trata-se de um mecanismo construído inequivocamente com a finalidade de organizar e dirigir a prestação de serviços de transporte por motoristas, por intermédio de aplicativo acessado por usuários que conhecem a finalidade básica da respectiva plataforma e nela depositam confiança, exatamente pelo fato de ser submetida a diretrizes estabelecidas pela empresa que lhe empresta o nome.[98]

A decisão prossegue sua fundamentação ao argumentar que da subordinação jurídica extrai-se o "poder de comando" do empregador, que, em sua integralidade, contempla o poder de organização, direção e disciplina do trabalho alheio, de maneira a orientar os trabalhadores a prestar os serviços de maneira condizente com os limites regulamentares – e, nas plataformas de trabalho, com os algoritmos orientadores – estipulados unilateralmente pela reclamada e aceitos em contrato de adesão pelo reclamante.[99]

---

98 BRASIL. Tribunal Superior do Trabalho. RR n. 10404-81.2022.5.03.0018, 6ª T., rel. Min. Katia Magalhaes Arruda, publicação: 15/09/2023.

99 BRASIL. Tribunal Superior do Trabalho. RR n. 10404-81.2022.5.03.0018, 6ª T., rel. Min. Katia Magalhaes Arruda, publicação: 15/09/2023.

Dos fundamentos apresentados é possível extrair a conclusão de que as decisões que reconhecem o vínculo empregatício em casos como o presente se baseiam no fato de as ferramentas de IA – *que tomam decisões automatizadas* – serem capazes de exercer o poder diretivo via inteligência artificial (dados + algoritmos + capacidade de processamento), o que só é possível a partir do tratamento de dados. Portanto, embora referidas decisões não utilizem a LGPD como fundamento para o vínculo, não se pode negar que o tema das decisões automatizadas por IA está indissociavelmente atrelado à proteção de dados e à LGPD.

Caso 10) Exigência de certidão de antecedentes criminais dos candidatos a emprego.

O TST, no julgamento do processo IRR n. 243000-58.2013.5.13.0023 (Tema n. 1 da Tabela de Recursos de Revista Repetitivos, publicado no *DJe* 22/09/2017), pacificou a controvérsia relativa à configuração ou não de danos morais em decorrência da exigência, pela empregadora, de que o candidato a emprego apresente certidão negativa de antecedentes criminais. No aludido julgamento, o TST, em sua composição plena, firmou as seguintes teses com efeito vinculante, nos termos da Lei n. 13.015/2014:

> **I)** Não é legítima e caracteriza lesão moral a exigência de Certidão de Antecedentes Criminais de candidato a emprego quando traduzir tratamento discriminatório ou não se justificar em razão de previsão de lei, da natureza do ofício ou do grau especial de fidúcia exigido.
>
> **II)** A exigência de Certidão de Antecedentes Criminais de candidato a emprego é legítima e não caracteriza lesão moral quando amparada em expressa previsão legal ou justificar-se em razão da natureza do ofício ou do grau especial de fidúcia exigido, a exemplo de empregados domésticos, cuidadores de menores, idosos ou deficientes (em creches, asilos ou instituições afins), motoristas rodoviários de carga, empregados que laboram no setor da agroindústria no manejo de ferramentas de trabalho perfurocortantes, bancários e afins, trabalhadores que atuam com substâncias tóxicas, entorpecentes e armas, trabalhadores que atuam com informações sigilosas.
>
> **III)** A exigência de Certidão de Antecedentes Criminais, quando ausente alguma das justificativas de que trata o item II, *supra*, caracteriza dano moral *in re ipsa*, passível de indenização, independentemente de o candidato ao emprego ter ou não sido admitido.

No caso concreto, a reclamante foi contratada como atendente de *telemarketing* de empresa de telefonia celular, peculiaridade essa que, como se extrai das teses firmadas no julgamento do referido incidente de recurso de revista repetitivo, justifica a exigência de apresentação da mencionada certidão, dada a presença da circunstância prevista no item II (trabalhadores que atuam com informações sigilosas).

Desse modo, no caso, a exigência de certidão de antecedentes criminais é legítima, não havendo falar em violação à dignidade, à intimidade ou à vida privada do trabalhador, não caracterizando, por consequência, o dano moral passível de indenização.[100]

A análise deste tipo de controvérsia é casuística, ou seja, sempre demandará o enfrentamento das questões fáticas de cada caso concreto. Como se pode notar, as teses firmadas, embora em período anterior à LGPD, tiveram como ponto central de fundamento os princípios da finalidade e da necessidade, respectivamente previstos nos incisos I e II do art. 6º da LGPD.

Por fim, um interessante exemplo de aplicação da LGPD às relações trabalhistas pode ser extraído da jurisprudência do Supremo Tribunal Federal que apontou para os riscos de acesso a dados sensíveis no ambiente de trabalho. Com efeito, no julgamento da ADI n. 5.545, em 16 de junho de 2023, a Corte entendeu que a privacidade relativa a dados sensíveis ou supersensíveis, como os genéticos, em razão das profundas questões bioéticas decorrentes da posse e do processamento de DNA de terceiros, porquanto os dados médicos, genéticos e outros que se referem à saúde do sujeito compõem o núcleo mais profundo da intimidade das pessoas. Mencionou-se que a apropriação de informação genética gera diversos riscos, dentre os quais se destaca a "genetização da vida", fenômeno que reduz o indivíduo à sua dimensão exclusivamente genética. Esse fenômeno, do qual resulta a discriminação de determinadas pessoas, denominadas "sadias doentes", cria, com lastro no conhecimento dos dados genéticos desses sujeitos, uma categoria social das pessoas que potencialmente são capazes de desenvolver uma doença genética, incluindo, *v. g.*, a conduta de seguros de saúde e *de ambientes de trabalho*.[101]

A Estratégia Brasileira de Inteligência Artificial

Em julho de 2021 o Brasil publicou sua Estratégia Brasileira de Inteligência Artificial (EBIA). No âmbito da Estratégia Brasileira para a Transformação Digital (E-Digital), aprovada em março de 2018 pelo Decreto n. 12.308/2024 e pela Portaria MCTI n. 1.556/2018 (atualmente revogada), já se sinalizava para a importância de se tratar de maneira prioritária o tema da IA em razão de seus impactos transversais sobre o país. O Ministério da Ciência, Tecnologia e Ino-

---

100 BRASIL. Tribunal Superior do Trabalho. RR n. 446000-84.2008.5.09.0018, 6ª T., rel. Min. Augusto Cesar Leite de Carvalho, publicação 18/11/2022.

101 BRASIL. Supremo Tribunal Federal. ADI n. 5.545, rel. Min. Luiz Fux, Tribunal Pleno, j. 13/04/2023, publicação16/06/2023.

vação (MCTI), por meio da Portaria MCTI n. 1.122/2020 (atualmente revogada), definiu como prioridade a área de inteligência artificial, no que se refere a projetos de pesquisa, de desenvolvimento de tecnologias e inovações, para o período 2020 a 2023. Nesse sentido, foi elaborada a Estratégia Brasileira de Inteligência Artificial (EBIA).[102]

A EBIA estabelece nove eixos temáticos, caracterizados como os pilares da estratégia. Além disso, apresenta um diagnóstico da situação atual da IA no mundo e no Brasil; destaca os desafios a serem enfrentados; oferece uma visão de futuro; e apresenta um conjunto de ações estratégicas que nos aproximam dessa visão.

O documento faz alusão à recomendação da OECD sobre inteligência artificial, adotada em 21 de maio de 2019 e à qual o Brasil aderiu na mesma data. A citada recomendação identificou diversos princípios para o desenvolvimento responsável da IA, assim como recomendações quanto a políticas públicas e cooperação internacional. A propósito, a recomendação da OECD estabelece os seguintes princípios para o uso de IA de forma responsável e confiável:

> **1.1 Crescimento inclusivo, desenvolvimento sustentável e bem-estar.** As partes interessadas devem envolver-se proativamente na gestão responsável de uma IA confiável na busca de resultados benéficos para as pessoas e para o planeta, tais como o aumento das capacidades humanas e o aumento da criatividade, promovendo a inclusão de populações sub-representadas, reduzindo as desigualdades económicas, sociais, de género e outras, e protegendo os ambientes naturais, revigorando assim o crescimento inclusivo, o desenvolvimento sustentável e o bem-estar.
>
> **1.2 Valores centrados no ser humano e justiça. a)** Os intervenientes na IA devem respeitar o Estado de direito, os direitos humanos e os valores democráticos, ao longo de todo o ciclo de vida do sistema de IA. Estes incluem liberdade, dignidade e autonomia, privacidade e proteção de dados, não discriminação e igualdade, diversidade, equidade, justiça social e *direitos laborais internacionalmente reconhecidos*; **b)** Para este fim, os intervenientes na IA devem implementar mecanismos e salvaguardas, tais como a *capacidade de determinação humana*, que sejam apropriados ao contexto e consistentes com o estado da arte.
>
> **1.3 Transparência e explicabilidade.** Os intervenientes na IA devem comprometer-se com a transparência e a divulgação responsável em relação aos sistemas de IA. Para o efeito, devem fornecer informações significativas,

102 BRASIL. Ministério da Ciência, Tecnologia e Inovações. *Estratégia Brasileira de Inteligência Artificial*, 2021.

> adequadas ao contexto e consistentes com o estado da arte: **i)** promover uma compreensão geral dos sistemas de IA; **ii)** conscientizar as partes interessadas sobre suas interações com os sistemas de IA, inclusive no local de trabalho; **iii)** permitir que as pessoas afetadas por um sistema de IA compreendam o resultado; e, **iv)** permitir que as pessoas afetadas negativamente por um sistema de IA possam contestar os seus resultados com base em informações simples e fáceis de compreender sobre os fatores e na lógica que serviu de base para a previsão, recomendação ou decisão.
>
> **1.4 Robustez, segurança e proteção. a)** Os sistemas de IA devem ser robustos, seguros e protegidos ao longo de todo o seu ciclo de vida, para que, em condições de utilização normal, utilização previsível ou utilização indevida, ou outras condições adversas, funcionem adequadamente e não representem riscos de segurança excessivos; **b)** Para o efeito, os intervenientes na IA devem garantir a rastreabilidade, nomeadamente em relação aos conjuntos de dados, processos e decisões tomadas durante o ciclo de vida do sistema de IA, para permitir a análise dos resultados do sistema de IA e das respostas à investigação, adequadas ao contexto e consistentes com o estado de arte; **c)** Os intervenientes na IA devem, com base nas suas funções, no contexto e na sua capacidade de agir, aplicar uma abordagem sistemática de gestão de riscos a cada fase do ciclo de vida do sistema de IA, numa base contínua, para abordar os riscos relacionados com os sistemas de IA, incluindo a privacidade, a segurança digital segurança, proteção e preconceito.
>
> **1.5 Responsabilidade.** Os intervenientes na IA devem ser responsáveis pelo bom funcionamento dos sistemas de IA e pelo respeito dos princípios referidos, com base em suas funções, no contexto e em consonância com o estado da arte.[103]

A EBIA é uma verdadeira política pública, como afirmado em seu próprio texto documental, e, como tal, o alcance de seus objetivos deve contar com o esforço tanto da sociedade civil como do poder público. Há outros importantes pontos a serem destacados na Estratégia que são de interesse para o Direito do Trabalho, tais como: i) o documento considera que, nos casos em que a avaliação de risco de decisões automatizadas indica alto risco para os indivíduos – como no Direito do Trabalho –, é recomendável a revisão humana das decisões automatizadas; ii) considera que é importante e desejável que decisões tomadas por sistemas automatizados sejam passíveis de explicação e de interpretação; iii) os indivíduos devem ter ciência de suas interações com sistemas de IA; iv)

103 BRASIL. Supremo Tribunal Federal. ADI n. 5.545, rel. Min. Luiz Fux, Tribunal Pleno, j. 13/04/2023, publicação 16/06/2023.

a Estratégia parte do pressuposto de que a IA não deve criar ou reforçar preconceitos capazes de impactar de maneira injusta ou desproporcional determinados indivíduos, principalmente os relacionados a características sensíveis como raça, etnia, gênero, nacionalidade, renda, orientação sexual, deficiência, crença religiosa ou inclinação política; v) as preocupações com a dignidade humana e com a valorização do bem-estar humano devem estar presentes desde a concepção (*ethics by design*) dessas ferramentas até a verificação de seus efeitos na realidade dos cidadãos.[104]

O marco legal da inteligência artificial no Brasil

A principal e mais completa proposta de regulamentação da inteligência artificial no Brasil está contida no Projeto de Lei do Senado n. 2.338, de 2023, proposto no mês de maio de 2023 pelo Senador Rodrigo Pacheco e que "Dispõe sobre o uso da Inteligência Artificial".[105] O projeto ainda está em tramitação. Dentre outros, há também o Projeto de Lei n. 21, de 2020, de autoria do Deputado Federal Eduardo Bismarck, em tramitação na Câmara dos Deputados.[106] Este último já foi aprovado definitivamente na Câmara dos Deputados e, atualmente, está no Senado, onde tramita conjuntamente com o primeiro.

Embora ainda em tramitação, torna-se imprescindível a análise dos principais pontos da proposta brasileira. Topograficamente, a proposta legislativa do Senado está dividida conforme capítulos e seções descritos no Quadro 2.

Quadro 2 Proposta legislativa do Senado sobre uso da inteligência artificial

Projeto de Lei do Senado n. 2.338, de 2023 ***"Dispõe sobre o uso da Inteligência Artificial"***	
Capítulo I	Disposições Preliminares – arts. 1º a 4º
Capítulo II	Dos Direitos – arts. 5º a 12
Seção I	Disposições Gerais

(continua)

104 Sobre outros aspectos da Estratégia Brasileira de Inteligência Artificial (EBIA), tais como o direito à revisão humanizada e o direito à transparência informacional a respeito dos critérios e dos procedimentos utilizados para as decisões automatizadas, remete-se ao item "Princípio da proibição de tratamentos de dados para fins ou resultados discriminatório" deste capítulo.

105 BRASIL. Senado Federal. Projeto de Lei n. 2.338, de 2023. Disponível em: https://www25.senado.leg.br/web/atividade/materias/-/materia/157233. Acesso em: 24 jun. 2025.

106 BRASIL. Câmara dos Deputados. MSC n. 85 de 2023. Disponível em: https://www.camara.leg.br/propostas-legislativas/2351176. Acesso em: 24 jun. 2025.

Quadro 2 Proposta legislativa do Senado sobre uso da IA *(continuação)*

Projeto de Lei do Senado n. 2.338, de 2023 ***"Dispõe sobre o uso da Inteligência Artificial"***	
Seção II	Dos direitos associados à informação e compreensão das decisões tomadas por sistemas de inteligência artificial
Seção III	Do direito de contestar decisões e de solicitar intervenção humana
Seção IV	Do direito à não discriminação e à correção de vieses discriminatórios diretos, indiretos, ilegais ou abusivos
Capítulo III	Da Categorização dos Riscos – arts. 13 a 18
Seção I	Avaliação Preliminar
Seção II	Risco Excessivo
Seção III	Alto Risco
Capítulo IV	Da Governança dos Sistemas de Inteligência Artificial – arts. 19 a 26
Seção I	Disposições Gerais
Seção II	Medidas de Governança para Sistemas de Inteligência Artificial de Alto Risco
Seção III	Avaliação de Impacto Algorítmico
Capítulo V	Responsabilidade Civil – arts. 27 a 29
Capítulo VI	Códigos de Boas Práticas e de Governança – art. 30
Capítulo VII	Da Comunicação de Incidentes – art. 31
Capítulo VIII	Da Supervisão e Fiscalização – arts. 32 a 43
Seção I	Da Autoridade Competente
Seção II	Das Sanções Administrativas
Seção III	Medidas para fomentar a inovação
Seção IV	Base de dados pública de inteligência artificial
Capítulo IX	Das Disposições Finais – arts. 44 e 45

Fonte: elaboração própria.

A exemplo do que tem sido proposto nas experiências comparadas, a proposta brasileira categoriza os riscos no uso de IA em "risco excessivo" e "alto risco". Destaca-se, também a exemplo das propostas estrangeiras, que o legislador brasileiro classifica o uso de ferramentas de inteligência artificial nas relações de trabalho como de "alto risco", nos termos do art. 17, III, do PLS n. 2.338, de 2023, *verbis*:

> **Art. 17.** São considerados sistemas de inteligência artificial de alto risco aqueles utilizados para as seguintes finalidades: [...] **III** – recrutamento, triagem, filtragem, avaliação de candidatos, tomada de decisões sobre promoções ou cessações de relações contratuais de trabalho, repartição de tarefas e controle

e avaliação do desempenho e do comportamento das pessoas afetadas por tais aplicações de inteligência artificial nas áreas de emprego, gestão de trabalhadores e acesso ao emprego por conta própria.

Sobre as atividades de alto risco, o PLS estabelece uma *rede de governança* dos sistemas de inteligência artificial, conforme previsto em seu Capítulo IV, arts. 19 a 26. Dentre as medidas, destaca-se a obrigatoriedade de os agentes de inteligência artificial estabelecerem: a) medidas de transparência quanto ao emprego de sistemas de IA na interação com pessoas naturais, o que inclui o uso de interfaces ser humano-máquina adequadas e suficientemente claras e informativas; b) transparência quanto às medidas de governança adotadas no desenvolvimento e emprego do sistema de inteligência artificial pela organização; c) medidas de gestão de dados adequadas para a mitigação e prevenção de potenciais vieses discriminatórios; d) legitimação do tratamento de dados conforme a legislação de proteção de dados, inclusive por meio da adoção de medidas de privacidade desde a concepção e por padrão e da adoção de técnicas que minimizem o uso de dados pessoais; e) adoção de parâmetros adequados de separação e organização dos dados para treinamento, teste e validação dos resultados do sistema; e f) adoção de medidas adequadas de segurança da informação desde a concepção até a operação do sistema (art. 19 do PLS).

Além do *imperativo legal de transparência*, é louvável a previsão do direito à supervisão humana em sistemas de IA de alto risco, que buscará prevenir ou minimizar os riscos para direitos e liberdades das pessoas que possam decorrer de seu uso normal ou de seu uso em condições de utilização indevida razoavelmente previsíveis (art. 20, parágrafo único, do PLS).

Outro ponto de destaque em relação aos sistemas de alto risco está na obrigatoriedade imposta aos agentes de IA de realizarem a Avaliação de Impacto Algorítmico (AIA). Nos termos do art. 24, § 1º, do PLS, a AIA considerará e registrará, ao menos: a) riscos conhecidos e previsíveis associados ao sistema de inteligência artificial à época em que foi desenvolvido, bem como os riscos que podem razoavelmente dele se esperar; b) benefícios associados ao sistema de inteligência artificial; c) probabilidade de consequências adversas, incluindo o número de pessoas potencialmente impactadas; d) gravidade das consequências adversas, incluindo o esforço necessário para mitigá-las; e) lógica de funcionamento do sistema de inteligência artificial; f) processo e resultado de testes e avaliações e medidas de mitigação realizadas para verificação de possíveis impactos a direitos, com especial destaque para potenciais impactos discriminatórios; g) treinamento e ações de conscientização dos riscos associados ao sistema de inteligência artificial; h) medidas de mitigação e indicação e justificação do risco residual do sistema de inteligência artificial, acompanhado de testes de controle de qualidade frequentes; e i) medidas de transparência ao público, especialmente aos potenciais usuários do sistema, a respeito dos riscos residuais, principalmente quando envolver alto grau de nocividade ou periculosidade à saúde ou segurança dos usuários, nos termos dos arts. 9º e 10 do Código de Defesa do Consumidor.

Outrossim, em atenção ao *princípio da precaução*, quando da utilização de sistemas de IA que possam gerar impactos irreversíveis ou de difícil reversão, a avaliação de impacto algorítmico levará em consideração também as evidências incipientes, incompletas ou especulativas (art. 24, § 2º, do PLS). Ainda, a avaliação de impacto algorítmico consistirá em processo iterativo contínuo, executado ao longo de todo o ciclo de vida dos sistemas de inteligência artificial de alto risco, requeridas atualizações periódicas (art. 25, *caput*, do PLS).

O art. 26 da proposta, de todo modo, garante o direito empresarial aos segredos industrial e comercial ao prever que eles devem ser respeitados na divulgação pública da AIA. Porém, independentemente dos segredos industrial e comercial, a AIA deverá conter ao menos as seguintes informações: i) descrição da finalidade pretendida para a qual o sistema será utilizado, assim como de seu contexto de uso e escopo territorial e temporal; ii) medidas de mitigação dos riscos, bem como seu patamar residual, uma vez implementadas tais medidas; e iii) descrição da participação de diferentes segmentos afetados, caso tenha ocorrido. Seja como for, será sempre possível, para verificação de aspectos discriminatórios, a realização de auditoria ou perícia no sistema de IA.

Como não poderia ser diferente, a proposta brasileira não é indene de críticas. Juliano Maranhão, por exemplo, visualiza dois pontos críticos no debate: i) Como estimular e não embaraçar o investimento no país?; ii) Como adequar a regulação às especificidades as aplicações de IA em cada setor de atividade econômica? Ele sustenta que nenhuma das propostas de regulamentação em trâmite no Congresso Nacional responde bem a esses dois pontos cruciais, razão pela qual propõe uma terceira via de solução. Entende o professor que a solução não está na imposição externa de normas, mas sim na autorregulação setorial, estimulada pela indução (e não imposição) estatal de um arranjo de certificação privada, com a criação de um selo oficial de IA responsável – adaptado a cada setor –, por meio do qual entidades setoriais e *experts* em IA elaborariam códigos de conduta específicos e flexíveis para incorporar o estado da arte, sendo assim acreditados pelo Estado para certificar sistemas de IA e outros *stakeholders*.[107]

Não há dúvidas de que, em razão das especificidades técnicas e das nuances relacionadas a cada setor, uma regulação particularizada é medida que se impõe. Em verdade, trata-se de providência inafastável. Referida regulação

107 MARANHÃO, Juliano. Regulação da inteligência artificial: uma terceira via, 2024.

setorial, por meio de normas técnicas e atos infralegais, pode se dar por meio de algum órgão estatal ou por meio autônomo, como prefere Maranhão. Seja como for, em ambas, a ideia do selo com certificação autônoma é medida que se encaixa muito bem. Porém, não se pode deixar de reconhecer que o tema é especialmente sensível para os direitos humanos e fundamentais, especialmente diante da lancinante assimetria existente entre os que se valem da IA para o exercício de atos de poder e os que são por ela atingidos.

Tal assimetria é estruturalmente maior nas relações de trabalho. Por isso, o Estado não pode renunciar ao seu dever de encarar os direitos fundamentais como imperativos de tutela. Deixar todos os ajustes nas mãos da iniciativa privada pode conduzir a situações de manipulação, abuso e outros malefícios. Ademais, pensando no contexto laboral, se fosse interesse do poder econômico o uso de uma IA responsável, as empresas já teriam procurado, por exemplo, os sindicatos de categorias profissionais para ajustes sobre o tema. A intervenção do Estado, portanto, é medida premente diante dos inúmeros danos que já foram causados aos direitos fundamentais dos trabalhadores pelo uso desregulado dos sistemas de IA.

Natureza da responsabilidade civil na discriminação produzida por inteligência artificial nas relações de trabalho

Ao longo deste estudo já foi explicado algumas vezes que as injustiças e danos causados pelos sistemas de IA muitas vezes não são fruto do tratamento indevido de dados, embora isso comumente ocorra. O PLS n. 2.338, de 2023, expressamente prevê a *responsabilidade objetiva* do fornecedor ou operador de sistema de inteligência artificial quando se tratar de sistema de inteligência artificial de alto risco ou de risco excessivo.

Porém, a despeito da proposta, a responsabilidade objetiva já é aplicável aos casos de discriminação produzida por IA nas relações de trabalho, por força do art. 927, parágrafo único, do Código Civil, pelo qual haverá obrigação de reparar o dano, *independentemente de culpa*, nos casos especificados em lei, ou *quando a atividade normalmente desenvolvida pelo autor do dano implicar, por sua natureza, risco para os direitos de outrem*. Trata-se, inegavelmente, de atividade que, por sua natureza, implica risco para o empregado titular dos dados e que sofrerá as consequências do tratamento automatizado de dados. Incide, pois, o parágrafo único do art. 927 do Código Civil.

Essa também é a visão da doutrina mais atenta, ao sustentar que, estando diante de um regime que dispensa perquirições atinentes à culpa, a responsabilidade civil por discriminação algorítmica acarretará responsabilidade, independentemente de culpa, ao agente de tratamento de dados, com base, ainda, nos princípios da lei, como da prevenção, da não discriminação e da responsabilização e prestação de contas.[108]

Importante registrar que o STF, no RE n. 828.040/DF, fixou a seguinte tese no Tema n. 932:

> O art. 927, parágrafo único, do Código Civil, é compatível com o art. 7º, XXVIII, da CR/88, sendo constitucional a responsabilização objetiva do empregador por danos decorrentes de acidentes de trabalho, nos casos especificados em lei, ou quando a atividade normalmente desenvolvida, por sua natureza, apresentar exposição habitual a risco especial, com potencialidade lesiva e implicar ao trabalhador ônus maior do que aos demais membros da coletividade.

Portanto, não há espaço para discussões acerca da natureza objetiva de tal responsabilidade por danos causados em decorrência do uso de ferramentas de IA nas relações de trabalho. Além disso, devem responder pelos danos tanto o fornecedor quanto o operador de sistema de inteligência artificial, na medida de sua participação no dano.

Por se tratar de responsabilidade objetiva e tendo em vista que o risco da atividade econômica deve ser suportado pelo empregador (art. 2º da CLT), não afasta a responsabilidade civil eventuais fatos de terceiros que se caracterizem como caso fortuito interno, i.e., integrantes do risco da atividade que usa ferramentas de IA e que deve ser internalizado pela empresa. A propósito, é firme na jurisprudência do Col. TST o entendimento de que na aplicação da teoria do risco não se considera excludente da responsabilidade objetiva o caso fortuito interno, assim considerado o fato imprevisível ligado e inerente à atividade do empregador e acobertado pelo conceito de risco mais amplo.[109]

---

108 MAIMONE, Flávio Henrique Caetano de Paula. Responsabilidade civil por discriminação algorítmica, 2023.

109 BRASIL. Tribunal Superior do Trabalho. RR n. 24316-13.2019.5.24.0004, 6ª T., rel. Min. Katia Magalhaes Arruda, publicação: 24/11/2023. Na lição de Sérgio Cavalieri Filho, citado no caso, o fortuito interno é o fato imprevisível, inevitável, que se liga aos riscos do empreendimento. Fortuito externo, por outro lado, é aquele que "não guarda relação de causalidade com a atividade", sendo "absolutamente estranho" ao serviço (CAVALIERI FILHO, Sérgio. *Programa de responsabilidade civil*, 2022, p. 253).

Capítulo 6

Condições e limites jurídicos para o uso de decisões automatizadas nas relações de trabalho: proposta de uma teoria normativo-pragmática para mitigação dos vieses em sistemas de inteligência artificial

"A ausência de regulamentação dos sistemas de IA é um convite à injustiça codificada." (O AUTOR)

"O sigilo é o melhor amigo do discriminador: a injustiça desconhecida nunca pode ser contestada, muito menos corrigida." (FRANK PASQUALE)

Este capítulo está dividido em quatro partes. Inicialmente, realiza-se uma necessária digressão acerca da evolução das tradições do pensamento filosófico, desde a metafísica clássica até a filosofia da linguagem. Em seguida, apresentam-se as ideias centrais e as bases da teoria do Agir Comunicativo de Jürgen Habermas. Dialoga-se, igualmente, com outras esferas de pensamento da filosofia da linguagem, da fenomenologia comunicacional e da sociologia, sobretudo porque, ao longo da última década, a inteligência artificial explicável evoluiu de uma disciplina predominantemente técnica para um campo profundamente interligado com as ciências sociais e com a filosofia. O desenvolvimento dos fundamentos e proposições que se seguirão tem como paradigma filosófico mais amplo a filosofia da linguagem, especialmente em sua vertente não analítica, em detrimento da metafísica moderna, amparada na filosofia da consciência ou do sujeito. Não há como pensar no desenvolvimento de uma inteligência artificial centrada no ser humano a partir de condicionantes teóricas que o objetificam.

Em seguida, sobretudo a partir do pensamento habermasiano, será disposta uma teoria normativo-pragmática para prevenção e mitigação dos vieses em sistemas de inteligência artificial, intitulada Teoria do Agir Algorítmico Comunicativo. Tendo por fundação e aparelhamento as ideias de racionalidade da ação, de racionalização social e de crítica da razão funcionalista, propõe-se que o uso de sistemas de inteligência artificial deve pressupor e ter como elemento indissociável de validade – ou *condição de possibilidade* – um agir comunicativo algorítmico, pressuposto este que é instrumentalizado pela racionalização da linguagem comunicacional do sistema. Impõe-se, portanto, um imperativo de explicabilidade *qualificado*, encarada esta última como um elemento componente indissociável da transparência. Acredita-se que o desenvolvimento da inteligência artificial com base na racionalidade argumentativa dos sistemas de IA é capaz de mitigar os potenciais danos colaterais produzidos por tais ferramentas, pois "exteriorizações racionais são acessíveis a um julgamento objetivo".[1] Com isso, contribui-se para eliminar ou, pelo menos, lançar luzes sobre a chamada "caixa-preta" algorítmica.

Por fim, com base na Teoria do Agir Comunicativo Algorítmico, o estudo propõe identificar e deliminar o conteúdo normativo da explicabilidade dos sistemas de inteligência artificial, termo também conhecido por "*Explanaible AI*" ou, simplesmente, "*xAI*". Referido conteúdo normativo é composto de pressupostos elementares sem os quais o uso de um sistema de IA será ilícito. Portanto, como já se pode perceber, a Teoria do Agir Comunicativo Algorítmico tem como objetos e propostas centrais: a) identificar e deliminar o conteúdo normativo da explicabilidade dos sistemas de inteligência artificial; b) estabelecer condições e limites jurídicos para o uso de sistemas de inteligência artificial sob a ótica de uma inteligência artificial efetivamente explicável. O enfrentamento de tais questões será feito, sobretudo, sob a perspectiva do uso das ferramentas de inteligência artificial para a tomada de decisões automatizadas no contexto laboral, que é considerado de alto risco.

EXCURSO: DA FILOSOFIA DA CONSCIÊNCIA (SUJEITO-OBJETO) À FILOSOFIA DA LINGUAGEM (SUJEITO-SUJEITO)

As discussões sobre a complexa natureza da linguagem movem a história do pensamento filosófico há séculos. Esse campo da filosofia investiga e procura compreender a forma geral das relações pensamento-linguagem-mundo, bem como analisar em que consiste o entendimento ou o conhecimento de linguagem, a fim de nos permitir ter pensamentos específicos acerca de coisas no mundo, referi-las, identificá-las, caracterizá-las e partilhar pensamentos com outros.[2]

Em apertada síntese, a evolução histórica da filosofia que tem por objeto a linguagem pode ser dividida em três grandes fases ou horizontes, assim intitu-

---

1 HABERMAS, Jürgen. *Teoria do agir comunicativo:* racionalização da ação e racionalização social, 2016. v. 1, p. 56.

2 MIGUENS, Sofia. *Filosofia da linguagem:* uma introdução, 2007.

ladas: a) *metafísica clássica (filosofia antiga* ou *clássica),* que destaca a dimensão do *ser* ou *ontologia*, representada por Platão (427-348 a.C.), Sócrates (470-399 a.C.) e Aristóteles (384-322 a.C.); b) *metafísica moderna (filosofia da consciência* ou *filosofia moderna)*, que destaca o horizonte da *consciência* ou *gnosiologia* e teve como expoentes René Descartes (1596-1650), John Locke (1632-1704) e Immanuel Kant (1724-1804); e c) *filosofia da linguagem (filosofia contemporânea).* Esta última contempla as versões da filosofia *analítica* da linguagem, que tem como principais representantes Gottlob Frege (1848-1925), Ludwig Wittgenstein (1889-1951), Bertrand Russel (1872-1970), John Austin (1911-1960) e John Searle (1932 até o presente); e da filosofia *não analítica* da linguagem, que tem como arautos Martin Heidegger (1889-1976), Jacques Derrida (1930-2004), Michel Foucault (1926-1984) e Jürgen Habermas (1929 até o presente).

Escapa ao objeto do livro o estudo pormenorizado de cada uma das fases acima. Contudo, alguns aportes epistemológicos são necessários, pois servirão de baluarte para o desenvolvimento e a compreensão da Teoria do Agir Comunicativo Algorítmico, que elege a explicabilidade e, portanto, a linguagem, como dogma central e legitimador dos sistemas de IA. Assim se afirma porque os elementos que se propõem como necessários para composição da IA explicável são formados, em significativa medida, por elementos linguísticos, cuja análise pressupõe a evolução do pensamento filosófico quanto ao tema.

A *metafísica clássica* é uma tradição filosófica que remonta à Antiguidade grega e alcançou seu auge na filosofia medieval. Preocupa-se fundamentalmente com questões sobre a natureza da realidade, a existência, a causalidade e, sobretudo, a essência das coisas, ou seja, no campo *ontologia.* Um dos temas centrais da metafísica é a busca pela compreensão da natureza última da realidade. *Grosso modo*, postula a existência de uma substância fundamental ou uma realidade última, que é imutável e eterna. Essa substância, então, é considerada a base subjacente de todas as coisas. Em outras palavras, há uma verdade imanente e atemporal, que não é sujeita a mudanças, pois é considerada algo absoluto e universal, servindo como um padrão fixo para avaliar a realidade.

A *Metafísica* introduz na Filosofia o "horizonte do ser", ao erguer como questão central a pergunta pela essência. A essência é, de acordo com os filósofos clássicos, a configuração permanente de uma coisa e é pensada em termos de perfeição e imutabilidade. É a essência que possibilita que toda e qualquer categoria se expresse como tal.[3] O traço predominante da metafísica clássica reside na convicção da presença de uma verdade inerente, uma substância absoluta e um elemento primordial, que, nesse contexto, é considerado universal.

3 AGUIAR, Odílio Alves. Ser, consciência e linguagem: horizontes da filosofia, 1999, p. 31.

Há uma dualidade *sujeito-objeto* cuja premissa decisiva é a crença em verdades objetivas que podem ser reveladas. De acordo com o paradigma metafísico, todos os sentidos estão nas coisas, e elas têm sentido porque há nelas uma *essência*. É dizer, "para a metafísica, os sentidos estavam nas coisas, uma vez que elas possuem uma essência".[4] Assim, o sentido é dependente dos objetos e a eles limitado. Dito de outra forma, os objetos condicionam e confinam os sentidos humanos. Destarte, cabe ao sujeito se adequar ao objeto (*adequatio intellectus et rei*),[5] ou seja, o objeto "assujeita" o sujeito. A *adequatio intellectus et rei* significa "adequação do intelecto à coisa" ou "conformidade da mente com a realidade", o que se relaciona à perspectiva de que o sujeito, ao buscar compreender a realidade, deve ajustar ou adequar seu intelecto aos objetos que existem, independentemente da mente.

Para Platão, por exemplo, a realidade última está no "Mundo das Ideias" ou no "Mundo das Formas", que contém formas perfeitas e eternas das quais os objetos sensíveis são meras cópias. Nessa perspectiva, os objetos do mundo sensível condicionam e delimitam a compreensão do sujeito, que é desafiado a transcender as limitações do mundo sensível e buscar a verdade nas formas ideais. O sujeito, portanto, é condicionado pelas imperfeições e pelas limitações dos objetos sensíveis.[6]

Aristóteles, por sua vez, concentra-se na substância e essência dos objetos materiais. Ele argumenta que compreender a natureza e essência dos objetos requer uma investigação além das aparências superficiais. Em sua obra *Metafísica*, afirma: "o nome do objeto de nossa investigação refere-se a uma única ciência: esta deve especular sobre os princípios primeiros e as causas, pois o bem e o fim das coisas é uma causa".[7] Assim, o sujeito é condicionado a explorar as características essenciais dos objetos para alcançar uma compreensão mais profunda da realidade. Novamente, o sujeito é delimitado pelos objetos materiais que exigem uma investigação mais aprofundada.

Para ambos os autores citados, a ênfase recai na ideia de que o sujeito não pode simplesmente impor sua própria interpretação sobre a realidade, mas deve buscar entender e se adequar às características intrínsecas dos objetos. A relação entre sujeito e objeto na metafísica clássica, portanto, envolve uma dinâmica na

---

4 STRECK, Lenio Luiz. *O que é isto:* decidido conforme minha consciência?, 2017, p. 13.

5 STRECK, Lenio Luiz. *O que é isto*, cit., p. 13.

6 PLATÃO. *A República*, Livro VII, 1995. Platão explora a teoria das Formas (ou Ideias) e a alegoria da caverna. A alegoria da caverna destaca a diferença entre o mundo das sombras (representando o mundo sensível) e o mundo das Ideias (Formas), enfatizando a busca pela verdade e pelo conhecimento além das aparências.

7 ARISTÓTELES. *Metafísica*, 2022, p. 11. Nessa obra Aristóteles aborda temas como a substância, a essência e a busca pela causa e o princípio de todas as coisas.

qual o sujeito é condicionado pelas propriedades e essências dos objetos, buscando compreender e se adequar a uma realidade mais profunda e significativa. Com razão, afirma-se que "desde Platão e Aristóteles a filosofia preocupava-se com os objetos e sua essência, tão somente. Tem-se, assim, a metafísica e uma filosofia analítica, com um viés que buscava guarida em uma razão praticamente matemática e lógica".[8]

A noção de adequação implica que a mente humana, ao se envolver na percepção e compreensão da realidade, precisa conformar-se aos objetos e às condições objetivas que existem no mundo. A partir dessa lógica, a metafísica impõe *limitações aos sentidos humanos*, na medida em que a noção de adequação sugere que os sentidos humanos têm limitações e que o sujeito deve reconhecer e trabalhar dentro dessas limitações ao buscar compreender a realidade, o que está alinhado com a ideia de que os objetos condicionam e limitam os sentidos humanos.

Outrossim, estabelece *a realidade como parâmetro*, pois a realidade objetiva é considerada o padrão ou o parâmetro ao qual a mente humana deve se conformar. Em outras palavras, a verdade e a compreensão corretas são aquelas que estão de acordo com a realidade independente dos desejos ou opiniões individuais. Na mesma linha, há uma *busca pela verdade objetiva*, porque a perspectiva da adequação incentiva a busca pela verdade ou realidade objetiva e idolatra uma abordagem objetiva na compreensão do mundo. A verdade está relacionada à correspondência ou conformidade da mente com essa realidade objetiva.

Desse modo, se cabe ao sujeito buscar uma compreensão que esteja em conformidade com a realidade objetiva, ajustando seu intelecto aos objetos existentes no mundo, é que se fala no esquema dual sujeito-objeto. A *metafísica* sugere, assim, que os sentidos humanos têm limitações e que o sujeito deve reconhecer e trabalhar dentro dessas limitações ao buscar compreender a realidade, o que está alinhado com a ideia de que os objetos condicionam e limitam os sentidos humanos.

Como a metafísica leva ao extremo a valorização dos objetos, os homens com eles se relacionam manejando-os a partir de sua essência e de suas semelhanças. Na relação sujeito-objeto a verdade repousa sobre o objeto e a linguagem é mero instrumento de acesso à estrutura do real. A linguagem tem função meramente instrumental, pois, ao fim e ao cabo, se dá prevalência ao objeto em

---

8 OBALDIA, Bruna Andrade; GASPARETTO, Hígor Lameira. O giro linguístico como elemento de uma nova constituição de sentido na jurisdição processual: a superação da filosofia da consciência pela linguagem enquanto condição de possibilidade da relação entre sujeito e objeto, 2019, p. 4.

vez do sujeito, porque busca identificar e assinalar as semelhanças existentes entre as coisas.[9]

Isso se dá na medida em que a metafísica busca representar e entender as coisas na medida em que elas são, olhando para elas do ponto de vista delas próprias. Além disso, a metafísica nunca realmente explorou o ser em si mesmo. Isso leva ao uso da linguagem como um instrumento para lidar com objetos, cada um tendo sua própria essência. A metafísica se concentra em estudar as coisas como elas são, mas não se aprofunda na natureza fundamental do ser.

O horizonte *ontológico* fez-se também presente de forma significativa no período medieval, no qual Teologia e Filosofia flertavam e, a rigor, se misturavam. Na Idade Média, a metafísica clássica foi incorporada à filosofia cristã, especialmente pelos pensadores como Santo Agostinho e Tomás de Aquino, que buscaram reconciliar a tradição filosófica clássica com a teologia cristã. Essa conjunção tornou-se possível justamente porque o paradigma da filosofia antiga, principalmente na Metafísica, já era plasmada pela Teologia, já trabalhava com categorias que apontavam ou pressupunham um *Ser* que a Teologia mais tarde chamou de Deus. Logo, a Metafísica, ao se interessar por princípios últimos, causas primeiras etc., viabilizou completamente a aproximação da Teologia à Filosofia.[10]

Com isso, explica-se a razão pela qual, na Idade Média, o pensamento filosófico estava profundamente imerso no contexto do absolutismo monárquico e na influência da teologia cristã. A filosofia metafísica, ao defender uma verdade imutável, absoluta, superior e condicionante, representou campo fértil para o ideal absolutista justificado pelo "direito divino" dos monarcas, detentores da autoridade conferida por Deus. Esse sistema refletia, portanto, a perspectiva metafísica que sustentava uma ordem cósmica hierárquica, na qual Deus era o ápice absoluto e o governante monárquico era considerado parte dessa ordem divinamente estabelecida. Dentro desse contexto, era intrínseca a relação entre Deus, homem e metafísica.

De todo modo, desde Platão e Aristóteles, como se viu acima, a metafísica teve por escopo o paralelismo entre o pensamento e os objetos, em uma imersão *essencialista* das coisas. É com base na metafísica que se pode falar no *paradigma do objetivismo*, ou seja, dos objetos *per se*. O problema da metafísica – e desse paradigma objetivista –, portanto, é a falta de conexão com a realidade do mundo, bem como a insuficiência da simples equiparação entre sujeitos e objetos.[11]

---

9 ALVES, Fernando de Brito; OLIVEIRA, Guilherme da Fonseca. Entre o esquema sujeito-objeto e o esquema sujeito-sujeito: considerações sobre um novo paradigma, 2017, p. 140.

10 AGUIAR, Odílio Alves. Ser, consciência e linguagem, cit., p. 31.

11 OBALDIA, Bruna Andrade; GASPARETTO, Hígor Lameira. O giro linguístico como elemento de uma nova constituição de sentido na jurisdição processual, cit., p. 5.

Do quanto já foi dito, pode-se apontar como principais características da metafísica clássica o esquema sujeito-objeto, sendo o primeiro "assujeitado" ao segundo; a ontologia, que significa a busca da essência; contemplação de verdades imutáveis; linguagem meramente instrumental; limitação dos sentidos humanos, tendo a realidade como parâmetro; e a busca pela verdade objetiva.

Ocorre que todo esse esquema começa a dar sinais de exaustão. O homem passa a querer se desprender do objeto, que até então o condicionava. É o início da transição para a Metafísica Moderna, também conhecida como filosofia da consciência. Diversos fatores influenciaram a mudança de paradigma. *Muda-se o foco para a razão e a ciência*. Com o Renascimento e o surgimento do Iluminismo, houve uma mudança no enfoque da metafísica. A razão humana e a ciência passaram a ser consideradas guias fundamentais para o conhecimento. Filósofos como Descartes, por exemplo, promoveram a ideia de que a razão poderia proporcionar certeza e segurança no conhecimento, incentivando uma abordagem *mais centrada no sujeito, na razão individual*.

Outrossim, *valoriza-se o empirismo e o racionalismo*. A filosofia moderna viu o surgimento de correntes como o empirismo e o racionalismo. O empirismo, representado por filósofos como John Locke, enfatiza a experiência sensorial como a fonte primária de conhecimento. O racionalismo, defendido por Descartes, prioriza a razão como fonte de conhecimento. Ambas as correntes reorientaram o foco do sujeito para a experiência individual e a razão como base para entender o mundo.

Diversas críticas à metafísica clássica são feitas nesse período. Immanuel Kant, por exemplo, argumentou que o sujeito não pode conhecer diretamente a realidade objetiva, pois o conhecimento é mediado pela estrutura cognitiva inata da mente humana. Kant propôs uma síntese entre a razão e a experiência, destacando que o conhecimento é uma atividade cooperativa entre o sujeito e o objeto (*giro categorial*). Em sua crítica da razão pura, o filósofo critica a metafísica ao afirmar que se trata de um conhecimento baseado em mera especulação: "o destino não foi até hoje tão favorável que permitisse trilhar o caminho seguro da ciência à metafísica, conhecimento especulativo da razão completamente à parte e que se eleva inteiramente acima das lições da experiência".[12]

Essa transição para a metafísica moderna representou uma mudança de ênfase das realidades eternas e transcendentes para a experiência humana – empirismo – e a busca pelo conhecimento fundamentada na razão e na observação. A relação *sujeito-objeto*, que ainda se mantinha, passou a ser reconhecida como mais complexa, com a participação ativa do sujeito na construção e interpretação do conhecimento. O homem – e não mais o objeto – passa a ser o centro.

---

12 KANT, Immanuel. *Crítica da razão pura*, 2001, B XV.

Portanto, diante de todo o quadro de insuficiência apresentado pela metafísica havia a necessidade da instituição de um novo paradigma de filosofia. Ao mesmo tempo, um movimento de humanização, de valorização do homem enquanto sujeito central, cresce e ganha força. Trata-se, pois, do *iluminismo*, que influencia o novo paradigma que se desenhou, qual seja, o da filosofia da consciência.[13] O Iluminismo, que deu ênfase na razão empírica e na ciência, questionou os pressupostos metafísicos tradicionais. "O fundamento não é mais o essencialismo com uma certa presença da '*illuminatio*' divina. O homem não é mais sujeito às estruturas. Anuncia-se o nascimento da subjetividade. A palavra 'sujeito' muda de posição".[14] É na filosofia moderna, então, que se forja o subjetivismo, em contraponto ao objetivismo que até então prevalecia.[15]

Nesse novo cenário filosófico o sujeito é quem tem destaque. É a partir do sujeito que os objetos se constituirão e ganharão sua essência, pois o sujeito é a figura central e o mundo deve ser compreendido a partir do sujeito que o observa (traços fundantes do iluminismo moderno, que rechaçava a religião num movimento antropocentrista). A pretensão de alcançar a realidade por meio dos pressupostos naturalistas do período clássico foi incrementada com o racionalismo moderno, o qual fortaleceu a relação sujeito/objeto, mas em uma ótica de *prevalência humana*.[16] Nesse sentido:

> Enquanto antes, a compreensão só era possível devido à submissão do sujeito frente a verdade imanente da natureza e do *cosmos*, para a racionalidade moderna a verdade do mundo passou a ser determinada e predita pelo sujeito. Atribui-se a Descartes importante participação nessa mudança. A célebre frase "penso, logo existo" sintetiza a ideia de que somente aquilo que não fosse possível colocar em dúvida seria verdadeiro. Assim, a consciência humana tornou-se instrumento apto a revelar a verdade.[17]

Logo, a metafísica moderna rompe com a *adeaquatio intelectos et rei*, pois agora o homem, enquanto sujeito iluminista, não está mais condicionado às estruturas. Nasce a subjetividade e, num esquema sujeito-objeto, o sujeito muda

---

13 OBALDIA, Bruna Andrade; GASPARETTO, Hígor Lameira. O giro linguístico como elemento de uma nova constituição de sentido na jurisdição processual, cit., p. 5.

14 STRECK, Lenio Luiz. *O que é isto*, cit., p. 13-14.

15 OBALDIA, Bruna Andrade; GASPARETTO, Hígor Lameira. O giro linguístico como elemento de uma nova constituição de sentido na jurisdição processual, cit., p. 5.

16 ARRABAL, Alejandro Knaesel; ENGELMANN, Wilson; KUCZKOWSKI, Sidnei. Filosofia da linguagem e giro linguístico: implicações para os direitos autorais, 2016, p. 92.

17 ARRABAL, Alejandro Knaesel; ENGELMANN, Wilson; KUCZKOWSKI, Sidnei. Filosofia da linguagem e giro linguístico, cit., p. 92.

de posição e passa a "assujeitar" as coisas.[18] De certa forma, o ser que assujeita as coisas é o ser que doa sentido ao mundo de maneira solipsista. Em uma palavra: na modernidade não mais se encara o pensar como um objeto dentre outros.[19]

A consciência, o *eu penso*, é elevado ao fundamento primeiro do saber. À consciência é atribuída a qualidade legitimadora do conhecimento filosófico. Daí se falar de um sujeito "assujeitador" e não mais "assujeitado" ao conceber a consciência enquanto instância doadora de sentido. E é nessa acepção, então, como bem observa a doutrina,[20] que a abertura de Descartes permite a Kant promover sua chamada virada copernicana, como ele próprio descreve em sua *Crítica da razão pura*:

> Até hoje se assumiu que todo o nosso conhecimento teria de regular-se pelos objetos; mas todas as tentativas de descobrir algo sobre eles *a priori*, por meio de conceitos, para assim alargar nosso conhecimento, fracassaram sob essa pressuposição. É preciso verificar pelo menos uma vez, portanto, se não nos sairemos melhor, nas tarefas da metafísica, assumindo que os objetos têm de regular-se por nosso conhecimento, o que já se coaduna melhor com a possibilidade, aí visada, de um conhecimento *a priori* dos mesmos, capaz de estabelecer algo sobre os objetos antes que nos sejam dados. Isso guarda uma semelhança com os primeiros pensamentos de Copérnico, que, não conseguindo avançar muito na explicação dos movimentos celestes sob suposição de que toda a multidão de estrelas giraria em torno do espectador, verificou se não daria mais certo fazer girar o espectador e, do outro lado, deixar as estrelas em repouso. Pode-se agora, na metafísica, tentar algo similar no que diz respeito à intuição dos objetos. Se a intuição tivesse de regular-se pela constituição dos objetos, eu não vejo como se poderia saber algo sobre ela *a priori*; se, no entanto, o objeto (*Gegenstand*) (como objeto dos sentidos) regular-se pela constituição de nossa faculdade intuitiva, então eu posso perfeitamente me representar essa possiblidade.[21]

Em Kant, é nítida a ênfase do sujeito. Na verdade, o que Kant faz na *Crítica da razão pura* foi reinventar a relação sujeito-objeto, deslocando o centro da

---

18 STRECK, Lenio Luiz. *O que é isto*, cit., p. 14.

19 ALVES, Fernando de Brito; OLIVEIRA, Guilherme da Fonseca. Entre o esquema sujeito--objeto e o esquema sujeito-sujeito, cit., p. 139, 2017.

20 ALVES, Fernando de Brito; OLIVEIRA, Guilherme da Fonseca. Entre o esquema sujeito--objeto e o esquema sujeito-sujeito, cit., p. 139 e 141.

21 KANT, Immanuel. *Crítica da razão pura*, cit., p. 20, B XVII. Essa passagem de Kant é citada em vários artigos científicos que tratam da passagem da metafísica moderna para a filosofia da linguagem, muitos deles citados na obra presente.

relação do objeto para o sujeito, isto é, Kant não resolve o problema da relação sujeito-objeto, apenas o reconstrói a partir de sua analítica transcendental, confiando a um juízo solipsista as possibilidades dos juízos sintéticos *a priori* sobre os objetos.[22] Nota-se que a crítica kantiana não rompe definitivamente com a metafísica, pois apenas coloca o sujeito – e sua consciência – em proeminência, sem fissurar por completo o esquema sujeito-objeto.

Por essa razão, Streck afirma que é lícito dizer que a metafísica kantiana leva a filosofia ao ápice da subjetividade. A forma *a priori* da razão, isto é, a estrutura prévia existente no sujeito, transforma em objeto quaisquer dados ao homem, de sorte que o próprio sujeito cria seu objeto num processo de objetivação do mundo, ao passo que a mediação da subjetividade torna-se condição de possibilidade do próprio conhecimento. O sujeito deixa de se orientar pelo objeto; ao contrário, é o objeto que é determinado pelo sujeito.[23]

Ocorre que a perspectiva iluminista de endeusamento do *eu* subjetivo lança as bases para a figura do homem solipsista, individualista e egoísta, no qual seu próprio pensamento é bastante, como se vivesse em uma ilha isolado da comunidade. Tal forma de pensar o mundo passa, então, a se mostrar inadequada. Valores como igualdade formal são fruto desse pensamento. Isso porque não existe apenas um *eu* que domina o mundo. O ser humano é gregário por natureza. Esse modelo de pensamento assujeitador do objeto pela consciência é que será objeto de duras críticas pela filosofia da linguagem.

Tanto a metafísica clássica como a moderna entendiam que o acesso ao conhecimento se dava a partir de um sujeito (que conhece) e de um objeto (que é conhecido). Na metafísica clássica, "o sentido de algo era produzido através da extração, pelo sujeito, da essência. Estava condicionada pelo objeto, mesmo na perspectiva idealista platônica".[24] Na tradição filosófica chamada de filosofia da consciência, sustenta-se que análise deve ter como parâmetro a relação sujeito-objeto; assim, o sujeito cognoscente é quem tem a capacidade de analisar os objetos científicos. Contudo, não há mais limitação do cognoscível pelo objeto observado, como se dava na metafísica clássica.

Se antes o objeto condicionava o pensamento, agora é a consciência e o *eu* que passam a objetificar o mundo, na medida em que todo o conhecimento é oriundo do subjetivismo. Saiu-se de um extremo ao outro. No processo de objetivação do mundo, o objeto é moldado pela consciência, e, simultaneamen-

---

22 STRECK, Lenio Luiz; LEPPER, Adriano Obach; BARBA, Rafael Giorgio Dalla. A banca errou, ou o dia em que Gadamer se tornou subjetivista, 2013, p. 2341.

23 STRECK, Lenio Luiz. *O que é isto*, cit., p. 33.

24 STRECK, Lenio Luiz; LEPPER, Adriano Obach; BARBA, Rafael Giorgio Dalla. A banca errou, ou o dia em que Gadamer se tornou subjetivista, cit.

te, a mediação da subjetividade se torna uma condição essencial para a própria possibilidade do conhecimento.

Com a sobrevalorização do sujeito pela filosofia da consciência, o pensamento não é mais moldado pela realidade. Ao contrário, é a realidade que passa a ser subjugada pela vontade do sujeito. Seja como for, a metafísica moderna ainda continha em suas estruturas o esquema sujeito-objeto, e a linguagem ainda era meramente instrumental, pois: a) a filosofia da consciência enfatizava a primazia da mente individual na construção da realidade. Nesse contexto, a atenção estava mais voltada para a subjetividade do que para a interação linguística entre sujeito e objeto; b) a sobrevalorização do sujeito, característica dessa abordagem, estava centrada na vontade e nas impressões subjetivas. A ênfase estava na capacidade do sujeito de moldar e imprimir suas intenções nos objetos, não necessariamente na consideração da linguagem como mediadora nesse processo; c) as concepções da filosofia da consciência não permitiam uma compreensão plena do papel da linguagem na relação sujeito-objeto. A complexidade da linguagem e sua função na construção do conhecimento não foram totalmente exploradas nessa tradição filosófica.

Na filosofia da consciência, a consciência teórica age no mundo como se este fosse um deserto. O que importa são os postulados, a verdade científica, mesmo que para isso muitas vidas sejam sacrificadas. É próprio da perspectiva cognoscitiva a relação *sujeito-objeto*, mesmo quando o objeto em questão é o próprio ser humano, ou seja, a tendência objetivadora da ciência não é deixada de lado pela filosofia da consciência até mesmo quando a matéria sobre a qual ela deverá agir é o próprio homem.[25]

Todo esse paradigma, fundado na consciência do sujeito, mostrou-se inapto para explicar e se relacionar com todos os fenômenos do mundo, seja pelo fato de entregar ao sujeito a possibilidade de manejar o objeto da forma como lhe aprouver (baseado em seu conhecimento e suas convicções), seja na relegação da linguagem enquanto condição de possibilidade da relação entre sujeito e objeto, seja ainda na insuficiência de compreender os casos de forma completa, a partir dos fatos e das circunstâncias que os permeiam, em virtude de se vincular estritamente à racionalidade humana, pressupondo uma cientificação que lhe contamina.[26]

A compreensão da linguagem como elemento fundamental na constituição do conhecimento, em detrimento dos aspectos mais subjetivos da filosofia da consciência, somente vai amadurecer posteriormente, com *linguistic turn*, no

---

25 AGUIAR, Odílio Alves. Ser, consciência e linguagem, cit., p. 30.

26 OBALDIA, Bruna Andrade; GASPARETTO, Hígor Lameira. O giro linguístico como elemento de uma nova constituição de sentido na jurisdição processual, cit., p. 6.

início do século XX. A filosofia da consciência, que teve seu auge no final do século XIX e início do século XX, foi alvo de diversas críticas que contribuíram para sua transformação e superação. Nesse sentido:

> O momento que demarca o surgimento do paradigma da linguagem ou filosofia da linguagem denomina-se virada linguística ("*linguistic turn*"). Isso acontece por volta dos anos 1930-40, com o desenvolvimento da filosofia analítica, e o movimento se amplia a partir da década de 50. Trata-se de uma mudança provocada pelos estudos linguísticos que investigam as formas complexas através das quais o sentido se constitui, se transmite e se transforma num conjunto heterogêneo e complexo de universos de sentido a que chamamos cultura. A ênfase, assim, é no sentido, ou seja, nos significados que dão forma à experiência; os significados que se constituem pela linguagem. [...] Entender o conceito "linguisticamente" significa que nosso pensamento depende da linguagem e que, portanto, é preciso sempre levar em conta as circunstâncias humanamente reais nas quais se formam os significados. Com isso, fica relativizada a busca da verdade, pois os critérios de sentidos das coisas dependem dos contextos concretos em que as pessoas existem. Ou seja, os signos encarnam o sentido como elemento da cultura. O sentido exprime a experiência vivida nas relações sociais.[27]

Habermas também explica o momento cronológico dessa transição e as bases teóricas que a fundamentaram:

> No início do século XX, o modelo "sujeito-objeto", que constituía a base da filosofia da consciência, é alvo dos ataques de duas teorias distintas: a da filosofia da linguagem analítica e a da psicologia do comportamento, as quais desistem da busca de um acesso direto aos fenômenos da consciência, substituindo o autoconhecimento intuitivo, a reflexão e a introspecção por procedimentos que não dependem da intuição. Além disso, elas se dedicam a análises, cujo objeto consiste prioritariamente em expressões linguísticas e comportamentos observáveis, abertos a um exame intersubjetivo. Por seu turno, a análise da linguagem se apropria dos procedimentos de reconstrução racional de um saber sobre normas, usuais na lógica e na linguística; já a psicologia comportamental assume os métodos de observação e as estratégias de interpretação da etologia.[28]

---

27 LIBÂNEO, José Carlos. *Do paradigma da consciência ao paradigma da linguagem*, 2003, p. 3.

28 HABERMAS, Jürgen. *Teoria do agir comunicativo*, cit., v. 2, p. 6. Como se nota, a teoria da ação comunicativa de Habermas alimenta-se de ataques contra a filosofia da consciência que emanam da filosofia analítica da linguagem e da teoria psicológica do comportamento.

A crítica à objetificação tem início em Edmund Husserl (1859-1938), por meio de sua fenomenologia, um de seus maiores defensores. Ele propôs uma abordagem mais descritiva e exploratória da experiência consciente, destacando a intencionalidade da consciência e a importância de examinar as coisas como elas se apresentam, em vez de objetificá-las. Já o behaviorismo, por exemplo, criticou a ênfase da filosofia da consciência na mente e nos processos mentais internos. Behavioristas como Skinner argumentaram que o foco deveria estar nos comportamentos observáveis, em vez de estados mentais subjetivos. Em verdade, a filosofia Skinner não nega a subjetividade, a consciência e a liberdade do homem. O que o behaviorismo skinneriano nega é a existência de um "eu interior" iniciador das ações ou de uma mente imaterial, que governa as ações humanas.[29]

A partir de Husserl, filósofos contemporâneos, especialmente após os trabalhos de Wittgenstein e a virada linguística, questionaram a distinção clara entre sujeito e objeto. Wittgenstein – em sua segunda fase – e Heidegger são os precursores do giro linguístico pragmático. Cada um deles, em campos distintos embora complementares, tem contribuição para o repensar do paradigma do conhecimento então vigente. Wittgenstein pela incursão da pragmática analítica no campo da filosofia, mediante os jogos de linguagem; Heidegger, por sua vez, pela recolocação da questão sobre o sentido do ser, a partir da pragmática existencial. Diga-se, aliás, que essa escolha não é aleatória: a complementaridade e a unicidade da questão levantada por ambos, qual seja, a preocupação com a crítica de sentido (ou de falta de sentido) orientada pela metafísica tradicional, cada um a seu modo, justificam a análise proposta, pois surgem como condição de possibilidade de um novo pensar: um pensar pragmático.[30]

No paradigma subjetivista, a linguagem é vista apenas como um meio para que o homem possa exercer domínio sobre os entes. Essa visão completamente instrumental da linguagem representa um problema da nossa época, pois, se a linguagem é puro instrumento, deve-se facilitar o uso desse instrumento, o que causa as reduções, abreviações que para Heidegger não são coisas inocentes, mas sinais das coisas com as quais podemos dizer tudo, porque, no fundo, elas não dizem nada. Heidegger defende que a linguagem é mais do que instrumento de comunicação. Ele se pergunta se a linguagem não pode ser mais do que algo que está na relação entre sujeito e objeto ou seja, na relação entre consciência e mundo. Para Heidegger, ver a linguagem apenas como técnica é simplesmente repli-

---

29 PIMENTEL, Naiene dos Santos *et al.* Compreendendo o abandono do "eu iniciador" em B. F. Skinner a partir das críticas de G. Ryle ao mentalismo tradicional: questões teóricas e consequências práticas, 2012.

30 ALVES, Fernando de Brito; OLIVEIRA, Guilherme da Fonseca. Entre o esquema sujeito-objeto e o esquema sujeito-sujeito, cit., p. 143.

car o paradigma da filosofia da consciência, da representação, da separação entre observador e objeto. É preciso então compreender que há uma face instrumental na linguagem, mas que não se encerra nisso.[31]

A compreensão de que a linguagem desempenha papel central na construção da realidade levou a uma revisão das dicotomias estritas entre o sujeito e o objeto. Dessa forma, é possível determinar que a tentativa de ruptura da subjetividade da filosofia da consciência ocorre já em meados do século XX. É nesse momento que, sob responsabilidade do giro linguístico, a filosofia recebe e é recebida pelo mundo prático. É nesse recorte temporal que surge à tona a importância de pensar no mundo prévio, ou seja, no universo da pré-compreensão.[32] Sobre o tema, Lenio Streck leciona que

> [...] no *linguistic turn*, a invasão que a linguagem promove no campo da filosofia transfere o próprio conhecimento para o âmbito da linguagem, onde o mundo se descortina; é na linguagem que se dá a ação; é na linguagem que se dá o sentido (e não na consciência de si do pensamento pensante). O sujeito surge na linguagem e pela linguagem, a partir do que se pode dizer que o que morre é a subjetividade "assujeitadora", e não o sujeito da relação de objetos [...].[33]

Com a virada linguística, a linguagem passou a ser vista como o alicerce fundamental de todo pensamento. A metafísica *clássica* ou *objetivista* e a metafísica *moderna* ou *subjetivista* (filosofia da consciência) restam superadas. A relevância da linguagem reside em seu sentido prático, uma vez que os significados dos objetos emergem a partir de contextos histórico-concretos, relacionando-se tanto ao sujeito quanto ao objeto. O *princípio do contexto*, desenvolvido por Frege, admite que não há outra forma de aceder ao pensamento que não seja a linguagem.[34]

Com a incursão da linguagem na filosofia, estabelece-se um novo paradigma no qual não ocorre a submissão dos objetos exclusivamente pela consciência do sujeito. Em vez disso, surge uma relação entre sujeito e objeto na qual a linguagem se torna uma *condição fundamental de possibilidade*. Assim, nota-se a ruptura, ou pelo menos sua tentativa, com a filosofia da consciência, na medida em que os sujeitos se relacionam com os objetos por meio da linguagem,

---

31 SCHURIG, Alessandra Cavalcante Scherma. A filosofia não analítica da linguagem, a virada linguística e a virada pragmática, 2019, p. 63.

32 STRECK, Lenio Luiz. *O que é isto*, cit., p. 33.

33 STRECK, Lenio Luiz. *O que é isto*, cit., p. 15.

34 MIGUENS, Sofia. *Filosofia da linguagem*, cit.

e a partir do universo de sua pré-compreensão atribuem sentido aos objetos, num ato complexo e constante.[35]

No tocante às relações intersubjetivas, a filosofia da linguagem eleva a linguagem a uma *condição fundamental de possibilidade*, e com isso evitam arbitrariedades e subjetivismos entre os indivíduos, pois a consciência passa do plano íntimo para o plano dos fatos. O giro linguístico é, definitivamente, o agente possibilitador da transferência do conhecimento para a linguagem. É a partir dele (e por causa dele) que o fundamento de interpretação deixa de ser a consciência do sujeito, condizente com uma subjetividade assujeitadora, e passa a ser a própria linguagem enquanto condição de possibilidade para a compreensão da relação entre sujeito e objeto.[36] Nesse sentido:

> Pensado como "razão autônoma", completamente independente da realidade, o sujeito tende a ver e apoderar-se da natureza e da sociedade através do conhecimento científico e na formação e no domínio técnicos do mundo, como se o mundo fosse algo completamente alheio e ao seu inteiro dispor. Vale dizer, a passagem do paradigma cosmológico para o paradigma do sujeito, embora tenha repercutido profundamente na cultura humana, abriu uma perspectiva para questionamento. A transcendentalização do homem, isto é, a redução do homem à consciência e à razão, bem como sua atomização, podem estar na raiz do processo manipulatório que se instalou de um modo geral nas sociedades ocidentalizadas. [...] A consciência teórica como condição do agir humano, ponto forte da modernidade, está na raiz da reificação humana, da manipulação mediada pela tecnologia, bem como nas tentativas de submissão do mundo da política a determinadas teorias, tão comuns ainda nos dias atuais. A consciência teórica age no mundo como se este fosse um deserto. O que importa são os postulados, a verdade científica, mesmo que para isso muitas vidas sejam sacrificadas. É próprio da perspectiva cognoscitiva a relação sujeito-objeto, mesmo quando o objeto em questão é o próprio ser humano. A tendência objetivadora da ciência não é deixada de lado quando a matéria sobre a qual ela deverá agir é o próprio homem. A partir daí, tornou-se possível a compreensão do mundo não como uma objetivação de um sujeito teórico, isolado, mas como pertencente ao plano da intersubjetividade. Nessa concepção, não existe o sujeito, mas os sujeitos num mundo aberto, estruturado linguisticamente. O sujeito passa a ser concebido dessa forma na medida em que é capaz não de elaborar modelos e teorias a serem aplicadas, mas, sim, de agir como ser falan-

---

35 OBALDIA, Bruna Andrade; GASPARETTO, Hígor Lameira. O giro linguístico como elemento de uma nova constituição de sentido na jurisdição processual, cit., p. 8.

36 OBALDIA, Bruna Andrade; GASPARETTO, Hígor Lameira. O giro linguístico como elemento de uma nova constituição de sentido na jurisdição processual, cit., p. 9.

> te, capaz de articular suas pretensões num ambiente onde nenhuma posição tem, de antemão, o estatuto de absoluta. Ou seja, o sujeito teórico passa a ser questionado em sua pretensão de ter preponderância em relação ao mundo sensível, em razão de sua habitação estar situada no mundo transcendental. Vale dizer, a linguagem estabeleceu-se como um campo no qual a Filosofia trabalha e cujos limites não pode transpor. O sentido não é mais algo alcançável pela intuição de um filósofo solitário, nem representado por um sujeito transcendental, isto é, não se precisa mais acionar um outro mundo, um padrão metafísico, para poder alcançar algum significado da existência humana. Basta recorrer ao repertório da linguagem, que iremos perceber nas experiências humanas as mesmas significações relevantes. Desse modo, passa-se de uma concepção representacional, naturalista da linguagem para uma concepção da linguagem que não é apenas um meio, mas o *medium* apropriado no qual está cristalizada a vida em sua densidade. A palavra, enquanto condensação da vida, deixa de ser mera palavra e se transforma em *Dichtung*, com a qualidade e função bastante comum aos poetas, isto é, em revelação e manifestação da significação. O fundamental, na passagem do paradigma transcendental para o linguístico, foi a superação da concepção de que a consciência não se relaciona com os objetos diretamente, mas que nos referimos linguisticamente aos objetos por meio de expressões.[37]

A filosofia da consciência enfatiza o papel da linguagem tão somente em seu aspecto *instrumental* para comunicação e dominação. É essa compreensão instrumental de linguagem que a tradição da filosofia não analítica de linguagem contesta. Com o rompimento da tradição racionalista que atribui ao sujeito um papel central como o fundamento do conhecimento, a linguagem passa a ser mediadora da fonte do conhecimento e condição de possibilidade das relações intersubjetivas. Em outras palavras, a superação da metafísica pela análise lógica da linguagem permite aos seres humanos uma convivência menos instrumental e mais racional.

A TEORIA DO AGIR COMUNICATIVO

A Teoria do Agir Comunicativo tem na ação social o seu objeto primordial de análise e consiste, basicamente, em uma "teoria tipológica da ação humana".[38]

---

37 AGUIAR, Odílio Alves. Ser, consciência e linguagem, cit., p. 33-34.

38 FINLAYSON, James Gordon; REES, Dafydd Huw. Jürgen Habermas. *In*: *The Stanford Encyclopedia of Philosophy*, 2023.

Em apertadíssima síntese, Habermas sustenta que a tese de que as ações sociais só são legítimas se puderem ser avaliadas em termos de sua racionalidade. A racionalidade propicia, assim, o escrutínio das ações e, por consequência, legitima-as. Trata-se de uma "orientação na base de pretensões de validade das ações".[39] Desse modo, "a teoria da ação comunicativa de Habermas enquadra os seres humanos como argumentadores racionais".[40]

Habermas defende que toda ação pressupõe uma racionalidade tal que lhe permita ser avaliada e, ao fim e ao cabo, legitimada, com base nos critérios de verdade e eficácia. Para o alcance de tal racionalidade a linguagem assume papel central. É a linguagem que servirá de condição possibilitadora de uma ação dotada de racionalidade suficiente. Nesses termos, "a linguagem passa a ser considerada um *medium* universal de incorporação da razão",[41] ou seja, a linguagem é vista como fundamentação da razão comunicativa.

Nesse sentido, Habermas vai romper com a tradição moderna da metafísica. Não por outra razão, na apresentação à edição brasileira da *Teoria do Agir Comunicativo*, Flávio Beno Siebneichler observa, sobre essa pretensão teórica:

> em vez de abordar o conhecimento segundo uma razão centrada em um sujeito singular ou numa consciência transcendental, devemos pensar que o sujeito, ao tentar conhecer algo, gira em torno de outros sujeitos, uma vez que o conhecimento racional resulta de um intercâmbio linguístico entre eles.[42]

Portanto, uma das premissas para compreensão da Teoria é a noção de que ela é filha do giro linguístico imprimido pela filosofia da linguagem. Junto com a virada linguística, Habermas estabelece uma nova metodologia de análise, que ele chama de *reconstrução racional* e que tem como objetivo principal reconstruir o sistema de condições, categorias e regras que condicionam a possi-

---

39 HABERMAS, Jürgen. *Direito e democracia:* entre facticidade e validade. 2003, v. 1, p. 21.

40 Segundo John Rountree, a comunicação em Habermas envolve debatedores que contestam "reivindicações de validade" para obter compreensão mútua e chegar a consenso. Ao aplicar essa perspectiva de ação comunicativa à cultura e à sociedade, Habermas diagnostica as patologias que ocorrem quando as pessoas coordenam suas ações estrategicamente por meio de sistemas artificiais, em vez de cooperativamente por meio do diálogo. Quando o aplica à teoria ética, ele expõe os pressupostos que os interlocutores devem fazer quando discutem – eles são obrigados a tentar justificar as afirmações para que possam ser universalmente aceitos pelos envolvidos no discurso (ROUNTREE, John. Jürgen Habermas and communication studies. *In*: *Oxford Research Encyclopedia of Communication*, 2018).

41 ROUNTREE, John. Jürgen Habermas and communication studies. *In*: *Oxford Research Encyclopedia of Communication*, cit., p. 24.

42 SIEBNEICHLER, Flávio Beno. Apresentação à edição brasileira. *In*: HABERMAS, Jürgen. *Teoria do agir comunicativo*, 2012, v. 8.

bilidade de agentes, que são capazes de falar e agir, construir e utilizar conhecimento, bem como agir racionalmente.[43]

O paradigma da linguagem proposto por Jürgen Habermas abre perspectivas para uma posição de reafirmação da razão crítica. Não é mais uma razão programada, autossuficiente, mas uma razão *comunicativa*, baseada na relação compartilhada entre sujeitos, *linguisticamente mediatizada*. Na racionalidade proposta nesse paradigma, as pessoas envolvidas num processo comunicativo baseiam suas relações na argumentação. A busca da verdade é *processual* ou *procedimentalizada*, a racionalidade é alcançada não em função da busca da verdade objetiva, mas em busca de um processo argumentativo pelo qual se chega a um consenso não imposto de fora, mas acordado pelos protagonistas de uma situação comunicativa.[44]

Na razão comunicativa *a linguagem é o elemento fundante*, pois os sujeitos, antes mesmo de uma relação objetiva com o mundo, já estão dotados da capacidade da linguagem e da ação para relacionar-se com o mundo. A questão da existência humana passa a ser as formas de comunicação – não apenas as ações de fala, mas também ações que promovem o entendimento entre as pessoas, isto é, a ação comunicativa.[45]

Por isso, afirma-se que o conhecimento não pode ter por ênfase a antiga relação sujeito-objeto, mas a relação entre pessoas e proposições. Entretanto, não se trata, apenas, de uma comunicação dialógica baseada no reconhecimento do outro; trata-se de descobrir uma gramática pública, de modo que a linguagem estabelecida entre as pessoas represente a realidade, por meio das justificações daquilo que se afirma e, com isso, que se possa assegurar um entendimento comum e compartilhado dessa realidade. O conhecimento deixa de ser uma relação com os objetos para ser uma *relação social argumentativa*.[46]

Jürgen Habermas rompeu com a tradição da filosofia da consciência especialmente por perceber as limitações dessa abordagem filosófica. Demonstrou

---

43 A reconstrução racional é um conjunto de pressupostos metodológicos que moldam os principais projetos filosóficos do período intermediário de Habermas: a Teoria da Ação Comunicativa, a Ética do Discurso e a Teoria do Discurso do Direito e da Democracia. Reconstruir racionalmente uma prática é transformar o "saber como" implícito dos participantes em "saber que" explícito. Por exemplo, a reconstrução racional da prática cotidiana de comunicação dá acesso não ao conteúdo semântico das declarações particulares do falante, que já é explicitamente conhecido, mas às regras implicitamente conhecidas que o falante segue para comunicar com sucesso. Habermas chama isso de significado "ilocucionário" ou "pragmático" (FINLAYSON, James Gordon; REES, Dafydd Huw. Jürgen Habermas. *In*: *The Stanford Encyclopedia of Philosophy*, cit.).

44 LIBÂNEO, José Carlos. *Do paradigma da consciência ao paradigma da linguagem*, cit., p. 4.

45 LIBÂNEO, José Carlos. *Do paradigma da consciência ao paradigma da linguagem*, cit., p. 4.

46 LIBÂNEO, José Carlos. *Do paradigma da consciência ao paradigma da linguagem*, cit., p. 4.

que essa tradição filosófica não conseguia dar conta das complexidades da vida social e negligenciava a importância da intersubjetividade e da comunicação na formação do conhecimento e na compreensão da realidade. Sua abordagem representou uma mudança significativa em direção a uma filosofia mais orientada para o social, contextual e linguisticamente informada. A crítica ao paradigma da metafísica moderna é clara na seguinte passagem:

> A recepção da teoria weberiana da racionalização pelos autores que pensam na linha de Lukács e de Adorno parece sugerir uma interpretação da racionalização social em termos de reificação da consciência; não obstante, os paradoxos que marcam o caminho de tal estratégia de pensamento impõem outra linha teórica, pois revelam que *esse tema não pode ser trabalhado satisfatoriamente por quem utiliza os conceitos da filosofia da consciência*[47] [grifos nossos].

Ele nega a ênfase na subjetividade, bem como repudia a centralidade da consciência na busca pelo conhecimento e na compreensão do mundo. Segundo Habermas, a filosofia da consciência, ao concentrar-se principalmente na experiência subjetiva individual, enfrenta limitações na compreensão de fenômenos sociais complexos. Ele argumenta que, para uma compreensão mais completa da realidade social, é necessário levar em consideração a dimensão intersubjetiva da experiência.

A tradição da filosofia da consciência tende a enfocar excessivamente a subjetividade individual em detrimento das interações sociais. Habermas, ao contrário, destaca a importância da comunicação e da intersubjetividade na construção do conhecimento e na formação da identidade. Por isso, é tranquilo afirmar que Habermas incorpora a chamada "*virada linguística*", que destaca o papel crucial da linguagem na compreensão do mundo. Sua abordagem é pragmática, pois confere ênfase ao uso prático da linguagem na vida cotidiana e nas interações sociais.

Habermas argumenta que a filosofia da consciência muitas vezes negligencia o contexto social e histórico no qual as experiências individuais ocorrem. Desse modo, busca integrar a dimensão social na análise filosófica, reconhecendo a importância das interações e dos contextos culturais na formação do significado. Sua Teoria do Agir Comunicativo coloca a *comunicação* no centro da teoria social. Destaca que a intersubjetividade, construída por meio da linguagem e da comunicação, é fundamental para a formação de consensos, normas sociais e entendimento mútuo.

---

47 HABERMAS, Jürgen. *Teoria do agir comunicativo*, cit., v. 2, p. 3.

Com a Teoria do Agir Comunicativo, Habermas busca estabelecer critérios para legitimar as ações entre grupos sociais diferenciados por interesses antagônicos. Há também uma crítica à hermenêutica filosófica de Gadamer, pois para Habermas a hermenêutica filosófica proposta por Gadamer – pela qual as concepções do intérprete vão se sobrepondo repetidamente, a caminho da compreensão, em um movimento circular – é incompatível com sua proposta de um agir comunicativo, uma vez que a tradição sempre exercerá influência autoritária no processo comunicativo.[48] A isso se soma o fato de Habermas considerar a linguagem também um meio de dominação e de poder social. Ela serve à legitimação de relações de violência organizada. Na medida em que as legitimações não manifestam a relação de violência, cuja institucionalização possibilitam, e na medida em que isso apenas se exprime nas legitimações, a linguagem também é ideológica.

No sentido acima, Habermas defende que "a reflexão é o ponto central de guinada pragmático-linguística. Ele quer revitalizar a função da razão a partir do diálogo intersubjetivo, partindo da premissa de que a racionalidade se dá por meio da formação de consensos, após a fixação de dissensos".[49] Dessa forma, Habermas defende que somente um afastamento do sujeito-intérprete do objeto interpretado permitiria a inserção da razão crítica no processo hermenêutico, uma vez que ela apresenta critérios de depuração da tradição e dos preconceitos.

Ao reconhecer as insuficiências do paradigma da consciência, Habermas afirma que, "hoje em dia, o problema da linguagem substituiu o problema da consciência",[50] ou seja, a ciência deve questionar de que forma a linguagem pode contribuir de forma significativa para as questões centrais da sociedade. Daí por que o filósofo chama a atenção para a necessidade de centralização da linguagem e da comunicação. E é justamente a remodelação da linguagem que será um dos pontos principais da teoria habermasiana. Tanto é que no modelo proposto na teoria do agir comunicativo o alcance do entendimento mútuo se dá por intermédio da linguagem, em um processo discursivo, que é considerado um mecanismo que coordena a ação entre indivíduos.

A Teoria do Agir Comunicativo lança três conceitos fundamentais e interconectados para compreender a dinâmica social e a formação da razão comunicativa: a racionalidade da ação, a racionalização social e a crítica da razão funcionalista. Em todas essas vertentes há um ataque à filosofia da consciência pela forma como vê a linguagem e a ação em termos de uma relação entre um sujeito

---

48 GUIA NETO, Marcos Luiz dos Mares. *Hermenêutica filosófica e jurisdição democrática:* breve crítica ao substancialismo, à luz do debate Gadamer-Habermas, 2013, p. 200.

49 GUIA NETO, Marcos Luiz dos Mares. *Hermenêutica filosófica e jurisdição democrática,* cit., p. 201.

50 HABERMAS, Jürgen. *Legitimation crisis,* 1988, p. 8.

e um objeto, ou seja, em uma perspectiva de razão instrumental e de reificação do sujeito. Nos tópicos seguintes o livro explora cada uma dessas ideias.

Racionalidade da ação, racionalização social e crítica da razão funcionalista

Uma das bases para compreensão da Teoria do Agir Comunicativo é a compreensão de "racionalidade da ação". Nesse ponto, Habermas delimita o conceito de ação humana e oferece condições ou pressupostos para que tal ação seja *racional* ou *racionalizada*. Isso porque, insista-se, uma das colunas da Teoria é justamente a ideia de racionalidade da ação. Ao oferecer a tipologia das ações humanas, Habermas apresenta quatro modelos de ações diferentes: 1) *agir teleológico*, subdividido em *ação* ou *agir instrumental* e *ação* ou *agir estratégico*; 2) *agir regulado normativamente*; 3) *agir dramatúrgico*; e 4) *ação* ou *agir comunicativo*.[51] Ainda, oferece outra tipologia que divide o agir no eixo horizontal – em agir orientado para o sucesso e agir orientado para o consenso – e no eixo vertical entre *agir não social* (*individual*) e *agir social*, de acordo com o seguinte quadro:[52]

Quadro 1 Tipos de agir segundo Habermas

Situação da ação	Orientação da ação	
	Orientada para o sucesso ou êxito	Orientada para o consenso
Não social ou individual	Agir instrumental	–
Social	Agir estratégica	Agir comunicativa

Fonte: elaboração própria.

Habermas contrasta a ação comunicativa com a ação instrumental, que ele considera uma ação pela qual os agentes selecionam os melhores ou únicos meios para atingir os fins dos agentes. Ele interpreta a ação estratégica como uma variante social da ação instrumental, por meio da qual os agentes procuram influenciar outros agentes, a fim de alcançar seus fins, muitas vezes (embora nem sempre) através do meio da linguagem. Habermas assume que toda ação é racional. Mas diferentes tipos de ação envolvem diferentes tipos de racionalidade – instrumental e comunicativa. Ele também admite que toda ação é amplamente teleológica, mas afirma que, enquanto as ações instrumentais e estra-

51 HABERMAS, Jürgen. *Teoria do agir comunicativo*, cit., v. 1, p. 163-166.
52 HABERMAS, Jürgen. *Teoria do agir comunicativo*, cit., v. 1, p. 495.

tégicas são orientadas para o sucesso, a ação comunicativa é orientada para o consenso ou para alcançar o entendimento/acordo.[53]

Ele tende a assumir que toda ação instrumental e estratégica é uma ação egocêntrica e monológica, na qual os agentes visam alcançar os fins desejados, e que perseguem esses fins individualmente, e não em concertação com outros. Essas suposições são trazidas à tona quando ele contrasta a ação instrumental e estratégica com a ação comunicativa, pela qual as ações dos agentes envolvidos são coordenadas não através de cálculos egocêntricos de sucesso, mas de atos de compreensão.[54]

De igual modo, também assume que os agentes que atuam estrategicamente alcançam seus objetivos influenciando os outros. Ele permite que os atores estratégicos cooperem, mas afirma que a cooperação estratégica está sempre subordinada à satisfação dos próprios fins individuais (egocêntricos) dos agentes. O sucesso na ação depende também de outros atores, cada um dos quais orientado para seu próprio sucesso, e comporta-se de forma cooperativa apenas na medida em que isso se ajusta a seu cálculo egocêntrico de utilidade.

Habermas também assume que, ao agir estrategicamente, um agente adota uma atitude objetivadora em relação aos outros. Os atores estratégicos coordenam suas ações com os outros, tentando influenciá-los ou manipulá-los.[55] Em Habermas, o efeito correlato entre *sujeito* e *objeto* é mediado pelo *agir teleológico*, ou seja, orientado apenas a um fim, sem outras preocupações. Já o efeito correlato entre o *sujeito* e os *outros sujeitos* é mediado pelo *agir comunicativo*.[56] Nesse sentido:

> Quando partimos do uso não comunicativo do saber proposicional em ações orientadas por um fim, tomamos uma decisão prévia em favor do conceito de racionalidade cognitivo-instrumental, que, por meio do empirismo, marcou fortemente a autocompreensão da modernidade. Ele traz consigo conotações de uma autoafirmação exitosa, que se vê possibilitada pela adaptação

---

53 FINLAYSON, James Gordon; REES, Dafydd Huw. Jürgen Habermas. *In*: *The Stanford Encyclopedia of Philosophy*, cit.

54 FINLAYSON, James Gordon; REES, Dafydd Huw. Jürgen Habermas. *In*: *The Stanford Encyclopedia of Philosophy*, cit.

55 FINLAYSON, James Gordon; REES, Dafydd Huw. Jürgen Habermas. *In*: *The Stanford Encyclopedia of Philosophy*, cit. Muitos críticos salientaram que não é verdade que os agentes que agem instrumental ou estrategicamente devam agir de maneira egoísta ou monológica, de modo que sejam incapazes de formas estáveis de cooperação. Essas suposições parecem ser importadas das teorias de ação "tradicionais" tal como Habermas as entende. As suposições não só exigem uma justificação independente como são incidentais à distinção básica que Habermas está tentando estabelecer.

56 HABERMAS, Jürgen. *Teoria do agir comunicativo*, cit., v. 1, p. 42.

> inteligente às condições de um meio contingente e pela disposição informada dessas mesmas condições. Nós, ao contrário, ao adotar como ponto de partida o emprego comunicativo do saber proposicional em ações de fala, tomamos uma decisão prévia em favor de outro conceito de racionalidade, filiado a noções mais antigas do *lógos*. Esse conceito de *racionalidade comunicativa* traz consigo conotações que, no fundo, retrocedem à experiência central da força espontaneamente unitiva e geradora de consenso própria à fala argumentativa, em que diversos participantes superam suas concepções inicialmente subjetivas para então, graças à concordância de convicções racionalmente motivadas, assegurar-se ao mesmo tempo da unidade do mundo objetivo e da intersubjetividade de seu contexto vital.[57]

A razão, segundo Habermas, pode ser *instrumental* ou *comunicativa*. Sua teoria critica a primeira e incorpora a segunda como condição possibilitadora e legitimadora das interações sociais. Enquanto a razão *instrumental* se concentra na eficiência e nos meios pragmáticos para atingir objetivos específicos, a razão *comunicativa* busca um entendimento mais amplo, envolvendo considerações éticas, normas compartilhadas e consenso na esfera pública.

A racionalidade da ação está associada à ideia de que as ações humanas são guiadas por objetivos e motivadas pelo desejo de compreensão mútua. É por meio da linguagem e da comunicação que os sujeitos buscam coordenar suas ações e alcançar entendimento. A capacidade de argumentação e a busca por consenso racional são fundamentais nesse processo. Habermas destaca a importância da intersubjetividade, na qual os sujeitos compartilham significados e normas na busca por uma compreensão mútua.

É importante notar a distinção entre *agir estratégico* (ideias de racionalidade instrumental, razão funcionalista, agir teleológico e razão instrumental) e *agir comunicativo* (ideias de racionalidade comunicativa, agir comunicativo e razão comunicativa), pois se trata de um dos eixos da Teoria do Agir Comunicativo. Esses conceitos representam duas formas diferentes de orientação para a ação humana.

O *agir estratégico* prioriza os meios e fins, na medida em que envolve a busca de meios eficientes para alcançar fins desejados. É uma forma de ação orientada para objetivos específicos, na qual a eficácia na realização dos objetivos é o principal critério de avaliação. A "razão funcionalista" refere-se a uma abordagem na qual a racionalidade é compreendida predominantemente em termos de eficiência e funcionalidade na consecução de objetivos práticos. O agir estratégico, portanto, parte de uma *racionalidade instrumental*, é dizer, a

57 HABERMAS, Jürgen. *Teoria do agir comunicativo*, cit., v. 1, p. 36.

racionalidade associada ao agir estratégico é predominantemente instrumental. As ações são guiadas pela lógica da eficiência, calculando os meios mais eficazes para atingir determinados fins. No agir estratégico, o consenso mútuo é prejudicado, pois esse tipo de ação envolve a consideração de interesses específicos, gerando uma dinâmica de competição e conflito, especialmente quando diferentes atores buscam objetivos contrapostos.

Por sua vez, o agir comunicativo tem por foco a compreensão mútua e o consenso. As ações são orientadas para a coordenação social e para a construção compartilhada de significados. Nega-se a *racionalidade instrumental* e adota-se uma *racionalidade comunicativa*, pautada na troca de razões e argumentos para alcançar um entendimento compartilhado, não apenas a eficiência na consecução de objetivos. Outrossim, o agir comunicativo centra-se na ideia de *esfera pública*, na qual os participantes podem se envolver em diálogos abertos e deliberativos para buscar consenso em relação a normas e valores compartilhados. Nesse sentido, convém trazer a diferenciação entre agir estratégico e agir instrumental nas palavras do próprio Habermas:

> O modelo do agir *racional-teleológico* toma como ponto de partida que o ator está orientado em primeira linha pela consecução de um fim estabelecido de maneira bastante exata, segundo propósitos claros; de acordo com esse modelo, o ator escolhe os meios que lhe pareçam apropriados em uma dada situação e calcula outras consequências de ação, que pode prever como se fossem condições secundárias do êxito almejado. [...] Chamamos de *instrumental* uma ação orientada pelo êxito quando a consideramos sob o aspecto da observância das regras técnicas da ação e quando avaliamos o grau de efetividade de uma intervenção segundo uma concatenação entre estados e acontecimentos; chamamos tal ação de *estratégica* quando a consideramos sob o aspecto da observância de regras de escolha racional e quando avaliamos o grau de efetividade da influência exercida sobre as decisões de um oponente racional. [...] De outra parte, falo ainda de ações comunicativas quando os planos de ação dos atores envolvidos são coordenados não por meio de cálculos egocêntricos do êxito que se quer obter, mas por meio de atos de entendimentos[58] [grifos no original].

Como se nota, no agir estratégico, os critérios principais são eficácia e eficiência na realização de objetivos. No agir comunicativo, os critérios incluem compreensão mútua, consenso e validade normativa. O agir estratégico envolve interações em que os participantes veem uns aos outros como obstáculos ou

58 HABERMAS, Jürgen. *Teoria do agir comunicativo*, cit., v. 1, p. 495-496.

meios para atingir seus próprios fins. O agir comunicativo implica interações caracterizadas por uma busca mútua de entendimento. O agir estratégico não tem potencial para equalizar os interesses individuais ou de grupos. O agir comunicativo é mais propício ao estabelecimento de normas compartilhadas em contextos mais amplos, como a esfera pública. Ambos os tipos de agir desempenham papéis na vida cotidiana, mas a teoria do agir comunicativo de Habermas destaca a importância de equilibrar essas formas de ação para uma sociedade mais justa e democrática.

No modelo de ação habermasiano, a comunicação sistematicamente distorcida, ou seja, não racional ou não comunicativa, é vista como uma patologia da comunicação, pois está concebida como sendo o resultado da confusão entre ações orientadas ao entendimento mútuo e ações orientadas ao sucesso dos interesses privados do agente. Já na ação social por meio de uma pragmática formal, cuja interação é mediada pela linguagem, as ações sociais incorporam tipos diferentes de conhecimento e, portanto, são suscetíveis a *processos de racionalização.*

Em Habermas "a teoria da argumentação ganha significado especial, porque é dela a tarefa de reconstruir os pressupostos e condições formal-pragmáticos de *um comportamento explicitamente racional*"[59] (grifos nossos). Propõe-se, então, uma teoria da racionalidade a partir da qual se busca estabelecer os requisitos formais ou condições de racionalidade da comunicação em clara oposição aos pressupostos metafísicos baseados em "esperanças ontológicas [...] materialmente substanciais sobre a natureza".[60] Outrossim, em Habermas o uso da expressão "racional" tem por pressuposto a relação entre racionalidade e saber, de modo que a estrutura do saber é proposicional, ou seja, opiniões podem ser representadas explicitamente sob a forma de enunciados.

Alinhado à perspectiva acima, Habermas lança a seguinte indagação: "o que significa, afinal, comportar-se 'racionalmente' em determinada situação? E, se suas exteriorizações podem ser consideradas 'racionais', o que isso quer dizer?".[61] E responde:

> A relação estreita entre saber e racionalidade permite supor que a racionalidade de uma exteriorização depende da confiabilidade do saber nela contido. Consideremos dois casos paradigmáticos: uma asserção, com a qual A expressa determinada opinião com intenção comunicativa, e uma intervenção no mundo, orientada para um fim, com a qual B persegue determinado obje-

---

59 HABERMAS, Jürgen. *Teoria do agir comunicativo,* cit., v. 1, p. 21.
60 HABERMAS, Jürgen. *Teoria do agir comunicativo,* cit., v. 1, p. 21
61 HABERMAS, Jürgen. *Teoria do agir comunicativo,* cit., v. 1, p. 32.

> tivo. Ambos os casos corporificam um saber falível; ambos são tentativas que podem fracassar. As duas exteriorizações, a ação comunicativa e a teleológica, podem ser criticadas. Um ouvinte pode contestar que a asserção proposta por A seja verdadeira; um observador pode contestar que a ação executada por B tenha êxito. Nos dois casos, a crítica refere-se a uma pretensão que os sujeitos em ação vinculam necessariamente a suas exteriorizações, desde que estas sejam intencionadas enquanto asserções ou ações orientadas para um fim. A necessidade dessa vinculação é de natureza conceitual. Se A não manifesta pretensão de verdade para o enunciado "p" que assevera, e se não manifesta, com isso, sua convicção de que seja possível *fundamentar* esse enunciado em caso de necessidade, então A não propõe asserção alguma. E se B acha que a ação que planeja executar não tem boa expectativa, e se manifesta assim sua convicção de que é possível *fundamentar* a escolha que fez dos meios nas circunstâncias dadas, então B não cumpre ação alguma orientada para um fim, ou seja, não pretende tornar efetivo nenhum objetivo. Assim como A pleiteia verdade para seu enunciado, B pleiteia perspectiva de êxito para seu plano de ação, ou então eficácia para a regra de ação segundo a qual executa esse plano. A eficácia asseverada significa a pretensão de que os meios escolhidos sob determinadas circunstâncias sejam adequados para alcançar o fim proposto. A eficácia de uma ação mantém relação interna com a verdade dos prognósticos condicionados que o plano ou a regra de ação implica. Assim como a "*verdade*" refere-se à existência de estados de coisas no mundo, a "*eficácia*" refere-se a intervenção no mundo, com cujo auxílio se podem criar estados de coisas já existente. Com sua asserção, A refere-se a algo que de fato *ocorre* no mundo objetivo, ao passo que B, com sua atividade finalista, refere-se a algo que *deve ocorrer* no mundo objetivo. Ao fazer isso, ambos manifestam, com suas exteriorizações simbólicas, ***pretensões* que podem ser criticadas e defendidas**, ou seja, ***fundamentadas*. A racionalidade de suas exteriorizações pode ser mensurada** pelas relações internas entre o teor de significado, as condições de validade e as razões que necessariamente precisam ser acrescentadas, seja em prol de sua validade, da verdade do enunciado ou da eficácia da regra de ação[62] [grifos nossos].

A partir da reflexão acima, Habermas sugere que se atribua a racionalidade de uma exteriorização a sua disposição de sofrer críticas e a sua capacidade de se fundamentar. Para ele, "a exteriorização cumpre os pressupostos de racionalidade à medida que concretiza o saber falível: com isso, ela faz referência ao mundo objetivo, ou seja, mantém relação com os fatos e permanece acessível

---

62 HABERMAS, Jürgen. *Teoria do agir comunicativo*, cit., v. 1, p. 32-34.

a um julgamento objetivo".[63] Por isso, "quanto melhor se puder fundamentar a pretensão de eficiência ou de verdade proposicional associada a elas, tanto mais racionais elas serão".[64]

O próprio Habermas afirma que "a ideia do resgate discursivo de pretensões de validade tem um papel central na teoria do agir comunicativo".[65] Nesse sentido, o uso não comunicativo do saber proposicional em ações orientadas por um fim representa a criticável *racionalidade cognitivo-instrumental*, típica do empirismo metafísico que marcou a autocompreensão da modernidade. Porém, a teoria habermasiana propõe e adota como ponto de partida o emprego comunicativo do saber proposicional em ações de fala. Essa ideia de *racionalidade comunicativa* é condição que propicia a força espontaneamente unitiva e geradora de consenso próprio à fala argumentativa, como afirmado linhas acima, em que diversos participantes superam suas concepções inicialmente subjetivas para então, graças à concordância de convicções racionalmente motivadas, assegurar-se ao mesmo tempo da unidade do mundo objetivo e da intersubjetividade de seu contexto vital.[66]

A racionalidade das exteriorizações também permite que tentativas proposicionais fracassadas sejam *explicadas*, o que se alinha ao pressuposto central de racionalidade: exteriorizações que possibilitem que pretensões sejam fundamentadas e criticadas. Nesse sentido "exteriorizações racionais, em virtude da possibilidade de serem criticadas, são também passíveis de correção: podemos corrigir tentativas malsucedidas quando logramos identificar os erros que nos tenham passado despercebidos".[67]

Atos, pretensões e, enfim, o agir em sociedade deve ser racional, ou seja, sustentar-se sobre *razões* comunicadas e racionalizadas. Foi mencionado que em Habermas "a teoria da argumentação ganha significado especial, porque é dela a tarefa de reconstruir os pressupostos e condições formal-pragmáticos de um comportamento explicitamente racional".[68] As premissas teóricas expostas são suficientes para entender a razão pela qual Habermas concebe a argumentação como "um prosseguimento reflexivamente direcionado do agir que se orienta por outros meios ao entendimento [...] um procedimento [...] uma forma de interação especialmente regulamentada".[69] A argumentação, portanto, tem o papel de servir como processo de entendimento discursivo.

---

63 HABERMAS, Jürgen. *Teoria do agir comunicativo*, cit., v. 1, p. 34.
64 HABERMAS, Jürgen. *Teoria do agir comunicativo*, cit., v. 1, p. 34.
65 HABERMAS, Jürgen. *Teoria do agir comunicativo*, cit., v. 1, p. 34.
66 HABERMAS, Jürgen. *Teoria do agir comunicativo*, cit., v. 1, p. 36.
67 HABERMAS, Jürgen. *Teoria do agir comunicativo*, cit., v. 1, p. 49.
68 HABERMAS, Jürgen. *Teoria do agir comunicativo*, cit., v. 1, p. 21.
69 HABERMAS, Jürgen. *Teoria do agir comunicativo*, cit., v. 1, p. 61.

Nessa perspectiva, "as argumentações tornam possível um comportamento considerado racional em um sentido peculiar, qual seja o aprendizado a partir de erros explícitos".[70] Ao contrário do que ocorria nas tradições metafísicas, em que a lógica da argumentação era uma lógica meramente formal, em Habermas a lógica da argumentação não mais se refere a meras concatenações de raciocínio entre unidades semânticas (proposições), mas a relações internas, inclusive não dedutivas, entre unidades pragmáticas (ações de fala) das quais os argumentos se compõem.[71] Em síntese, Habermas assim resume seu pensamento:

> Entendemos racionalidade como uma disposição de sujeitos capazes de falar e agir. Ela se exterioriza nos modos de comportamento para os quais, a cada caso, subsistem boas razões. Isso significa que exteriorizações racionais são acessíveis a um julgamento objetivo – o que vale para todas as exteriorizações simbólicas que estejam ligadas ao menos implicitamente a pretensões de validade (ou a pretensões que mantenham uma relação interna com uma pretensão de validade passível de crítica). Toda checagem explícita de pretensões de validade controversas demanda uma forma ambiciosa e precisa de comunicação que cumpra os pressupostos de argumentação.[72]

A citação de Habermas destaca a mudança na concepção de racionalidade, enfatizando não apenas a lógica das proposições, mas também as relações pragmáticas nas ações de fala. Se antes a lógica da argumentação estava muitas vezes vinculada a concatenações de raciocínio entre proposições, agora se destaca que a lógica da argumentação vai além das proposições, envolvendo a análise das relações pragmáticas nas ações de fala. Ou seja, não é apenas sobre o que é dito, mas como é dito e como as ações de fala se relacionam entre si.

Outrossim, antes a racionalidade era associada a argumentos lógicos ou processos de pensamento. Por sua vez, Habermas redefine racionalidade como uma disposição de sujeitos capazes de falar e agir. Isso implica que a racionalidade é expressa não apenas em argumentos lógicos, mas também nas ações de fala e comportamentos associados. Sua racionalidade vai além da que se relaciona a argumentos com bases lógicas. Habermas afirma que exteriorizações racionais são comportamentos para os quais subsistem boas razões. Ou seja, a racionalidade se manifesta em ações que são fundamentadas em boas razões, indo além da lógica formal.

---

70 HABERMAS, Jürgen. *Teoria do agir comunicativo*, cit., v. 1, p. 57.
71 HABERMAS, Jürgen. *Teoria do agir comunicativo*, cit., v. 1, p. 58.
72 HABERMAS, Jürgen. *Teoria do agir comunicativo*, cit., v. 1, p. 56.

Por exemplo, é possível considerar a hipótese de um debate público sobre alteração na legislação trabalhista. Um argumento lógico, na abordagem tradicional, poderia ser proposto da seguinte forma: "As alterações propostas nas leis trabalhistas aumentarão a flexibilidade e incentivarão a criação de empregos". Nessa proposição, a ênfase está em um argumento lógico, baseado em uma premissa e uma conclusão. No entanto, a abordagem tradicional pode negligenciar outros aspectos importantes, como as implicações sociais e o impacto nas condições de trabalho. A abordagem comunicativa com exteriorização racional de Habermas pressupõe ações de fala e exteriorizações racionais, tais como, por exemplo, *debates públicos*, nos quais se promoverá o engajamento com diferentes perspectivas e fundamentações. Trabalhadores, sindicatos e especialistas participariam de tais ações para expressarem suas visões; *apresentação de evidências científicas*, com apresentação de dados, estudos e exemplos reais que destacam os possíveis efeitos das alterações propostas nas condições de trabalho etc.

Nesse contexto, a lógica da argumentação vai além de meras proposições lógicas. A racionalidade é expressa nas ações de fala, como participar de diálogos públicos, apresentar evidências e considerar as experiências práticas dos envolvidos. A análise pragmática inclui a forma como os participantes se engajam na comunicação, considerando não apenas as proposições lógicas, mas também as experiências, contextos e intenções por trás das ações de fala. Essa abordagem habermasiana busca uma compreensão mais holística e contextualizada das proposições.

É com base nos fundamentos até aqui expostos que Habermas formula sua *crítica à razão funcionalista*. A razão funcionalista ou instrumental refere-se a uma abordagem na qual a racionalidade é compreendida predominantemente em termos de eficiência e funcionalidade na consecução de objetivos práticos. Essa perspectiva valoriza a instrumentalidade da razão, focando os meios eficazes para atingir fins desejados, sem necessariamente considerar questões éticas ou normativas mais amplas.

A avaliação da racionalidade é baseada exclusivamente na capacidade de atingir resultados práticos. Como a razão funcionalista está orientada para objetivos específicos, as ações são consideradas racionais na medida em que contribuem efetivamente para a realização desses objetivos. A abordagem funcionalista também adota uma perspectiva utilitária, priorizando a maximização da utilidade ou o alcance de resultados desejados, mesmo que isso envolva sacrificar outros valores. A racionalidade é, de igual modo, associada à lógica do sistema técnico e econômico, na qual a eficiência técnica na consecução de metas práticas é valorizada.

A crítica à razão funcionalista destaca exatamente sua limitação ética ao argumentar que a proeminência na eficiência pragmática pode levar à negligência de considerações éticas e sociais mais amplas, razão pela qual Habermas destaca em sua teoria a importância de uma abordagem mais ampla, que inclua a dimensão comunicativa e normativa da ação humana. Desse modo, como se procurou demonstrar nas linhas acima, a Teoria do Agir Comunicativo tem como ponto de partida a racionalidade da ação, descrevendo como os indivíduos devem agir em busca de entendimento mútuo. Na racionalização social, Habermas amplia essa ideia para o nível social, destacando como as normas e valores são construídos e revisados por meio da comunicação pública. Por fim, na crítica da razão funcionalista, questiona a abordagem que reduz a racionalidade à eficiência, argumentando a favor de uma visão mais abrangente que leve em conta a dimensão comunicativa e emancipatória. Esses conceitos estão interligados na Teoria do Agir Comunicativo, formando uma base para a compreensão da ação humana, da construção social de normas e da crítica às abordagens unilaterais de racionalidade.

Fenomenologia comunicacional e racionalidade da comunicação

Na Teoria do Agir Comunicativo, Habermas procura, muito além de traçar uma teoria social, teorizar a própria comunicação. Embora a teoria da ação comunicativa seja concebida para responder a questões da teoria social, Habermas também a considera uma contribuição para a teoria do significado. E não poderia ser diferente, na medida em que a linguagem é a fundamentação da racionalização do agir comunicativo. É por isso que Habermas afirma que sua teoria pretende identificar os "pressupostos gerais de comunicação" ou "pressupostos gerais de ação comunicativa".[73]

Na diretriz acima, em seu diagnóstico sobre a sociedade, Habermas entende que a desagregação e erosão sociais são causadas por falhas na estrutura comunicacional humana. Refere-se a essa realidade como o "desacoplamento do mundo da vida" ou "o reino da vida comunicativa cotidiana". Uma das razões é a destruição de suas estruturas comunicativas humanas tradicionais ou da maneira como as pessoas se expressam e comunicam suas ideias dentro estrutura social. Em suma, a comunicação resta distorcida. Outro motivo é o impacto na intersubjetividade, que tem íntima relação com a comunicação, ou seja, na forma como os indivíduos se relacionam entre si, especialmente no que diz respeito ao estabelecimento de compreensão mútua entre si.

Neste tópico, é de bom tom trazer algumas considerações etimológicas acerca da palavra "comunicação", pois tal abordagem é de grande valia para compreensão da explicabilidade e justificabilidade das ações. A palavra "comunicação" deriva do latim *communio*, que por sua vez também deu origem às

---

73 HABERMAS, Jürgen. *Racionalidade e comunicação*, 1996, p. 9.

palavras "comunidade", "comum", "comutar", "comunhão", "comungar", dentre outras. Quanto a estas duas últimas palavras, importante lembrar que estar em "comunhão" com Deus significa com Ele poder se comunicar. No grego, "comunhão" é *koinonía* – κοινωνία –, que, por sua vez, deu origem à expressão em latim *communio*. Nota-se uma origem etimológica ligada ao sagrado.

Na lexografia, a obra *Vocabulario portuguez e latino*, publicada entre 1712 e 1728 e organizada por Raphael Bluteau, informa que *"commum" é o que pertence a muitos, público, sabido de todos*. Todas as demais palavras derivadas do latim *communio* têm esse mesmo sentido. *Comunidade*, no sentido de vivência em comum; *comutar*, no sentido de trocar algo (no caso, informação ou conhecimento); *comunhão*, no sentido de união, diálogo e comunicação com Deus, ou seja, "a união que cada um de nós tem com Cristo, temos todos entre nós, e é união comum"; e, por fim, *comunicação* e *comunicar*, no sentido de comunicar alguma coisa a alguém, ou seja, fazer ou tornar comum.[74] O dicionário ainda coloca no mesmo campo semântico de "*comunicação*" as palavras "contaminação" e "conselho", o que faz todo o sentido, pois *contagiar* ou *contaminar* é tornar comum, e conselho é o local onde se discute, *em comum*, algum assunto.

A ideia de racionalidade da comunicação em Habermas tem, portanto, forte ligação com a etimologia da palavra "comunicação". O agir será *comunicativo* quando racionalmente motivado por meio da linguagem argumentativa. Logo, o agir comunicativo é aquele que *torna comuns* suas pretensões de validade, que, *compartilhadas*, possibilitam o *consenso*, ou seja, o entendimento *comum*. Um comportamento explicitamente racional é, portanto, comunicacional e não estratégico ou instrumental. Em Habermas, a razão, antes separada do outro, agora se *comunica*. Os fundamentos, antes ocultos, agora se tornam *comum*. Os comportamentos ou ações agora são *discursivos*, ou seja, manifesta-se a incorporação de comportamentos na forma de *discursos* racionalmente orientados.

Essa *concepção comunicativa da racionalidade* é decorrente da análise que Habermas faz da indissociável relação entre linguagem e razão, pois é na análise da linguagem que sua teoria situa a racionalidade comunicativa, e é por intermédio da comunicação que o homem pode estabelecer relações reflexivas com o mundo e diante do mundo. A teoria da comunicação ou da linguagem de Habermas é *pragmática*, ou seja, prática. Isso porque, em Habermas, o termo *pragmática* refere-se ao estudo das relações entre a linguagem e o contexto em que ela é usada, sobretudo o impacto da linguagem nas interações sociais. A dimensão pragmática da linguagem habermasiana refere-se a seu uso para coordenar ações sociais, argumentar, negociar significados e, enfim, buscar consenso.

---

74 BLUTEAU, Rafael. *Vocabulario portuguez e latino*, 1712 a 1728.

Nesse sentido, pode-se dizer que a comunicação pragmática de Habermas é, acima de tudo, fenomenológica, na linha empregada por Edmundo Husserl.[75] Assim como em Husserl, o agir comunicativo ressalta os aspectos ético-existenciais na experiência comunicacional. Para a fenomenologia, a comunicação é um fenômeno-base da existência humana, ou seja, como estrutura geral do sistema de orientação das relações humanas, e por isso o objetivo de uma fenomenologia da comunicação é a análise e a representação das camadas e instâncias fundamentais do fenômeno comunicativo.[76] Nesse sentido:

> A proposta fenomenológica da comunicação, mais fortemente disseminada da década de 1970, buscou denunciar a insuficiência das teorias informacionais e comunicacionais dominantes (principalmente as oriundas da matemática e da cibernética), acusadas de reduzirem a comunicação à linguagem, ao signo e ao código, como uma forma pronta para simbolização de qualquer conteúdo, e que não dariam conta da situação da chamada cultura comunicacional. Na concepção mais abrangente, o termo fenomenologia da comunicação delineia todas as abordagens apoiadas nas teorias e métodos fenomenológicos de fenômenos considerados geralmente como comunicacionais.[77]

Porém, ao teorizar a comunicação, Habermas foi significativamente influenciado por algumas teorias que merecem destaque e que serviram de colunas para a proposta teórica do agir comunicativo baseado na racionalidade da ação. A primeira coluna vem do modelo de *órganon* de linguagem, proposto por Karl Bühler, segundo o qual a linguagem é triádica, com três funções correspondentes respectivamente ao mundo objetivo, ao ouvinte e ao falante: uma *função cogni-*

---

75 Para Husserl, o fenômeno da comunicação é a interação entre pessoas no mútuo reconhecimento de uma influência recíproca. Ele só ocorre quando o outro deixa de ser objeto do meu mundo circundante e irrompe como outro sujeito que não está apenas diante de mim, mas que está comigo numa interação pela qual em conjunto nos referimos a um mundo comum. Como Husserl observa logo em seguida, "o mundo circundante que se constitui na nossa experiência dos outros, na compreensão recíproca e no acordo, é o mundo comunicativo". O mundo comunicativo não é um mundo "para mim" ou para outrem, mas precisamente um mundo partilhado ou mundo "para todos nós". Ele supõe a experiência intersubjetiva, o mútuo reconhecimento e a referência conjunta a um mundo comum de objetividades naturais e sociais. No quadro de uma fenomenologia do espaço comunicacional e a fim de surpreender esse aparecimento originário do outro não como objeto do meu mundo, mas como cossujeito de um mundo comum, o elemento capital é a linguagem (ALVES, Pedro M. S. Husserl: teoria do sentido e comunicação, 2003, p. 134).

76 ALVES, Pedro M. S. Husserl, cit., p. 134

77 NASCIMENTO, Maurício Augusto Pimentel Liesen. *Excommunicatio*: ensaio para uma teoria negativa da comunicação, 2014, p. 86.

tiva, de representação de um estado de coisas; a *função expressiva*, de cientificação de vivências; e, a *função apelativa*, de exortações dirigidas aos destinatários.[78]

A segunda coluna estriba-se na Teoria dos Atos de Fala, de John Langshaw Austin (1911-1960), posteriormente desenvolvida por John Searle (1932 até o presente).[79] A terceira coluna é a Teoria do Significado, de Michael Dummett (1925-2011).[80] Por fim, o quarto alicerce está em Wilhelm von Humboldt, no qual Habermas encontra a principal fonte de sua teoria de linguagem.[81] Não é o objetivo deste trabalho a diluição de cada uma das referidas teorias. Mas vale a pena colacionar alguns apontamentos sobre a influência de Humboldt e a classificação dos atos de fala proposta por Austin. Esses pilares formam a base do que Habermas chama de "pragmática formal" ou teoria pragmática do significado.

A obra de Humboldt destaca a distinção entre três funções de linguagem: a *função cognitiva*, de formar pensamentos e representar fatos; a *função expressiva*, de manifestar emoções e despertar sentimentos; e a *função comunicativa*, de falar, levantar objeções e chegar a um entendimento. No pensamento de Humboldt já há a superação da tradicional e limitada concepção da linguagem como mero meio de exteriorização linguística do pensamento. Em Humboldt, a linguagem é elemento constitutivo do pensamento e do conhecimento, e, na linguagem kantiana, condição de possibilidade tanto da objetividade do mundo dos fatos quanto da intersubjetividade do mundo social das normas comunicativamente estabelecidas.[82]

Outro ponto de destaque na teoria de Humboldt é a diferenciação entre uma análise semântica e uma análise pragmática. Nessa linha, "é preciso compreender as diferenças a dimensão cognitivo-semântica e a dimensão comunicativo-pragmática, ou seja, paralelamente a certo particularismo semântico, coloca-se um universalismo da conversação".[83] A partir desse pensamento, Habermas sustenta que, "enquanto uma análise semântica focaliza uma visão de mundo linguística, a análise pragmática se concentra no processo de diálogo, [no sentido de] discursos nos quais interlocutores possam fazer perguntas, dar respostas e levantar objeções".[84]

De igual modo, destaca-se em Humboldt o caráter social da linguagem. O filósofo sustenta que uma linguagem nunca é propriedade privada de um indi-

---

78 HABERMAS, Jürgen. *Teoria do agir comunicativo*, cit., v. 1, p. 479.

79 HABERMAS, Jürgen. *Teoria do agir comunicativo*, cit., v. 1, p. 500.

80 HABERMAS, Jürgen. *Teoria do agir comunicativo*, cit., v. 1, p. 547.

81 HABERMAS, Jürgen. *O discurso filosófico da modernidade*, 2000, p. 196-197.

82 DANTAS, João Marcelo Barbosa Ribeiro. A guinada linguístico-pragmática e a ética do discurso em Habermas, 2022.

83 HUMBOLDT, Wilhelm von. On thought and language, 2009.

84 BANNELL, Ralph Ings. *Habermas e a educação*, 2006, p. 60.

víduo, mas gera uma rede de significados que são intersubjetivamente compartilhados, incorporados na cultura e nas práticas sociais de uma comunidade linguística. Em decorrência, Habermas admite a ideia de Humboldt pela qual "a linguagem é o órgão formativo do pensamento: a interpenetração de linguagem e realidade é tanta que não há nenhum acesso imediato a uma realidade não interpretada para o sujeito cognoscente".[85] Habermas destaca que Humboldt acerta ao não examinar a função cognitiva da linguagem somente pelo ponto de vista semântico, pois em sua pragmática a linguagem é utilizada, de igual modo, para analisar essa função de linguagem. Habermas chama isso de uma "pragmática formal de diálogo, de um diálogo em que há um intercâmbio verdadeiro de ideias e sentimentos. [...] É o papel da pragmática descobrir os aspectos universais do processo de comunicação".[86]

Como asseverado, a análise formal da pragmática da linguagem pode mostrar a relação entre a *função comunicativa* da linguagem e sua *função cognitiva*, pois é no discurso que uma visão de mundo resta colocada em oposição a outras visões, de maneira que se possibilita estender os horizontes de significado de cada participante. No entanto, isso é possível somente "se a forma de diálogo e os pressupostos pragmáticos de discurso puderem incluir um potencial crítico capaz de afetar e mexer no horizonte de um mundo desvendado linguisticamente".[87] Nessa direção, Habermas leciona que o principal objetivo da pragmática formal é o de "reconstruir a competência (*ability*) de falantes adultos de embutir sentenças em relações de realidade de tal maneira que podem assumir as funções pragmáticas gerais de representação e de expressão, e estabelecer relações interpessoais legítimas", ou seja, reconstruir a competência comunicativa de sujeitos capazes de linguagem e ação.[88]

Para construir seus argumentos quanto à pragmática da comunicação Habermas também se valeu da Teoria dos Atos de Fala de Austin e Searle, que distingue atos locucionários, ilocucionários e perlocucionários, no seguinte sentido:

> *Locucionário* ele denomina o teor de sentenças enunciativas ("p") ou de sentenças enunciativas nominalizadas (que "p"). Com atos locucionários o falante expressa estados de coisas; diz algo. Com *atos ilocucionários* o falante executa uma ação ao dizer algo. O papel ilocucionário fixa o *modus* de uma sentença ("M p") empregada como asserção, promessa, comando, confissão etc. Sob condições-padrão, o *modus* é expresso com auxílio de um verbo performativo utilizado na primeira pessoa do presente, ainda que o sentido de ação possa

85 BANNELL, Ralph Ings. *Habermas e a educação*, cit., p. 60.
86 BANNELL, Ralph Ings. *Habermas e a educação*, cit., p. 62.
87 BANNELL, Ralph Ings. *Habermas e a educação*, cit., p. 62.
88 BANNELL, Ralph Ings. *Habermas e a educação*, cit., p. 65.

ser reconhecido em especial no fato de o componente ilocucionário da ação de fala admitir o complemento "com estas palavras": "*com estas palavras te prometo (te ordeno, reconheço diante de ti) que p*". Com *atos perlocucionários*, enfim, o falante almeja desencadear um efeito no ouvinte. Ao executar uma ação de fala, realiza algo no mundo. Os três atos que Austin distingue podem ser caracterizados, portanto, com as seguintes palavras-chave: dizer *algo*; agir *enquanto* se diz algo; realizar algo *por meio de* se estar agindo enquanto se diz algo.[89]

Dito isso, o foco principal de Habermas está nos atos *ilocucionários*, cujos objetivos, em contraste com os atos *perlocucionários*, sempre podem ser manifestados. Por isso Habermas inclui em sua teoria apenas os atos ilocucionários, o que fica claro na seguinte passagem:

> Portanto, incluo no agir comunicativo as interações mediadas pela linguagem nas quais todos os participantes buscam atingir fins ilocucionários, e tão somente fins como esses. Ao contrário, considero agir estratégico mediado pela linguagem as interações em que ao menos um dos participantes pretende ocasionar com suas ações de fala efeitos perlocucionários com que está diante dele.[90]

Habermas justifica sua postura ao afirmar que Austin não distinguiu os dois casos acima como tipos de interação diferentes porque tendia a identificar ações de fala, ou seja, atos de entendimento, com as próprias interações mediadas pela linguagem. Por isso, não percebeu que ações de fala funcionam também como mecanismos de coordenação destinados a *outras* ações.[91] Por exemplo, quando um orador faz uma declaração ou promessa, ele sinaliza ao ouvinte o que está fazendo. O ponto central para a expressão "ilocucionário" por Habermas é que ele identifica e especifica um mecanismo interno supostamente universal pelo qual os falantes realizam seus vários objetivos ilocucionários, ou seja, eles fazem reivindicações de validade para seu enunciado a fim de alcançar a compreensão. Os falantes fazem isso dando uma garantia implícita de que podem, se necessário, apresentar boas razões para seu enunciado. Os ouvintes, por sua vez, são sempre livres para responder com um "sim" ou um "não" a essa afirmação de validade. Quando respondem com um "sim", falante e ouvinte chegam a entendimento ou acordo.[92]

---

89 HABERMAS, Jürgen. *Teoria do agir comunicativo*, cit., v. 1, p. 500-501.
90 HABERMAS, Jürgen. *Teoria do agir comunicativo*, cit., v. 1, p. 510.
91 HABERMAS, Jürgen. *Teoria do agir comunicativo*, cit., v. 1, p. 510.
92 FINLAYSON, James Gordon; REES, Dafydd Huw. Jürgen Habermas. *In*: *The Stanford Encyclopedia of Philosophy*, cit.

Obviamente, conforme esclarece Ralph Ings Bannell, Habermas não está dizendo que todo ato de comunicação resulta em um entendimento mútuo; atos de fala comunicativos podem falhar por várias razões. Além disso, existem atos de comunicação que não são comunicativos, no sentido *habermasiano*, mas estratégicos. No entanto, Habermas insiste que em cada ato de fala orientado ao entendimento essas condições são operativas, ou seja, são presentes como uma força material no ato de comunicação. Para Habermas, "o poder de reflexão que se desdobra na compreensão" necessita de uma análise formal da linguagem, mas é preciso ir além.[93] Assim, há, para Habermas, uma conexão interna entre a compreensão de um enunciado e suas condições de validade. Habermas diz que "a compreensão das expressões linguísticas requer uma orientação sobre as pretensões de validade; [...] uma força motivadora racional é inerente aos processos linguísticos de alcançar o entendimento como tal". Em outras palavras, há uma relação interna entre a compreensão linguística e um entendimento alcançado comunicativamente.[94]

O entendimento das condições que determinam a verdade de uma proposição se fundamenta nas razões que explicam por que essas condições são válidas e se, de fato, são. A prática de justificação, ou seja, a atividade argumentativa, pauta-se na relação intrínseca entre as condições de verdade de uma afirmação e os tipos de razões que podem legitimar uma pretensão de verdade correspondente.

Por fim, importa dizer neste tópico que, das inúmeras fontes bibliográficas consultadas ao longo da pesquisa, apenas algumas trabalharam diretamente a adaptação da teoria crítica da comunicação de Habermas ao campo da inteligência artificial. Em 2022, Khensani Xivuri e Hossana Twinomurinzi publicaram o artigo científico no qual constatam que a ênfase tradicional na justiça nos algoritmos de IA tende a desenvolver padrões justos, embora o campo da IA e seus subcampos avancem rápida e criativamente, o que significa que quaisquer padrões justos de IA poderão igualmente tornar-se rapidamente obsoletos. Como solução, defendem a ênfase em processos justos que sejam adaptáveis às criações e inovações contínuas da IA. Especificamente, entendem pela plena adaptabilidade da teoria crítica da comunicação, o mundo da vida e o significado de Jürgen Habermas para desenvolver uma estrutura de processo para a justiça algorítmica da IA. Segundo os referidos autores, a estrutura envolve regras lógico-semânticas, processuais e performativas que podem ser aplicadas para evitar desequilíbrios de poder e dominação por qualquer entidade ou indivíduo antes, durante e depois do desenvolvimento do algoritmo de IA.[95]

93 BANNELL, Ralph Ings. *Habermas e a educação*, cit., p. 64.

94 BANNELL, Ralph Ings. *Habermas e a educação*, cit., p. 72.

95 XIVURI, K.; TWINOMURINZI, H. A Habermasian approach to fair processes in AI algorithms. *In*: JEMBERE, E. *et al.* (ed.). *Artificial intelligence research*, 2021.

De igual modo, Rodger Kibble[96] sustenta que um caminho para a inteligência artificial explicável também perpassa pela necessária abordagem sobre linguagem e agentes racionais, ou seja, de uma racionalidade discursiva. Em artigo científico, ele examina as diferentes abordagens da racionalidade na filosofia analítica e na IA, sobretudo à luz da proposta do professor José Luis Bermúdez, para quem uma explicação completa da racionalidade deve ter como objetivo explicar como os agentes podem selecionar e explicar ações, bem como avaliá-las em relação a algum padrão normativo. Outrossim, Kibble analisa várias ideias sobre o que constitui um agente racional e discute algumas evidências de que a racionalidade requer três capacidades separadas, embora interligadas: a) capacidade de selecionar ações para atingir algum objetivo, seja maximizando a utilidade ou o raciocínio prático formal; b) capacidade de explicar e prever as próprias ações ou as de outros agentes; c) capacidade de avaliar ações em relação a alguns padrões normativos.

Ao final, Kibble conclui que Habermas é o único que tenta reunir diferentes dimensões da racionalidade dentro de uma explicação unitária e, após examinar brevemente as explicações instrumentais, linguísticas e discursivas da racionalidade, conjectura que a noção de Habermas das "três raízes" da racionalidade epistêmica, teleológica e comunicativa é a que chega mais perto de fornecer uma explicação satisfatória, ou pelo menos ingredientes para tanto. Ainda, que os modelos de comunicação de alguns sistemas de IA contrastam com a ideia de um agente racional em IA, pois estão aquém de um modelo completo de racionalidade e, em particular, não conseguem fornecer uma explicação convincente de comunicação linguística.[97]

O mais interessante é que, embora o estudo de Kibble não faça aportes sobre as tradições filosóficas da metafísica, sobretudo da filosofia da consciência, ele afirma que "os sistemas que consideramos tendem a assumir um modelo egocêntrico de agente dirigida por objetivos, em contraste com as concepções de agente racional de Habermas e Brandom, que postulam um contexto normativo para a ação comunicativa".[98] Cada uma das implementações e formalizações que consideramos acaba por depender de algum mecanismo externo para garantir sua aceitação, tais como normas de sinceridade e cooperatividade ou protocolos de comunicação obrigatórios.

---

96 KIBBLE, Rodger. Communication breakdown? Reasoning about language and rational agents, 2017.

97 KIBBLE, Rodger. Communication breakdown?, cit.

98 KIBBLE, Rodger. Communication breakdown?, cit.

Os pesquisadores Alexander Buhmann e Christian Fieseler[99] também enfatizam a premissa comunicacional dos sistemas. Com base em Habermas, propõem um quadro de trabalho deliberativo e discursivo como condição para o desenvolvimento responsável das tecnologias de IA. O estudo de Buhmann e Fieseler observa que a IA aparentemente desafia esse discurso informado por meio de sua opacidade, ou seja, fracas transparência, explicabilidade e responsabilização. Assim, defendem que uma abordagem deliberativa tem o potencial de promover uma estrutura de inovação responsável em IA, que coloca em primeiro plano princípios discursivos destinados a ajudar a compensar os desafios da opacidade.

Claramente, trata-se de uma abordagem comunicacional, que fica ainda mais evidente quando os autores mencionam que há uma força racionalizadora do verdadeiro envolvimento discursivo, que depende da adesão aos princípios normativos de participação, compreensibilidade, multivocalidade e capacidade de resposta. Porém, tal comunicação somente será efetiva caso se perceba que a gestão responsável da inovação exige o envolvimento público, a inclusão e um discurso informado.

A ideia central defendida é a de que a perspectiva da deliberação é condição para a inovação responsável. Com isso, permite-se o escrutínio público das razões do sistema. Para eles, os desenvolvedores de IA têm o dever de facilitar o aspecto comunicacional do sistema para, ao fim e ao cabo, permitir a compreensão da *ação algorítmica*. Nessa lógica, a deliberação desempenha uma função importante tanto para a justificação epistêmica como para a justificação moral da IA. Com isso, concluem que a incorporação do *agir discursivo* tem o potencial para ajudar em um dos grandes desafios de nosso tempo: a promoção de uma IA sustentável que não seja prejudicial, mas benéfica para a vida humana.[100]

Por fim, Shirley Gregor, Alexander Maedche e Stefan Morana[101] são igualmente entusiastas da incorporação das bases do agir comunicativo à inteligência artificial explicável. Referidos autores também vislumbram a forte conexão entre explicabilidade, linguagem e comunicação. Entendem que a atenção à xAI deve se voltar para o desafio de *como* os sistemas baseados em IA *oferecem explicações* aos usuários. No artigo, demonstram "como uma estrutura de *design* de ação comunicativa pode ser usada para projetar a interface de um sistema baseado em IA para atingir os objetivos desejados". Para eles, "a estrutura de

---

99 BUHMANN, Alexander; FIESELER, Christian. Towards a deliberative framework for responsible innovation in artificial intelligence, 2021.

100 BUHMANN, Alexander; FIESELER, Christian. Towards a deliberative framework for responsible innovation in artificial intelligence, cit.

101 GREGOR, Shirley; MAEDCHE, Alexander; MORANA, Stefan. Communicative action framework for discourse strategies for AI-based systems: the MetTrains application case, 2020.

ação comunicativa é um passo importante no desenvolvimento de teoria para a interação humano-computador com IA, conforme utilizada no domínio dos sistemas de informação".

O estudo dos autores, que ainda está em andamento, demonstra a aplicabilidade de uma nova estrutura de *design* para estratégias de discurso para sistemas baseados em IA. Fornece uma visão geral da estrutura de *design* proposta, que tem cinco princípios de *design* e quatro princípios abrangentes, "com base em uma adaptação da teoria de ação comunicativa de Habermas para o contexto de interação entre humanos e sistemas baseados em IA".[102] Segundo eles, essas ideias de *design* podem formar uma base para um exercício de *design* colaborativo com as partes interessadas para produzir *designs* de protótipos.

PROPOSTA DE UMA TEORIA NORMATIVO-PRAGMÁTICA PARA PREVENÇÃO E MITIGAÇÃO DOS VIESES ALGORÍTMICOS: A TEORIA DO AGIR COMUNICATIVO ALGORÍTMICO

Observou-se nas seções anteriores que a Teoria do Agir Comunicativo proposta por Jürgen Habermas tem por foco a interação humana, cujas condições possibilitadora e legitimadora se dá pela *centralidade da comunicação discursiva, racional e emancipatória*. Ao romper com a tradição da filosofia da consciência – que coloca a subjetividade no centro da reflexão filosófica –, Habermas propôs uma virada linguística que destaca o papel da linguagem como *conditio sine qua non* para uma efetiva comunicação na construção do conhecimento e na formação da identidade social. A intersubjetividade é elemento crucial nessa perspectiva.

Ao evitar o problema da reificação do sujeito, Habermas abre caminho para um conceito comunicacional de racionalidade a partir do qual o sujeito passa a ocupar um lugar especial dentro dos atos de comunicação, sempre com base em uma visão da racionalidade baseada na pragmática da comunicação. A filosofia pós-metafísica de Habermas, então, localiza a verdade no discurso comunicativo e não na mente do sujeito humano individual.

A centralidade comunicacional somente será legítima se tiver por fundamento a *racionalidade* das ações. Por sua vez, a *racionalidade* se manifesta na capacidade de argumentação e entendimento compartilhado entre os participantes da sociedade. A ação deve ser entendida como guiada por objetivos e influenciada por um desejo intrínseco de compreensão mútua. Criticam-se e,

102 GREGOR, Shirley; MAEDCHE, Alexander; MORANA, Stefan. Communicative action framework for discourse strategies for AI-based systems, cit.

portanto, abandonam-se as abordagens reducionistas que negligenciam o papel da linguagem na ação social. Na teoria da competência comunicativa, todas as afirmações estão teoricamente abertas a esse escrutínio crítico.

Na crítica da razão funcionalista combate-se a redução da racionalidade à eficiência meramente instrumental, que negligencia a dimensão comunicativa da ação e subestima a dimensão comunicativa em favor da eficiência técnica. Ao revés, em Habermas a racionalização social ocorre por meio do entendimento mútuo alcançado na comunicação, em contraste com abordagens que priorizam a eficiência técnica (*razão funcionalista* ou *instrumental*). A esfera pública é vista como um espaço vital para a formação de consenso racional.

Habermas também introduz a ideia de uma dimensão emancipatória, na qual a comunicação desempenha papel central na superação de estruturas de dominação e na promoção da autonomia individual e coletiva. A Teoria do Agir Comunicativo é, portanto, não apenas uma teoria da linguagem, mas também uma ferramenta para a crítica social, na medida em que a comunicação autêntica é possibilitadora de uma crítica informada das estruturas sociais injustas, promovendo-se, assim, a autonomia individual e coletiva. Por essas razões, ao considerar o conceito de razão comunicativa, Habermas situa sua teoria "no âmbito de uma teoria reconstrutiva da sociedade".[103]

Com base nas premissas teóricas colocadas neste tópico é que o estudo incorpora ao mundo da inteligência artificial as principais ideias da Teoria do Agir Comunicativo para, com isso, dar vida ao que se resolveu intitular *agir algorítmico comunicativo*. O *agir algorítmico comunicativo* é forjado a partir de uma confluência de saberes oriundos da Filosofia, da Sociologia e do Direito. A pretensão é demonstrar que os sistemas de inteligência artificial, como *agentes* sociais que são, devem incorporar como condição de legitimidade de seus atos um agir comunicativo, em detrimento de ações estratégicas e instrumentais. É o que se passa a demonstrar no item seguinte.

Prelúdio: conceito e natureza sociojurídica dos sistemas de inteligência artificial para tomada de decisão automatizada

A primeira premissa a ser considerada antes de avançar pode ser formulada a partir do seguinte questionamento: "qual a natureza jurídica[104] de um

---

103 HABERMAS, Jürgen. *Direito e democracia*, cit., v. 1, p. 21.

104 Segundo Maurício Godinho Delgado, identificar a natureza jurídica de determinado fenômeno supõe sua precisa *definição* (declaração de sua essência), seguida de sua **classificação** (posicionamento comparativo/enquadramento em um conjunto próximo de fenômenos correlatos). Pela definição se busca a essência do instituto. Definir um fenômeno consiste na atividade intelectual de apreender e desvelar seus elementos componentes e o

sistema de inteligência artificial que produz decisões automatizadas?". A resposta a essa pergunta é de fundamental importância. Em primeiro lugar é preciso oferecer uma definição para *sistema de inteligência artificial*. Em seguida, classificá-la dentro de um conjunto mais próximo de figuras jurídicas. A definição de *sistema de inteligência artificial* não é pacífica. Contudo, a demarcação de seu conceito deve ter como ponto de partida sua estrutura essencial, com seus elementos componentes e o vínculo que os preserva unidos.

Há uma infinidade de definições que podem ser extraídas tanto da doutrina como de propostas legislativas e, até mesmo, de normas já em vigor. Contudo, não se mostra viável no âmbito deste trabalho colacionar as mais variadas definições encontradas. Sobre o tópico, vale ressaltar que no Capítulo 2, *supra*, diversas definições de inteligência artificial foram apresentadas. De todo modo, convém retomar aqui algumas propostas conceituais, pois são indispensáveis para a definição da natureza jurídica de um sistema de IA. Destacam-se ao menos as definições contidas nas propostas de regulamentação brasileira e europeia, bem como as oferecidas pela OECD e pela ISO.

Para uma definição técnica, é adequado usar como referencial dois conceitos encartados na norma NBR ISO 22989:2023, quais sejam, os conceitos de *agente de IA* e de *sistema de IA*. O primeiro é uma "entidade automatizada que detecta e responde ao seu ambiente e toma ações para atingir seus objetivos". Já o segundo é um "sistema desenvolvido que terá saídas como conteúdo, previsões, recomendações ou decisões para um determinado conjunto de objetivos definidos pelo homem". A norma adiciona a informação de que "os sistemas de IA são projetados para operar com diferentes níveis de automação".[105] Os conceitos apresentados pela ISO são interconectados e, em certa medida, se imiscuem.

---

nexo lógico que os mantém integrados. Assim, definição é a declaração da estrutura essencial de determinado fenômeno, com seus integrantes e o vínculo que os preserva unidos. Já pela classificação se busca o posicionamento comparativo do instituto em relação aos demais que lhe são correlatos. E a soma da definição com a classificação forma a equação básica que resulta na natureza jurídica do instituto. Em síntese, encontrar a natureza jurídica consiste em apreender os elementos fundamentais que integram sua composição específica, contrapondo-os, em seguida, ao conjunto mais próximo de figuras jurídicas, de modo a classificar o instituto. É atividade lógica de classificação, pela qual se integra determinada figura jurídica no conjunto mais próximo de figuras existentes no universo do direito mediante a identificação e o cotejo de seus elementos constitutivos fundamentais (DELGADO, Maurício Godinho. *Curso de direito do trabalho*, 2019, p. 82).

105 ASSOCIAÇÃO BRASILEIRA DE NORMAS TÉCNICAS. *ABNT NBR ISO/IEC 22989:2023*. Sobre Tecnologia da Informação – Inteligência Artificial – Conceitos de IA e Terminologia. 2023.

O Projeto de Lei do Senado n. 2.338, de 2023, que "Dispõe sobre o uso da Inteligência Artificial",[106] apresenta uma definição mais elaborada para "sistema de inteligência artificial":

> Sistema computacional, com graus diferentes de autonomia, desenhado para inferir como atingir um dado conjunto de objetivos, utilizando abordagens baseadas em aprendizagem de máquina e/ou lógica e representação do conhecimento, por meio de dados de entrada provenientes de máquinas ou humanos, com o objetivo de produzir previsões, recomendações ou decisões que possam influenciar o ambiente virtual ou real (art. 4º).

Por sua vez, a definição de sistemas de inteligência artificial na proposta de Regulamento da IA na União Europeia[107] está disposta nos seguintes termos:

> Sistema de inteligência artificial (sistema de IA), um programa informático desenvolvido com uma ou várias das técnicas e abordagens enumeradas no anexo I, capaz de, tendo em vista um determinado conjunto de objetivos definidos por seres humanos, criar resultados, tais como conteúdos, previsões, recomendações ou decisões, que influenciam os ambientes com os quais interage (art. 3º, item 1).[108]

A última atualização do texto adotado pelo Parlamento Europeu informa que a noção de sistema de IA prevista no Regulamento deve ser claramente definida e alinhada com o trabalho de organizações internacionais que trabalham em inteligência artificial para garantir a segurança jurídica, a harmonização e a ampla aceitação, proporcionando flexibilidade para acomodar os rápidos desenvolvimentos tecnológicos nesse campo.

Além disso, prevê que a definição deve se basear nas principais características da inteligência artificial, como recursos de aprendizado, raciocínio ou modelagem, de modo a distingui-lo de sistemas de *software* mais simples ou abordagens de programação. Os sistemas de IA são projetados para operar com níveis variados de autonomia, o que significa que eles têm pelo menos algum grau de independência de ações dos controles humanos e de capacidades para operar sem intervenção humana.

Outrossim, esclarece alguns pontos relevantes. Primeiro, que o termo "baseado em máquina" se refere ao fato de que os sistemas de IA são executados

---

106 BRASIL. Projeto de Lei n. 2.338, de 2023. Dispõe sobre o uso da Inteligência Artificial.

107 UNIÃO EUROPEIA. European Parliament. *EU AI Act:* first regulation on artificial intelligence, 2023.

108 UNIÃO EUROPEIA. Comissão Europeia. *A definition of AI.* Brussels, 2018.

em máquinas. Já a referência a "objetivos explícitos ou implícitos" ressalta que os sistemas de IA podem operar de acordo com objetivos explícitos definidos pelo ser humano ou a objetivos implícitos. Os objetivos do sistema de IA podem ser diferentes do objetivo pretendido do sistema de IA em um contexto específico. A referência às "previsões" inclui conteúdo, que é considerado no regulamento uma forma de previsão como uma das possíveis saídas produzidas por um sistema de IA.

Por fim, explica que, para os propósitos do regulamento, os "ambientes" devem ser entendidos como os contextos nos quais os sistemas de IA operam, enquanto os resultados gerados pelo sistema de IA (*outputs*), significando previsões, recomendações ou decisões, atendendo aos objetivos do sistema, com base em entradas (*inputs*) do referido ambiente. Tais resultados influenciam o ambiente, mesmo que introduzindo nele apenas novas informações.

O conceito europeu transcrito está alinhado aos critérios reconhecidos nas diretrizes da OECD,[109] que define um sistema de IA como:

> Um sistema de IA é um sistema baseado em máquina que, para objetivos explícitos ou implícitos, infere, a partir das informações (*inputs*) que recebe, como gerar resultados como previsões, conteúdos, recomendações ou decisões que podem influenciar ambientes físicos ou virtuais. Diferentes sistemas de IA variam nos seus níveis de autonomia e adaptabilidade após a implantação.

Por fim, não menos relevante é a definição apresentada pelo Alto Grupo de Peritos em Inteligência Artificial da Comissão Europeia:

> Sistemas de inteligência artificial (IA) são sistemas de *software* (e possivelmente também de *hardware*) projetados por humanos que, atendendo a um objetivo complexo, atuam na dimensão física ou digital percebendo seu ambiente por meio da aquisição de dados, interpretando os dados estruturados ou não estruturados coletados dados, raciocinando sobre o conhecimento ou processando as informações derivadas desses dados e decidindo as melhores ações a serem tomadas para atingir o objetivo determinado. Os sistemas de IA podem usar regras simbólicas ou aprender um modelo numérico, e também podem se adaptar seu comportamento, analisando como o meio ambiente é afetado por suas ações anteriores.[110]

---

109 ORGANIZAÇÃO PARA A COOPERAÇÃO E DESENVOLVIMENTO ECONÔMICO. *Recommendation of the Council on Artificial Intelligence*, 2019.

110 UNIÃO EUROPEIA. Comissão Europeia. *Uma definição de IA:* principais capacidades e disciplinas científicas, 2019, p. 8.

Dos conceitos citados é possível extrair alguns elementos em comum quando se pretende definir um sistema de inteligência artificial para tomada de decisões automatizadas, especialmente os seguintes: a) entidade automatizada; b) com diferentes níveis de automação; c) com capacidade de c.1) percepção ambiental de estímulos (*inputs* ou dados de entrada) e de respostas (*outputs*); c.2) processamento, interpretação e raciocínio sobre os dados; c.3) tomada de decisões para consecução de objetivos determinados pelo homem; c.4) influenciar o ambiente virtual ou real no qual está inserido e com o qual interage; c.5) adaptação de seu comportamento a partir da análise de como o meio no qual se insere reagiu às ações anteriores.

No Capítulo 2, *supra*, foi delineado um conceito *provisório* de sistema de inteligência artificial. Neste momento, contudo, é preciso revisitar o conceito para reformulá-lo e nele inserir alguns aspectos da Teoria do Agir Algorítmico Comunicativo. Assim se afirma porque uma definição deve declarar a *estrutura essencial* do objeto conceituado, formada por seus *elementos integrantes* e o *vínculo* que os preserva unidos. Dito isso, é possível conceituar a *inteligência artificial* como a área da ciência da computação que tem por objeto o estudo de *sistemas de inteligência artificial*, assim entendidos: um agente com capacidades racionais e reacionais emulativas da cognição humana, criado pelo homem para, a partir do processamento de informações (*inputs*), produzir ações automatizadas (*outputs*) comunicativas (racionalmente justificáveis), com o fim precípuo de promover o desenvolvimento humano e, secundariamente, atingir objetivos previamente estabelecidos pelo homem, influenciando e sendo influenciado de forma circular pelo ambiente no qual está inserido.

O conceito acima proposto é antropocêntrico, na medida em que deixa evidentes tanto a natureza meramente instrumental das tecnologias de inteligência artificial como sua finalidade principal, que deve ser orientada à promoção do desenvolvimento humano. Como também se nota, a definição contempla elementares integrantes que deitam raízes na tradição filosófica da linguagem, especificamente imantada pela racionalidade comunicativa. Admite-se que a expressão "comunicativas" para adjetivar as "ações automatizadas" tem um caráter muito mais simbólico do que propriamente para designar um elemento ou pressuposto essencial ao conceito. Contudo, embora a *racionalidade* se refira muito mais a um pressuposto de validade ou legitimidade do que propriamente a um elemento essencial de existência do sistema, optou-se por incluí-la no conceito justamente para destacar a necessária incorporação, ao subsistema social das tecnologias, de bases filosóficas e sociológicas.

Quando a definição menciona as capacidades *racionais* do sistema, a ideia subjacente é precisamente a de designar o atributo do sistema de IA de, ao receber estímulos (*inputs*), processar, interpretar e raciocinar sobre eles para, em seguida, adotar uma ação. Por sua vez, as capacidades *reacionais* se referem às aptidões do sistema para reagir a estímulos (*inputs*) e adaptar seus futuros comportamentos de acordo com as reações anteriores do meio às decisões do passado.

Dessa capacidade *reacional* deriva uma consequência relevantíssima, que é a possibilidade do sistema de produzir decisões, muitas vezes em larga escala, que impactam e influenciam significativamente o meio com o qual interagem. Tal influência se dá em termos de circularidade, pois o sistema influencia o meio e, ao mesmo tempo, é por ele influenciado. Sobre esse aspecto, cite-se, por exemplo, a ideia de *determinismo algorítmico*, que é a capacidade do sistema de incentivar determinados comportamentos por ele desejados, moldar condutas etc. Sem dúvida a relação entre sistema e meio é *interativa* e *bidirecional*. Se por um lado o sistema de IA age de forma automatizada e afeta o ambiente, por outro, ele próprio é por este último moldado, em trocas contínuas de comportamentos.

Diante das capacidades *reacionais* dos sistemas de IA, passou-se a teorizar o sistema como um verdadeiro *agente social*. Trata-se da Teoria Sociológica do Algoritmo, que aborda a inteligência artificial como um fenômeno sociológico. Nesse sentido, Ronald David Schwartz, em estudo publicado no ano de 1989, examinou a forma como alguns programas atuais de inteligência artificial "*absorvem e redefinem práticas sociais* quando implantados em ambientes onde o conhecimento e a inteligência são decisivos" (grifos nossos). Segundo ele, duas áreas de pesquisa e desenvolvimento de IA são discutidas: sistemas especialistas e processamento de linguagem natural baseado em quadros. O sucesso do desempenho da IA nessas áreas "passa a depender das condições de conhecimento na sociedade contemporânea que são objeto de análise sociológica". Outrossim, destaca que "os elementos de *design* da tecnologia Al também refletem características da organização social contemporânea". Argumenta que "a IA demonstra ter afinidades com relatos pós-modernistas da sociedade, enfatizando a fragmentação social e a descontinuidade cultural".[111]

A perspectiva da inteligência artificial como um fenômeno sociológico sustenta, acertadamente, que a IA pode penetrar e transformar situações sociais, na medida em que os sistemas assumem um verdadeiro papel social ao interagirem com seres humanos, inclusive para servir às diversas formas de controle social.[112] Tal ponto de vista é confirmado sobretudo quando a IA faz inferências sobre seres humanos, tanto do ponto de vista quantitativo como do qualitativo.

Em seu trabalho Ronald David Schwartz lançou, à época ainda em tom distópico, a seguinte provocação: "Será que o ambiente cultural nas sociedades contemporâneas será totalmente gerenciado e renderizado de forma homogênea

---

111 SCHWARTZ, Ronald David. Artificial intelligence as a sociological phenomenon, 1989, p. 179.

112 SCHWARTZ, Ronald David. Artificial intelligence as a sociological phenomenon, cit., p. 182.

através da tecnologia de controle social?".[113] Se feito hoje, o questionamento pecaria pela obviedade. Os sistemas de IA estão a cada dia mais e com mais intensidade moldando ou programando um mundo de acordo com os interesses daqueles que são detentores do poder informacional. O determinismo tecnológico cria, recria, molda, destrói, influencia, direciona, redireciona, modula, afeta, define, redefine, revoluciona, nega, dá, organiza, desorganiza, elege, não elege e tantas outras coisas. O universo social já foi absorvido, embalado e disperso pela IA. Enfim, tomando de empréstimo as palavras de Jacques Ellul, a inteligência artificial ou "a técnica faz no domínio do abstrato o que a máquina fez no domínio do trabalho".[114]

Interessante notar que a preocupação sobre racionalidade de tais sistemas é objeto de preocupação da Sociologia pelo menos desde a década de 1980. Schwartz argumenta que avaliar o sucesso de um modelo de IA envolve não apenas julgamentos de adequação técnica, mas também apreciar

> como as pessoas entendem um programa e o que ele está fazendo, bem como a forma pela qual a sua organização específica e seus os requisitos afetam as relações sociais entre as pessoas. A inteligência não reside no programa, mas é reconhecida através da "atuação" do programa em um ambiente social habitado por pessoas.[115]

A inteligência está socialmente situada e socialmente constituída. Os programas de IA são desenvolvidos com a expectativa (embora provisória) de que serão capazes de atuar em situações sociais, nas quais se penetram, misturam, absorvem e redefinem as práticas sociais com as quais interage. "Os sistemas de IA não imitam apenas aspectos do desempenho humano; eles também redefinem esse desempenho."[116] Por consequência, os sistemas de IA como devem ser caracterizados como atores sociais que desempenham papéis sociais.

Erwin F. Rafael avança na Teoria dos Sistemas de Niklas Luhmann e, de forma mais enfática, sustenta que "a tecnologia é, por si só, um subsistema da sociedade", por isso adverte que a tecnologia deve ser vista como parte *integrante* da sociedade e não *contra* a sociedade.[117] A posição assumida por Erwin é bastante controvertida e sujeita a inúmeras críticas, basicamente as mesmas atribuídas às propostas de Luhmann no sentido de que ela é insuficiente por

---

113 SCHWARTZ, Ronald David. Artificial intelligence as a sociological phenomenon, cit., p. 182.
114 ELLUL, Jacques. *The technological society*, 1964, p. 6.
115 SCHWARTZ, Ronald David. Artificial intelligence as a sociological phenomenon, cit., p. 187.
116 SCHWARTZ, Ronald David. Artificial intelligence as a sociological phenomenon, cit., p. 187.
117 RAFAEL, Erwin F. Technology as a social system: a systems theoretical conceptualization, 2013, p. 319.

negligenciar a importância de limitações externas aos sistemas, especialmente quando se trata de questões éticas e de direitos humanos. Não obstante, há diversos estudos[118] que também sustentam que os avanços tecnológicos marcados pelo surgimento da inteligência artificial abriram caminho para que a tecnologia mereça ser observada sob o ponto de vista de sua autopoiese enquanto sistema autônomo.[119]

Em sua proposta teórica, Luhmann não chegou classificar a tecnologia como um dos subsistemas sociais da modernidade – autônomos e autopoiéticos –, enquadrando-a no subsistema meio ambiente. Muito pelo contrário, informa a doutrina que, segundo Luhmann, "um mero instrumento não pode ser considerado uma entidade autopoiética".[120] Nesse sentido,

> Luhmann sugere que a tecnologia deve ser considerada como uma entidade ecológica, isto é, pertence ao entorno da sociedade, integrante do meio ambiente (o que, no direito ambiental, chamaríamos de meio ambiente artificial), razão pela qual nunca propicia efetivamente isolamento causal.[121]

Adam Lovasz é outro pesquisador que sustenta o enquadramento da tecnologia, à luz dos avanços mais recentes, como um sistema autopoiético. Para

---

118 Em caráter exemplificativo, pode-se mencionar, dentre outros: REICHEL, A. Technology as system: towards an autopoietic theory of technology, 2011; e STOCKINGER, Gottfried. Nova mídia: autopoiese da tecnologia e coevolução social, 2005, p. 60.

119 Os defensores da tecnologia como sistema autônomo advogam que a relação entre tecnologia e sociedade deve ser analisada através das lentes da autopoiese. Argumentam que a tecnologia não é uma força determinística autônoma ou uma entidade instrumental, mas sim um sistema dinâmico de autorreferência que evolui e se adapta continuamente em resposta à dinâmica humana e social. Ao reconhecer a relação recíproca entre tecnologia, sociedade e pensamento, teóricos dessa linha sustentam que se pode obter uma compreensão mais abrangente de como a tecnologia moldou a história humana, a sociedade e a cognição (e vice-versa), e como pode continuar a fazê-lo no futuro. Argumentam, outrossim, que tecnologia não é apenas uma ferramenta ou um produto, mas uma entidade em coevolução que se envolve num ciclo de *feedback* com os seres humanos e a sociedade, moldando e sendo moldada por eles, por sua vez. A abordagem autopoiética da tecnologia tem implicações importantes na forma como a sociedade projeta e implementa novas tecnologias. Ao mesmo tempo, afirma que, ao reconhecer a relação recíproca entre tecnologia e sociedade, é possível um esforço por criar tecnologias que respondam melhor às necessidades e valores humanos e que contribuam para uma sociedade mais equitativa e sustentável. Enfim, apelam para uma abordagem mais holística e interdisciplinar ao estudo da tecnologia e da sociedade, que reconheça a natureza complexa e dinâmica de sua relação (cf. WATSON, Steven. *Technology as an autopoietic system*, 2023).

120 LOVASZ, Adam. Niklas Lyhmann and Jacques Ellul on the autonomy of technology, 2023.

121 ZAPATER, Tiago C. Vaitekunas. Princípio da prevenção e princípio da precaução. *In*: CAMPILONGO, Celso Fernandes (coord.) *et al. Enciclopédia jurídica da PUC/SP.* 2017, tomo: Direitos difusos e coletivos.

ele, "a tecnologia pode ser concebida como um sistema social funcional que é autônomo dos sistemas de interação". E conclui que, "ao ler a teoria dos sistemas de Luhmann através de lentes ellulianas, podemos lançar luz sobre as formas como o sistema tecnológico escapa à regulação humana". Apesar de avançar no sentido colocado, informa, valendo-se de citações de Luhmann, que este último não considerava a tecnologia um sistema autônomo:

> Os instrumentos são máquinas triviais, objetos que não têm a capacidade de se mover ou de se criar. Autopoiese, no uso do termo por Luhmann, refere-se a "*máquinas não triviais*" capazes de criar e manter seus próprios limites. Uma máquina não trivial cria e mantém os seus próprios estados internos, sendo "obediente à sua voz interior". [...] Luhmann afirma que surgiu uma certa forma de tecnologia – "*alta tecnologia*" – que difere do formato padrão de instrumentalidade e trivialidade. Devido aos seus efeitos descomunais, a alta tecnologia está além do alcance da "regulação técnica da tecnologia" (Luhmann, 1993, pág. 89). Podemos classificar nesta rubrica **todas as tecnologias que, por um lado, resultam em relações causais opacas e, por outro lado, criam riscos imprevisíveis. A alta tecnologia vai além do uso puramente instrumental.** No caso de tais procedimentos ou montagens, **os riscos só se tornam conhecidos durante o uso**. Como diz Luhmann, a alta tecnologia "*viola*" a "fronteira que define a forma" entre "causalidades fechadas e excluídas" (*ibidem*, p. 90). O advento desta forma particular de tecnologia gera não apenas incerteza epistemológica ou existencial, mas também um novo tipo de dependência estrutural da trajetória. [...] A gestão de riscos não intencionais decorrentes de tecnologias de ponta só é possível através do envolvimento de tecnologias adicionais. Luhmann avança o que podemos chamar de tese de "autonomia moderada". Os acidentes e disfunções tecnológicas só podem ser resolvidos através do envolvimento de tecnologias mais recentes. Isto está de acordo com as observações de von Foerster sobre máquinas não triviais: "*a máquina não trivial pode alterar as suas operações internamente, de modo que a sua deriva resulta numa extensão da diversidade*" (Foerster, 2014, p. 86). Podemos pensar em múltiplos exemplos que demonstram este tipo de lógica de escalada [...]. Dispositivos de segurança ou, na sua falta, tecnologias corretivas são implantadas para resolver ou pelo menos mitigar os danos. [...] São necessárias tecnologias adicionais, técnicas de controle ou "*uma máquina dentro de uma máquina, uma máquina trivial dentro de uma máquina que pode ser banalizada apenas até um grau limitado*", de modo a estabilizar a funcionalidade agregada (Luhmann, 1993, p. 93). Longe de reduzir a complexidade social global, a alta tecnologia gera ainda mais aumentos de complexidade. Como adverte Luhmann, "*a máquina pode reconstruir-se de maneiras inesperadas*" (*ibidem*). [...] Poderíamos dizer que aqui descobrimos vários elementos

> cruciais da autopoiese: fechamento operativo, ter "agência" própria, auto-organização e assim por diante. Mas certos elementos não são mencionados por Luhmann, como a disponibilidade de um código binário único ou a capacidade de processar informações. [...]. Luhmann considera a tecnologia como parte do "ambiente" da sociedade, em vez de compor um subsistema social autônomo: "*os problemas ecológicos são atuados precisamente pelo funcionamento da tecnologia e pelo alcance dos seus fins*" (*ibidem*, p. 96). O problema da tecnologia é ambiental e não uma questão teórica de sistema. A tecnologia é um aspecto ambiental da sociedade, assim como qualquer entidade natural (*ibidem*, p. 98). Nesta visão, não há diferença substantiva entre questões tecnológicas e ecológicas, uma vez que as duas são idênticas. Tal como os seres humanos ou a natureza, a tecnologia está situada fora da sociedade funcionalmente diferenciada. Luhmann não negaria que a tecnologia pode certamente criar complexidade, mas a ênfase no risco parece sublinhar que o âmbito temporal desta complexidade é severamente limitado e pode até ser destrutivo para a sociedade, pelo menos no contexto da modernidade tardia. (Valentinov, 2014) Por mais "autorreguladas" que até mesmo as formas mais extremas de tecnologia possam parecer, *não podemos falar de uma forma especificamente tecnológica de autopoiese.*[122]

O problema em enxergar as novas tecnologias como um sistema autônomo – na visão luhmanniana – é que tal postura teórica coloca em segundo plano a pessoa humana e defende o funcionamento, de certa forma, independente, autônomo, e auto-organizativo de cada sistema. Em vez de discutir questões como qual é o objeto ou sujeito da tecnologia, a visão teórica do sistema dissolve todas elas e concentra-se na tecnologia como sistema, em sua lógica interna e nos mecanismos de acoplamento a seu ambiente social e físico. Além disso, ainda é bastante questionável o enquadramento rigoroso da tecnologia como sistema autônomo à luz da proposta de Luhmann.[123]

---

122 LOVASZ, Adam. Niklas Lyhmann and Jacques Ellul on the autonomy of technology, cit., p. 4-5.

123 Para se falar em autopoiese, seguindo o conceito rigoroso de Luhmann, um sistema deve possuir código, programas, função e autodescrição. Salvo se considerarmos os manuais de instruções das tecnologias, não há ainda uma autodescrição tecnológica consistente em simbolizar a unidade da tecnologia na sociedade. Não há indícios fortes e consistentes para confirmar a hipótese de uma genuína autopoiese tecnológica da sociedade, mas não há sinais de que isso seja impossível de acontecer se o isolamento causal continuar a ser, em uma sociedade caótica na qual tudo acontece simultaneamente, cada vez mais um problema para uma forma específica de operação que, baseada apenas em energia, realiza isso. Nesse sentido: SIMIONI, Rafael. Direito e a hipótese da autopoiese tecnológica: um diálogo com Luhmann e a pintura de Richard Lindner, 2021, p. 24

Porém, está-se de acordo com o pensamento de Jacques Ellul quando afirma que o sistema de tecnologia é genuinamente autônomo, autopoiético e até mesmo soberano em relação a outros sistemas funcionais. Mas é preciso deixar muito claro que Ellul fez essa afirmação à luz do que a experiência prática vinha e vem demonstrando e não no sentido de que ele defenda que a tecnologia *tenha de ser* um sistema autônomo, autopoiético e até mesmo soberano. É nesta última perspectiva e contexto que deve ser lida tal afirmação, até porque citado autor era um crítico severo da sobrevalorização da pessoa humana em detrimento das novas tecnologias e de seus potenciais danosos.

A posição inicial de Luhmann em não considerar a tecnologia um subsistema autopoiético autônomo é bem-aceita na doutrina do direito ambiental, que advoga ser o meio ambiente o local adequado para se situar a tecnologia:

> Essa concepção parece cada vez mais correta, conforme a expansão tecnológica caminha para um ambiente em que a tecnologia está cada vez mais integrada, seja com a *internet* das coisas, inteligência artificial ou as grandes infraestruturas. A relação sociedade/meio ambiente não se limita, assim, à relação com os elementos da natureza, mas inclui a relação da sociedade com a tecnologia. Desse modo, os padrões ambientais de qualidade/conduta e a distinção certeza/incerteza cada vez mais tendem a se aplicar também à tecnologia [...]. Vale dizer, essa evolução mostra que **caberá também ao direito ambiental expandir suas formas de prevenção e precaução para que medeiem a relação da sociedade com um meio ambiente cada vez mais tecnológico**. A essas exigências correspondem formas para controle parental da tecnologia, **limites de programação da inteligência artificial**, controle de redes sociais e mídia na *internet* e na chamada *deep web*, no sentido de identificar os padrões de qualidade ambiental desejáveis e os correspondentes padrões de conduta que legitimem os riscos correspondentes. Em qualquer caso, quando as possibilidades de danos são mantidas no campo da incerteza, destacando o risco de qualquer decisão, as formas jurídicas disponíveis pelo princípio da precaução tendem a determinar o estabelecimento de bases para **mais comunicação** sobre o risco (mais estudos, audiências públicas – inclusive no âmbito de processos judiciais –, rotulagem, plebiscitos e referendos etc.), gerando comunicação **sobre risco também e outros sistemas**[124] [grifos nossos].

Seja como for, mesmo que se considere a tecnologia um sistema, à luz da teoria proposta por Luhmann, é preciso esclarecer que esse mesmo teórico sustenta que a comunicação desempenha papel fundamental no acoplamento es-

---

124 SIMIONI, Rafael. Direito e a hipótese da autopoiese tecnológica, cit., p. 24.

trutural entre diferentes subsistemas sociais. A comunicação é o meio pelo qual os sistemas trocam informações e influenciam uns aos outros. No contexto do acoplamento estrutural, a comunicação desempenha função essencial para estabelecer e manter a interdependência entre os sistemas. O acoplamento estrutural é fortalecido quando há uma comunicação clara e compreensível entre os sistemas, permitindo que ajustem suas operações de acordo com as mudanças no ambiente ou nas interações com outros sistemas. Portanto, há uma íntima relação entre comunicação – leia-se, explicabilidade – e acoplamento estrutural.

Ademais, independentemente da posição que se adote sobre a tecnologia como sistema na visão da teoria dos sistemas, há uma premissa comum presente em todas elas: a tecnologia influencia e é influenciada, molda e é moldada. Tais tecnologias desempenham papel ativo na construção da realidade social. Por isso, não há como negar o papel social das novas ferramentas de IA e que as influências por ela exercidas devem ser mediadas por uma explicabilidade racionalmente mediada pela linguagem. Tal perspectiva não tem passado ao largo dos estudos filosóficos mais recentes, notadamente na filosofia da tecnologia. Mark Coeckelbergh assim leciona:

> A filosofia da tecnologia conceitua tecnologias como artefatos materiais que têm efeitos mais do que instrumentais, pois eles moldam nossa experiência e ação. Por exemplo, a pós-fenomenologia e a pós-hermenêutica veem os artefatos tecnológicos como mediadores que constituem sujeitos e ajudam a moldar as interpretações humanas do mundo. No entanto, para conceituar o que fazemos com tecnologias digitais, como a inteligência artificial (IA), que não são facilmente descritas em termos de "coisas", e para ir além da hermenêutica das relações individuais humano-tecnologia, precisamos de uma explicação do significado de tecnologias que é holístico e se relaciona com o contexto social das tecnologias de uma forma mais interna e sistemática. Além disso, precisamos de um quadro que dê conta das muitas formas como a linguagem e a tecnologia estão interligadas: precisamos de analisar o que as coisas fazem, mas também o que as palavras fazem. [...] E novamente o aspecto não instrumental da tecnologia é enfatizado. [...] Proponho chamar a tecnologia de formadora. Não é apenas objeto e substância, não é apenas uma coisa. Forma mundos. Mas não é o único formador; humanos, por exemplo, também se formam. Não há determinismo tecnológico, mas coformação. Colocando em linguagem de filosofia de processo: como os humanos, a tecnologia participa do devir do mundo.[125]

---

125 COECKELBERGH, Mark. The grammars of AI: towards a structuralist and transcendental hermeneutics of digital technologies, 2022, p. 148. Coeckelbergh é defensor de uma

A doutrina mais recente, também em perspectiva sociológica, fala até mesmo no surgimento de um *institucionalismo algorítmico* que concebe os sistemas de inteligência artificial como verdadeira instituição na era contemporânea.[126] Segundo referida proposta, algoritmos são um tipo contemporâneo de instituição, em razão da forma como os sistemas algorítmicos estão mudando as sociedades. Ao explorar como os algoritmos se assemelham a outras instituições, exemplificam que "as tecnologias baseadas em algoritmos funcionam como vetores que criam normas e regras para influenciar o comportamento individual com resultados coletivos".[127]

Argumentam os defensores da Teoria Institucional dos Algoritmos que os sistemas "moldam o comportamento humano atribuindo significados, obrigações, permissões ou recursos às ações humanas de maneiras opacas. Os algoritmos também criam ordens – e processos de estabilização – baseados em relações de poder".[128] Contudo, advertem que, ainda assim, os algoritmos não existem nem governam independentemente da ação humana. Argumentam que, com os humanos ainda a desempenhar um papel importante nas tomadas de decisão

---

abordagem filosófica estrutural e transcendental sobre a compreensão da tecnologia e de seu papel social. Ele constata e critica que a filosofia contemporânea da tecnologia analisa as questões relativas à IA e outras tecnologias digitais de forma centrada no objeto e em sua relação com o sujeito, sem considerar as estruturas mais amplas nas quais a tecnologia está inserida. Por isso, propõe um *approach* transcendental e estrutural, para além do sujeito *versus* objeto, ou seja, uma abordagem que não despreze a dimensão ontológica e social da tecnologia. No referido estudo, ele descreve quatro condições de possibilidade da tecnologia e mostra o que a hermenêutica transcendental e estruturalista, por ele defendida, significa para a compreensão e a avaliação da IA e outras tecnologias digitais. Em particular, argumenta que tal abordagem ajuda a revelar e avaliar as *pré-condições* linguísticas, sociopolíticas e materiais para a IA e o processamento algorítmico de dados, com implicações para a compreensão e a avaliação de tecnologias digitais e tecnologias em geral. Explica como as abordagens transcendental e estruturalista diferem das formas influentes pelas quais a filosofia contemporânea da tecnologia conceitua a tecnologia. Em segundo lugar, considera um conjunto de estruturas ou condições de possibilidade que tornam possíveis a experiência e a ação tecnológicas. Essas condições de possibilidade formam o que ele chama de "gramática da tecnologia", composta por quatro condições de possibilidade para a tecnologia. Segundo afirma, "existem condições transcendentais envolvidas: o uso e o significado da tecnologia são possibilitados e estruturados por outros elementos que não são necessariamente tecnológicos e materiais. Tais estruturas ou condições pré-moldam o significado de, e como, lidamos com a tecnologia".

126 MENDONÇA, Ricardo Fabrino; ALMEIDA, Virgílio; FILGUEIRAS, Fernando. *Algorithmic institutionalism*: the changing rules of social and political life, 2023.

127 MENDONÇA, Ricardo Fabrino; ALMEIDA, Virgílio; FILGUEIRAS, Fernando. *Algorithmic institutionalism*, cit., p. 5.

128 MENDONÇA, Ricardo Fabrino; ALMEIDA, Virgílio; FILGUEIRAS, Fernando. *Algorithmic institutionalism*, cit.

políticas e morais, o Institucionalismo Algorítmico oferece uma forma de dar sentido a esses processos. Outrossim, sustentam que o Institucionalismo Algorítmico fornece uma abordagem complexa capaz de superar quatro dicotomias atraentes: animismo *versus* instrumentalismo; estrutura *versus* agência; coletivo *versus* individual; e determinismo *versus* novidade. Nessa perspectiva, os pesquisadores sugerem uma releitura de questões contemporâneas sob as lentes do institucionalismo algorítmico, nos seguintes termos:

> Lendo questões contemporâneas através das lentes de Institucionalismo Algorítmico há um interesse crescente na ideia de algoritmos como instituições, com diferentes abordagens informando a necessidade de construir uma teoria institucional de algoritmos. Tal como acontece com qualquer outro mecanismo de racionalização, os algoritmos incorporam diferentes formas de relações de poder na sua tentativa de lidar com as incertezas. Os algoritmos absorvem, através de dados, um fluxo de preferências, ideias, discursos e comportamentos, e depois produzem resultados de alguma forma relacionados com os objetivos pretendidos por aqueles que concebem estas tecnologias. Instituições e algoritmos são artefatos criados pelo homem com potencial para resolver problemas, moldar ações coletivas e atingir objetivos. Aplicados a diferentes áreas da existência humana, os algoritmos são projetados para tomar decisões e executar tarefas supostamente de forma mais objetiva, eficaz, consistente e confiável. A análise dos algoritmos como instituições, à luz do institucionalismo sociológico, pressupõe que os algoritmos representam arquétipos organizacionais, incorporando nos códigos computacionais a lógica institucional de um determinado campo organizacional. Os algoritmos manipulam símbolos e constroem *scripts* de ação e estruturas cognitivas amplas que podem emular, reconstruir ou cristalizar estruturas sociais. O argumento central deste livro é que os algoritmos não estão apenas mudando as instituições existentes, mas podem, eles próprios, ser concebidos como instituições na medida em que enquadram contextos de interações, criam caminhos para o desenvolvimento, induzindo ou restringindo certos comportamentos com consequências coletivas. Os algoritmos estão remodelando as condições para ações em muitos contextos, à medida que estruturam regras, normas e significados que fundamentam a ação social. Pensar nos algoritmos como instituições requer uma teoria que ofereça explicações sobre como eles moldam as ações humanas em diferentes contextos sociais e políticos. No mundo privado e público, temos sistemas algorítmicos que realizam diferentes atividades e tomam decisões sobre diferentes questões da vida social e política. Os sistemas algorítmicos permeiam a forma como diferentes organizações tomam decisões e criam novos contextos para a atuação humana na sociedade. [...]. A difusão dos sistemas algorítmicos é uma nova realidade que afeta profundamen-

te a sociedade e a política, com profundas implicações nas regras e normas que orientam a ação.[129]

Pelas razões citadas, não há como deixar de enxergar em tais sistemas seu aspecto social. Por esses motivos, incorpora-se à compreensão de um *agir algorítmico comunicativo* a perspectiva que analisa a inteligência artificial como um fenômeno sociológico, pela qual "o fenômeno da inteligência das máquinas deve ser investigado em relação aos contextos sociais em que é implementado".[130] Em decorrência de tal enquadramento, ao considerar um sistema de IA como um *agente social*, Schwartz adverte para a necessidade de deslocamento da atenção para as *condições de fundo* no tocante à reprodução mecânica da inteligência, ou seja, para as condições na sociedade contemporânea que tornam possível, em primeiro lugar, a IA "bem-sucedida".

Ao posicionar os sistemas de IA como *agentes sociais*, não se pretende conferir a eles uma natureza antropomórfica. De igual modo, escapa ao corte metodológico adotado no presente estudo a análise sobre sistemas de IA possuírem, de fato, consciência ou inteligência inferiores, iguais ou superiores às dos seres humanos. Seja como for, é importante fazer uma distinção crucial entre a inteligência artificial e um sujeito humano. A IA é um sistema projetado para processar grandes volumes de dados e identificar padrões, a fim de tomar decisões ou realizar ações específicas. Enquanto os avanços em IA permitem que os sistemas aprendam e se adaptem, eles operam com base em algoritmos, lógica de programação e análise de dados, e não têm individualidade ou visão de mundo no sentido humano.

Contudo, *mutatis mutandis*, é adequado considerar a IA um "sujeito" ou "agente" com sua própria individualidade e visão de mundo, formada a partir dos dados que processa. É correto afirmar que, em sentido humano, os sistemas de IA não têm consciência, subjetividade ou crenças pessoais. Contudo, em sentido matemático e lógico, tais sistemas têm, sim, consciência, individualidade, subjetividade, crenças pessoais etc., formadas pelo conjunto de dados que processam. O termo "conhecimento", no contexto da IA, são "informações abstratas sobre objetos, eventos, conceitos ou regras, seus relacionamentos e propriedades, organizadas para uso sistemático orientado a objetivos".[131] Tais informações, que podem existir de forma numérica ou simbólica, são dados que foram processados e contextualizados pelo sistema, para que sejam interpretá-

---

129 MENDONÇA, Ricardo Fabrino; ALMEIDA, Virgílio; FILGUEIRAS, Fernando. *Algorithmic institutionalism*, cit., p. 5-25.

130 MENDONÇA, Ricardo Fabrino; ALMEIDA, Virgílio; FILGUEIRAS, Fernando. *Algorithmic institutionalism*, cit., p. 199.

131 ASSOCIAÇÃO BRASILEIRA DE NORMAS TÉCNICAS. *ABNT NBR ISO/IEC 22989:2023*, cit.

veis.[132] Os dados são criados por meio da abstração ou da medição das experiências humanas e das relações sociais (*datafícação do mundo*).

Seguindo a lógica descrita, o conhecimento no domínio da IA não implica uma capacidade cognitiva em sentido humano, pelo menos de acordo com o atual estado da técnica. Portanto, o conhecimento que os sistemas de inteligência artificial detêm não implica ato cognitivo de compreensão humana. Enfim, ao tomar decisões, a IA atua no mundo, e tal atuação se dá a partir daquilo que ela aprendeu. Suas posturas são oriundas, geralmente, de regras e dados predefinidos.

Um agente é tudo o que pode ser considerado capaz de captar percepções de seu ambiente por meio de sensores e de agir sobre esse ambiente por intermédio de atuadores. Um agente humano, por exemplo, tem olhos, ouvidos e outros órgãos como sensores, e tem mãos, pernas, boca e outras partes do corpo que servem como atuadores. Um agente robótico pode ter câmeras e detectores funcionando como sensores e vários motores como atuadores. Um agente de *software* recebe sequências de teclas digitadas, conteúdo de arquivos e pacotes de rede como entradas sensórias e atua sobre o ambiente exibindo algo na tela, escrevendo em arquivos e enviando pacotes de rede.

Logo, não se busca aqui atribuir características humanas à IA, o que seria de todo inadequado. Contudo, esses sistemas incorporam e aprendem a partir de experiências humanas e sociais (ideia de *datafícação* ou metrificação das experiências, *cf.* item "Discriminação algorítmica na ruptura do vínculo de trabalho" do Capítulo 4, *supra*). Com isso, forma-se uma certa subjetividade lógica intrínseca ao sistema. Portanto, a compreensão adequada da IA requer uma abordagem fundamentada em sua funcionalidade computacional e na lógica algorítmica, em vez de atribuir-lhe características humanas. Uma máquina é "inteligência" quando consegue responder de formas que sugerem a própria experiência e compreensão humanas, nada mais.

Esclarecidos os pontos acima e delimitado o conceito de sistema de inteligência artificial, é preciso classificá-lo para, em seguida, encontrar sua natureza jurídica. Como já afirmado, a classificação se busca com o posicionamento comparativo do instituto em relação aos demais que lhes são correlatos. É óbvio que as ferramentas de inteligência artificial que produzem decisões automatizadas podem ser enquadradas no gênero das NTIC, ou seja, Novas Tecnologias de Informação e Comunicação.

Contudo, as ferramentas de IA não se confundem com as demais formas de novas tecnologias. Segundo a ABNT, a inteligência artificial pode ser distinguida de outras tecnologias pelo grande volume e complexidade de dados co-

132 ASSOCIAÇÃO BRASILEIRA DE NORMAS TÉCNICAS. *ABNT NBR ISO/IEC 22989:2023*, cit.

letados de várias fontes e que podem ser muito complexos para os seres humanos lidarem ou processarem adequadamente. Ainda, especificamente da perspectiva das implicações de governança, pela(o): i) capacidade de automação de decisões; ii) uso de análise de dados, *insights* e aprendizado, em vez de lógica codificada humana explícita para resolver problemas; iii) capacidade de se adaptar à medida que o ambiente do sistema de IA muda, de maneiras que não são explicitamente codificadas e necessariamente conhecidas de antemão.[133]

Uma tecnologia pode ser formada por um componente físico (*hardware*, p. ex.) e/ou um elemento imaterial (*software* em linguagem computacional, p. ex.). A parte física ou palpável de uma tecnologia tem a natureza jurídica de *bem móvel*, nos termos do art. 82 do Código Civil. Já a parte não tangível é um *bem imaterial*,[134] mais especificamente uma *propriedade intelectual*, nos termos da Lei n. 9.609, de 19 de fevereiro de 1998.[135] Especificamente quanto a um sistema de IA, ele é integrado basicamente por três componentes:[136] a) *software*; b) dispositivos computacionais de processamento; e c) dados, estes últimos também de caráter imaterial. Desse modo, um sistema de IA tem uma arquitetura complexa e multifacetada, formada tanto por bens móveis como por bens imateriais. Trata-se, portanto, de um *ativo tecnológico de natureza híbrida* ou *mista*, o que lhe confere um caráter *sui generis*.

Nessa lógica, dadas as peculiaridades da IA, pode-se classificar os sistemas de inteligência artificial como uma figura *sui generis* dentro do universo das Novas Tecnologias de Informação e Comunicação. Assim, diante da definição apresentada – *que fixou os elementos componentes essenciais do sistema* – e da classificação proposta – *posicionamento comparativo* –, conclui-se que a natu-

---

133 ASSOCIAÇÃO BRASILEIRA DE NORMAS TÉCNICAS. *ABNT NBR ISO/IEC 22989:2023*, cit.

134 Sobre o conceito de bens imateriais, adota-se a noção proposta por Juliana Santilli, nos seguintes termos: "Os bens imateriais abrangem as mais diferentes formas de saber, fazer e criar, como músicas, contos, lendas, danças, receitas culinárias, técnicas artesanais e de manejo ambiental. Incluem ainda inovações e práticas culturais de povos indígenas, quilombolas e populações tradicionais que vão desde formas e técnicas de manejo de recursos naturais, até métodos de caça e pesca e conhecimentos sobre sistemas ecológicos e espécies com propriedades farmacêuticas, alimentícias e agrícolas" (SANTILLI, Juliana. Os "novos" direitos socioambientais, 2006, p. 173).

135 A Lei n. 9.609, de 19 de fevereiro de 1998, "dispõe sobre a proteção da propriedade intelectual de programa de computador, sua comercialização no País, e dá outras providências". Nos termos de seu art. 1º, "Programa de computador é a expressão de um conjunto organizado de instruções em linguagem natural ou codificada, contida em suporte físico de qualquer natureza, de emprego necessário em máquinas automáticas de tratamento da informação, dispositivos, instrumentos ou equipamentos periféricos, baseados em técnica digital ou análoga, para fazê-los funcionar de modo e para fins determinados".

136 No contexto tecnológico, componente é o "elemento funcional que constrói um sistema de IA", cf. ASSOCIAÇÃO BRASILEIRA DE NORMAS TÉCNICAS. *ABNT NBR ISO/IEC 22989:2023*, cit.

reza jurídica de um sistema de IA é a de *agente instrumental sociotecnológico*, o que, claramente, não lhe confere personalidade jurídica, pois de *persona* não se trata, seja natural, seja jurídica.

Racionalidade algorítmica: por um imperativo de explicabilidade qualificada pela racionalização da comunicação ou sobre como libertar a inteligência artificial do paradigma filosófico da consciência

"Amadores buscam um lugar ao sol e se queimam. O poder está nas sombras." Com essa frase, Lewis Strauss, personagem representado por Robert Downey Jr. no filme *Oppenheimer*,[137] revela que durante anos agiu nas sombras para provocar a queda de Oppenheimer. Trata-se de um claro exemplo de agir estratégico, movido por uma racionalidade instrumental, por meio do qual os indivíduos praticam ações orientadas pela lógica de maximização na satisfação de interesses e objetivos escusos. Para tanto, consideram os meios disponíveis para alcançar seus fins determinados, sem a preocupação com outros valores.

Transpondo a assertiva para o contexto do presente estudo, é tranquilo observar que a lógica que impulsionou Lewis Strauss é a mesma que orienta a tomada de decisões automatizadas. A produção dos atos automatizados de poder nos sistemas de IA se dá nas sombras. A opacidade dos sistemas impede a passagem de qualquer tipo de comunicação racional entre o sistema e os indivíduos atingidos com a decisão automatizada. É na mais completa escuridão que os algoritmos processam informações para, em seguida, produzir ingerências em pessoas, grupos e, ao fim e ao cabo, na própria sociedade, sempre em dimensões temporais e espaciais de caráter exponencial. É justamente neste último ponto que a maior das problemáticas que permeiam o uso da inteligência artificial encontra morada.

O obscurantismo que paira sobre a lógica dos sistemas é o problema que o *agir algorítmico comunicativo* tem a pretensão de combater. Com efeito, a fonte de maiores riscos de discriminação, intencional ou não, reside justamente na chamada *black box* algorítmica. Nessa conjuntura, Frank Pasquale e Danielle Keats Citron são assertivos: "o sigilo é o melhor amigo do discriminador: a injustiça desconhecida nunca pode ser contestada, muito menos corrigida".[138]

Ao afirmarem que em razão da opacidade dos sistemas de IA a injustiça "nunca pode ser *contestada*, muito menos *corrigida*", o pensamento dos autores

---

137 OPPENHEIMER. Direção: Christopher Nolan. EUA: Universal Pictures, 2023.

138 CITRON, Danielle Keats; PASQUALE, Frank. The scored society: due process for automated predictions, 2014.

encontra perfeita harmonia no conceito de agir comunicativo proposto por Habermas, pois "o conceito de agir comunicativo pressupõe a linguagem como médium de uma espécie de processos de entendimento ao longo dos quais os participantes, quando se referem a um mundo, manifestam de parte a parte pretensões de validade que podem ser aceitas ou *contestadas*"[139] [grifos nossos]. Não é só. Em outra passagem de sua obra, Habermas sustenta que "exteriorizações racionais, em virtude da possibilidade de serem criticadas, são também passíveis de *correção*"[140] [grifo nosso].

A incorporação do conceito de *agir comunicativo* ao campo da inteligência artificial é capaz de lançar luzes sobre a logicidade inescrutável e idiossincrática dos sistemas de decisão automatizada. O foco central do *agir algorítmico comunicativo* mira na necessidade de os sistemas de IA de decisões automatizadas agirem com *racionalidade*. Tal racionalidade, que se situa dentro da ideia maior de explicabilidade, tem como *medium* inescapável a capacidade de manifestar ou exteriorizar de forma fundamentada suas pretensões de validade. É dizer, elege-se um imperativo de explicabilidade qualificado pela racionalização da comunicação. Na medida em que a racionalidade precisa sustentar-se sobre razões, é imperativo que a explicabilidade do sistema exteriorize as razões do agir, ou seja, da decisão automatizada.

A racionalidade algorítmica pressupõe a disposição ou atributo do sistema de IA para exteriorizar racionalmente as razões de suas decisões, de modo a permitir que elas fiquem acessíveis a um julgamento objetivo. No dizer de Habermas, "toda checagem explícita de pretensões de validade controversas demanda uma forma ambiciosa e precisa de comunicação que cumpra os pressupostos de argumentação".[141]

Contudo, o atual estado da arte – seja normativo, seja prático – revela a disseminação declarada de um agir algorítmico *instrumental-racional-teleológico*. As empresas de *softwares* de IA, por exemplo, baseadas na lógica egoísta e solipsista da filosofia da consciência, propagandeiam abertamente que seus sistemas permitem que as corporações alcancem determinados propósitos e resultados, segundo determinados meios. Trata-se, assim, de ação praticada segundo regras técnicas e orientada única e exclusivamente pelo êxito. O que vale é o grau de efetividade da intervenção algorítmica. Dito de outro modo, os planos de ação dos que desenvolvem, oferecem e usam sistemas de decisões automatizadas são coordenados por meio de cálculos egocêntricos do êxito que

139 HABERMAS, Jürgen. *Direito e democracia,* cit., v. 1, p. 191.
140 HABERMAS, Jürgen. *Direito e democracia,* cit., v. 1, p. 49.
141 HABERMAS, Jürgen. *Direito e democracia,* cit., v. 1, p. 49.

se quer obter, exatamente na linha da definição habermasiana de *agir instrumental*.[142]

Não é demais ressaltar que o *agir não comunicativo* concentra-se nos meios e fins, na medida em que envolve a busca de meios eficientes para alcançar fins desejados. A eficácia do resultado é o que importa. Essa *razão funcionalista* dos sistemas de IA faz, até o momento, a abordagem ser compreendida predominantemente em termos de eficiência e funcionalidade na consecução de objetivos práticos. Tais sistemas orientam-se, portanto, exatamente pela lógica condenada pelo agir comunicativo. A relação sistema-indivíduo é objetificada pela IA, e dela não se podem extrair critérios de correção e justificação, a não ser os de uma asseguração cognitivo-instrumental.

Diante de tudo o que foi dito, pode-se questionar se há compatibilidade lógica na incorporação dos pressupostos fundantes da Teoria do Agir Comunicativo habermasiana ao mundo da inteligência artificial. Uma objeção que pode ser levantada é a de que a proposta de Habermas é teorizar as relações sociais entre seres humanos dotados de subjetividade e consciência. Ainda, poder-se-ia sustentar que a proposta de Habermas busca teorizar a comunicação entre dois indivíduos e não entre um sistema artificial e um humano.

Sobre as aparentes contradições explicitadas, é preciso tecer alguns esclarecimentos. Em primeiro lugar, que a proposta lançada neste livro não se consubstancia na importação automática e "bruta" da teoria habermasiana para o contexto da inteligência artificial. Por óbvio, algumas qualidades atribuídas aos atores sociais por Habermas são exclusivas de seres humanos, tais como consciência, subjetividade etc. Porém, ressalta-se que os sistemas de IA têm, *em termos matemáticos e formais*, suas próprias individualidades e conhecimentos, como já explicado. Seja como for, tais circunstâncias em nada prejudicam o transporte das premissas do agir comunicativo para as interações *máquina-sociedade*.

O *agir algorítmico comunicativo* deve ser compreendido dentro da perspectiva de um campo da inteligência artificial chamado *inteligência artificial explicável* ou *xAI*, cujas bases iniciais e introdutórias já foram preliminarmente abordadas no item "Opacidade algorítmica e aspectos introdutórios sobre a inteligência artificial explicável (xAI)", no Capítulo 4, *supra*. É preciso rememorar, no entanto, que a *xAI* é uma área de investigação específica da *inteligência artificial* que se preocupa com o estudo de métodos para tornar o uso dos sistemas de inteligência artificial mais confiáveis, éticos e justos.[143] Desse modo, a

---

142 HABERMAS, Jürgen. *Direito e democracia*, cit., v. 1, p. 495-496.

143 A literatura técnica especializada assim leciona: "Inteligência artificial explicável, também conhecida como xAI, é um campo de aprendizado de máquina (ML ou *Machine Learning*) que consiste em técnicas que visam fornecer uma melhor compreensão do comportamento do modelo, fornecendo explicações sobre como um modelo fez uma previsão.

referência à *inteligência artificial explicável* ou *xAI* faz alusão a uma subárea da *inteligência artificial*, enquanto ramo do saber científico. Importante também ressaltar que a "explicabilidade" também é um atributo, qualidade, capacidade ou propriedade do sistema.

Doravante, o termo *explicabilidade* será utilizado para designar *inteligência artificial explicável* ou *xAI*, ou seja, em sentido *lato* e englobando um conjunto de medidas para tornar os sistemas mais justos e confiáveis. Há uma verdadeira Torre de Babel terminológica dentro da *xAI*. Existem inúmeros artigos científicos já produzidos tentando agrupar as diferentes abordagens conceituais para explicabilidade, intelegibilidade, interpretabilidade, transparência etc.[144] Este estudo usará o termo explicabilidade como gênero, pois engloba todos os demais atributos necessários para uma IA explicável. Outrossim, não é adequado utilizar explicabilidade para se referir a um tipo específico de atributo da inteligência artificial explicável quando a própria nomenclatura dessa subárea de estudo área de estudos já contempla a expressão. Além disso, o caminho trilhado neste estudo está mais alinhado com as normas técnicas propostas pela ISO e pela ABNT, que abordam a explicabilidade como gênero que engloba todas as condições de possibilidade para uma IA explicável.

Esclareça-se, outrossim, que a proposta teórica ventilada neste estudo tem a pretensão de aplicar as bases habermasianas ao conjunto maior da *explicabilidade* e em todos os seus elementos componentes. Sobre a explicabilidade em sentido amplo, a doutrina da área computacional afirma o seguinte:

> No centro da IA explicável está a criação de explicações ou a criação de explicabilidade para um modelo. Explicabilidade é o conceito de que as ações de um modelo podem ser descritas em termos compreensíveis para quem está consumindo as previsões do modelo de ML. Essa explicabilidade serve a vários propósitos, desde melhorar a qualidade do modelo até aumentar a confiança e até mesmo fornecer um caminho para correção quando uma previsão não é aquela que você esperava. À medida que construímos modelos cada vez mais

---

Saber como um modelo se comporta e como ele é influenciado por seu conjunto de dados de treinamento oferece a qualquer pessoa que cria ou usa ML novas e poderosas habilidades para melhorar modelos, criar confiança em suas previsões e entender quando as coisas dão errado. As técnicas de IA explicável são especialmente úteis porque não dependem de um modelo específico – depois de conhecer um método de IA explicável, você poderá usá-lo em muitos cenários" (MUNN, Michael; PITMAN, David. *Explainable AI for practitioners:* designing and implementing explainable ML solutions, 2023, p. 19).

144 GRAZIANI, Mara *et al.* A global taxonomy of interpretable AI: unifying the terminology for the technical and social sciences, 2023. Nesse artigo, os autores demonstram e comparam a vasta variedade de significações atribuídas aos mais diferentes termos dentro da inteligência artificial explicável.

> complexos, descobrimos que um modelo de alto desempenho não é suficiente para ser aceitável no mundo real. É necessário que uma previsão também tenha uma explicação razoável e, no geral, o modelo se comporte da maneira que seus criadores pretenderam. [...] Infelizmente, a IA nunca responde às suas perguntas ou mesmo informa como chegaram ao resultado. À medida que a IA se torna nossos colegas de trabalho e cada vez mais responsáveis pelas decisões que afetam muitos aspectos da nossa vida, o *feedback* é claro no sentido de que ter a IA como um parceiro silencioso é insatisfatório. Queremos (e no futuro teremos o direito) de esperar que possamos ter um diálogo bidirecional com nosso modelo de aprendizado de máquina para entender por que ele funcionou daquela maneira. A IA explicável representa o início desse diálogo, ao abrir uma nova maneira para um sistema de ML transmitir como funciona, em vez de simplesmente entregar os resultados de uma tarefa.[145]

Explicabilidade, comunicação, aprendizagem e linguagem são elementos indissociáveis. Não há como falar em explicabilidade sem comunicação, assim como não é possível pensar em comunicação sem linguagem. É esse o lócus no qual a ideia de *agir algorítmico comunicativo* encontrará maior aplicação prática. Pretende-se com a Teoria do Agir Algorítmico Comunicativo delimitar condições estruturais de racionalidade, que, se observadas, têm grande potencial para reduzir e prevenir a produção autômata de práticas automatizadas injustas. O *agir algorítmico comunicativo* impõe e requer, desse modo, uma explicabilidade *qualificada* pela racionalidade comunicativa do sistema. Tal *qualificação* se dará, assim, pela aptidão do sistema em racionalizar suas decisões.

Convém estabelecer as bases etimológicas da palavra *explicação*. Ela tem origem no latim *explicatio*, derivada do verbo *explicare*, que significa "desdobrar". O termo latino é composto pelo prefixo *ex*, no sentido de "fora" ou "antigo", mais *plicare*, que indica "dobrar". Assim, explicação refere-se ao ato de desdobrar ou tornar claro algo que estava envolto, figurativamente significando tornar compreensível ou elucidar um conceito, ideia ou assunto. Já no grego, *explicação* é εξήγηση (*/exígisi/*), que significa tanto "explicação" como "exegese". Exegese está ligado a ερμηνεία (*/ermineía/*), que deu origem à palavra hermenêutica[146] ou interpretação. O prefixo grego εξ- significa "ex" e é utilizado no grego para compor as palavras "externar", "exteriorizar", "extrair", no caso, sentido. Sig-

145 MUNN, Michael; PITMAN, David. *Explainable AI for practitioners*, cit., p. 22.

146 A palavra hermenêutica, no grego, ερμηνευτική (/hermēneuein/), deriva do nome do deus grego ερμής (/ermís/), considerado na mitologia o mensageiro dos deuses e a quem os gregos atribuíam a origem da linguagem e da escrita e consideravam o patrono da comunicação e do entendimento humano (KOUTANTOS, Dimitrios. *Etimologia de mais de 1000 palavras gregas usadas em Português*, 2011, p. 103.).

nifica que alguma coisa é "tornada compreensível" ou "levada à compreensão". Já o radical ήγηση (*/ígisi/*) indica algo relacionado à narrativa ou narração. No caso, a palavra *explicação* significaria em termos literais externar uma narrativa, ou seja, explicar. O radical ήγηση (*/ígisi/*) também se relaciona com γνώση (*/gnósi/*), que significa conhecimento.

Portanto, etimologicamente, a "explicação" guarda as mesmas raízes que diversas palavras que denotam a grande preocupação hoje existente em inteligência artificial: *explicabilidade*, em sentido *lato*, insista-se. É preciso, portanto, fazer os sistemas de IA deter atributos que possibilitem tornar as suas razões – motivos ou lógicas – de decisão *externáveis* ou *exteriorizáveis*. Mas não basta *ex*teriorizar ou *narrar*, é preciso que tais razões sejam *ex*postas de forma racional para que delas se possa *ex*trair sentido, ou seja, de maneira que se tornem *explicáveis*, *interpretáveis*, *compreendidas*, *avaliadas* etc. e, ao fim e ao cabo, *confiáveis*. A propósito, interessante notar que *conhecimento* tem a ver com *linguagem*. Assim, é preciso *ex*ternar – *com*unicar –, por meio de uma narrativa linguística racional, os sentidos, as razões ou as lógicas por trás da *black box* algorítmica, para, assim, torná-las uma informação *comum* – ou *com*partilhada – e, portanto, *conhecidas* (*/gnósi/*).

Nessa mesma diretriz, *ex*plicação pressupõe *com*unicação, em sentidos formal e substancial, e vice-versa. Vale aqui ressaltar o quanto já foi dito sobre a palavra "*comunicação*" no item "Fenomenologia comunicacional e racionalidade da comunicação", *supra*. Assim como em explicação, o objetivo da comunicação não é atingido com uma mera formalidade. A palavra "comunicação" deriva do latim *communio*, que por sua vez também deu origem às palavras "comunidade", "comum", "comutar", "comunhão", "comungar" etc. Comunicar é tornar algo *com*um (no sentido de o que antes era unilateral agora é partilhado pela *com*unidade), é *com*utar (trocar a informação), é *com*ungar (unir), é *com*partilhar (dividir), é tornar *com*preensível (aprendido em comum ou por todos em comum). Porém, para que a comunicação atinja sua teleologia, ela depende do sentido mais abrangente de explicação, descrito acima. Como se nota, a etimologia permite afirmar que, em sua acepção mais ampla, explicar – inclusive em sentido *ex*egético – é comunicar. Da mesma maneira, comunicar é explicar. Isso porque, com o perdão da redundância, tanto comunicação como explicação pressupõem tornar algo *com*um e *com*preensível.

O *agir algorítmico comunicativo* incorpora tais sentidos. Desse modo, é preciso notar que a inteligência artificial explicável deve agregar todos os sentidos listados, ou seja, determinado sistema de IA será explicável, em sentido *lato*, quando for dotado das capacidades de *explicar* e *comunicar*. Assim, torna-se preciso o delineamento analítico do conteúdo necessário para que tais objetivos sejam alcançados à luz da teoria do agir comunicativo.

A proposta de uma inteligência artificial antropocêntrica, ou seja, centrada no ser humano, não pode ficar no campo das ideias. Não há como pensar em uma ferramenta tecnológica que destrua, ao invés de promover, os direitos humanos. A dignidade humana está no centro axiológico do sistema jurídico brasileiro. Como consequência, todo o ordenamento jurídico deve ser construído e pensado com base nas irradiações de tal princípio. É condição para isso que o direito intervenha normativamente para coibir ou limitar ações *instrumentais* desprovidas de racionalidade.

O *agir algorítmico comunicativo* é um agir racional; é um agir que *comunica*, no mais amplo e efetivo dos sentidos; é um agir que não atua na opacidade ou nas sombras; é um agir rebento do giro linguístico e da filosofia da linguagem; é um agir que não objetifica o ser humano; é um agir que não desagrega ou causa fissuras sociais; é um agir que não molda comportamentos; é um agir transparente e democrático; é um agir que resgata o sistema de AI da alegórica caverna de Platão[147] e o joga sobre as luzes da complexidade das vivências humanas, evitando que estas sejam por ele capturadas.

Por sua vez, na atual situação de quase completa anomia, os sistemas de IA operam segundo bases metafísicas, há muito condenadas pelo pensamento humano. As promessas de infalibilidade, apregoadas pelos desenvolvedores de sistemas decisórios automatizados, refletem um traço predominante da metafísica, que é a convicção de uma verdade absoluta e inquestionável. Os sistemas de IA condicionam e confinam os sentidos humanos, mais ou menos segundo a ideia metafísica de *adeaquatio intellectus et rei*, é dizer, o sistema "assujeita" o sujeito. No esquema dual sujeito-objeto a verdade repousa sobre o objeto, ou seja, no sistema.

---

147 Repita-se o que já foi dito no item "Discriminação algorítmica por 'afasia apofânica' ou 'psicose apofânica' ou, também, discriminação por 'associação' ou 'correlação espúria'. Discriminação algorítmica implícita", do Capítulo 4, *supra*, quando se tomou de empréstimo o lendário e alegórico Mito da Caverna, de Platão: o sistema de IA ingressa, isola-se e aprisiona-se em sua caverna, ou seja, em seu mundo imaginário, onde sua realidade e sua verdade bastam, e as sombras ou imagens que os presos (sistema) veem no muro são tudo aquilo que os presos (sistema) sabem do mundo fora da caverna. Por isso, assim como na metáfora platônica, é preciso iluminar a "caixa-preta" dos algoritmos e libertar o sistema para o mundo exterior a fim de que ele "aprenda" que as sombras (padrões) eram apenas representações imperfeitas da realidade. O remédio para tal patologia do desvio cognitivo: um agir algorítmico comunicativo, fundado na ideia de explicabilidade qualificada pela racionalidade não instrumental. A maneira como os sistemas de IA estão operando está, de certo modo, aprisionada pelo paradigma da tradição filosófica da consciência, na qual o sujeito egocêntrico e solipsista entendia que seu conhecimento era bastante e suficiente. Porém, uma aproximação com a filosofia da linguagem, que rompe com as tradições metafísicas e com o esquema sujeito-objeto, é capaz de eliminar as limitações sensoriais dos sistemas de IA para alcançar uma compreensão mais elevada da realidade complexa e diversificada.

Soma-se ao que foi dito no parágrafo antecedente o fato de a aprendizagem de máquina se basear em padrões, o que se relaciona à perspectiva de que o ser humano, ao buscar compreender a realidade e nela se inserir, deve ajustar ou adequar sua compreensão e seu comportamento à verdade sistêmica artificialmente moldada. Em termos práticos, o sistema de IA nega qualquer tipo de compreensão sobre a complexidade das experiências humanas e da individualidade de cada pessoa, pois decide com base em padrões que ele próprio considera relevantes. Em outras palavras, a ferramenta tecnológica, criada para ser objeto e instrumento, tem figurado como sujeito e, com isso, objetificado a pessoa humana, que agora deve se ajustar à realidade algoritmicamente imposta.

Na sociedade do controle[148] algorítmico, o capitalismo de vigilância[149] atinge seu clímax. A pessoa humana, sujeita ao poder automatizado, não pode pretender conferir sua própria interpretação sobre a realidade, mas deve buscar entender e se adequar às características da realidade de mundo criada pelo sistema. Nessa linha, percebe-se uma inversão inaceitável de posições na arquitetura das relações, na qual o sujeito passa a ser a IA e o objeto a pessoa, sendo esta condicionada por aquilo que deveria condicionar.

Fala-se no esquema *sujeito-objeto* precisamente porque, na atual quadra, cabe ao ser humano buscar uma compreensão que esteja em conformidade com os padrões determinísticos da IA, ou seja, ajustando seu comportamento à realidade algorítmica. Há, portanto, uma objetificação dos seres humanos, no sentido de que o comportamento humano fica sujeito ou condicionado à ferramenta de IA. A partir dessa lógica, a metafísica algorítmica impõe *limitações aos sentidos e comportamentos humanos* – violando o livre desenvolvimento da personalidade –, na medida em que a noção de conformação leva ao controle dos indivíduos, que devem compreender a realidade condicionante imposta pelo sistema e a ela se alinhar.

A questão torna-se muito mais preocupante quando se sabe que o parâmetro comumente imposto como realidade conformadora é justamente aquele formado por um conjunto de *standards* historicamente desfavoráveis a certas pessoas e grupos. Assim como o pensamento filosófico da metafísica clássica serviu para legitimar o sistema absolutista, sobretudo por estar profundamente imerso na influência da teologia cristã, está agora a legitimar o poder do capital e das ideologias neoliberais.

Não se nega que o desenvolvimento tecnológico e a inovação têm assento constitucional e que, muitas vezes, argumenta-se que a intervenção normativa

---

148 DELEUZE, Gilles. *Conversações:* 1972-1990, 1992.

149 ZUBOFF, Shoshana. *A era do capitalismo de vigilância:* a luta por um futuro humano na nova fronteira do poder, 2020.

do Estado, se exacerbada, pode dissuadir investimentos no setor. Contudo, tal objeção é estrábica, simplesmente por desconsiderar que no Brasil, por exemplo, a Constituição de 1988 situa a tecnologia e a inovação em caráter instrumental para consecução do bem público, inclusive dispondo que as pesquisas na área voltar-se-ão "preponderantemente para a solução dos problemas brasileiros e para o desenvolvimento do sistema produtivo nacional e regional" (art. 218, § 2º, da CR/88). O art. 7º, XXVII, da CR/88 igualmente dá pistas certas sobre a prevalência dos interesses humanos diante dos avanços tecnológicos ao expressamente prever a proteção em face da automação, na forma da lei.

Desse modo, novas tecnologias devem sim ser incentivadas, mas sempre tendo em mira seu caráter instrumental para a promoção da dignidade humana, pelo indiscutível fato de ser esse princípio o centro ordenador das condutas estatais e privadas. A partir do momento em que uma tecnologia causa mais riscos e danos do que vantagens aos seres humanos e à sociedade, torna-se preciso mudar o foco do discurso para reordenar, realinhar e recondicionar o desenvolvimento tecnológico a seu caráter instrumental, sob pena de cair na armadilha metafísica que dá prevalência ao objeto em detrimento do sujeito.

Quando comparado o atual estado da arte ao pensamento que fundou a metafísica moderna ou a filosofia da consciência, que também se prendia ao esquema *sujeito-objeto*, a situação fica ainda mais preocupante, pois o sistema de IA passa a figurar como verdadeiro sujeito e o ser humano como objeto. Sob o paradigma da filosofia da consciência, *mutatis mutandis*, quem domina a razão e pode proporcionar certeza e segurança ao conhecimento é a tecnologia, pois a abordagem está nela centrada. Assim, cabe novamente a provocação de que a sociedade precisa questionar se o desenvolvimento tecnológico deve ter por foco a centralidade da pessoa humana ou convergir para um fim em si mesmo, independentemente de outros valores.[150]

Nesse sentido, desenvolvedores e grandes corporações alçaram a IA ao centro de produção da verdade e da razão, literalmente em uma perspectiva

---

150 Não se pretende com essas afirmações incorporar aqui as ideias do movimento ludista. O intuito é trilhar uma zona de compromisso entre o desenvolvimento tecnológico e o respeito aos direitos humanos e fundamentais. O Ludismo (1811-1817) foi um movimento operário inglês e de cunho protestante, porém sem caráter político. Caracterizou-se e foi levado a efeito mediante a destruição de alguns tipos de máquinas industriais, com o intuito de buscar melhorias salariais e, principalmente, frear a completa mecanização do ciclo de produção têxtil. Trocando em miúdos, o Ludismo foi um movimento de protesto contra a automação do trabalho, porque, inevitavelmente, estava gerando a extinção de postos de trabalho. O movimento recebeu esse nome em razão de seu líder, Nedd Ludd. Seus seguidores ficaram conhecidos como *ludders* ou *luddites* (ludistas). Ao contrário do ludismo, não se pretende aqui ser contra ou impedir a automação, mas simplesmente evitar que a pessoa humana passe a ser tratada como mera variável daquela.

iluminista. Na "subjetividade" tecnológica, ainda presa ao esquema sujeito-objeto, os sistemas de IA "assujeitam" a pessoa humana, podendo-se falar em uma verdadeira "*adequatio hominis ad veritatem AI*", ou seja, adequação do homem à verdade da inteligência artificial. No processo de objetivação do mundo, a pessoa humana é moldada pela inteligência artificial, e, simultaneamente, a conformação dos comportamentos humanos à realidade desejada pelos detentores da tecnologia se torna uma condição essencial para a própria possibilidade de colocação social do indivíduo.

Assim como na filosofia da consciência, que enfatizava a primazia da mente individual na construção da realidade, os desenvolvedores de IA sobrevalorizam as decisões automatizadas, sem qualquer preocupação com a interação linguística e comunicacional entre tecnologia e aqueles que sofrem as influências de suas decisões e atos de poder. A ênfase está na razão instrumental, ou seja, na capacidade de a IA apresentar resultados satisfatórios, moldar e imprimir suas intenções nas pessoas, desconsiderando a linguagem como mediadora desse processo. As concepções da filosofia da consciência não permitiam uma compreensão plena do papel da linguagem na relação sujeito-objeto, assim como se tem visto atualmente no contexto de avanço desregulado das ferramentas de produção de decisões automatizadas. Contudo, a partir da premissa de que a linguagem é *condição de possibilidade* para uma IA confiável, seu desenvolvimento e uso precisam ser libertados dos paradigmas filosóficos que se pautam por razões meramente instrumentais para consecução de seus propósitos.

Tal qual na filosofia da consciência, conforme lições doutrinárias já citadas, a fisiologia da inteligência artificial age no mundo como se este fosse um deserto, na medida em que perpetua padrões injustos e nega a complexidade que marca a individualidade de cada usuário. O que importa são os postulados, a verdade científica, mesmo que para isso direitos e oportunidades sejam negados. É próprio da perspectiva cognoscitiva a relação sujeito-objeto, mesmo quando o objeto em questão é o próprio ser humano, ou seja, a tendência objetivadora da IA não é deixada de lado pelo paradigma da filosofia da consciência até mesmo quando a matéria sobre a qual ela deverá agir é o próprio homem.

É importante notar que os desenvolvedores de IA atuam exatamente de acordo com as concepções individualistas provenientes da filosofia da consciência, em decorrência da qual o sistema emerge como um protagonista central, intrinsecamente ligado a seu aprendizado e à própria exaltação de seu ego artificial. É precisamente esse o parâmetro de atuação dos sistemas de decisões automatizadas. A partir da visão unilateral de mundo da IA – formada pelo conjunto de dados que treina e alimenta o sistema –, os fornecedores de *softwares* prometem um tecnossolucionismo infalível, na medida em que afirmam que as decisões automatizadas são objetivas, assertivas, rápidas, livres de preconceito e vieses, dentre outros atributos de autoelogio.

Algumas das promessas retiradas do *site* da principal empresa do Brasil no setor, a Gupy, ilustram bem a invasão ideológica da filosofia da consciência e do agir instrumental que pauta os sistemas de IA para decisões automatizadas: "quando o assunto é solução empresarial, *a tecnologia aparece como protagonista da relação*"; "investir em um ATS é a certeza de *poupar recursos financeiros*"; "*aumento do desempenho* do processo seletivo"; "com *alta eficácia*, ela consegue identificar candidatos com maior adequação para cada vaga publicada"; "as empresas *podem ter a certeza* de que finalmente alcançaram um processo seletivo *justo* e *eficiente*".

As juras transcritas são perigosas e, acima de tudo, desonestas. Uma relação que tem como protagonista a tecnologia desconsidera por completo a intersubjetividade inerente às relações humanas. Outrossim, transmite uma crença cega na tecnologia, sem alertar para seus riscos. Há clara manifestação do agir instrumental, pautado exclusivamente na obtenção de resultados, sem considerar as consequências do uso de sistemas de IA totalmente opacos. A afirmação mais perigosa é "vender" a *certeza* de que o processo seletivo será *justo*.

Contudo, a Gupy informa – e parece prometer – que sua IA combate vieses. Para fundamentar sua pretensão de validade, a empresa informa em seu *site* as maneiras que ela utiliza para minimizar "ao extremo o impacto dos vieses inconscientes existentes na sociedade": a) "A nossa IA usa os radicais das palavras com gênero"; b) "Nossa IA não utiliza ou considera fotos, gênero ou idade ou qualquer outra informação sensível a vieses para tomar uma decisão". Menospreza a centralidade do ser humano ao também informar que, "Ao contrário de uma pessoa recrutadora, que pode encontrar na idade um problema, a IA se importa apenas com as informações profissionais relevantes"; c) "Possui um dos maiores acervos de palavras no país; d) Há revisões constantes dos algoritmos".[151]

Em verdade, tais informações pecam na medida em que a maioria das discriminações desencadeadas via sistemas de IA é do tipo *indireta*. Embora a empresa afirme que seu sistema não considera alguns critérios proibidos, como gênero e idade, nada informa sobre o uso de *proxies* ou correlações espúrias que a IA pode desenvolver, mesmo que de forma não intencional. Portanto, não é verdade que "a IA se importa apenas com as informações profissionais relevantes", na medida em que a inteligência artificial pode associar determinadas características, aparentemente neutras, a certos indivíduos ou grupos. Por fim, é louvável que o algoritmo passe por revisões constantes, como informado.

---

151 GUPY. *Por que (e como) utilizar inteligência artificial no combate aos vieses no recrutamento*, 2021.

Porém, de nada adianta tal afirmação se a revisão não é divulgada e tampouco é submetida a uma auditoria externa independente.[152]

Nesse paradigma, a reflexão sobre o *self* algorítmico e suas experiências *dataficadas* internas é que desempenha o crucial papel para as "compreensões". Esse paradigma imperante nos sistemas de IA, fundado no "consciente logiscista-instrumental-datatificado", mostra-se de todo inapto para lidar com a complexidade dos fenômenos sociais e com as individualidades de cada indivíduo. A uma pelo fato de facultar ao sistema a possibilidade de manejar a pessoa humana da forma como lhe aprouver, quase sempre baseado em seu conhecimento "aprendido"; a duas, pela negação da linguagem comunicacional enquanto *condição de possibilidade* da relação entre IA-mundo.

Nesse cenário, torna-se premente a necessidade de a linguagem ser compreendida como fundamental na constituição do conhecimento e na legitimidade das relações sociais, em detrimento dos aspectos obscuros extraídos do conhecimento dos sistemas. As propostas teóricas do *linguistic turn* são um ponto de partida para que se possa pensar em uma inteligência artificial realmente explicável. Desse modo, a *xAI* precisa investigar medidas que permitam que os sistemas de IA façam algum sentido para os usuários. A ênfase, assim, é no sentido, sob a ótica da percepção dos usuários, ou seja, nos significados que dão forma às decisões proferidas de forma automática.

Com a incorporação das propostas do giro linguístico, os significados passam a ser constituídos pela linguagem, ou seja, pela informação, pela comunicação, pela racionalidade, pela explicação. Entender o *output* "linguisticamente" significa levar em conta as circunstâncias reais pelas quais se formaram as decisões da IA, a partir de contextos pragmáticos em que as pessoas se inserem. É a explicitação linguística das razões que poderá imprimir confiabilidade no sistema. O problema é que, atualmente, as decisões automatizadas são fruto de um fenômeno hermético fruto da "consciência intuitiva" do sistema, ou seja, daquilo que ele aprendeu. Tal circunstância é um *locus* privilegiado para a produção de injustiças e atos sub-reptícios de poder. Não se sabe com base em quê a IA aprendeu, como aprendeu, como decidiu etc. Por isso, impõe-se um impe-

---

152 Vale lembrar, conforme noticiado no item "Conciso panorama histórico-legislativo sobre a proteção de dados no Brasil e no direito do trabalho brasileiro", Capítulo 5, *supra*, que a tecnologia da Gupy foi alvo de questionamento em processo movido contra uma empresa que utilizava sua IA para seleção de empregados. Ficou constatado que a Gupy, por meio de sua inteligência artificial, solicitava uma série de informações desnecessárias e que eram processadas por seu algoritmo. Na sentença proferida no caso, a Gupy (Nelógica) foi condenada em obrigação de não fazer, consistente no impedimento de continuar exigindo dados desnecessários, bem como a cumprir uma série de outras obrigações relacionadas à proteção de dados (cf. BRASIL. Tribunal Regional do Trabalho da 15ª Região. 2ª Vara do Trabalho de Campinas. ACPCiv n. 0010333-04.2022.5.15.0032, j. 15/12/2023).

rativo de explicabilidade em sentido mais largo e que permita a procedimentalização da formação do aprendizado da IA, bem como da explicitação racional das razões que conduziram a determinado resultado. Com isso, evita-se ou, ao menos, mitiga-se a produção de resultados artificialmente intuitivos.

O *agir algorítmico comunicacional*, fundado que está no giro linguístico, requer, prioritariamente, um atuar mediado por expressões linguísticas e comportamentos observáveis, abertos a um escrutínio social. A linguagem permitiria, desse modo, a assimilação dos procedimentos de construção e entendimento racional dos atos artificialmente produzidos. Dentro desse panorama, também é invocável a crítica à objetificação feita pelas teorias fenomenológicas, que propuseram abordagem mais descritiva e exploratória da experiência, destacando a intencionalidade da consciência e a importância de examinar as coisas como elas se apresentam, em vez de objetificá-las. Também por essas razões, a fenomenologia impõe aos sistemas de IA um agir que, embora muitas vezes padronizado, não objetifique as pessoas, pois cada qual se apresenta segundo suas peculiaridades, características e individualidades.

Também nesse sentido, foi demonstrado no tópico "Excurso: da filosofia da consciência (sujeito-objeto) à filosofia da linguagem (sujeito-sujeito)", *supra*, que o behaviorismo criticou a ênfase da filosofia da consciência na mente e nos processos mentais *internos*, pois o foco deveria estar nos comportamentos observáveis, em vez de nos *estados mentais subjetivos*[153] inescrutáveis. Tal qual no behaviorismo, não nega a importância da "consciência artificial" formada por tudo aquilo que o sistema aprendeu, porém, não se pode admitir que o conjunto de saberes do sistema (a "AI interior") atue de modo determinante na governança das ações humanas.

De acordo com o "*linguistic turn*" a linguagem é uma condição de possibilidade da ação artificialmente formada, pois é por meio da linguagem – e não por meio do "pensamento" opaco do sistema – que será possível encontrar algum sentido racional no agir automatizado. O sistema, portanto, deve ter mecanismos para, por meio da linguagem e pela linguagem, gerar confianca na sociedade. A partir dessa lógica é que se pode dizer que o *agir algorítmico comunicacional*

---

153 Mais uma vez é preciso esclarecer que a comparação entre o atual estado da arte da inteligência artificial e a filosofia da consciência não tem a intenção de atribuir aos sistemas qualquer característica antropomórfica. Sistemas de IA não têm, em sentido humano, mente, subjetividade, consciência etc. Contudo, possuem uma espécie de inteligência lógica que lhes permite aprender, e esse aprendizado forma, de certo modo, a concepção de mundo da IA a partir da qual ela tomará decisões. Desse modo, máquinas podem pensar? Sim. Máquinas são inteligentes? Sim. Máquinas têm experiência acumulada? Sim. Porém tudo isso sempre de uma perspectiva de natureza artificial, jamais de uma abordagem humana.

rompe com a crença irracional na verdade infalível dos sistemas. Outrossim, elimina a artificial "subjetividade" "assujeitadora-objetificante" da IA.

O *agir algorítmico comunicacional* postula a necessária invasão no pensar sobre a inteligência artificial da tradição filosófica introduzida pela virada linguística. A inteligência artificial explicável deve ter como alicerce fundamental a linguagem, pois, tomando-se de empréstimo a lição de Gottlob Frege, não há outra forma de aceder ao pensamento da IA que não seja a linguagem.[154] Com a incursão da IA na linguagem, estabelece-se um novo paradigma no qual não ocorre a submissão do ser humano exclusivamente pela verdade do sistema. Em vez disso, surge uma relação entre IA e pessoa humana na qual a linguagem se torna uma *condição fundamental de possibilidade*.

Em consequência do afirmado, liberta-se o pensar sobre a IA dos paradigmas da filosofia da consciência, na medida em que uma relação mediada pela linguagem atribui compreensão, sentido e confiança ao sistema. Ao se erguer a linguagem a uma *condição fundamental de possibilidade*, evita-se – ou, ao menos, tenta-se evitar – arbitrariedades na fabricação das decisões automatizadas, pois o "pensar" algorítmico passa do plano opaco para o plano da análise e do julgamento. O giro linguístico é, desse modo, o agente possibilitador da transferência da razão artificial oculta para a razão artificial linguisticamente mediada.

Em termos práticos, como já citado no presente capítulo (item "Fenomenologia comunicacional e racionalidade da comunicação", *supra*), a redução do homem à razão instrumental e opaca do sistema pode estar na raiz do processo manipulatório que se instalou de modo geral nas sociedades ocidentalizadas. A ausência de transparência no agir dos sistemas tecnológicos, realidade ainda muito presente, está na raiz da reificação ou coisificação humana, da manipulação mediada pela tecnologia, bem como nas tentativas de submissão da sociedade aos desejos introjetados nos algoritmos. Contudo, na filosofia da linguagem, a pessoa humana ganha papel de destaque, conforme bem ilustra a seguinte passagem doutrinária:

> O sujeito passa a ser concebido dessa forma na medida em que é capaz não de elaborar modelos e teorias a serem aplicadas, mas, sim, de agir como ser falante, capaz de articular suas pretensões num ambiente onde nenhuma posição tem, de antemão, o estatuto de absoluta. Ou seja, o sujeito teórico passa a ser questionado em sua pretensão de ter preponderância em relação ao mundo sensível, em razão de sua habitação estar situada no mundo transcendental. Vale dizer, a linguagem estabeleceu-se como um campo no qual a Filosofia trabalha e cujos limites não pode transpor. O sentido não é mais algo alcançá-

---

154 MIGUENS, Sofia. *Filosofia da linguagem*, cit., p. 84.

vel pela intuição de um filósofo solitário, nem representado por um sujeito transcendental, isto é, não se precisa mais acionar um outro mundo, um padrão metafísico, para poder alcançar algum significado da existência humana. Basta recorrer ao repertório da linguagem, que iremos perceber nas experiências humanas mesmas significações relevantes. Desse modo, passa-se de uma concepção representacional, naturalista da linguagem para uma concepção da linguagem que não é apenas um meio, mas o *medium* apropriado no qual está cristalizada a vida em sua densidade. A palavra, enquanto condensação da vida, deixa de ser mera palavra e se transforma em *Dichtung*, com a qualidade e função bastante comum aos poetas, isto é, em revelação e manifestação da significação. O fundamental, na passagem do paradigma transcendental para o linguístico, foi a superação da concepção de que a consciência não se relaciona com os objetos diretamente, mas que nos referimos linguisticamente aos objetos por meio de expressões.[155]

É na esteira da filosofia da linguagem, mais precisamente na Teoria dos Agir Comunicativo de Habermas, que a IA explicável pode encontrar terreno seguro para o desenvolvimento de medidas franqueadoras a uma real mudança de paradigma, no qual se poderá verificar uma legítima transposição da atual abordagem "tecnocêntrica" para uma perspectiva de pensamento sobre a IA com bases antropocêntricas. Da forma como hoje operam os sistemas de IA, a pessoa humana tem se tornado mera extensão dos sistemas de IA, com visível captura de sua subjetividade, que lhe doutrina e de cujos efeitos não escapa. Em 1964, Jacques Ellul, visionariamente alertou "no mundo moderno a forma mais perigosa de determinismo é o fenômeno tecnológico".[156] Nesse sentido também orientam as pesquisas mais recentes:

---

155 AGUIAR, Odílio Alves. Ser, consciência e linguagem, cit., p. 33-34.

156 Sobre o fenômeno tecnológico, alerta o referido autor: "Não se trata de livrar-se dele, mas, por um ato de liberdade, de transcendê-lo. Como isso tem que ser feito? Eu ainda não sei. É por isso que este livro é um apelo ao sentido de responsabilidade do indivíduo. O primeiro passo na busca, o primeiro ato de liberdade, é tomar consciência da necessidade. O próprio fato de o homem poder ver, medir e analisar os determinismos que o pressionam significa que ele pode enfrentá-los e, ao fazê-lo, agir como um homem livre. Se o homem dissesse: 'Isto não são necessidades; sou livre por causa da técnica, ou apesar da técnica', isso provaria que ele está totalmente determinado. No entanto, ao compreender a natureza real do fenômeno tecnológico e até que ponto este lhe rouba a liberdade, ele confronta os mecanismos cegos como um ser consciente. No início deste prefácio afirmei que este livro tem um propósito. Esse objetivo é despertar no leitor a consciência da necessidade tecnológica e do que ela significa. É um chamado para que quem dorme acorde. O que estamos a testemunhar neste momento é um rearranjo do mundo numa fase intermédia; a mudança não está no uso de uma força natural, mas na aplicação da técnica a todas as esferas da vida. A vida

> Elas passam a neutralizar aquelas características tidas por exclusivamente humanas, *padronizando subjetividades e criando* standards *comportamentais e relacionais artificiais*, de modo a não só *excluir perfis fora da média dos padrões estabelecidos*, mas também a *inadmitir imprevisibilidades*, o que é próprio das experiências racionais e livres dos humanos. Num sistema de cálculos para padronizar formas de vida e de comportamento, são intoleráveis a reflexão, a recalcitrância, a crítica, elementos que constituem a subjetividade real (Berns; Rouvroy, 2013, p. 173-174). Os modelos comportamentais segundo os quais *os indivíduos são conduzidos por funções acionadas por algoritmos*, que se tornam tanto mais eficazes quanto mais se utilizam dispositivos tecnológicos, *substituem a antiga subjetividade* – noção constituída por corpos e consciências individualizados – por perfis automáticos formados a partir de caracteres deixados em milhões de dados diariamente (Berns; Rouvroy, 2013)[157] [grifos nossos].

No *agir algorítmico comunicativo* as ações automatizadas não devem se basear em métricas egocêntricas de êxito, mas por meio de atos para alcançar entendimento. É claro que desenvolvedores, empresas e usuários perseguem cada qual seus fins individuais. Porém, condições de transparência, com exposição de pretensões de validade, são indispensáveis para a harmonização dos interesses contrapostos, pois a racionalidade no agir libera um nível de cognição que permite a verificação de razões. A possibilidade de entendimento depende do conhecimento das condições de satisfação de cada ato de fala. É por meio desse entendimento que a linguagem opera como um mecanismo de coordenação social. Atos comunicativos têm grande potencial para assumir a função de coordenar ações e facultar a construção de interações.

Igualmente, no *agir algorítmico comunicativo* a intenção comunicativa do sistema não pode ir além do que o usuário do sistema compreendeu com o

---

humana como um todo não é inundada pela técnica. Tem espaço para atividades que não são ordenadas racional ou sistematicamente. Mas *a colisão entre as atividades espontâneas e a técnica é catastrófica para as atividades espontâneas.* [...] Dissocia as formas sociológicas, destrói a estrutura moral, dessacraliza os homens e as coisas, explode tabus sociais e religiosos e reduz o corpo social a um conjunto de indivíduos. Os estudos sociológicos mais recentes (mesmo os feitos por optimistas) sustentam que a técnica é a destruidora dos grupos sociais, das comunidades (seja qual for a sua espécie) e das relações humanas. *O processo técnico causa o desaparecimento, como disseram Jerome Scott e Lynton, 'daquele amálgama de atitudes, costumes e instituições sociais que constituem uma comunidade'. As comunidades se dividem em suas partes componentes.* Mas nenhuma nova comunidade se forma" (Ellul, Jacques. *The technological society*, cit., p. 32).

157 Ferreira, Mariah Brochado. *Inteligência artificial no horizonte da filosofia da tecnologia:* técnica, ética e direito na era cybernética, 2023.

conteúdo das razões de decidir manifestadas pelo sistema. Na perspectiva dos atos de fala, a explicabilidade deve deixar claro que o objetivo ilocucionário do sistema não vai além do significado nela contido. Essa noção está alinhada ao pensamento de Habermas, segundo o qual o alcance do entendimento deve se dar somente em conexão com atos ilocucionários, sem recorrer às intenções não ilocucionárias do falante. Em outros termos, propugna-se um tipo de interação na qual todos os participantes perseguem seus objetivos ilocucionários sem reservas. "O agir comunicativo são aquelas interações mediadas linguisticamente nas quais todos os participantes prosseguem objetivos ilocucionários, e somente objetivos ilocucionários, com seus atos mediadores de comunicação."[158]

Nesse sentido, a lógica e a razão por trás das decisões automatizadas de decisão devem ser esclarecidas como pretensões de validade. É que, oferecidas as razões ao escrutínio, podem elas ser avaliadas, possibilitando um entendimento mútuo entre os envolvidos. A ideia básica da pragmática formal de Habermas é a de que "compreendemos um ato de fala quando sabemos o que o torna aceitável".[159] Para entender o que um falante quer dizer, o ouvinte precisa ter acesso às razões do enunciado do falante. Para entender uma proposição, portanto, é pressuposto o conhecimento das razões por meio das quais suas condições de verdade são preenchidas. Mais que isso, tais razões somente podem ser produzidas dialogicamente, ou seja, baseadas no procedimento de argumentação racional. Trata-se, ao fim e ao cabo, de uma socialização entre os sistemas de IA e o ser humano, por via comunicativa.

Há um abismo de entendimento entre a inteligência artificial e as pessoas que sofrem diretamente as consequências das decisões automatizadas. Em termos práticos, tal circunstância se fez presente porque a IA não se comunica. Seu agir é estratégico, instrumental e orientado ao sucesso. Em boa parte, isso se dá em razão da opacidade dos sistemas. A eliminação desse distanciamento é objeto de investigação da *xAI* por meio da criação de modelos de "caixa branca". Sustenta-se que o agir algorítmico comunicativo é capaz de imprimir racionalidade comunicacional aos sistemas e aproximar a tecnologia do homem, especialmente em termos de confiabilidade.

É preciso, pois, avançar para a delimitação dos elementos que tornam possível um agir algoritmicamente comunicativo. Tais elementos, além das virtudes acima apontadas, têm grande potencial para promover o *debeasing* algorítmico e mitigar os riscos de práticas automatizadas injustas. Mas não é só. Importante ressaltar que tais pressupostos – *condições de possibilidade* – também são capazes de fincar as tecnologias de IA em bases confiáveis do

158 BANNELL, Ralph Ings. *Habermas e a educação*, cit., p. 70.
159 HABERMAS, Jürgen. *Teoria do agir comunicativo*, cit., v. 1, p. 515.

ponto de vista das expectativas sociais e, com isso, legitimar o uso de tais ferramentas sem que com isso se impeça o desenvolvimento tecnológico. Trata-se de uma verdadeira cruzada pela desvelação algorítmica como condição de possibilidade da IA.

Antes que se avance para a análise das condições de possibilidade para uma AI confiável, necessária a abordagem sobre o que realmente deve ser entendido por *opacidade* em sistemas de IA. Propõe-se uma abordagem em *dupla* dimensão, muito além do que comumente se fala em doutrina. A opacidade deve ser analisada sob dois ângulos: i) *centrífugo*, ou seja, do ponto de vista do sistema; e ii) *centrípeto*, do ponto de vista do usuário, como adiante explicado. Desde 2020, tornou-se gigantesca a produção científica sobre inteligência artificial.[160] Porém, em diversas leituras realizadas, nenhuma delas faz uma abordagem sob os dois vieses em que a opacidade deve ser compreendida.

Em linhas gerais, a doutrina costuma afirmar que "os algoritmos são enquadrados como caixas-pretas que obscurecem seu funcionamento interno por trás de camadas de complexidade e opacidade tecnicamente induzida".[161] Em modelos opacos os usuários conhecem as entradas e o resultado, mas não têm ideia de qual foi o processo para a tomada de decisão, ou seja, os critérios, as razões, os parâmetros, os dados utilizados, dentre inúmeras outras informações. É nesse sentido também o enfoque de Frank Pasquale, segundo o qual o termo "*black box*" é uma metáfora usada em IA para se referir a um "sistema cujo funcionamento é misterioso; podemos observar suas entradas e saídas, mas não podemos dizer como uma se transforma na outra".[162]

Em razão da opacidade, por exemplo, resta impossível descobrir como um sistema encontrou certas correlações nos conjuntos de dados e qual o peso que "aprendeu" a conferir a referidos padrões no momento de realizar suas decisões. Em outras palavras, o poder algorítmico atua nas sombras, assim como fez Lewis Strauss no filme *Oppenheimer*.[163] Fica fácil notar que a opacidade impede qualquer tipo de visão do usuário ao funcionamento interno do sistema. É precisamente nessas circunstâncias que reside o primeiro tipo de abordagem,

---

160 Para se ter uma noção, no dia 14 de janeiro de 2024, em pesquisa realizada no Google Scholar, o termo "inteligência artificial" retornou 127 mil resultados. Já a busca por "*artificial intelligence*" apresentou 228 mil resultados.

161 BURRELL, Jenna. How the machine "thinks": understanding opacity in machine learning algorithms, 2016. No artigo a autora faz uma distinção entre três formas de opacidade: 1) opacidade como segredo corporativo ou estatal intencional; 2) opacidade como analfabetismo técnico; e 3) uma opacidade que surge das características dos algoritmos de aprendizado de máquina e da escala necessária para aplicá-los de forma útil.

162 PASQUALE, Frank. *The black box society:* the secret algorithms that control money and information, 2015, p. 3.

163 OPPENHEIMER. Direção: Christopher Nolan. EUA: Universal Pictures, 2023.

ou seja, do ponto de vista do usuário. A opacidade impede o movimento *centrípeto* da passagem de luz de fora para dentro do sistema.

Porém, a opacidade, para além de impedir que a luz do entendimento ultrapasse as estruturas do sistema de fora para dentro, também impossibilita que o sistema enxergue as particularidades do mundo objetivo, não conseguindo captar a complexidade das relações sociais e a individualidade dos usuários. Presa em sua própria escuridão, já padronizada por sua visão de mundo outrora formada pelos dados com os quais aprendeu, a "inteligência" do sistema é incapaz de identificar as nuances de cada usuário. O modelo permanece cativo em uma relação objetiva consigo mesmo. Esse é um ângulo de visão que não pode ser ignorado, pois a opacidade, na dimensão *centrífuga*, prejudica o aprendizado do sistema e aumenta os riscos potenciais de práticas injustas, intencionais ou não.

Decorre diretamente da dimensão centrífuga da opacidade um estado de dissonância cognitiva sistêmica da IA, na qual o sistema não consegue captar a essencialidade do mundo real, o que se agrava pela crença exacerbada em padrões que agora fazem parte de um mundo exclusivo do sistema. Como apontado no item "Discriminação algorítmica por 'afasia apofânica' ou 'psicose apofânica' ou, também, discriminação por 'associação' ou 'correlação espúria'. Discriminação algorítmica implícita", Capítulo 4, *supra*, trata-se de uma verdadeira Matrix, ou seja, o sistema cria um mundo imaginário no qual os usuários se tornam prisioneiros dos padrões ou *standards* irreais e ilusórios, que passarão a moldar seus comportamentos e decidir sobre seus destinos e oportunidades. Cabe aqui destacar mais uma vez o lendário e alegórico Mito da Caverna, de Platão: o sistema de IA ingressa em sua caixa opaca, isola-se e aprisiona-se em sua caverna, onde sua realidade e zua verdade bastam, e as sombras ou imagens que os presos (sistema) veem no muro são tudo aquilo que os presos (sistema) sabem do mundo fora da caverna.[164] Por isso a ideia de iluminação da IA, ou seja, de resgate da IA de sua própria visão de mundo autorreferente.

Como se nota, a opacidade é prejudicial principalmente aos usuários, já que, em razão do aprendizado oculto da máquina, sofreram ingerências em suas oportunidades e vidas. Contudo, é da natureza do sistema o desenvolvimento de padrões muitas vezes não causais, seja em razão do *dataset* que o alimenta, seja decorrente de seu próprio desenho arquitetônico. Esse estado de patologia na aprendizagem do sistema, já explicado ao longo deste trabalho, muitas vezes não é intencionalmente previsto pelos desenvolvedores das ferramentas de IA, muito menos pelas corporações que as utilizam.[165] Com isso, a opacidade au-

---

164 PLATÃO. *A República*, Livro VII, cit., p. 296 e segs.

165 A opacidade dos sistemas foi citada como a segunda maior preocupação por 32% dos executivos financeiros que responderam a uma pesquisa anual da Lendt Fintech no ano de 2022. Embora seja a segunda maior preocupação apontada no relatório, o número de gesto-

menta sobremaneira os riscos empresariais. Uma supervisão periódica para fins de calibragem do sistema é uma medida eficaz para a mitigação de tais riscos. Para a consecução de tais objetivos, é indispensável que os níveis de opacidade sejam eliminados.

A explicabilidade como elemento comunicacional e suas elementares

O princípio da explicabilidade é aquele pelo qual o sistema deve ser dotado da capacidade de se comunicar de forma racionalizada com as partes interessadas. Metaforicamente, a ponte comunicacional para superar o abismo informacional que existe entre o sistema e as partes interessadas se dá pela explicabilidade linguisticamente mediada. A explicabilidade, portanto, é um instituto de caráter comunicacional. É por essa razão que a proposta encartada no livro tem por objeto o agir algorítmico *comunicativo*, cujo lócus central da atuação é na composição de uma explicabilidade orientada pela Teoria do Agir Comunicativo.

Partindo da premissa de que a explicabilidade tem caráter comunicacional, é preciso que ela seja exteriorizada por meio de ações racionais. A lacuna informacional ainda existente entre os sistemas de IA e as partes interessadas tem efeitos colaterais que se revelam socialmente desintegradores. Em Habermas e em outros muitos teóricos da Sociologia e da Filosofia, o objetivo da comunicação é a formação do saber. O saber, em Habermas, tem estreita relação com a racionalidade. O conceito de racionalidade adotado em sua teoria diz respeito, acima de tudo, às formas de aquisição de saber por parte de sujeitos dotados de competência comunicacional. Especificamente na proposta habermasiana, a comunicação deve se dar por meio de ações comunicativas (não estratégicas ou não instrumentais), o que pressupõe, necessariamente, a racionalidade da comunicação, caracterizada pela *possibilidade de sua criticabilidade* e *controle.*

A natureza comunicacional da explicabilidade não é nova. Elena Esposito é defensora tenaz de que a explicação pode ser observada como uma forma específica de comunicação. Segundo sustenta, "precisamos de um conceito de comunicação que possa levar em conta a possibilidade de um parceiro de co-

---

res que se preocupam como sendo a opacidade um problema é muito baixo. O relatório conclui também que *a explicabilidade ajuda a reduzir preconceitos.* Ainda nesse mesmo relatório, Rohit Chauhan, vice-presidente executivo de Inteligência Artificial da Mastercard, afirmou que "Algoritmos de IA responsáveis *minimizam preconceitos* e *são compreensíveis*, para que *as pessoas se sintam confortáveis* com o fato de a IA ser implantada de forma responsável e com a compreensão disso" (LENDLT FINTECH. *AI perspectives:* credit risk & lending, 2021).

municação não ser um ser humano, mas em vez disso um algoritmo".[166] Valendo-se sobretudo das lições de Niklas Luhmann e de outros autores, assim leciona referida autora sobre a explicabilidade:

> As máquinas devem ser capazes de produzir explicações adequadas, respondendo às solicitações de seus interlocutores. Na verdade, é isso que acontece também na comunicação com os seres humanos. [...] Estruturas sociais como a linguagem, a semântica e as formas de comunicação normalmente proporcionam coordenação suficiente (Luhmann, 1997), mas podem surgir perplexidades ou podem ser necessárias informações adicionais. Nesses casos, podemos ser solicitados a dar explicações – **cujo objetivo é que o destinatário compreenda nossa comunicação e seja capaz de entendê-la**. Nas palavras de Charles Tilly, trata-se de responder à pergunta "Por quê?", dar razões para o que as pessoas "*fizeram, para o que outros lhes fizeram, ou, de forma mais geral, ou para o que se passa no mundo*" (Tilly, 2006). **Reage-se a um problema de comunicação com outra comunicação, que assume a forma de uma explicação e deve ser compreensível e crível.** É preciso dar razões, e dar razões é uma atividade social, que varia de uma situação social para outra e fornece a informação adequada para cada uma delas (Tilly, 2006; Bibal *et al.*, 2021). Mas que informações obtemos quando recebemos uma explicação? Continuamos a não saber nada sobre os processos neurofisiológicos ou psíquicos do nosso parceiro – que (felizmente) podem permanecer obscuros ou privados. Para dar uma boa explicação não precisamos revelar os nossos pensamentos, muito menos as conexões dos nossos neurônios (Tilly, 2006). Podemos falar sobre nossos pensamentos, mas nossos parceiros só sabem deles o que comunicamos ou o que pode derivar disso. Precisamos simplesmente fornecer a nossos parceiros elementos adicionais, que lhes permitam compreender (na sua perspectiva) o que fizemos e por quê. [...] O remetente produz uma nova comunicação, que fornece elementos adicionais relacionados com o pedido e necessidades específicas do parceiro. São apresentadas razões, que podem assumir diferentes formas e cuja adequação depende do contexto social (Tilly, 2006). **O processo é inteiramente comunicativo**: não precisamos de transparência como acesso aos cérebros ou às mentes dos nossos interlocutores – precisamos apenas obter pistas que permitam que uma comunicação específica avance de forma controlada e não arbitrária. **Uma explicação será bem-sucedida se o parceiro compreender o suficiente para responder, objetar, elaborar.**[167]

---

166 ESPOSITO, Elena. *Artificial communication:* how algorithms produce social intelligence, 2022.

167 ESPOSITO, Elena. Does explainability require transparency?, 2022.

Mesmo aqueles que consideram a tecnologia um subsistema autopoiético na visão de Luhmann, como parece ser a posição de Elena Esposito, consideram que uma apropriada abordagem da explicabilidade como fenômeno comunicacional é indispensável para a construção da explicabilidade. Nesse sentido, não se pode negligenciar que o usuário não é apenas um destinatário de uma explicação, mas também um parceiro de comunicação. Essa perspectiva alargada leva em conta o contexto operacional dos sistemas – partes interessadas, propósito de explicabilidade e afins – de maneira mais holística, permitindo-nos assim compreender melhor como os algoritmos de decisões automatizadas e seus explicadores se enquadram na sociedade e em suas esferas. Portanto, entendem que a conexão entre a xAI e a teoria funcional da comunicação de Luhmann pode ser útil na escolha de informações e enunciados que sejam apropriados e suficientes para dar sentido ao que está acontecendo dentro de uma caixa-preta algorítmica, tendo em vista o mundo que a rodeia, preenchendo assim a lacuna entre a tomada de decisão automatizada e a compreensão humana, bem como reconciliando os aspectos técnicos e sociais da tecnologia.[168]

Ao contrário da opacidade ou "*black box*", nos quais há um *gap* de translucidez informacional, os modelos "*white box*" eliminam o abismo *comunicacional* ao fornecer comunicativamente as razões para os resultados que afetam os interesses das pessoas. A *xAI*, metaforicamente, levanta o véu dos modelos de aprendizado de máquina, fornecendo razões aos resultados e os tornando visíveis para os usuários. As condições de possibilidade que tornam possível esse "resgate da caverna opaca" compõem o agir algoritmicamente comunicativo. Essa necessária aproximação da *xAI* com a teoria habermasiana, embora sob a perspectiva da esfera pública, já foi defendida na doutrina comparada:

> É necessário compreender as decisões das máquinas, o que exige que suas inferências sejam compreensíveis para nós. Isto corresponde à capacidade da máquina em fornecer explicações, ou seja, em relacionar as suas conclusões com os valores que contribuem para a solução que propõem. Pode ser que muitos problemas na ética das máquinas estejam diretamente relacionados com o que é frequentemente chamado de "inteligência artificial explicável" – com a capacidade de construir explicações compreensíveis **que permitam aos humanos argumentar e discutir as decisões propostas pelas máquinas que, por sua vez, podem contrariar os próprios argumentos humanos**. Esta abordagem parece estar próxima de deliberações éticas coletivas, com agentes humanos e artificiais que colaborariam de uma forma inspirada no trabalho

168 KEENAN, Bernard; SOKOL, Kacper. Explainable artificial intelligence and Luhmann's functional theory of communication, 2023.

de Jürgen Habermas sobre a ética da comunicação e sobre a democracia deliberativa.[169]

Diante do que foi dito e parafraseando o filósofo de Frankfurt, o que significa, afinal, uma explicação racional em determinado contexto? E o que se quer dizer ao afirmar que suas exteriorizações podem ser consideradas racionais? O agir algorítmico comunicativo apresenta pressupostos e condições formal-pragmáticos de uma explicabilidade explicitamente racional. Na *xAI* orientada pelo agir algoritmicamente comunicativo, as medidas para a construção de uma "caixa branca" pressupõem certa análise estrutural por meio de uma linguagem racionalmente exteriorizada, com as seguintes características e componentes: a) *enunciação ou explanação;* b) *inteligibilidade, legibilidade e acessibilidade ou adaptabilidade ou adequação formal;* c) *correspondência ou pertinência ou contextualização;* d) *concretude ou especificidade;* e) *interpretabilidade ou compreensibilidade*; f) *veracidade;* g) *transparência da comunicação.*

Esse conjunto de atributos do sistema reúne condições de possibilidade para o uso da IA, sobretudo em atividades de alto risco, como nas relações trabalhistas. Além disso, são condições sem as quais fica praticamente impossível verificar outros atributos desejáveis para uma IA justa e confiável, tais como segurança, eficiência, acurácia, precisão, robustez, *accountability*, responsabilidade, controlabilidade, auditoria, confiança, justiça, dentre outras.

De forma genérica, pode-se afirmar que, por meio da explicabilidade, o "raciocínio" subjacente ao modelo de IA, utilizado para chegar ao resultado, pode ser explicitado de modos que a inteligência humana possa compreender, inclusive do ponto de vista do senso comum. Porém, esse conceito de certo modo é insuficiente por não ser capaz de revelar toda a complexa dimensão da inteligência artificial explicável. Por exemplo, quando se fala em explicabilidade, não se pode reduzir o fenômeno ao entendimento das razões lógicas por trás do *output*. Explicar a AI é descrever *por que*, *quando* e *como* a AI será usada, bem como as medidas de governança adotadas, os riscos inerentes e as medidas para sua mitigação, o impacto social etc. Em termos mais simples, trata-se de permitir aqueles que serão impactados pela IA entenderem o que está acontecendo. É claro que uma das possibilidades de explicação está no entendimento dos resultados produzidos. Porém, apenas ilustrativamente, é possível também que

---

169 POWERS, Thomas M.; GANASCIA, Jean-Gabriel. Risk: overestimation and underestimation. *In*: DUBBER, Markus D. *et al.* (coord.). *The Oxford handbook of ethics of AI*, 2020, p. 64. A citação, embora remeta à teoria de Habermas, refere-se ao agir comunicativo na esfera pública. O livro aborda a aplicação da Teoria do Agir Comunicativo sobretudo na esfera individual, de modo que não foram objeto desse estudo as condições de possibilidade da IA na esfera pública habermasiana.

a solicitação de explicação se dê sobre outros componentes do sistema, como os dados ou os riscos inerentes ao tratamento.

A Recomendação da OECD em Inteligência Artificial elenca os princípios para a gestão responsável de uma IA confiável. Dentre eles, prevê em concomitância os princípios da transparência e da explicabilidade. Vale aqui a transcrição e especial atenção aos trechos em destaque:

> **1.3** *Transparência e explicabilidade*. Os intervenientes em IA devem comprometer-se com a transparência e a *divulgação* responsável em relação aos sistemas de IA. Para o efeito, devem fornecer *informações* ***significativas, adequadas*** *ao contexto* e **consistentes** *com o estado da arte:* I – para promover uma *compreensão geral* dos sistemas de IA; II – para ***sensibilizar*** *as partes* interessadas para as suas interações com os sistemas de IA, **incluindo no local de trabalho**; III – para permitir pessoas afetadas por um sistema de IA para ***compreender*** *o resultado*; e IV – permitir que as pessoas afetadas negativamente por um sistema de IA ***desafiem*** *o seu resultado* com base em *informações* ***simples*** e ***fáceis*** *de compreender* sobre os *fatores* e a *lógica* que serviu de base para a previsão, recomendação ou decisão [grifos nossos].

A previsão citada contém muito do que se propõe com o agir algorítmico comunicativo. No entanto, mostra-se importante a análise segmentada dos elementos à luz da proposta de comunicação pragmática. Assim, passa-se à análise diluída dos elementos ou atributos fundamentais que servem como condições de possibilidade aos sistemas de AI comunicativamente explicáveis:

a) Enunciação ou explanação: é a qualidade do sistema que lhe permite fornecer ou conter evidências ou razões para seus métodos, processos e resultados gerados. O princípio da explicação não exige a correção ou verdade da externalização, tampouco que esta seja inteligível. A explicação é verificável objetivamente e do ponto de vista formal. É o *mero* comunicar, ou seja, a mera transmissão da informação. Na Teoria dos Atos de Fala, corresponde aos atos de fala locucionários, ou seja, é a mera enunciação por meio da qual o sistema expressa um estado de coisas ou diz algo.

Esse princípio também não impõe nenhuma métrica de qualidade a essas explicações, o que está mais atrelado aos princípios da precisão da explicação e da inteligibilidade. A forma pela qual se dará a explanação ou a transmissão do conteúdo pode variar bastante, desde a forma escrita, digital, áudio, vídeo etc. Esse requisito se alinha à teoria matemática da comunicação, que concebe esta última meramente como um processo no qual uma informação deve ser transportada de um ponto a outro. A ideia de comunicação, portanto, é idêntica à de transmissão.

Trata-se de uma visão técnico-instrumental, pois a teoria matemática da comunicação não se ocupa, ou seja, não tem por objeto a semântica. Apesar das limitações e críticas atribuídas a essa teoria,[170] ela tem sua importância na medida em que ao menos descreve a lógica formal da comunicação e aponta como seus elementos integrantes a fonte emissora (um escritor, por exemplo), o meio de transmissão (a escrita, por exemplo), o símbolo utilizado (uma palavra ou frase em determinado idioma, por exemplo), o canal (um livro), o decodificador (a leitura) e a fonte receptora (o leitor ou destinatário da informação).[171]

Contudo, a transmissibilidade, para ser real e não meramente formal, pressupõe clareza ou abertura semântica. Esta, por sua vez, propicia a interpretabilidade e a compreensibilidade. Se um sistema é claro e, por conseguinte, suficiente para ser interpretável e compreendido pelos usuários, estes terão confiança *ao* e *em* se relacionar com o sistema. Desse modo, a comunicação é legítima na medida em que desperta no receptor alguma sensação – aspecto reativo da linguagem –, no caso, de confiança. Com isso, ao despertar reações no receptor, a comunicação transcende o mero modelo matemático de informação para o modelo de comunicação, que permite uma *interação* do sujeito receptor. Por isso tal requisito, por si só, é insuficiente, embora necessário.

b) Inteligibilidade, legibilidade e acessibilidade ou adaptabilidade ou adequação formal: a enunciação deve ser fornecida em formato acessível, de maneira que possa ser *lida* pelos usuários. Nesse sentido, embora a mera transmissão da informação possa se dar de várias formas, é preciso que o meio escolhido seja acessível ao usuário para visualização e leitura. Em outras palavras, a *legibilidade* pressupõe a transmissão da informação por meio de símbolos e canais acessíveis. Por exemplo, se o usuário for deficiente visual, a informação deve ser transmitida de modo a possibilitar a leitura pelo sujeito. Igualmente, no caso de pessoas não deficientes, a informação deve ser transmitida em linguagem simbolicamente adaptada à realidade dos usuários, ou seja, não se admite que o sistema forneça a enunciação para brasileiros em um idioma diverso do português ou, ainda, em linguagem computacional, por exemplo. Como se nota, esse princípio também está ligado a aspectos formais. Isso porque a

---

170 Afirma-se que a teoria matemática da comunicação é, na verdade, uma teoria matemática da informação. A comunicação tratada por ela é um mero modelo de tradução e transmissão de informações em códigos (signos) que busca sistematizar e medir a eficácia do transporte, da decodificação e do recebimento de determinada informação pela fonte receptora. Torna-se insuficiente, na medida que uma das condições de possibilidade da comunicação está justamente naquilo que se quer comunicar. Como a teoria matemática ignora a semântica, sua contribuição limita-se aos aspectos formais da transmissão da informação. Nesse sentido: NASCIMENTO, Maurício Augusto Pimentel Liesen. *Excommunicatio*, cit., p. 39-42.

171 NASCIMENTO, Maurício Augusto Pimentel Liesen. *Excommunicatio*, cit., p. 49.

possibilidade de leitura é um pré-requisito para que se possa pensar em compreensão.

c) **Correspondência ou pertinência ou contextualização:** a enunciação deve guardar correspondência com o que se pretende transmitir ao usuário, ou seja, impõe-se uma relação de pertinência ou nexo entre o que foi questionado e o que foi informado. Por exemplo, imagine-se a situação na qual um usuário envia seu currículo para um *software* de recrutamento e, após passar pela fase de triagem, é eliminado na fase de entrevista por vídeo e pretende saber o motivo da eliminação. No caso, a informação transmitida ao usuário deve guardar relação lógica de conexão com o questionamento realizado. Assim, não pode o sistema responder que a eliminação se deu porque o currículo não apresentava habilidades específicas para a vaga. Nesse exemplo, a resposta está totalmente dissociada do contexto.

d) **Concretude ou especificidade:** designa a obrigação de o sistema fornecer respostas concretas e não genéricas ou vagas. A especificidade refere-se à qualidade de ser detalhado e preciso em uma resposta ou descrição. Por tal atributo, exige-se que a comunicação se dê, do ponto de vista formal, de modo satisfatório, o que impede respostas genéricas do tipo "você não se encaixou no perfil" quando o usuário questiona quais os parâmetros utilizados pelo sistema que levaram a sua eliminação do processo seletivo. Nos exemplos mencionados a intenção comunicativa do usuário restaria totalmente frustrada.

e) **Interpretabilidade ou compreensibilidade:** é a característica da linguagem comunicacional que permite aos usuários a compreensão da lógica de funcionamento do sistema, com isso entendendo como o resultado (*output*) foi produzido. Em outras palavras, é o atributo pelo qual se tornam compreensíveis as razões que impulsionam e guiam o funcionamento do sistema. Aqui a interpretabilidade se refere, acima de tudo, ao ato comunicacional explicativo e não à interpretabilidade do sistema.

Porém, a explicação muitas vezes pode contemplar o direito de compreensão do resultado da decisão ou predição algorítmica. É o caso da proposta brasileira, que prevê o direito de a pessoa afetada por sistema de IA solicitar "explicação sobre a decisão, previsão ou recomendação, com informações a respeito dos critérios e dos procedimentos utilizados, assim como sobre os principais fatores que afetam tal previsão ou decisão específica" (art. 8º do PLS n. 2.338, de 2023). Além disso, prevê que as informações prestadas no ato explicativo devem incluir, dentre outras, informações sobre

> a racionalidade e a lógica do sistema, o significado e as consequências previstas de tal decisão para a pessoa afetada; o grau e o nível de contribuição do sistema de inteligência artificial para a tomada de decisões; os dados processados e a

sua fonte, os critérios para a tomada de decisão e, quando apropriado, a sua ponderação, aplicados à situação da pessoa afetada.

Em seguida, o parágrafo único do art. 8º do PLS estatui que as informações mencionadas serão fornecidas por procedimento gratuito e facilitado, em linguagem que permita que a pessoa compreenda o resultado da decisão ou previsão em questão, no prazo de até 15 dias a contar da solicitação, permitida a prorrogação, uma vez, por igual período, a depender da complexidade do caso. Neste ponto, é preciso lançar uma provocação reflexiva: *o PLS, ao inserir no conteúdo do direito à explicação informações sobre a lógica do sistema, critérios para tomada de decisão, entendimento sobre o resultado etc., prevê o direito à interpretabilidade do próprio sistema? Dito de outro modo, a explicação pressupõe a interpretabilidade do sistema?* Para responder a tal indagação, necessário se faz entender o que é a interpretabilidade do sistema. O assunto merece tratamento em apartado, e o item subsequente enfrenta tais questionamentos.

Por enquanto, importa deixar registrado que a abordagem da interpretabilidade da comunicação deve ser feita do ponto de visa do usuário. Muitas vezes as informações disponibilizadas podem ser interpretáveis e compreensíveis para um *expert*, mas não para o usuário. É preciso que o sistema tenha a capacidade de permitir, por meio da comunicação, que o ser humano extraia dela algum sentido ou significado. O National Institute of Standards and Technology (NIST) chama esse princípio de "*meaningful*", que em português significa significância.

Pela interpretabilidade, as informações comunicadas ao usuário devem possibilitar que ele compreenda exatamente como ou por que a decisão automatizada chegou ao *output*. A interpretabilidade deve levar em conta o contexto no qual o sistema está inserido, sobretudo do ponto de vista das condições socioeconômicas e culturais do usuário e da sociedade. Por esse motivo, as informações devem ser claras e sem espaços para ambiguidades. Como bem observa o NIST, existem pontos em comum entre as explicações que podem torná-las mais significativas. Por exemplo, afirmar por que o sistema se comportou de determinada maneira pode ser mais compreensível do que descrever por que ele não se comportou de determinada maneira.[172] Por fim, a informação deve ser suficientemente completa para que o usuário possa entendê-la de forma satisfatória. Assim, a informação deve ser capaz de caracterizar suficientemente o sistema. Vale destacar que na proposta de Habermas, aqui incorporada, "entendemos um ato de fala quando sabemos o que o torna aceitável".[173]

172 ESTADOS UNIDOS. National Institute of Standards and Technology. *Four principles of explainable AI*, 2021.

173 HABERMAS, Jürgen. *Teoria do agir comunicativo*, cit., v. 1, p. 515.

f) Veracidade: as informações comunicadas devem ser corretas, assertivas, precisas. Exige-se que uma explicação reflita corretamente o processo de um sistema para gerar seu resultado. A precisão da explicação é um conceito distinto da precisão da decisão. A precisão da decisão diz respeito à acurácia nos resultados do sistema, ou seja, se ele decidiu corretamente ou não. Independentemente da precisão da decisão do sistema, a explicação correspondente pode ou não descrever com precisão como o sistema chegou a sua conclusão ou ação.[174] Quando a explicação se dá segundo os requisitos acima, ela se qualifica como "*talkability*", ou seja, a qualidade que a torna apta para ser discutida, o que somente será possível a partir de uma abordagem racional da comunicação. Nesse sentido, Elena Esposito é assertiva:

> O objetivo é antes produzir uma condição de "diálogo" entre o algoritmo e o usuário em que a máquina forneça respostas, tomando como entrada os pedidos de esclarecimento sempre diferentes de seus interlocutores, e seja capaz de participar de uma metacomunicação que pode ter como objeto os processos da máquina ou os dados utilizados. [...]. O debate sobre a explicação implica uma mudança da inteligência para a própria característica que permite aos algoritmos contribuir eficazmente para a produção de novas informações na nossa sociedade: *sua capacidade de participar na comunicação.* As máquinas devem ser capazes de produzir explicações adequadas em resposta às diferentes solicitações de seus interlocutores.[175]

g) Transparência: a transparência como requisito da explicabilidade – aqui também do ponto de vista do ato de fala comunicacional – pode ser entendida como o atributo do ato comunicacional pelo qual este deve refletir precisa e exatamente as reais intenções dos desenvolvedores e do próprio sistema, no sentido conferido por Habermas aos atos ilocucionários. Quando o sistema explica algo, ou seja, emite um ato de fala, ele sinaliza ao usuário o que está fazendo. Com isso, dá uma garantia implícita de que pode, se necessário, apresentar razões para seu enunciado explicativo. Nesse sentido, nas interações de explicação mediadas pela linguagem o sistema somente pode buscar fins ilocucionários, e tão somente fins como esses. É dizer, sua fala funciona como autolimitação, no sentido de que suas ações posteriores ficam conformadas ao ato de fala manifestado. Admitir o contrário é aceitar a violação da transparência e da boa-fé objetiva, na medida em que eventual conduta posterior disso-

174 HABERMAS, Jürgen. *Teoria do agir comunicativo*, cit., v. 1, p. 515.
175 ESPOSITO, Elena. Transparency versus explanation: the role of ambiguity in legal AI, 2021.

nante configura agir estratégico, ou seja, uma interação em que o sistema pretende ocasionar, com suas ações de fala, efeitos perlocucionários ou além do que foi manifestado.

Vale lembrar que, no agir comunicativo, o falante deve levantar as seguintes pretensões de validade: *de verdade* (do conteúdo proposicional contido no ato de fala); *de sinceridade* (em que o objetivo ilocucionário do ato de fala expressa os sentimentos verdadeiros do falante e não está escondendo uma intenção orientada a seus interesses em vez de ao entendimento); e *de correção normativa* (no sentido de que o ato de fala está em conformidade com as normas sociais reconhecidas e, em outro nível, de que essas normas são legítimas). Nesse sentido, transparência e explicabilidade são indissociáveis e interdependentes. Não há como falar em explicabilidade por meio de um agir não comunicacional, no caso, por ausência de transparência. Por isso, a transparência deve ser acrescentada às condições de explicabilidade listadas no tópico anterior.

Habermas utiliza a expressão "*ensemble*" justamente se referir a um conjunto ou sistema de condições que tornam possível a razão comunicativa. No caso dos sistemas de IA, esse *ensemble* refere-se a um conjunto integrado de condições possibilitadoras e, ao mesmo tempo, limitadoras de seu uso. A razão comunicativa aplicada aos sistemas de IA é capaz de fazer os indivíduos entenderem a lógica de funcionamento do sistema por meio da linguagem. Essa capacidade do sistema é crucial para a formação de consensos e para a coordenação social. Logo, o *medium* linguístico por meio do qual a IA se torna racional se refere à linguagem como o meio através do qual ocorrem as interações entre humano e sistema artificial. Esse *telos* linguístico propiciador do entendimento sugere que a linguagem tem uma finalidade ou objetivo inerente, que é facilitar o entendimento dos usuários do sistema. A linguagem não é apenas um meio formal, mas tem uma orientação intrínseca para promover a compreensão.

Outrossim, o *ensemble* é integrado tanto por condições possibilitadoras como limitadoras. É dizer, a explicabilidade *lato sensu*, ao mesmo tempo que serve para legitimar o uso do sistema, também o limita, na medida em que a linguagem manifestada autolimita, em uma espécie de válvula de contenção, o agir algorítmico. A linguagem passa a funcionar como "motivos determinantes" da ação algorítmica dos quais o sistema não pode se desgarrar. Ou seja, a linguagem cria as bases para a razão comunicativa, mas também estabelece certos limites ou restrições para o uso do sistema.

O Projeto de Lei do Senado n. 2.338, proposto em maio de 2023 pelo Senador Rodrigo Pacheco e que "Dispõe sobre o uso da Inteligência Artificial",[176]

---

176 BRASIL. Senado Federal. Projeto de Lei n. 2.338, de 2023.

que pretende instituir o marco legal da IA no Brasil, prevê expressamente o direito à explicação, sem nenhuma ressalva quanto aos segredos industrial ou comercial no tocante aos elementos que prevê. Nos termos do art. 8º da proposta, a pessoa afetada por sistema de inteligência artificial poderá solicitar **explicação** sobre a *decisão*, *previsão* ou *recomendação*, com informações a respeito dos **critérios** e dos **procedimentos** utilizados, assim como sobre os principais fatores que afetam tal previsão ou decisão específica.

O direito à explicação abrange, além das informações mencionadas no parágrafo anterior, informações sobre: I – a **racionalidade** e a **lógica** do sistema, o significado e as consequências previstas de tal decisão para a pessoa afetada; II – o grau e o nível de contribuição do sistema de inteligência artificial para a tomada de decisões; III – os dados processados e a sua fonte, os critérios para a tomada de decisão e, quando apropriado, a sua ponderação, aplicados à situação da pessoa afetada; IV – os mecanismos por meio dos quais a pessoa pode contestar a decisão; e V – a possibilidade de solicitar intervenção humana, nos termos desta Lei. Tais informações devem ser fornecidas por procedimento gratuito e facilitado, em **linguagem** que permita que a pessoa compreenda o resultado da decisão ou previsão em questão, no prazo de até 15 dias a contar da solicitação, permitida a prorrogação, uma vez, por igual período, a depender da complexidade do caso.

A comunicação legítima deve ser centrada não no emissor – sistema –, mas sim no receptor. Logo, os sistemas de IA explicáveis devem pautar seu *design*, desde a concepção, com foco na centralidade da comunicação no receptor (*explainable by design*). A comunicação em sentido formal é satisfeita apenas pelo mero fenômeno do transporte de informações. A ela deve ser atribuída a qualidade de *comunicacional*, característica que dota de possibilidades de interpretação e de compreensão a informação comunicada. Nesse sentido, a doutrina especializada defende que "a comunicação ocorre na produção das camadas de sentido e interpretação. Ela é exegética. Por isso, a comunicação é fruto de um sujeito doador de sentidos e o *medium* é a linguagem através do qual algo é compreendido".[177]

Explicabilidade versus *transparência ou interpretabilidade do sistema*

Na explicabilidade há um dever de abertura informacional. Em apertada síntese, a explicabilidade, como ato comunicacional, é o atributo do sistema pelo qual ele é capaz de se comunicar com os sujeitos interessados, o que pressupõe a racionalidade de suas exteriorizações, qualificada esta última pela disposição

177 BRASIL. Senado Federal. Projeto de Lei n. 2.338, de 2023, cit., p. 50.

do sistema em sofrer críticas e se fundamentar. A comunicação racional exige uma atitude reflexiva e crítica por parte dos participantes, que devem ser capazes de avaliar e questionar o sistema, buscando uma compreensão mais profunda e fundamentada. Parafraseando Habermas, a exteriorização ou explicação cumpre os pressupostos de racionalidade à medida que concretiza o saber falível. Com a explicabilidade, o sistema se comunica e se mostra acessível a um julgamento objetivo. Quanto melhor se puder fundamentar a exteriorização, tanto mais racional ela será. Sob a ótica do sistema, a explicabilidade ganha foros de justificabilidade. Sob a ótica dos demais sujeitos, de criticabilidade.

Porém, há uma questão que precisa ser enfrentada: a diferença entre explicabilidade, transparência e interpretabilidade. A transparência pode ser analisada em vários aspectos. Aqui, importam dois: a) transparência *da comunicação*, ou seja, como elemento da explicação; b) transparência *do sistema*. Na primeira feição, como explicado no tópico anterior, a transparência é encarada como requisito da explicabilidade, caso em que é entendida como o atributo do ato comunicacional pelo qual ele deve refletir precisamente e exatamente as reais intenções dos desenvolvedores e do próprio sistema, conforme a abordagem conferida por Habermas aos atos ilocucionários.

Por outro lado, explicabilidade não se confunde com transparência *do sistema* ou interoperabilidade *do sistema*. Por transparência do sistema deve ser entendido o atributo pelo qual ele se mostra interpretável e compreensível. Isso conota algum "senso de compreensão do mecanismo pelo qual o modelo funciona".[178] É a compreensão acerca da complexa rede neural da aprendizagem profunda. É transparente, por exemplo, um modelo cuja lógica decisional possa ser compreendida *pari passu*. Neste caso, interpretabilidade significa transparência do sistema e tão somente do sistema ou de partes dele.[179] Metaforicamente, é como se as partes pudessem acessar e entender o "pensamento" da máquina. Em alguns modelos de IA isso é possível. Porém, em outros, como os de redes neurais profundas, a missão é impossível. Em certas hipóteses, nem

---

178 LIPTON, Zachary. The mythos of model interpretability, 2016.

179 A transparência é um princípio amplo e de incidência geral. Quando se fala em transparência do sistema, está-se a referir à interoperabilidade do sistema, ou seja, à compreensibilidade de sua lógica de funcionamento. Porém, a transparência se aplica em outras hipóteses. Como se viu, pode-se falar em transparência do ato comunicacional. O art. 5º do PLS – marco legal da IA no Brasil –, por exemplo, prevê o direito à informação prévia quanto a suas interações com sistemas de inteligência artificial. Trata-se de outra hipótese de incidência da transparência. Enfim, são inúmeros os casos, e propor uma definição para transparência é uma pretensão que teria o condão de reduzir sua complexidade normativa. A análise, assim, como a explicabilidade, deve ser feita de forma estrutural e a partir de elementos componentes.

mesmo os programadores conseguem compreender como a máquina agiu ou alcançou seus resultados.

Abrindo a caixa-preta: explicabilidade pressupõe a transparência do sistema?

Delimitado o conceito de interpretabilidade do sistema, indaga-se novamente: *o PLS que pretende implantar o marco legal da IA no Brasil, ao inserir no conteúdo do direito à explicação o acesso a informações sobre a lógica do sistema, critérios para tomada de decisão, entendimento sobre o resultado etc., prevê o direito à interpretabilidade do próprio sistema? Dito de outro modo, a explicação pressupõe a interpretabilidade do sistema?* A resposta é: nem sempre. É possível que haja explicabilidade mesmo sem a interpretabilidade do sistema. Explica-se. Uma explicação é tida por suficiente caso consiga comunicar ao sujeito todas as informações previstas no rol atinente à explicação e que lhe permita entender e avaliar a lógica do sistema, os critérios utilizados para a tomada de decisão, o entendimento sobre o resultado etc. Logo, a explicação nem sempre requer *transparência* ou *interpretabilidade do sistema*.

Na hipótese acima, se a explicabilidade foi racional a ponto de cumprir seu papel de fala comunicacional, pode-se entender que o agir algorítmico comunicativo foi observado. No caso, concorda-se com Elena Esposito quando sustenta que o objetivo primordial é o de produzir uma *condição de diálogo* ou *comunicação* entre o algoritmo e o usuário, em que a máquina forneça respostas, tomando como entrada os sempre diferentes pedidos de esclarecimento das pessoas.[180] Por isso, assim como defende a autora, o agir algorítmico comunicativo dá prevalência à comunicação para o mútuo entendimento e não propriamente à interpretabilidade do sistema. Portanto, em princípio, deve-se prestigiar a maneira como o sistema se comunica com os usuários, de modo que o problema principal não está em compreender a complexidade das redes neurais. Porém, tal assertiva é aceita somente se o ato comunicacional – a explicação – consegue, por si só, contemplar o conteúdo das informações previstas em lei.

Contudo, o uso de sistemas de IA nas relações trabalhistas é de alto risco, sobretudo para os direitos fundamentais dos trabalhadores. Por esse motivo, entende-se que, se as informações contempladas pelo direito à explicabilidade

---

180 ESPOSITO, Elena. Transparency versus explanation, cit., p. 6. Segundo a autora, o objetivo não é e não pode ser que os interlocutores compreendam esses processos, mas sim que interpretem o que a máquina comunica sobre esses processos de modo que possam exercer uma forma de controle. O debate sobre a explicação implica uma mudança da inteligência para a própria característica que permite aos algoritmos contribuir eficazmente para a produção de novas informações em nossa sociedade: sua capacidade de participar da comunicação.

não puderem ser fornecidas pelo mero ato comunicacional inicial, tornar-se-á indispensável a abertura do sistema, pois somente com essa providência é que o conteúdo normativo do art. 8º do PLS poderá ser observado. Se houver impossibilidade física ou lógica de compreensão das informações, sustenta-se que esses sistemas não podem ser usados nas relações trabalhistas, em razão da prevalência *prima facie* do valor social do trabalho. Afinal, a verdade só pode emergir em ambientes onde todas as afirmações estejam igualmente abertas ao escrutínio crítico, sem medo ou favorecimento.

A propósito, o art. 20, *caput* e V, do PLS citado prevê que os agentes de inteligência artificial que forneçam ou operem sistemas de alto risco adotarão medidas de governança e processos internos, entre as quais se incluem a adoção de medidas técnicas para *viabilizar a* ***explicabilidade*** dos resultados dos sistemas de inteligência artificial e de medidas para disponibilizar aos operadores e potenciais impactados *informações gerais* sobre o *funcionamento* do modelo de inteligência artificial empregado, *explicitando a lógica* e *os critérios relevantes para a produção de resultados*, bem como, mediante requisição do interessado, disponibilizar *informações adequadas que permitam a* ***interpretação*** *dos resultados concretamente produzidos*, respeitado o sigilo industrial e comercial.

Também em relação aos sistemas de alto risco, o PLS prevê que a supervisão humana buscará prevenir ou minimizar os riscos para direitos e liberdades das pessoas que possam decorrer de seu uso normal ou de seu uso em condições de utilização indevida razoavelmente previsíveis, viabilizando que as pessoas responsáveis pela supervisão humana possam *compreender* as capacidades e limitações do sistema de IA e controlar devidamente seu funcionamento, de modo que sinais de anomalias, disfuncionalidades e desempenho inesperado possam ser identificados e resolvidos o mais rapidamente possível; ter ciência da possível tendência para confiar automaticamente ou confiar excessivamente no resultado produzido pelo sistema de IA; *interpretar corretamente o resultado* do sistema de inteligência artificial tendo em conta as características do sistema e as ferramentas e os métodos de interpretação disponíveis; dentre outras (art. 20, *parágrafo único* e I a III, do PLS).

Pela leitura dos dispositivos da proposta, nota-se que os sistemas de alto risco só poderão operar se tiverem meios para fornecer informações gerais sobre o funcionamento do modelo de inteligência artificial que sejam capazes de explicitar a lógica e os critérios relevantes para a produção de resultados. Se a providência não puder ser atendida, esses modelos simplesmente não poderão ser aplicados na seara trabalhista.

Importa notar que o art. 8º do PLS, ao garantir o direito de explicabilidade, não faz nenhuma ressalva quanto aos segredos industrial e comercial. Confirma-se, com isso, que é possível atingir a explicabilidade sem que seja necessária a interpretabilidade do sistema. Nessa hipótese, a caixa-preta continua, por assim dizer, fechada. Porém, tal circunstância é irrelevante, pois o ato de explicabilidade linguisticamente racionalizado já atingiu o intento do agir algorítmico comunicacional, que é permitir o escrutínio das razões da decisão automatizada.

Já o art. 20 ressalva expressamente os segredos comercial e industrial, justamente porque contempla hipótese de fornecimento de "informações adequadas que permitam a *interpretação dos resultados* concretamente produzidos". Há diferença em relação ao art. 8º, que prevê hipótese de fornecimento de informações "em linguagem que permita que a pessoa *compreenda o resultado*". A redação do PLS pode ser melhorada para deixar as situações mais claras. De todo modo, no caso do art. 8º, se a explicação for suficiente para que o sujeito compreenda o resultado, sem necessidade de interpretá-los, não há necessidade de transparência *do sistema*. Porém, como explicado, haverá casos em que será necessária a *interpretação* dos resultados concretamente produzidos. Isso pressupõe a transparência do sistema e a abertura da caixa-preta, o que dependerá de ordem judicial, já que o dispositivo expressamente ressalva os segredos comercial e industrial.

Para encerrar, as condições de possibilidade para um agir comunicativo algorítmico permitirão às organizações, dentre outras medidas, fornecer orientações para que os sistemas de IA forneçam evidências ou razões para todos os seus resultados; para que os sistemas de IA forneçam explicações que sejam significativas ou compreensíveis para os usuários; para que tais explicações reflitam corretamente o processo do sistema para gerar seu *output*; para que os fornecedores disponibilizem a orientação de que os sistemas de IA só possam funcionar nas condições para as quais foram concebidos ou quando atingirem confiança suficiente em seus resultados. Tudo isso gera confiança e acomoda interesses e ânimos.

De tudo o que foi dito, percebe-se que a explicabilidade, assim como a transparência, é um fenômeno complexo, multifacetário e multidimensional. É mais correto falar em requisitos para explicabilidade do que tentar conceituá-la. Por isso, está-se de acordo com as propostas que preferem tratar das condições da explicabilidade a propriamente atribuir um conceito a elas.[181] De todo modo, fato é que a explicação é instituto indissociável da comunicação e, por sua vez, da linguagem. Portanto, não há como pensar em requisitos de explicabilidade sem que a ela se incorporem as premissas da filosofia da linguagem, bem como a racionalidade – no sentido habermasiano – necessária à comunicação.

---

181 Nesse sentido: BALASUBRAMANIAM, Nagadivya *et al.* Transparency and explainability of AI systems: from ethical guidelines to requirements, 2023, bem como, CHAZETTE, Larissa *et al.* Exploring explainability: a definition, a model, and a knowledge catalogue, 2021.

Referências

2001: *A space odyssey*. Direção: Stanley Kubrick. EUA/Reino Unido, 1968.

ABRANTES, José João. *Contrato de trabalho e direitos fundamentais*. Coimbra: Coimbra, 2005.

ABRUSIO, Juliana. *Proteção de dados na cultura do algoritmo*. Belo Horizonte: D'Plácido, 2020.

ADAMS-PRASSL, Jeremias. What if your boss was an algorithm? The Rise of Artificial Intelligence at Work. *Comparative Labor Law & Policy Journal*, Champaignv, v. 41, 2019. Disponível em: https://cllpj.law.illinois.edu/archive/vol_41. Acesso em: 13 jul. 2025.

AGAR, Jon. What is science for? The Lighthill report on artificial intelligence reinterpreted. *The British Journal for the History of Science*, v. 53, n. 3, p. 289-310, 2020. Disponível em: https://pubmed.ncbi.nlm.nih.gov/32646533. Acesso em: 13 jul. 2025.

AGUIAR, Odílio Alves. Ser, consciência e linguagem: horizontes da filosofia. *Revista educação em debate*, Fortaleza, v. 2, n. 38, ano 21, 1999.

AJUNWA, Ifeoma. Age Discrimination by platforms. *Berkeley Journal of Employment and Labor Law*, v. 40, n. 1. 2019. Disponível em: https://scholarship.law.unc.edu/faculty_publications/500. Acesso em: 13 jul. 2025.

AJUNWA, Ifeoma. Algorithms at work: productivity monitoring applications and wearable technology as the new data-centric research agenda for employment and labor law. *Saint Louis University Law Journal*, v. 63, iss. 4, p. 21-54. 2018. Disponível em: https://scholarship.law.slu.edu/lj/vol63/iss1/4. Acesso em: 13 jul. 2025.

AJUNWA, Ifeoma. An auditing imperative for automated hiring systems. *Harvard journal of law & technology*. Cambridge, v. 34, n. 2, p. 626, 2021. Disponível em: http://dx.doi.org/10.2139/ssrn.3437631. Acesso em: 13 jul. 2025.

AJUNWA, Ifeoma. Social Scientists Take on Data-driven Discrimination. 2019. Disponível em: https://stat.cornell.edu/news/social-scientists-take-data-driven-discrimination. Acesso em: 13 jul. 2025.

AJUNWA, Ifeoma. The "black box" at work. *Big Data & Society*, v. 7, n. 2, 2020. Disponível em: https://doi.org/10.1177/2053951720938093. Acesso em: 13 jul. 2025.

AJUNWA, Ifeoma. The paradox of automation as anti-bias intervention. *Cardozo Law Review*, v. 41, iss. 5, p. 1671-1742, 2020. Disponível em: http://dx.doi.org/10.2139/ssrn.2746078. Acesso em: 13 jul. 2025.

AJUNWA, Ifeoma. *The quantified worker:* law and technology in the modern workplace. Cambridge: Cambridge University Press, 2023.

AJUNWA, Ifeoma; GREENE, Daniel. Platforms at work: automated hiring platforms and other new intermediaries in the organization of work. In: VALLAS, S.P.; KOVALAINEN, A. (ed.). Work and labor in the digital age. *Research in the Sociology of Work*, v. 33, p. 61-91. Leeds: Emerald, 2019. Disponível em: https://doi.org/10.1108/S0277-283320190000033005. Acesso em: 13 jul. 2025.

AKTER, Shahriar *et al*. Advancing algorithmic bias management capabilities in AI-driven marketing analytics research. *Industrial Marketing Management*, v. 114, p. 243-261, 2023.

Disponível em: https://doi.org/10.1016/j.indmarman.2023.08.013. Acesso em: 13 jul. 2025.

ALBUQUERQUE, Paulo Pinto de (org.). *Comentário da Convenção Europeia dos Direitos Humanos e dos Protocolos Adicionais*. Lisboa: Universidade Católica Editora, 2019. v. I.

ALEXY, Robert. *Derecho y razón práctica*. Cidade do México: Fontanamara, 1993.

ALEXY, Robert. *Teoria dos direitos fundamentais*. 3. ed. São Paulo: Malheiros, 2024.

ALI, Muhammad. *et al.* Discrimination through optimization: how Facebook's ad delivery can lead to biased outcomes. *Proceedings of the ACM on human-computer interaction*, v. 3, iss. 199, p. 1-30. 2019. Disponível em: https://doi.org/10.1145/3359301. Acesso em: 13 jul. 2025.

ALVES, Fernando de Brito; OLIVEIRA, Guilherme da Fonseca. Entre o esquema sujeito-objeto e o esquema sujeito-sujeito: considerações sobre um novo paradigma. *Revista de Estudos Constitucionais, Hermenêutica e Teoria do Direito*, São Leopoldo, v. 9, n. 2, 2017. Disponível em: https://dialnet.unirioja.es/descarga/articulo/6188004.pdf. Acesso em: 13 jul. 2025.

ALVES, Martha. Saiba como a inteligência artificial seleciona currículos, *Infomoney*, 25 jun. 2023. Disponível em: https://www.infomoney.com.br/carreira/saiba-como-a-inteligencia-artificial-seleciona-curriculos. Acesso em: 13 jul. 2025.

ALVES, Pedro M. S. Husserl: teoria do sentido e comunicação. *Phainomenon*, Lisboa, n. 5. 2003. Disponível em: https://intapi.sciendo.com/pdf/10.2478/phainomenon-2003-0016. Acesso em: 13 jul. 2025.

AMIR, Hossein Ali Ghorbani *et al.* Relationship between type A personality and mental health. *Social and Behavioral Sciences*, v. 30, p. 2010-2018, 2011. Disponível em: https://doi.org/10.1016/j.sbspro.2011.10.390. Acesso em: 13 jul. 2025.

ANDERSON, Elizabeth. *Private Government:* how employers rule our lives (and why we don't talk about it). Princeton: Princeton University Press, 2017.

ANGWIN, Julia *et al.* Dozens of companies are using Facebook to exclude older workers from job ads. *ProPublica*, 2017. Disponível em: https://www.propublica.org/article/facebook-ads-age-discrimination-targeting. Acesso em: 13 jul. 2025.

ARENHART, Sérgio Cruz. A prova estatística e sua utilidade em litígios complexos. *Revista Direito e Praxis*, Rio de Janeiro, v. 10, n. 1, p. 661-677. 2019. Disponível em: https://doi.org/10.1590/2179-8966/2019/39372. Acesso em: 13 jul. 2025.

ARGENTINA. Congreso de la Nación Argentina. *Proyecto de Ley 4329-D-2023*. Disponível em: https://www.hcdn.gob.ar/comisiones/permanentes/clgeneral/proyecto.html?exp=-4329-D-2023. Acesso em: 13 jul. 2025.

ARGENTINA. Gobierno de la República Argentina. *Plan Nacional de Inteligencia Artificial*. 2019. Disponível em: https://oecd-opsi.org/wp-content/uploads/2021/02/Argentina-National-AI-Strategy.pdf. Acesso em: 13 jul. 2025.

ARISTÓTELES. *Metafísica*. São Paulo: Edições Loyola, 2022.

ARRABAL, Alejandro Knaesel; ENGELMANN, Wilson; KUCZKOWSKI, Sidnei. Filosofia da linguagem e giro linguístico: implicações para os direitos autorais. *Scientia Iuris*, Londrina, v. 20, n. 2, 2016.

ARRIETA, Alejandro Barredo *et al.* Explainable Artificial Intelligence (XAI): concepts, taxonomies, opportunities and challenges toward responsible AI. *Information fusion*, v. 58, p. 82-115, 2019. Disponível em: https://doi.org/10.1016/j.inffus.2019.12.012. Acesso em: 13 jul. 2025.

ASOCIACION DE ENTIDADES PERIODÍSTICAS ARGENTINAS. 6 propuestas de regulación de la inteligencia artificial. 2023. Disponível em: https://adepa.org.ar/6-propuestas-regulacion-inteligencia-artificial. Acesso em: 13 jul. 2025.

ASSMAR, Eveline Marial Leal; FERREIRA, Maria Cristina. Estereótipos e preconceitos de gênero, liderança e justiça organizacional: controvérsias e sugestões para uma agenda de pesquisa. *In*: LIMA, Marcus Eugênio Oliveira; PEREIRA, Marcos Emanoel (org.). *Estereótipos, preconceitos e discriminação:* perspectivas teóricas e metodológicas. Salvador: EDUFBA, 2004.

ASSOCIAÇÃO BRASILEIRA DE NORMAS TÉCNICAS. *ABNT NBR ISO/IEC 22989:2023*. Sobre Tecnologia da Informação – Inteligência Artificial – Conceitos de IA e Terminologia. 2023.

ASSOCIAÇÃO BRASILEIRA DE NORMAS TÉCNICAS. *ABNT NBR ISO/IEC 23894:2023*. Tecnologia da Informação – Inteligência Artificial – Orientações sobre gestão de riscos. 2023.

ASSOCIAÇÃO BRASILEIRA DE NORMAS TÉCNICAS. *ABNT NBR ISO/IEC 27001:2022*. Segurança da Informação, segurança cibernética

e proteção à privacidade – Sistemas de gestão da segurança da informação – Requisitos. 2022.

ASSOCIAÇÃO BRASILEIRA DE NORMAS TÉCNICAS. *ABNT NBR ISO/IEC 27003:2022*. Segurança da Informação, segurança cibernética e proteção à privacidade – Controles de segurança da Informação. 2022.

ASSOCIAÇÃO BRASILEIRA DE NORMAS TÉCNICAS. *ABNT NBR ISO/IEC 27005:2023*. Segurança da Informação, segurança cibernética e proteção à privacidade – Orientações para gestão de riscos de segurança da informação. 2023.

ASSOCIAÇÃO NACIONAL DOS DIRIGENTES DAS INSTITUIÇÕES FEDERAIS DE ENSINO SUPERIOR. *V Pesquisa Nacional de Perfil Socioeconômico e Cultural dos(as) Graduando (as) das IFES*. Uberlândia: ANDIFES, 2019. Disponível em: https://www.andifes.org.br/?p=79639. Acesso em: 13 jul. 2025.

ATHER, Hussain. A history of artificial intelligence: from ancient civilization to the present day. Disponível em: https://ahistoryofai.com. Acesso em: 13 jul. 2025.

BAIA, Carlos. Inteligência artificial no recrutamento e seleção: descubra mais, Gupy, 2022. Disponível em: https://www.gupy.io/blog/inteligencia-artificial-no-recrutamento-e-selecao. Acesso em: 13 jul. 2025.

BAIOCCO, Sara *et al.* The algorithmic management of work and its implications in different contexts. *Background Paper Series of the Joint EU-ILO Project 'Building Partnerships on the Future of Work'*. 2022. Disponível em: https://www.ilo.org/wcmsp5/groups/public/---ed_emp/documents/publication/wcms_849220.pdf. Acesso em: 13 jul. 2025.

BAJGIRAN, Tiran. When algorithms fire humans. *OnLabor*, 5 jan. 2022. Disponível em: https://onlabor.org/when-algorithms-fire-humans. Acesso em: 13 jul. 2025.

BAJJALY, Stephan; SAUNDERS, Laura. Teaching soft skills competencies in US social work programs. *Journal of Teaching in Social Work*, v. 42, n. 2, 2023. Disponível em: https://doi.org/10.1080/08841233.2023.2176403. Acesso em: 13 jul. 2025.

BALASUBRAMANIAM, Nagadivya *et al.* Transparency and explainability of AI systems: from ethical guidelines to requirements. *Information and Software Technology*, v. 159. 2023. Disponível em: https://www.sciencedirect.com/science/article/pii/S0950584923000514. Acesso em: 13 jul. 2025.

BALES, Richard A.; STONE, Katherine Van Wezel. The invisible web at work: artificial intelligence and electronic surveillance in the workplace. *Berkeley Journal of Employment and Labor Law*, v. 41, iss. 1, 2020. Disponível em: https://ssrn.com/abstract=3410655. Acesso em: 13 jul. 2025.

BALNE, Sridevi. Analysis on research methods in bigdata applications. *International Journal of Innovative Research in Computer and Communication Engineering*, v. 8, issue 10, p. 459, oct. 2020. Disponível em: https://ssrn.com/abstract=3734043. Acesso em: 13 jul. 2025.

BANDEIRA DE MELLO, Celso Antônio. *Conteúdo jurídico do princípio da igualdade*. 4. ed. Salvador: JusPodivm, 2021.

BANDEIRA DE MELLO, Celso Antônio. *Curso de direito administrativo*. 17. ed. São Paulo: Malheiros, 2004.

BANDEIRA DE MELLO, Celso Antônio. Igualdade. *Enciclopédia jurídica da PUC-SP*. Celso Fernandes Campilongo, Alvaro de Azevedo Gonzaga e André Luiz Freire (coords.). Tomo: Direito administrativo e constitucional. Vidal Serrano Nunes Jr., Maurício Zockun, Carolina Zancaner Zockun, André Luiz Freire (coord. de tomo). 2. ed. São Paulo: Pontifícia Universidade Católica de São Paulo, 2021. Disponível em: https://enciclopediajuridica.pucsp.br/verbete/4/edicao-2/igualdade. Acesso em: 13 jul. 2025.

BANNELL, Ralph Ings. *Habermas e a educação*. Belo Horizonte: Autêntica, 2006.

BARBOSA, Mafalda Miranda; BRAGA NETTO, Felipe; SILVA, Michael César; FALEIROS JÚNIOR, José Luiz de Moura (coords.). *Direito digital e inteligência artificial:* diálogos entre Brasil e Europa. Indaiatuba: Foco, 2021.

BARCAROLLO, Felipe. *Inteligência artificial:* aspectos ético-jurídicos. São Paulo: Almedina, 2021.

BARROSO, Luís Roberto. *Razoabilidade e isonomia no direito brasileiro*. Temas de direito constitucional. 2. ed. Rio de Janeiro: Renovar, 2006.

BENKLER, Y., FARIS, R. e ROBERTS, H. *Network propaganda: manipulation, desinformation and radicalization in american politics*. New York: Oxford University Press, 2018.

BERNATCHEZ, Stéphane. De la démocrate par le droit à la dictature des algorithmes? La théorie juridique à l'ère cybernétique. *Lex electronica*, v. 10, n. 25-3, p. 10-33, 2020. Disponível em: https://canlii.ca/t/xpdj. Acesso em: 13 jul. 2025.

BERTRAND, Marianne; MULLAINATHAN, Sendhil. Are Emily and Greg more employable than Lakisha and Jamal? A field experiment on labor market discrimination. *American Economic Review*, v. 94. n. 4, p. 991-1013, 2004. Disponível em: https://www.nber.org/system/files/working_papers/w9873/w9873.pdf. Acesso em: 13 jul. 2025.

BEST, Rachel D. *et al.* Neuroticism predicts informant reported cognitive problems through health behaviors. *Aging & Mental Health*, v. 25, iss. 12, p. 2191-2199, 2021. Disponível em: https://doi.org/10.1080/13607863.2020.1839857. Acesso em: 13 jul. 2025.

BIONE, Bruno. *Proteção de dados pessoais:* a função e os limites do consentimento. Rio de Janeiro: Forense, 2019.

BLUTEAU, Rafael. *Vocabulario Portuguez e latino.* Coimbra: Collegio das Artes da Companhia de Jesuítas. 1712 a 1728. Disponível em: https://digital.bbm.usp.br/handle/bbm/5439. Acesso em: 13 jul. 2025.

BOGEN, Miranda. All the ways hiring algorithms can introduce bias, *Harvard Business Review*, 6 mar. 2019. Disponível em: https://hbr.org/2019/05/all-the-ways-hiring-algorithms-can-introduce-bias. Acesso em: 13 jul. 2025.

BORNSTEIN, Sthepanie. Antidiscriminatory algorithms. *Alabama Law Review*, v. 70, n. 2, p. 519-572, 2018. Disponível em: https://law.ua.edu/wp-content/uploads/2018/12/4-Bornstein-518-572.pdf. Acesso em: 13 jul. 2025.

BOTARO, Daniele. Inteligência artificial: aliada ou vilã da diversidade? *Mit Sloan Management Review*, 6 fev. 2023. Disponível em: https://www.mitsloanreview.com.br/post/inteligencia-artificial-aliada-ou-vila-da-diversidade. Acesso em: 13 jul. 2025.

BOUTON, Katie. Recruiting for Cultural Fit. *Harvard business review*, 17 jul. 2015. Disponível em: https://hbr.org/2015/07/recruiting-for-cultural-fit. Acesso em: 13 jul. 2025.

BRANDÃO, Rafael *et al.* Mediation challenges and socio-technical gaps for explainable deep learning applications. *ArXiv*, v. 1907.07178, 2019. Disponível em: https://doi.org/10.48550/arXiv.1907.07178. Acesso em: 13 jul. 2025.

BRASIL. Câmara dos Deputados. MSC 85 de 2023. Disponível em: https://www.camara.leg.br/propostas-legislativas/2351176. Acesso em: 13 jul. 2025.

BRASIL. Câmara dos Deputados. Projeto de Lei n. 21 de 2000. Estabelece fundamentos, princípios e diretrizes para o desenvolvimento e a aplicação da inteligência artificial no Brasil; e dá outras providências. Disponível em: https://www.camara.leg.br/propostas-legislativas/2236340. Acesso em: 13 jul. 2025.

BRASIL. Comissão de Assuntos Econômicos do Senado Federal. Projeto de Lei da Câmara n. 53, de 2018. Dispõe sobre a proteção de dados pessoais e altera a Lei n. 12.965, de 23 de abril de 2014. Parecer. 2018. Disponível em: https://abrir.link/mQgLx. Acesso em: 13 jul. 2025.

BRASIL. Conselho Federal de Psicologia. Testes psicológicos. Disponível em: https://site.cfp.org.br/testes-psicolgicos. Acesso em: 14 jul. 2025.

BRASIL. Constituição da República Federativa do Brasil. 1988. Disponível em: https://www.planalto.gov.br/ccivil_03/constituicao/constituicao.htm. Acesso em: 14 jul. 2025.

BRASIL. Decreto n. 10.088, de 5 de novembro de 2019. Consolida atos normativos editados pelo Poder Executivo Federal que dispõem sobre a promulgação de convenções e recomendações da Organização Internacional do Trabalho – OIT ratificadas pela República Federativa do Brasil. Disponível em: https://www.planalto.gov.br/ccivil_03/_ato2019-2022/2019/decreto/d10088.htm. Acesso em: 14 jul. 2025.

BRASIL. Decreto n. 10.932, de 10 de janeiro de 2022. Promulga a Convenção Interamericana contra o Racismo, a Discriminação Racial e Formas Correlatas de Intolerância, firmado pela República Federativa do Brasil, na Guatemala, em 5 de junho de 2013. Disponível em: https://www.planalto.gov.br/ccivil_03/_Ato2019-2022/2022/Decreto/D10932.htm. Acesso em: 14 jul. 2025.

BRASIL. Decreto n. 3.321, de 30 de dezembro de 1999. Promulga o Protocolo Adicional à Convenção Americana sobre Direitos Humanos em Matéria de Direitos Econômicos, Sociais e Culturais "Protocolo de São Salvador", concluído em 17 de novembro de 1988, em São Salvador, El Salvador. Disponível em: https://www.planalto.gov.br/ccivil_03/decreto/d3321.htm. Acesso em: 14 jul. 2025.

BRASIL. Decreto n. 591, de 6 de julho de 1992. Atos Internacionais. Pacto Internacional sobre Direitos Econômicos, Sociais e Culturais. Promulgação. Disponível em: https://www.planalto.gov.br/ccivil_03/decreto/1990-1994/d0591.htm. Acesso em: 14 jul. 2025.

BRASIL. Decreto n. 678, de 6 de novembro de 1992. Promulga a Convenção Americana sobre Direitos Humanos (Pacto de São José da Costa Rica), de 22 de novembro de 1969. Disponível em: https://www.planalto.gov.br/ccivil_03/decreto/d0678.htm. Acesso em: 14 jul. 2025.

BRASIL. Instituto Brasileiro de Geografia e Estatística. *Censo 2022*. Brasília: IBGE, 2022. Disponível em: https://www.ibge.gov.br/apps/populacao/projecao/index.html. Acesso em: 14 jul. 2025.

BRASIL. Lei n. 13.709, de 14 de agosto de 2018. Dispõe sobre a proteção de dados pessoais e altera a Lei n. 12.965, de 23 de abril de 2014 (Marco Civil da Internet). *Diário Oficial da União*: seção 1, Brasília, DF, ano 155, n. 157, p. 59-64, 15 ago. 2018.

BRASIL. Ministério da Ciência, Tecnologia e Inovações. *Estratégia Brasileira de Inteligência Artificial*. Brasília, DF: MCTI, 2021. Disponível em: https://www.gov.br/mcti/pt-br/acompanhe-o-mcti/transformacaodigital/arquivosinteligenciaartificial/ebia-documento_referencia_4-979_2021.pdf. Acesso em: 14 jul. 2025.

BRASIL. Ministério Público do Trabalho. LGPD. Disponível em: https://mpt.mp.br/pgt/lgpd. Acesso em: 14 jul. 2025.

BRASIL. Ministério Público do Trabalho. MPT rejeita denúncias de suposto "racismo" contra empresa. Disponível em: https://www.prt2.mpt.mp.br/825-mpt-rejeita-denuncias-de-suposto-racismo-contra-empresa. Acesso em: 14 jul. 2025.

BRASIL. Câmera dos Deputados. Projeto de Lei da Câmara n. 1.641, de 2021. Disciplina a Ação Civil Pública. 2021. Disponível em: https://www.camara.leg.br/propostas-legislativas/2279806. Acesso em: 14 jul. 2025.

BRASIL. Resolução n. 332, de 21 de agosto de 2020. Dispõe sobre a ética, a transparência e a governança na produção e no uso de inteligência artificial no Poder Judiciário. *Diário da Justiça do Conselho Nacional de Justiça*, Brasília, DF, n. 274, p. 4-8, 25 ago. 2020.

BRASIL. Senado Federal. Projeto de Lei n. 2.338, de 2023. Dispõe sobre o uso da Inteligência Artificial. *Diário do Senado Federal:* Brasília, DF, n. 66, p. 295-327, 4 mai. 2023.

BRASIL. Senado Federal. Projeto de Lei n. 21, de 2020. Estabelece fundamentos, princípios e diretrizes para o desenvolvimento e a aplicação da inteligência artificial no Brasil; e dá outras providências. *Diário do Senado Federal:* Brasília, DF, n. 2, p. 16-29, 4 fev. 2022.

BRASIL. Supremo Tribunal Federal. ADC n. 41, rel. Min. Roberto Barroso, Tribunal Pleno, julgamento: 12/04/2018, publicação: 07/05/2018.

BRASIL. Supremo Tribunal Federal. ADI n. 3.931, rel. Min. Carmen Lúcia, Tribunal Pleno, julgamento: 20/04/2020, divulgação: 11/05/2020, publicação: 12/05/2020.

BRASIL. Supremo Tribunal Federal. ADI n. 4.815, rel. Min. Carmen Lúcia, Tribunal Pleno, julgamento: 10/06/2015, publicação em: 01/02/2016.

BRASIL. Supremo Tribunal Federal. ADI n. 5.355, rel. Min. Luiz Fux, Tribunal Pleno, julgamento: 11/11/2021, publicação: 26/04/2022.

BRASIL. Supremo Tribunal Federal. ADI n. 5.545, rel. Min. Luiz Fux, Tribunal Pleno, julgamento: 13/04/2023, publicação:16/06/2023.

BRASIL. Supremo Tribunal Federal. ADI n. 6.855, rel. Min. Roberto Barroso, Tribunal Pleno, julgamento: 22/02/2023, publicação: 02/03/2023.

BRASIL. Supremo Tribunal Federal. ADO n. 55. Voto disponível em: https://www.conjur.com.br/dl/mam-fortunas.pdf. Acesso em: 14 jul. 2025.

BRASIL. Supremo Tribunal Federal. *HC* n. 71.373, rel. Francisco Rezek, rel. p/ ac. Marco Aurélio, Tribunal Pleno, julgamento: 10/11/1994, publicação: 22/11/1996.

BRASIL. Supremo Tribunal Federal. RE n. 363.889, rel. Min. Dias Toffoli, Tribunal Pleno, julgamento 02/06/2011, Repercussão Geral com mérito julgado, divulgação: 15/12/2011, publicação: 16/12/2011.

BRASIL. Supremo Tribunal Federal. RE n. 597.285, rel. Min. Ricardo Lewandowski, Tribunal Pleno, julgamento: 09/05/2012, publicação: 17/03/2014.

BRASIL. Supremo Tribunal Federal. RE n. 639.138, rel. Min. Gilmar Mendes, rel. p/ ac. Min. Edson Fachin, Tribunal Pleno, julgamento: 18/08/2020, publicação: 16/10/2020.

BRASIL. Tribunal Regional do Trabalho da 15ª Região. 2ª Vara do Trabalho de Campinas. ACPCiv n. 0010333-04.2022.5.15.0032, julgamento: 15/12/2023.

BRASIL. Tribunal Superior do Trabalho. Ag-AIRR n. 10873-19.2017.5.15.0132, 1ª T., rel. Min. Hugo Carlos Scheuermann, publicação: 16/08/2022.

BRASIL. Tribunal Superior do Trabalho. AIRR n. 95240-03.2005.5.10.0013, 1ª T., rel. Min. Walmir Oliveira da Costa, publicação: 10/04/2015.

BRASIL. Tribunal Superior do Trabalho. CorPar n. 1000822-15.2021.5.00.0000, rel. Min. Aloysio Corrêa da Veiga, publicação: 05/08/2021.

BRASIL. Tribunal Superior do Trabalho. ED-RR n. 1000013-78.2016.5.02.0312, 5ª T., rel. Min. Breno Medeiros, publicação: 07/06/2019.

BRASIL. Tribunal Superior do Trabalho. E-ED-RR-28140 n. 17.2004.5.03.0092, Subseção I

Especializada em Dissídios Individuais, rel. Min. Claudio Mascarenhas Brandao, publicação: 15/12/2017.

BRASIL. Tribunal Superior do Trabalho. E-RR n. 933-49.2012.5.10.0001, Subseção I Especializada em Dissídios Individuais, rel. Min. Alberto Luiz Bresciani de Fontan Pereira, publicação: 25/02/2022.

BRASIL. Tribunal Superior do Trabalho. ES n. 1000537-22.2021.5.00.0000, Seção Especializada em Dissídios Coletivos, publicação: 10/09/2021.

BRASIL. Tribunal Superior do Trabalho. IRR-RR n. 243000-58.2013.5.13.0023, Subseção I Especializada em Dissídios Individuais, rel. Min. João Oreste Dalazen, publicação: 22/09/2017.

BRASIL. Tribunal Superior do Trabalho. RO n . 21961-34.2018.5.04.0000, Subseção II Especializada em Dissídios Individuais, rel. Min. Douglas Alencar Rodrigues, publicação: 28/10/2019.

BRASIL. Tribunal Superior do Trabalho. ROT n. 103254-68.2022.5.01.0000, Subseção II Especializada em Dissídios Individuais, rel. Min. Liana Chaib, publicação: 13/10/2023.

BRASIL. Tribunal Superior do Trabalho. RO n. 11772-82.2022.5.03.0000, Subseção II Especializada em Dissídios Individuais, rel. Min. Luiz Jose Dezena da Silva, *DEJT* 27/10/2023.

BRASIL. Tribunal Superior do Trabalho. RR n. 1000390-03.2018.5.02.0046, 2ª T., rel. Min. Delaide Miranda Arantes, publicação: 04/12/2020.

BRASIL. Tribunal Superior do Trabalho. RR n. 10404-81.2022.5.03.0018, 6ª T., rel. Min. Katia Magalhaes Arruda, publicação: 15/09/2023.

BRASIL. Tribunal Superior do Trabalho. RR n. 1347-42.2014.5.12.0059, 4ª T., rel. Min. Alexandre Luiz Ramos, publicação: 26/06/2020.

BRASIL. Tribunal Superior do Trabalho. RR n. 24316-13.2019.5.24.0004, 6ª T., rel. Min. Katia Magalhaes Arruda, publicação: 24/11/2023.

BRASIL. Tribunal Superior do Trabalho. RR n. 2462-02.2010.5.02.0000, 2ª T., rel. Min. Renato de Lacerda Paiva, julgamento: 27/02/2013, publicação: *DEJT* 26/03/2013.

BRASIL. Tribunal Superior do Trabalho. RR n. 297-51.2015.5.21.0008, 7ª T., rel. Min. Alexandre de Souza Agra Belmonte, publicação:15/09/2023.

BRASIL. Tribunal Superior do Trabalho. RR n. 446000-84.2008.5.09.0018, 6ª T., rel. Min. Augusto Cesar Leite de Carvalho, publicação: 18/11/2022.

BRASIL. Tribunal Superior do Trabalho. RR n. 536-45.2021.5.09.0892, 2ª T., rel. Des. Conv. Margareth Rodrigues Costa, publicação: 29/09/2023.

BRASIL. Tribunal Superior do Trabalho. RRAg n. 11692-73.2016.5.09.0029, 2ª T., rel. Min. Maria Helena Mallmann, publicação: 03/09/2021.

BRASIL. Tribunal Superior do Trabalho. RRAg n. 2003-85.2017.5.09.0088, 1ª T., rel. Min. Amaury Rodrigues Pinto Junior, publicação: 14/04/2023.

BRASIL. Tribunal Superior do Trabalho. RRAg n. 302-07.2018.5.09.0007, 1ª T., rel. Min. Amaury Rodrigues Pinto Junior, publicação: 12/06/2023.

BRASIL. Tribunal Superior do Trabalho. RRAg n. 605-67.2012.5.15.0038, 6ª T., rel. Min. Augusto Cesar Leite de Carvalho, publicação: 30/09/2022.

BRASIL. Tribunal Superior do Trabalho. RRAg n. 793-39.2017.5.09.0010, 5ª T., rel. Min. Breno Medeiros, publicação: 19/12/2023.

BRASIL. Tribunal Superior do Trabalho. TST suspende perícia técnica no algoritmo de plataforma de táxis, 30 out. 2023. Disponível em: https://www.tst.jus.br/-/tst-suspende-per%C3%ADcia-t%C3%A9cnica-no-algoritmo-de-plataforma-de-t%C3%A1xis. Acesso em: 14 jul. 2025.

BRASIL. Tribunal Superior do Trabalho. TutCautAnt n. 1000825-67.2021.5.00.0000, rel. Min. Douglas Alencar Rodrigues, publicação: 01/06/2021.

BRASIL. Tribunal Superior do Trabalho; Conselho Superior da Justiça do Trabalho. Ato Conjunto n. 85/TST.CSJT.GP, de 11 de novembro de 2022. *Boletim Interno do Tribunal Superior do Trabalho*, Brasília, DF, n. 46, p. 3-5, 18 nov. 2022.

BRITAIN'S ROYAL SOCIETY. *Machine learning: the power and promise of computers that learn by example.* London: The Royal Society, 2017. Disponível em: https://royalsociety.org/~/media/policy/projects/machine-learning/publications/machine-learning-report.pdf. Acesso em: 14 jul. 2025.

BRITTO, Carlos Augusto Ayres de Freitas. *Constitucionalismo fraterno e o Direito do Trabalho.* São Paulo: LTr, 2004.

BROWN, Tom B. *et al.* Language models are few-shot learners. *Proceedings of the 34th International Conference on Neural Information Processing Systems*, Curran Associates Inc., Red Hook, NY, USA, Article 159, p. 1877-1901, 2020.

Disponível em: https://dl.acm.org/doi/abs/10.5555/3495724.3495883. Acesso em: 14 jul. 2025..

BUHMANN, Alexander; FIESELER, Christian. Towards a deliberative framework for responsible innovation in artificial intelligence. *Technology in Society*, v. 64, article 101475, 2021. Disponível em: https://doi.org/10.1016/j.techsoc.2020.101475. Acesso em: 14 jul. 2025.

BUOLMWINI, Joy. *Unmasking AI*: my mission to protect what is human in a world of machines. London: Random House, 2023. *E-book*.

BURRELL, Jenna. How the machine "thinks": understanding opacity in machine learning algorithms. *Big Data & Society*, v. 3, iss. 1. 2016. Disponível em: https://doi.org/10.1177/2053951715622512. Acesso em: 14 jul. 2025.

BUTLER, Sarah. Uber facing new UK driver claims of racial discrimination. *The Guardian*, 2021. Disponível em: https://www.theguardian.com/technology/2021/oct/06/uber-facing-new-uk-driver-claims-of-racial-discrimination. Acesso em: 14 jul. 2025.

BUYSE, Jutta. *Opinion on the ethical aspects of genetic testing in the workplace*. Luxemburgo: Escritório de publicações oficiais da União Europeia. 2003. p. 171. Disponível em: https://op.europa.eu/s/y87t. Acesso em: 14 jul. 2025.

BYRNE, Doon. *The attraction paradigm*. New York: Academic Press, 1971. Disponível em: https://archive.org/details/attractionparadi0000byrn/mode/2up. Acesso em: 14 jul. 2025.

CABRAL, Antonio do Passo. Processo e tecnologia: novas tendências. *In*: LUCON, Paulo Henrique dos Santos *et al.* (coord.). *Direito, processo e tecnologia*. São Paulo: Revista dos Tribunais, 2022. Edição eletrônica.

CAMBRIDGE. *In*: *Dicionário Cambridge on-line*. Disponível em: https://dictionary.cambridge.org/us/dictionary/english/algorithm. Acesso em: 14 jul. 2025.

CANADÁ. Governo do Canadá. *Personal Information Protection and Electronic Documents Act (S.C. 2000, c. 5)*. 2023. Disponível em: https://laws-lois.justice.gc.ca/eng/acts/P-8.6/index.html. Acesso em: 14 jul. 2025.

CANADÁ. Governo do Canadá. *Algorithmic Impact Assessment tool*. 2023. Disponível em: https://www.canada.ca/en/government/system/digital-government/digital-government-innovations/responsible-use-ai/algorithmic-impact-assessment.html. Acesso em: 14 jul. 2025.

CANADÁ. Governo do Canadá. *Responsible use of artificial intelligence (AI)*. 2023. Disponível em: https://www.canada.ca/en/government/system/digital-government/digital-government-innovations/responsible-use-ai.html. Acesso em: 14 jul. 2025.

CANADÁ. Governo do Canadá. *The Artificial Intelligence and Data Act (AIDA)*: companion document. 2022. Disponível em: https://ised-isde.canada.ca/site/innovation-better-canada/en/artificial-intelligence-and-data-act-aida-companion-document. Acesso em: 14 jul. 2025.

CANADÁ. Parlamento do Canadá. *C-27*. An Act to enact the Consumer Privacy Protection Act, the Personal Information and Data Protection Tribunal Act and the Artificial Intelligence and Data Act and to make consequential and related amendments to other Acts, 22 nov. 2021. Disponível em: https://www.parl.ca/LegisInfo/en/bill/44-1/C-27. Acesso em: 14 jul. 2025.

CANADÁ. *The Toronto Declaration:* protecting right to equality in machine learning. Disponível em: https://www.torontodeclaration.org. Acesso em: 14 jul. 2025.

CANARIS, Claus-Wilhelm. *Direitos fundamentais e direito privado*. Coimbra: Almedina, 2016.

CANOTILHO, J. J. Gomes *et al. Comentários à Constituição do Brasil*. 2. ed. São Paulo: Saraiva, 2018.

CANOTILHO, J. J. Gomes. Igualdade. In: ALBUQUERQUE, Paulo Pinto de (org.). *Comentário da Convenção Europeia dos Direitos Humanos e dos Protocolos Adicionais*. v. I. Lisboa: Universidade Católica Editora, 2019.

CARELLI, Rodrigo. O caso uber e o controle por programação: de carona para o século XIX. *In*: LEME, Ana Carolina Paes *et al.* (coord.). *Tecnologias disruptivas e a exploração do trabalho humano*. São Paulo: LTr, 2016.

CARTA CAPITAL. Deputada denuncia 'racismo algorítmico' após IA gerar imagem com arma em uma favela. *Carta Capital*, 26 out. 2023. Disponível em: https://www.cartacapital.com.br/cartaexpressa/deputada-denuncia-racismo-algoritmico-apos-ia-gerar-imagem-com-arma-em-uma-favela. Acesso em: 14 jul. 2025.

CASTEL, Robert. *A discriminação negativa:* cidadãos ou autóctones? Petrópolis: Vozes, 2011.

CATHO. Recrutamento Perfeito: busque agora candidatos de acordo com o perfil da sua vaga, Catho. Disponível em: https://www.catho.com.br/empresas/recrutamento-perfeito. Acesso em: 14 jul. 2025.

CAVALIERI FILHO, Sérgio. *Programa de responsabilidade civil*. 15. ed. Rio de Janeiro: Atlas/Grupo Gen, 2022.

CENTRO NACIONAL DE INTELIGÊNCIA ARTIFICIAL. Índice Latino-americano de Inteligência Artificial. 2023. Disponível em: https://indicelatam.cl. Acesso em: 14 jul. 2025.

CHAVES JÚNIOR, José Eduardo de Resende. O poder empregatício orientado a dados: controle e contrato hiper-realidade. *Revista do Tribunal Regional do Trabalho da 3ª Região*, Belo Horizonte, v. 66, n. 102, jul./dez. 2020.

CHAZETTE, Larissa *et al.* Exploring explainability: a definition, a model, and a knowledge catalogue. *In*: IEEE International Requirements Engineering. *Conference*. 6 ago. 2021. Disponível em: https://arxiv.org/abs/2108.03012. Acesso em: 14 jul. 2025.

CHEN, Gang; XIE, Peihong Xie; DONG, Jing; WANG, Tianfu. Understanding programmatic creative: the tole of AI. *Journal of Advertising*, v. 48, n. 4, 2019. Disponível em: https://doi.org/10.1080/00913367.2019.1654421. Acesso em: 14 jul. 2025.

CHENIAUX, Elie. *Manual de Psicopatologia*. 6. ed. Rio de Janeiro: Guanabara Koogan, 2023.

CHINA. Administração do Ciberespaço da China. *Medidas Provisórias para Gestão de Serviços de Inteligência Artificial Generativa*. 2023. Disponível em: http://www.cac.gov.cn/2023-07/13/c_1690898327029107.htm. Acesso em: 14 jul. 2024.

CHINA. Administração do Ciberespaço da China. *Regulamento de Gerenciamento de Recomendações de Algoritmos de Serviços de Informações na Internet*. 2022. Disponível em: http://www.cac.gov.cn/2022-01/04/c_1642894606364259.htm. Acesso em: 14 jul. 2024.

CHINA. Administração do Ciberespaço da China. *Regulamento sobre a Síntese Aprofundada dos Serviços de Informações da Internet*. 2022. Disponível em: http://www.cac.gov.cn/2022-01/28/c_1644970458520968.htm. Acesso em: 14 jul. 2024.

CHU, Jennifer. Low-cost "smart" diaper can notify caregiver when it's wet. *MIT News*, 2020. Disponível em: https://news.mit.edu/2020/smart-diaper-rfid-notify-caregiver-0214. Acesso em: 14 jul. 2025.

CIDADE DE NOVA IORQUE. *Local Law 144 of 2021*. NYC: Department of Consumer and Worker Protection, 2021. Disponível em: https://www.nyc.gov/site/dca/about/automated-employment-decision-tools.page. Acesso em: 14 jul. 2025.

CITRON, Danielle Keats; PASQUALE, Frank. The scored society: due process for automated predictions. *Washington Law Review*, v. 89, n. 1. 2014. Disponível em: https://digitalcommons.law.uw.edu/wlr/vol89/iss1/2. Acesso em: 14 jul. 2025.

CLARK, E. M. *et al.* Explaining the relationship between personality and health in a national sample of African Americans: the mediating role of social support. *Journal of Black Psychology*, v. 45, iss. 5, p. 339-375, 2019. Disponível em: https://doi.org/10.1177/0095798419873529. Acesso em: 14 jul. 2025.

COECKELBERGH, Mark. The grammars of AI: towards a structuralist and transcendental hermeneutics of digital technologies. *Technology and Language*, v. 3, iss. 2, 2022. Disponível em: https://doi.org/10.48417/technolang.2022.02.09. Acesso em: 14 jul. 2025.

COELHO, Fábio Ulhôa. *Comentários à Lei de Falências e de Recuperação de Empresas*. 5. ed. São Paulo: Thomson Reuters Brasil, 2021.

COLOMÉ, Jordi Pérez. Algoritmo do Twitter prefere rostos femininos, brancos e magros, demonstram programadores em desafio. *El País*, 19 ago. 2021. Disponível em: https://brasil.elpais.com/tecnologia/2021-08-19/algoritmo-do-twitter-prefere-rostos-femininos-brancos-e-magros-demonstram-programadores-em-desafio.html. Acesso em: 14 jul. 2025.

COOK, Cody *et al.* The gender earnings gap in the gig economy: evidence form over a million rideshare drivers. *The Review of Economic Studies*, v. 88, iss. 5, p. 2210-2238. 2018. Disponível em: http://www.nber.org/papers/w24732. Acesso em: 14 jul. 2025.

COOPER, Dominic; ROBERTSON, Ivan T.; TINLINE, Gordon. *Recruitment and selection:* a framework for success. London: Cengage Learning EMEA, 2003.

CORBO, Wallace. Discriminação indireta. Lumen Juris: Rio de Janeiro, 2017. p. 123 *apud* BRASIL. Supremo Tribunal Federal. ADI n. 5.355, rel. Min. Luiz Fux, Tribunal Pleno, julgado em 11/11/2021 e publicado em 26/04/2022.

CORMEN, Thomas. *Algoritmos*. Tradução Arlete Simille. Rio de Janeiro: Elsevier, 2014.

CORTE INTERAMERICANA DE DIREITOS HUMANOS. *Artavia Murillo e Outors vs. Costa Rica*. 2012. Disponível em: https://www.corteidh.or.cr/docs/casos/articulos/seriec_257_por.pdf. Acesso em: 14 jul. 2025.

CORTE INTERAMERICANA DE DIREITOS HUMANOS. *Gonzales Lluy e Outros v. Equador*. 16 nov. 2009. Disponível em: https://summa.cejil.org/api/files/102168.doc. Acesso em: 14 jul. 2025.

COSTA, Dedila. Diversidade, Pixar e inteligência artificial: qual a relação? *Gupy*, 27 ago. 2021. Disponível em: www.gupy.io/blog/diversidade-pixar-ia. Acesso em: 14 jul. 2025.

COZMAN, Fabio Gagliardi; KAUFMAN, Dora. Viés no aprendizado de máquina em sistemas de inteligência artificial: a diversidade de origens e os caminhos de mitigação. *Revista USP*, *[S. l.]*, n. 135, p. 195-210, out./nov./dez. 2022. Disponível em: https://www.revistas.usp.br/revusp/article/view/206235. Acesso em: 14 jul. 2025.

CRENSHAW, Kimberle. Demarginalizing the intersection of race and sex: a black feminist critique of antidiscrimination doctrine, feminist theory and antiracist politics. *The University of Chicago Legal Forum*, v. 1989, iss. 1, article 8, 1989. Disponível em: https://chicagounbound.uchicago.edu/uclf/vol1989/iss1/8. Acesso em: 14 jul. 2025.

CRONBACH, L. J.; MEEHL, P. E. Construct validity in psychological tests. *Psychological Bulletin*, v. 52, n. 4, p. 174-203, 1955. Disponível em: https://doi.org/10.1037/h0040957. Acesso em: 14 jul. 2025.

CUNNINGHAM, Jeanine; LIGHT, Ryan. Institutional Discrimination. *In*: RITZER, G. (ed.). *The Blackwell Encyclopedia of Sociology*. 2016. Disponível em: https://doi.org/10.1002/9781405165518.wbeos0767. Acesso em: 14 jul. 2025.

CUSTÓDIO, Henrique F. F. Viés de confirmação ou tipo ideal: a formação das redes conceituais na metodologia weberiana. *In*: SENEDA, Marcos César; CUSTÓDIO, Henrique F. F. Custódio. *Ciência como vocação:* racionalidades e irracionalidades no velho e no novo mundo. Porto Alegre: Editora Fi, 2020.

DANTAS, João Marcelo Barbosa Ribeiro. A guinada linguístico-pragmática e a ética do discurso em Habermas. *Cognitio Juris*, ano XII, n. 38, 2022. Disponível em: https://cognitiojuris.com.br/a-guinada-linguistico-pragmatica-e-a-etica-do-discurso-em-habermas. Acesso em: 14 jul. 2025.

DATTA, Amit *et al.* Discrimination in online advertising: a multidisciplinary inquiry. *Conference on Fairness, Accountability, and Transparency*, v. 81, p. 20-34. 2018. Disponível em: https://proceedings.mlr.press/v81/datta18a. Acesso em: 14 jul. 2025.

DELEUZE, Gilles. *Conversações:* 1972-1990. São Paulo: Editora 34, 1992.

DELGADO, Maurício Godinho. *Curso de direito do trabalho*. 18. ed. São Paulo: LTr, 2019.

DELGADO, Maurício Godinho. *Curso de direito do trabalho*. 20. ed. Salvador: JusPodivm, 2023.

DI PAOLA, Daniel Francisco. El futuro del desarrollo de la IA en la Argentina: ¿Qué propone el proyecto para modificar la Ley 25467? *Marval*, 15 may. 2023. Disponível em: https://www.marval.com/publicacion/el-futuro-del-desarrollo-de-la-ia-en-la-argentina-que-propone-el-proyecto-para-modificar-la-ley-25467-15480. Acesso em: 14 jul. 2025.

DIEGUES, Antonio Carlos; HIRATUKA, Celio. *Inteligência artificial na estratégia de desenvolvimento da China contemporânea*. Texto para discussão, n. 422, nov. 2021. Instituto de Economia da Unicamp. Disponível em: https://hdl.handle.net/20.500.12733/12894. Acesso em: 14 jul. 2025.

DILMEGANI, Cem. Bias in AI: what it is, types, examples & six ways to fix it in 2022. *AI Multiple*, 11 sep. 2023. Disponível em: https://research.aimultiple.com/ai-bias. Acesso em: 14 jul. 2025.

DRAGE, Eleanor; MACKERETH, Kerry. Does AI debias recruitment? Race, gender, and AI's "eradication of difference". *Philosophy & Technology*, v. 35, iss. 89, 2022. Disponível em: https://link.springer.com/article/10.1007/s13347-022-00543-1. Acesso em: 14 jul. 2025.

DUBAL, Veena. On algorithmic wage discrimination. *Columbia Law Review*, Columbia, v. 123, n. 7, p. 1935, nov. 2023. Disponível em: https://columbialawreview.org/content/on-algorithmic-wage-discrimination. Acesso em: 14 jul. 2025.

DUBAL, Veena. The house always wins: the algorithm gamblification of work. *LPE Project*, 23 jan. 2023. Disponível em: https://lpeproject.org/blog/the-house-always-wins-the-algorithmic-gamblification-of-work. Acesso em: 14 jul. 2025.

DUHIGG, Charles. How companies learn your secrets. *New York Times*, 2019. Disponível em: https://www.nytimes.com/2012/02/19/magazine/shopping-habits.html. Acesso em: 14 jul. 2025.

ECORODOVIAS. Política de privacidade. Disponível em: https://www.ecorodovias.com.br/a-ecorodovias/politica-de-privacidade. Acesso em: 14 jul. 2025.

ELBASHIR, Mohamed. China's AI regulation blueprint: balancing innovation and control. *Linkedin*, 20 ago. 2023. Disponível em: https://www.linkedin.com/pulse/chinas-ai-regulation-blueprint-balancing-innovation-control-elbashir. Acesso em: 14 jul. 2025.

ELLUL, Jacques. *The technological society*. New York: Vintage Books, 1964.

ENAIBLE. *New technology for a new era*. Disponível em: https://enaible.io/how-it-works. Acesso em: 28 out. 2023.

ENGELMANN, Arno. A psicologia da gestalt e a ciência empírica contemporânea. *Psicologia: teoria e pesquisa*, Brasília, v. 18, n. 1, p. 1-16, 2002. Disponível em: https://repositorio.usp.br/item/001295789. Acesso em: 14 jul. 2025.

ESPOSITO, Elena. *Artificial communication*: how algorithms produce social intelligence. Cambridge: MIT Press, 2022.

ESPOSITO, Elena. Does explainability require transparency? *International Journal for Sociological Debate*, v. 16, n. 3, 2022. Disponível em: https://sociologica.unibo.it/article/view/15804. Acesso em: 14 jul. 2025.

ESPOSITO, Elena. Transparency versus explanation: the role of ambiguity in legal AI. *Journal of Cross-disciplinary Research in Computational Law*. 2021. Disponível em: https://journalcrcl.org/crcl/article/view/10/8. Acesso em: 14 jul. 2025.

ESTADOS UNIDOS. California State Assembly. *AB-331*. Automated decision tools. 2023. Disponível em: https://leginfo.legislature.ca.gov/faces/billTextClient.xhtml?bill_id=202320240AB331. Acesso em: 14 jul. 2025.

ESTADOS UNIDOS. Circuit Court of Cook County, Illinois County Department. *Class Action Complaint against HireVue Inc.* Disponível em: https://www.classaction.org/media/deyerler-v-hirevue-inc.pdf. Acesso em: 14 jul. 2025.

ESTADOS UNIDOS. Commonwealth of Massachusetts. *BH 1873*. An Act Preventing a Dystopian Work Environment. 2021. Disponível em: https://malegislature.gov/Bills/193/H1873. Acesso em: 14 jul. 2025.

ESTADOS UNIDOS. Congresso Estados Unidos. *National Artificial Intelligence Initiative Act of 2020*. Washington, DC, 2020. Disponível em: https://www.congress.gov/116/crpt/hrpt617/CRPT-116hrpt617.pdf. Acesso em: 14 jul. 2025.

ESTADOS UNIDOS. Corte Superior de New Jersey. *State of New Jersey v. Corey Pickett*, 3 feb. 2021. Disponível em: https://www.eff.org/files/2021/02/03/decision_appdiv_232021.pdf. Acesso em: 14 jul. 2025.

ESTADOS UNIDOS. Council of District of Columbia. *B24-0558*. Stop Discrimination by Algorithms Act. 2021. Disponível em: https://lims.dccouncil.gov/Legislation/B24-0558. Acesso em: 14 jul. 2025.

ESTADOS UNIDOS. District Court for the Northern District of California. *Mobley v. Workday, Inc.*, 4:23-cv-00770-YGR (N.D. Cal. Jul. 25, 2023). Disponível em: https://clearinghouse.net/case/44074. Acesso em: 14 jul. 2025.

ESTADOS UNIDOS. Equal Employment Opportunity Comission. *EEOC sues iTutorGroup for age discrimination*. Disponível em: https://www.eeoc.gov/newsroom/eeoc-sues-itutorgroup-age-discrimination. Acesso em: 14 jul. 2025.

ESTADOS UNIDOS. Equal Employment Opportunity Comission. *iTutorGroup to Pay $365,000 to Settle EEOC Discriminatory Hiring Suit*. Disponível em: https://www.eeoc.gov/newsroom/itutorgroup-pay-365000-settle-eeoc-discriminatory-hiring-suit. Acesso em: 14 jul. 2025.

ESTADOS UNIDOS. Equal Employment Opportunity Commission. *Artificial Intelligence and Algorithmic Fairness Initiative*. Washington, DC, 2023. Disponível em: https://www.eeoc.gov/ai. Acesso em: 2 jan. 2024.

ESTADOS UNIDOS. Equal Employment Opportunity Commission. *Assessing Adverse Impact in Software, Algorithms, and Artificial Intelligence Used in Employment Selection Procedures Under Title VII of the Civil Rights Act of 1964*. Washington, DC, 2022. Disponível em: https://www.eeoc.gov/laws/guidance/select-issues-assessing-adverse-impact-software-algorithms-and-artificial. Acesso em: 3 jan. 2024.

ESTADOS UNIDOS. Equal Employment Opportunity Commission. *EEOC Sues iTutorGroup for Age Discrimination*. Washington, DC, 2022. Disponível em: https://www.eeoc.gov/newsroom/eeoc-sues-itutorgroup-age-discrimination. Acesso em: 14 jul. 2025

ESTADOS UNIDOS. Equal Employment Opportunity Commission. *Navigating employment discrimination in AI and automated systems:* a new civil rights frontier. 2023. Disponível em: https://www.eeoc.gov/meetings/meeting-january-31-2023-navigating-employment-discrimination-ai-and-automated-systems-new/transcript. Acesso em: 14 jul. 2025.

ESTADOS UNIDOS. Equal Employment Opportunity Commission. *Real Woman in Trucking*. Disponível em: http://guptawessler.com/wp-content/uploads/2022/12/Real-Women-in-Trucking-Meta-Charge.pdf. Acesso em: 14 jul. 2025.

ESTADOS UNIDOS. Equal Employment Opportunity Commission. *The Americans with Disabilities Act and the Use of Software, Algorithms, and Artificial Intelligence to Assess Job Applicants and Employees.* Washington, DC, 2022. Disponível em: https://www.eeoc.gov/laws/guidance/americans-disabilities-act-and-use-software-algorithms-and-artificial-intelligence. Acesso em: 2 jan. 2024.

ESTADOS UNIDOS. Equal Employment Opportuny Comission. *Questions and Answers to Clarify and Provide a Common Interpretation of the Uniform Guidelines on Employee Selection Procedures.* Disponível em: https://www.eeoc.gov/laws/guidance/questions-and-answers-clarify-and-provide-common-interpretation-uniform-guidelines. Acesso em: 14 jul. 2025.

ESTADOS UNIDOS. Governo dos Estados Unidos. *Administration actions on AI.* 2023. Disponível em: https://ai.gov/actions. Acesso em: 28 dez. 2023.

ESTADOS UNIDOS. Governo dos Estados Unidos. *Blueprint for na AI Bill of Rights:* making automated systems work for the American people. Washington, DC, White House, 2022. Disponível em: https://www.whitehouse.gov/wp-content/uploads/2022/10/Blueprint-for-an-AI-Bill-of-Rights.pdf. Acesso em: 28 dez. 2023.

ESTADOS UNIDOS. Governo dos Estados Unidos. *The impact of artificial intelligence on the future of workforces in the European Union and the United States of America.* Washington, DC, 2022. Disponível em: https://www.whitehouse.gov/wp-content/uploads/2022/12/TTC-EC-CEA-AI-Report-12052022-1.pdf. Acesso em: 28 dez. 2023.

ESTADOS UNIDOS. Illinois General Assembly. *820 ILCS 42.* Artificial Intelligence Video Interview Act, 2020. Disponível em: https://www.ilga.gov/legislation/ilcs/ilcs3.asp?ActID=4015&ChapterID=68. Acesso em: 14 jul. 2025.

ESTADOS UNIDOS. Maryland House. *House Bill 1202.* Labor and Employment. Use of Facial Recognition Services. Prohibition. 8 maio 2020. Disponível em: https://legiscan.com/MD/text/HB1202/id/2169556. Acesso em: 14 jul. 2025.

ESTADOS UNIDOS. *National Artificial Intelligence Initiative Act of 2020.* Washington: Congress, 2020. Disponível em: https://www.congress.gov/116/crpt/hrpt617/CRPT-116hrpt617.pdf. Acesso em: 14 jul. 2025.

ESTADOS UNIDOS. National Institute of Standards and Technology. *Artificial Intelligence Risk Management Framework.* Washington, DC, 2022. Disponível em: https://www.nist.gov/itl/ai-risk-management-framework. Acesso em: 28 dez. 2023.

ESTADOS UNIDOS. National Institute of Standards and Technology. *Four principles of explainable AI.* NIST, Washington, DC, 2021. Disponível em: https://nvlpubs.nist.gov/nistpubs/ir/2021/NIST.IR.8312.pdf. Acesso em: 14 jul. 2025.

ESTADOS UNIDOS. National Institute of Standards and Technology. *Roadmap for the NIST Artificial Intelligence Risk Management Framework.* Washington, DC, 2022. Disponível em: https://www.nist.gov/itl/ai-risk-management-framework/roadmap-nist-artificial-intelligence-risk-management-framework-ai. Acesso em: 14 jul. 2025.

ESTADOS UNIDOS. *S.3572. Algorithmic Accountability Act of 2022.* Washington: Congress, 2022. Disponível em: https://www.congress.gov/bill/117th-congress/senate-bill/3572. Acesso em: 14 jul. 2025.

ESTADOS UNIDOS. Suprema Corte. Castaneda v. Partida, 430 U.S. 482. 1977. Disponível em: https://supreme.justia.com/cases/federal/us/430/482. Acesso em: 14 jul. 2025.

ESTADOS UNIDOS. Suprema Corte. Griggs v. Duke Power Co. 401 U.S. 424. 1971. Disponível em: https://supreme.justia.com/cases/federal/us/401/424. Acesso em: 14 jul. 2025.

ESTADOS UNIDOS. Suprema Corte. International Brotherhood of Teamsters v. United States. 431 U.S. 324, 1977. Disponível em: https://supreme.justia.com/cases/federal/us/431/324. Acesso em: 14 jul. 2025.

ESTADOS UNIDOS. Suprema Corte. Students for fair admissions, Inc. v. President and Fellows of Harvard College. Disponível em: https://www.supremecourt.gov/opinions/22pdf/20-1199_hgdj.pdf. Acesso em: 14 jul. 2025.

ESTADOS UNIDOS. United States District Court for the Northern District of California. *Communications Workers of America, et al. v. TMobile U.S. Inc., et al.* Case n. 5:17-cv-07232. Disponível em: https://www.courthousenews.com/wp-content/uploads/2017/12/Older-Workers.pdf. Acesso em: 14 jul. 2025.

ESTADOS UNIDOS. United States District Court, N D. Illinois, Eastern Division. *Latuga v. Hooters, Inc. (1:93-cv-07709)*, 29 mar. 1996. Disponível em: https://clearinghouse-umich-production.s3.amazonaws.com/media/doc/65291.pdf. Acesso em: 14 jul. 2025.

ESTES, Dallas. Preventing a Dystopian Work Environment: AI regulation and transparency in At-Will Employment. *Onlabor*, 28 sep. 2023. Disponível em: https://onlabor.org/preventing-a-dystopian-work-environment-ai-regulation-and-transparency-in-at-will-employment. Acesso em: 14 jul. 2025.

EUBANKS, Virginia. *Automating inequality:* how high-tech tools profile, police and punish the poor. New York: St. Martin's Press, 2018.

EXPERIMENTO SOCIAL RACISMO. [*S. l.*: *s. n.*], 2010. 1 vídeo (5 min e 30 s). Publicado pelo canal Best of Web. Disponível em: https://x.com/choquei/status/1681052416735686656?s=20. Acesso em: 14 jul. 2025.

FACELI, Katti *et al. Inteligência artificial:* uma abordagem de aprendizado de máquina. 2. ed. Rio de Janeiro, LTC, 2021.

FALCÓN, Carolina Serrano. Processo de contratación, política de empleo y uso de algoritmos. *In*: VALLEJO, Pilar Rivas. *Discriminación algorítmica en el ámbito laboral:* perspectiva de género e intervención. Barcelona: Aranzadi/Thomson Reuters, 2022. Edição eletrônica.

FARIA, Ernesto. (org.). *Dicionário escolar latino-português*. 3. ed. Rio de Janeiro: Ministério da Educação e Cultura, 1962. Disponível em: http://www.dominiopublico.gov.br/download/texto/me001612.pdf. Acesso em: 14 jul. 2025.

FERRARI, Daniel Gomes; CASTRO, Leandro Nunes de. *Introdução à mineração de dados:* conceitos básicos, algoritmos e aplicações. São Paulo: Saraiva, 2016.

FERREIRA FILHO, Manoel Gonçalves. Aspectos jurídicos das ações afirmativas. *Revista do Tribunal Superior do Trabalho*, Brasília, v. 69, n. 2, p. 75-76, jul./dez. 2003.

FERREIRA, Mariah Brochado. *Inteligência artificial no horizonte da Filosofia da Tecnologia:* técnica, ética e direito na era cybernética. São Paulo: Dialética, 2023. Livro eletrônico.

FICHMAN, Helenice Charchat. *Neuropsicologia clínica*. Santana de Parnaíba: Manole, 2021.

FIENBERG, Stephen E.; STRAF, Miron L. Statistical evidence in US Courts: an appraisal. Journal of the *Royal Statistical Society*, v. 154, n. 1, p. 49-59, 1991. Disponível em: https://www.jstor.org/stable/2982694. Acesso em: 14 jul. 2025.

FINLAYSON, James Gordon; REES, Dafydd Huw. Jürgen Habermas. *In*: *The Stanford Encyclopedia of Philosophy*. 2023. Disponível em: https://plato.stanford.edu/archives/win2023/entries/habermas. Acesso em: 14 jul. 2025.

FLAHAUX, Roger *et al. Ethics in the Age of Disruptive Technologies:* an operational roadmap. Santa Clara: ITEC, 2023. Disponível em: https://mailchi.mp/scu/itec-handbook. Acesso em: 2 out. 2023.

FOLTER, Regiane. *O que é tokenismo?* 2020. Disponível em: https://www.politize.com.br/tokenismo. Acesso em: 14 jul. 2025.

FOUCAULT, Michel. *Nascimento da biopolítica*. 2. ed. São Paulo: Martins Fontes, 2022.

FRAZÃO, Ana. Transparência de algoritmos x segredo de empresa. *Jota*, 9 jun. 2021. Disponível em: https://www.jota.info/opiniao-e-analise/colunas/constituicao-empresa-e-mercado/transparencia-de-algoritmos-x-segredo-de-empresa-09062021. Acesso em: 14 jul. 2025.

FRAZÃO, Ana; MULHOLLAND, Caitlin (coords.). *Inteligência artificial e direito:* ética, regulação e responsabilidade. 2. ed. São Paulo: Revista dos Tribunais, 2020.

FREITAS, Juarez; FREITAS, Thomas Bellini. *Direito e inteligência artificial:* em defesa do humano. Belo Horizonte: Fórum, 2020.

FRIEDE, Reis. *Curso analítico de direito constitucional e de teoria geral do Estado*. 5. ed. Rio de Janeiro: Forense, 2005.

GARCIA, Antonio Fernández. Trabajo, algoritmos y discriminación. *In*: ROYO, Miguel Rodriguez-Piñero; SIGNES, Adrián Todolí (coord.) *Vigilancia y control em el Derecho del Trabajo digital*. Pamplona: Editorial Aranzadi. 2022.

GAVA, Marcela. Inteligência artificial no RH: 1 de cada 5 PMEs já usa IA para auxiliar na decisão de demissão, *Capterra*, 1º ago. 2023. Disponível em: https://www.capterra.com.br/blog/4089/inteligencia-artificial-rh#20-das-PMEs-usam-tecnologia-de-IA-nas-demisso%CC%83es-apontam-funciona%CC%81rios. Acesso em: 14 jul. 2025.

GIBBS, Samuel. Women less likely to be shown ads for high-paid jobs on Google, study shows. *The Gaurdian*, 8 jul. 2015. Disponível em: https://www.theguardian.com/technology/2015/jul/08/women-less-likely-ads-high-paid-jobs-google-study. Acesso em: 14 jul. 2025.

GODOY, Silvia Leite; NORONHA, Ana Paula Porto. Instrumentos psicológicos utilizados em seleção profissional. *Revista do Departamento de Psicologia da Universidade Federal Fluminense*, v. 17, n. 1, 2005. Disponível em: https://www.scielo.br/j/rdpsi/a/T6H7ML9zGM3P6ZXsjtqfjWB. Acesso em: 14 jul. 2025.

GOLDMAN, Rob. This time, ProPublica, we disagree. *Meta*, 2017. Disponível em: https://about.fb.com/news/h/addressing-targeting-in-recruitment-ads. Acesso em: 14 jul. 2025.

GOMES, Joaquim Barbosa. *Ação afirmativa e princípio constitucional da igualdade*. Rio de Janeiro: Renovar, 2001.

GOODEGG. *Create a safer, more productive workforce with social media background checks.* Disponível em: https://www.goodegg.io/social--media-screening. Acesso em: 9 out. 2023.

GOOGLE. *AlphaGo.* Disponível em: https://www.deepmind.com/research/highlighted-research/alphago. Acesso em: 14 jul. 2025.

GOOGLE. Gupy: construindo o futuro do RH com Inteligência Artificial. *Google for Startups.* Disponível em: https://startup.google.com/intl/pt-BR_ALL/stories/gupy. Acesso em: 14 jul. 2025.

GOOGLE. O que é processamento de linguagem natural? Disponível em: https://cloud.google.com/learn/what=-is-natural-language-processing?hl-pt-br. Acesso em: 14 jul. 2025.

GOUVEA, Eduardo Sauerbronn. *et al.* Primeiro episódio psicótico: atendimento de emergência. *Revista Debates em Psiquiatria*, Rio de Janeiro, v. 4, n. 6, 2014. Disponível em: https://revistardp.org.br/revista/article/view/183. Acesso em: 14 jul. 2025.

GOYARD-FABRE, Simone. *O que é democracia?* São Paulo: Martins Fontes, 2003.

GRACE, John. Revealed: 50 million Facebook profiles harvested for Cambridge Analytica in major data breach. *The Guardian*, 2018. Disponível em: https://www.theguardian.com/news/2018/mar/17/cambridge-analytica-facebook-influence-us-election. Acesso em: 14 jul. 2025.

GRANATYR, Jones. *Inteligência Artificial gerando poemas?* Disponível em: https://iaexpert.academy/2016/09/06/funcionamento-da-ia-inteligencia-artificial-gerando-poemas. Acesso em: 14 jul. 2025.

GRANT, Robbie; KELLEY, Sam. ISED releases companion to proposed AI law: timelines, guidelines, and enforcement, *McMillan LLp*, 2023. Disponível em: https://mcmillan.ca/insights/publications/ised-releases-companion--to-proposed-ai-law-timelines-guidelines-and-enforcement. Acesso em: 14 jul. 2025.

GRAUPE, Daniel. *Principles of artificial neural networks.* 4. ed. Chicago: World Scientific, 2019.

GRAVES, Robert; RIORDAN, Rick. *Os mitos gregos.* 2. ed. Rio de Janeiro: Nova Fronteira, 2021.

GRAZIANI, Mara *et al.* A global taxonomy of interpretable AI: unifying the terminology for the technical and social sciences. *Artificial Intelligence Review*, v. 56, p. 3474-3504, 2023.

GREEN, Ben; CHEN, Yiling. Disparate Interactions: an algorithm-in-the-loop analysis of fairness in risk assessments. *Conference on Fairness, Accountability, and Transparency*, Atlanta, p. 90-99, 31 jan. 2019. Disponível em: https://doi.org/10.1145/3287560.3287563. Acesso em: 14 jul. 2025.

GREEN, Tristin. Racial emoticons in the workplace. *South California Law Review*, v. 82, n. 4, p. 961-970, 2013. *Apud* MOREIRA, Adilson José. Tratado de direito antidiscriminatório. São Paulo: Contracorrente, 2020.

GREGOR, Shirley; MAEDCHE, Alexander; MORANA, Stefan. Communicative action framework for discourse strategies for AI-based systems: the MetTrains application case. *SIGHCI 2019 Proceedings*, v. 14, iss. 9, 2020. Disponível em: https://aisel.aisnet.org/sighci2019/14. Acesso em: 14 jul. 2025.

GRENSING-POPHAL, Lin. Navigating ethical challenges in AI adoption. *Society for Human Resource Management*, 28 sep. 2023. Disponível em: https://www.shrm.org/resourcesandtools/hr-topics/technology/pages/navigating-ethical-challenges-in-ai-adoption.aspx. Acesso em: 14 jul. 2025.

GROTHER, Patrick; NGAN, Mei; HANAOKA, Kayee. *Face recognition vendor test – FRVT.* Part 3: demographic effects. Washington: U.S. Department of Commerce and National Institute of Standards and Technology, 2009.

GUERRA FILHO, Willis Santiago; SANTAELLA, Lucia; KAUFMAN, Dora; CANTARINI, Paola (coords.). *Direito e inteligência artificial.* v. 1 e 2. Rio de Janeiro: Lumen Juris, 2021.

GUIA NETO, Marcos Luiz dos Mares. *Hermenêutica filosófica e jurisdição democrática:* breve crítica ao substancialismo, à luz do debate Gadamer-Habermas. Monografia. Curso de Direito do Centro Universitário de Brasília. UniCEUB: Brasília, 2013.

GUIDOTTI, Riccardo *et al.* A survey of methods for explaining black box models. *ACM Comput. Surv.*, v. 51, n. 5, iss. 93, p. 93-134, 2019. Disponível em: https://doi.org/10.1145/3236009. Acesso em: 14 jul. 2025.

GUIMÓN, Pablo. Cambridge Analytica, empresa pivô no escândalo do Facebook, é fechada. *El País*, 2018. Disponível em: https://brasil.elpais.com/brasil/2018/05/02/internacional/1525285885_691249.html. Acesso em: 14 jul. 2025.

GUIMOND, Serge. Individual and institutional discrimination: theoretical and methodological contributions of social psychology. *Appar-*

tenances & Altérités, v. 3. 2023. Disponível em: http://journals.openedition.org/alterites/516. Acesso em: 22 set. 2023.

GUPY. *Como a Gaia ordena as pessoas candidatas*. 2023. Disponível em: https://support-companies.gupy.io/hc/pt-br/articles/11192021832219-Como-a-Gaia-ordena-as-pessoas-candidatas. Acesso em: 9 out. 2023.

GUPY. *Impulsione talentos, resultados e experiências com um ecossistema fluido e inteligente para o seu RH.* Disponível em: www.gupy.io. Acesso em: 10 out. 2023.

GUPY. *Por que (e como) utilizar Inteligência Artificial no combate aos vieses no recrutamento.* 2021. Disponível em: https://www.gupy.io/blog/inteligencia-artificial-no-combate-aos-vieses. Acesso em: 14 jul. 2025.

GUPY. *Potencial do teste de perfil.* Disponível em: https://www.gupy.io/blog/potencial-do-teste-de-perfil. Acesso em: 14 jul. 2025.

GUPY. *Primeira Escolha:* fatores comportamentais. 2023. Disponível em: https://support-companies.gupy.io/hc/pt-br/articles/11174063648283-Primeira-Escolha-Fatores-Comportamentais. Acesso em: 3 out. 2023.

GUPY. *Recrutamento e seleção.* Disponível em: https://www.gupy.io/software-de-recrutamento-e-selecao. Acesso em: 10 out. 2023.

GUPY. *Teste de perfil comportamental:* prós, contras e quais utilizar. Disponível em: https://www.gupy.io/hubfs/e-Book-Teste-de-perfil-comportamental-pros-contras-e-quais-utilizar.pdf. Acesso em: 14 jul. 2025.

GURLEY, Lauren Kaori. Amazon's AI cameras are punishing drivers for mistakes they didn't make. *Vice*, 2021. Disponível em: https://www.vice.com/en/article/88npjv/amazons-ai-cameras-are-punishing-drivers-for-mistakes-they-didnt-make. Acesso em: 14 jul. 2025.

HABERMAS, Jürgen. *A inclusão do outro:* estudos de teoria política. Tradução George Sperber. São Paulo: Edições Loyola, 2002.

HABERMAS, Jürgen. *Direito e democracia:* entre facticidade e validade. Rio de Janeiro: Templo Brasileiro, 2003. v. 1.

HABERMAS, Jürgen. *Legitimation crisis.* Cambridge: Polity, 1988.

HABERMAS, Jürgen. *O discurso filosófico da modernidade.* São Paulo: Martins Fontes, 2000.

HABERMAS, Jürgen. *Racionalidade e comunicação.* Lisboa: Edições 70, 1996.

HABERMAS, Jürgen. *Teoria do agir comunicativo:* racionalização da ação e racionalização social. São Paulo: Martins Fontes, 2016. v. 1.

HABERMAS, Jürgen. *Teoria do agir comunicativo:* sobre a crítica da razão funcionalista. São Paulo: Martins Fontes, 2016. v. 2.

HARDEN, Ronald M. The integration ladder: a tool for curriculum planning and evaluation. *Medical education*, v. 34, p. 551-557, 2000. Disponível em: http://webmedia.jcu.edu/cas/files/2014/09/Harden-Integration-Ladder.pdf. Acesso em: 14 jul. 2025.

HARLAN, Elisa; SCHNUCK, Oliver. Objetctive or biased: on the questionable use of artificial intelligence for job applications. *Bavarian Broadcasting*, 2021. Disponível em: https://interaktiv.br.de/ki-bewerbung. Acesso em: 14 jul. 2025.

HARRIES, Daniel. *Happy pigs and angry cows:* AI can tell the emotions of farmyard animals. Disponível em: https://newseu.cgtn.com/news/2021-04-28/Is-pig-happy-or-not-How-AI-can-tell-you-what-animals-are-feeling-ZPIfMKbVgQ/index.html. Acesso em: 14 jul. 2025.

HARWELL, Drew. A face-scanning algorithm increasingly decides whether you deserve the job. *The Washington Post,* 22 out. 2019. Disponível em: https://www.washingtonpost.com/technology/2019/10/22/ai-hiring-face-scanning-algorithm-increasingly-decides-whether-you-deserve-job. Acesso em: 14 jul. 2025.

HASTIE, Trevor; TIBSHIRANI, Robert; FRIEDMAN, Jerome. *The elements of statistical learning:* data mining, inference and prediction. 2. ed. New York: Springer. 2016.

HEAVEN, Douglas. *Machines that think.* London: Hachette, 2022.

HEBB, Donald Olding. *The organization of behavior.* Wiley: New York, 1949.

HERNANDEZ, Emílio Del Moral. *Inteligência computacional e redes neurais em engenharia elétrica.* Seminário ministrado. Departamento de Engenharia de Sistemas Eletrônicos da Escolha Politécnica da Universidade de São Paulo, 2005. Disponível em: https://www.lsi.usp.br/icone/psi2222/RedesNeurais.pdf. Acesso em: 14 jul. 2025.

HICKOK, Merve; MASLEJ, Nestor. A policy primer and roadmap on AI worker surveillance and productivity scoring tools. *AI Ethics*, v. 3. 2023. Disponível em: https://doi.org/10.1007/s43681-023-00275-8. Acesso em: 14 jul. 2025.

HILLIGOSS, Hannah. What's the deal with algorithmic discriminations? *Onlabor.* 10 mai. 2021. Disponível em: https://onlabor.org/whats-the-deal-with-algorithmic-discrimination. Acesso em: 14 jul. 2025.

HILLS, Joel. Microsoft warns of danger posed by mass surveillance unless facial recognition is regulated. *ITVx*, 23 jan. 2019. Disponível em: https://www.itv.com/news/2019-01-23/microsoft-warns-about-dangers-posed-by-mass-surveillance-unless-facial-recognition-is-regulated. Acesso em: 14 jul. 2025.

HOGG, Michael A.; VAUGHAN, Graham M. *Social psychology*. 8. ed. United Kingdom: Pearson, 2018.

HUMBOLDT, Wilhelm Von. On thought and language. Tradução Antonio Ianni Segatto. *Trans/Form/Ação*, v. 32, n. 1. Departamento de Filosofia da Universidade Estadual Paulista. 2009. Disponível em: https://doi.org/10.1590/S0101-31732009000100012. Acesso em: 14 jul. 2025.

IBM. *Deep Blue*. Disponível em: https://www.ibm.com/history/deep-blue. Acesso em: 14 jul. 2025.

IBM. IBM Global *AI adoption index 2022*. Armonk, NY: IBM, 2022. Disponível em: https://www.ibm.com/watson/resources/ai-adoption. Acesso em: 25 dez. 2023.

IBM. *IBM Watson para watsonx*. Disponível em: https://www.ibm.com/br-pt/watson. Acesso em: 7 jul. 2022.

IBM. *Making sense of big data*. EMA, 2017. Disponível em: https://www.ibm.com/br-pt/analytics/hadoop/big-data-analytics. Acesso em: 8 jul. 2022.

IDEAL. *AI For Recruiting: a definitive guide for HR professionals*. Disponível em: https://ideal.com/ebook-simple-ai-for-recruiting-guide/. Acesso em: 14 jul. 2025.

IMANA, Basileal; KOROLOVA, Aleksandra; HEIDEMANN, John. Auditing for discrimination in algorithms delivering job ads. *Proceedings of the Web Conference*, New York, p. 3767-3778, 2021. ACM: New York, 2021. Disponível em: https://arxiv.org/abs/2104.04502. Acesso em: 14 jul. 2025.

INSTITUTO IGARAPÉ. *Videomonitoramento*. 2023. Disponível em: https://igarape.org.br/videomonitoramento-webreport. Acesso em: 14 jul. 2025.

INTERNATIONAL BROTHERHOOD OF TEAMSTERS. *National Master UPS Freight Agreement. 2018/2023*. Disponível em: https://teamster.org/wp-content/uploads/2018/12/upsf18freightnationalmaster.pdf. Acesso em: 30 out. 2023.

JOHNS, Merida L. Breaking the glass ceiling: structural, cultural, and organizational barriers preventing women from achieving senior and executive positions. *Perspect Health Inf Manag.*, v. 10. 2013. Disponível em: https://www.ncbi.nlm.nih.gov/pmc/articles/PMC3544145. Acesso em: 14 jul. 2025.

JUNQUEIRA, Thiago. *Tratamento de dados pessoais e discriminação algorítmica nos seguros*. São Paulo: Revista dos Tribunais, 2020.

KANT, Immanuel. *Crítica da razão pura*. 5. ed. Lisboa: Fundação Calouste Gulbenkian, 2001.

KAUFMAN, Dora. *A inteligência artificial irá suplantar a inteligência humana?* Barueri: Estação das Letras e Cores, 2019.

KAYE, Kate. Cathy O'Neil is unimpressed by your AI bias removal tool, *Redtail*, 2018, 29 out. 2018. Disponível em: https://redtailmedia.org/2018/10/29/redtail-talks-about-flipping-the-script-on-how-we-value-algorithims-with-the-weapons-of-math-destruction-author. Acesso em: 14 jul. 2025.

KEENAN, Bernard; SOKOL, Kacper. Explainable Artificial Intelligence and Luhmann's functional theory of communication, *ArXiv*, v. 2302.03460, 2023. Disponível em: https://arxiv.org/pdf/2302.03460.pdf. Acesso em: 14 jul. 2025.

KERR, Dara. Secretive algorithm will now determine Uber driver pay in many cities. *The Next Web*, 3 mar. 2022. Disponível em: https://thenextweb.com/news/uber-secretive-algorithm-will-now-determine-driver-pay-in-many-cities-syndication. Acesso em: 14 jul. 2025.

KIBBLE, Rodger. Communication Breakdown? Reasoning about Language and Rational Agents. *Computing and Philosophy Symposium*. University of Bath, United Kingdom, 19-21 apr. 2017. Disponível em: https://research.gold.ac.uk/id/eprint/20133. Acesso em: 14 jul. 2025.

KING JR., Marthin Luther. The case against tokenism. *New York Times Magazine*, New York, p. 164, 1962. Disponível em: https://www.nytimes.com/1962/08/05/archives/the-case-against-tokenism-the-current-notion-that-token-integration.html. Acesso em: 14 jul. 2025.

KOGUT, Michael. Making the case: did the government's response to hurricane Katrina violate the equal protection clause. *Scholar – St. Mary's Law Review on Race and Social Justice*, v. 11, n. 2, p. 140, 2022. Disponível em: https://commons.stmarytx.edu/thescholar/vol11/iss2/1. Acesso em: 14 jul. 2025.

KORTELING, Johan E. Hans *et al.* Cognitive bias and how to improve sustainable decision making. *Frontiers in psychology*, v. 14, fev. 2023. Disponível em: https://doi.org/10.3389/fpsyg.2023.1129835. Acesso em: 14 jul. 2025.

KOUTANTOS, Dimitrios. *Etimologia de mais de 1000 palavras gregas usadas em Português*. 2011. Disponível em: https://www.eduportal.gr/wp-content/uploads/2011/02/www.eduportal.gr_media_files_lexeis_2.pdf. Acesso em: 14 jul. 2025.

LAGE, Fernanda de Carvalho. *Manual da inteligência artificial no direito brasileiro*. Salvador: JusPodivm, 2021.

LAMBRECHT, Anja; TUCKER, Catherine E. Algorithmic Bias? An empirical study into apparent gender-based discrimination in the display of STEM Career Ads. *Manage. Sci.*, v. 65, n. 7, p. 2966–2981, jul. 2018. Disponível em: https://doi.org/10.1287/mnsc.2018.3093. Acesso em: 14 jul. 2025.

LEME, Ana Carolina Paes. *Da máquina à nuvem:* caminhos para o acesso à justiça pela via de direitos dos motoristas da Uber. São Paulo: LTr, 2019.

LEMOINE, Blake. *Is LaMDA sentient?* – an interview. Disponível em: https://cajundiscordian.medium.com/is-lamda-sentient-an-interview-ea64d916d917. Acesso em: 14 jul. 2025.

LENDLT FINTECH. *AI perspectives:* credit risk & lending. Survey Report, 2021. Disponível em: https://brighterion.com/wp-content/uploads/2022/04/AI-perspectives-credit-risk-and-lending-survey-report3.pdf. Acesso em: 14 jan. 2024.

LEONEL, Ricardo de Barros. Provas, meios eletrônicos e garantias constitucionais: reflexões iniciais. *In*: LUCON, Paulo Henrique dos Santos *et al.* (coord.). *Direito, processo e tecnologia*. São Paulo: Revista dos Tribunais, 2022. Edição eletrônica.

LIBÂNEO, José Carlos. *Do paradigma da consciência ao paradigma da linguagem*. Texto didático de uso exclusivo em sala de aula, escrito para a disciplina Teorias da educação e processos pedagógicos, no Programa de Pós-Graduação em Educação da Universidade Católica de Goiás. Goiânia, 2003.

LIGHTHILL, James. *Artificial intelligence:* a general survey. London: Science Research Council, 1973.

LIMA, Firmino Alves. *Teoria da discriminação nas relações de trabalho*. Rio de Janeiro: Elsevier, 2011.

LIMA, Isaías. *Inteligência artificial*. Rio de Janeiro: Elsevier, 2014.

LIMA, Marcus Eugênio Oliveira. *Psicologia social do preconceito e do racismo*. São Paulo: Blucher, 2020.

LIMA, Marcus Eugênio Oliveira; VALA, Jorge. Serão os estereótipos e o preconceito inevitáveis? O monstro da automaticidade. *In*: LIMA, Marcus Eugênio Oliveira; PEREIRA, Marcos Emanoel (org.). *Estereótipos, preconceitos e discriminação:* perspectivas teóricas e metodológicas. Salvador: EDUFBA, 2004.

LINDEKIN. *Dynamic Ads: resumo*. 2023. Disponível em: https://www.linkedin.com/help/lms/answer/a421292. Acesso em: 6 out. 2023.

LIPTON, Zachary. The mythos of model interpretability. *ICML Workshop on Human Interpretability in Machine Learning*, New York, 2016. Disponível em: https://arxiv.org/abs/1606.03490. Acesso em: 15 jan. 2024.

LOPES, José Leme. A psiquiatria na época de Freud: evolução do conceito de psicose em psiquiatria. *Revista Brasileira de Psiquiatria*, v. 23, n. 1, 2001. Disponível em: https://www.scielo.br/j/rbp/a/KvtwZPMhGjrVdbLTsXMhwpg. Acesso em: 14 jul. 2025.

LOPES, Otávio Brito. Minorias, discriminação no trabalho e ação afirmativa judicial. *Revista do Tribunal Superior do Trabalho*, Brasília, v. 76, n. 4, out./dez. 2010. Disponível em: https://juslaboris.tst.jus.br/handle/20.500.12178/18841. Acesso em: 14 jul. 2025.

LOVASZ, Adam. Niklas Luhmann and Jacques Ellul on the autonomy of technology. *The International Journal of Cybernetics, Systems and Management Sciences*, v. 53, iss. 1. Emerald Publishing Limited, 2023. Disponível em: https://www.emerald.com/insight/content/doi/10.1108/k-02-2023-0287/full/html?skipTracking=true . Acesso em: 14 jul. 2025.

MACCIONI, Federico. Papa alerta contra discriminação e violência por trás da inteligência artificial. *CNN*, 2023. Disponível em: https://www.cnnbrasil.com.br/internacional/papa-alerta-contra-potenciais. Acesso em: 14 jul. 2025.

MACHADO, Pedro Guilherme *et al.* Atuação do psicólogo no recrutamento e na seleção de pessoas sob a ótica da análise do comportamento. *Psicologia Argumento*, v. 36, n. 91, 2019. Disponível em: https://doi.org/10.7213/psicolargum.36.91.AO02. Acesso em: 14 jul. 2025.

MADUREIRA, Daniele. Como apps de entrega estão levando pequenos restaurantes à falência. *BBC*, 2020. Disponível em: https://www.bbc.com/portuguese/geral-51272233. Acesso em: 14 jul. 2025.

MAIMONE, Flávio Henrique Caetano de Paula. Responsabilidade civil por discriminação algorítmica. *In*: MARQUES, Cláudia Lima *et al.*

(coord.). *5 anos de LGPD:* estudos em homenagem a Danilo Doneda. São Paulo: Thomson Reuters Brasil, 2023.

MARANHÃO, Juliano. Regulação da inteligência artificial: uma terceira via. *Valor Econômico*, São Paulo, 3 jan. 2024. Disponível em: https://valor.globo.com/legislacao/coluna/regulacao-da-inteligencia-artificial-uma-terceira-via.ghtml. Acesso em: 14 jul. 2025.

MARMELSTEIN, George. *Discriminação por preconceito implícito.* Salvador, JusPodivm, 2021.

MATH VAULT. *The definitive glossary of higher mathematical jargon.* Math Vault. Disponível em: https://mathvault.ca/math-glossary/#algo. Acesso em: 14 jul. 2025.

MARTINEZ, Luciano. Poder diretivo algorítmico: a nova autoridade anônima e implacável. *Linkedin*, 28 set. 2020. Disponível em: https://www.linkedin.com/pulse/poder-diretivo-algor%C3%ADtmico-nova-autoridade-an%C3%B4nima=-e-luciano-martinez/?originalSubdomain-pt. Acesso em: 14 jul. 2025.

MAYER-SCHÖNBERGER; Viktor; CUKIER, Kenneth. *Big data:* a revolution that will transform how we live, work, and think. London: Harper Business, 2014.

MAYMIN, Philip Z.; LANGER, Ellen J. Cognitive biases and mindfulness. *Humanities and social sciences communications*, v. 40, n. 8, p. 1-11, 2021. Disponível em: https://doi.org/10.1057/s41599-021-00712-1. Acesso em: 14 jul. 2025.

MAYSON, Sandra G. Bias in, bias out. *The Yale Law Journal*, v. 128, n. 8, p. 2218-2300. 2018. Disponível em: https://www.yalelawjournal.org/pdf/Mayson_p5g2tz2m.pdf. Acesso em: 14 jul. 2025.

McCARTHY, J.; MINSKY; ROCHESTER, N.; SHANNON, C. E. A proposal for the Dartmouth summer research project on artificial intelligence. *AI Magazine*, v. 27, n. 4, p. 12-14, 2006. Disponível em: https://doi.org/10.1609/aimag.v27i4.1904. Acesso em: 14 jul. 2025.

McCULLOCH, W. S.; PITTS, W. A logical calculus of the ideas immanent in nervous activity. *The bulletin of mathematical biophysics*, v. 5. p. 117. 1943. Disponível em: https://doi.org/10.1007/BF02478259. Acesso em: 14 jul. 2025.

MCLUHAN, Marshall. *Understanding media:* the extensions of man. Massachusetts: MIT Press, 1994.

MEIRELLES, Fernando de Souza. *27ª pesquisa anual do uso de TI da FGVcia.* São Paulo: FGVcia. 2016. Disponível em: https://hdl.handle.net/10438/19113. Acesso em: 14 jul. 2025.

MEJIAS, Ulises A.; COULDRY, Nick. Datafication. *Concepts of the digital society*, v. 8, iss. 4, 2019. Disponível em: https://doi.org/10.14763/2019.4.1428. Acesso em: 28 out. 2023.

MENDES, Gilmar Ferreira; FERNANDES, Victor Oliveira. Constitucionalismo digital e jurisdição constitucional: uma agenda de pesquisa para o caso brasileiro *Revista Brasileira de Direito*, v. 16, n. 1, jan./abr. 2020. Disponível em: https://seer.atitus.edu.br/index.php/revistadedireito/article/view/4103/2571. Acesso em: 14 jul. 2025.

MENDES, Laura Schertel; MATTIUZZO, Mariana. Discriminação algorítmica: conceito, fundamento legal e tipologia. *Revista Direito Público*, Porto Alegre, v. 16, n. 90, p. 39-64, nov./dez. 2019.

MENDONÇA, Ricardo Fabrino; ALMEIDA, Virgílio; FILGUEIRAS, Fernando. *Algorithmic Institutionalism: the changing rules of social and political life.* London: Oxford University Press, 2023.

MENECEUR, Yannick. Les trois grands défis posés par la gouvernance de l'intelligence artificielle et de la transformation numérique. *Revue Internationale d'Éthique Sociétale et Gouvernementale*, v. 23, n. 2, 2021. Disponível em: https://doi.org/10.4000/ethiquepublique.6323. Acesso em: 25 out. 2023.

MIGUENS, Sofia. *Filosofia da linguagem:* uma introdução. Porto: Departamento de Filosofia da Faculdade de Letras da Universidade do Porto, 2007.

MISHARA, Aaron L. Klaus Conrad (1905-1961): delusional mood, psychosis, and beginning schizophrenia. Schizophr Bulletin. *The Journal of Psychoses and Related Disorders*, Maryland, v. 36, n. 1, 2010. Disponível em: https://www.ncbi.nlm.nih.gov/pmc/articles/PMC2800156. Acesso em: 14 jul. 2025.

MIZIARA, Raphael. *Coded bias* e a identificação biométrico-facial de pessoas no Brasil. *Conjur*, 15 abr. 2021. Disponível em: https://www.conjur.com.br/2021-abr-15/miziara-hirata-coded-bias-identificacao-biometrico-facial. Acesso em: 14 jul. 2025.

MIZIARA, Raphael. Novas tecnologias e direito probatório: aspectos atuais sobre provas digitais. *Conjur*, 8 mai. 2022. Disponível em: https://www.conjur.com.br/2022-mai-08/raphael-miziara-aspectos-provas-digitais. Acesso em: 14 jul. 2025.

MIZIARA, Raphael. Videomonitoramento de empregados no ambiente de trabalho: estudo comparado entre a proteção de dados no Brasil e a posição do Tribunal Europeu de Direitos Humanos firmada no caso López Ribalda vs. Espanha. *Revista do Tribunal Superior do Trabalho*, v. 88, n. 1, p. 163-187, jan./mar. 2022. Disponível em: https://hdl.handle.net/20.500.12178/203755. Acesso em: 14 jul. 2025.

MIZIARA, Raphael *et al.* Redes sociais e contrato de trabalho: equacionamento entre o direito fundamental à liberdade de expressão dos trabalhadores e o poder disciplinar do empregador. *Revista Direito das Relações Sociais e Trabalhistas*, Brasília, v. 7, n. 2, p. 149-172, 2021. Disponível em: https://publicacoes.udf.edu.br/index.php/relacoes-sociais-trabalhista/article/view/370. Acesso em: 14 jul. 2025.

MONDRAGON, Nathan *et al.* The next generation of assessments. *HireVue*, 2019. Disponível em: https://hrlens.org/wp-content/uploads/2019/11/The-Next-Generation-of-Assessments-HireVue-White-Paper.pdf. Acesso em: 11 out. 2023.

MORAIS, Fausto Santos de; CARINI, Lucas. Entre direito e algoritmo. In: PEIXOTO, Fabiano Hartmann. *Inteligência artificial:* estudos de inteligência artificial. v. 4. Curitiba: Alteridade, 2021.

MOREIRA, Adilson José. *Tratado de direito antidiscriminatório.* São Paulo: Contracorrente, 2020.

MOREIRA, Teresa Coelho. *A privacidade e o controlo electrónico da utilização da internet.* Estudos do Direito do Trabalho. Coimbra: Almedina, 2016.

MORETTIN, Pedro Alberto; BUSSAB, Wilton O. *Estatística básica.* 6. ed. São Paulo: Saraiva, 2010.

MUNN, Michael; PITMAN, David. *Explainable AI for practitioners:* designing and implementing explainable ML solutions. 2. ed. Sebastopol: O'Reilly Media, 2023.

MURADAS, Daniela Reis; CORASSA, Eugênio Delmaestro. Aplicativos de transporte e plataforma de controle: o mito da tecnologia disruptiva do emprego e a subordinação por algoritmos. *In*: LEME, Ana Carolina Paes *et al.* (coord.). *Tecnologias disruptivas e a exploração do trabalho humano.* São Paulo: LTr, 2016.

MYERS, David G. *Psicologia social.* 10 ed. Porto Alegre: Artmed, 2014.

NAÇÕES UNIDAS. Comitê de Direitos Econômicos, Sociais e Culturais. *Observação Geral n. 20.* A Não Discriminação e os Direitos Econômicos, Sociais e Culturais. 2 jul. 2009. E/C.12/GC/20, par. 17.

NAÇÕES UNIDAS. *Declaração Universal dos Direitos Humanos.* Disponível em: https://www.ohchr.org/en/human-rights/universal-declaration/translations/portuguese?. Acesso em: 14 jul. 2025.

NAÇÕES UNIDAS. *Maastricht Principles on The Human Rights of Future Generations.* Adotado em 3 fev. 2023. Disponível em: https://www.ohchr.org/sites/default/files/documents/new-york/events/hr75-future-generations/Maastricht-Principles-on-The-Human-Rights-of-Future-Generations.pdf. Acesso em: 14 jul. 2025.

NASCIMENTO, Maurício Augusto Pimentel Liesen. *Excommunicatio:* ensaio para uma teoria negativa da comunicação. Tese. Programa de Pós-Graduação em Ciências da Comunicação da Escola de Comunicações e Artes da Universidade de São Paulo. São Paulo: Universidade de São Paulo, 2014.

NATIONAL ACADEMY OF SCIENCES. Committee on Psychological Testing, Including Validity Testing, for Social Security Administration Disability Determinations. Board on the Health of Select Populations. Institute of Medicine. *Psychological Testing in the Service of Disability Determination.* Washington: National Academies Press, 29 jun. 2015. Disponível em: https://www.ncbi.nlm.nih.gov/books/NBK305233. Acesso em: 14 jul. 2025.

NEVES, Ianaira. Reprovados por robôs: como plataformas de inteligência artificial podem discriminar mulheres, idosos e faculdades populares em processos seletivos. *Intercept Brasil*, 2022. Disponível em: https://www.intercept.com.br/2022/11/24/como-plataformas-de-inteligencia-artificial-podem-discriminar-mulheres-idosos-e-faculdades-populares-em-processos-seletivos. Acesso em: 14 jul. 2025.

NOBLE, Safiya Umoja. *Algorithms of oppression:* how search engines reinforce racism. New York: New York University Press, 2018.

NUNES, Dierle *et al. Desconfiando da imparcialidade dos sujeitos processuais:* um estudo sobre os vieses cognitivos, a mitigação de seus efeitos e o debiasing. Salvador: JusPodivm, 2018.

NUNES, Dierle José Coelho; ANDRADE, Otávio Morato de. O uso da inteligência artificial explicável enquanto ferramenta para compreender decisões automatizadas: possível caminho para aumentar a legitimidade e confiabilidade dos modelos algorítmicos? *Revista eletrônica do curso de Direito da UFSM*, v. 18, n. 1, 2023. Disponível em: https://periodicos.ufsm.br/revistadireito/article/view/69329/61096. Acesso em: 14 jul. 2025.

O ESTADO DE SÃO PAULO. Rede Abercrombie é acusada de discriminação, *Estadão*, 31 jul. 2013. Disponível em: https://www.estadao.com.br/economia/rede-abercrombie-e-acusada-de-discriminacao. Acesso em: 14 jul. 2025.

O'NEIL, Cathy. *Weapons of math destruction:* how big data increases inequality and threatens democracy. New York: Broadway Books, 2016. p. 173.

O'NEIL. Cathy. *Algoritmos de destruição em massa:* como o big data aumenta a desigualdade e ameaça a democracia. Tradução Rafael Abraham. Santo André: Editora Rua do Sabão, 2020.

OBALDIA, Bruna Andrade; GASPARETTO, Hígor Lameira. O giro linguístico como elemento de uma nova constituição de sentido na jurisdição processual: a superação da filosofia da consciência pela linguagem enquanto condição de possibilidade da relação entre sujeito e objeto. *In*: *Anais do 5º Congresso Internacional de Direito e Contemporaneidade:* mídias e direitos da sociedade em rede. Santa Maria: Universidade Federal de Santa Maria, 2019.

OCHI, Luiz Satoru; DIAS, Carlos Rodrigo; SOARES, Stênio S. Furtado. Clusterização em mineração de dados. Programa de Pós-Graduação em Computação. Instituto de computação da Universidade Federal Fluminense, Niterói, p. 1-46, 2004. Disponível em: http://www2.ic.uff.br/~labic/conteudo/artigos/ERI-Minicurso-SATORU.pdf. Acesso em: 14 jul. 2025.

ONTARIO. Comissão de Direitos Humanos de Ontário. *The cost of caring*: report on the consultation on discrimination on the basis of family status. 29 nov. 2006. Disponível em: https://www.ohrc.on.ca/en/cost-caring-report-consultation-discrimination-basis-family-status. Acesso em: 14 jul. 2025.

OPENAI. *De onde são os dados usados para treinar o ChatGPT?* GPT-3.5, versão de 2 out. 2023. Inteligência Artificial. Disponível em: https://chat.openai.com. Acesso em: 2 out. 2023.

OPPENHEIMER. Direção: Christopher Nolan. EUA: Universal Pictures, 2023.

ORGANIZAÇÃO DOS ESTADOS AMERICANOS. *Convenção Interamericana sobre a Proteção dos Direitos Humanos dos Idosos.* 15 jun. 2015. Disponível em: https://www.oas.org/en/sare/documents/CIPM_POR.pdf. Acesso em: 14 jul. 2025.

ORGANIZAÇÃO INTERNACIONAL DO TRABALHO. *Convenção n. 156.* Sobre a Igualdade de Oportunidades e de Tratamento para Homens e Mulheres Trabalhadores. Trabalhadores com Encargos de Família, de 3 de junho de 1981. Disponível em: https://www.ilo.org/pt-pt/media/268941/download. Acesso em: 14 jul. 2025.

ORGANIZAÇÃO INTERNACIONAL DO TRABALHO. *Pay transparency legislation:* implications for employers' and workers' organizations. 2022. Disponível em: https://www.ilo.org/travail/info/publications/WCMS_849209/lang--en/index.htm. Acesso em: 14 jul. 2025.

ORGANIZAÇÃO INTERNACIONAL DO TRABALHO. *The rise of AI in China: digital technologies and their regulation.* 2023. Disponível em: https://voices.ilo.org/podcast/the-rise-of-ai-in-china--digital-technologies-and-their-regulation. Acesso em: 14 jul. 2025.

ORGANIZAÇÃO PARA A COOPERAÇÃO E DESENVOLVIMENTO ECONÔMICO. *Recommendation of the Council on Artificial Intelligence.* 2019. Disponível em: https://legalinstruments.oecd.org/en/instruments/OECD-LEGAL-0449. Acesso em: 14 jul. 2025.

OXFORD INSIGHTS. *Government AI readiness index.* Reino Unido: 2023. Disponível em: https://oxfordinsights.com/ai-readiness/ai-readiness-index. Acesso em: 14 jul. 2025.

PANDAPÉ. *Americanas.* Disponível em: https://americanas.pandape.infojobs.com.br/Apply/301112. Acesso em: 31 dez. 2023.

PANDAPÉ. *Avaliação de desempenho.* Disponível em: https://www.pandape.com/br/avaliacao-desempenho. Acesso em: 25 out. 2023.

PANDAPÉ. *Conheça o Pandape.* Disponível em: https://materiais.infojobs.com.br/conheca-o-pandape. Acesso em: 25 dez. 2023.

PANDAPÉ. *Fit cultural:* o que é e 20 perguntas para fazer ao candidato. Disponível em: https://www.pandape.com/br/blog/fit-cultural-20-perguntas-para-avaliar-o-candidato. Acesso em: 14 jul. 2025.

PANDAPÉ. *O software de RH mais usado na América Latina.* Disponível em: https://www.pandape.com/br/por-que-pandape. Acesso em: 14 jul. 2025.

PARISER, Eli. *The filter bubble:* how the new personalized web is changing what we read and how we think. New York: Penguin Books, 2011.

PASQUALE, Frank. *The black box society:* the secret algorithms that control money and information. London: Harvard University Press, 2015.

PASQUALE, Frank. *The black box society:* the secret algorithms that control money and information. Cambridge: Harvard University Press, 2015.

PASQUALE, Frank; CITRON, Danielle Keats. Promoting Innovation while preventing discrimination: policy goals for the scored society. *Washington Law Review*, v. 89, n. 1413. 2014. Disponível em: https://digitalcommons.law.umaryland.edu/cgi/viewcontent.cgi?article=2515&context=fac_pubs. Acesso em: 14 jul. 2025.

PEDRESCHI, Dino. *et al.* Open the black box: data-driven explanation of black box decision systems. *Association for Computing Machinery*, v. 1, n. 1, 2018. Disponível em: https://arxiv.org/pdf/1806.09936.pdf. Acesso em: 14 jul. 2025.

PEIXOTO, Fabiano Hartmann (org.). *Inteligência artificial.* Curitiba: Alteridade, 2021; MEDON, Felipe. *Inteligência artificial e responsabilidade civil:* autonomia, riscos e solidariedade. Salvador: JusPodivm, 2020.

PEREIRA, Silvio do Lago. *Processamento de linguagem natural.* 2011. Instituto de Matemática e Estatística da Universidade de São Paulo. Disponível em: https://www.ime.usp.br/~slago/IA-pln.pdf. Acesso em: 14 jul. 2025.

PETTIGREW, Thomas F. Intergroup prejudice: its causes and cures. *Actualidades en Psicología, [S. l.]*, v. 22, n. 109, p. 115-124, 2011. Disponível em: https://pepsic.bvsalud.org/scielo.php?script=sci_arttext&pid=S0258-64442008000100006. Acesso em: 14 jul. 2025.

PIMENTEL, Naiene dos Santos *et al.* Compreendendo o abandono do 'eu iniciador' em B. F. Skinner a partir das críticas de G. Ryle ao mentalismo tradicional: questões teóricas e consequências práticas. *Acta comport*, Guadalajara, v. 20, n. 2, p. 217-233, 2012. Disponível em: http://pepsic.bvsalud.org/scielo.php?script=sci_arttext&pid=S0188-81452012000200007&lng=pt&nrm=iso. Acesso em: 14 jul. 2025.

PIOVESAN, Flávia. Ações afirmativas no Brasil: desafios e perspectivas. *Revistas de estudos feministas*, v. 16, n. 3, 2008. Disponível em: https://www.scielo.br/j/ref/a/JXPnmdcRhtfnnv8FQsVZzFH. Acesso em: 14 jul. 2025.

PLATÃO. *A República.* 9. ed. Lisboa: Fundação Calouste Gulbenkian, 1995. Livro VII.

PORTUGAL. Lei n. 7, de 12 de fevereiro de 2009. Código do Trabalho. *Diário da República:* n. 30, Série I, p. 926-1029, 12 fev. 2009. Disponível em: https://diariodarepublica.pt/dr/detalhe/lei/7-2009-602073. Acesso em: 14 jul. 2025.

PORTUGAL. Tribunal da Relação do Porto. *208/14.1TTVFR-D.P1.* 4ª Seção. Relatora Paula Leal de Carvalho. Julgamento em 15.12.2016. Disponível em: https://www.uc.pt/site/assets/files/475840/20161215_acordao_trp_p20814.pdf. Acesso em: 14 jul. 2025.

POWERS, Thomas M.; GANASCIA, Jean-Gabriel. Risk: overestimation and underestimation. *In*: DUBBER, Markus D. *et al.* (coord.). *The Oxford Handbook of ethics of AI.* New York: Oxford University Press, 2020.

PROGRAMARIA. Algoritmos de Inteligência Artificial (IA) e vieses: uma reflexão sobre ética e justiça. *Programaria*, 7 mai. 2020. Disponível em: https://www.programaria.org/algoritmos-de-inteligencia-artificial-e-vieses-uma-reflexao-sobre-etica-e-justica. Acesso em: 14 jul. 2025.

QUADROS, Fausto de. Breve nota sobre o controle judicial da aplicação das diretivas da União Europeia aos contratos públicos em Portugal. *Revista de Contratos Públicos*, n. 23, p. 5-35, abr. 2020. Disponível em: https://almedina.ams3.cdn.digitaloceanspaces.com/pdf_preview/9782182160239.pdf. Acesso em: 14 jul. 2025.

RAFAEL, Erwin F. Technology as a social system: a systems theoretical conceptualization. *Philippine Sociological Review*, v. 61, n. 2, 2013. Disponível em: https://www.jstor.org/stable/43486378. Acesso em: 14 jul. 2025.

RAMOS, André de Carvalho. *Curso de direitos humanos.* 3. ed. São Paulo: Saraiva, 2017.

REICHEL, A. Technology as system: towards an autopoietic theory of technology. *International Journal of Innovation and Sustainable Development*, v. 5, ns. 2/3, p. 105-118, 2011. Disponível em: http://dx.doi.org/10.1504/IJISD.2011.043070. Acesso em: 14 jul. 2025.

REICIN, Erik. AI can be a force for good in recruiting and hiring new employees. *Forbes*, 2021. Disponível em: https://www.forbes.com/sites/forbesnonprofitcouncil/2021/11/16/ai-can-be-a-force-for-good-in-recruiting-and-hiring-new-employees/?sh=35d54fc91e16. Acesso em: 14 jul. 2025.

REINSEL, David; GANTZ, John; RYDNING, John. *Digitalization of the world: from edge to core*. Framingham; IDC, 2018. Disponível em: https://www.seagate.com/files/www-content/our-story/trends/files/idc-seagate-dataage-whitepaper.pdf. Acesso em: 14 jul. 2025.

REIS, Paulo Victor Alfeo. *Algoritmos e o direito*. São Paulo: Almedina, 2020.

RESUME BUILDER. 4 in 10 Companies Will Be Using AI Interviews by 2024, *Resume Builder*, 20 dec. 2023. Disponível em: https://www.resumebuilder.com/4-in-10-companies-will-be-using-ai-interviews-by-2024. Acesso em: 14 jul. 2025.

REUTERS. Uber agrees to settle California discrimination lawsuit for $10 million. *Reuters*, 27 mar. 2018. Disponível em: https://www.reuters.com/article/us-uber-lawsuit-idUSKBN1H40A7. Acesso em: 14 jul. 2025.

REVISTA VEJA. Exposto à internet, robô da Microsoft vira racista em 1 dia, *Revista Veja*, 24 mar. 2016. Disponível em: https://veja.abril.com.br/tecnologia/exposto-a-internet-robo-da-microsoft-vira-racista-em-1-dia. Acesso em: 14 jul. 2025.

RHUE, Lauren. Emotion-reading tech fails the racial bias test. *The Conversation*, 3 jan. 2019. Disponível em: https://theconversation.com/emotion-reading-tech-fails-the-racial-bias-test-108404. Acesso em: 14 jul. 2025.

RIBEIRO, João Araújo. *Introdução à programação e aos algoritmos*. Rio de Janeiro: LTC, 2019.

RIEKE, Aaron; BOGEN, Miranda. Help wanted: an examination of hiring algorithms, equity, and bias. *Upturn*, 10 dec. 2018. Disponível em: https://www.upturn.org/work/help-wanted. Acesso em: 14 jul. 2025.

RIOS, Roger Raupp. *Direito da antidiscriminação*: discriminação direta, indireta e ações afirmativas. Porto Alegre: Livraria do Advogado, 2008.

RIOS, Roger Raupp; SILVA, Rodrigo da. Democracia e direito da antidiscriminação: interseccionalidade e discriminação múltipla no direito brasileiro. *Revista Cienc. Cult.*, v. 69, n. 1, São Paulo, p. 44-49, jan./mar. 2017. Disponível em: http://dx.doi.org/10.21800/2317-66602017000100016. Acesso em: 14 jul. 2025.

RIOS, Roger Raupp; SILVA, Rodrigo da. Discriminação múltipla e discriminação interseccional. *Revista Brasileira de Ciência Política*, Brasília, n. 16, p. 11-37, jan./abr. 2015. Disponível em: http://dx.doi.org/10.1590/0103-335220151602. Acesso em: 14 jul. 2025.

ROBINSON, Marcia F. *Artificial intelligence in hiring: understanding attitudes and perspectives of HR practitioners*. A dissertation submitted to the faculty of Wilmington University in partial fulfillment of the requirements for the degree of Doctor of Business Administration. Wilmington University, 2018. Disponível em: https://delaware.contentdm.oclc.org/digital/collection/p15323coll5/id/36334. Acesso em: 14 jul. 2025.

ROCHA, Cláudio Jannotti da; ABAURRE, Helena Emerick. Discriminação algorítmica no trabalho digital. *Revista de Direitos Humanos e Desenvolvimento Social*, Belo Horizonte, v.1, p. 4-5, 2020. Disponível em: https://periodicos.puc-campinas.edu.br/direitoshumanos/article/view/5201. Acesso em: 14 jul. 2025.

RODRIGUES JÚNIOR, Edson Beas. Discriminação visual e suas diversas dimensões: aschimofobia, discriminação etária, discriminação étnico-racial e discriminação cultural. *Revista LTr*, v. 79, n. 9, p. 63, set. 2015.

ROSENBERG, Matthew. How Trump consultants exploited the facebook data of millions. *The New York Times*, 2018. Disponível em: https://www.nytimes.com/2018/03/17/us/politics/cambridge-analytica-trump-campaign.html. Acesso em: 14 jul. 2025.

ROSENBLAT, Alex *et al*. Discriminating tastes: customer ratings as vehicles for bias. *Policy & Internet*, v. 9, iss. 3, p. 255-279, 2017. Disponível em: https://doi.org/10.1002/poi3.153. Acesso em: 14 jul. 2025.

ROSENBLATT, Frank. *The design of an intelligent automaton*. 1958. 1 Gravura. Disponível em: https://rare.library.cornell.edu/collections. Acesso em: 5 jul. 2022.

ROSENBLATT, Frank. The perceptron: a probabilistic model for information storage and organization in the brain. *Psychological Review*, v. 65, n. 6, p. 386-408, 1958.

ROUNTREE, John. Jürgen Habermas and communication studies. *In*: *Oxford Research Encyclopedia of Communication*. Oxford University Press, 2018.

RUCKER, Julian M.; RICHESON, Jennifer A. Toward an understanding of structural racism: implications for criminal justice. *Science*, New York, v. 374, p. 286-290, 14 oct. 2021. Disponível em: https://doi.org/10.1126/science.abj7779. Acesso em: 28 set. 2023.

RUSSELL, Stuart; NORVIG, Peter. *Inteligência artificial*. Tradução Regina Célia Simille de Macedo. 3. ed. Rio de Janeiro: Elsevier, 2010.

RUSSON, Mary-Ann. Uber sued by drivers over 'automated robo-firing'. *BBC*, 26 oct. 2020.

Disponível em: https://www.bbc.co.uk/news/business-54698858. Acesso em: 14 jul. 2025.

SADIN, Éric. *La silicolonisation du monde.* L'irrésistible expansion du libéralisme numérique. Paris: Éditions L'Échappée, 2006.

SAMMER, Joanne. Bringing artificial intelligence into pay decisions. *SHRM*, 10 dez. 2019. Disponível em: https://www.shrm.org/resourcesandtools/hr-topics/compensation/pages/bringing-artificial-intelligence-into-pay-decisions.aspx. Acesso em: 14 jul. 2025.

SAMUELS, Ellie. Hooters: an employment law nightmare. *Onlabor*, 22 dec. 2023. Disponível em: https://onlabor.org/hooters-an-employment-law-nightmare. Acesso em: 14 jul. 2025.

SANTANA, Ramon Davi; NEVES, Barbara Coelho. Entre filtros e bolhas: a modulação algorítmica na sociedade pós-panóptica. *Logeion Filosofia da Informação*, Rio de Janeiro, v. 8, n. 2., p. 47-64, 2022. Disponível em: https://revista.ibict.br/fiinf/article/view/5825. Acesso em: 14 jul. 2025.

SANTIAGO, Ricardo André Maranhão. Trabalhador com deficiência e o emprego apoiado em Portugal e no Brasil. 2016. 150 p. Dissertação (Mestrado em Direito). Faculdade de Direito, Universidade Autónoma de Lisboa, 2016. Disponível em: https://repositorio.ual.pt/handle/11144/2737. Acesso em: 14 jul. 2025.

SANTILLI, Juliana. Os "novos" direitos socioambientais. *Revista Direito e Justiça*, Porto Alegre, ano VI, n. 9. 2006. Disponível em: https://www.researchgate.net/publication/228459479_Os_novos_direitos_socioambientais. Acesso em: 14 jul. 2025.

SANTOS, Isadora. Ativista aponta capacitismo em vídeo de experimento social feito para denunciar racismo. *Mundo Negro.* 18 jul. 2023. Disponível em: https://mundonegro.inf.br/ativista-aponta-capacitismo-em-video-de-experimento-social-feito-para-denunciar-racismo. Acesso em: 14 jul. 2025.

SARMENTO, Daniel. A igualdade étnico-racial no Direito Constitucional brasileiro: discriminação "de facto", teoria do impacto desproporcional e ação afirmativa. *In:* NOVELINO, Marcelo Camargo (org.). *Leituras complementares de direito constitucional:* direitos humanos e direitos fundamentais. 3. ed. Salvador: JusPodivm, 2008.

SARMENTO, Daniel. A vinculação dos particulares aos direitos fundamentais no direito comparado e no Brasil. *In*: BARROSO, Luís Roberto (org.). *A nova interpretação constitucional:* ponderação, direitos fundamentais e relações privadas. 2. ed. Rio de Janeiro: Renovar, 2006.

SARMENTO, Daniel; IKAWA, Daniela; PIOVESAN, Flávia. *Igualdade, direitos sociais e direitos humanos.* Rio de Janeiro: Lumen Juris, 2008.

SCHURIG, Alessandra Cavalcante Scherma. A filosofia não analítica da linguagem, a virada linguística e a virada pragmática. *Periagoge*, UCB, v. 2, n. 1, 2019.

SCHWAB, Klaus. *A quarta revolução industrial.* São Paulo: Edipro, 2016. p. 13.

SCHWARTZ, Ronald David. Artificial intelligence as a sociological phenomenon. *Canadian Journal of Sociology*, v. 14, n. 2, 1989. Disponível em: https://www.jstor.org/stable/3341290. Acesso em: 14 jul. 2025.

SCIOTTI, Rossella. *La subordinazione como fattispecie unitária complessa.* Torino: G. Giappichelli, 2014.

SERBENA, Cesar A. Perspectivas de aplicações da inteligência artificial ao direito. *In*: SERBENA, Cesar A. (org.). *E-Justiça e Processo Eletrônico.* Anais do 1º Congresso de e-Justiça da UFPR. v. 1. Curitiba: Juruá, 2013.

SHERIF, Muzafer; HARVEY, O. J. *The robbers cave experiment:* intergroup conflict and cooperation. Whitefish: Literary Licensing, 2013.

SIEBNEICHLER, Flávio Beno. Apresentação à edição brasileira. *In*: HABERMAS, Jürgen. *Teoria do Agir Comunicativo.* São Paulo: Martins Fontes, 2012.

SILVA, Fabrício, M. *et al. Inteligência artificial.* Porto Alegre: Sagah, 2019.

SILVA, Otavio Pinto e. *Inteligência artificial x trabalhadores.* Faculdade de Direito da Universidade de São Paulo. 2024. Disponível em: https://direito.usp.br/noticia/7f545b0f10c0-nao-vejo-uma-extincao-de-atividades-tradicionais-diz-professor-otavio-pinto-e-silva-sobre-a-substituicao-do-humano-pela-ia. Acesso em: 16 jan. 2024.

SILVA, Tarcízio. *Comunidades, algoritmos e ativismos digitais:* olhares afrodiaspóricos. São Paulo: Literarua, 2020.

SIMIONI, Rafael. Direito e a hipótese da autopoiese tecnológica: um diálogo com Luhmann e a pintura de Richard Lindner. *Revista Direito Mackenzie*, São Paulo, v. 15, n. 3. 2021. Disponível em: https://editorarevistas.mackenzie.br/index.php/rmd/article/view/15058. Acesso em: 14 jul. 2025.

SKITKA, Linda J. Automation bias and erros: are crews better than individuals? *The International-*

al Journal of Aviation Psychology, v. 10, iss. 1, p. 85-97, 2000. Disponível em: https://pubmed.ncbi.nlm.nih.gov/11543300/. Acesso em: 14 jul. 2025.

SOUZA NETO, Cláudio Pereira de; SARMENTO, Daniel. *Direito constitucional:* teoria, história e métodos de trabalho. Belo Horizonte: Fórum, 2012.

SOUZA, Fabiano dos Santos. Ensino de probabilidade e estatística por meio da análise exploratória de dados e resolução de problemas. *Revista Internacional de Educação Superior*, Campinas, v. 5, 2019. Disponível em: https://periodicos.sbu.unicamp.br/ojs/index.php/riesup/article/view/8652708. Acesso em: 14 jul. 2025.

SPEICHER, T. *et al.* Potential for discrimination in online targeted advertising. *Conference on Fairness, Accountability, and Transparency*, v. 81, p. 5-19. 2018. Disponível em: https://proceedings.mlr.press/v81/speicher18a.html. Acesso em14 jul. 2025.

STEFANO, Valerio de. *The rise of the "just-in-time workforce"*: on-demand work, crowdwork and labour protection in the "gig economy". Genebra: ILO, 2016.

STEFANO, Valerio de; ALOISI, Antonio. *Your boss is an algorithm*: artificial intelligence, platform work and labour. London: Hart, 2022.

STOCKINGER, Gottfried. Nova mídia: autopoiese da tecnologia e coevolução social. *Revista Tecnologia e Sociedade*, Curitiba, v. 1, n. 1, 2005. Disponível em: https://periodicos.utfpr.edu.br/rts/issue/view/168. Acesso em: 14 jul. 2025.

STRECK, Lenio Luiz. *O que é isto:* decido conforme minha consciência? 6. ed. Porto Alegre: Livraria do Advogado, 2017.

STRECK, Lenio Luiz; LEPPER, Adriano Obach e BARBA, Rafael Giorgio Dalla. A banca errou, ou o dia em que Gadamer se tornou subjetivista. *Revista Eletrônica Direito e Política*, Itajaí, v. 8, n. 3, 2013.

SULKES, Stephen Brian. Visão geral dos transtornos da aprendizagem. *Manual MSD*, 2022. Disponível em: https://www.msdmanuals.com/pt-br/profissional/pediatria/dist%C3%BArbios-de-aprendizagem-e-desenvolvimento/vis%C3%A3o-geral-dos-transtornos-de-aprendizagem. Acesso em: 14 jul. 2025.

SUNSTEIN, Cass R. If people would be outraged by their rulings, should judges care? *Stanford Law Review*, Stanford, v. 60, p. 155-2011, 2010. Disponível em: https://www.stanfordlawreview.org/wp-content/uploads/sites/3/2010/04/Sunstein.pdf. Acesso em: 14 jul. 2025.

SWEENEY, Latanya. Discrimination in online ad delivery: Google ads, black names and white names, racial discrimination, and click advertising. *Queue*, v. 11, n. 3, p. 10-29, 2013. Disponível em: https://doi.org/10.1145/2460276.2460278. Acesso em: 14 jul. 2025.

TAQE. *Política de privacidade.* 2023. Disponível em: https://www.taqe.com.br/politica-de-privacidade. Acesso em: 11 out. 2023.

TAYLOR, Donald M.; MOGHADDAM, Fathali M. *Theories of intergroup relations:* international social psychological perspectives. Santa Barbara: ABC-CLIO, 1994.

TEACHOUT, Zephyr. Algorithmic personalized wages. *Politics and Society*, 14 fev. 2023. Disponível em: http://dx.doi.org/10.2139/ssrn.4358817. Acesso em: 24 out. 2023.

TEPEDINO, Gustavo; SILVA, Rodrigo da Guia (coords.). *O direito civil na era da inteligência artificial.* São Paulo: Revista dos Tribunais, 2020.

THADEU, Sayonara Helena; FERREIRA, Maria Cristina. A validade da avaliação psicológica em um processo seletivo na área de segurança pública. *Revista Iberoamericana de Diagnóstico y Evaluación e Avaliação Psicológica*, v. 2, n. 36, p. 117-145, 2013. Disponível em: https://www.redalyc.org/pdf/4596/459645436007.pdf. Acesso em: 20 out. 2023.

TODOROV, João Cláudio. A psicologia como o estudo de interações. *Psicologia: teoria e pesquisa*, v. 23, n. especial, 2007. Disponível em: https://doi.org/10.1590/S0102-37722007000500011. Acesso em14 jul. 2025.

TOFFOLI, Dias; RODRIGUES JÚNIOR, Otavio Luiz. 60 anos do julgamento do caso Lüth e a autocontenção judicial. *Conjur*, 2 set. 2018. Disponível em: https://www.conjur.com.br/2018-set-02/opiniao-60-anos-luth-autocontencao-judicial. Acesso em: 14 jul. 2025.

TORRES, Alexandre. Redling: quando a IA perpetua desigualdades. *Linkedin*, 14 ago. 2023. Disponível em: https://www.linkedin.com/pulse/redlining-quando-ia-perpetua-desigualdades=-alexandre-torres/?originalSubdomain-pt. Acesso em: 14 jul. 2025.

TRIBUNAL EUROPEU DE DIREITOS HUMANOS. *Hoogendijk c. Holanda*, n. 58641/00, 6 jan. 2005. Disponível em: https://hudoc.echr.coe.int/app/conversion/pdf/?library=ECHR&id=001-68064&filename=001-68064.pdf. Acesso em: 14 jul. 2025.

TRUZZI, Cláudio. *Explainability in AI:* the key to trustworthy AI decisions. New York: The

Conference Board, 2023. Disponível em: https://www.conference-board.org/publications/explainability-in-ai. Acesso em: 14 jul. 2025.

TURING, A. M. Computing machinery and intelligence. *Mind*, v. LIX, issue 236, pages 433-460, Oct. 1950. Disponível em: https://doi.org/10.1093/mind/LIX.236.433. Acesso em: 14 jul. 2025.

UBER. *Dirija quando quiser e ganhe de acordo com suas necessidades*. Disponível em: https://www.uber.com/br/pt-br/drive/?uclick_id=37e40475-51b7-482c-bbd1-0f10c495fc91. Acesso em: 14 jul. 2025.

UBER. *How are prices determined?* Disponível em: https://www.uber.com/nl/en/marketplace/pricing. Acesso em: 14 jul. 2025.

UBER. *More transparency with Upfront Fares*. 21 sep. 2021. Disponível em: https://www.uber.com/blog/all-new-upfront-fares. Acesso em: 14 jul. 2025.

UBER. *Perguntas frequentes sobre a calculadora de estimativas de ganhos*. Disponível em: https://www.uber.com/br/pt-br/terms/earnings-estimator/?uclick_id=37e40475-51b7-482c-bbd-1-0f10c495fc91. Acesso em: 14 jul. 2025.

UBER. *Transparência e revisão das desativações*. Disponível em: https://www.uber.com/br/pt-br/drive/driver-app/deactivation-review. Acesso em: 3 out. 2023.

UNIÃO EUROPEIA. Comissão Europeia. *A definition of AI*. Brussels, 2018. Disponível em: https://ec.europa.eu/futurium/en/system/files/ged/ai_hleg_definition_of_ai_18_december_1.pdf. Acesso em: 14 jul. 2025.

UNIÃO EUROPEIA. Comissão Europeia. *Communication on Fostering a European approach to Artificial Intelligence*. 2021. Disponível em: https://digital-strategy.ec.europa.eu/en/library/communication-fostering-european-approach-artificial-intelligence. Acesso em: 14 jul. 2025.

UNIÃO EUROPEIA. Comissão Europeia. *Coordinated Plan on Artificial Intelligence*. 2022. Disponível em: https://digital-strategy.ec.europa.eu/en/policies/plan-ai. Acesso em: 14 jul. 2025.

UNIÃO EUROPEIA. Comissão Europeia. *Livro Branco sobre a inteligência artificial:* uma abordagem europeia virada para a excelência e a confiança. 2020. Disponível em: https://commission.europa.eu/publications/white-paper-artificial-intelligence-european-approach-excellence-and-trust_en. Acesso em: 14 jul. 2025.

UNIÃO EUROPEIA. Comissão Europeia. *Multiple discrimination in EU law:* opportunities for legal responses to intersectional gender discrimination. 2016. Disponível em: https://ec.europa.eu/newsroom/just/items/52696. Acesso em: 14 jul. 2025.

UNIÃO EUROPEIA. Comissão Europeia. *Plano coordenado de inteligência artificial*. Brussels, 7 dez. 2018. Disponível em: https://eur-lex.europa.eu/legal-content/EN/TXT/?uri=CELEX%3A52018DC0795. Acesso em: 28 dez. 2023.

UNIÃO EUROPEIA. Comissão Europeia. *Regulatory framework proposal on artificial intelligence*. Disponível em: https://digital-strategy.ec.europa.eu/en/policies/regulatory-framework-ai. 2024. Acesso em: 18 jan. 2024.

UNIÃO EUROPEIA. Comissão Europeia. *Tackling multiple discrimination:* practices, policies and laws. Luxemburgo: Escritório de Publicações Oficiais da União Europeia, 2007. p. 17. Disponível em: https://ec.europa.eu/migrant-integration/sites/default/files/2009-04/docl_8256_617026509.pdf. Acesso em: 27 set. 2023.

UNIÃO EUROPEIA. Comissão Europeia. *Uma abordagem europeia da inteligência artificial*. 2023. Disponível em: https://digital-strategy.ec.europa.eu/pt/policies/european-approach-artificial-intelligence. Acesso em: 28 dez. 2023.

UNIÃO EUROPEIA. Comissão Europeia. *Uma definição de IA:* principais capacidades e disciplinas científicas. Bruxelas: Comissão Europeia, 2019, p. 3. Disponível em: https://ec.europa.eu/futurium/en/ai-alliance-consultation.1.html. Acesso em: 7 jul. 2022.

UNIÃO EUROPEIA. Comissão Europeia. *Uma definição de IA: principais capacidades e disciplinas científicas*. Bruxelas, 2019, p. 3. Disponível em: https://ec.europa.eu/futurium/en/ai-alliance-consultation.1.html. Acesso em: 7 jul. 2022.

UNIÃO EUROPEIA. Comitê Econômico e Social Europeu. *Parecer do Comité Económico e Social Europeu*. Proposta de regulamento do Parlamento Europeu e do Conselho que estabelece regras harmonizadas em matéria de inteligência artificial (Regulamento Inteligência Artificial) e altera determinados atos legislativos da União. Comitê Econômico e Social Europeu, 2021. Disponível em: https://eur-lex.europa.eu/legal-content/PT/TXT/HTML/?uri=OJ:C:2021:517:FULL&from=EN. Acesso em: 19 jul. 2022.

UNIÃO EUROPEIA. Conselho da Europa. Combating Afrophobia, or anti-Black racismo, in Europe. *Relatório do Comitê sobre igualdade e não discriminação.* 2021. Disponível em: https://assembly.coe.int/LifeRay/EGA/Pdf/Press/2021/20210316-Afrophobie-prov-EN.pdf. Acesso em: 28 set. 2023.

UNIÃO EUROPEIA. *Convenção 108 +*. Convenção para a proteção das pessoas relativamente ao tratamento de dados de carácter pessoal. Conselho da Europa. 2018. Disponível em: https://rm.coe.int/convention-108-convention-for-the-protection-of-individuals-with-regar/16808b36f1. Acesso em: 6 jul. 2022.

UNIÃO EUROPEIA. Corte de Justiça da União Europeia. *Kaufhaus GmbH v Karin Weber von Hartz.* Processo n. 170/84, julgamento: 13 mai. 1986. Disponível em: https://eur-lex.europa.eu/legal-content/PT/TXT/HTML/?uri=CELEX:61984CJ0170. Acesso em: 22 set. 2023.

UNIÃO EUROPEIA. *Directiva 95/46/CE do Parlamento Europeu e do Conselho, de 24 de outubro de 1995.* Relativa à proteção das pessoas singulares no que diz respeito ao tratamento de dados pessoais e à livre circulação desses dados. Disponível em: https://eur-lex.europa.eu/legal-content/PT/TXT/?uri=CELEX:31995L0046. Acesso em: 7 jul. 2022.

UNIÃO EUROPEIA. European Parliament. *EU AI Act:* first regulation on artificial intelligence. Disponível em: https://www.europarl.europa.eu/news/en/headlines/society/20230601STO93804/eu-ai-act-first-regulation-on-artificial-intelligence. Acesso em: 28 dez. 2023.

UNIÃO EUROPEIA. Parlamento Europeu. *A governance framework for algorithmic accountability and transparency.* 2019. Disponível em: https://op.europa.eu/en/publication-detail/-/publication/8ed84cfe-8e62-11e9-9369-01aa75ed71a1/language-en. Acesso em: 28 dez.2023.

UNIÃO EUROPEIA. Parlamento Europeu. *AI and digital tools in workplace management and evaluation: an assessment of the EU's legal framework.* Brussels: European Union, 2022. Disponível em: https://www.europarl.europa.eu/thinktank/en/document/EPRS_STU(2022)729516. Acesso em: 28 out. 2023.

UNIÃO EUROPEIA. Parlamento Europeu. *EU AI Act:* first regulation on artificial intelligence. 19 dez. 2023. Disponível em: https://www.europarl.europa.eu/news/en/headlines/society/20230601STO93804/eu-ai-act-first-regulation-on-artificial-intelligence. Acesso em: 10 jan. 2024.

UNIÃO EUROPEIA. Parlamento Europeu. *Relatório sobre discriminação intersetorial na União Europeia:* a situação socioeconômica das mulheres de origem africana, latino-americana, asiática e do Médio Oriente. 2022. Disponível em: https://www.europarl.europa.eu/doceo/document/A-9-2022-0190_PT.html. Acesso em: 27 set. 2023.

UNIÃO EUROPEIA. *Proposta de Regulamento do Parlamento Europeu e do Conselho que estabelece regras harmonizadas em matéria de inteligência artificial.* 2021. Disponível em: https://eur-lex.europa.eu/legal-content/PT/TXT/?uri=CELEX%3A52021PC0206. Acesso em: 2 out. 2023.

UNIÃO EUROPEIA. *Regulamento Geral sobre a Proteção de Dados – RGPD.* Regulamento (UE) 2016/679 do Parlamento Europeu e do Conselho, de 27 de abril de 2016. Disponível em: https://eur-lex.europa.eu/legal-content/PT/TXT/?uri=celex%3A32016R0679. Acesso em: 2 out. 2023.

UNIÃO EUROPEIA. Tribunal de Justiça da União Europeia. *Digital Rights Ireland Ltd versus Minister for Communications, Marine and Natural Resources.* 8 Apr. 2014. Disponível em: http://curia.europa.eu/juris/document/document.jsf? text=&docid=150642&pageIndex=0&doclang=PT&mode=lst&dir=&occ=-first&part=1&cid=5863500. Acesso em: 2 jan. 2023.

UNIÃO EUROPEIA. Tribunal de Justiça da União Europeia. *Hellen Gerster v Freistaat Bayern*, Processo C-1/95. Sexta Câmara, 2 Oct. 1997. Disponível em: https://eur-lex.europa.eu/legal-content/EN/TXT/?uri=CELEX%3A61995CJ0001. Acesso em: 19 jan. 2024.

UNIÃO EUROPEIA. Tribunal de Justiça da União Europeia. *Hilde Schönheit c. Stadt Frankfurt am Main e Silvia Becker c. Land Hessen*, Processos C-4/02 e C-5/02. Quinta Câmara, 23 Oct. 2003. Disponível em: https://eur-lex.europa.eu/legal-content/EN/TXT/?uri=CELEX%3A62002CJ0004 Acesso em: 19 jan. 2024.

UNIÃO EUROPEIA. Tribunal de Justiça da União Europeia. *Regina v Secretary of State for Employment, ex parte Nicole Seymour-Smith and Laura Perez*, Processo C-167/97, 9 Feb. 1999. Disponível em: https://eur-lex.europa.eu/legal-content/EN/TXT/?uri=CELEX%3A61997CJ0167. Acesso em: 19 jan. 2024.

URUGUAI. Governo da República Oriental del Uruguay. *Estrategia de Inteligencia Artificial.* Disponível em: https://www.gub.uy/agencia-

-gobierno-electronico-sociedad-informacion-conocimiento/comunicacion/publicaciones/estrategia-inteligencia-artificial. Acesso em: 28 dez. 2023.

VAINZOF, Rony; GUTIERREZ, Andriei (coords.). *Inteligência artificial:* sociedade, economia e estado. São Paulo: Revista dos Tribunais, 2021.

VALERI, Julia. Inteligência artificial utiliza base de dados que refletem preconceitos e desigualdades. *Jornal da USP*, São Paulo, 07 jul. 2023. Disponível em: https://jornal.usp.br/atualidades/inteligencia-artificial-utiliza-base-de-dados-que-refletem-preconceitos-e-desigualdades. Acesso em: 2 out. 2023.

VALLANCE, Chris *et al.* 'Sexist' Amazon Alexa didn't answer lionesses question. *BBC*, 2023. Disponível em: https://www.bbc.com/news/technology-66508514. Acesso em: 19 set. 2023.

VALLEJO, Pilar Rivas. *La aplicación de la inteligência artificial al trabajo:* su impacto discriminatório. Barcelona: Arazandi/Thomson Reuters, 2020.

VATICANO. Inteligência artificial: tema escolhido pelo Papa para o Dia das Comunicações Sociais 2024. *Vatican News,* 2023. Disponível em: https://www.vaticannews.va/pt/vaticano/news/2023-09/papa-francisco-dia-mundial-comunicacoes-sociais-2024-ia.html. Acesso em: 2 out. 2023.

VIEGAS, José Dié. O Perceptron e as máquinas de vetores de suporte. 2017. 89 p. Projeto supervisionado. Universidade Estadual de Campinas, Campinas, 2017. Disponível em: https://www.ime.unicamp.br/~mac/db/2017-1S-138596.pdf. Acesso em: 5. jul. 2022.

VITORELLI, Edilson. *Estatuto da igualdade racial e comunidades quilombolas.* 2. ed. São Paulo: RT, 2015.

WALSH, Philip. Do algorithms have politics? *SoloTablet*, 6 feb. 2021. Disponível em: https://www.solotablet.it/lifestyle/do-algorithms-have-politics. Acesso em: 25 out. 2023.

WARREN, Samuel D.; BRANDEIS, Louis D. The right to privacy. *Harvard Law Review*, v. 4, n. 5, dec. 15, p. 193-220, 1980.

WATSON, Steven. *Technology as an autopoietic system.* 2023. Disponível em: https://www.researchgate.net/publication/372076687_Technology_as_an_autopoietic_system. Acesso em: 13 jan. 2024.

WEIZENBAUM, Joseph. 1966. ELIZA: a computer program for the study of natural language communication between man and machine. *Association for Computing Machinery*, New York, v. 9, n. 1, p. 36-45, 1966. Disponível em: https://doi.org/10.1145/365153.365168. Acesso em: 6 jul. 2022.

WHITE, Nadine. Uber sued over 'racist' facial recognition algorithm that locks out workers. *Independent*, 2021. Disponível em: https://www.independent.co.uk/news/business/news/uber-sued-facial-recognition-algorithm-racist-b1933275.html. Acesso em: 30 out. 2023.

WIDROW, Bernard. Generalization and information storage in networks of Adaline "neurons". *In:* YOVITS, M. D. Yovits *et al.* (eds.) *Self-Organizing Systems.* Washington: Spartan Books, 1962, p. 435-460. Disponível em: https://isl.stanford.edu/~widrow/papers/c1961generalizationand.pdf. Acesso em: 5 jul. 2022.

WISTOW, Deborah J. *et al.* The relationship between personality, health symptoms and disease. *Personality and Individual Differences*, v. 11, iss. 7, p. 717-723. 1990. Disponível em: https://doi.org/10.1016/0191-8869(90)90257-R. Acesso em: 23 out. 2023.

WITTENBERG-COX. Avivah. Uber's gender pay gap study may show the opposite of what researchers were trying to prove. *Forbes*, 23 sep. 2018. Disponível em: https://www.forbes.com/sites/avivahwittenbergcox/2018/09/23/gender-paygap-uber-case-study/?sh=139d1421b555. Acesso em: 30 out. 2023.

WOOD, Alex J. *Algorithmic Management:* consequences for work organisation and working conditions. Seville: União Europeia, Comissão Europeia, 2201. Disponível em: https://joint-research-centre.ec.europa.eu/system/files/2021-05/jrc124874.pdf. Acesso em: 28 dez. 2023.

XIVURI, K., TWINOMURINZI, H. A Habermasian approach to fair processes in AI algorithms. In: JEMBERE, E. *et al.* (eds.). *Artificial Intelligence Research.* SACAIR, 2021. Communications in Computer and Information Science, v. 1551. Springer, 2021. Disponível em: https://doi.org/10.1007/978-3-030-95070-5_22. Acesso em: 8 jan. 2024.

ZAPATER, Tiago C. Vaitekunas. Princípio da prevenção e princípio da precaução. *In*: CAMPILONGO, Celso Fernandes (coord.) *et al.* *Enciclopédia jurídica da PUC/SP.* Tomo: Direitos Difusos e Coletivos. Nelson Nery Jr., Georges Abboud, André Luiz Freire (coord. de tomo). São Paulo: Pontifícia Universidade Católica de São Paulo, 2017. Disponível em: https://enciclopediajuridica.pucsp.br/verbete/356/edicao-1/principio-da-prevencao-e-principio-da-precaucao. Acesso em: 13 jan. 2024.

ZHANG, Daniel *et al.* *The AI index 2022 annual report. Stanford Institute for Human-Centered AI.* Stanford: Stanford Institute for Human-Centered Artificial Intelligence, 2022. p. 16. Disponível em: https://aiindex.stanford.edu/report. Acesso em: Acesso em: 17 jan. 2024.

ZUBOFF, Shoshana. *A era do capitalismo de vigilância:* a luta por um futuro humano na nova fronteira do poder. Tradução George Schlesinger. Rio de Janeiro: Intrínseca, 2020.

Outros *sites* consultados

https://www.retorio.com/en/behavioral-intelligence-platform. Acesso em: 10 out. 2023.

https://www4.hcdn.gob.ar/dependencias/dsecretaria/Periodo2023/PDF2023/TP2023/1472-D-2023.pdf. Acesso em: dez. 2023.

Instagram. Acesso em: 7 out. 2023.

https://en.wikipedia.org/wiki/Eugene_Goostman. Acesso em: 6 jul. 2022

Índice remissivo

A

Abertura da caixa-preta 350
explicação *a posteriori* 350
explicação *by design* 350
Abismo comunicacional 466
Accountability 363
Acessibilidade 469
Ações afirmativas 71
Adaline 25
Adequação formal 469
Admissão no emprego 376
exigência de dados sensíveis 376
Afasia(s) 163
apofânica 166
Agente 39
sociais 442
Agir algorítmico comunicacional 457, 458
Agir algorítmico comunicativo 167, 445, 447, 450
Agir algorítmico instrumental-racional-teleológico 446
Agir comunicativo 412, 446
Agir discursivo 426
Agir estratégico 411
Agir não comunicativo 447
Agrupamento de dados 52
Alan Turing 22
Algocracia 300
Algorithmic Accountability Act 11
Algoritmo(s) 47, 48, 123, 177, 181
chefe 309
de caixa branca 146
de decisão automatizada 123
de processamento de linguagem natural 179
discriminatórios 299
input 48
outputs 48
tipos de práticas injustas forjadas, amplificadas ou perpetuadas 181
AlphaGo 31
Alta tecnologia 436
Amplificação de conteúdo radical 175
Amplificação de extremismo 175
Análise de dados 41
Apofenia algorítmica 160
Applicant tracking system 193
Aprendizado de máquina (*machine learning*) 50
aprendizado continuado 54
aprendizado não supervisionado 52
aprendizado por reforço ou por recompensa 53
aprendizado por transferência 53
aprendizado semissupervisionado 53
aprendizado supervisionado 51
Aprendizado profundo (*deep learning*) 61
Aprendizagem automática 35
Aschimofobia 102
Assimetrias discriminatórias 6
Assimilacionismo 99
Assistentes virtuais digitais 29
Atos ilocucionários 422
Atos locucionários 422
Atos perlocucionários 422
Autodeterminação informativa 326
Autolimitação ou autocontenção das finalidades 331
Automação 38
das decisões 39
de tarefas rotineiras 195
Automated Employment Decision Tool Law 11
Automatic tracking systems 186
plataformização 194

B

Behavioristas 401
Bias contextual 141
Big data 3, 29, 40, 43
Big five 249
Big techs 303
Black box 145, 462
algorítmico 6
Bolhas informacionais 175
Bots 29
Brexit 33

C

Caixa branca 467
Caixa-preta algorítmica 145
Cambridge Analytica 33
Capilaridade tecnológica 43
Capitalismo de vigilância 300, 309
Categorizações 87
Centro Nacional de Inteligência Artificial (Cenia) 313
Certidão de antecedentes criminais 379
Chatbots 26, 29
Ciência de Dados 44
CLT 78
Cluster 133
Clustering 52

Clusterização 133
Cluster right 347
Cognição social implícita 86
Complexidade do modelo 147
Compreensibilidade 470
Computação afetiva 58
Computação ubíqua ou pervasiva 43
Comunicações de trabalhadores 176
Concretude 470
Consciência 397
Consulta facilitada 342
Contextualização 470
Contratações automatizadas 189
  primeira fase 189
  quarta fase 191
  segunda fase 189
  terceira fase 190
Controle de jornada 371
Convenção n. 111 da OIT 79
Convenção para a Proteção de Indivíduos com Relação ao Processamento Automático de Dados Pessoais 27
Correspondência 470
Crítica da razão funcionalista 409

D
Dados confiáveis 343
Dados consistentes 343
Data driven economy 41, 44, 367
Dataficação 263, 309
  do mundo 443
Dataset 6, 52, 123
Decisões automatizadas 456
  nas relações trabalhistas 180
Declaração Universal dos Direitos do Homem 67
Deep Blue 30
DeepFace 31
Desigualdade temporal 181
Desvio cognitivo 167
Desvio de dados 56
Desvio de finalidade 334
Dever geral de cautela 355
Devido processo informacional 325
Dinâmica dos *sticks and carrots* 144
Direito à autodeterminação informativa 322
Direito à despedida algorítmica motivada 353
Direito antidiscriminatório 34, 66, 115
  ingroup 96
  outgroup 96
Direito ao descredenciamento 353
Direito à proteção de dados no Brasil 314
  fase de anomia 315
  fase de consolidação 315
  fase de manifestações legislativas esparsas 315
Direito à proteção de dados pessoais 322
Direito à revisão humanizada 362
Direito comunitário 282
Direito do trabalho 34, 35, 314, 368
  proteção de dados 314
Direitos fundamentais 3, 322
Discognopatia 165
Discriminação 67
  tipologia 70
Discriminação aditiva 90
Discriminação algorítmica 312
Discriminação algorítmica *by design* 169
Discriminação algorítmica de gênero 173
Discriminação algorítmica implícita 159
Discriminação algorítmica na fase de recrutamento 201
  discriminatory ad delivery 206
  discriminatory ad targeting 201
Discriminação algorítmica na ruptura do vínculo de trabalho 272
Discriminação algorítmica nas etapas de seleção e de contratação de trabalhadores 212
  entrevistas por meio de inteligência artificial 220
  ofertas salariais automatizadas dinâmicas e randomizadas 251
  testes de perfis comportamentais e *profiling* 232
  triagem automatizada de currículos 214
Discriminação algorítmica no contexto laboral 197
  fase contratual 198
  fases de recrutamento, seleção e contratação 197
  formas de produção 197
Discriminação algorítmica no período contratual 257
Discriminação algorítmica por acão acelerada ou acceleration *bias* 178
Discriminação algorítmica por afasia apofânica ou psicose apofânica 159
Discriminação algorítmica por censura de conteúdo 176
Discriminação algorítmica por correlação indireta 168
Discriminação algorítmica por erro estatístico 152
Discriminação algorítmica por insuficiência de generalização 155
Discriminação algorítmica por invisibilidade ou *shadowbanning* 177
Discriminação algorítmica por perpetuação de linguagem inadequada ou por comportamento imitativo 179
Discriminação algorítmica por proximidade geográfica 180
Discriminação algorítmica por psicose apofânica 162
Discriminação algorítmica por retroalimentação 172, 263
Discriminação algorítmica por retroalimentação ou por reforço 172
Discriminação algorítmica por viés no código-fonte 171
Discriminação composta 90
Discriminação direta (*disparate treatment*) 76
  discriminação explícita 77
  discriminação na aplicação da medida 77
  discriminação na elaboração da medida 77
Discriminação estrutural 108
Discriminação explícita 169
Discriminação indireta (*disparate impact*) 76
Discriminação institucional ou sistêmica interna 93
Discriminação intergeracional 111
Discriminação interseccional 88
Discriminação intersetorial 91
Discriminação invertida 71
Discriminação múltipla ou agravada ou multidimensional 88
Discriminação múltipla sequencial 90
Discriminação negativa 71
Discriminação organizacional 98, 102

estética 102
Discriminação por associação
correlação espúria 159
decorrente de preconceito implícito ou inconsciente 84
Discriminação por monitoramento invasivo 182
Discriminação por responsabilidades da família 105
Discriminação por retaliação familiar 105
Discriminação produzida por ferramentas de inteligência artificial 151
Discriminação reversa 71
Discriminação salarial algorítmica 265
Discriminação sistêmica 95
Disparate treatment 361
Diversidade 128
racial 102
Dualidade sujeito-objeto 392
Dumping econômico-informacional 45

E
Economia dirigida por dados 367
Efeito teto de vidro (*glass ceiling*) 99
Eliza 26
E-mail corporativo 196, 374
monitoramento 374
Empirismo 395
Ensemble 473
Enunciação ou explanação 468
Esfera pública 412
Especificidade 470
Estatuto da Igualdade Racial 76
Estereótipo implícito 86
Estigmas de grupo 87
Estratégia Brasileira de Inteligência Artificial 380
Explainable by design 474
Explicabilidade 362, 448, 464
Explicação *a posteriori* 351
Explicação *by design* 350
Extração de características 132

F
Facebook 33
Fenomenologia comunicacional 418
Filosofia da consciência 390, 399, 454
Filosofia da linguagem 390
Filtro-bolha 174
Fit cultural 196
Five Factor Personality Model 233

G
Gamificação 144, 306
Generalização 155
Gestão algorítmica do contrato 300
de trabalho 307
Gig economy 14
Granularidade do consentimento 329

H
Habermas 409, 418
Hard skills 234
Hipervulnerabilidade 305
HireVue 59
Humboldt 421
função cognitiva 421
função comunicativa 421
função expressiva 421

I
Iluminismo 396
Informação qualificada 330
Integralidade dos dados 343
Inteligência artificial 18, 35, 115, 135, 383
antropocêntrica 35
antropogênica 35
aplicações 31
desafios 31
emocional 58
era de ouro 23
estudos científicos precursores 21
explicável 148, 447
evolução histórica 18
experiências iniciais 19
ferramentas 115
forte 57
fraca 57
inteligência artificial generativa 60
marco legal 383
nas relações de trabalho 387
no Brasil 383
panorama 31
períodos de inverno 23
primeiro inverno 27
proposta legislativa do Senado 383
responsabilidade civil na discriminação 387
segundo inverno 28
tipologia 56
vieses 135
Inteligibilidade 469
Internet das Coisas ou *Internet of Things* – IoT 2
Interpretabilidade 470

J
Jogo da imitação 22
Justa causa 78

L
Legibilidade 469
algorítmica 150
Lei da Iniciativa Nacional de Inteligência Artificial (EUA) 37
Lei Geral de Proteção de Dados (LGPD) 12, 149, 241, 275, 317, 338, 366, 368, 370
premissas hermenêuticas 368
princípios 338
proteção de dados perante o Tribunal Superior do Trabalho 370
relações trabalhistas 366
segredo de justiça 372
Linguagem 401, 406
Linguística computacional 64
Linguistic turn 456
Livre-iniciativa 197
Lógica da argumentação 417
Lookism 102
Ludismo 453

M
Machine learning 50, 363
Madaline 26
Marketing da falsa inclusão 101
Meaningful 471
Medium linguístico 473
Mera informação 330
Metafísica clássica 391
Metafísica moderna 395
Metagarantia 347
Mineração de dados 41, 129
Mitigação dos riscos de discriminação 361
Mitigação dos vieses algorítmicos 3
Modelo de ação habermasiano 413
Modelo do agir racional-teleológico 412
Monitoramento de conta bancária 373
Monitoramento de redes sociais 196

N
Natureza jurídica 428

Normas trabalhistas 368
premissas hermenêuticas 368

O
Objetificação 401
Opacidade 146, 462
algorítmica 146
características dos algoritmos de aprendizado de máquina 462
centrífugo 462
centrípeto 462
como analfabetismo técnico 462
como segredo corporativo 462
Organização para a Cooperação e Desenvolvimento Econômico (OCDE) 37
Outliers 127

P
Paradigma da consciência 408
Paradigma da essencialidade 369
Paradigma da linguagem 406
Paradigma do objetivismo 394
Paradigma subjetivista 401
Perceptron 25
Pertinência 470
Plataformas de mídias sociais 174
Platão 167
Poder empregatício 304
algocrático 309
Poder informacional 44
Práticas injustas forjadas, amplificadas ou perpetuadas por algoritmos 181
Preconceito implícito de policiais 87
Pré-processamento 132
Princípio da *accountability* 363, 365
Princípio da adequação 335
Princípio da atipicidade dos meios de prova 277
Princípio da compatibilidade com a finalidade prevista inicialmente 332
Princípio da finalidade 327, 328
Princípio da igualdade 70
Princípio da necessidade 337
Princípio da precaução 386
prontidão tecnológica 358
Princípio da prevenção 365
anterioridade das medidas impeditivas de lesões 358
Princípio da proibição de tratamento de dados para fins ou resultados discriminatórios 361
Princípio da qualidade dos dados 345
atualização 345
clareza 345
exatidão 345
relevância 345
Princípio da segurança 355
Princípio da transparência 347
Princípio do livre acesso ou acessibilidade informacional 341
adequação 344
aspecto formal ou procedimental 342
aspecto substancial 342
clareza 344
ostensivo 344
Princípios da segurança 365
Princípios de Maastricht 111
Princípio tuitivo 241
Processamento de linguagem natural 64, 179
Profiling (perfil do consumidor) 43, 232
Projeto de Pesquisa de Verão de Dartmouth sobre Inteligência Artificial 24
Propagação de erros 181
Propósito ilegítimo 327
Propósitos legítimos 327
Proteção de dados no Brasil 325
fundamentos e princípios 325
Proteção de dados pessoais 317
Proteção do trabalhador 34
Prova da discriminação produzida por algoritmos 276
prova estatística 277
prova pericial em algoritmos e por algoritmos 287
Proximidade 164
Proxy 168, 245

Q
Quarta Revolução Industrial 1

R
Raciocínio automático 35
Racionalidade 39, 427
algorítmica 445, 446
cognitivo-instrumental 415
da ação 409, 411
da comunicação 418
das exteriorizações 415
instrumental 411
Racionalismo 395
Racionalização 407
social 409
Racismo algorítmico 183
Racismo institucional 95
Razão 411
Reconstrução racional 405, 406
Rede de políticas 31
Rede de valor 31
Rede neural 31
Redes neurais artificiais 61
Redlining 245
Regra dos quatro quintos 279
Regulamento Geral de Proteção de Dados da Europa 11
Regulamento Geral de Proteção de Dados da União Europeia 318
Relação social argumentativa 406
Relatório Lighthill 26
Requisitos extrínsecos da forma 331
Requisitos intrínsecos ou qualitativos da informação 331
Responsabilidade civil na discriminação 387
Responsabilidade objetiva 387
Restrições creditícias 371
RNA multicamada 64
Robótica 35

S
Segurança física ou *safety* 355
Segurança não física ou security 355
Sensopercepção 164
Shadowbanning 177
Significância 471
Sindicato profissional 372
RAIS 372
Sistema de decisão automatizada 146
Sistema de inteligência artificial 429
Sistema de monitoramento de *e-mails* e mensagens de *chat* 176
Sistema de rastreamento de candidatos 193
Sistema de triagem automatizado 158
Sistemas adaptativos 40
Sistemas automatizados de decisões nas relações trabalhistas 185

história 185
Sistemas automatizados de monitoramento 176
comunicações de trabalhadores 176
Sistemas de inteligência artificial para tomada de decisão automatizada 428
natureza jurídica 428
Sistemas de rastreamento automáticos 186
Sobrevalorização do sujeito 399
Sociedade em rede 41
Soft skills 233
Solucionismo tecnológico 198
Standardização da sociedade 162
Subjetividade 407
Subordinação algorítmica 307, 309

T
Taxa de seleção de candidatos 280
Tecnofatalismo 197
Teoria da Gestalt 109
Teoria da transcendência 333, 335
Teoria do Agir Comunicativo 17, 404, 418
Algorítmico 427
Teoria do impacto adverso 76
Teoria geral do direito antidiscriminatório 17
Teoria normativo-pragmática 3, 427
Teoria tipológica da ação humana 404
Teste de perfil comportamental 235
Teto de vidro 100
Tokenismo 100
Tomada de decisão automatizada 352
Trabalhador quantificado 310
Transparência 150, 472
da comunicação 475
do sistema 475
informacional 362
Transtornos de aprendizagem 163
Turnover 196

U
Uber 266

V
Veracidade 472
Viés(es) 135
cognitivos 136
de ancoragem e ajustamento 137
de atribuição fundamental 137
de atribuição ou viés de correspondência 136
de autoridade 137
de avaliação 138
de avaliadores humanos 138
de aversão à perda 137
de confirmação 136
de confirmação de grupo 137
de gênero 158
de recência 137
de representação ou de amostra 138
de retrospectiva 137
de seleção 136
de *status quo* 137
de trancamento 137
histórico 137
implícito 86
impregnados no *dataset* 158
temporais 138
Vínculo de emprego de trabalhadores 377
subordinação algorítmica 377
Violação dos dados pessoais 371

W
Watson 30
White box 466
WUR Wolf 58